lonely planet

Puglia

EDT

William Dello Russo, Matteo Mangili, Rossana Cinzia Rando

PIANIFICARE IL VIAGGIO

VLADIMIR SAZONOV / SHUTTERSTOCK ©

MONOPOLI (P93)

DANCAR / SHUTTERSTOCK©

PANE DI ALTAMURA (P113)

Sommario

BALATE DORIN / SHUTTERSTOCK ©

ALBEROBELLO (P206)

AVVERTENZA

L'impatto economico e sociale della pandemia di Covid-19 continuerà a farsi sentire a lungo e al momento del vostro viaggio alcuni esercizi, servizi ed eventi potrebbero aver subito cambiamenti e restrizioni (chiusure temporanee o definitive, variazioni di orario, prenotazioni obbligatorie). Verificate la situazione aggiornata prima della visita.

A destra:
Ostuni (p220)

ESSEVU / SHUTTERSTOCK ©

BENVENUTI IN Puglia

La Puglia da cartolina esiste davvero e non è solo una trovata pubblicitaria. Ma quante cartoline bisogna collezionare per poter dichiarare di conoscere questa regione così lunga e così ricca? Ecco, in ordine sparso, le tre istantanee del mio cuore pugliese: la grotta ascetica dell'Arcangelo a Monte Sant'Angelo, le campagne di mandorli in fiore e muretti a secco nella Valle d'Itria e le vie ricamate d'oro di Lecce in un primo pomeriggio assolato. Bonus per la natura impenetrabile sulla cresta del Gargano e per le spiagge ioniche da sogno tra Campomarino e Porto Selvaggio.

William Dello Russo, autore
Per ulteriori informazioni sugli autori, v. p416

Puglia

v. ingrandimento
Isole Tremiti
I fondali di queste isole vi lasceranno a bocca aperta (p190)
Peschici
Vieste
Vieste
Fate lo 'struscio' nel centro storico e un bagno al cospetto del Pizzomunno (p171)
Apricena
Monte Sant'Angelo
San Severo
San Giovanni Rotondo
Manfredonia
Campobasso
Monte Sant'Angelo
Le profondità della grotta dell'Arcangelo e la rigogliosa Foresta Umbra (p161)
Lucera
Foggia
Troia
Trinitapoli
Barletta
Trani
Orta Nova
Cerignola
Andria
Canosa di Puglia
Corato
Ruvo di Puglia
Monti Dauni
Colline ricoperte di boschi, borghi intatti e castelli, da esplorare in auto o in bicicletta (p133)
Minervino Murge
Melfi
Rionero in Vulture
Trani
La 'città della pietra' e la sua splendida cattedrale dal portamento regale (p75)
Gravina in Puglia
Avigliano
Potenza
Salerno
Grassano
Castel del Monte
Ammirate il rigore geometrico e l'aura di mistero del celebre castello voluto da Federico II (p102)
Agropoli
Gravina in Puglia
Lanciatevi con lo sguardo oltre la gravina e perdetevi nelle viuzze dei rioni (p110)
ALTITUDINE
2000m
1500m
1000m
500m
200m
100m
0
Lagonegro
Taranto
Andate alla scoperta del suo straordinario patrimonio culturale ed artistico (p232)
Scalea

0 50 km
0 25 miglia
Bari
Scoprite l'anima della città nei vicoli di Bari Vecchia (p49)
Grotte di Castellana
Stupitevi al cospetto della Grotta Bianca che pare brillare di luce propria (p213)
Ostuni
Con il bianco delle case, il verde degli ulivi e il blu del mare in lontananza, Ostuni vi incanterà (p220)
Area Marina Protetta di Torre Guaceto
Calette deliziose, acque cristalline, macchia mediterranea e dune di sabbia (p285)
Otranto
Ammirate la bellezza millenaria della città più a est d'Italia (p333)
Lecce
La 'Firenze del Sud' è un esuberante teatro barocco (p290)
Gallipoli
Incantevole città-isola circondata dal mare e protetta da mura (p351)
Il Capo di Leuca
Guardate il tramonto sui due mari dalla punta meridionale del Salento (p348)
Isole Tremiti
Capraia
Il Cretaccio
San Nicola
Pianosa
San Domino
San Domino
0 2 km
Molfetta
Bari
Bitonto
Mola di Bari
Triggiano
Polignano a Mare
Casamassima
Monopoli
Conversano
Cassano delle Murge
Putignano
Gioia del Colle
Alberobello
Ostuni
Matera
Martina Franca
San Vito dei Normanni
Mottola
Brindisi
Laterza
Massafra
Francavilla Fontana
Mesagne
Grottaglie
Taranto
Squinzano
San Giorgio Ionico
Manduria
San Pancrazio Salentino
Pisticci
Metaponto
Truglione
Lecce
Leverano
Nardò
Otranto
Maglie
Gallipoli
Casarano
Tricase
Ugento

Top 8

1 LE CITTÀ

Per conoscere la Puglia (e i pugliesi) bisogna partire dai centri abitati più celebri. Lasciatevi prendere per mano dallo stupefacente barocco leccese, fatevi sorprendere dalla bellezza decadente del centro storico di Taranto, dimenticate la mappa e il senso dell'orientamento a Bari Vecchia: qui perdersi non è solo un consiglio ma una necessità.

Sopra: Piazza del Duomo, Lecce (p298)

Bari Vecchia

Per colazione vi attendono polpo appena pescato e altre crudité di mare, vendute per pochi euro da energici pescatori. Dopo, lasciate che a guidarvi sia il profumo del bucato appena steso, il chiacchiericcio delle signore sedute davanti all'uscio di casa e un cielo azzurro che fa capolino tra edifici in pietra chiara. Non dimenticate i punti cardine, come la Basilica di San Nicola e i bastioni con vista sull'Adriatico. Poi fate incetta di orecchiette, prima di concedervi una serata romantica in una delle tante piazzette illuminate da lampadine appese tra gli edifici. p51

In alto a sinistra: Vicolo di Bari Vecchia

Lecce

Sarà piena di sorprese la scoperta di Lecce, detta la 'Firenze del Sud' per la sfarzosa ed elegante ostentazione di barocco. Le chiese sono più di 40, autentici ricami in pietra di una bellezza struggente; e poi ci sono le piazze, il possente Castello di Carlo V, l'Anfiteatro e il Teatro Romano. Ma anche il suo volto verace, quello della cucina schietta e saporita, sarà una sorpresa. p290

Taranto

Affascinante e misteriosa, Taranto va scoperta senza farsi ingannare dall'apparente trascuratezza. Vedrete quante chiese, chiostri e palazzi nobiliari si nascondono nel labirinto di vicoli del centro, sotto il quale si aprono decine di ambienti ipogei scavati nella roccia. La loro bellezza vi lascerà senza fiato, come i gioielli del MArTA, tra i musei archeologici più preziosi d'Europa. p232

Sopra: Ponte di Pietra, Taranto

2 VIVERE IL MARE

Che sia Ionio o Adriatico poco importa: il mare è uno dei motivi per cui si viene in vacanza in Puglia. Potrete immergervi in fondali cristallini, avventurarvi in cima ad alte scogliere e nuotare da aprile a ottobre. E quando sarete stanchi di attività acquatiche e non, vi attendono spiagge dagli scenari caraibici e rilassanti giri in barca alla scoperta di grotte e tramonti infuocati.

ANDREI RYBACHUK / SHUTTERSTOCK ©

ANGELO GIAMPICCOLO / SHUTTERSTOCK ©

JONIAN DOLPHIN CONSERVATION / ARET PUGLIAPROMOZIONE©

Monopoli

A Monopoli il tramonto è sempre un incanto, specie se visto a bordo di un gozzo. Prendete il largo nel tardo pomeriggio e guardate il profilo della cupola di Santa Teresa svettare sui tetti del centro storico. Prima di salutare il sole, trovate un po' di tempo per un tuffo rigenerante. p93

Sopra: Monopoli

Com'è profondo il mare

Anche noi sosteniamo che gli spot per le immersioni più belle sono alle Tremiti! Le isole sprofondano in mare con una varietà di forme e colori incredibile. In più, relitti affondati e antiche leggende aggiungono sale alle esplorazioni subacquee. p190

In alto a destra: Fondale alle Tremiti

Occhio ai delfini!

Mollate gli ormeggi, inforcate i binocoli e passate una giornata ad avvistare i delfini, simbolo di Taranto, in una crociera con i biologi marini della Jonian Dolphin Conservation. Cinque ore di evoluzioni, divertimento e apprendimento. p244

Sopra: Delfino nel Golfo di Taranto

3 CIBO E VINO

Gustate uno spiedino di pesce in un trabucco di Peschici al tramonto e assaggiate tutti i tipi di pane possibili, cotti in forni a legna o di paglia. Sperimentate i crudi di mare e la cucina di ricerca, che propone macaron di canestrato e crumble di taralli, ma non rinunciate a qualche appetitoso piatto della memoria: le orecchiette con le cime di rapa e i tubettini di cozze, naturalmente quelle di Taranto. E non dimenticate mai i versi di Plinio, che già in epoca romana elogiavano i vini di Puglia: Malvasie Nere, Negroamaro e Uva di Troia.

Nuove tendenze

Eventi che promuovono le eccellenze del territorio, come il Mercatino del Gusto di Maglie (p325), nuovi ristoranti stellati, cucina creativa e tradizione rivisitata: la Puglia alza l'asticella della qualità gastronomica. Dai corsi di cucina internazionale (p148) ai locali di tendenza dove gustare pesce crudo appena pescato, non c'è che da mettersi a tavola e sperimentare.

Sotto: Orecchiette gourmet

Street Food

Focacce e panzerotti, pucce, pettole e popizze, rustici e pasticciotti, panini con il polpo: in Puglia, nella 'cucina di strada' vincono i prodotti da forno ripieni di ogni ben di dio, ma anche le verdure in pastella e le 'bombette' di carne.

Sopra: Focaccia barese

Il nettare degli dèi

Dal Nero di Troia al Negroamaro: un robusto filo alcolico congiunge la Daunia al Salento e a tutti gli altri territori, e cresce ogni anno. Non solo rossi, però: la Puglia è terra rinomata di ottimi bianchi e fragranti rosati tutti da assaporare.

A destra: Un calice di vino rosato

4 FOLKLORE

Partecipare a una festa di paese sarà uno dei ricordi più belli del vostro viaggio. Scoprite le ricorrenze più importanti e poi concedetevi qualche deviazione nei centri meno battuti. Ovunque andrete, tra borghi vestiti di luce, gente di ogni età che balla nelle piazze e processioni religiose, capirete ben presto che in Puglia fare festa è una cosa molto seria.

Le luminarie

Nate in epoca barocca per addobbare città e paesi nei giorni di festa, le luminarie pugliesi sono vere e proprie opere d'arte, apprezzate in tutto il mondo. Christian Dior le ha scelte per la sua sfilata a Lecce nel 2020, e molti turisti stranieri le acquistano come pezzi di design. p326

La taranta

Tendete l'orecchio: sentite il suono incessante dei tamburelli in lontananza? Feste ed eventi in Puglia sono spesso accompagnati dai ritmi sfrenati della taranta, che non è solo una danza popolare, ma la quintessenza della cultura popolare salentina. p315

Sopra: Tamburelli

Settimana Santa

Cancellate tutti gli impegni tra Giovedì Santo e il Lunedì dell'Angelo, se siete in Puglia: le città e i paesi si bloccano per i riti pasquali. Da Monte Sant'Angelo a Taranto, da Gallipoli a Molfetta, da Canosa di Puglia a Ginosa, abbandonatevi all'esperienza unica delle processioni. p245

5 PAESAGGI RURALI

Non sarebbe del tutto sbagliato dire che la Puglia ha un cuore di pietra, duro e bucherellato come la grande quantità di rocce calcaree presenti nel territorio, cui si deve una moltitudine di fenomeni carsici. Se la vista degli insediamenti rupestri che si aggrappano alle gravine lascia senza fiato, l'altopiano roccioso dell'Alta Murgia inondato di luce ha qualcosa di magico. E poi ci sono le masserie, i trulli e i muretti a secco, che disegnano le campagne creando incantevoli e serafici panorami rurali.

FABIO INGEGNO / ARET PUGLIAPROMOZIONE ©

VOLOLIBERO / SHUTTERSTOCK ©

Murgia Tarantina

Sono profonde anche più di 100 m le erosioni nella roccia calcarea della Murgia Tarantina, dove si annidano antiche abitazioni e chiesette ipogee della civiltà rupestre. p252

In alto: Gravina di Laterza (p258)

L'Alta Murgia

Distese di terra rossa a perdita d'occhio che ogni primavera fioriscono di colori e profumi. E un sottosuolo ricco di tesori dalla bellezza ispida, come i puli e le gravine. p395

Sopra: PN dell'Alta Murgia

Valle d'Itria

Ulivi secolari fanno da sfondo a pittoreschi muretti a secco. Tutto questo in una campagna verdissima, con piste ciclabili e sentieri adatti a tutti. E poi ci sono anche i trulli. p197

Sopra: Trulli

6 ARCHITETTURE

Saranno fidi compagni di viaggio della vostra esperienza pugliese: il romanico, con capolavori assoluti come la Cattedrale di Trani e molti altri da scoprire, l'elegante barocco leccese, ingentilito dalla luminosa pietra locale, e i possenti castelli, spesso visitabili, testimonianza della Puglia imperiale di Federico II.

Castelli

È difficile immaginare un lascito più grandioso di quello ereditato dalla Puglia grazie a Federico II. Per capirlo basta visitare uno degli innumerevoli castelli di cui è disseminata la Terra di Bari. Tra questi, Castel del Monte è certamente la gemma più lucente. p102

In alto a sinistra: Castel del Monte

Cattedrali

Le linee severe, diritte e misteriose del Medioevo le ritroverete nelle cattedrali di Bitonto (p105), San Nicola a Bari (p56) e, ovviamente, Trani (p75).

A sinistra: Basilica di San Nicola, Bari

Il barocco leccese

Più sobrio di quello napoletano o siciliano, il barocco leccese usa la pietra calcarea locale, tenera e duttile, dal colore dorato, come unico elemento decorativo: la Basilica di Santa Croce, con il suo intreccio di foglie, bacche, animali fantastici e figure umane, ne è il capolavoro più seducente. p295

7 GROTTE

Che siano lambite dalle acque cristalline del mare o che spuntino all'improvviso nell'entroterra, le grotte della Puglia sanno sempre incuriosire ogni visitatore, mentre veleggia su una barca o cammina durante un faticoso trekking. Nei mesi più caldi, inoltre, si rivelano rifugi molto apprezzati per trovare un po' di conforto dalla calura.

Grotte di Castellana

Più che sottoterra sembra di sprofondare in mezzo al mare, tra rocce talmente lucenti da sembrare corallo e monoliti grandiosi come scogliere oceaniche. A un'ora da Bari, sono tra i siti speleologici più visitati dell'intero paese, sempre pronte a sorprendere grandi e piccini. p213

Sotto: Grotte di Castellana

ELITRAVO / SHUTTERSTOCK ©

Grotte del Gargano

Tra Mattinata e Vieste e fino a Peschici, senza tralasciare le Tremiti, la 'costa delle meraviglie' sorprende con la sua carrellata infinita di grotte. Collezionatele tutte e concedete un bis alla vostra grotta del cuore. p175

Sopra: Pugnochiuso

Grotta Zinzulusa

Il nome deriva dalle formazioni geologiche che custodisce all'interno, simili a panni o stracci (*zinzuli*) che sventolano dal soffitto. Ma questa grotta affacciata sul mare di Castro è molto di più. p342

A destra: Grotta Zinzulusa

8 CAMMINI

KATRINSHINE / SHUTTERSTOCK ©

Anche la Puglia si sta sempre più aprendo a un turismo lento, consapevole e capace di apprezzare le peculiarità di un territorio. Preparate quindi zaino e scarpe comode: tra passeggiate a picco sul mare, sentieri in mezzo a ulivi secolari o vie da sempre percorse dai pellegrini e intrise di spiritualità, troverete certamente il cammino che più vi si addice.

Sopra: Sentiero nei pressi di Mattinata, Gargano (p169)

Cammini garganici

Terra mistica e ammaliante, il promontorio snocciola percorsi mozzafiato: da Mattinata a Vignanotica, alla scoperta delle orchidee selvatiche, l'inimitabile ascesa verso Monte Sant'Angelo, la fatata Foresta Umbra. p164

Cammino Materano

Per arrivare nella città dei Sassi prendete la Via Ellenica: sarà il modo migliore per conoscere i borghi più pittoreschi della Valle d'Itria. E tra una tappa e l'altra vi attendono distese di ulivi secolari. p226

Cammino del Salento

Ricalcando le orme di pontefici, illustri personaggi e moltitudini di pellegrini, si cammina da Lecce a quello che per i romani era il Finis Terrae: la Basilica di Santa Maria di Leuca. p348

Mese per mese

IL MEGLIO

Settimana Santa, marzo/aprile

La Notte della Taranta, agosto

Castel dei Mondi, settembre

Alba dei Popoli, dicembre

Febbraio

Carnevale

A Putignano (p214) è impossibile non farsi coinvolgere dalla festa, tra balli, canti in vernacolo e giganteschi carri allegorici. Manfredonia (p160) è famosa per i carri e la tradizione delle maschere e dei pupazzi in cartapesta. Anche a Lucera (p138) la festa è molto sentita: cercate le 'quarantane'.

Fioritura delle orchidee selvatiche

Da febbraio in poi, partendo per un trekking nei dintorni di Mattinata (p169) potrete assistere allo spettacolo multicolore delle orchidee in fiore.

San Valentino

Il 14 febbraio per le strade di Vico del Gargano (p186) si porta in trionfo la statua del santo, decorata con fiori d'arancio e arance locali. Approfittatene per assaggiare i prodotti tipici e immergervi nel folklore garganico. Il santo si festeggia anche in Largo Albicocca, la 'piazza degli innamorati' di Bari Vecchia (p54).

Marzo

Settimana Santa

Taranto (p237) celebra i riti della Settimana Santa con suggestive processioni notturne, considerate tra le più affascinanti del Sud Italia, in cui penitenti incappucciati percorrono le vie del centro storico accompagnando la Vergine dolente. Da non perdere le celebrazioni a Troia (p144) durante tutta la settimana, con la Processione delle Catene, quella dei Misteri e quella, davvero unica, del Bacio. Anche a Monte Sant'Angelo (p164) e a Vico del Gargano (p186) la ricorrenza è molto sentita e viene scandita da riti, canti e processioni.

Madonna dei Sette Veli

Foggia (p124) festeggia la sua patrona il 22 marzo con una processione solenne e una festa cittadina. L'evento si ripete alla metà di agosto.

Aprile

Festival del Cinema Europeo

(www.festivaldelcinemaeuropeo.com) Per una settimana, gli appassionati del grande schermo prendono d'assalto Lecce per partecipare alle proiezioni, ai dibattiti e agli incontri di questa stimolante rassegna.

Festa del Crocifisso di Varano

Il 23 aprile si celebra una suggestiva processione cui partecipano anche i pescatori di Ischitella (p188), intonando canti tradizionali.

Maggio

Maggio Salentino

(www.facebook.com/maggiosalentino) Cultura, natura, arte, spettacoli e visite guidate trovano spazio nel cartellone di questo festival che coinvolge le province di Lecce, Brindisi e Taranto in un tour alla scoperta delle tante anime del territorio.

Festa di San Nicola

Il santo più venerato di Bari (p60) arriva ogni anno dal mare, accompagnato da una flotta di barche in festa.

In alto: Processioni della Settimana Santa, Taranto (p245)
In basso: Carnevale di Putignano (p214)

Poi tutti in basilica per accaparrarsi una bottiglietta di acqua miracolosa.

Festa della Madonna del Soccorso

In questa occasione San Severo (p131) si trasforma in una piccola Pamplona, ma qui, anziché davanti ai tori, si corre dietro ai 'fuochi'. I *fujenti* sono infatti coloro che coraggiosamente sfidano i botti a pochissima distanza.

Giugno

Lecce in Scena

(www.lecceinscena.it) Tanti spettacoli dal vivo (musica, danza, teatro, letteratura, cinema...) trasformano nelle notti d'estate le piazze, i cortili e i palazzi di Lecce in un grande palcoscenico dove ognuno potrà trovare il proprio posto preferito.

Festa dei Lampioni

La notte del solstizio d'estate, le strade di Calimera (p320) si illuminano di migliaia di poetiche lanterne (i lampioni, appunto) fatte in carta velina, fil di ferro, tralci d'edera e canne, dalle forme e dai colori più diversi.

Festa del Vino

L'ultimo sabato di giugno, a Orsara di Puglia (p148) si celebrano e si gustano i vini autoctoni, al ritmo della musica suonata dal vivo.

Luglio

Festa di Santa Domenica

A Scorrano (p326), luminarie, fuochi d'artificio e musica per un evento che lascia a bocca aperta i turisti, in aumento di anno in anno.

Accadia Blues

Il terzo weekend del mese si svolge uno dei festival blues più importanti e apprezzati d'Italia. Stupenda la cornice del Rione Fossi (p153).

Festival del Cinema

Specchia (p346) è già in sé un posto fiabesco. Figuriamoci quando si aggiunge l'incanto della settima arte.

Il Libro Possibile

Un'occasione unica per assistere a stimolanti dibattiti sui temi della società di oggi nella splendida cornice dei centri storici di Polignano a Mare (p91) e di Vieste (p176).

Festival della Valle d'Itria

Musica classica e d'opera per una rassegna che anima tutta la valle da ormai più di 40 anni. A luglio e agosto, nello splendido Palazzo Ducale di Martina Franca e non solo (p200).

Festambiente Sud

Un festival tutto dedicato all'ecologia che si tiene tra luglio e agosto a Monte Sant'Angelo (p164), nella Foresta Umbra e a Vieste (p176).

Agosto

Corteo Storico di Federico II

Un sontuoso corteo di 400 figuranti in costume d'epoca rievoca le celebrazioni per il matrimonio di Federico II e Isabella di Brienne. E qui a Oria (p284) sembra davvero di essere nel 1235.

La Notte della Taranta

(www.lanottedellataranta.it) La manifestazione più importante del Salento, nata nel 1998 come omaggio alla pizzica, è questo festival itinerante tra i paesi della Grecìa che si conclude a Melpignano (p323), con un concerto oceanico che richiama ogni anno centinaia di migliaia di 'tarantati'.

Festa di Sant'Oronzo

Sono avvolti da un'atmosfera quasi mistica i cavalieri che ogni anno scortano la statua del santo patrono di Ostuni (p223) dal santuario fino al centro storico.

Festival Troia Teatro

I primi giorni di agosto, Troia (p145) si trasforma in un palcoscenico a cielo aperto, con spettacoli di prosa, reading di poesia e proiezioni.

Festival dei Monti Dauni

Location sempre diverse per un festival musicale di ampio respiro negli incantevoli paesi dei Monti Dauni (p134).

Rievocazioni storiche

A metà mese Lucera (p138) celebra Federico II nel Torneo delle Chiavi con un corteo in costume e una sfida tra i rioni. Il 29 agosto a Bovino (p150), per la festa della santa patrona, ha luogo ogni anno una cavalcata storica con tanto di sbandieratori, musici, comparse in costume, carri e cavalli.

Raduno dei Suonatori di Tarantella

Evento unico al mondo: da oltre 10 anni raccoglie a Monte Sant'Angelo (p164) il meglio dei suonatori di tarantella.

Settembre

Castel dei Mondi

Avete mai visto uno spettacolo in un castello medievale? Durante questa rassegna potrete farlo in uno dei più suggestivi al mondo, Castel del Monte (p101).

Festa di San Michele Arcangelo

Dal 28 al 30, Monte Sant'Angelo (p165) ospita festeggiamenti in grande stile, con centinaia di figuranti e attori che lungo le vie del centro storico rievocano le apparizioni dell'angelo.

Red Bull Cliff Diving

Migliaia di persone affollano gli scogli di Lama Monachile per assistere a tuffi pindarici nelle acque blu di Polignano a Mare (p91).

Palio dell'Arca

In occasione della festa dei santi patroni, i pescatori brindisini rievocano il ritrovamento e il recupero in mare dell'arca in argento contenente le reliquie di san Teodoro d'Amasea (p277).

Disfida di Barletta

Cortei storici e rievocazioni per le vie della cittadina vi faranno rivivere gli antichi e ben noti fatti storici (p73).

Il palco della Notte della Taranta, Melpignano (p323)

Ottobre

Festa di San Marco d'Eca

Il 7 ottobre, a Bovino (p150), va in scena il tradizionale 'getto delle noci', per ricordare la miracolosa guarigione di uno storpio a opera del santo.

Gozzovigliando

A Monopoli (p96) si celebra la barca dei pescatori per antonomasia (il gozzo), tra gite gratuite e un palio organizzato nelle acque antistanti il Porto Antico.

Novembre

Sagra del Fungo Cardoncello

Per conoscere il re della cucina dell'Alta Murgia andate a questa sagra che si tiene ogni anno a Minervino Murge (p109).

Fucacost e Cocc' Priatorije

Il primo del mese, a Orsara di Puglia (p148), si celebra l'incontro tra il mondo dei vivi e quello dei morti. Il paese è illuminato da lanterne e falò, e per strada si cucinano carne alla brace, patate e castagne, oltre al tradizionale *muscetaglje*, il saporito dolce dei morti.

Dicembre

Madonna della Madia

A Monopoli (p96), la notte del 16 dicembre si trascorre con gli amici; poi alle cinque del mattino tutti a Cala Batteria, per rivivere il miracoloso sbarco di una zattera avvenuto nel 1117.

Lights of Christmas

A Natale i trulli di Alberobello (p208) vengono addobbati a festa, con luci colorate sui muri bianchi e cristalli di neve proiettati sulle chiancarelle dei tetti.

Presepi viventi

La Puglia è famosa per queste rappresentazioni in costume. Sui Monti Dauni, grazie anche alla cornice naturale, la tradizione si incarna in un evento molto suggestivo a Deliceto (p152).

Vigilia di Natale

A Foggia (p124) il pomeriggio del 24 dicembre si trascorre per le strade rimpinzandosi di cibi sfiziosi e di chiacchiere tra amici e parenti.

Alba dei Popoli

(www.facebook.com/AlbaDeiPopoli) Un modo unico per vivere la fine dell'anno incantati davanti al mare che guarda a oriente è assistere ai tanti eventi organizzati durante questo festival che anima i vicoli di Otranto.

MARCO RUBINO / SHUTTERSTOCK ©

Pianificare il viaggio

Itinerari

15 GIORNI

Penisola salentina tra città e candidi borghi

Servono almeno 15 giorni per esplorare la penisola salentina, il tacco d'Italia: c'è il mare, naturalmente, ma ci sono anche Taranto, Brindisi, Lecce e decine di borghi con straordinarie opere d'arte.

Si parte da **Taranto**, tanto chiacchierata ma altrettanto affascinante, con le sue chiese, il Castello Aragonese, le rovine greche e uno dei più grandi e ricchi musei archeologici del mondo, il MArTA. A pochi chilometri dal capoluogo, **Massafra**, **Laterza** e **Ginosa**, scavate nella tenera roccia delle gravine, custodiscono insediamenti e chiese rupestri ricchi di suggestione e mistero: facendo di Taranto la propria base, si possono visitare in poco più di mezza giornata. Per godere del primo assaggio di mare salentino, invece, serve un po' più di tempo: le dune di **Campomarino di Maruggio**, San Pietro in Bevagna e **Punta Prosciutto** sono tappe imperdibili per gli amanti delle spiagge sabbiose, e dovrete stendere il telo su ciascuna prima di guidare fino a **Grottaglie**, la capitale della ceramica salentina. Da qui a **Brindisi** la strada è poca, perciò potete prendervela comoda e rinfrancarvi un po', prima di camminare tra i vicoli che scendono verso il porto dalla forma a cor-

Gallipoli (p351)

na di cervo. Il litorale frastagliato che corre verso Bari sarà l'eden di chi cerca acqua limpida e natura vergine; nel mezzo spunta **Egnazia**, una sbalorditiva area archeologica messapica, greca e romana.

Spingendosi verso sud lungo la costa adriatica, si entra nel cuore del Salento: due giorni sono il minimo da dedicare al suo capoluogo, la bellissima **Lecce**, così piena di luoghi di culto, musei ed eleganti palazzi nobiliari da far venire il mal di testa. È il caso di farselo passare presto, magari con una bella nuotata lungo l'arenile dei **Laghi Alimini**, che anticipano l'arrivo a **Otranto**, l'antica capitale salentina, affacciata sul mare e densa di testimonianze del suo glorioso passato, a partire dalla cattedrale. **Porto Badisco** e **Santa Cesarea Terme**, con le loro calette, annunciano l'arrivo a **Castro**, il luogo dove, secondo la leggenda, approdò Enea. La tappa successiva è **Santa Maria di Leuca**, la punta del tacco italico, bianchissima e protesa tra l'Africa e l'Oriente. Da qui si risale: lungo la costa, che d'improvviso si fa sabbiosa e arriva fino a **Gallipoli** in un rosario di incantevoli spiagge; oppure in direzione dell'entroterra salentino, dove passando di borgo in borgo si entra nella Grecìa, per finire a **Galatina**, con la sua incredibile basilica.

Barletta
Trani
Bisceglie
Molfetta
Bari
MARE ADRIATICO
Castel del Monte
Polignano a Mare
Monopoli
Grotte di Castellana
Altamura
Gravina in Puglia
Canale di Pirro
Alberobello
Locorotondo
Cisternino
Ostuni
Martina Franca
Ceglie Messapica
BASILICATA

MAJAIVA / ISTOCKPHOTO ©

DAVID IONUT / SHUTTERSTOCK ©

In alto: Porto di Bari (p68)

[In ba]sso: Negozio di souvenir in un trullo, Alberobello (p210)

14 GIORNI La Terra di Bari e la Valle d'Itria

Cattedrali romaniche si alternano a castelli dalla fama leggendaria, in paesaggi che spaziano dai borghi di mare alle morbide colline dell'Alta Murgia. Più a sud, tra ulivi e muretti a secco, vi attendono città bianche, deliziose cene nei 'fornelli' e, ovviamente, i magici trulli.

Partite da **Altamura** e dai suoi panifici storici, poi affacciatevi sul cratere del pulo, la più grande dolina carsica dell'Alta Murgia; la vertigine continua a **Gravina in Puglia**, tra gole rocciose e le chiese rupestri del centro storico. Varcate quindi la soglia di **Castel del Monte**, tra le fortezze più belle di tutto lo stivale, e accingetevi a rivivere le gesta dei prodi cavalieri della disfida di **Barletta**. Proseguite verso **Trani**, innamoratevi della sua cattedrale e visitate il quartiere ebraico. Quindi scendete lungo i pendii di **Bisceglie** e poi fate sosta a **Molfetta** per guardare il duomo dal lungomare. A **Bari** rimanete almeno tre giorni: il primo per Bari Vecchia, girovagando tra i vicoli del centro e assaggiando le leccornie del cibo di strada; il secondo per visitare la Basilica di San Nicola, i musei e scoprire archi, corti e piazzette nascoste. Nel terzo dedicatevi alla parte moderna, tra lo shopping nel Quartiere Murattiano, la ritrovata vitalità nel Quartiere Libertà e la vibrante vita notturna del lungomare. Continuando verso sud, a **Polignano a Mare** andate alla ricerca della balconata più bella e concedetevi l'immancabile bagno a Lama Monachile. Dopo tanto clamore, la bellezza autentica e decadente del centro storico di **Monopoli** è quello che fa per voi. A seguire rinfrescatevi le idee nelle **Grotte di Castellana**, quindi andate a vedere i trulli nel luogo più iconico, **Alberobello**; se volete dormire nei dintorni, pernottate in una delle masserie nel verdissimo **Canale di Pirro**. Al risveglio, andate a vedere il panorama della Valle d'Itria dallo stupendo (e ingannevole) lungomare di **Locorotondo**, mentre più tardi, per cena, sedetevi al tavolo di un fornello di **Cisternino**. Il giorno dopo, la candida bellezza di **Ostuni**, la Città Bianca, vi lascerà a bocca aperta. Nel pomeriggio, spostatevi ancora verso l'entroterra per esplorare l'altrettanto incantevole **Ceglie Messapica**, dove tra balconi fioriti e piazzette raccolte si celano ristoranti gourmet. Terminate la serata con un brindisi in uno dei tanti locali del 'Ringo' di **Martina Franca**.

15 GIORNI Dai monti al mare: il meglio della Capitanata

Non ci sono solo le spiagge del Gargano e lo splendore delle Tremiti a rendere prezioso questo territorio: dalla bellezza incantata dei borghi sui Monti Dauni alla 'cattedrale verde' della Foresta Umbra, l'intera provincia di Foggia riserva una sorpresa dopo l'altra.

Partite da **Lucera**, lasciandovi avvolgere dalla sua atmosfera preziosa e visitando le testimonianze delle diverse civiltà, tra cui quella saracena. A **Troia** fatevi ipnotizzare dal rosone più bello della Puglia sulla celebre cattedrale. Prevedete un paio di giorni di escursioni e avventure outdoor tra i borghi arroccati, i fitti boschi e le acque ancora pure dei **Monti Dauni settentrionali**. A **Orsara di Puglia** non perdete l'abbazia con la mistica grotta e i 'templi' gastronomici, a **Bovino** il fiabesco e intricato centro storico e gli incantevoli dintorni, a **Deliceto** il Castello Normanno. Proseguite verso **Sant'Agata di Puglia**, balcone spalancato tra Puglia e Basilicata, e strabuzzate gli occhi davanti ai tesori archeologici di **Ascoli Satriano**, tra spettacolari grifoni e marmi policromi.

Spezzate la discesa verso il mare con una tappa golosa nel cuore del Tavoliere a **Cerignola** o a **Foggia**, prima di lasciarvi stupire dalla splendida installazione di Edoardo Tresoldi nel **Parco Archeologico di Siponto**. A **Manfredonia** vi attende un altro tesoro: le misteriose stele daune custodite nel castello. Da qui fatevi trasportare dal nastro stradale che inanella le meraviglie costiere del Gargano, tra spiagge candide e grotte marine. Ma prima salite a **Monte Sant'Angelo**, che regala il misticismo autentico di uno dei santuari più intensi d'Europa, un centro storico ingioiellato di monumenti e un panorama a perdita d'occhio dagli eremi di Pulsano. Inoltratevi poi con spirito da esploratori nella **Foresta Umbra**, un incanto verde che da solo vale il viaggio, cercando di passarvi la notte.

Se sostate a **Mattinata**, non mancate di fare almeno un trekking verso il mare o la montagna. Continuate sul tratto da cartolina del litorale che giunge fino a **Vieste**, con le sue leggende di sirene e pirati. Tra una magnifica spiaggia e un suggestivo trabucco in cui cenare, arriverete alla bella **Peschici**, quindi a **Vico del Gargano** e a **Rodi Garganico**, tra profumati giardini di agrumi. Da qui fate una gita di almeno due giorni alle **Isole Tremiti**, per lasciarvi sedurre dai fondali marini e dai ritmi della natura.

ZM_PHOTO / ISTOCKPHOTO ©

Vieste (p17

Vigneto con trulli sullo sfondo

7-8 GIORNI A spasso per la Puglia del vino

Provate a camminare sui tacchi dopo aver assaggiato uno o più calici di vino pugliese: non sarà cosa facile. Ebbene, buona parte della Puglia vitivinicola, coincidente con il tacco e lo sperone dello stivale, lo fa ogni giorno, da millenni. Bella e seducente, questa regione sfila sul red carpet delle aree vitivinicole italiane ed è, tra queste, una delle più importanti: per quantità e qualità.

Mare e ulivi, sole e masserie, promontori e Tavoliere, trulli e castelli, ma anche vigneti e cantine: il viaggio in Puglia, dal Gargano al Salento, accontenterà gli amanti di vini bianchi, rossi, rosati, nonché dolci e bollicine. Da **San Severo**, nell'Alto Tavoliere, il viaggio inizia con il botto: quello dello spumante, perché da queste parti si producono bottiglie di ottime bollicine conservate nelle fresche cantine del paese. Il vitigno principale è il Bombino bianco, che troverete anche a **Lucera**, dove potrete recarvi per assaggiare il 'Cacc'e Mmitte', ottenuto principalmente da Nero di Troia, Montepulciano e Sangiovese (ma anche da altri vitigni come il già citato Bombino bianco). Terza varietà autoctona di vino pugliese a bacca nera per importanza e produzione dopo il Primitivo e il Negroamaro è il deciso e robusto Nero di Troia, che prende il nome dalla città di **Troia**, terza tappa di questo itinerario.

Concedetevi ora una pausa dolce: siete a **Trani**, dunque non perdetevi il famoso Moscato passito. Il viaggio continua nelle **Murge**, dove Uva di Troia, Bombino nero e Aglianico sono i protagonisti delle tavole imbandite, a partire da quelle di Federico II di Svevia. Qui alcuni vigneti godono della vista privilegiata sul Castel del Monte: arte, storia e vino in un colpo solo!

Scendendo ancora, fate una sosta in provincia di Taranto, in particolare a **Manduria**, dove con un calice di Primitivo (anche nella versione Primitivo di Manduria Dolce Naturale DOCG) in corpo sarà più facile lasciarsi trasportare dal ritmo della 'taranta', che ascolterete ovunque durante il vostro peregrinare nel profondo sud del tarantolato **Salento**. Qui, invece, inebriatevi dei profumi dei rosati e dei rossi: il Negroamaro è il vitigno principale della zona, vellutato e corposo con finale lungo e sapido, da apprezzare in purezza o in blend con altre varietà autoctone più delicate, come la Malvasia Nera.

Spiaggia di Torre Colimena (p2

Pianificare il viaggio

Attività all'aperto

Con oltre 800 km di costa bagnati da due mari, un sistema di dolci colline coltivate a uliveti che si sciolgono in ampie pianure soleggiate e i Monti Dauni dai quali ammirare tutta la regione dall'alto, la Puglia è il luogo ideale per chi ama le attività all'aperto. Dall'arrampicata lungo le gravine al cicloturismo sul Tavoliere, dall'equitazione all'osservazione della natura, fino ai trekking lungo il litorale, sui tratturi di campagna o sulle antiche strade del commercio e del pellegrinaggio, le possibilità offerte dal tacco d'Italia sono infinite, e non solo d'estate.

Punti panoramici

- Gravina in Puglia, di fronte alla Cattedrale (p111)
- Rodi Garganico, belvedere (p189)
- Biccari, Monte Cornacchia (p139)
- Sant'Agata di Puglia, Castello (p154)
- Minervino Murge, Borgo Belvedere (p109)
- Polignano a Mare, di fronte alla statua di Domenico Modugno (p89)
- Monopoli, Cala Batteria (p94)
- Isola di San Nicola, Fortificazioni (p195)
- Monte Sant'Angelo, Castello (p163)
- Abbazia di Santa Maria di Pulsano (p168)
- Lucera, Villa Comunale (p136)
- Faeto, Belvedere (p145)
- Alberona, Muraglione (p141)
- Martina Franca, Convento delle Agostiniane (p200)
- Locorotondo, Via Nardelli (p203)
- Cisternino, Piazza Garibaldi (p219)
- Alberobello, Belvedere Santa Lucia (p206)
- Ceglie Messapica, Belvedere Monterrone (p227)
- Castro, Torre Capanne (p341)
- Gallipoli, Le Riviere (p354)

Arrampicata

Nonostante possa sembrare un po' strano, sono sempre di più gli appassionati di arrampicata che scelgono la Puglia come destinazione per cimentarsi con questa disciplina. Le alte falesie della **Gravina di Laterza** (p259), per esempio, offrono ben 23 vie attrezzate adatte a tutti i livelli di difficoltà, mentre a pochi minuti da Taranto la **Falesia di Statte** invita arrampicatori e free climber di tutta Europa a sfidare altezze vertiginose cercando la propria via sulle pareti di una splendida gravina, con oltre 100 percorsi da affrontare in sicurezza. Esistono anche delle pareti nel **Gargano** (rivolgetevi a Gargano Climbing: www.facebook.com/Garganoclimbing).

Bicicletta

Il cicloturismo è una delle attività più diffuse in Puglia, perché la costa e la campagna, leggermente ondulate, si prestano a essere esplorate su due ruote, senza fretta e senza troppa fatica. Soprattutto in primavera, grazie allo scarso traffico automobilistico, il Salento, per lo più pianeggiante, è la meta ideale per chi ama viaggiare pedalando. La **Rete Turistica della Grecìa Salentina** (www.greciasalentina.info) organizza durante tutto l'anno interessanti tour guidati nel territorio, così come il centro visite dell'**Area Marina Protetta di Torre Guaceto** (p285), nel Brindisino. Se siete in cerca di una full immersion nella natura, potete contattare le guide di **Salentobici** (p313), che vi accompagneranno nella magnifica pineta di **Porto Selvaggio** (p359) o vi consiglieranno di esplorare il territorio intorno a **Gallipoli** o **Santa Maria di Leuca**. Tra i tanti itinerari proposti dalla guida *Puglia in bici* pubblicata dalla Regione potreste scegliere quello di 72 km da Lecce a Otranto, in cui si pedala ammirando grotte, faraglioni e l'incanto dei **Laghi Alimini** (p333), o da Ginosa a Grottaglie, 90 km in una delle zone meno conosciute della regione, tra cavità carsiche scavate dai torrenti capaci di emozionare curva dopo curva. A **Lecce** è possibile contattare **Velo Service** (p303), che oltre a proporre escursioni organizzate noleggia mountain bike e bici da passeggio per esplorare i dintorni del capoluogo salentino. La sede centrale è a **Bari** (p61), in pieno centro storico, con un'ampia e rinnovata offerta di tour a piedi o a pedali. Per scoprire il meglio dell'Alta Murgia rivolgetevi a **CicloMurgia.com** (p110), che da anni organizza splendidi itinerari in mezzo a boschi di roverelle, prati che d'estate si tingono del giallo dorato delle spighe e castelli federiciani. In Valle d'Itria troverete il primo tratto della **ciclovia dell'acquedotto pugliese** (p205). Una volta completato sarà un percorso di 500 km; al momento ci si accontenta del tratto tra Figazzano e Ceglie Messapica, dove si pedala fra trulli, muretti a secco e gli immancabili ulivi.

Anche per muoversi tra le località del **Parco Nazionale del Gargano** (p156), sia

PARCHI, RISERVE E AREE PROTETTE

Per i veri amanti della natura, il fulcro dell'azione sono i parchi nazionali e regionali, le riserve naturali e le aree marine protette della regione. Creati per proteggere un territorio variegato di ecosistemi terrestri, fluviali, lacustri e marini, si prestano a stimolanti esperienze all'aria aperta.

Area Marina Protetta delle Isole Tremiti	p190
Area Marina Protetta di Torre Guaceto	p285
Area Naturale Marina Protetta di Porto Cesareo	p359
Parco Naturale Regionale di Porto Selvaggio	p359
Parco Nazionale del Gargano	p156
Parco Nazionale dell'Alta Murgia	p109
Parco delle Dune di Campomarino	p268

lungo la costa sia nel cuore della Foresta Umbra, un'alternativa all'automobile è sicuramente la bicicletta, che tuttavia in alcune zone richiede un buon allenamento per la presenza di saliscendi anche impegnativi. Esistono alberghi e agriturismi che mettono le bici a disposizione dei clienti (alcuni aderiscono al circuito Albergabici, www.albergabici.it) e operatori specializzati che le noleggiano e organizzano escursioni, tra cui la giovane **Mooveng** (www.mooveng.it), che offre un comodo servizio di pick-up dagli alberghi del Gargano e dispone anche di mezzi elettrici. L'Ente Parco Nazionale del Gargano ha pubblicato un utile volume dal titolo *Il Parco Nazionale del Gargano in mountain bike*, reperibile presso numerosi rivenditori e in tutti i centri visitatori.

Da **Manfredonia** (p159) partono vari percorsi, sia su strada sia su piste ciclabili. Per informazioni, www.visitmanfredonia.com. Tra le escursioni consigliate c'è la **Circumpedalata del Lago di Varano** (p188): circa 50 km fra canneti, litorali sabbiosi, pinete, campi e canali, a tu per tu con moriglioni, folaghe, anatre, gallinelle e altre specie di uccelli migratori. Per informazioni: www.parcogargano.it, www.vieste.it/mountainbike_vieste.htm. Bella anche la pedalata al **Bosco dell'Incoronata** (p128), a 12 km da Foggia, un'oasi di frescura nel cuore del Tavoliere.

Equitazione

Sparsi a macchia di leopardo un po' in tutta la Puglia, sono numerosi i centri ippici che, dalla primavera ai primi mesi d'autunno, offrono interessanti passeggiate a cavallo di qualche ora o di un'intera giornata; come quelle intorno ai **Laghi Alimini** (p333), a pochi chilometri da Otranto.

A Montalbano, non lontano da Fasano, il centro ippico **Parco di Mare** (p217) propone escursioni sul mare e nell'entroterra per tutti, principianti compresi.

Nella provincia foggiana, soprattutto nell'interno, alcuni agriturismi organizzano escursioni a cavallo, come **Masseria Montaratro** (p138) nei pressi di Lucera e **Masseria Le Ville** (p186) a Vico del Gargano. Sui Monti Dauni, l'**Associazione Verde Mediterraneo** (p148) propone suggestive escursioni a cavallo alle gole della zona di Accadia; a Deliceto, la **Cooperativa Pegaso** (p152) promuove l'equitazione nel Bosco Macchione. Centri per l'equitazione si trovano anche nel cuore della **Foresta Umbra** (p164) e a **Vieste** (p175).

Gite in barca

Se per sfuggire alla calca delle spiagge volete concedervi una semplice nuotata in alto mare o una minicrociera di qualche giorno, lungo le coste pugliesi troverete decine di barche a vela o a motore pronte a farvi vivere esperienze indimenticabili: a **Santa Maria di Leuca** (p348), per esempio, o a **Castro Marina** (p342), diverse compagnie offrono escursioni in caratteristici gozzi, motoscafi o barche a vela con pranzo a base di piatti tipici salentini o aperitivi a bordo, o emozionanti gite di **pescaturismo** con partenza all'alba.

Anche il **Centro di Educazione Ambientale di Porto Cesareo** (p359), sulla costa ionica, organizza bellissime escursioni a piedi o in barca nelle aree protette della zona. Per vedere i gioielli nascosti di **Polignano a Mare** (p90) salite a bordo di una barca e scoprite le tante grotte che si nascondono nella zona, alcune con nomi assai pittoreschi.

Fenicotteri in volo, Riserva Orientata Naturale Regionale 'Palude La Vela' (p240)

Un piccolo gozzo, un gustoso aperitivo e uno spettacolare tramonto su Monopoli sono invece gli ingredienti alla base dei tour proposti dall'associazione **Fatti di Mare** (p96).

L'area di costa garganica compresa tra **Mattinata** (p169), **Vieste** (p175) e **Peschici** (p180) è costantemente solcata da imbarcazioni che trasportano i visitatori alla scoperta delle spettacolari grotte del Gargano; potrete scegliere se fare una gita privata e noleggiare un gommone oppure partecipare a tour organizzati, con equipaggio (e, alcuni, con pranzo o aperitivo incluso) da un minimo di quattro persone fino a gruppi più nutriti su lance attrezzate. Per un'esperienza più turistica, ma nondimeno originale, potete scegliere l'esclusivo caicco turco **Norita Sans Souci Vieste** (p175), che vi condurrà alla scoperta delle torri saracene e degli archi naturali da Vieste a Mattinata.

Se infine volete partecipare a una battuta di pesca insieme a un equipaggio di veri trabucchisti, rivolgetevi a **Giovanni Spalatro** (☎340 684 87 37; www.trabucchidelgargano.org) e **Matteo Silvestri** (☎327 427 62 05; www.trabucchidelgargano.org), che vi coinvolgeranno nell'avvistamento, nel calo delle reti e nel recupero del pescato da un autentico trabucco.

Osservazione della natura

Decine di riserve naturali, parchi e aree protette (sia marine sia terrestri) fanno della Puglia la regione ideale per dedicarsi all'osservazione della natura. La stagione migliore è probabilmente la primavera, quando la macchia mediterranea in fiore dà il meglio di sé e offre riparo a decine di specie di animali. Portatevi un buon binocolo e dirigetevi alla Gravina di Laterza, dove ha sede l'**Oasi Lipu** (p259), o addentratevi nell'**Area Marina Protetta di Torre Guaceto** (p285), nel Brindisino.

Nel Foggiano, non mancate la fioritura delle orchidee selvatiche nei **dintorni di Mattinata** (p169) e le escursioni nella **Foresta Umbra** (p164), organizzate anche dal centro visite, o sui Monti Dauni, rivolgendovi a **Visit Monti Dauni** (www.visitmontidauni.it), alla scoperta della fauna, oltre che delle imponenti faggete e del gigantismo arboreo nella zona. E fate un'immersione alle **Isole Tremiti** (p190): scoprirete un mondo incredibile, caratterizzato da una biodiversità ricchissima.

A Taranto imbarcatevi sui battelli della **Jonian Dolphin Conservation** (p244) e aspettate che i delfini comincino a saltarvi attorno, mentre se preferite scoprire il segreto dei *citri* accodatevi ai tour in canoa alla **Riserva 'Palude La Vela'** (p240).

Paradisi per gli amanti del birdwatching sono la **Zona Umida delle Saline di Margherita di Savoia** (p70), che qui potranno ammirare tantissime specie di uccelli, tra cui la più grande colonia italiana di fenicotteri rosa e il rarissimo chiurlottello, e la recente **Oasi Laguna del Re** (p160), appena fuori Manfredonia. L'**Isola di Sant'Andrea** (p355), davanti a Gallipoli, è invece la 'casa' dei gabbiani corsi, dal becco rosso: per vederli, contattate Legambiente.

Sport acquatici

Grazie agli 865 km di costa, sono tanti gli sport acquatici con cui divertirsi in Puglia. Per quanto riguarda la vela, una delle scuole più apprezzate è il centro dell'**Area Marina Protetta di Torre Guaceto** (www.centrovelicotorreguaceto.it), che organizza corsi (anche di catamarano e windsurf) per principianti ed esperti; ma anche nelle località balneari del Salento non mancano le occasioni per praticare queste attività: a **Santa Maria di Leuca** (p348), **Castro** (p342) e **Porto Cesareo** (p359). Potrete dedicarvi alla vela anche a **Vieste** (p175), dove è rinomata la scuola di windsurf e kitesurf di **Cala Azzurra** (p175) e si fa surf sulla **Spiaggia Lunga** (p175).

Se invece vi piace osservare i fondali marini e magari andare a caccia di relitti di antiche navi, considerate i diving center del Salento, a **Otranto** (p336), Castro, Santa Maria di Leuca e Porto Cesareo, dove a pochi metri di profondità si trovano antiche colonne romane. Gli spot più rinomati della regione si trovano alle **Isole Tremiti** (p192): scegliete in base alle disponibilità, all'offerta, al vostro livello di esperienza e ai prezzi. Anche la canoa e il kayak sono un ottimo modo per contemplare dal mare le bellezze della costa. Nel Salento, optate per i **Laghi Alimini** (p333); nel Gargano, ogni spiaggia ha le sue peculiarità, ma il tratto più spettacolare è quello tra **Mattinata** (p169) e **Vieste** (p173). Offrono grandi soddisfazioni anche il periplo delle **Isole Tremiti** (p191)e i panorami incantati dei **Laghi di Lesina e di Varano** (p188).

Trekking e cammini

Chi l'ha detto che in Puglia si va solo per nuotare? Da nord a sud sono innumerevoli i sentieri escursionistici adatti a tutti i livelli di preparazione che vi faranno scoprire gli angoli nascosti della regione. Tra i più apprezzati del Salento ci sono quelli che attraversano il **Parco Naturale Regionale di Porto Selvaggio** (p359), ma sono imperdibili anche quelli che si addentrano nelle gravine di **Laterza** (p259), **Ginosa** (p260), **Grottaglie** (p262) e **Riggio** (p264), o quelli che dal **Ciolo** (p348), poco distante da Santa Maria di Leuca, seguono la linea di costa tra grotte e ampi panorami sul mare.

Anche il **Parco Nazionale dell'Alta Murgia** (p109) propone magnifici sentieri tra masserie secolari e paesaggi di aspra bellezza: consultate www.visitparcoaltamurgia.it per i dettagli. Nei dintorni, il **Pulo di Altamura** (p117), il più esteso dell'Alta Murgia, è un impressionante cratere profondo 75 m, percorso da vari sentieri.

Chi predilige i cammini di più giorni può intraprendere senza indugi la **Via del Salento** da Lecce a Santa Maria di Leuca, l'affascinante località considerata dai romani il Finis Terrae, la fine del mondo, oppure il **Cammino Materano** (v. lettura p226). Per le altitudini e la natura intatta, nel Foggiano si concentrano alcuni dei cammini più belli della regione. Per chi è in cerca di vette da conquistare ci sono i **Monti Dauni** (p133), un'area costituita da rilievi ricoperti di rigogliose faggete e quercete. Ogni paese dispone di una rete più o meno estesa di sentieri. I più spettacolari, incastonati tra vette, boschi e laghi, sono quelli tra Biccari e Roseto Valfortore – da qui passa il **Sentiero Frassati** (p142) – e quelli alle pendici del **Monte Sambuco** (p141). Da Troia passa la **Via Francigena del Sud** (v. lettura p162), che fa tappa a Monte Sant'Angelo. Intorno alla 'città dell'angelo' le possibilità sembrano infinite: si possono esplorare la **Foresta Umbra** (p164) e gli eremi rupestri nei valloni intorno all'**Abbazia di Santa Maria di Pulsano** (p168). Spostandosi verso il mare, da non perdere è il trekking da **Mattinata** (p169) alle quattro spiagge più scenografiche della costa garganica, così come l'ascesa verso **Monte Sacro** (p169) con i resti dell'abbazia benedettina. Un'associazione molto attiva sul territorio, che vi accompagnerà anche sui percorsi meno battuti, è **Gargano NaTour** (www.garganonatour.it).

Ceramiche locali , Ostuni (p220)

Puglia da scoprire

Il meglio ARCHEOLOGIA

Esplorate i pezzi incredibili custoditi nei musei, godetevi uno spettacolo vero o immaginifico sugli spalti di un anfiteatro romano e inabissatevi in una città sotterranea: scoprirete che la bellezza della Puglia ha origini lontane.

PARCO ARCHEOLOGICO DI EGNAZIA

A Fasano, sulla costa adriatica brindisina, tra scorci di mare e campagna, secoli di storia messapica e romana sfileranno davanti a voi assumendo le sembianze di corredi tombali, ruderi di grandiosi edifici romani e vasi dipinti (p287).

MARTA DI TARANTO

Ori lavorati a sbalzo e a filigrana, diademi, orecchini, anelli con pietre dure e smalti… un gioiello racconta sempre la storia di chi lo indossa. Ne troverete di meravigliosi al Museo Archeologico Nazionale di Taranto, insieme a statue e ceramiche greche di straordinaria fattura (p239).

PARCO ARCHEOLOGICO DI SIPONTO

In un riuscito esempio di contaminazione tra archeologia e arte contemporanea, sui resti di una basilica paleocristiana l'artista Edoardo Tresoldi ha ricostruito con una tecnica sofisticata l'intelaiatura dell'ormai scomparsa basilica, proprio accanto alla più recente chiesa romanica (p159).

MUSEO ARCHEOLOGICO DI ASCOLI SATRIANO

I marmi policromi di Ascoli Satriano raccontano un passato di fasti e raffinatezze: basta avvicinarsi ai due grifoni per lasciarsi ammaliare dal fascino senza tempo delle genti daune (p155).

1

3

1. MArTA, Taranto (p239) **2.** Parco Archeologico di Egnazia (p287) **3.** Parco Archeologico di Siponto e Basilica di Edoardo Tresoldi (p159) **4.** Museo Archeologico di Ascoli Satriano (p155)

Il meglio BORGHI SENZA TEMPO

Accovacciati in riva al mare, nascosti tra gli ulivi o i campi di grano, i borghi di Puglia sono piccoli forzieri di poesia e bellezza che racchiudono arte medievale e barocca, riti, cibi, suoni e profumi lasciati da un intreccio di popoli e civiltà.

VIESTE

Il Pizzomunno sorveglia l'antico borgo, che si protende nel mare come il ponte di una nave, sovrastando gli scogli con le sue imponenti case bianche. Imperdibili il centro storico e la passeggiata perimetrale, da cui ammirare la danza dei colori tra cielo e mare poco prima del tramonto (p171).

OSTUNI

Se pensate che il bianco non abbia colore, andate a vedere le mura aragonesi di Ostuni: il loro candore è di una bellezza accecante (p220).

ORIA

La capitale dell'antica Messapia appare come un miraggio nell'orizzonte piatto della campagna brindisina, ostentando un poderoso castello federiciano e una cattedrale barocca degna di una città santa (p283).

OTRANTO

Bianchissima e affacciata su un mare placido e celeste, abbracciata da alte mura che per secoli hanno difeso dai nemici l'intricato dedalo di vicoli che si dipanano dal castello e solcano il centro storico, Otranto è la città più a oriente della Penisola Salentina (p333).

MASSAFRA

Sembra aggrappato con le unghie e con i denti alle sue profonde gravine questo borgo tarantino che cela, scavate nella roccia calcarea, intime chiese rupestri decorate da sublimi affreschi bizantini (p252).

LOCOROTONDO

La sera, quando si accendono le luci delle case, questo piccolo borgo adagiato sopra una collina sembra la chiglia di una nave protesa nel cielo. Saliteci a bordo per ammirare il panorama dalla balconata che lo cinge, il cosiddetto 'lungomare' (p203).

MONOPOLI

Ormai frequentata quasi quanto la vicina Polignano, Monopoli è riuscita a conservare al meglio il suo spirito marinaro. Andate a scovarlo nella cala del Porto Antico, tra gozzi dipinti di blu e reti cucite a mano, pronte per essere calate nell'Adriatico (p93).

SANT'AGATA DI PUGLIA

La 'loggia delle Puglie' conserva intatto il mistero di un borgo medievale di montagna, con il suo dedalo di 'trasonne', i vicoletti che sembrano tendere verso la punta del castello in alto. La vista dalla piazza principale vi lascerà senza fiato. A sera, visto da lontano, il borgo sembra un albero di Natale illuminato (p153).

PIETRAMONTECORVINO

Il nome parla chiaro: sorge dalla roccia 'Pietra', che nel Rione Terravecchia conserva intatto il suo fascino e nel Palazzo Ducale, dominato da un'alta Torre Normanna, la sua nobile storia (p141).

PESCHICI

Guarda le Tremiti a cui è legata da una storia millenaria, mentre sembra sorvegliarle dalla terraferma, questo stupendo borgo costiero che vale assolutamente una visita, magari lontano dall'alta stagione per evitare la calca dei turisti (p178).

1. Vieste (p171) **2.** Sant'Agata di Puglia (p153)

1

2

1

Il meglio

FUORI DAI PERCORSI PIÙ BATTUTI

Qualche suggerimento per chi vuole cambiare direzione, evitare le mete più conosciute e pubblicizzate, girare l'angolo e perdersi tra luoghi solitari e magari meditativi, che nascondono storie e paesaggi nascosti.

GRECÌA SALENTINA

Sono 11 i comuni nell'entroterra leccese che compongono la Grecìa Salentina (v. lettura p319), un'enclave dove permangono il dialetto, le tradizioni, i riti e i canti pasquali di origine ellenica che hanno resistito al tempo e alle mode. Apprezzatene la quiete, le antiche case a corte, gli ulivi antichissimi, le strutture difensive e i palazzi nobiliari oggi trasformati in avvincenti spazi multidisciplinari per le arti contemporanee, le strutture imponenti come il Convento degli Agostiniani, al cui cospetto oggi si svolge tutti gli anni la Notte della Taranta.

MURGIA TARANTINA

Se volete staccare la spina e calarvi in una natura primordiale, vagare tra pascoli brul-

1. Convento degli Agostiniani, Melpignano (p323) **2.** Gravina di Laterza (p259) **3.** Bovino, Monti Dauni (p149)

li e rocce carsiche, inseguire il volo dei falchi che volteggiano fra le grandi doline della Murgia, esplorate il Parco Nazionale dell'Alta Murgia e i territori di Altamura, Gravina e Laterza. Ammirerete spettacolari fenomeni di carsismo, ma soprattutto ritroverete voi stessi (p251).

MONTI DAUNI

Il 'tetto della Puglia' è ricoperto da fitti boschi in cui zigzagano sentieri che sono un incanto da percorrere a piedi, inforcando una due ruote o montando a cavallo. Di paese in paese si scoprono antiche tradizioni e dialetti, una gastronomia robusta e saporita e soprattutto memorabili panorami che si spalancano a perdita d'occhio verso le dirimpettaie Basilicata e Campania o, dall'altro lato, verso l'Adriatico e le montagne abruzzesi (p133).

GARGANO MISTICO

A poca distanza dalle spiagge paradisiache si stagliano i luoghi della fede del Gargano, zona di culti antichissimi, ma anche moderni, come quello di Padre Pio. Lasciatevi incantare dalle architetture medievali di Monte Sant'Angelo, in primis dal Santuario di San Michele (p147), le cui cripte vi porteranno indietro nei secoli fino ai longobardi. Visitate l'Abbazia di Santa Maria di Pulsano (p168), che evoca la tradizione monastica orientale, rinfrescati dalla brezza del Golfo di Manfredonia, e perdetevi tra i sentieri che conducono agli eremi dei monaci che cercavano pace e raccoglimento tra le rocce e il mare. Inerpicatevi fino ai resti di un'abbazia benedettina sul Monte Sacro (p169), infine scendete verso la Basilica di Santa Maria di Siponto (p159) e l'Abbazia di San Leonardo (p159).

Isole Tremiti (p1

Pianificare il viaggio

Spiagge

Dall'alto dei suoi 865 km di litorale, la Puglia vanta il più lungo sviluppo costiero dell'Italia peninsulare, riuscendo quindi a offrire paesaggi per tutti i gusti, da scogliere a picco sul mare ad assolati arenili di sabbia dorata, da antichi porti romani a misteriose grotte marine. Il tutto bagnato da un mare che, sia sulla costa ionica sia su quella adriatica, regala fondali trasparenti e sicuri per nuotate indimenticabili.

EYESONMILAN / SHUTTERSTOCK ©

Il mare più blu

Aree marine protette

- **Area Marina Protetta delle Isole Tremiti** (www.parcogargano.it; p190)
- **Area Marina Protetta Porto Cesareo** (www.ampportocesareo.it; p359)
- **Area Marina Protetta di Torre Guaceto** (www.riservaditorreguaceto.it; p285)

Bandiere Blu 2022

- Margherita di Savoia (p70)
- Monopoli (p95)
- Zapponeta (p70)
- Polignano a Mare (p91)
- Peschici (p180)
- Rodi Garganico (p189)
- Ostuni (p222)
- Carovigno (p228)
- Ginosa Marina (p261)
- Castellaneta Marina (p262)
- Maruggio (p266)
- Fasano (p217)
- Bisceglie (p82)
- Castro (p342)
- Ugento (p329)
- Melendugno (p331)
- Nardò (p312)
- Salve (Torre Pali, p351)

Costa adriatica nord

La costa pugliese si affaccia su due mari, il Mar Adriatico e il Mar Ionio. La zona costiera del Gargano, sul litorale adriatico nel nord della Puglia, è aspra e rocciosa, bagnata da un mare di colore verde smeraldo che si insinua in cavità naturali e lambisce calette paradisiache, in particolare tra Mattinata e Peschici, senza dimenticare che a poche miglia marine ci sono le Isole Tremiti. Più a sud la costa adriatica si abbassa e, sebbene il mare non sia cristallino come in altre località, Trani, Barletta e soprattutto Margherita di Savoia sono puntualmente prese d'assalto nei mesi estivi, grazie ai numerosi stabilimenti presenti. Subito a sud di Bari ecco Polignano a Mare, dove la costa torna a farsi rocciosa, con grotte marine da perlustrare in barca. La vicina Monopoli, forse meno nota, non è però da disdegnare. L'acqua è cristallina (e fredda) a Porto Ghiacciolo, mentre i fortunati che sapranno arrivare a Cala Tre Buchi si ritroveranno in un'oasi di pace e tranquillità.

Costa adriatica sud

A tratti ancora selvaggia, la costa brindisina è orlata di bianche dune sabbiose, lagune, torrenti e macchia mediterranea, e punteggiata di antiche torri di avvistamento. La zona è parzialmente tutelata dal Parco Naturale Regionale delle Dune Costiere, mentre il mare, davvero spettacolare, dà il meglio di sé nell'Area Marina Protetta di Torre Guaceto, un ecosistema bellissimo e incontaminato.

Proteso verso oriente, negli ultimi anni il Salento leccese è diventato una delle destinazioni turistiche più frequentate d'Italia. Il merito di questo successo è in gran parte della costa, lungo la quale si alternano spiagge sabbiose lunghissime e ben attrezzate, ma anche raccolte calette di roccia. Difficile scegliere le spiagge migliori: quelle dei Laghi Alimini, accanto a Otranto, sono imperdibili, ma da San Cataldo a Torre dell'Orso è tutto bello. Come se non bastasse, le acque del mare sono limpide e tranquille, e a un certo punto i mari diventano addirittura due: a Capo di Leuca si fondono infatti l'Adriatico e lo Ionio, ai piedi di un litorale roccioso in cui si aprono grotte, insenature sabbiose e calette raccolte.

Costa ionica

La meno frequentata costa ionica, tra la province di Lecce e Taranto, è bagnata da un mare aperto e pulito, fiancheggiato da alte dune ricoperte di fiori e macchia mediterranea, che sembra fatto su misura per le famiglie e per chi ama le nuotate interminabili. Qui segnaliamo Punta della Suina, poco fuori Gallipoli, e le insenature rocciose del Parco Naturale Regionale di Porto Selvaggio; ma non sono da meno le spiagge comprese nelle Riserve Naturali del Litorale Tarantino Orientale.

Trova la tua **spiaggia perfetta**

Qual è per te la spiaggia perfetta? Scegli la tipologia di spiaggia che più si avvicina al tuo ideale e parti alla sua scoperta.

MARE

Profondo

Costa adriatica nord
- Baia di Campi
- Mattinatella

Costa adriatica sud
- Polignano a Mare

Costa ionica
- Porto Selvaggio
- Santa Maria di Leuca

Poco profondo

Costa adriatica nord
- San Menaio
- Manaccora
- Scialara (o del Castello)

Costa adriatica sud
- Monopoli
- Le Cesine
- Punta del Serrone

Costa ionica
- Porto Cesareo
- Lido Marini
- Spiaggia delle Conchiglie
- Spiaggia delle Dune

SPIAGGIA

Sabbia

Costa adriatica nord
- Zaiana
- Sfinale
- Vignanotica

Costa ionica
- Baia di Saturo
- Marina di Pulsano
- Campomarino
- Punta Prosciutto

Ciottoli

Costa adriatica nord
- Piana di Mattinata
- Baia dei Mergoli (o delle Zagare)

Costa adriatica sud
- Lama Monachile
- Porto Badisco
- Santa Cesarea Terme
- Il Ciolo

Costa ionica
- Punta della Suina
- Ugento

alla scoperta delle **più famose**

Selvagge o attrezzate, sono le più belle, le più fotografate, le più frequentate

alla scoperta delle spiagge
per sportivi

Grazie al mare, al vento o alla conformazione, sono le spiagge per i vacanzieri più attivi

IMMERSIONI

Costa adriatica nord
- Isole Tremiti

Costa adriatica sud
- Santa Maria di Leuca
- Castro Marina
- Egnazia
- Porto Cesareo

Costa ionica
- Torre Chianca
- Porto Cesareo

SURF, WINDSURF, KITESURF

Costa adriatica nord
- Spiaggia Lunga
- Capo Vieste
- Cala Azzurra
- Marina di Peschici
- Scialmarino

Costa adriatica sud
- San Foca
- Spiaggia Alimini
- Otranto
- Frassanito

Costa ionica
- Porto Cesareo

VELA

Costa adriatica nord
- Vieste
- Manfredonia
- Rodi Garganico

Costa adriatica sud
- Torre Canne
- Castro Tricase

Costa ionica
- Gallipoli

SPIAGGIA

Sabbia

Costa adriatica nord
- Jalillo
- Spiaggia Stretta

Costa adriatica sud
- Torre Guaceto
- Porto Ghiacciolo
- Cala Incina
- Marina di Pescoluse

Costa ionica
- San Pietro in Bevagna
- Marina di Lizzano
- Posto Vecchio
- Cala Tramontone
- Punta della Suina

Ciottoli

Costa adriatica nord
- Portogreco
- Baia dei Gabbiani
- Sospetto

Costa adriatica sud
- San Vito
- Cala Acquaviva
- Baia dell'Orte
- San Vito
- Torre Pozzelle

Costa ionica
- Baia San Gregorio

MARE

Profondo

Costa adriatica nord
- Cala della Sanguinara
- Cala del Turco
- Portogreco

Costa adriatica sud
- Punta Palascia

Costa ionica
- Isola di San Pietro

Poco profondo

Costa adriatica nord
- Procinisco
- San Felice

Costa adriatica sud
- Porto Miggiano
- Marina di Ugento

Costa ionica
- Castellaneta Marina

alla scoperta delle
meno note

Piccole e solitarie, grandi e suggestive, sono le spiagge per chi ama scoprire tesori nascosti

Santa Cesarea Terme, Porto Miggiano (p34

Pianificare il viaggio

Viaggiare con i bambini

Il mare che bagna lunghe spiagge sabbiose è il miglior passatempo per i piccoli viaggiatori, ma in ogni stagione e perfino nelle giornate di pioggia la Puglia offre numerose possibilità di intrattenimento per i bimbi: stimolanti musei dove scoprire i preistorici abitanti della zona, oasi nelle quali trovarsi faccia a faccia con gli animali, ludoteche, laboratori e parchi divertimenti adatti a ogni fascia di età.

Must have

- Cerotto antiscottature che monitora i raggi UV.
- Cerotti per le vesciche.
- Torcia rossa (gli animali non vedono il rosso, quindi all'alba o al tramonto una torcia rossa terrà a bada gli insetti e vi consentirà di avvistare la fauna selvatica).
- Caricabatterie a energia solare e custodia impermeabile per cellulari.
- Binocolo e un libro sugli animali terrestri e marini che si possono avvistare nelle zone che visiterete.
- Borraccia morbida con cannuccia che spunta dallo zaino.
- Teli da mare leggeri, cordini e moschettoni per creare tettoie parasole in spiaggia.

Gli spuntini più golosi

L'appetito dei bambini, spesso improvviso, è un'esigenza da soddisfare con prontezza. Di seguito, alcuni degli spuntini più diffusi.

- Calzone salentino
- Focaccia barese
- Fritta brindisina
- Pasticciotto salentino
- Pizzo leccese
- Puccia salentina
- Rustico leccese
- Sgagliozze baresi

Spiagge

La Puglia offre lunghe distese di sabbia ideali per i bambini, con acque cristalline e fondali bassi per la tranquillità degli adulti. Sulla costa ionica sono perfette per le famiglie le spiagge di **Castellaneta Marina** (p262), **San Pietro in Bevagna** (p268) e **Porto Cesareo** (p360). Sul litorale adriatico ci sono le belle spiagge sabbiose di **Vieste** (p175), **Torre Canne** (p286) e **Capitolo** (p95), a sud di Monopoli, o la **Baia dei Turchi** (p333) a nord di Otranto. Attenzione, però: l'ideale è frequentarle fuori dal mese di agosto, perché essendo tra le spiagge più gettonate della regione possono essere molto affollate.

Musei per i più piccoli

Di solito i bambini si annoiano un po' quando visitano i musei. In Puglia, però, ce ne sono alcuni dai quali non vorranno più uscire. A Lecce, il **Museo Ferroviario della Puglia** (p303) accoglie una magnifica collezione di cimeli legati ai treni; a Brindisi, il **Museo Archeologico Provinciale** (p275) custodisce la ricostruzione di una nave d'epoca ellenistica carica di anfore; a Gallipoli, il **Museo del Mare** (p354) e il **MAREA – Centro di Cultura del Mare** (p355) permettono di scoprire la vita sotto la superficie dell'acqua. A Vieste, il **Museo Malacologico** (p172) potrebbe essere un diversivo interessante, offrendo l'occasione di ammirare le forme e i colori di quasi 15.000 esemplari di conchiglie.

Scoprire la preistoria

Le tracce del più antico passato della Terra sono ben visibili in ogni angolo della regione. Per farsi un'idea delle creature che popolavano il Salento qualche milione di anni fa, non c'è nulla di meglio che visitare il **Museo Civico di Paleontologia** (p325) di Maglie e il **Museo della Preistoria di Nardò**. Ad Altamura, i futuri archeologi potranno fare la conoscenza di Ciccillo, lo scheletro di un uomo vissuto tra 180-130.000 anni fa, che rivive nel **Centro Visite Lamalunga** (p117). Nel Parco Nazionale del Gargano, a Borgo Celano, c'è il **Museo Paleontologico dei Dinosauri** (☎0882 07 60 49; www.dinosauriborgocelano.it; San Marco in Lamis; adulti/under 12 €10/8; ⏲10-17 dom apr e mag, 10-18 dom giu, set e ott, tutti i giorni 10-19 lug e agosto), che attraverso pannelli illustrativi, filmati, diorami, ricostruzioni di habitat naturali, tracce e impronte ricrea il territorio così com'era 120 milioni di anni fa. Più vicini a noi, ma comunque antichissimi, sono infine i dolmen e i menhir issati millenni fa: il **Giardino Megalitico** (p321) di Minervino di Lecce ne raccoglie alcuni, ma ce ne sono decine in tutto il Salento.

A tu per tu con la natura

La Puglia è una delle regioni meglio organizzate quanto a fattorie didattiche. Per trovare le **masserie didattiche** più adatte a vostro figlio e la più vicina alla vostra destinazione, cliccate su www.regione.puglia.it/web/masserie-didattiche. Se i vostri bambini, come del resto tutti quelli del mondo, impazziscono per gli animali, dovreste programmare una gita a cavallo o in canoa ai Laghi Alimini (p333) e una tappa al **Museo Civico di Storia Naturale del Salento** (p319), poco fuori Calimera, che ospita un giardino delle farfalle, un planetario e una collezione tassidermica, e il cui parco accoglie decine di specie di rapaci in riabilitazione e altri animaletti, come volpi e tassi. Nella **Foresta Umbra** (p164), il piccolo museo del Centro Visitatori ospita un'interessante collezione tassidermica dell'avifauna locale, senza contare che proprio di fronte c'è il recinto dei tenerissimi daini.

I delfini sono l'asso nella manica della **Jonian Dolphin Conservation** (p244), a Taranto, che garantisce l'avvistamento dei cetacei del golfo in città. Oltre all'acquario e al museo naturalistico, il **Centro Visite di Lesina** (p189) organizza escursioni a piedi, birdwatching e uscite in sandalo in laguna. Meno impegnativa è l'esperienza offerta dall'**Acquario del Salento** (p358) di Santa Maria al Bagno, che grazie a un percorso articolato in 17 vasche permette di scoprire la flora e la fauna dei fondali ionici.

Infine, affascinati dalle tenebre del sottosuolo e incantati dalla lucentezza delle rocce, i più piccoli rimarranno a bocca aperta (quanto voi) nell'addentrarsi tra gli anfratti delle **Grotte di Castellana** (p213).

Feste di luci e colori

Le feste patronali di tutta la Puglia, e in particolare del Salento, sono una gioia tanto per i grandi quanto per i piccini. Le scenografiche luminarie che colorano i borghi raggiungono livelli spettacolari a Scorrano, in occasione della **Festa di Santa Domenica** (p326), e a Mesagne, dove si celebra la **Madonna del Carmine** (p282).

Calimera, nella Grecìa Salentina, è da visitare nella notte del solstizio d'estate, quando il centro storico si anima per la **Festa dei Lampioni** (p320), lanterne in fil di ferro e carta di riso che donano al luogo un'atmosfera fiabesca. Se nello stesso giorno vi trovate invece a Bari, non perdete la **Festa della Luce** (p56): nella splendida cornice della Cattedrale di San Sabino, si rinnova un fenomeno dal fascino magico, capace di catturare l'attenzione anche dei più piccoli.

Infine, siamo certi che il bizzarro profilo dei trulli di **Alberobello** (p206) non passerà inosservato agli occhi dei vostri figli, specie se ci capiterete a Natale, quando troverete i bianchi edifici a cono addobbati con luci colorate.

Parchi divertimenti e castelli

È parco faunistico e parco divertimenti insieme il famoso **Zoosafari e Fasanolandia** (☎080 441 44 55; www.zoosafari.it; Via dello Zoo-Safari; interi/bambini 4-10 anni/under 4 €30/24/gratuito; ⏲9.30-15 apr-set, fino alle 16 Fasanolandia; 👪) a Fasano, abitato tra gli altri da giraffe, tigri, gorilla e lemuri.

Sempre in Valle d'Itria si trova il **Parco Avventura Ciuchino Birichino** (☎328 848 51 57; www.ciuchinobirichino.it; SP17 Ostuni–Cisternino, GPS 40.7281 e 18.5498; ingresso gratuito al parco, differenti tariffe in base all'attività; ⏲orario variabile secondo la stagione, consultare il sito; 👪), con percorsi sospesi su alberi secolari, corsi di survival e orienteering e svariate attività sportive che sicuramente divertiranno i bambini, ma anche percorsi di trekking e nordic walking, oltre a lezioni di yoga all'aria aperta, che potrebbero piacere anche ai grandi.

In provincia di Foggia, **Daunia Avventura** (p142) è l'ideale se volete scaricare le batterie dei piccoli, sviluppando le loro capacità motorie e l'equilibrio in uno dei numerosi percorsi acrobatici del parco, oltre che facendoli partecipare a corsi di orienteering e tiro con l'arco.

Se siete di passaggio a Otranto, non perdetevi la visita nei sotterranei del **Castello Aragonese** (p334): con caschetto e lanterna, che già da soli bastano per fare la felicità dei bimbi, andrete alla scoperta di ambienti insoliti e spettrali leggende.

Anche in Daunia i bambini si divertiranno come matti ad aggirarsi nei castelli meglio conservati, come quelli di **Monte Sant'Angelo** (p162) e **Deliceto** (p152).

On the Road

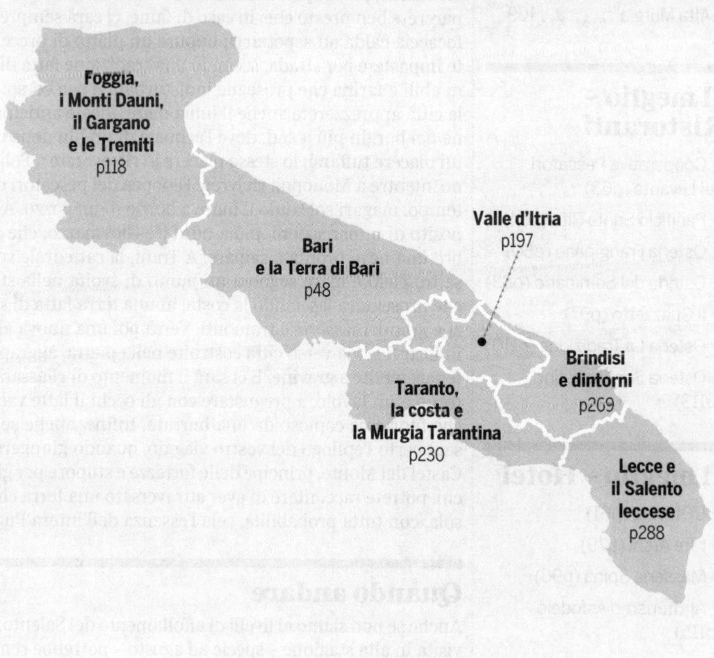

Foggia, i Monti Dauni, il Gargano e le Tremiti
p118
Valle d'Itria
p197
Bari e la Terra di Bari
p48
Brindisi e dintorni
p269
Taranto, la costa e la Murgia Tarantina
p230
Lecce e il Salento leccese
p288

Bari e la Terra di Bari

Include ➡

Il meglio – Ristoranti

- Cooperativa Pescatori del Levante (p63)
- Panificio Santa Rita (p64)
- Osteria Frangipane (p80)
- Osteria del Seminario (p83)
- Il Guazzetto (p97)
- Osteria La Tradizione (p110)
- Osteria Sant'Agostino (p113)

Il meglio – Hotel

- L'Officina (p61)
- I Tre Archi (p79)
- Masseria Spina (p96)
- Agriturismo Asfodelo (p115)

Perché andare

Si parte dal principio, come in tutte le storie che si rispettino. Così, ci piace pensare che il vostro debutto sarà tra le strade di Bari Vecchia, sotto lo sguardo attento di signore che stendono i panni, profumando di bucato l'ambiente. Qui imparerete ben presto che, in caso di fame, ci sarà sempre una focaccia calda ad aspettarvi; oppure un piatto di orecchiette impastate per strada, secondo una tradizione fatta di mani abili e farina che prosegue indisturbata il suo corso. Della città apprezzerete anche il lungomare, ideale anticipazione dei borghi più a sud, dove l'acqua è di un blu denso ed è un piacere tuffarsi; lo stesso piacere lo ritroverete a Polignano, mentre a Monopoli rivivrete l'epopea dei pescatori di un tempo, magari solcando il mare a bordo di un gozzo. A proposito di imbarcazioni, più a nord c'è Giovinazzo, che sembra una nave pronta a salpare. A Trani, la cattedrale sospesa tra cielo e mare segnerà un punto di svolta nella storia, che proseguirà lasciando la costa, in una terra fatta di silenzi e grano, masserie e tramonti. Verrà poi una nuova alba a indicarvi la via verso città costruite nella pietra, aggrappate tenacemente a gravine. E ci sarà il momento di rilassarsi intorno a un tavolo, a pregustare con gli occhi il latte vaccino che fuoriesce copioso da una burrata. Infine, anche se non sarà certo l'epilogo del vostro viaggio, quando giungerete a Castel del Monte, principe delle fortezze e stupore per gli occhi, potrete raccontare di aver attraversato una terra che da sola, con tutta probabilità, cela l'essenza dell'intera Puglia.

Quando andare

Anche se non siamo ai livelli di affollamento del Salento, una visita in alta stagione – specie ad agosto – potrebbe rendere la vostra vacanza non propriamente rilassante. In tal senso anche luglio è un azzardo; giugno e settembre, invece, sono solide certezze per chi cerca la tranquillità. Se si rinuncia al bagno – ma non è detto – primavera e autunno sono i momenti ideali, mentre l'inverno sulla costa ha un suo fascino – un po' meno all'interno, con molte attrazioni e locali chiusi.

BARI

POP. 317.205 / ALT. 5 M

Terza città del Meridione, da sempre crocevia tra Occidente e Oriente, oltre a essere capoluogo di regione Bari è l'emblema di un modo di vivere. 'Baresità' vuol dire attaccamento alle tradizioni (basta assistere ai grandiosi festeggiamenti in onore di san Nicola per capirlo), ma, al contempo, fermento ed esuberanza. Sebbene anche qui molti giovani siano stati costretti a emigrare al Nord, la città rimane viva, a tratti caotica, e si ha la netta impressione di assistere in presa diretta alle tendenze, problematiche e dibattiti che agitano il mondo attuale. Di Bari colpiscono le sue tante anime, così contradditorie tra di loro, ma capaci di coesistere l'una a fianco all'altra: il Quartiere Murattiano, con i suoi eleganti boulevard e i palazzi in stile liberty di inizio Novecento, sfocia in Bari Vecchia, crogiolo di voci, odori e vite degno di una casba araba. E il vecchio adagio per cui un luogo non basta visitarlo, ma bisogna viverlo, qui diventa, ancor prima che verità, necessità assoluta. Non occorre avere fretta, né tantomeno pianificare più del dovuto. Bastano i capisaldi, tra i quali è impossibile non menzionare il delizioso cibo di strada, le lenzuola svolazzanti nelle corti della città vecchia e l'azzurro scintillante del mare. Per il resto, lasciate che sia Bari a mostrarsi con i suoi tempi. Non ci vorrà poi molto per capirla, e ci vorrà pure meno per amarla.

Storia

Già centro portuale all'epoca dei peuceti, popolazione preromana insediatasi nella zona corrispondente all'attuale territorio provinciale intorno al III secolo a.C., Bari conobbe una certa espansione, specie in campo commerciale, una volta passata sotto l'egida di Roma. A seguito della caduta dell'impero (476 d.C.) la città fu inizialmente conquistata dagli ostrogoti, che nei due secoli successivi se ne contesero il dominio con i bizantini. Tra i due litiganti a godere furono però i saraceni, che a partire dall'847 fecero di Bari un emirato e l'abbellirono con importanti interventi urbanistici. Riconquistata da Bisanzio, la città conobbe un certo splendore dalla fine del X secolo, quando vi si instaurò un catapano, funzionario imperiale preposto ad amministrare i territori bizantini dell'Italia meridionale; il suo palazzo si trovava sul sito dove oggi sorge la Basilica di San Nicola. L'ascesa commerciale e politica di Bari fece nuovamente gola ai saraceni, che più volte depredarono la città e in particolare si resero protagonisti di un lungo e sanguinoso assedio nel 1002, risolto solo grazie all'intervento della Repubblica di Venezia. In quel periodo Bari divenne un centro di fondamentale importanza per il mondo cattolico: le reliquie di san Nicola iniziarono infatti ben presto ad attirare pellegrini da ogni dove e non è certo un caso se, poco dopo la consacrazione della cripta in onore del santo, papa Urbano decise di tenere nella città pugliese un importante concilio, chiamato a risolvere il conflitto con la chiesa ortodossa. Ma i baresi, che avevano ormai raggiunto un certo grado di benessere, cominciarono a mal sopportare l'ingerenza di un sovrano esterno. Quando la sofferenza si fece intollerabile, la risposta di Guglielmo I detto il Malo, sovrano normanno, fu spietata. Bari fu rasa al suolo e alla furia devastatrice fu risparmiata solo la Basilica di San Nicola. Con la venuta al potere degli svevi, succeduti ai normanni, la città conobbe forse il suo ultimo periodo di splendore. Federico II, sovrano illuminato, la elevò infatti a capitale imperiale. La morte dell'imperatore, nel 1250, e la conseguente caduta degli svevi, inaugurarono un lungo declino per la città e per la Puglia nel suo complesso, interrotto solo nella prima metà del XV secolo, quando Isabella d'Aragona e la figlia Bona Sforza vi trasferirono la corte. Marginalizzata e funestata da governi inefficienti, continue carestie e disordini civili, nel 1656 la città subì una devastante epidemia di peste che ne ridusse la popolazione a 3000 abitanti.

Quando i Borbone salirono al potere, nel XVIII secolo, Bari era l'ombra di se stessa. Per fortuna i nuovi regnanti realizzarono l'ambizioso progetto di ammodernamento avviato dal cognato di Napoleone, Gioacchino Murat, restituendo alla città il ruolo di principale porto della regione. L'espansione proseguì dopo l'Unità d'Italia e il ventennio fascista, con la realizzazione di alcune opere pubbli-

BIGLIETTO CUMULATIVO

La **Puglia Musei Card** è il biglietto cumulativo per tutti i musei della Direzione Regionale Musei Puglia. Costa €12, ha una durata di sei mesi e permette di evitare lunghe code, specie nei siti più gettonati. Comprende, tra gli altri, il Museo Archeologico di Canosa, Castel del Monte, i castelli svevi di Bari e Trani. Per informazioni e acquisto: www.musei.puglia.beniculturali.it/home/biglietti.

Il meglio di Bari e la Terra di Bari

1 Inebriatevi di sapori e profumi a **Bari Vecchia** (p51).

2 La cattedrale di **Trani** (p75) sembra volteggiare sul mare.

3 **Bisceglie** e il suo centro storico tutto da scoprire (p81).

4 Dalle balconate di **Polignano a Mare** (p89), vedrete fondersi mare e cielo.

5 Prendete la via del mare a bordo di un gozzo a **Monopoli** (p93).

6 Tra gli ulivi, spunta in cima a un colle l'eterno **Castel del Monte** (p102).

7 La cattedrale di **Bitonto** (p105) potrebbe rivelarsi una sorpresa del vostro viaggio.

8 A **Gravina in Puglia** (p110) la pietra è protagonista, specie al tramonto.

9 Andate ad **Altamura** (p113) per carpire tutti i segreti del pane locale.

10 L'essenza delle Murge è a **Minervino** (p109).

che fondamentali, quali l'acquedotto pugliese che portò l'acqua in città nel 1915, l'istituzione della Fiera del Levante (1930) e la realizzazione del monumentale lungomare. Il tributo pagato da Bari durante la seconda guerra mondiale fu altissimo: nel 1943 la nave alleata *John Harvey* fu duramente bombardata e riversò nell'aria il suo nocivo carico di iprite, causando centinaia di vittime innocenti. Il dopoguerra fu segnato da un'intensa, seppur disordinata, industrializzazione, sospinta dalle politiche di uomini di stato come Aldo Moro. La mattina dell'8 agosto 1991, approdò nel porto della città il mercantile *Vlora*, stipato all'inverosimile di albanesi – circa 20.000 – in fuga dalla povertà del loro paese. Il capoluogo pugliese, e più in generale l'Italia, si trovarono a fronteggiare all'improvviso una questione poi divenuta di allarmante attualità nei decenni successivi.

Oggi per molti viaggiatori Bari rappresenta il primo contatto ravvicinato con la Puglia. Degno di nota è inoltre l'afflusso apportato dalle crociere, di cui la città è sempre più tappa apprezzata. Al contempo, il capoluogo rimane il centro economico di riferimento non solo della regione, ma di tutto il bacino adriatico del Mezzogiorno, pur con le annose e irrisolte problematiche comuni a buona parte del Sud, quali un insostenibile tasso di disoccupazione e la conseguente emigrazione giovanile.

Orientamento

Le alte ed esili palme di Corso Vittorio Emanuele II segnano il confine tra antico e moderno. A nord si snodano i vicoli di Bari Vecchia, dove perdersi è tanto facile quanto piacevole. In caso di difficoltà puntate verso est: prima o poi arriverete ai bastioni di Via Venezia, da dove si scende nella centrale Piazza del Ferrarese. A sud del corso, il Quartiere Murattiano è solcato da ampie vie a reticolo ortogonale sul modello dei boulevard parigini, mentre il confine meridionale è delimitato dalla stazione ferroviaria. Recentemente protagonista di un chiacchierato restyling, Via Sparano da Bari è la strada del passeggio e dei grandi magazzini. A ponente del Quartiere Murattiano si trova il vivace Quartiere Libertà e, ancora oltre, la zona fieristica. A levante, invece, Corso Cavour segna il confine con il Quartiere Madonnella, con palazzi in stile liberty e imponenti edifici di stampo fascista. Lo splendido lungomare parte in prossimità del riqualificato Teatro Margherita, all'incrocio tra Corso Cavour e Corso Vittorio Emanuele. Da qui si passeggia per parecchi chilometri verso sud, in direzione della spiaggia cittadina di Pane e Pomodoro.

Che cosa vedere

Bari Vecchia

A Bari Vecchia, annusate l'aria per sentire il profumo del bucato a ogni angolo, sostituito la sera dall'odore di qualche grigliata improvvisata. Tendete le orecchie, per ascoltare il dialetto strettissimo degli abitanti, spesso incomprensibile ai baresi di altri quartieri. Aprite la bocca, per gustare una delle tante delizie che si possono comprare lungo la strada; che si tratti di una popizza croccante o di un pezzo di focaccia calda, poco importa. Toccate la pietra con cui sono fatti i palazzi e le strade: se il tempo è bello, le chianche emanano una luce calda e accogliente. Infine, alzate la testa e spalancate gli occhi: le lenzuola stese ai balconi vi sembreranno vele di una nave pronta a salpare. A vederlo sulla mappa, il centro storico del capoluogo pugliese è una penisola con i piedi ben ancorati al resto della città, ma con il corpo proteso verso il mare. L'audacia del visitatore che

LA TERRA DI BARI

Territorio storico della Puglia, la Terra di Bari fu istituita da Federico II nel XIII secolo, al momento di dividere il Regno di Sicilia in distretti amministrati ciascuno da un governatore regio. Il capoluogo fu Trani dal 1586 al 1806, mentre negli altri periodi fu Bari. La Terra confinava a nord con la Capitanata, a sud con la Terra d'Otranto, a sud-ovest con la Basilicata e a nord-est con l'Adriatico, e comprendeva il territorio dell'attuale città metropolitana di Bari, parte di quella di Barletta-Andria-Trani, Cisternino e Fasano. Con Giuseppe Bonaparte nel 1806 fu suddivisa in province, a loro volta suddivise in distretti (Bari, Barletta e Altamura), a loro volta suddivisi in 37 circondari. Da allora la dicitura 'Terra di Bari' è rimasta in uso (pur non unanime) per identificare culturalmente e geograficamente i 53 comuni che l'area raggruppava al tempo del regno borbonico.

Bari

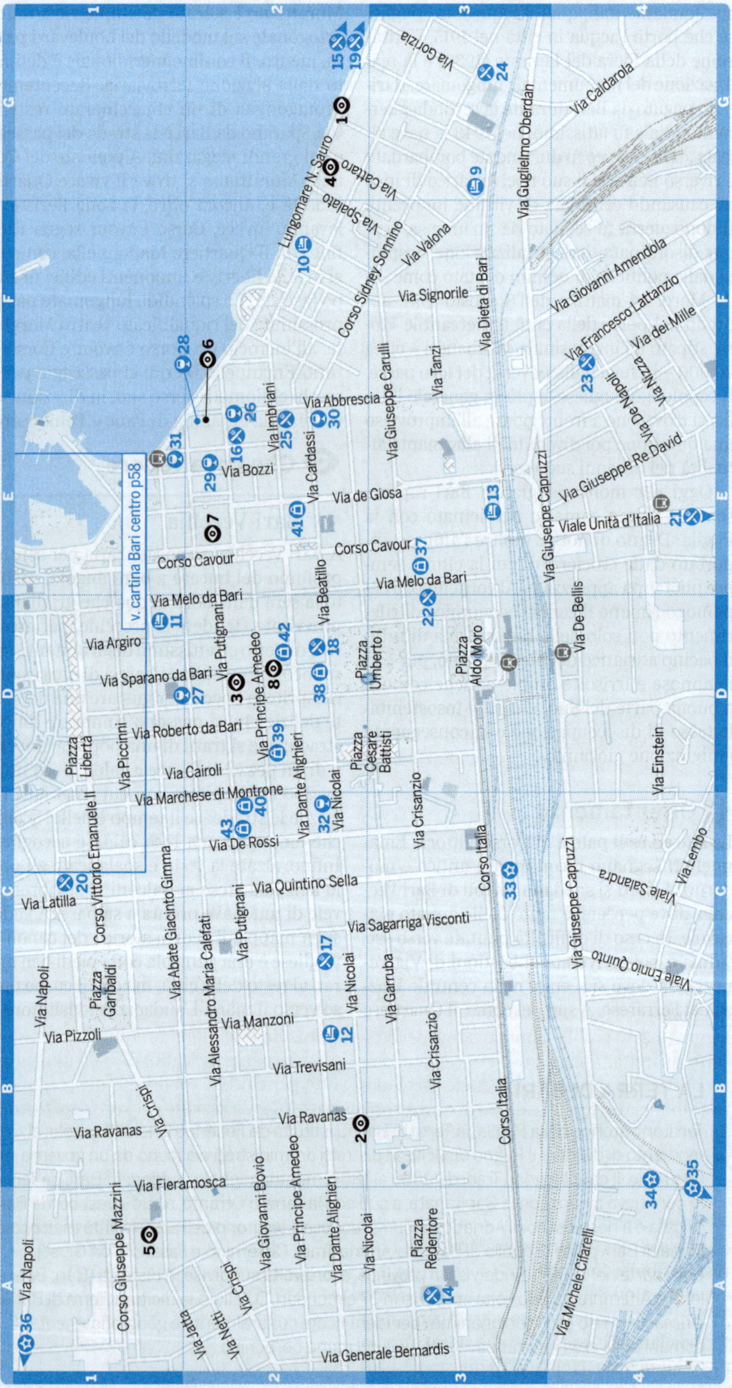
500 m
0,25 miglia
N
0
0
v. cartina Bari centro p58
Lungomare N. Sauro
Via Cattaro
Via Spalato
Via Gorizia
Corso Sidney Sonnino
Via Valona
Via Signorile
Via Guglielmo Oberdan
Via Caldarola
Via Giovanni Amendola
Via Francesco Lattanzio
Via dei Mille
Via Nizza
Via De Napoli
Via Giuseppe Re David
Via Dieta di Bari
Via Tanzi
Via Giuseppe Carulli
Via Abbrescia
Via Imbriani
Via Cardassi
Via Bozzi
Via de Giosa
Via Giuseppe Capruzzi
Viale Unità d'Italia
Corso Cavour
Via Melo da Bari
Via Beatillo
Via Argiro
Via Putignani
Via Sparano da Bari
Via Principe Amedeo
Piazza Umberto I
Piazza Aldo Moro
Via De Bellis
Via Roberto da Bari
Piazza Libertà
Via Piccinni
Via Cairoli
Via Marchese di Montrone
Via Dante Alighieri
Piazza Cesare Battisti
Via Nicolai
Via Crisanzio
Via Einstein
Via De Rossi
Corso Vittorio Emanuele II
Corso Italia
Via Latilla
Via Abate Giacinto Gimma
Via Quintino Sella
Via Sagarriga Visconti
Viale Salandra
Via Lembo
Via Alessandro Maria Calefati
Via Garruba
Viale Ennio Quinto
Piazza Garibaldi
Via Napoli
Via Pizzoli
Via Manzoni
Via Trevisani
Via Ravanas
Via Crispi
Via Fieramosca
Corso Giuseppe Mazzini
Via Giovanni Bovio
Piazza Redentore
Via Michele Cifarelli
Via Jatta
Via Netti
Via Generale Bernardis
1 2 3 4 5 6 7 8 9 10 11 12 13 14 15 16 17 18 19 20 21 22 23 24 25 26 27 28 29 30 31 32 33 34 35 36 37 38 39 40 41 42 43
A B C D E F G

Bari

Da non perdere

1	Lungomare Nazario Sauro	G2

Che cosa vedere

2	Mercato Coperto Ex Manifattura Tabacchi	B2
3	Palazzo Mincuzzi	D2
4	Pinacoteca Corrado Giaquinto	G2
5	Spazio 13	A1
6	Teatro Kursaal	E2
7	Teatro Petruzzelli	E2
8	Via Sparano da Bari	D2

Pernottamento

9	Abbrivio	G3
10	Grande Albergo delle Nazioni	F2
11	Les Suites Bari	D1
12	Oz	B2
13	Zuppetta 16	E3

Pasti

14	Bistrot Sociale Multietnico	A3
15	Cooperativa Pescatori del Levante	fuori cartina G2
16	El Focacciaro	E2
17	Forno Ricchiuti	C2
18	Frulez	D2
19	Giannino	fuori cartina G2
20	La Bul	C1
21	Pasticceria Fanelli	fuori cartina E4
22	Peppo	D3
23	Pizzeria da Donato	F4
24	Pizzeria Desideria	G3
25	Pizzeria Enzo e Ciro	E2

Locali e vita notturna

26	Bar Piccolo	E2
27	Jérôme Café	D1
28	La Biglietteria	E2
29	Mezcla	E2
30	Prinz Zaum	E2
31	Speakeasy	E1
32	Taverna del Maltese	C2

Divertimenti

33	AncheCinema	C3
34	Auditorium Nino Rota	B4
35	Cinema Arena Airiciclotteri	fuori cartina A4
36	Expostmoderno	fuori cartina A1
	Teatro Petruzzelli	(v. 7)

Shopping

37	Bidonville	E3
38	Cima	D2
39	Crabtree & Evelyn	D2
40	Enoteca Vinarius	C2
41	Introna	E2
42	Libreria Laterza	D2
43	Moby Dick Libri & Giochi	C2

si inoltra nelle viuzze più recondite viene ripagata dai sorrisi sinceri di attempate signore sull'uscio di casa, che, per niente infastidite dai forestieri, tra una faccenda e l'altra trovano sempre il tempo per una chiacchiera; alcune di loro si tramandano un segreto fatto di farina e innata manualità: vederle all'opera mentre danno all'impasto la forma di deliziose orecchiette è un autentico privilegio. A Bari Vecchia, dimenticatevi del concetto di fretta, anche se volete raggiungere un posto in particolare. Spegnete il cellulare e rinunciate a qualsiasi tipo di navigatore. Smarritevi con consapevolezza, perché è solo perdendosi che si giunge al cuore di questo strepitoso angolo di Mediterraneo.

★ Molo San Nicola MOLO

(cartina p58) Per capire la sacralità che i baresi attribuiscono a questo luogo, provate a chiedere a qualcuno dove si trova *N-dèrr'a la lanze* – in italiano si può tradurre con 'a terra la lancia' –, ammesso che siate in grado di pronunciarlo. Nei moli di questa pescheria a cielo aperto, i pescatori approdano la mattina presto, di ritorno dal lavoro notturno. Ricci, polpo freschissimo e altre deliziose crudité di mare sono in vendita per chiunque voglia iniziare la giornata con una colazione marinara. A sinistra del molo si trova il **Teatro Margherita** (cartina p58; Piazza IV Novembre; orario variabile secondo le mostre), risalente a inizio Novecento e finalmente restituito alla città dopo un lungo restauro. Originariamente in legno, fu costruito su palafitte per eludere un divieto del comune che, dopo la realizzazione del Petruzzelli, proibiva la costruzione di altri teatri in città. Distrutto da un incendio dopo un solo anno dall'inaugurazione, fu poi riedificato nell'attuale stile liberty, con le pareti esterne dipinte di rosa. Oggi ospita mostre di arte contemporanea, specie pittoriche e fotografiche. Per sapere che cosa bolle in pentola, consultate il sito www.comune.bari.it/arte-e-mostre.

CHIANCHE BIANCHE E NERE

Se per il viaggiatore di oggi perdersi tra i vicoli di Bari Vecchia, oltre che una certezza, è anche un piacere, diverso era il discorso secoli fa, quando non esistevano mappe o GPS. Per risolvere il problema dell'orientamento si pensò a una sorta di segnaletica nella pavimentazione delle strade basata sulle chianche, piastre di pietra calcarea tipiche della regione. Il sistema era semplice e intuitivo: le vie con le chianche bianche erano quelle che portavano verso l'esterno della città, mentre per quelle nere valeva il discorso opposto. Oggi, a causa dei vari interventi di manutenzione susseguitisi nel corso del tempo, le chianche non garantiscono la stessa affidabilità di un tempo. Vale comunque la pena di provarci: se vi dovesse andare male, siamo certi che la proverbiale gentilezza dei baresi vi aiuterà a ritrovare la strada in un attimo.

Piazza del Ferrarese PIAZZA

(cartina p58) Questa piazza a pianta rettangolare deve il nome a un commerciante di Ferrara che pare possedesse vari immobili nelle vicinanze. Rappresenta da sempre il principale punto di accesso alla città vecchia e durante i recenti lavori di restauro ha visto affiorare un breve tratto dell'antica Via Appia Traiana. Volgendo le spalle al centro moderno della città noterete sulla destra l'**ex Mercato del Pesce** (⌚chiuso per lavori). Sulla sinistra, invece, dove un tempo sorgeva il mercato ortofrutticolo, c'è lo **Spazio Murat** (☎080 205 58 56; www.spaziomurat.it; ⌚11-20 mar-sab), talvolta adibito a mostre temporanee. Sembra impossibile, eppure fino a non molto tempo fa girare da queste parti era poco sicuro, a causa della criminalità che imperversava indisturbata nel centro storico.

Piazza Mercantile PIAZZA

(cartina p58) Se Piazza del Ferrarese è l'anticamera, Piazza Mercantile è l'elegante ingresso mondano di Bari Vecchia. La vostra attenzione sarà ben presto catturata dall'imponente **Palazzo del Sedile** (⌚non visitabile); di origine quattrocentesca, l'edificio si presenta su due livelli e a quello superiore sfoggia un'altana in stile rinascimentale realizzata nel Settecento e costituita da tre arcate, alla cui sinistra si staglia la torre dell'orologio, proveniente dalla Germania, che per secoli ha scandito i ritmi della giornata barese. Il palazzo, a lungo sede del governo cittadino, perse la sua importanza quando a inizio Ottocento il comune si trasferì e fu quindi destinato agli usi più disparati (per un certo periodo fu persino una fabbrica di materassi). Accanto all'edificio troverete la **Colonna della Giustizia**, nota anche come Colonna Infame. Pare che fu il viceré spagnolo Pietro di Toledo a farla erigere, con la funzione di gogna cittadina. Il condannato veniva legato con il sedere all'aria a cavallo del leone di pietra tuttora esistente, proprio sotto la colonna di pietra. La secentesca **Fontana della Pigna**, esattamente di fronte, ha invece un importante valore simbolico: fu infatti la prima fonte di acqua potabile accessibile a tutti in città; conosciuta anche come la Fontana delle Quattro Facce, era originariamente sormontata da una pigna bronzea.

★ **Largo Albicocca** PIAZZA

(cartina p58) Quando si è saputo che una multinazionale leader nell'arredamento si sarebbe occupata della rivalorizzazione della piazza, molti hanno storto il naso. Incredibile ma vero, l'operazione non ne ha snaturato lo spirito e, anzi, l'ha accentuato. In posizione leggermente defilata rispetto ai consueti itinerari, questo angolino fuori dal mondo racchiude l'essenza di Bari Vecchia, tra massaie impegnate in eterni chiacchiericci, ragazzini dediti a scorribande su bici sgangherate e tende colorate che svolazzano sopra i balconi. C'è anche una buona pizzeria (v. lettura p66), e alla sera le tante lampadine appese tra i palazzi diffondono una romantica luce calda, dando ragione alla scritta che campeggia su una targa e consacra il luogo come 'la piazza degli innamorati'. Oggi sono molti i curiosi che vengono qui per vedere la location di alcune serie TV o film, tra cui *La vita davanti a sé* con protagonista Sofia Loren.

Palazzo Simi MUSEO

(cartina p58; ☎080 527 54 51; Strada Lamberti 1; ⌚8.30-18.30 lun-ven e dom, 8.30-13 sab) FREE Dal 1999 Centro Operativo per l'Archeologia di Bari, è la più importante di una manciata di 'case palaziate' del XVI secolo, concentrate un paio di isolati a sud della cattedrale. Le stratificazioni della città sono bene illustrate da una piccola esposizione archeologica, da didascalie e soprattutto dai resti della chiesetta del IX-X secolo visibile nell'interrato, dove si distinguono chiaramente tre absidi, i resti dell'altare e frammenti di affreschi.

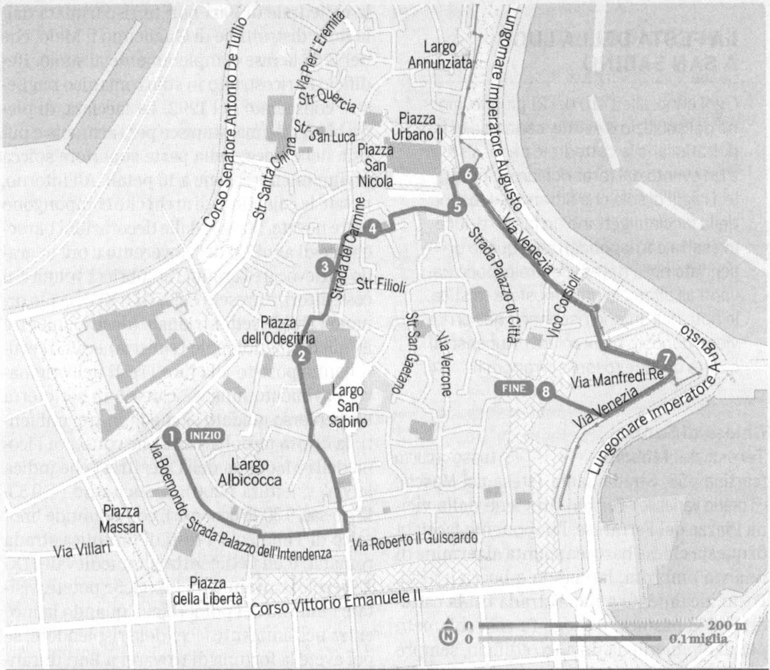

Itinerario a piedi
Bari Vecchia da non perdere

INIZIO PIAZZA FEDERICO II DI SVEVIA
FINE PIAZZA MERCANTILE
LUNGHEZZA 1,6 KM; 30 MIN

Sebbene il vero piacere della scoperta di Bari Vecchia sia perdersi per le sue strade, ci sono alcuni luoghi che non possono non essere visitati. Iniziate la passeggiata dal Castello Svevo, di fronte al quale si snoda la bella 1 **Piazza Federico II di Svevia**, con due archi ai lati. Passando sotto quello più basso vi ritroverete circondati da simpatiche signore con le mani infarinate che con abilità consolidata creano orecchiette di varie misure: se volete portare a casa il souvenir più gustoso e autentico di Bari, questo è il posto giusto. Ritornate sui vostri passi e fate rotta verso la 2 **Cattedrale** (p91), per ammirarne l'austera facciata e i tesori custoditi all'interno. All'uscita, lasciate l'edificio sulla vostra destra e percorrete la 3 **Strada del Carmine**, che porta alla Basilica di San Nicola: si tratta di una delle vie più frequentate del centro, specie dai gruppi organizzati, che la affollano a ogni ora del giorno. Fuggite quindi dalla baraonda imboccando, sulla destra, Strada San Marco, che vi condurrà alla minuscola e graziosa 4 **Chiesa di San Marco dei Veneziani**; secondo la tradizione, fu eretta dai baresi per ringraziare i veneziani del loro contributo decisivo nel cacciare i saraceni dalla città. Proseguendo dritto vi ritroverete in 5 **Strada Palazzo di Città**, la via dove risiedevano le famiglie più in vista di Bari: i bei palazzi che noterete ne sono la conferma. Stanchi degli spazi angusti del centro? Fate ancora qualche passo, salite per una breve scalinata ed eccovi in cima ai bastioni di 6 **Via Venezia**, da dove godrete di una posizione sopraelevata, ideale per ammirare la città vecchia che si estende davanti a voi e, dall'altra parte, il mare che poco lontano si frange contro gli scogli. Proseguendo verso sud incontrerete il 7 **Fortino di Sant'Antonio Abate**, unico baluardo rimasto in piedi, insieme a quello di Santa Scolastica, della cinta muraria medievale. Ancora qualche passo ed eccovi in 8 **Piazza Mercantile**, pronti per un'altra esplorazione di Bari Vecchia, questa volta senza cartina. In alternativa vi attendono i negozi del vicino Quartiere Murattiano.

LA FESTA DELLA LUCE A SAN SABINO

Ogni anno, alle 17.10 del 21 giugno, giorno del solstizio d'estate, centinaia di fedeli affollano la cattedrale per assistere a un evento dal forte richiamo spirituale: i raggi di sole che filtrano dal rosone della facciata gettano un fascio di luce in esatta corrispondenza di quello disegnato nella navata centrale, poco davanti all'altare. In un'atmosfera mistica, le note dell'organo risuonano nell'aria e viene deposto un braciere di incenso al centro dei due rosoni sovrapposti.

Chiesa di Santa Teresa dei Maschi LUOGO DI CULTO

(cartina p58; Strada Santa Teresa dei Maschi; ⌚ orario variabile) Per chi proviene dalla vicina Piazza del Ferrarese, l'imponente facciata di questa chiesa barocca spunta al termine di una via ombrosa, lasciando a bocca aperta. Posto idealmente a metà strada tra la cattedrale e la basilica, il luogo fu così chiamato per distinguerlo da un altro edificio, sempre consacrato alla stessa santa ma dimora delle carmelitane. Spesso, tra queste mura si sente riecheggiare il suono di strumenti antichi: sono quelli della **Cappella Musicale** (www.facebook.com/stm.bari), istituzione impegnata in concerti di musica sacra nelle chiese del centro storico; gli eventi sono promossi dall'associazione **Vallisa Cultura Onlus** (☎ 391 795 11 37; www.facebook.com/vallisaculturaonlus).

Museo Civico MUSEO

(cartina p58; ☎ 080 577 2362; Strada Sagges 13; interi/ridotti €5/3; ⌚ 9.30-13.30 e 16.30-19.30 mar-sab, 9.30-13.30 dom) Sotto la guida della giovane direttrice Paola, questo museo è un vivace contenitore di storia e storie della città. Grazie a preziose stampe d'epoca si rivivono i fasti di inizio Novecento, quando Bari era animata dai caffè letterari e si respirava l'entusiasmo per la grande novità dell'allora nuovissimo Teatro Margherita. Le mostre temporanee prendono invece spunto dai temi più dibattuti dei giorni nostri. Se avrete la fortuna di trovarla aperta, c'è pure una piccola terrazza da cui si gode di una vista quantomai privilegiata sui tetti del centro storico.

Cattedrale di San Sabino LUOGO DI CULTO

(cartina p58; ☎ 080 521 06 05; Piazza dell'Odegitria 1; ⌚ 8-13 e 16-20, orario continuato in estate) A differenza della vicina Basilica di San Nicola, la cattedrale di Bari non fu risparmiata dalla furia distruttrice di Guglielmo il Malo, che nel 1256 la rase completamente al suolo. L'edificio fu ricostruito in stile romanico pugliese e consacrato nel 1292. La facciata, di pietra bianchissima, stupisce per l'armonia e pulizia delle linee; nella parte superiore spicca un imponente rosone a 16 petali. All'interno, notate le colonne e gli archi che compongono le tre navate, liberati dalle decorazioni barocche negli anni '30 del Novecento e ora in grado di rievocare l'originaria sobrietà voluta dai costruttori. Affreschi del XIII e XIV secolo ornano l'abside settentrionale (destra), mentre in quella meridionale (sinistra) scavi recenti hanno portato alla luce i resti dell'originario pavimento musivo. Circa 5 m sottoterra un percorso guidato si snoda in tre ambienti: la **cripta** tardobarocca, che conserva l'icona della Madonna dell'Odegitria ('che indica la via', v. lettura p200); il **succorpo** (⌚ 9.30-12 gio-sab, 9.30-16 dom-mer), con il grande 'mosaico di Timoteo' e i resti di un'antica strada romana; e una **chiesetta** altomedievale (IX-XI secolo) rinvenuta nel 1998. Se potete, visitate l'interno nel pomeriggio, quando la luce entra nell'ambiente facendolo risplendere; se poi avete la fortuna di trovarvi a Bari durante il solstizio d'estate, non perdetevi la Festa della Luce (v. lettura p200).

Alcuni preziosi manufatti (frammenti di pietra intagliata, icone, dipinti, reliquiari e altri oggetti in argento) sono esposti nel **Museo Diocesano** (cartina p58; ☎ 080 521 00 64; primo piano dell'attiguo Palazzo Arcivescovile, ingresso in Via Dottula 7; contributo volontario; ⌚ 10-13 lun, gio, sab e dom, anche 17-20 sab), il cui pezzo forte è però l'eccezionale Exultet, quattro rotoli di pergamena d'ispirazione bizantina dell'XI secolo finemente miniati.

Basilica di San Nicola LUOGO DI CULTO

(cartina p58; ☎ 080 573 71 11; www.basilicasannicola.it; Largo Abate Elia 13; ⌚ 7.15-20.30 lun-sab, fino alle 22.30 dom) Se oggi possiamo ammirare quello che forse è l'esempio più grandioso di romanico pugliese lo dobbiamo (anche) a 62 marinai, che quasi 1000 anni fa (1087) sbarcarono trionfalmente a Bari con le reliquie di san Nicola dopo averle trafugate a Myra, in Siria. Sull'onda della grande euforia che suscitò l'evento fu ben presto decisa la costruzione di una basilica da consacrare al santo, conclusasi nel 1103. Se potete, fate in modo di raggiungere la chiesa dai Bastioni di San Venezia, da dove, seppur di sbieco, se ne intuisce tutta la grandiosità. Una volta giunti sul sagrato, che con la bella stagione è solito riempirsi di gente per i matrimoni, ammirate la sobria ma maestosa facciata, suddivisa in tre lesene che corrispondono alle tre navate interne. Nella parte inferiore noterete il portale centrale finemente scolpito: studiatene con calma le linee e memorizzatene lo stile, che si rivelerà un filo conduttore del vostro viaggio in Puglia. Entrate poi per scoprire i tesori più preziosi della basilica, tra cui spicca il **ciborio** – il tabernacolo sovrastante l'altare – più antico di tutta la Puglia (1150) e, subito dietro, la **cattedra dell'abate Elia**; altissimo esempio di arte scultorea in stile romanico pugliese, sul retro presenta due leoni che divorano implacabili due uomini. Per avvicinarsi alle reliquie del santo occorre scendere nella **cripta** che, secondo la leggenda, custodirebbe anche la lancia di Longino, il soldato che trafisse Gesù, e secondo alcuni addirittura il Sacro Graal. La forte spiritualità che si respira qui assume tratti ecumenici: il santo è infatti venerato anche dai credenti di fede ortodossa e potrà capitarvi di sentire parlate dei paesi dell'Est. Sempre nella cripta si trova la **colonna miracolosa**: in occasione della festa dedicata al santo (6 dicembre) le donne nubili erano solite fare tre giri intorno a essa toccandone il marmo rossastro: secondo la tradizione, ciò avrebbe permesso loro di accasarsi in tempi rapidi; pare che gli uomini della città in cerca di moglie aspettassero poi le fanciulle fuori dalla basilica, a controprova dell'avvenuto miracolo.

Strada di Santa Scolastica STRADA

(cartina p58) La parte più a nord della città vecchia ne racchiude il cuore più autentico. È una zona in cui raramente i turisti si spingono, perdendosi così angoli intrisi dello spirito di Bari Vecchia. Come la piazzetta in cui ci si imbatte all'angolo con Strada Annunziata, dove il mare è vicino e spesso si percepisce una piacevole brezza. Poco più in su si trova il **Museo Archeologico di Santa Scolastica** (cartina p58; ☎389 233 16 45; Largo Monsignor Tommaso Maria Ruffo; ⊙10-17 mar-sab, 10-14 dom, in inverno mar chiuso); di recente apertura, l'esposizione offre uno spaccato della storia del capoluogo dall'Età del Bronzo fino al Medioevo. La contigua area di San Pietro racchiude al suo interno ben 4000 anni di storia. Presto la zona sarà arricchita con un'installazione del giovane artista Edoardo Tresoldi, già ideatore della suggestiva ricostruzione della basilica paleocristiana di Siponto (p159).

Castello Normanno Svevo CASTELLO

(cartina p58; ☎080 521 37 04; Piazza Federico II di Svevia 4; interi/ridotti €6/2; ⊙8.30-18.30 mer-lun)

ARCHI E CORTI

Chiunque si lanci alla scoperta di Bari Vecchia s'imbatterà ben presto in piccoli passaggi che collegano tra loro strade e piazze: sono gli archi. In tutto il centro storico se ne contano più di 50 e alcuni hanno una storia molto particolare. Come l'**Arco della Neve** (cartina p58), non lontano dalla cattedrale, dove anticamente si conservava il ghiaccio per rivenderlo ai commercianti. Nei pressi troverete anche l'**Arco delle Streghe** (cartina p58), così chiamato perché pare fosse il ritrovo di fattucchiere esperte in malocchio e in grado di trasformarsi in gatti neri grazie a misteriosi incantesimi. Molto più rassicurante e vivace è l'**Arco Carducci** (cartina p58), dipinto di un bel celeste e punteggiato da stelle dorate; si trova nei pressi di Strada Dietro Tresca. L'**Arco Meraviglia** (cartina p58), in Strada Zonnelli 8, fu invece realizzato dall'omonima famiglia milanese nel corso del Cinquecento per unire due palazzi contigui; noi però preferiamo affidarci alla leggenda, secondo cui fu costruito in una notte per permettere a due innamorati di incontrarsi.

Le piazze piccole a Bari prendono il nome di corti; durante il vostro girovagare saranno a volte proprio gli archi a condurvi in questi piccoli slarghi. Un esempio è **Corte Carducci** (cartina p58), al cui interno edifici moderni convivono con altri ben più datati. Anche l'accesso a **Corte Alberolungo** (cartina p58), così chiamata per via di un alto albero che ora non c'è più, è anticipata da un arco ed è un bello scorcio da fotografare. Una valida alternativa a Piazza Mercantile per il primo contatto con Bari Vecchia può essere il passaggio che da Largo Chiurla porta a **Corte Notar Morea** (cartina p58): in un attimo si passa dalla città moderna a spazi stretti e angusti, in piena armonia con lo spirito di Bari Vecchia; inutile dire che, anche in questo caso, prima di accedere alla corte passerete sotto un arco, al cui interno c'è un minuscolo baretto di altri tempi. **Corte Zeuli** (cartina p58), infine, spunta a sorpresa da Strada dei Gesuiti ed è un trionfo di baresità, tra case antiche, lenzuola stese ad asciugare e vecchietti che parlano tra loro in dialetto strettissimo.

Bari centro

L'imponente e austera fortezza che campeggia all'angolo sud-occidentale di Bari Vecchia risale al XII secolo e fu costruita per volere del re normanno Ruggero II. Raso anch'esso al suolo dalla furia distruttrice di Guglielmo il Malo, il castello fu poi riedificato per volere di Federico II. A seguito di ulteriori avvicendamenti l'edificio divenne poi proprietà dei re di Napoli che lo adibirono, in periodi differenti, a prigione e caserma. Varcato l'antico fossato e superata la cinta muraria di epoca aragonese si può accedere alla bella **Gipsoteca** (stessi orari e recapiti del castello), che contiene una collezione permanente di riproduzioni in gesso delle più importanti sculture della regione, realizzate nel 1911 per l'Esposizione Nazionale di Roma. Altri spazi sono generalmente utilizzati per mostre temporanee.

Quartiere Murattiano

'Se Parigi avesse il mare sarebbe una piccola Bari'. Questo vecchio proverbio, ancora molto in voga tra la gente del posto, trova una sua verità tra i lunghi boulevard della parte moderna della città, costruita dal cognato di Napoleone Bonaparte, Gioacchino Murat, a inizio Ottocento. Secondo la tradizione fu lo

Bari centro

Da non perdere

1	Largo Albicocca	B4
2	Molo San Nicola	D5

Che cosa vedere

3	Arco Carducci	B3
4	Arco della Neve	B3
5	Arco delle Streghe	B3
6	Arco Meraviglia	C3
7	Basilica di San Nicola	C3
8	Castello Normanno Svevo	A4
9	Cattedrale di San Sabino	B4
10	Chiesa di Santa Teresa dei Maschi	C4
11	Corte Alberolungo	B3
12	Corte Carducci	B3
13	Corte Notar Morea	B4
14	Corte Zeuli	C3
15	Museo Archeologico di Santa Scolastica	C2
16	Museo Civico	B4
17	Museo Diocesano	B4
18	Palazzo Simi	B4
19	Piazza del Ferrarese	C5
20	Piazza Mercantile	C4
21	Santa Maria del Buon Consiglio	C2
22	Strada delle Orecchiette	B4
23	Strada di Santa Scolastica	C2
24	Teatro Margherita	D5

Attività

25	Velo Service	C4

Pernottamento

26	Atipico	B3
	Corte Zeuli	(v. 14)
27	L'Officina	B5
28	La Muraglia	C2

Pasti

29	Biancofiore	C5
30	Cibò	C4
31	Gelateria Gentile	B4
32	La Risto-Pazzeria Dregher	B5
33	La Tana del Polpo	C5
34	La Uascezze	C3
35	Maria	B3
36	Mastro Ciccio	C5
37	Panificio Fiore	C3
38	Panificio Santa Rita	B4
39	Pizzeria Arco della Neve	B3
40	Pizzeria Di Cosimo	B4

Locali e vita notturna

41	Caffè Nero	C5
42	El Chiringuito	D5
43	La Ciclatera	C4
44	La Ciclatera Sotto il Mare	D4
45	Lo Svevo	C3

Shopping

46	Borsalino	C5
47	Il Salumiere Nino	C5
48	Marnarid	B4
49	Terza Luna	B5

stesso Murat, al suo arrivo nel 1813, a far interrare come buon auspicio un anello con rubini nelle fondamenta del primo palazzo del borgo. Oltre che per mettersi alla ricerca del prezioso monile, vale la pena di addentrarsi in questo quartiere per la sua geometria, che stupisce se rapportata al dedalo di viuzze della confinante Bari Vecchia, e per i locali frequentati dai giovani universitari, lo shopping in eleganti boutique e i palazzi liberty.

Via Sparano da Bari STRADA

(cartina p52) Il tradizionale salotto buono di Bari parte all'incrocio con Corso Vittorio Emanuele II, a ridosso del centro storico, e conduce sino a Piazza Umberto I, a due passi dall'università e la stazione. La recente pedonalizzazione ha reso la via ancora più razionale e moderna, tanto che sembra di passeggiare in qualche capitale del Nord Europa. Non sono però mancati i malumori, specie per la rimozione delle palme che l'abbellivano. Osservando il complesso mosaico all'imbocco della via, vicino a Corso Vittorio Emanuele II, noterete un disegno familiare; si tratta di una mappa del centro di Bari Vecchia. Più a sud, all'angolo con Via Nicolò Putignani, si incontra **Palazzo Mincuzzi** (cartina p139); magnifico esempio di architettura liberty. Sede di un negozio dell'abbigliamento, i sontuosi interni meritano di essere visti anche da chi non è attratto dallo shopping.

Teatro Petruzzelli TEATRO

(cartina p52; 080 975 28 10; www.fondazionepetruzzelli.it; Corso Cavour 12; biglietteria 11-19 lun-sab) Come nel più lugubre dei presagi, fu la *Norma*, che si conclude con un rogo, l'ultima opera ad andare in scena. Poi, nel 1991, uno spaventoso incendio doloso distrusse il più importante teatro barese. La ricostruzione fu lunga e segnata da polemiche, e solo nel 2009 il Petruzzelli fu restituito ai baresi in tutto il suo antico splendore. Realiz-

DA VEDERE

SANTA MARIA DEL BUONCONSIGLIO

Nel 946, in occasione di un matrimonio nell'allora Chiesa di Santa Maria del Popolo, scoppiò un alterco, cui seguì uno scontro sanguinoso. La gente del posto sopportava malvolentieri l'usanza instaurata dai bizantini, all'epoca signori della città, di accompagnare le novelle spose all'altare. Il dissidio finì con un 'consiglio' tra baresi e bizantini per accordarsi su nuove regole di convivenza, da cui l'odierno nome del **sito** (cartina p58). L'edificio fu praticamente distrutto negli anni '30 del secolo scorso: restano le colonne romane e frammenti di mosaici con tasselli policromi. Posto in prossimità dei primissimi insediamenti di Bari, meriterebbe una maggiore valorizzazione, anche se è forse proprio il fatto di essere a cielo aperto, incastonato tra palazzi moderni e spesso teatro di partite di pallone tra ragazzini, a renderlo così suggestivo.

zato a inizio Novecento, ha visto esibirsi sul suo palcoscenico artisti di fama mondiale e vanta il primato del teatro privato più grande d'Europa. L'edificio è infatti della famiglia Messeni Nemagna, che, secondo una recente sentenza, avrebbe il diritto di riappropriarsi a pieno titolo del teatro, accollandosi però le ingenti spese sostenute dal comune ai tempi del restauro. In attesa che si risolva la controversia, cercate in biglietteria o sul sito web il calendario mensile delle **visite guidate** (interi/ridotti €5/1) ai sontuosi interni.

Quartiere Madonnella

★ **Lungomare Nazario Sauro** LUNGOMARE

(cartina p52) Che sia per una corsetta mattutina, quando il profumo di salsedine sembra avere la meglio sullo smog, o per una passeggiata serale, con le luci di Bari Vecchia sullo sfondo, è sempre un'ottima idea percorrere il lungomare di Bari. Si parte dal Molo San Nicola e dopo circa 2,5 km si arriva al parco di Punta Perotti, tristemente noto per aver subito uno dei più grandi abusi edilizi italiani.

Teatro Kursaal TEATRO

(cartina p52; ☎080 524 60 70; Largo Adua 5; ⏲telefonare per informazioni) Realizzato in stile tardo liberty e inaugurato nel 1927, il teatro fu costruito per volere della famiglia Santalucia sull'onda delle Kurhaus (spazi adibiti agli svaghi mondani) del Nord Europa. Il restauro, ultimato nel 2021, ne ha riportato in auge gli antichi splendori, dal sipario e dalle poltrone in velluto verde agli stucchi e agli affreschi della Sala Giuseppina, già utilizzata come sala ricevimenti. Al secondo piano si trova la luminosa Sala Cielo, spazio curato dall'artista Alfredo Pirri e da cui si gode di una suggestiva veduta sul vicino lungomare.

Pinacoteca Corrado Giaquinto MUSEO

(cartina p52; ☎080 541 24 20; www.pinacotecabari.it; Lungomare Nazario Sauro 27 o ingresso laterale Via Spalato 19, Palazzo della Provincia; interi/ridotti €3/0,50; ⏲9-19 mar-sab, 9-13 dom, ultimo ingresso 30 min prima della chiusura) Il museo di arti figurative più ricco di Puglia si trova a metà del Lungomare Nazario Sauro, in un monumentale edificio neoclassico. Nelle sue 18 sale accoglie un po' di tutto, da frammenti di sculture dell'XI secolo a maioliche pugliesi e presepi napoletani. Tra i pezzi di maggior spicco segnaliamo: due anonime e delicate agiografie salvate dall'arredo della Chiesa di Santa Margherita di Bisceglie; le luminose pale d'altare di Bartolomeo Vivarini (1440-99 circa); un *San Pietro Martire* di Giovanni Bellini (circa 1430-1516) esposto in una saletta fresca nella quale si entra quattro alla volta (ma le attese non sono mai troppo lunghe); un imponente *San Rocco e gli appestati* di Tintoretto; la radiosa figura di *Santa Caterina d'Alessandria* su uno sfondo quasi nero del caravaggesco Andrea Vaccaro (1604-70).

Spiagge

La spiaggia per eccellenza dei baresi si chiama **Pane e Pomodoro** e si trova a sud del Quartiere Madonnella, non lontano dal Parco di Punta Perotti. Il curioso nome deriverebbe dallo spuntino più amato dai baresi durante le assolate domeniche trascorse al mare. Più a sud c'è **Torre Quetta** che, oltre a ombrelloni e lettini, offre spazi fitness, accesso al mare anche per i disabili e locali dove prendere l'aperitivo al tramonto. Negli ultimi tempi, grazie a un ambizioso progetto di riqualificazione del waterfront, si sta riscoprendo anche il litorale a nord della città, specie nel Quartiere di **San Girolamo**.

Feste ed eventi

Festa di San Nicola 7-9 MAGGIO

A maggio Bari si veste a festa in una tre giorni memorabile, per commemorare il giorno dell'arrivo in città delle spoglie del santo patrono. Tra i momenti più suggestivi c'è la processione a mare della statua del santo, che rievoca la traslazione delle spoglie e culmina con grandiosi fuochi d'artificio. Durante la messa finale del 9 maggio i fedeli si riversano nella cripta e cercano di accaparrarsi una delle poche bottigliette di acqua miracolosa (mischiata a quella benedetta) proveniente dalla tomba del santo e per questo chiamata 'manna'. San Nicola viene celebrato, seppure in maniera più dimessa, anche il 6 dicembre, anniversario della morte. L'evento ricade nel periodo natalizio, il che rende tutto ancora più magico.

Festa del Mare AGOSTO-SETTEMBRE
(www.festadelmarebari.it) Bari Piano Festival, il premio Nino Rota e Bari in Jazz sono solo alcuni degli eventi racchiusi in questa rassegna che da qualche anno anima le serate estive baresi. Di recente si sono aggiunte performance musicali all'aperto in location piene di fascino, tra cui il lungomare, la corte del Castello Svevo e la spiaggia di Pane e Pomodoro.

Fiera del Levante SETTEMBRE
(www.fieradellevante.it) L'evento che richiama maggior pubblico della seconda fiera italiana per importanza è la tradizionale campionaria generale di fine estate, dove tra la tantissima merce esposta si può trovare qualche buona occasione. Verso sera, spostatevi sul lungomare per assistere al tramonto.

Pernottamento

Nel Quartiere Murattiano troverete hotel di stampo classico nonché alcuni B&B a costi ragionevoli, che non brilleranno per charme ma, quanto a posizione e tranquillità, risulteranno ottimali. A Bari Vecchia il romanticismo aumenta, così come i prezzi.

Abbrivio B&B €
(cartina p52; 392 150 87 49; www.abbriviobnb.it; Via Durazzo 1; singole/doppie €55/60;) Ciò che piace di questo B&B è la posizione, nel vivace Quartiere Madonnella, vicino alla movida serale ma sufficientemente lontano dal frastuono, a volte eccessivo, del centro storico. Ciò che incanta, una volta entrati in una delle due camere immacolate, è la magnifica sensazione di sentirsi a casa.

Atipico B&B €€
(cartina p58; 329 611 30 31; www.atipicobari.it; Strada Nuccia Serra 21; singole/doppie/quadruple €55/70/100;) Un angolo (quasi) silenzioso a due passi dalla cattedrale e a un prezzo ragionevole? Armando, il giovane gestore della struttura, vi dimostrerà che tutto questo è possibile. Noi abbiamo particolarmente apprezzato le maioliche a tinte tenui del bagno e la pulizia impeccabile nelle camere.

★ **L'Officina** AFFITTACAMERE €€
(cartina p58; www.facebook.com/bnbofficina; 392 924 61 94; Strada Roberto II Guiscardo 4; appartamento 4/3/2 persone €162/135/108;) All'inizio della città vecchia, a fianco di un garage che ospita alcune splendide auto d'epoca (chiedete di dare un'occhiata), questa sistemazione offre camere spaziose, pulite e confortevoli, quasi tutte con travi a vista. Sopra il portone c'è un semaforo perfettamente funzionante.

La Muraglia B&B €€
(cartina p58; 340 357 18 85; www.lamuragliabari.it; Strada Annunziata 2; doppie €100-120;) A

BARI VECCHIA SOPRA E SOTTO

Emblema del riscatto di Bari Vecchia, **Velo Service** (cartina p58; 080 237 40 39, 324 804 84 32; www.veloservice.org; punto di incontro e sede principale noleggio Strada Vallisa 81; tour a piedi/in bici/in bici-risciò/in Segway €15/25/25/35, noleggio biciclette 1 giorno/3 giorni/1 settimana €10/30/50; 10-19;) è un tour operator formato da una decina di giovanissimi, tutti più o meno poliglotti, che nel 2008 hanno lanciato una sfida audace e innovativa: riscoprire la città vecchia in sella a una bici. Oltre ai classici tour tra i bastioni di Via Venezia, le viuzze più recondite e l'immancabile saluto alla signora Nunzia (v. lettura p63) nella Strada delle Orecchiette, da qualche tempo propongono esperienze ancora più local. Provate per esempio il Cook and Taste: si fa la spesa nei mercati rionali del vicino Quartiere Libertà e poi ci si ritrova in un appartamento di Bari Vecchia con un grembiule intorno alla vita, pronti a cucinare qualche delizia del territorio in un'ottica decisamente a km0.

Di stampo più tradizionale sono le visite organizzate dall'associazione **PugliArte** (340 339 47 08; www.facebook.com/pugliarte), tra cui non mancano itinerari alla scoperta della Bari Sotterranea, tra domus romane e chiese bizantine sconosciute ai più.

DA NON PERDERE

IL QUARTIERE LIBERTÀ

A lungo considerata la periferia a due passi dal centro, oggi il Quartiere Libertà testimonia le continue mutazioni di una città intera. Si parte con un pezzo di focaccia calda del **Forno Ricchiuti** (cartina p52; ☎080 521 32 64; Via Dante Alighieri 274; ⌚7-14.30 e 18-21 lun-sab) per dirigersi verso il **Mercato Coperto Ex Manifattura Tabacchi** (cartina p52; Via Pietro Ravanas 227), dove ci si perde tra il pesce freschissimo e i colori della frutta e verdura esposta; in una zona del mercato sono in atto lavori di riqualificazione che, una volta ultimati, trasformeranno l'area in una sede del Consiglio Nazionale delle Ricerche (CNR). Tornati all'aria aperta, ci si sofferma a guardare gli edifici intorno per scoprire, tra grigi condomini, alcuni palazzi superstiti risalenti a inizio Novecento: ringhiere in ferro battuto, persiane verdi e facciate in tinte pastello sono ciò che rimane di uno stile, il liberty, da cui deriva il nome del quartiere. Poi si fa un salto allo **Spazio 13** (cartina p52; www.spazio13.org; Via Colonnello de Cristoforis 8), dove giovani e meno giovani riversano i propri bollenti e creativi spiriti in spazi a loro dedicati: una performance room, un teatro e persino una falegnameria. A cena, a due passi dalla Chiesa del Redentore, si va al **Bistrot Sociale Multietnico** (cartina p52; ☎347 813 02 92; Via Don Bosco; ⌚20-24 mar-sab, prenotazione obbligatoria) di Ana Estrela, brasiliana d'origine e barese di adozione, per gustare piatti prelibati di tutto il mondo, da un menu che varia spesso e a prezzi sempre popolari. Nel periodo estivo, la serata si può chiudere al meglio con una proiezione all'**ExpostModerno** (cartina p52; ☎349 393 10 72; www.facebook.com/expostmoderno; Via Napoli 264): su sedie tutte diverse tra loro e con il cielo di Bari sopra la testa, ci si intrattiene con film di registi esordienti o qualche pellicola d'essai.

Bari Vecchia non mancano le soluzioni economiche, ma una volta giunti nella piazzetta su cui si affaccia, alla fine di Strada Santa Scolastica, è davvero difficile non innamorarsi di questo B&B. Tra i vari motivi, la meravigliosa e quantomai rara vista mare di cui si gode da alcune camere e dalla splendida terrazza. Chiedete alla signora Marianna di organizzarvi un giro al tramonto in barca.

Corte Zeuli B&B €€
(cartina p58; ☎080 521 76 46, 348 794 19 44; www.cortezeuli.it; Strada Zeuli 20; doppia uso singola/doppia/quadrupla €50-60/70-90/su richiesta; 📶) In una splendida corte spesso frequentata dagli anziani del posto in vena di chiacchiere, la struttura ha camere con soffitti a cassettoni, arredate in stile retrò. I dolci preparati dalla signora Paola per colazione sono divini.

OZ B&B €€
(cartina p52; ☎080 521 28 02; www.bedandbreakoz.it; Via Dante Alighieri 328; doppie/triple €80/80-110; ❄📶) In posizione defilata nel Quartiere Murattiano, vi sorprenderà subito positivamente per la cortesia del suo gestore. Le camere sono curate nei minimi dettagli ed è un piacere ritrovarsi nella sala al piano terra per la prima colazione, così come scambiare due chiacchiere nella terrazza semicoperta all'ultimo piano.

Zuppetta 16 B&B €€
(cartina p52; ☎328 343 3083; Via Zuppetta 16, di fianco all'Hotel Adria; singole/doppie €60/90; ❄📶) Tra i vari B&B nella zona murattiana vicina alla stazione, questo spicca per carattere e cura dei particolari, sia nell'arredamento sia nella prima colazione. Le due camere condividono bagno e cucinotto, mentre il monolocale ha un proprio angolo cottura.

Les Suites Bari HOTEL €€
(cartina p52; ☎080 918 40 80; www.lessuitesbari.it; Via Abate Gimma 30; doppie uso singola/doppie/triple €85/99/130; ❄📶) Dimenticate gli spazi angusti del centro e godetevi la luminosità delle sei suite di cui si compone questa struttura di recente apertura. La mattina, dopo essersi coccolati con la sontuosa colazione e aver ascoltato i consigli di Valentina, si è pronti per esplorare Bari; magari partendo dal Teatro Petruzzelli e il lungomare, entrambi a un tiro di schioppo.

Grande Albergo delle Nazioni HOTEL €€€
(cartina p52; ☎080 592 01 11; www.grandealbergodellenazioni.com; Lungomare Nazario Sauro 7/9; doppie €150; ❄📶🏊) Il nome porta con sé un retrogusto retrò, così come la facciata che sporge direttamente sul lungomare. Eppure, l'unico cinque stelle della città è tutt'altro che superato, anzi. Le camere sono arredate con un tocco moderno e hanno colori tenui e rilassanti. La piscina panoramica sul terrazzo, dal canto suo, è semplicemente da sogno.

Pasti

Rinunciate alla dieta o, per lo meno, rimandatela fino a quando non lascerete la città. L'offerta gastronomica a Bari ha risposte per tutti: dalla semplice – ma buonissima – focaccia per arrivare a elaborati piatti di pesce, adatti ai palati più raffinati. Non andatevene senza provare il riso con patate e cozze, conosciuto come tiella, e le immancabili orecchiette. Fra i dolci spiccano gli *sporcamuss* (sporcamusi), sfogliatine di crema pasticcera spolverate di zucchero a velo. Menzione particolare, infine, per la pizza, che qui generalmente è più sottile e croccante rispetto a quella napoletana, ma non per questo meno buona.

★Gelateria Gentile GELATERIA €
(cartina p58; ☎080 528 27 79; www.gelateriagentile.it; Piazza Federico II di Svevia 33; ⏲11-1) Fin dal 1880 i baresi si mettono in coda davanti al Castello Svevo e, a giudicare dalla qualità, continueranno a farlo ancora a lungo. I gusti cambiano ogni giorno a seconda della disponibilità e della stagione: noi abbiamo provato quello ai fioroni (una qualità di fico che matura a giugno e luglio) e ne siamo rimasti estasiati. La gelateria vanta una succursale anche a New York, nella zona di Brooklyn.

★Cooperativa Pescatori del Levante TRATTORIA SELF SERVICE €
(cartina p52; ☎080 543 01 56; Via Trulli 6, Torre a Mare; pasti €15; ⏲12.30-15.30 e 20-23.30 mar-dom) Da forestieri si prova un certo disorientamento in questo locale verace, tra il frastuono dei tavoli e l'altoparlante che annuncia i numeri delle ordinazioni. Non fateci caso e sfoggiate un bel sorriso ai gentili ragazzi al banco, dove fra i tanti piatti di pesce non dovete perdervi la tiella, che qui raggiunge livelli altissimi di bontà. Certo, per tutto questo dovrete andare fino a Torre a Mare, a una decina di chilometri dal centro, ma ne vale la pena.

Cibò PANZEROTTI €
(cartina p58; ☎339 795 67 36; Piazza Mercantile; panzerotti €1,5-3; ⏲19.30-1 mar-dom) C'è poco da dire: i panzerotti di zio Peppino sono i migliori della città. Nei mesi estivi potreste trovare un po' di coda: approfittatene per sorseggiare una birra nella contagiosa euforia di Piazza Mercantile. Quando il vostro panzerotto di pesto di ricotta e noci sarà sfornato, preparatevi a leccarvi le dita.

Pasticceria Fanelli PASTICCERIA €
(cartina p52; ☎080 542 73 78; www.pasticceriafanelli.com; Viale Don Luigi Sturzo 44/46/48; ⏲6.30-20.30 lun-sab, 7-14 dom) Sono molti i baresi che scelgono questa storica pasticceria per iniziare alla grande la giornata. Fate altrettanto ordinando cappuccino e cornetto, o magari osate lasciandovi tentare dalle scintillanti paste dietro al bancone. Nel periodo natalizio provate il pezzo forte della casa: il Dolce di San Nicola, una delizia di farina di mandorle e agrumi con uno strato di cioccolato bianco.

Mastro Ciccio PANINOTECA €
(cartina p58; ☎080 521 00 01, 389 045 28 96; Corso Vittorio Emanuele II 15; pasti a partire da €10; ⏲10-23.30) Nel corso di pochi anni questo locale ha saputo fare breccia nel cuore dei giovanissimi; non per nulla, lo troverete sempre affollato. D'altronde, l'idea di combinare la logica del fast food con le eccellenze del territorio è vincente. Provate un panino con burrata, capocollo di Martina Franca e granella di pistacchio. Ci sono anche i panzerotti.

Frulez BISTRÒ, CAFFETTERIA, FRUIT BAR €
(cartina p52; ☎080 523 98 27; www.frulez.it; Piazza Re Umberto I 14; pasti €15; ⏲9-23 lun-sab) È tante cose insieme questo locale del Murattiano:

LA SIGNORA NUNZIA

Non c'è barese che non la conosca e sono in molti, se non tutti, a volerle un gran bene. La signora Nunzia ha le mani infarinate da una vita, da quando a sei anni, un pomeriggio, la madre non la fece uscire di casa per andare a giocare con le amiche. "Voleva insegnarmi a fare le orecchiette", ci ha raccontato. E così nacque una storia che vale la pena di ascoltare dalla sua voce, sempre allegra e scherzosa. Nunzia è un'orgogliosa ambasciatrice di Bari, e qualche anno fa ha avuto anche l'onore di volare a New York per promuovere l'eccellenza pugliese oltreoceano. La si trova quasi sempre sull'uscio di casa, ovviamente nella **Strada delle Orecchiette** (cartina p58), spesso in compagnia della madre, a intrattenersi con turisti di ogni dove e sempre pronta per una foto ricordo. Durante la pandemia, non si è scoraggiata e ha voluto proporre il suo personalissimo omaggio all'Italia: grazie a una sapiente miscela di grani, ha creato particolari orecchiette tricolore.

giovane, colorato; emporio, bar, bistrò; adatto a una pausa a ogni ora della giornata, per un'insalatona o una zuppa (sempre di stagione), un tagliere, un panino, un frullato o un centrifugato. I produttori sono selezionati, l'attenzione alle intolleranze alimentari è massima, il wi-fi velocissimo.

La Uascezze VINERIA CON CUCINA €€
(cartina p58; ☎ 080 523 60 23, 328 82 58 376; www.lauascezze.com; Vico Sant'Agostino 2; pasti €20-25; ⏲ 19.45-24, dom anche a pranzo) In un angolo defilato (e assai pittoresco) rispetto ai tanti locali che si affacciano su Piazza Mercantile, questo locale è in grado di offrire un valido assaggio di alcune delle migliori prelibatezze pugliesi accompagnate da un buon calice di vino locale. I tavolini sistemati sotto la corte sono molto piacevoli ma i coperti sono pochi: conviene prenotare.

La Tana del Polpo TRATTORIA €€
(cartina p58; ☎ 080 975 33 38; Strada Vallisa 50; pasti €25; ⏲ 12.30-15 e 19.30-0.30 mer-lun) In piena Bari Vecchia c'è una trattoria di mare verace e sempre affollata. Fate come noi: prenotate per tempo e poi iniziate la vostra traversata culinaria con un'insalata di polpo freschissima. Dopodiché, l'approdo naturale saranno le squisite orecchiette al nero di seppia.

Peppo PASTERIA €€
(cartina p52; ☎ 080 864 16 84; Via Melo da Bari 223; pasti €20; ⏲ 12.30-15 e 19.30-23 gio-mar, dom solo a pranzo) 'C'è sempre pasta per te'. Così recita lo slogan di questo dinamico locale nel Quartiere Murattiano. In effetti gli appassionati del piatto italiano per antonomasia non resteranno delusi, anche se si tratta in realtà di un locale multiforme, ottimo per un pranzo leggero o per una cena più elaborata in un'atmosfera urban. Se non le avete ancora provate, questo è un buon posto per gustare le celebri orecchiette alle cime di rapa.

Giannino RISTORANTE €€
(cartina p52; ☎ 080 543 04 48; www.gianninorestaurant.it; Via Giacomo Leopardi 38; pasti €35, ⏲ 12.45-15 e 20-24 lun-mar e gio-sab, 12.30-16 dom) I frutti di mare freschissimi, degli spaghettini al riccio di mare o un'orata cucinata con sapienza e dedizione. Se siete dalle parti di Torre a Mare e cercate un luogo raffinato per il vostro pranzo, lo chef Leonardo vi sta aspettando.

Biancofiore RISTORANTE €€/€€€
(cartina p58; ☎ 080 523 54 46, 340 894 63 54; www.ristorantebiancofiore.it; Corso Vittorio Emanuele II 13; pasti a partire da €40; ⏲ 12-15 e 19-23.30 mar-dom) Nella luce e nelle suggestioni del centralissimo locale di Diego e Daniela l'offerta rimane in primo luogo ittica, ma con uno slancio creativo. Potete cominciare con sashimi di ricciola con guazzetto di anguria, proseguire con risotto ai crostacei con lime e burratina, e finire con pesce spada alla piastra e friggitelli. Al dessert, si torna invece alla tradizione con il cappuccino Biancofiore, intramontabile specialità della casa.

LO STREET FOOD MADE IN BARI

Mattina, pomeriggio o sera, poco importa: a Bari ogni ora è buona per gustare uno dei tanti cibi di strada, veri e propri pilastri della cultura locale. Già con le prime luci dell'alba, i panifici della città sfornano implacabili la celebre **focaccia**; prima di storcere il naso pensando che sia troppo pesante, lasciate che sia questa unta prelibatezza, intrisa di pomodori, olive e origano, ad avere l'ultima parola. A Bari Vecchia potrete scegliere tra quella del **Panificio Santa Rita** (cartina p58; ☎ 346 616 91 52; Strada dei Dottula 8; ⏲ 8-14 e 18.30-21.15 lun-mer e ven, 8-14 e 18.30-22.30 sab, 8-14 gio), più sottile e ancora più unta rispetto a quella tradizionale, e quella dello storico **Panificio Fiore** (cartina p58; ☎ 080 523 62 90; Strada Palazzo di Città 38; ⏲ 8-13.30 gio, anche 17.15-20.30 lun-mer e ven-sab, 9-12.30 dom), più fedele alla 'dottrina'. Nel Quartiere Madonnella vige invece la legge di **El Focacciaro** (cartina p52; ☎ 080 554 09 98; Via Cognetti 43; ⏲ 8-15 e 17.30-21 lun-sab); si trova a due passi dal lungomare e la sera sforna anche i panzerotti. Se invece, sempre per colazione, siete in vena di un 'sushi' tutto barese, precipitatevi al Molo San Nicola (p54); ma fate presto o rimarrete a bocca asciutta! E quando nel pomeriggio la fame tornerà a farsi sentire, buttatevi sulle **sgagliozze**, deliziose fette di polenta fritte. A due passi dalla Basilica di San Nicola, la signora **Maria** (cartina p58; Strada delle Crociate 13; ⏲ 17.30-21) è una vera istituzione. In alternativa, è altrettanto famosa Carmela, in Largo Albicocca (p54). Entrambe le signore preparano anche le **popizze**, palline di pasta di pane anch'esse fritte nell'olio. Il costo di una porzione da sei è di €1; e, no, non è un errore di stampa.

La Bul RISTORANTE €€€
(cartina p52; ☎080 523 05 76, 340 310 34 00; www.ristorantelabul.it; Via Villari 52; pasti €50; ⌚19.30-22.30 lun-sab; ☑) Tra le geometrie, i colori e gli arredi in stile anni '50, sembra più di stare in una galleria d'arte che in un ristorante. Forse perché Antonio Scalera (in cucina) e Francesca Mosele (in sala) sono due artisti, rispettivamente della cucina e del vino. La carta cambia in base alla stagione gastronomica e prevede anche piatti vegetariani.

Locali e vita notturna

Piazza del Ferrarese è diventata nel giro di pochi anni il ritrovo dei giovanissimi, che specie nel periodo estivo sono soliti stazionarvi per ore prima di decidere la meta della serata. I trentenni (ma anche quelli un po' più grandi) si ritrovano nei giardinetti a triangolo vicino al lungomare, nei pressi di Largo Giordano Bruno e Largo Adua. Ci sono poi vari locali disseminati nel resto della città, che vi lasciamo il piacere di scoprire.

La Biglietteria COCKTAIL BAR, BISTRÒ
(cartina p52; ☎080 222 77 04; www.labiglietteriabari.it; Largo Adua 3; ⌚7-2) Se il teatro Kursaal ha da poco riaperto i battenti, il suo foyer era già da tempo un luogo di ritrovo imprescindibile per baresi e non. Merito del coraggio e dell'entusiasmo di cinque amici che hanno dato alla luce un cocktail bar-bistrò aperto 16 ore al giorno. Godetevi l'interno, tutto nello stile sfavillante di inizio Novecento.

Bar Piccolo BAR
(cartina p52; ☎080 554 38 60; Via Cognetti 59; ⌚7.45-24 lun-ven, 7.45-5.30 sab) È una legge non scritta della movida barese: poco importa che piani avete per la serata, prima o poi – più probabilmente poi – finirete al Piccolo. Per la Peroni della buonanotte a pochi euro, da bere guardando il mare. O per intavolare una conversazione con uno dei tanti, leggendari personaggi che popolano questo baretto da estate italiana.

Speakeasy COCKTAIL BAR
(cartina p52; ☎333 979 98 95; www.speakeasybari.it; Largo Giordano Bruno 34; ⌚18-2 dom-gio, 18-2.30 ven-sab) Gli spazi sono angusti – ma i tavolini fuori garantiscono qualche chance in più – e spesso bisogna aspettare per sorseggiare il proprio drink. Siate pazienti e sarete ripagati da un cocktail eccellente, di cui vi potrete complimentare con Enzo e Nico, da oltre 10 anni al timone di questo conosciuto e apprezzato locale.

Mezcla BAR CON CUCINA
(cartina p52; ☎080 698 21 13; Via Giuseppe Bozzi 53; ⌚12.30-15 e 19-1 dom-gio, fino alle 2.30 ven e sab) Il nome non tradisce le attese: tra piastrelle lucide e biciclette appese al muro, si sorseggiano cocktail frutto di arditi connubi internazionali. Anche la cucina propone piatti all'insegna della mixology, l'arte di unire e miscelare più elementi, vero pilastro di questo bar a pochi passi dal Petruzzelli.

Lo Svevo BIRRERIA
(cartina p58; ☎080 841 58 98; Strada Arco Meraviglia 1; ⌚19-23 mar-dom) Nei pressi di un pittoresco arco di Bari Vecchia, si trova questa birreria dallo spirito rustico e l'anima tentatrice. Andate al banco per farvi spillare una delle tante birre artigianali e, intanto, date un'occhiata all'offerta della cucina. Tra pizze alla pala, bruschette e hamburger c'è l'imbarazzo della scelta.

★ **Prinz Zaum** CAFFÈ LETTERARIO
(cartina p52; www.libreriazaum.it; Via Cardassi 93; ⌚8-21 lun-mer e ven-sab, 17-21 gio) Bar libreria dall'atmosfera leggera, dove si entra per chiedere indicazioni e si finisce per non uscire più, allietati dalla notevole playlist a base di soul blues dei tempi d'oro e attirati dagli eventi culturali. L'arredamento è minimal perché la vera anima del locale sono i suoi avventori. Prendete un buon libro e rilassatevi o, in alternativa, postate le foto della giornata sfruttando la connessione wi-fi superveloce.

★ **El Chiringuito** BAR
(cartina p58; ☎080 521 46391; Molo San Nicola; ⌚orario variabile) Con l'arrivo della bella stagione, questo baretto proprio di fronte al *N-dèrr'a la lanze* (p53) diventa un punto di riferimento in città, frequentato assiduamente dai baresi a ogni ora del giorno e della notte. La Peroni si mesce a fiumi e, quando la sera si sfornano i panzerotti, ci sono altissime probabilità di ritrovarsi a parlare un improbabile barese con la gente del posto.

Taverna del Maltese COCKTAIL BAR
(cartina p52; ☎080 524 45 77; www.latavernadelmaltese.it; Via Domenico Nicolai 67; ⌚18-3 ven-sab, 18-2 dom-gio) Colori vivaci, musica live e una veranda coperta che d'estate è molto apprezzata. In questo locale a due passi dall'università ci sono tutti i presupposti per sentirsi giovani in mezzo alle matricole dell'ateneo.

Jérôme Cafè CAFFÈ
(cartina p52; ☎080 521 25 25; www.jeromecafe.it; Via Calefati 61; ⌚7-21) Tra un acquisto e l'altro nel Murattiano c'è senza dubbio bisogno di

LA SPECIALISSIMA PIZZA DI BARI

Se Napoli è la capitale della pizza, Bari ne è una degna succursale! Girando per la città, noterete un numero infinito di pizzerie: ecco qualche dritta su dove andare a colpo sicuro. Partiamo con l'eterno classico, **Da Donato** (cartina p52; ☎080 554 29 03; www.pizzeria dadonato.com; Via Lattanzio 59; ⏲19-24 lun-sab; 🌿), che dal 1973 propone anche pizze senza glutine o vegane (con mozzarella di riso); a detta di molti è la migliore in città, ma per raggiungerla vi toccherà attraversare la barriera ferroviaria (coraggio, è solo a 1 km dal Petruzzelli!). Nel Quartiere Madonnella, **Desideria** (cartina p52; ☎080 554 15 35; Corso Sidney Sonnino; ⏲19-23.30) sta ultimamente riscuotendo molto successo; merito dell'impasto leggero e di un vantaggioso menu fisso che comprende anche un gustoso antipasto. Si torna in centro e a 50 m da Corso Vittorio Emanuele II troverete **La Risto-Pazzeria Dregher** (cartina p58; ☎080 521 53 80; Via Corridoni 10; ⏲12.30-16 e 19-24), allegra, affollata e caotica quanto il nome, che i baresi chiamano anche 'da Giancarlo', dato che è lui a sfornare pizze e panzerotti. E infine andate a Bari Vecchia, nell'incantevole Largo Albicocca. Qui ci si mette in fila da **Di Cosimo** (cartina p58; ☎080 521 87 40; Largo Albicocca 19; ⏲18.30-24 mar-dom), niente di più che un cucinotto, con sedie e tavoli in plastica all'esterno. Nelle calde serate estive i baresi vi si riversano a frotte, e non abbiamo ancora deciso se la gioia più grande sia data dai bei calzoni fumanti o dalle incessanti chiacchiere in dialetto strettissimo durante l'attesa prima e la cena poi. Andateci e fateci sapere.

una pausa, meglio se raffinata e anche un po' pettinata, com'è nello stile di questo caffè all'angolo di Via Sparano. La vetrina sberluccicante ricorda quella di una gioielleria di New York sulla Quinta Strada.

La Ciclatera COCKTAIL BAR, BISTRÒ
(cartina p58; ☎375 548 85 32; Strada Angiola 23; ⏲19-2 mer-dom) Gli storici proprietari Roberto e Massimo hanno da poco riaperto i battenti della loro creatura. Cambia la location, ma si rimane in piena Bari Vecchia, e nella nuovissima struttura il pezzo forte è il grande tavolo di condivisione, voluto per invogliare l'interazione tra gli avventori. 'Ciclatera' in dialetto vuole dire 'caffettiera', ed è per questo che, quando si chiede il caffè, viene portata in tavola direttamente la moka. Nella suggestiva cornice dei bastioni di Via Venezia c'è la **Ciclatera Sotto Al Mare** (cartina p58; Via Venezia 6; ⏲11-1), un tempo succursale estiva e ora aperta tutto l'anno.

Caffè Nero BAR
(cartina p58; Strada Vallisa 33; ⏲9.30-2.30) Anche conosciuto come 'Schwarz', questo piccolo bar a due passi da Piazza Mercantile è il ritrovo dei giovani alternativi di Bari. Veniteci all'inizio dell'estate per sentirli discutere dell'esame di maturità, o anche soltanto per rilassarvi un po' tra una scorribanda e l'altra nella città vecchia bevendo un buon caffè.

☆ Divertimenti

Teatro Petruzzelli TEATRO
Il Petruzzelli (p59), teatro per antonomasia di Bari, ospita gran parte della vita culturale cittadina. La fondazione gestisce la stagione di lirica, danza, musical e sinfonica; dell''altra' musica, da camera, jazz ecc., si occupa la **Camerata Musicale Barese** (☎080 521 19 08; www.cameratamusicalebarese.it; Via Sparano da Bari 141); della prosa, invece, il **Teatro Pubblico Pugliese** (☎080 558 01 95; www.teatropub blicopugliese.it).

Auditorium Nino Rota MUSICA CLASSICA
(cartina p52; ☎080 574 00 22; http://nuke.conser vatoriopiccinni.it; Via Michele Cifarelli 2) Dopo un'attesa durata 25 anni è stato riaperto l'auditorium del Conservatorio Piccinni e la sua orchestra sinfonica è di nuovo pronta ad allietare le vostre orecchie. Consultate il sito web: ci sono spesso eventi gratuiti.

AncheCinema TEATRO
(cartina p52; www.anchecinema.com; Corso Italia 112) Teatro polifunzionale nato dalla riqualificazione dell'ex Cinema Teatro Royal (già Cinema dei Ferrovieri dal 1935). Propone spettacoli teatrali e di danza, concerti di musica classica e non, incontri letterari e rassegne cinematografiche.

Cinema Arena Airiciclotteri CINEMA ALL'APERTO
(cartina p52; ☎392 471 61 16; Strada Massimi-Losacco 4) Durante la bella stagione è molto meglio delle multisale: le proiezioni so-

no all'aperto e si respira un'atmosfera retrò. La vera chicca, però, sta nella pausa tra primo e secondo tempo, quando vengono sfornati panzerotti fumanti e generose porzioni di focaccia calda. Spesso propone anche interessanti rassegne culturali e spettacoli dal vivo: consultate la pagina Facebook.

Shopping

Anche a Bari le grandi catene stanno prendendo sempre più piede, rendendo dura la vita alle botteghe storiche; ve ne renderete conto soprattutto nella parte murattiana della città. A Bari Vecchia ci sono molti negozi di souvenir, specie su Strada del Carmine, ma quasi tutti hanno ben poco di autentico. Per andare sul sicuro fate incetta di burrate, caciotte e capocolli in una delle tante gastronomie senza farvi ingannare dall'insegna: si chiamano 'salumerie', ma dentro ci troverete davvero di tutto!

Il Salumiere Nino SALUMERIA
(cartina p58; ☎080 521 98 51; Strada San Benedetto; 🕓8-14.30 e 18-40-22.30) È difficile che non venga l'acquolina in bocca quando si entra in questo negozio con il banco frigo ricolmo di salumi e caciotte che penzolano dal soffitto. Fate scorta di ciò che avete più amato durante i vostri assaggi e portatevi a casa un gustoso pezzetto di Puglia.

Marnarid DOLCIUMI
(cartina p58; ☎080 521 38 03; Piazza dell'Odegitria 16; 🕓8-13 e 16-20 lun-sab) Da qualche tempo a gestire questa storica bottega a due passi dalla cattedrale non c'è più il signor Domenico, che qui aveva iniziato a lavorare da bambino più di 80 anni fa. Grazie però all'intervento dei figli, lo spirito di questo negozio rimane immutato, con dolciumi dai profumi vanigliati a colorare gli scaffali.

Terza Luna TÈ
(cartina p58; ☎080 321 61 05; Via Benedetto Petrone 11; 🕓9.30-13.30 e 16-20 lun-sab) Dopo l'allegro ma inesorabile chiasso della città vecchia, questo piccolo negozio, poco più di un corridoio, nei pressi di Corso Vittorio Emanuele è quello che ci vuole per far riposare i timpani. Invece dovrete aprire bene le narici per odorare le tante miscele di tè, alcune dai nomi afrodisiaci e dal sapore inaspettato.

Borsalino CAPPELLI
(cartina p58; ☎080 523 25 23; Corso Vittorio Emanuele II 5; 🕓9-13 e 16-20.30) C'è un fascino antico in questa boutique di cappelli aperta dal 1857, tra i pochissimi negozi storici rimasti in città. Cecilia ed Elena Gaudioso sono infatti le figlie di Stefano, già concessionario in esclusiva di Borsalino a Bari; ma oggi qui trovate anche molte altre marche (a prezzi più accessibili).

Cima INTIMO
(cartina p52; ☎080 521 32 69; www.cimabari.it; Via Sparano da Bari 131; 🕓9-20.15) È da 90 anni che i baresi prediligono questo negozio di classe per i loro capi d'intimo, dai più classici alle mise più sexy. Fateci un salto anche voi: fra i tanti articoli potrete anche scovare un costume stiloso per la vostra estate pugliese.

Bidonville ABBIGLIAMENTO VINTAGE
(cartina p52; ☎080 990 56 99; Via Melo da Bari 224; 🕓9.30-13 e 16.30-20.15 lun-sab) A nostra precisa domanda i ragazzi baresi non hanno avuto dubbi: l'abbigliamento vintage a Bari si compra qui. Dalle grandi marche alle canottiere di basket stile NBA, ce n'è davvero per tutti.

★ **Crabtree & Evelyn** PROFUMI
(cartina p52; ☎080 521 74 56 ; www.profumeriamenenna.com; Via Principe Amedeo 126; 🕓9-13 e 16-20.30 sab, 9-20.30 lun-ver) In pieno centro murattiano, un po' nascosta rispetto ad altre boutique ben più appariscenti, questa 'profumeria artistica' offre un'ampia gamma delle marche più note, nonché alcuni prodotti di nicchia, così come un buon assortimento di fragranze per interni. Il tutto in un contesto di alta eleganza, tra scaffali in legno scuro illuminati da lampade liberty e commesse preparate e gentili.

Enoteca Vinarius VINI
(cartina p52; ☎080 521 31 92; Via Dante Alighieri 129; 🕓16-20.30 lun, 8.30-13.30 e 16-20.30 mar-sab, 9-13 dom) Se siete invitati a cena, questo è il posto giusto per procurarsi una bottiglia di vino d'alta classe a prezzi ragionevoli e fare bella figura. L'unico intoppo potrebbe essere la vastissima scelta a disposizione: chiedete consiglio al bancone. C'è un secondo, immenso **magazzino/punto vendita** (☎080 926 02 00; Viale Europa 16/c; 🕓8.30-13.30 e 15.30-20 lun-sab, 9-13 dom) nella periferia ovest della città.

Libreria Laterza LIBRI
(cartina p52; ☎080 521 17 80; www.librerialaterza.it; Via Dante Alighieri 53; 🕓9.30-13.30 e 16.30-20.30 lun-sab) Aperta nel 1896 da Giovanni Laterza, la storica libreria della casa editrice è da allora luogo d'incontro e confronto.

Moby Dick Libri & Giochi LIBRI
(cartina p52; ☎080 964 46 09; www.mobydicklibriegiochi.it; Via De Rossi 86; 🕓9.30-13.30 e 16.30-20.30 lun-sab) Libreria per i più piccoli gestita da

una coppia: Teo è esperto di libri ed editoria, Costanza organizza laboratori per i bambini.

Introna CERERIA

(cartina p52; ☎080 521 32 06; www.cereriaintrona.it; Via Nicola De Giosa 51; ⏲9-13 e 17-20 lun-sab) Non è il solito negozio di candele, e per capirlo basta informarsi sulle sue origini: fu nel lontano 1840 che la famiglia Introna decise infatti di lanciarsi nel commercio 'di cere lavorate a mano'. Sebbene i volumi siano aumentati, la sensazione di ritrovarsi davanti a piccoli capolavori scolpiti nella paraffina rimane. Date un'occhiata ai pezzi della collezione Marbie, che riproducono fedelmente le più celebri sculture dell'antica Grecia.

Informazioni

ASSISTENZA SANITARIA

Le **farmacie** effettuano a rotazione il servizio notturno. Per conoscere ubicazione e orari la miglior fonte è il locale **Ordine dei Farmacisti** (☎080 542 14 51; www.ordinefarmacistibaribat.it).

Ospedale Policlinico/Pronto Soccorso (☎080 559 11 11, 118; Piazza Giulio Cesare 11)

EMERGENZE

Carabinieri (☎080 54 51 11; Lungomare Nazario Sauro 43)

Polizia (Questura ☎080 529 11 11, Via Gioacchino Murat 4; Commissariato San Nicola ☎080 578 6111, Piazza San Pietro 31)

INFORMAZIONI TURISTICHE

L'**Infopoint** (cartina p58, C5; ☎080 524 22 44; Piazza del Ferrarese 29; ⏲9-17) si trova all'ingresso di Bari Vecchia. Ci troverete personale qualificato, pronto a darvi informazioni sulla città e la Puglia in generale. C'è anche una filiale all'aeroporto (☎080 536 13 50; ⏲8-22).

POSTA

Ufficio postale (☎080 525 01 50; Piazza Umberto I; ⏲8.20-19.05 lun-ven, 8.20-12.35 sab)

Per/da Bari

AEREO

L'**Aeroporto di Bari Palese – Karol Wojtyla** (BRI; risponditore automatico: ☎080 580 02 00; www.aeroportidipuglia.it; Viale Enzo Ferrari) si trova 10 km a ovest del centro cittadino ed è lo scalo più importante di Puglia; è collegato a destinazioni nazionali e internazionali dai voli di Aegean, Air Cairo, Air Dolomiti, Air France, Albastar, Albawings, Austrian Airlines, BH Air, Blue Air, Blue Panorama Airlines, British Airways, Easy Jet, Ellinair, Eurowings, Free Bird, Ita, Lufthansa, Luxair, Meridiana Fly, Mistral Air, Montenegro Airlines, Ryanair, S7 Airlines, Swiss, Transavia, Turkish Airlines, Volotea, Vueling, Wizzair. Per i collegamenti in autobus da/verso altri aeroporti e stazioni ferroviarie regionali consultate la voce 'Bus' nella sezione 'Da e per gli aeroporti' sul sito web dell'aeroporto. Con la realizzazione del moderno scalo ferroviario, il modo migliore per raggiungere Bari è il treno. Ci sono treni ogni ora per la stazione centrale, consultate il sito web di **Ferrotramviaria** (☎080 529 91 11; www.ferrovienordbarese.it; €5,10, durata 20 min).

AUTOBUS

La Puglia ha una complessa rete di autolinee private che servono la provincia e tratte a lunga percorrenza da diversi punti della città. A semplificare le cose negli ultimi anni è stato implementato un sistema centrale di consultazione orari e acquisto dei titoli di viaggio attraverso il **Consorzio Trasporti Aziende Pugliesi** (COTRAP), www.cotrap.it. Frequenti autobus **STP** (www.stpspa.it) partono da Piazza Gramsci (nei pressi della spiaggia Pane e Pomodoro), fermano in Piazza Eroi del Mare (cartina p52, E1; quella del Porto Vecchio) e raggiungono varie destinazioni nella Terra di Bari: per esempio Andria (€4,30, 1 h 30 min), Canosa di Puglia (€6,50, 2 h 15 min), Minervino Murge (€6,50, 1 h 55 min), Margherita di Savoia (€5,80, 2 h), Barletta (€4,30, 1 h 45 min), Trani (€3,30, 1 h 20 min circa), Molfetta (€2,20, 50 min), Bisceglie (€2,90, 1 h 10 min) e Giovinazzo (€1,40, 35 min). Alle stesse piazze fanno capo anche gli autobus di **Ferrotramviaria** (p69). L'altro punto di riferimento è Via Capruzzi (cartina p52, D4; Largo Sorrentino), sul lato sud della stazione centrale. Da qui partono: gli autobus **SITA** (www.sitasudtrasporti.it) per diverse destinazioni della zona; quelli integrativi/sostitutivi delle **Ferrovie Appulo Lucane** (p69); e quelli a lunga percorrenza di autolinee come **Flixbus**, **Marozzi** e **Marino** (p401). Infine, 200 m a sud di Via Capruzzi, da Largo Ciaia, dove si trova anche la biglietteria, parte la maggior parte degli autobus (feriali) gestiti da **Ferrovie del Sud Est** (p403), che integrano il percorso ferroviario per Martina Franca o vanno a Taranto via Sammichele/Gioia del Colle, oppure a Brindisi (€8,40, 2 h 40 min, 3 corse al giorno; solo 1 h 30 min l'ulteriore corsa diretta che parte dalla Fiera del Levante) lungo la litoranea fino a Monopoli e poi via Fasano, Ostuni, San Vito. Ricordatevi che, salvo rare eccezioni, non ci sono corse nei giorni festivi.

AUTOMOBILE E MOTOCICLETTA

Bari si trova sull'autostrada A14, che si snoda in direzione nord-ovest verso Foggia e a sud attraverso le Murge verso Taranto, ed è collegata con l'A16 per Napoli all'altezza di Canosa di Puglia. Per raggiungere il centro uscite a Bari Nord. Le statali alternative sono rispettivamente la litoranea SS16 e la SS100 (buona anche per Taranto e Matera). La SS16 prosegue verso sud-est per Brindisi e Lecce biforcandosi all'altezza di Fasano.

IMBARCAZIONI

Il **Porto di Bari** (Autorità Portuale: ☎080 57 88 511; www.adspmam.it/i-porti/porto-di-bari; Piazzale Colombo 1) è situato sul lato ovest della penisola della città vecchia. Da qui partono traghetti per Durazzo (Albania), Dubrovnik (Croazia), Corfù, Igoumenitsa e Patrasso (Grecia) e Bar (Montenegro). Di seguito elenchiamo le compagnie di navigazione che effettuavano i collegamenti tra la Puglia e l'altra sponda dell'Adriatico al momento della stesura della guida. Tariffe scontate e offerte promozionali variano in base alla compagnia di navigazione, all'anticipo con cui effettuerete la prenotazione e l'acquisto del biglietto, alla tipologia di tratta (diurna o notturna) e al tipo di sistemazione. Per informazioni e acquisti potete anche rivolgervi a **TraghettiLines** (☎02 39 29 39 29; www.traghettilines.it).

Adria Ferries (☎071 5021 1621; www.adriaferries.com) Effettua collegamenti da Bari per Durazzo.

Grandi Navi Veloci (☎010 209 45 91; www.gnv.it) Collega tutto l'anno giornalmente Bari con Durazzo.

Jadrolinija (www.jadrolinija.hr) Effettua servizio stagionale da Bari per Dubrovnik, in Croazia, e Bar, in Montenegro.

Superfast Ferries (www.superfast.com) È una delle compagnie migliori e più grandi, con partenze giornaliere da Bari per Igoumenitsa e Patrasso, e stagionali durante il periodo estivo per Corfù. È anche l'unica compagnia che accetta i pass Inter-Rail.

Ventouris Ferries (☎080 578 98 11; www.ventourisferries.it) Effettua collegamenti stagionali nel periodo estivo da Bari, sia per la Grecia (Cefalonia, Corfù, Igoumenitsa, Zante), sia per l'Albania (Durazzo).

TRENO

Non è facile orientarsi nella rete ferroviaria che si dirama da Bari a causa delle numerose compagnie che operano nella zona, spesso con combinazioni treno+autobus. È indispensabile verificare in anticipo i dettagli degli orari. In Piazza Aldo Moro c'è la **stazione ferroviaria centrale** (cartina p52, D3), servita da **Trenitalia** (☎89 20 21; www.trenitalia.com). I treni a lunga percorrenza da/per il Nord Italia (Milano, Torino, Venezia) usano la linea che passa dalla costa adriatica e da Bologna, mentre quelli da/per Roma (Intercity/Freccia Argento; tariffe variabili, da 4 h 10 min a 6 h 25 min) seguono il percorso dell'antica Via Traiana, via Benevento e Foggia. Bari è servita dalla linea ad alta velocità sia dei treni Frecciarossa di Trenitalia sia di **Italo** (www.italotreno.it). Trenitalia ha poi collegamenti frequenti con gli altri capoluoghi pugliesi, tra cui Barletta (a partire da €4,50, 50 min), Trani (a partire da €3,40, 40 min), Foggia (a partire da €9,80, 2 h, via litoranea), Brindisi (a partire da €9, da 1 h 10 min, via litoranea fino a Monopoli e poi per la Valle d'Itria), Lecce (a partire da €11,30, da 1 h 30 min a 1 h 50 min, via Brindisi) e Taranto (a partire da €9, da 1 h a 1 h 30 min, via Bitetto e Gioia del Colle). Per Canosa e Minervino Murge bisogna cambiare a Barletta. Tra le compagnie private, **Ferrotramviaria** (☎080 529 91 11; www.ferrovienordbarese.it) serve la tratta per Barletta (€4,90, 2 h) che passa sul primo gradino nord-ovest delle Murge: Bitonto, Ruvo di Puglia, Andria. Gli orari differiscono tra lun-ven (massima frequenza) e sab e dom (solo autobus da Piazza Gramsci). Si arriva col treno fino a Corato e si prosegue col bus fino a destinazione. Come suggerisce il nome, le **Ferrovie Appulo Lucane** (☎800 05 05 00; ferrovieappulolucane.it) collegano Bari e la Basilicata raggiungendo Altamura, Matera (€5,10, 1 h 50 min) e Gravina. Questi treni circolano con frequenza quasi oraria nei giorni feriali, mentre la domenica è previsto un più rado servizio di autobus sostitutivi. Il meridione della Puglia è servito invece da **FSE** (☎080 546 21 11; www.fseonline.it); frequenti treni feriali partono dal binario n. 10, dove c'è anche la biglietteria, e percorrono la linea per Martina Franca, da cui si può proseguire per Taranto o cambiare per Lecce.

Trasporti urbani

PER/DALL'AEROPORTO

Il principale collegamento tra l'aeroporto e la stazione è garantito dal treno di **Ferrotramviaria** (€5,10, 20 min, ogni 20-50 min secondo il giorno e la fascia oraria, tra le 5 e le 23). Ci sono anche la navetta di **Autoservizi Tempesta** (☎080 524 06 62; www.autoservizitempesta.it; €4 a bordo, circa ogni ora, 30 min), che fa un paio di comode fermate intermedie nel Murattiano, e l'autobus urbano n. 16 di **AMTAB** (☎800 45 04 44; www.amtab.it; €1,20, ogni 40-50 min dalle 5 alle 23, 45 min, non affidabile in ora di punta). Infine ci sono i **taxi** (€25 per una corsa in città) e gli uffici di tutte le principali compagnie di autonoleggio.

AUTOBUS

Gli autobus urbani di Bari gestiti da **AMTAB** sono frequenti ed efficienti, ma non vi capiterà spesso di sfruttarli, dal momento che tutti i siti d'interesse sono facilmente (e piacevolmente) raggiungibili a piedi. Per il terminal dei traghetti prendete il n.50 da Piazza Aldo Moro (ogni 40 min); per/dalle spiagge il n. 12 sul lungomare (ogni 30 min). La corsa semplice costa €1, il biglietto orario €1,20 (a bordo €1,50; validità 90 min) e il biglietto giornaliero €2,50. Per il Park & Ride v. di seguito.

AUTOMOBILE E MOTOCICLETTA

Lo ha detto anche Raffaele Nigro, noto giornalista e scrittore, che Bari è una 'corrida del traffico'. Per questo AMTAB ha istituito il servizio **Park & Ride**: tre vaste aree di sosta periferiche di interscambio, all'altezza della spiaggia Pane e Pomodoro, in Largo Due Giugno (1,3 km a sud della stazione ferroviaria) e in Corso Vittorio Veneto (preferite il 'Lato Mare', più vicino al castello). Si paga solo €1 al giorno per parcheggiare l'auto (€5 abbonamento lun-sab) e il conducente può usufruire gratuitamente della navetta per il centro città; gli altri passeggeri pagano invece un biglietto simbolico di €0,30. Le aree di sosta sono aperte dal lunedì al sabato, ci sono navette ogni 10 minuti durante il giorno, meno la sera. In alternativa, nel centro ci sono numerosi **garage** privati dove si spendono €15-20 al giorno. Ci sono invece parcheggi gratuiti vicino alla stazione di **Bari Marconi**, nei pressi del Quartiere Madonnella, che distano circa 15 minuti a piedi dal centro storico.

TAXI

Per chiamare un taxi rivolgetevi a **Radiotaxi** (☎080 554 33 33).

LA COSTA ADRIATICA

Campanili di chiese romaniche che puntano verso un cielo spesso fulgente. Borghi densi di storia e intrisi di poesia. Delizie gastronomiche tra le migliori non solo della regione, ma dell'Italia intera. E poi, verso sud, un mare blu che si insinua tra grotte e calette. Tutto questo (e molto di più) in una zona incredibilmente vicina al capoluogo e raggiungibile per buona parte anche con i mezzi pubblici.

Margherita di Savoia

POP. 11.371 / ALT. 1 M

Popolare meta estiva assai frequentata da famiglie (ma meno dai giovani), Margherita di Savoia ha un lungo spiaggione di sabbia dorata, su cui è bello passeggiare in tutte le stagioni dell'anno. Certo, il mare non sarà quello del Salento o del vicino Gargano, ma nei circa 3 km di litorale ci sono moderni stabilimenti balneari con tutte le comodità del caso. L'altra sua attrattiva, che potrebbe essere maggiormente sfruttata, sono le enormi saline a nord del paese, le più estese di tutta Europa.

Che cosa vedere

Zona umida e Saline SALINE

Già utilizzata ai tempi dei normanni, l'area fu oggetto di un intenso sfruttamento a partire dalla fine del XVI secolo. Nel 1754, prese la forma attuale grazie al progetto di Luigi Vanvitelli (lo stesso che ideò la Reggia di Caserta). Proprio durante il periodo borbonico, la salina era ritenuta dai regnanti 'la più preziosa gemma della loro corona'. Oggi il sito si estende per quasi 4000 ettari e garantisce una produzione annua di circa 5.500.000 quintali di sale. Per intuire la vastità delle saline basta percorrere la SP141 subito a nord del centro abitato, dove si viaggia per chilometri accanto ad alti e bianchi cumuli di salgemma. Il modo migliore per esplorare il sito rimane però la **visita guidata** (☎0883 65 40 12; www.prolocomargherita.it, Via Principe Amedeo 2; visite guidate €12/7 adulti/4-14 anni, da prenotare almeno il giorno prima). Così facendo, riuscirete a capire e apprezzare al meglio il complesso ecosistema che si è venuto a creare nell'area. Tra folaghe, egrette, aironi, pivieri, beccacce di mare, gabbiani e la più grande colonia italiana di fenicotteri rosa gli appassionati di birdwatching non se ne vorranno più andare. Chi non ama particolarmente i volatili non deve disperare, ma solo aspettare il tramonto, quando gli specchi d'acqua usati per l'estrazione si tingono di colori meravigliosi. Il **Museo delle Saline** (Corso Vittorio Emanuele II 99; ⏲chiuso per lavori) si pone l'obiettivo di raccontare i progressi tecnologici che si sono susseguiti nel corso dei millenni nell'estrazione del sale. Purtroppo è ormai chiuso da anni e la data per la riapertura rimane incerta.

Terme CENTRO TERMALE

(☎0883 65 54 02; www.termemargherita.it; Piazza Libertà 1; ⏲7.30-10 e 15.30-16.30 lun-sab mattina gen-mag e nov, 7-11 e 15.30-17.30 giu-ott; per i prezzi consultate il sito) Grazie all'acqua proveniente dalle saline ad alto contenuto di bromuro e iodio, Margherita di Savoia è anche un rinomato centro termale. Rivolgetevi al centro benessere per prenotare un massaggio, un trattamento coi fanghi, un'idroterapia e così via. Nella struttura c'è anche il lussuoso **Grand Hotel Terme** (doppie €140-250).

Spiagge

Anche nel 2022 Margherita si è vista confermare l'ambito riconoscimento di Bandiera Blu, con la spiaggia di **Zapponeta**, una ventina di chilometri a nord dell'abitato. Il lungo (e largo!) arenile che corre invece a fianco del paese è disseminato di stabilimenti balneari, con alcuni spicchi riservati alla spiaggia libera. Per rendere omaggio alla tradizione andate al **Lido Sport** (☎0883 65 47 98; Lungomare Cristoforo Colombo, 500 m a nord-ovest del Grand Hotel Terme), uno dei bagni storici di Margherita e tra i pochi aperti tutto l'anno; il giardinetto fiorito, tenuto in maniera impeccabile da Mimmo, il simpatico gestore, merita una visita anche al di fuori della bella stagione. Altrimenti, subito a fianco, c'è il **Lido Playa Margarita** (☎340 698 61 62; www.playamargarita.it, Lungomare Cristoforo Colombo), uno stabilimento rinnovato e gestito da Massimiliano e Carmen, dove la privacy è assicurata grazie all'ampio distanziamento tra un ombrellone e l'altro. La musica è piacevole e mai molesta, il ristorante interno da provare.

Pernottamento e pasti

La Nonnina Suite B&B €€
(☎350 063 38 05; www.lanonninasuite.it; Via Forno Vecchio 4; doppie € 45-80; ❄📶) Siamo indecisi se valga la pena di soggiornare qui per la gentilezza di Martina, la pulizia impeccabile delle camere o la fragranza dei cornetti offerti a colazione. Quello che è certo è che dopo aver soggiornato in questa struttura a due passi dal lungomare Cristoforo Colombo difficilmente ve ne vorrete andare.

Hotel Belvedere HOTEL €€
(☎0883 65 28 41; www.margheritadisavoiahotelbelvedere.it; Via Manfredonia Km 34,600; doppie €55-85; ❄📶) Forse non spiccherà per stile, ma questo hotel a conduzione familiare è in posizione tranquilla, poco dopo il centro abitato, e dalla sua terrazza si gode di una bella vista sul mare da una parte e sulle saline dall'altra. La gentilezza dei gestori è sincera e genuina.

Caffetteria Richard PASTICCERIA €
(☎0883 65 72 63; Corso Nunzio Rocco 51; ⏲6-22 mar-dom) Qui si viene per fare colazione con i migliori cornetti di Margherita. Oppure per concedersi un gelato o una pasta nel proseguo della giornata. Il tutto in un ambiente dalle tinte raffinate e i lampadari sfavillanti.

Ristorante Rinelli RISTORANTE €€
(☎0883 65 41 23; www.hotelrinelli.com; Corso Garibaldi 112; pasti a partire da €40; ⏲12.30-15 e 19-23.30 mar-dom) A detta di molti, è il posto migliore per concedersi una bella scorpacciata di pesce. Fatevi consigliare dall'impeccabile maître Angelo e, se proprio siete indecisi, provate il tagliolino all'aragostella. Ai piani superiori c'è l'omonimo **hotel** (doppie €33,75-45; ❄📶), con camere forse un po' retrò, ma perfettamente pulite e a prezzi interessanti.

Informazioni

Lo **IAT** (☎0883 65 40 12; Via Principe Amedeo 4, proprio accanto alla piazza delle terme; ⏲orario variabile) gestito dalla locale Pro Loco, dispone di vario materiale sull'area delle saline e offre la possibilità di organizzare visite guidate al sito.

Per/da Margherita di Savoia

La città si trova 14 km a nord-ovest di Barletta, quasi a metà strada tra Bari e Foggia, nel punto in cui A14 e SS16 si allontanano dal mare. Frequenti autobus **STP** (www.stpspa.it) la collegano con Bari (€5, 2 h) e Barletta (€1,10, 25 min), da cui è possibile proseguire per varie destinazioni, tra cui Foggia, in treno e in autobus. Gli autobus **Sita Sud** (www.sitasudtrasporti.it) collegano invece Margherita di Savoia con Manfredonia (€3,30, 50 min, 6 corse al giorno solo nei giorni feriali) e il Gargano. Per gli orari consultate il sito del **Consorzio Trasporti Aziende Pugliesi** (COTRAP), www.cotrap.it.

Barletta

POP. 92.787 / ALT. 15 M

Per molto tempo si è pensato a Barletta solo come allo sfondo dei celebri fatti storici avvenuti nelle sue vicinanze, e a generazioni di studenti si narrano tuttora le eroiche vicende dei 13 cavalieri italiani che presero parte alla famosa disfida (v. lettura p72). Gli appassionati di storia antica sapranno poi che non lontano da qui si trova il sito di Canne della Battaglia (p75), teatro di una storica vittoria del cartaginese Annibale sui romani. Nei primi anni del boom turistico pugliese a questa vivace e popolosa cittadina è quindi spettato un ruolo da comprimaria, e la vicinanza con la più blasonata Trani non ha certo aiutato. Da tempo, però, il vento è cambiato e, aggiungiamo, era ora. Gli argomenti per questo ritrovato interesse sono molti e tutti validi: un centro storico ben tenuto che si fa vanto di una cattedrale dall'aspetto singolare, risultato dei tanti stili che si sono susseguiti nel tempo; a due passi un grandioso castello, custode di una storia secolare; o, ancora, una pinacoteca ospitata in uno splendido palazzo storico, che rende omaggio a un pittore che fu la degna risposta italiana all'impressionismo francese, Giuseppe De Nittis, barlettiano DOC. E poi ci sono gli abitanti del posto, così fieri delle proprie origini e da sempre impegnati a difendere la loro città. Come durante la seconda guerra mondiale, quando con Barletta assediata dalle truppe naziste si resero protagonisti di numerosi atti di resistenza. Non è quindi certo un caso se la città, unica in Italia, è stata insignita della medaglia d'oro al valor militare e al merito civile.

Che cosa vedere

Come in molti altri centri della zona, scoprire Barletta vuole dire ripercorrere le varie fasi urbanistiche che si sono susseguite nel tempo. Il nucleo più antico si raggiunge per ultimo: è vicino al mare, raccolto e facile da perlustrare. Le principali attrazioni si trovano all'interno del suo perimetro o nelle immediate vicinanze.

Colosso MONUMENTO
(Corso Vittorio Emanuele angolo Corso Garibaldi, 250 m a sud della Pinacoteca De Nittis nel quartiere ottocentesco) Nella marcia di avvicinamento al centro storico non si può fare a meno di notare questa statua bronzea gigantesca, alta

LE DISFIDE DI BARLETTA

Sgomberiamo subito il campo dagli equivoci: di disfida in realtà ce n'è solo una ed è quella andata in scena nel 1503, quando nel Sud Italia spagnoli e francesi si contendevano il controllo del Regno di Napoli. Gli iberici stavano avendo la peggio e, a seguito di numerose sconfitte, le truppe di Ferdinando II di Aragona si erano ritirate in Puglia, facendo proprio di Barletta una delle loro roccaforti. Durante una scaramuccia nei pressi di Canosa fu catturato il nobile francese Charles de Torgues, detto Guy de La Motte. Com'era tradizione, l'illustre prigioniero fu invitato a un banchetto organizzato in una taverna. In questa occasione il francese ebbe da ridire sul valore dei cavalieri italiani, all'epoca al soldo degli spagnoli. Il nobile Don Diego de Mendoza li difese con vigore e, visto che nessuno dei due si era smosso dalle proprie convinzioni, si decise di risolvere la questione organizzando un duello. Ai 13 cavalieri francesi, capitanati proprio da De La Motte, si contrapposero altrettanti prodi italiani agli ordini di Ettore Fieramosca, condottiero che si era già coperto d'onore in precedenti scontri. Teatro della sfida fu la piana tra Corato e Andria. Dopo un primo momento in cui le due fazioni si equivalsero, gli italiani ebbero la meglio, segnando una netta vittoria. L'eco del trionfo fu enorme e celebrato in tutta la penisola, anche al di là della sua effettiva importanza. Molto tempo dopo, in piena epoca fascista, il regime cercò di utilizzare la vicenda declinandola in chiave patriottica, sorvolando sul fatto che gli italiani protagonisti della vicenda erano in realtà mercenari al servizio di una potenza straniera. Si decise quindi di erigere un monumento che potesse rendere il giusto onore a Fieramosca e agli altri, ma fin da subito non ci fu accordo sul dove. Il duello, infatti, si era consumato in una zona che faceva parte del Comune di Trani e questo portò quindi ben presto a una seconda, bizzarra disfida con Barletta (a cui si aggiunse poi pure Bari). Ci pensarono i fieri barlettiani a dirimere la questione: alcuni cittadini entrarono nel palazzo del Comune, prelevarono il bozzetto del monumento e lo deposero su un cavalletto improvvisato in centro città.

quasi 5 m, che sorregge una croce con la mano destra e ha uno sguardo fin troppo severo. Per molto tempo si è pensato che raffigurasse l'imperatore Eraclio e per questo motivo in città è nota anche con questo nome (per quanto noi preferiamo il dialettale *Aré*); gli studiosi ritengono però più probabile che si tratti dell'imperatore d'Oriente Teodosio II. Anche l'origine della scultura è incerta: secondo la tradizione fu trafugata dai veneziani a Costantinopoli, dispersa in mare durante un naufragio e poi rinvenuta in spiaggia dai barlettiani (con chissà quale stupore). Un'altra ipotesi – più probabile – la colloca a Ravenna, dove fu rinvenuta dall'imperatore Federico II nel XII secolo e poi fatta trasportare in Puglia. Una curiosità: braccia e gambe non sono originali, perché nel 1309 i domenicani chiesero e ottennero il permesso di fonderle per realizzare le campane della loro chiesa. Per ironia della sorte, il monumento si trova sul prospetto laterale della **Basilica del Santo Sepolcro** (⏲orario delle funzioni), una chiesa di fattezze gotiche e dalla storia quasi millenaria. Spesso trascurata per via della più celebre cattedrale, merita comunque una visita, specie per il tesoro custodito all'interno che annovera oreficerie sacre provenienti dalla Palestina.

★ **Palazzo della Marra** PALAZZO STORICO

(Via Cialdini 74) A ridosso del centro storico, questo edificio spicca per la sua eleganza sul resto del tessuto urbano. Di fattura cinquecentesca, fu ristrutturato dalla potente famiglia barlettiana dei Della Marra, che ne mantennero la proprietà per circa un secolo (1633-1743). Il fregio con la scritta degli antichi padroni di casa campeggia ancora oggi sulla facciata, proprio sotto il balcone, sorretto da cinque mensole ornate da mostri, cani e grifi. Una volta all'interno ci si ritrova in un altrettanto maestoso cortile, estesamente affrescato e ornato dallo stemma dei successivi proprietari, i Fraggianni. Dal 2007 il palazzo ospita la **Pinacoteca Giuseppe De Nittis** (☎0883 53 83 72; www.barlettamusei.it; interi/ridotti €4/2, €6/3 con il Castello; ⏲10-20 mar-dom mag-ott, 9-19 nov-apr, la biglietteria chiude 45 minuti prima, visite guidate su prenotazione), vero fiore all'occhiello della città. Esponente del verismo pittorico con forti contaminazioni impressioniste, De Nittis rimase profondamente legato alla sua città natale anche dopo essersi trasferito in Francia, dove morì nel 1884. Fu la moglie Léontine a donare al Comune la maggior parte delle sue opere, oggi finalmente collocate in una degna sede dopo decenni di tentennamenti. Tutti gli stili e i temi preferiti dell'artista sono ben rappresentati: ci sono la *Primavera* (1883), con i fiori di mandorlo dalle tenui sfumature rosate e il cielo azzurro striato di nuvole; *Passa il treno* (1869), che ritrae la soffice nuvola di vapore di una locomotiva e una campagna cosparsa di muschio e fango. E poi le tele dedicate alla moglie: *Passeggiata invernale* (1879), *Signora De Nittis e figlio* (1876) o *Figura di donna* (1880), forse la più celebre della collezione, dove Léontine è ritratta su uno sfondo dorato con un piccolo bouquet di fiori appuntato sul petto.

Piazza della Sfida PIAZZA

È del 1930, e quindi in pieno periodo fascista, il tempietto a pianta quadrata che campeggia sulla piazza e che con una targa bronzea ricorda i nomi dei prodi cavalieri che si distinsero contro i francesi (v. lettura p72). Sul lato sud-est della piazza potrete visitare gratuitamente la **cantina della sfida** (0883 53 22 04; www.barlettamusei.it; Piazza della Sfida; 10-14 e 16-20 mar-dom mag-ott, 9-13 e 15-19 nov-apr) FREE. Non è certo se fu davvero in questo fondaco di Palazzo Damato (XIV secolo) che venne lanciato il guanto di sfida, ma sta di fatto che il Comune ne ha acquisito gli spazi nel 1936 ed è poi stato proclamato monumento nazionale. Al suo interno si rivive l'atmosfera dell'epoca, tra vestiti medievali, arazzi e gli scudi dei cavalieri protagonisti della tenzone. Una volta usciti ritornate sulla piazza, superate il monumento fascista e scendete le scale che conducono alla bella **Piazza Pescheria**, quasi accecante con la sua pietra chiara, che risplende alla luce del sole. Scendete ancora per dare un'occhiata alla **Porta Marina**; realizzata nel 1751 a poca distanza dalla porta medievale originaria, è l'unico varco ancora in piedi della cinta muraria che un tempo circondava la città.

Cattedrale di Santa Maria Maggiore LUOGO DI CULTO

(0883 34 55 22; www.basilicasantamariamaggiorebarletta.it; Via del Duomo 52; 8-12 e 16-20) Un primo scorcio lo avrete da Via del Duomo, da dove vedrete spuntare il campanile, realizzato nell'XI secolo (ma il vertice fu ricostruito nel Settecento dopo un terremoto). Cercate di resistere alla tentazione di vederne subito la facciata principale e procedete ancora dritti: dopo aver attraversato un arco proprio sotto il campanile vi ritroverete davanti l'abside della chiesa, la cui struttura richiama nelle linee e nella forma lo stile gotico. Tornate poi sui vostri passi e godetevi finalmente l'ingresso principale dell'edificio, che rispecchia invece il più classico romanico pugliese. La bellezza di questa basilica risiede proprio nella sua straordinaria multiformità, in cui convivono stili di diverse epoche dando vita a una sorprendente armonia. Nell'interno a tre navate date un'occhiata ai sotterranei (usate qualche monetina per accendere le luci alla fine della scala) per vedere le stratificazioni risalenti alle precedenti basiliche del VI e X-XI secolo, a loro volta costruite su una necropoli dauno-romana.

Castello CASTELLO

(0883 57 86 21; www.barlettamusei.it; Piazza Castello; interi/ridotti €6/3; 10-20 mar-dom mag-ott, 9-19 nov-apr, la biglietteria chiude 45 minuti prima) Così come la cattedrale, anche il castello di Barletta è un testimone silente della storia della città e dell'intera regione. Costruito in epoca normanna, fu dimora per vari periodi di Federico II, che proprio da qui, nel 1228, indisse la Sesta Crociata. Oggi la fortezza appare come un blocco compatto a pianta quadrangolare di calcare bianco ed è circondata da un ampio fossato (originariamente riempito dall'acqua del mare). All'interno, oltre a una sala adibita a mostre e convegni e alla biblioteca comunale, c'è il **Museo Civico**, che si suddivide in Galleria Antica, Galleria dell'Ottocento e Galleria di Fernando Cafiero, intitolata al nobile barlettiano che decise di donare la sua vasta collezione di artigianato alla città. Concludete la visita salendo sugli spalti, da cui si gode di una bella vista. Se la giornata è calda, concedetevi infine un po' di riposo all'ombra dei giardini che circondano il castello: c'è anche il wi-fi.

Feste ed eventi

Disfida di Barletta SETTEMBRE

Per rivivere i fatti della Disfida ogni anno Barletta promuove una tre giorni di full immersion con cortei, incontri a tema e persino la messa in scena dell'offesa perpetrata dal maligno De La Motte e il conseguente guanto di sfida lanciato dagli spagnoli. Il momento clou è il carosello storico: i cavalieri con lunghe spade e rilucenti armature fanno impazzire i più piccoli.

Pernottamento

Eraclio B&B €

(380 453 24 00; www.beberaclio.it; Vicolo Torto 11/13; singole/doppie €30/45;) A ridosso del centro storico, in una via un po' nascosta e quindi riparata dal traffico cittadino, questo B&B offre tre camere, tutte molto colorate e arredate con gusto. La prima colazione, che può essere servita in camera, proviene dal vicino Bar d'Azeglio. Gli scalini per arrivare

alle camere sono ripidi, ma la gentilezza di Raffaele, che se avvisato per tempo accompagna gli ospiti in arrivo alla stazione presso la struttura, ve lo farà ben presto dimenticare.

Al Centro Storico B&B €€
(☎328 411 50 76; www.bbcentrostoricobarletta.com; Via Samuelli 83; camere €39-65;) Definire strategica la posizione di questo B&B è quantomai riduttivo: a pochi passi dall'ingresso del centro storico, si è comodi per raggiungere le principali attrazioni. In più, la notte si dorme in un ambiente tranquillo e silenzioso. Luca, il gestore, è poi un fiero ambasciatore dell'accoglienza made in Puglia.

Vins Lounge B&B €€
(☎347 591 60 26; www.vinslounge.it; Via del Duomo 5; doppie €40-100;) Seppur di recente apertura, la struttura ci ha messo ben poco a diventare tra le più apprezzate dell'offerta ricettiva locale. Merito della posizione – centralissima – e soprattutto delle camere, tutte con uno stile identitario, ma accomunate dalla luminosità e comodità degli spazi. A noi è particolarmente piaciuta la Suite Ancien, con uno stile che rimanda agli anni '50 e un vecchio televisore in bianco e nero al posto del comodino.

Pasti e locali

Con la bella stagione le vie del centro storico si riempiono di giovani e famiglie (tenetene conto anche nella scelta dell'alloggio). Un classico della passeggiata serale sono le Mura di San Cataldo (la strada tra la cattedrale e il castello che scende verso il mare), dove troverete parecchi locali con dehors e il mare non troppo lontano.

La Bottega del Babà PASTICCERIA €
(☎0883 179 37 08; Via Nazareth 62; ⏲18-24 mar-dom, fino alle 2 sab, anche 9-14 dom) Se siete a cena fuori e i dolci del menu non vi hanno soddisfatti, vale la pena di fare due passi fino a questa pasticceria, ora anche in pieno centro cittadino. Il pezzo forte della casa, da cui il nome, è offerto in diverse varianti, come quella golosissima con Nutella e panna.

Il Vecchio Forno RISTORANTE €€
(☎0883 33 42 93; Via Cialdini 61; pasti €40-50; ⏲12-16 e 19.30-23.30 gio-mar) Proprio di fronte al Palazzo della Marra, ecco un ristorante di pesce a prezzi tutto sommato ragionevoli, specie per quello che offre. L'ambiente è infatti elegante, ma non intimidisce, e in alcune sale si mangia in vecchi magazzini ristrutturati con alti soffitti a volta. I piatti, poi, sono eccellenti: provate la parmigiana di melanzane e polpo. È molto apprezzato dalla gente del posto e non, conviene quindi prenotare per tempo.

Bistrot km0 RISTORANTE €€
(☎0883 198 32 84; Via Cialdini 52; pasti €30; ⏲20-24 lun-mar e gio-dom, nei fine settimana anche a pranzo) Si spende poco e si mangia divinamente in questo ristorantino con le pareti colorate, a pochi passi dal lungomare. Polpo alla tranese, gazpacho di burrata con salsa o carpaccio di maialino sono alcune delle allettanti proposte che vi attendono.

Bacco RISTORANTE €€€
(☎0883 33 46 16; www.ristorantebacco.it; Piazza Marina 30; pasti €70; ⏲13-15 e 20.30-23 mar-sab, dom solo a pranzo) La storia di questo ristorante è strettamente legata a quella di Franco, che dopo essere tornato nella sua Barletta ha creato un'eccellenza gastronomica riconosciuta e apprezzata, con tanto di stella Michelin. Dopo svariati anni di onorato servizio, recentemente il testimone è passato a Ruggiero. La qualità rimane però immutata: provate il menu degustazione e rimarrete folgorati dalla bontà degli spaghettini ai ricci.

Saint Patrick Irish Pub e Jazz Club RISTOPUB
(☎0883 34 71 57; www.saint-patrick.it; Via Cialdini 15-17; ⏲12.30-1) Nato nel 1999 e divenuto ben presto una vera e propria istituzione in città, questo pub ha tutto quello che ci si può aspettare, come interni in legno scuro, Guinness a fiumi e succulenti filetti cotti su pietra lavica. Sulle pagine social del locale troverete il calendario aggiornato delle numerose serate con musica live.

Divertimenti

Teatro Comunale Curci TEATRO
(☎0883 33 25 22; www.teatrocurci.it; Corso Vittorio Emanuele 71) Dedicato al musicista barlettano Giuseppe Curci, è un'importante testimonianza dell'architettura neoclassica tra XIX e XX secolo. Se non potete assistere a uno degli spettacoli del ricco cartellone, che da novembre a maggio costituisce il fulcro della vita culturale cittadina, passateci comunque davanti per ammirare la galleria sul fianco sinistro, costruita per consentire alle carrozze di accedere al teatro attraverso un loggiato.

Informazioni

All'**Infopoint** (☎0883 33 13 31; www.centrostoricobarletta.it; Corso Garibaldi 206; ⏲9-13 e 16-19 mar-ven, lun solo mattina; orario ridotto in inverno) potrete procurarvi utili informazioni (e una mappa) su Barletta e dintorni.

Per/da Barletta

Barletta è un importante nodo di trasporti sia su rotaia sia su gomma. La stazione ferroviaria, 1 km a sud-ovest del centro, è sulla linea costiera servita da **Trenitalia** (www.trenitalia.com) tra Bari (€4,50, 55 min) e Foggia (€5,30, 40 min), dove fermano anche i treni a lunga percorrenza per il nord. È anche il capolinea della tratta per Spinazzola che passa da Canne della Battaglia, Canosa e Minervino Murge, gestita anch'essa da Trenitalia, e della linea per Bari che passa nell'entroterra via Andria, Ruvo e Bitonto (fermando anche all'aeroporto) gestita da **Ferrotramviaria** (080 529 93 48; www.ferrovienordbarese.it). In seguito al tragico incidente ferroviario del 2016 e conseguenti lavori di efficientamento alla linea, è attivo un servizio sostitutivo su autobus. L'autostazione è in Via/Piazza Manfredi, poco oltre l'estremo ovest di Via Cialdini. Autobus **Sita** (www.sitasudtrasporti.it) percorrono la litoranea da Bari (€4,30, 1 h 50 min) verso Margherita di Savoia (€1,10, 20 min) oppure Canosa in Puglia (€1,80 30 min). Altri di **Ferrovie del Gargano** (www.ferroviedelgargano.com) vanno a Foggia (€5,80, 1 h 45 min). Per gli orari e l'acquisto consultate il sito web del **Consorzio Trasporti Aziende Pugliesi** (COTRAP), www.cotrap.it.

Dintorni di Barletta

A 9 km da Barletta, cinto da una rete di tortuose strade di campagna, si estende il sito archeologico di **Canne della Battaglia** (0883 51 09 93; SP 142, ben segnalato sia dalla SS93 per Canosa di Puglia sia dalla SS16 per Foggia, e raggiunto dalla linea Trenitalia Barletta–Spinazzola; 10-18.30 mer-dom) FREE, su una lieve altura che domina la piana attraversata dal fiume Ofanto (l'antico Aufidus). Proprio su queste sponde nel 216 a.C. il condottiero cartaginese Annibale inflisse all'esercito romano la più sanguinosa disfatta della storia repubblicana (50.000 morti secondo Tito Livio). Del sito della battaglia non resta traccia, il che ha indotto alcuni archeologi a mettere in dubbio la localizzazione tradizionale; ma si sono scavate almeno in parte le rovine dell'antica città di Cannae, portando alla luce, nella **cittadella**, resti che vanno dall'epoca romana al Medioevo, e un **sepolcreto** dauno dall'altro lato della provinciale (Fontanella). Anche se da vedere non rimane molto, il sito è quieto e suggestivo e il personale di una cortesia squisita. I reperti esposti nel bell'**Antiquarium** (stessi riferimenti e orari) includono alcune delle più antiche ceramiche pugliesi dipinte.

Trani

POP. 54.848 / ALT. 7 M

Con la sua cattedrale in pietra rosa che da oltre otto secoli campeggia nel cielo, mentre le onde del mare poco lontano emettono il più dolce dei suoni, Trani affascina i visitatori al primo sguardo; ma si tratta solo di una lieta anteprima. Vista dall'estremità meridionale del suo porto, la città abbraccia l'Adriatico, di cui è da tempo 'la perla'; ma per scoprirla davvero occorre perdersi nei suoi vicoli, a volte angusti, sempre luminosi, vuoi per la pietra chiara, vuoi per i tanti, animati locali che li popolano. Giunto il tramonto, si torna verso il mare. L'ultimo sole tinge di rosa i palazzi che si stagliano su di un cielo cangiante. E, mentre le barche scricchiolano lievemente, si capisce perché questo luogo è un gioiello imprescindibile per qualunque viaggiatore.

Modesto insediamento in epoca romana, la città subì una forte espansione a partire dall'epoca longobarda, durante la quale fu scelta come sede vescovile a discapito di Canosa. Fiorente centro commerciale in epoca normanna, fu con gli svevi che Trani raggiunse il suo apogeo, divenendo un'importante base logistica per le repubbliche marinare di Venezia e Ragusa. Le espulsioni degli ebrei da parte di alcuni regni europei, come la Francia e la Castiglia, furono sfruttate per attirare in città facoltosi commercianti. Nel XII secolo Trani contava, secondo le cronache del tempo, ben 200 famiglie insediatesi nella Giudecca, con quattro sinagoghe attive. A questo periodo fece seguito un lento ma inesorabile declino, solo parzialmente interrotto alla fine del XVI secolo, quando gli spagnoli decisero di fare di Trani il capoluogo della Terra di Bari; titolo che detenne per quasi 200 anni, sino all'arrivo di Gioacchino Murat in epoca napoleonica. Sebbene in un contesto difficile e con un'economia fortemente stagionale, oggi Trani vive una seconda giovinezza. Il centro è affollato sia da visitatori curiosi di scoprirne l'intima bellezza sia da gente del posto e dei paesi vicini, che si ritrova per una passeggiata nelle sue stradine o una cena di gala, o anche per convolare a giuste nozze: i matrimoni in cattedrale sono gettonatissimi.

★ **Cattedrale** LUOGO DI CULTO

(0883 50 02 93; Piazza Duomo 1; www.cattedraletrani.it; 9-12.30 e 15.30-18/16-20 lun-sab/dom nov-marzo, 9-12.30 e 15.30-19/20.30 lun-sab/dom apr-ott; visite guidate da prenotare preventivamente) Chissà se negli anni '50, quando si deci-

Trani

se di demolire il rione circostante, si pensò a quanto questo avrebbe reso ancora più unica la già splendida Basilica di San Nicola Pellegrino. Quel che è certo è che da secoli la sua posizione, così vicina all'acqua, rende l'approdo via mare in città particolarmente suggestivo. Una volta al suo cospetto ci si ritrova ipnotizzati dal colore rosaceo, quasi bianco, della sua pietra, un tufo calcareo proveniente dalle cave cittadine. La facciata, austera e sobria come esige lo stile romanico, è abbellita da un piccolo rosone e da tre finestre. Il portone principale fu realizzato dallo scultore Barisano da Trani: l'originale è all'interno della basilica, mentre quello all'esterno ne è una fedele riproduzione. All'ingresso della cattedrale si è accolti da una doppia rampa di scale, che svela la storia dell'edificio e ne giustifica l'imponenza: si tratta infatti di due chiese, una sovrapposta all'altra. La basilica inferiore è un'espansione della chiesa bizantina di Santa Maria della Scala, a sua volta fondata sul longobardo Ipogeo di San Leucio del V-VII secolo: quando nel 1099 fu iniziata la costruzione della basilica superiore, lo spazio dietro l'altare fu adibito a cripta per ospitare le spoglie del neopatrono della città, san Nicola Pellegrino, un giovane greco che appena cinque anni prima era approdato su queste coste e, subito dopo la morte, era stato canonizzato per acclamazione. Si accede a entrambe dalla facciata: sotto l'arco alla chiesa inferiore, salendo gli scaloni trasversali a quella superiore. Vicino all'altare maggiore sono visibili frammenti del mosaico che un tempo ricopriva tutto il pavimento, con grandi raffigurazioni di Adamo ed Eva e del leggendario Volo di Alessandro Magno. Salite ai **matronei** e al **campanile** (⌚9.30/10-12 e 16/16.30-18.30 lun-sab/dom; ingresso €5; chiedete in sacrestia se trovate chiuso) per una prospettiva diversa sull'interno e per il panorama (davvero stupendo se non fosse guastato dalle reti di protezione).

Trani

Da non perdere

1 Cattedrale ... B1

Che cosa vedere

2 Castello Svevo ... A1
3 Chiesa di Ognissanti ... B2
4 Chiesa e Monastero di Santa Maria di Colonna ... fuori cartina D4
5 Fortino di Sant'Antonio ... C1
6 Museo della Macchina per Scrivere e Museo Diocesano ... B1
7 Palazzo delle Arti Beltrani ... B2
8 Sinagoga di Sant'Anna ... B2
9 Sinagoga Scolanova ... B2
10 Villa Comunale ... D2

Attività

11 Pista ciclabile ... D3

Pernottamento

12 Albergo Lucy ... D2
13 Borgo Beltrani ... B2
14 Casa Romito ... B2
15 I Tre Archi ... B2
16 Le Dimore di Don Corrado ... C3
17 Le Stanze di Corteinfiore ... B2
18 Palazzo Filisio Hotel ... B1
19 Palazzo Paciotti ... B2

Pasti

Corteinfiore ... (v. 17)
20 Gallo Restaurant ... C2
21 Le Lampare al Fortino ... C2
22 Lula ... C4
23 Osteria Frangipane ... A2
24 Quintessenza ... A2

Locali e vita notturna

25 Portulaca ... B2
26 Versante Est ... fuori cartina D4

Shopping

27 Luna di Sabbia ... B3

Castello Svevo CASTELLO

(0883 50 66 03; www.castelloditrani.beniculturali.it; Piazza Re Manfredi 16; ingresso temporaneamente gratuito tramite app ioPrenoto; 9-13 mergio, sab e dom, 15-19 ven) FREE Secondo la tradizione, Federico II decise di far edificare l'imponente castello proprio di fronte alla cattedrale in segno di sfida all'autorità religiosa. La fortezza fu costruita a partire dal 1233 e realizzata in una quindicina d'anni, all'epoca in cui Trani era una prospera città commerciale. Tra le sue mura soggiornò a lungo il figlio di Federico II, Manfredi, che qui convolò in seconde nozze con Elena Ducas. Adibita a carcere dal 1844, fu restituita alla Puglia solo nel 1974, divenendo in seguito una meta del turismo in città. Al momento delle nostre ricerche era possibile visitare solo il camminamento esterno, che regala comunque belle vedute.

Museo della Macchina per Scrivere e Museo Diocesano MUSEO

(0883 58 24 70; www.fondazioneseca.it; Piazza Duomo 8; ingresso €7 inclusa visita guidata alla Sinagoga Museo Sant'Anna; 9.30-19 mar-dom aprott, 9.30-14 nov-marzo) L'abbinamento tra opere d'arte sacra e macchine per scrivere potrà forse apparire ardito ad alcuni, ma tutti vi troveranno motivi d'interesse. Il Museo Diocesano, nella splendida cornice di Palazzo Ladispoto, è la giusta prosecuzione per chi proviene dalla vicina cattedrale e vuole conoscerne i manufatti più preziosi. Custodisce infatti reperti che spaziano dalla chiesa paleocristiana alle modifiche cinquecentesche e di età barocca. Il vero gioiello, però, è l'Altarolo eburneo, risalente al XIV secolo e donato da Carlo D'Angiò al clero di Trani a seguito della sepoltura del figlio Filippo nella cattedrale. Al primo piano e a quello interrato c'è invece il Museo della Macchina per Scrivere, che ripercorre la storia dell'antenata dei moderni computer tramite accessori degni di nota, tra cui macchine con tastiera cirillica, ebraica e araba. All'Olivetti, azienda italiana per decenni all'avanguardia mondiale nel settore, è dedicata un'intera sezione.

Quartiere Ebraico QUARTIERE

Sembra che il nucleo originario della folta comunità ebraica di Trani fosse costituito da spagnoli in fuga dopo la discesa dei musulmani Almohadi in terra iberica. Di certo gli ebrei giocarono un ruolo importante nell'ascesa commerciale della città e furono tollerati, se non addirittura tutelati, dai normanni prima e dagli svevi poi. Delle quattro sinagoghe originariamente esistenti oggi ne rimangono due. La **Sinagoga Scolanova** (347 107 74 86; Via Scolanova 23; solo visite guidate da prenotare in anticipo, €3), ritornata alla sua funzione dal 2005, fu per parecchio tempo, in seguito alla cacciata degli ebrei, dedicata a Maria: alzate il naso per vedere il campanile a vela sormontato da una stella di David in ferro battuto. La **Sinagoga di Sant'Anna** (v. Museo Diocesano per riferimenti, orari e biglietti; Via La Giudea 24), riaperta nel 2009, è diventata un museo e con l'ausilio di pannelli esplicativi ripercorre la storia della comunità ebraica in città e nel Mezzogiorno. Ospita inoltre alcuni reperti di valore, quali lapidi provenienti da cimiteri ebraici, documenti, frammenti in pergamena di una Bibbia del XIV secolo e una *mezuzah* (rotolo richiuso in un astuccio e posto sullo stipite destro della porta di casa) del XII-XIII secolo. Della struttura originaria non è rimasto molto: cercate all'interno l'epigrafe che fa risalire la data di costruzione all'anno ebraico 5007 e all'esterno, sopra la facciata, osservate il piccolo timpano a cuspide che doveva probabilmente essere il coronamento dell'*Aròn ha-kodesh* (l'armadio sacro dove sono riposti i rotoli della legge).

Chiesa di Ognissanti LUOGO DI CULTO
(Via Ognissanti; ⌚9.30-12.30 e 17-20 sab e dom) È nota in città anche come Chiesa del Purgatorio o dei Templari, per quanto l'effettivo utilizzo da parte dell'ordine medievale non sia stato ancora comprovato. Curiosamente la parte più interessante è quella posteriore, con le tre piccole absidi che si affacciano sul mare, mentre la facciata principale su Via Ognissanti è quasi nascosta dai palazzi circostanti e dal portico esterno; vale comunque la pena di dare un'occhiata per cercare la scultura sul semicapitello destro del portale che evoca il Bafometto (personaggio esoterico con la testa barbuta). L'interno, semplice nelle decorazioni ma dal forte impatto spirituale, ha una struttura a tre navate, con quella centrale sorretta da colonne in granito africano. Nel corso degli anni, gli studiosi hanno riportato alla luce riferimenti astronomici di vario tipo: l'asse dell'edificio è posizionato sul punto dove sorse il sole il 1° novembre del 1100; nei giorni di equinozio, invece, il sole illumina un capitello su cui è scolpita una figura riconducibile alla dea egizia Iside.

Villa Comunale PARCO
(Piazza Plebiscito 14; ⌚7-21/24 secondo la stagione) Dopo un lungo navigare tra le tortuose vie del centro, quale miglior approdo se non un verde giardino a picco sul mare? Il piccolo parco che sorge sul promontorio a est della città è il luogo ideale per una corsetta mattutina, uno spuntino all'ombra a pranzo o una piacevole passeggiata dopo cena. Dall'estremità sinistra della villa si raggiunge il **Fortino di Sant'Antonio**, dalla cui sommità si gode di una splendida vista sulla cattedrale, l'emiciclo del porticciolo e, sullo sfondo, i palazzi in pietra della città vecchia.

Chiesa e Monastero di Santa Maria di Colonna LUOGO DI CULTO, MONASTERO
(☎0883 48 91 90; Piazza Santa Maria di Colonna; ⌚solo in occasione di eventi) Altro pregevole esempio di romanico pugliese, questa chiesa con annesso monastero dell'XI-XII secolo evoca storie di crudeli attacchi saraceni perpetrati ai danni dei monaci benedettini prima e francescani poi. Secondo la tradizione, durante una di queste incursioni fu trafugato un crocifisso ligneo a cui fu poi tagliato il naso: si dice che quando iniziò a sgorgare sangue dal volto del Cristo i saraceni, spaventati, lo gettarono in mare. Sulla facciata della chiesa spicca un rosone, posto immediatamente sopra un arco a tutto tondo sostenuto da colonnine. Il grazioso chiostro del monastero, di proprietà del Comune di Trani, ospita periodicamente eventi culturali. Il complesso si trova sul promontorio di Capo Colonna, un paio di chilometri a sud-est del porto.

Palazzo delle Arti Beltrani CENTRO CULTURALE
(☎0883 50 00 44; www.palazzodelleartibeltrani.it; Via Beltrani 51; interi/ridotti €10/5 per le mostre temporanee; ⌚10-18 mar-dom, 10-13 e 16-21 in estate) Definito 'museo a carattere polifunzionale', questo splendido palazzo storico nel centro di Trani offre un ricco calendario di rassegne e mostre. D'estate la sua splendida terrazza si anima di concerti di musica jazz e spettacoli teatrali. Vale però la pena di farci un giro anche in assenza di particolari eventi per visitare le **esposizioni permanenti** (interi/ridotti €4/2), tra le quali spiccano le quasi 100 opere di Ivo Scaringi, artista tranese capace di ritrarre i soggetti più svariati, dai malinconici paesaggi murgiani agli scorci della sua città.

Attività

Pista ciclabile BICICLETTA
(Lungomare Cristoforo Colombo) Anche se non sono mancate le polemiche per gli inevitabili stravolgimenti al traffico, da qualche tempo si può pedalare lungo la promenade subito a sud della città: un ottimo modo per raggiungere gli stabilimenti balneari e magari trattenersi la sera per l'aperitivo o qualcosa in più.

Feste ed eventi

Festa Patronale della Croce di Colonna 3 MAGGIO

La processione parte dalla penisola di Colonna, nei pressi del monastero, e raggiunge via mare il centro cittadino. Qui il crocifisso trafugato dai saraceni (p78) viene condotto tra le vie del borgo, tra le musiche della banda e coloratissimi fuochi d'artificio. Altre processioni (dei Misteri, dell'Addolorata ecc.), organizzate dalle numerose confraternite cittadine, hanno luogo nel corso della **Settimana Santa** (specie il venerdì). Nei giorni a cavallo tra luglio e agosto l'intera città si ferma per i sontuosi festeggiamenti in onore di **San Nicola Pellegrino**, patrono di Trani.

Festival dell'Arte Pirotecnica GIUGNO

(www.festivaldellartepirotecnicatrani.it) L'evento più scoppiettante dell'anno va solitamente in scena all'inizio dell'estate, quando i maestri delle maggiori scuole pirotecniche italiane si sfidano a suon di mortaretti e fuochi scintillanti nel centro storico di Trani. Nel 2021 si è tenuta un'edizione strarordinaria a Capodanno, consultate il sito per rimanere aggiornati.

I Dialoghi di Trani SETTEMBRE

(www.idialoghiditrani.com) Scrittori, politici, scienziati, giuristi e intellettuali infiammano la scena culturale di Trani ogni anno per questa rassegna di caratura nazionale, ormai attiva da quasi 20 anni. Sulla base del tema proposto si organizzano poi tantissimi eventi correlati, come proiezioni di film d'autore, mostre e spettacoli.

Pernottamento

Albergo Lucy HOTEL €€

(☎ 0883 48 10 22, 334 703 96 35; www.albergolucy.com; Piazza Plebiscito 11; doppie uso singola/doppie/triple/quadruple €50-55/75/95/115; ❄📶) Non lasciatevi scoraggiare dal portoncino chiuso: basta citofonare ed ecco spuntare il cortese titolare, che vi condurrà in una delle camere della linda struttura, entrambe con finestre antirumore. Affacciato sulla piazza della Villa Comunale, è una delle soluzioni con il miglior rapporto qualità-prezzo della città.

★ **I Tre Archi** B&B €€

(☎ 347 034 63 71; www.3architrani.it; Piazza Tomaselli 3; doppie €90; ❄📶) È in pieno centro storico, ma la posizione defilata della piazza garantisce tranquillità. La padrona di casa si chiama Carmela e ha una gentilezza fuori dal comune. Apprezzerete gli eccentrici arredamenti delle camere realizzati dal marito, e rimarrete estasiati dalla splendida (e fiorita) terrazza con vista sui tetti di Trani.

Le Stanze di Corteinfiore B&B €€

(☎ 345 903 10 03; www.corteinfiore.it; Via Ognissanti 18; singole/doppie/triple €80/120/170; ❄📶) L'omonimo ristorante (p80) dispone anche di alcune camere, situate nello stesso palazzo e pertanto in posizione strategica, a due passi dal porto e anche meno dalla cattedrale. I letti a baldacchino con candide tende bianche sono un richiamo naturale per i romanticoni, mentre l'abbondante e squisita prima colazione accontenta i più golosi.

Casa Romito B&B €€

(☎ 393 033 24 09; www.casaromito.it; Via Romito 4; doppie €70; ❄📶) Ogni camera prende il nome di un albero, dipinto finemente sulla parete. I colori sono tenui e ci si sente coccolati fin dall'arrivo. Merito di Samanta e Alessandra, affabili padrone di casa di questa struttura a cinque minuti dalla cattedrale.

Palazzo Paciotti B&B €€

(☎ 340 238 81 21; www.bbtrani.com; Via La Giudea 41; singole/doppie/triple/suite €50/80/100/140; ❄📶) Bella sistemazione in pieno centro, in una delle zone più affascinanti e ricche di storia (siamo in pieno quartiere ebraico). Le camere, tutte pulite e spaziose, forse non brillano per personalità, ma davanti a una prima colazione servita su una terrazza con vista porto e cattedrale sarete pronti a chiudere un occhio.

Borgo Beltrani B&B €€

(☎ 329 073 09 02 www.borgobeltrani.it; Via Beltrani 2; doppie/suite €90/150; ❄📶) C'è la camera Ognissanti, dalla quale si ammira uno splendido scorcio della cattedrale, oppure quella dedicata a Manfredi, dove il muro ottocentesco restaurato nel bagno è a vista, o ancora la Prologo, l'unica ad avere un balconcino che la rende ancora più intima. E poi la terrazza panoramica, dove durante la bella stagione viene servita la prima colazione, mentre lo sguardo si perde nel candore della pietra di Trani.

★ **Le Dimore di Don Corrado** B&B €€

(☎ 393 956 00 06; Via San Giorgio 7; doppie €100; ❄📶) Abbagliati dalla bellezza della cattedrale, molti vogliono dormirvi a fianco. Eppure ci sono ottimi motivi anche per andare dall'altra parte della città vecchia, in questa struttura gestita in maniera impeccabile dalla signora Claudia. Quali? Le camere arredate con gusto e semplicità, l'ottima colazione e una strepitosa vista dal balconcino sul porto e, ovviamente, sulla chiesa più bella di Puglia.

Palazzo Filisio Hotel HOTEL €€
(☎0883 50 09 31; www.palazzofilisio.it; Via Monsignor Addazi 2; doppie/triple/suite €130/180/200;) Quattro stelle di qualità in una posizione che più centrale non si può, a un passo dalla cattedrale. Dormirete all'interno di un palazzo del Settecento e in qualunque camera potrete apprezzare uno scorcio caratteristico della città e, da alcune, anche del mare. Comprende anche un **ristorante** (pasti €30) di buon livello.

Pasti e locali

A Trani l'offerta culinaria è imponente e variegata, per cui, anche se doveste trascorrere in città più di qualche giorno, riuscirete sempre a scoprire qualcosa di nuovo o innovativo. Concentrati per lo più nella città vecchia, i locali propongono dal semplice street food a bontà per i palati più fini. Come spesso accade, le strutture migliori per posizione non sono le più belle, soprattutto quelle che si affacciano direttamente sul porticciolo.

★ **Lula** PASTICCERIA FRANCESE €
(☎0883 198 55 71; Corso Imbriani 102; ⏲7.30-19.30 mar-sab, 7.30-14.30 dom) Semplicemente il posto migliore per fare colazione a Trani. Vale quindi la pena di lasciare il centro storico (si trova di fronte alla stazione ferroviaria) per provare il sorprendente pane al cioccolato fondente. Andateci e ci tornerete nel corso della giornata, magari per un pasticcino o dei taralli, manco a dirlo, al cioccolato.

★ **Osteria Frangipane** RISTORANTE €€
(☎349 697 21 55; osteriafrangipane.it; Via Maraldo da Trani 5; pasti €35; ⏲13-15 e 20-23 mar-dom, 13-15 dom) Il tortello fatto in casa con rape, burrata e cozze al limone può segnare la svolta, ma si tratta solo di una delle tante leccornie preparate dai fratelli Sara e Ivan. Ci si siede sotto soffitti a volta, circondati da colori tenui che rimandano alla pietra di Trani.

Corteinfiore RISTORANTE €€
(☎0883 50 84 02; www.corteinfiore.it; Via Ognissanti 18; pasti €45; ⏲12.30-14.15 e 20-22.15 mar-sab, 12.30-14.15 dom) La location è curiosa: si mangia nel cortile interno di un bel palazzo d'epoca. Il pesce, specie le crudité servite come antipasto, è invece semplicemente superbo. Se siete in vena di piaceri proibiti, concedetevi uno dei dolci al cucchiaio preparati dalla signora Maria, la madre del proprietario.

Gallo Restaurant RISTORANTE €€€
(☎0883 48 72 55; www.gallorestaurant.it; Via Statuti Marittimi 48-50; pasti €45; ⏲13-14.30 e 20-23.30 gio-mar, 13-14.30 dom) Degli innumerevoli ristoranti che si affacciano sul porto, questo è l'unico consigliato dalla gente del posto. Gli interni sfoggiano begli archi in pietra e l'atmosfera è piuttosto raffinata. Certo, i prezzi sono in linea con lo stile, ma anche con la bontà del risotto al limone, tartare di gamberi rosa, polpa di ricci e polvere di olive nere.

Quintessenza RISTORANTE €€€
(☎0883 88 09 48; www.quintessenzaristorante.it; Via Lionelli 62; ⏲13-14.15 e 20.30-22 lun e mer-sab, 13-14 dom) Una splendida vetrata ad arco regala una veduta decisamente suggestiva sul vicino Castello Svevo. Si tratta solo del preludio di un viaggio gastronomico condotto magistralmente dallo chef Stefano Di Gennaro, coadiuvato dagli altri componenti della famiglia. Tra i piatti forti della cucina, sempre ardita e originale, suggeriamo i tortelli di ricotta, gamberi rossi e bisque al moscato di Trani.

Le Lampare al Fortino RISTORANTE €€€
(☎0883 48 03 08; www.lelamparealfortino.it; Via Tiepolo/Molo Sant'Antonio, c/o Fortino; pasti €50, menu €60-90; ⏲12.30-14.30 e 20-23 mer-lun, dom solo a pranzo) Quasi basterebbe la collocazione a renderlo interessante: nell'ex Chiesa di Sant'Antonio con la sua magica terrazza protesa sul porto. Ma per fortuna la cucina non è da meno per qualità e originalità, e offre tutto quel che si chiede a un locale del genere.

Versante Est COCKTAIL BAR
(☎346 12 01 31 31; www.2night.it/versante-est-trani; Piazza Marina di Colonna; ⏲10-3 lun-ven, 10-5 sab e dom solo estate) D'estate la movida si sposta più a sud, verso il lungomare. E in zona 'Monastero' questo è il posto migliore per fare serata e conoscere nuove persone. Presto la location sarà ancora più spettacolare grazie al trabucco a picco sul mare, in fase di costruzione durante le nostre ricerche.

Portulaca COCKTAIL BAR
(☎328 444 91 41; www.portulaca-trani.com; Supportico della Conca 34; pasti €25; ⏲10-2) Gianni e Katia hanno trasformato un vecchio magazzino del pesce in un apprezzato locale della movida tranese, a due passi dal porto. I taglieri degli aperitivi sono abbondanti e la scelta della musica non delude quasi mai. D'estate ci sono i tavolini con vista mare.

Shopping

★ **Luna di Sabbia** LIBRERIA, CAFFETTERIA
(☎0883 88 57 62; librerialunadisabbia.it; Via Mario Pagano 193; ⏲8-13 e 16.30-21 mar-dom, 21-24 sab) Si entra per dare un'occhiata e poi, compli-

ci i magnifici interni in pietra e il profumo del caffè che si mischia con quello della carta stampata, vi si rimane per ore. Da sempre attenta all'editoria indipendente, la libreria organizza anche rassegne e incontri con autori.

Informazioni

ASSISTENZA SANITARIA

Ospedale San Nicola Pellegrino/Pronto Soccorso (0883 48 31 11, 0883 48 32 25; Viale Padre Pio 1-3, 1,5 km a sud-est del centro)

EMERGENZE

Polizia municipale (0883 58 80 00; Corso Imbriani 119, nei pressi della stazione ferroviaria)

INFORMAZIONI TURISTICHE

Infopoint (cartina p76, B1; 375 557 54 05; www.prolocotrani.it; Palazzo Palmieri, Piazza Trieste 8, sul porto; 10-13 e 17-19.30 lun-gio, 9-23 ven-dom)

Per/da Trani

Frequenti autobus **STP** (www.stpspa.it) collegano Trani con varie località della costa e dell'entroterra, tra cui Andria (€1,10, 20 min) e ovviamente Bari (€3,30, 1 h 20 min circa). Le corse partono davanti alla stazione ferroviaria in Via Imbriani (cartina p76, B4), nei pressi della scuola Bovio. Per gli orari e l'acquisto consultate il sito del **Consorzio Trasporti Aziende Pugliesi** (COTRAP), www.cotrap.it. **Trenitalia** (www.trenitalia.com) garantisce collegamenti frequenti con Bari (€3,40, 40 min) e Foggia (€6,80, 1 h). Infine, in auto, il collegamento con Bari e Foggia è fornito dalla SS16 bis e dalla A14.

Bisceglie

POP. 53.581 / ALT. 16 M

È come se il centro storico di Bisceglie fosse custodito in una cassaforte a doppia mandata. Da un lato ci sono le mura aragonesi, in pietra lucente, per buona parte ancora in piedi, dall'altro il mare, su cui il paese si affaccia senza però sporgersi convintamente. In effetti Bisceglie era, e per certi versi rimane, un centro agricolo, e sarà per questo motivo che, camminando lungo le sue viuzze, si ha la piacevole sensazione di ritrovarsi in un piccolo paese; specie la mattina, quando, tra una commissione e l'altra, la gente del posto si attarda per un caffè. Al visitatore più distratto questa cittadina sembrerà forse sonnacchiosa e meno appariscente rispetto ad altri centri vicini, ma, se visitata con pazienza e dedizione, regala grandi soddisfazioni. Scendete lungo i pendii (discese) che portano al mare, fermate qualche passante per chiedere indicazioni e divertitevi a esplorare gli angoli più reconditi della città vecchia, dove, tra l'altro, ci sono deliziosi ristoranti. Benché la zona sia stata abitata fin dalla preistoria (come provano i reperti delle Grotte di Santa Croce e i vari dolmen megalitici), fu solo verso l'VIII secolo che dai casali dei dintorni si coagulò il borgo marinaro di Bisceglie (Vesceghie, dal nome delle querce selvatiche, erroneamente latinizzato in Vigiliae), che da normanni e svevi ha ereditato un'indelebile impronta nelle fortificazioni e nell'architettura sacra.

Che cosa vedere

Museo Archeologico MUSEO

(080 395 75 76; Via Frisari 5; 9-13 mar-ven, 16-18 solo mar e gio, sab, dom e festivi su prenotazione) FREE Ubicato presso l'ex Monastero Santa Croce, raccoglie reperti paleolitici ritrovati nelle **Grotte di Santa Croce** (www.grottesantacroce.it), cavità di origine carsica a 7 km da Bisceglie, altri provenienti dal dolmen La Chianca (v. lettura p82), alcune anfore recuperate dai fondali presso Salsello e un'urna cineraria marmorea del I secolo d.C., che è il suo pezzo forte. Nel medesimo complesso trovano posto anche la Pro Loco (p83), la biblioteca comunale e, al secondo piano, il **Museo Civico del Mare** (335 815 33 00, 080 396 80 84; 10-12 e 18-20 sab, 10.30-12 dom o su prenotazione) FREE, le cui nove sezioni distribuite in tre sale spaziano dal modellismo navale (con la riproduzione di celeberrimi vascelli) agli strumenti di navigazione, dagli ex voto all'archeologia marina.

Castello CASTELLO

(Largo Castello; 17.30-20.30 mar-dom) FREE La principale fortificazione della città è un complesso architettonico disomogeneo, perché frutto di interventi susseguitisi nel corso dei secoli a opera di normanni, svevi, Angioini e Aragonesi. Per un certo periodo ha anche ospitato le botteghe di artigiani del legno nonché un forno per produrre il pane. Sembra assodato che la **Torre Maestra**, simbolo della città, facesse parte del nucleo originario d'impronta normanna. All'interno è presente un piccolo museo etnografico che mostra gli attrezzi utilizzati dagli artigiani locali. Se avrete la fortuna di salirci in una giornata di sole, godrete di una vista notevole che, ci è stato assicurato, spazia addirittura fino a Monopoli. Fate attenzione, invece, se passate da queste parti di prima mattina: ogni giorno, alle 8, una potente sirena dà il buongiorno alla città, ma a chi non lo sa potrebbe sembrare l'inizio di un bombardamento aereo.

DA VEDERE

IL DOLMEN LA CHIANCA

Costituito da lastroni di pietra locale (da cui il nome), questo imponente monumento megalitico è ben poco frequentato dai turisti: peccato, perché meriterebbe una più ampia valorizzazione. Si trova a circa 10 minuti d'auto dal centro di Bisceglie, in un contesto che più pugliese non si può, immerso tra gli ulivi e con le cicale che, nei mesi estivi, fanno da sottofondo alla visita. La sua costruzione risale all'Età del Bronzo; secondo alcuni studiosi, ci vollero centinaia di uomini per collocare la lastra sommitale. Da una decina d'anni, nel periodo estivo, qui va in scena la rassegna **Notte di poesia al Dolmen** (www.facebook.com/nottedipoesiadolmen), un reading di componimenti poetici in un'atmosfera decisamente ispirante. Consultate la pagina Facebook per informazioni sulla prossima edizione.

Porto di Bisceglie PORTO

(Via Nazario Sauro) Non è raro imbattersi in qualche pescatore intento a rammendare le reti, spesso seduto vicino al suo gozzo dipinto di un bel blu acceso. Poco oltre, in questo slargo conteso tra case e mare, ci sono alcuni locali e ristoranti. Qui si va a fare il pieno di luce, dopo aver percorso le lunghe e strette viuzze del centro storico.

Cattedrale di San Pietro Apostolo LUOGO DI CULTO

(080 396 68 85, 349 094 34 71; www.cattedraledibisceglie.it; Piazza Duomo; 17-21.30 lun-dom, anche 9-12.30 dom) Una prima, sommaria costruzione della cattedrale di Bisceglie fu compiuta in una trentina d'anni a partire dal 1073, ma la chiesa fu consacrata dal vescovo Leone più di 200 anni dopo, nel 1295. In tutto questo tempo l'edificio fu infatti sottoposto a continui aggiustamenti e ritocchi, come sarebbe poi accaduto anche nei periodi successivi. Lo si capisce già dalla facciata, dove il rosone centrale, elemento tipico del romanico pugliese, ha lasciato il posto nel XVIII secolo alle attuali finestre con chiari rimandi barocchi. Il portale scolpito è invece quello originale, così come la parete dell'abside, con un ampio finestrone sormontato da due campanili della stessa altezza. L'interno rispecchia anch'esso lo stile originario, con tre navate pressoché spoglie di decorazioni e i matronei posti sulle due laterali. La cripta, invece, che conserva le reliquie dei tre santi protettori (Mauro vescovo, Sergio e Pantaleone), risente fortemente di un restauro di epoca barocca, quando fu rimodellata sullo stile della Basilica di San Pietro. Prima di uscire date un'occhiata allo splendido coro ligneo ai lati del presbiterio, tutto in noce massiccio e raffigurante la storia dell'Ordine dei monaci benedettini dalle origini fino al Medioevo. Proseguite l'itinerario nel vicino Palazzo Vescovile visitando il **Museo Diocesano** (360 98 44 85; www.centrostudibiscegliese.it; Largo San Donato 5; su prenotazione; interi/ridotti €5/4), al cui interno troverete tele, pale, argenti, gioielli, epigrafi, statue lignee e arredi in gran parte provenienti dal restauro della cattedrale; anche se forse ciò che più rimane impresso è lo splendido atrio d'ingresso, sormontato da tre ordini di arcate.

Chiesa di Santa Margherita LUOGO DI CULTO

(Strada Santa Margherita; visite guidate FAI da concordare preventivamente www.facebook.com/faipuglia) Subito al di fuori delle mura cittadine, questa chiesetta rimane nascosta e schiacciata dagli edifici circostanti. Eppure si tratta di un piccolo gioiello romanico del XII secolo, la cui facciata è rimasta integra senza aver subito modifiche di rilievo. Nei paraggi, lungo Corso Umberto I, si tiene ogni mattina il **mercato del pesce**. Tra bancali ricolmi di pescato freschissimo e grida altisonanti, si passa da qui per avere un autentico, vibrante spaccato della vita quotidiana biscegliese.

Spiagge

La spiaggia del **Macello**, subito a sud del centro città, è quella per eccellenza dei biscegliesi ed è molto affollata nei mesi estivi. La qualità dell'acqua è generalmente buona, anche se molto soggetta alle correnti. Non aspettatevi sabbia fine: ci sono i ciottoli e potrebbe essere una buona idea portarsi le scarpette da scogli. Più a sud (serve l'auto) c'è poi la spiaggia delle **Grotte di Ripalta**, cui si arriva percorrendo la strada litoranea parallela alla SS16, girando a sinistra al bivio che porta verso le grotte (in realtà sorta di anfratti che delimitano l'insenatura a nord). Anche qui la spiaggia è di ciottoli, ma l'acqua è molto bella e il contesto decisamente meno affollato. In direzione diametralmente opposta, ecco la spiaggia del **Salsello**, anch'essa di ciottoli e molto apprezzata dai biscegliesi. Se possibile, veniteci la mattina, quando è meno affollata e l'esposizione al sole è perfetta.

Attività

Non è una semplice associazione di amanti delle due ruote, ma un vero e proprio circolo culturale quello che si cela dietro a **Biciliæ FIAB** (328 209 25 38; www.facebook.com/BICILIAE; Largo Porta Mare 17). Da strenui amanti del territorio ed ecologisti convinti, l'associazione propone numerosi itinerari a Bisceglie e dintorni. Nel periodo autunnale ci sono pedalate presso produttori di olio extra vergine alla scoperta de 'l'oro verde' di Bisceglie. Seguite la pagina Facebook per aggiornamenti.

Feste ed eventi

I Libri del Borgo Antico AGOSTO
(www.librinelborgoantico.it) L'associazione **Borgo Antico** (080 396 09 70) è un faro luminoso nella vita culturale di Bisceglie: consultate la pagina Facebook per vedere che c'è di nuovo in città. Tra i tanti eventi promossi, il clou è questa rassegna, giunta nel 2021 alla XII edizione e attenta alla promozione di tutte le novità del panorama editoriale italiano. All'evento partecipano grandi nomi della cultura, non solo letteraria ma anche musicale.

Pernottamento

B&B Cortile Fondo Noce B&B **€/€€**
(320 482 56 66; Via Fondo Noce 25; singole/doppie €40-50/60-90;) Da una via anonima, un po' fuori dal centro – ma vicina alla stazione – si spunta in un cortile dove l'edera si arrampica al muro, i piedi calpestano la ghiaia e le persiane alle finestre sono colorate di un azzurro tenue. Il luogo migliore dove passare notti di pace e tranquillità, rendendo omaggio alla tradizione contadina di Bisceglie.

Palazzo Bonomi HOTEL **€€**
(080 972 25 36; Largo Castello 7; singole/doppie €80/90;) La colazione offre qualsiasi delizia che vi possiate immaginare, e con la bella stagione viene servita in terrazza. La posizione è centrale, proprio di fronte al castello e a pochi passi dal mare. Aggiungeteci una gentilezza sopra la media e avrete un ottimo motivo per fermarvi in questo hotel.

Pasti

Bar Cattedrale CAFFÈ, PASTICCERIA, GELATERIA **€**
(080 395 78 90; Via Cardinale dell'Olio 23; 8-13, 17.15-20.30 mar-sab, 7-13 dom) Passeggiando per il centro storico è d'obbligo una tappa in questo caffè-pasticceria-gelateria, perché qui si prepara il miglior Sospiro di Puglia. Si tratta di una semisfera di soffice pan di Spagna, farcita con crema pasticcera e coperta di glassa, che secondo la leggenda fu sfornata la prima volta il 21 luglio 1498 per festeggiare il matrimonio tra Alfonso d'Aragona e Lucrezia Borgia – che non ebbe mai luogo, da cui il nome.

Trattoria Biscegliese TRATTORIA **€€**
(347 798 63 08; Via Cardinale Dell'Olio 36; pasti €30; 12.30-15 e 19.30-24 mar-sab, 12.30-16.30 dom) Orecchiette alla braciola, polpo alla luciana e, la domenica a pranzo, pasta cotta nel forno a carbone. Sono solo alcuni dei piatti che vi aspettano in questa trattoria a conduzione familiare, in pieno centro storico.

La Taverna del Duca OSTERIA **€€**
(080 392 19 59; www.latavernadelduca.com; Via Bruni Abate 60; pasti €30; 19.30-23 mar-ven, anche 12.30-15 sab e dom) Gli antipasti si presentano sotto forma di innumerevoli piatti e piattini, tutti assai invitanti, specie quelli a base di pesce. Meglio lasciare però un po' di spazio per gli spaghetti ai frutti di mare o alle intramontabili orecchiette. Gran finale con gli *sporcamuss*, serviti tiepidi e ripieni di crema freschissima.

★ **Osteria del Seminario** RISTORANTE **€€**
(080 399 15 19; www.osteriadelseminario.it; Corso Umberto 165; pasti €35; 12-15, 19-23 lun e mer-sab, 12-15 dom) Dal 2001 Nicola accoglie a suon di delizie gli avventori di questo bel locale con i soffitti a volta e i camerieri gentili. Siete indecisi? Andate sul sicuro con l'eccellente frittura mista di Paranza.

Shopping

★ **Prendi Luna** LIBRERIA, CAFFETTERIA
(080 809 24 84; Via Ottavio Tupputi 15; 7.30-22) Mauro e Greta sono riusciti a fare di una passione il loro lavoro; se questo non vi bastasse come motivazione per andare a trovarli, sappiate che c'è un'ottima focaccia calda che vi aspetta come spuntino. La libreria, ospitata all'interno di un bel locale con pietra a vista, è diventata ormai un luogo di ritrovo per i biscegliesi; merito dei tanti eventi organizzati dall'infaticabile coppia, sempre con un occhio di riguardo per i più piccoli.

Informazioni

In città c'è una **Pro Loco** (334 298 45 43; www.prolocobisceglie.it; Via Frisari 5; 9-13 e 17.30-20.30 mar-sab, 10-12.30 dom), molto attiva nell'organizzazione di eventi di vario tipo. Date un'occhiata alla pagina su Facebook. C'è anche un **Infopoint** (080 396 85 54; Via Tupputi 1; orario variabile).

Per/da Bisceglie

Circa 35 km a nord di Bari, Bisceglie è raggiungibile in auto percorrendo l'autostrada A14 e uscendo a Trani (se si proviene da nord) o a Molfetta (se si proviene da sud), oppure imboccando la SS16 bis (uscite Bisceglie nord/centro/sud/ovest). **Trenitalia** (www.trenitalia.com) effettua collegamenti frequenti lungo tutto l'arco della giornata con Bari (circa 30 min, €2,60). Anche gli autobus **STP** (www.stpspa.it) sono frequenti (€2,90, 1 h 10 min). Per gli orari e l'acquisto consultate il sito del **Consorzio Trasporti Aziende Pugliesi** (COTRAP), www.cotrap.it.

Molfetta

POP. 57.891 / ALT. 15 M

La leggenda narra di due esuli provenienti da Sebenico e Ragusa (Croazia) che, in cerca di un rifugio, rimasero così colpiti dalla bellezza dal luogo da decidere di battezzarlo Melphacta ('fatta di miele'), nome da cui deriverebbe quello attuale. Non si sa se la storia sia vera, ma sicuramente in questa popolosa cittadina la dolcezza non manca. Al tramonto il duomo – tra i pochi ad affacciarsi direttamente sul mare – è inondato da una luce dorata. Lo si guarda con occhi sognanti mentre si passeggia lungo il porticciolo, cullati dalle chiacchiere dei pescatori. E poi c'è il centro storico, che un po' come a Bari Vecchia ha una sua anima ben distinta dal resto della città.

Fondata probabilmente in età romana, dopo la caduta dell'impero romano Molfetta fu in balia di goti, bizantini, longobardi e normanni, che si avvicendarono nel controllo della città. All'epoca delle Crociate acquistò una certa importanza per via della sua posizione strategica, ma in seguito tornò sotto il dominio di varie potenze straniere, che non esitarono a usare le maniere forti (nel 1529 la città subì un sanguinoso assedio da parte delle truppe francesi, passato alla storia come il Sacco di Molfetta). Il suo destino non cambiò con il passare dei secoli quasi fino ai giorni nostri, quando la città entrò a far parte del neonato Regno d'Italia in seguito al plebiscito del 1860. Dopo aver pagato il suo tributo di sangue in entrambi i conflitti mondiali, Molfetta assistette a una lenta ma graduale industrializzazione e oggi è un importante polo di aziende cantieristiche, meccaniche e alimentari.

VIA MAMMONI

Una via per chi non riesce a fare a meno della mamma? In realtà è intitolata al dio del denaro Mammona, una divinità della tradizione aramaica: sembra infatti che in corrispondenza della strada attuale sorgesse un tempio greco a lui dedicato. Con il passare dei secoli, i mammoni hanno poi assunto le sembianze di terrificanti creature che spaventavano i bambini; sempre nella stessa via troverete una scultura che ne raffigura uno, ma se ne possono avvistare altre un po' in tutto il centro storico. Da qualche tempo nella zona è stato inaugurato un giardino urbano, ricavato dalle macerie di palazzi in rovina, dove vive una nutrita colonia di gatti (non mammoni). Un'oasi di pace e tranquillità in pieno centro a Molfetta.

Che cosa vedere

★ Centro storico QUARTIERE

Con la sua pianta a spina di pesce, tipica dell'età normanna, si estende sul promontorio che protegge il porto, racchiuso tra il duomo (a ovest) e Piazza del Municipio (a est). Anticamente era separato dalla terraferma da un canale, poi progressivamente interrato, motivo per cui è anche chiamato Isola di Sant'Andrea. Entrateci da Corso Dante/Piazza Mazzini (a sud) passando sotto l'arco (ma salite anche sul camminamento delle mura da Vico Muro, subito a sinistra: non ve ne pentirete) e godetevelo passeggiando pigramente, perché è piccolo a sufficienza da poter essere battuto palmo a palmo. L'articolazione dei suoi spazi affascina più dei singoli edifici: balconcini con romantiche inferriate, nicchie, bassorilievi; l'Arco di San Nicola affrescato; la palazziata a mare di Via Sant'Orsola (che un tempo aveva funzione difensiva) affacciata sulla Cala di Sant'Andrea (balneabile!); il panoramico Torrione Passari (1512), cui si accede passando da Palazzo Galante Gadaleta; e poi loggiati, portali, chiesette, giardinetti, pozzi e fontane. L'accurato restauro sta inoltre lentamente tornando ad attrarre abitanti, attività e turisti. Se ne avete il tempo, esplorate anche il quartiere Catacombe, che sale subito alle spalle del centro.

Duomo di San Corrado LUOGO DI CULTO

(☎080 397 19 71; Via della Chiesa Vecchia; ⏲9-12 e 16-20) Le due alte torri della ex cattedrale cittadina (che nel 1785 fu scalzata dalla Cattedrale di Santa Maria Assunta) sono forse ciò che più rimane impresso nella memoria di chi visita Molfetta. La chiesa, la più grande della regione in stile romanico pugliese con le cupole in asse, si trova in posizione defilata nel centro storico, a due passi dal mare, e non è quindi un caso che uno dei due torrioni fosse anticamente utilizzato per avvistare minacce provenienti dall'Adriatico. Quella che oggi è la facciata principale, sul lato occidentale, è stata a picco sull'acqua fino al 1882 ed è per questo motivo che appare spoglia. Il portale meridionale, seppure austero, mostra invece tre finestre tardorinascimentali e le statue di san Corrado e san Nicola. L'interno, anch'esso piuttosto povero, custodisce un'acquasantiera del XII secolo che raffigura un uomo dai lineamenti esotici, probabilmente un saraceno, mentre regge un bacile in cui nuota un pesce (si tratta di una diffusa iconografia cristiana). Sui tetti delle due navate c'è un po' di Valle d'Itria: le tegole sono infatti nella stessa pietra utilizzata per i trulli di Alberobello.

Basilica Madonna dei Martiri LUOGO DI CULTO
(☎080 338 13 69; Viale dei Crociati; ⏲7-12.30 e 16.30-22.30) La chiesa più venerata di Molfetta si trova subito fuori dal centro, all'estremità del porto e in posizione contrapposta alla vecchia cattedrale. Il luogo era un'importante tappa di ristoro per i pellegrini diretti in Terra Santa. A destra dell'altare maggiore, unico superstite della costruzione originaria del 1162, si trova una piccola cripta: fu realizzata nel XV secolo dal notaio locale Francesco Lepore sul modello del Santo Sepolcro di Gerusalemme.

Palazzo Giovene PALAZZO
(☎080 88504 73 Piazza del Municipio 1; ⏲spazi espositivi con orario variabile; è necessaria la prenotazione) FREE L'attuale sede del municipio di Molfetta è un bel palazzo cinquecentesco dalla facciata rinascimentale ai cui lati spiccano due statue, una di un musico e l'altra di un guerriero, entrambe poste sopra due colonne ioniche. All'interno accoglie una **Galleria di Arte Contemporanea** che espone alcune opere di artisti locali, nonché una sala che riproduce in scala i mezzi di locomozione più utilizzati nell'area prima dell'avvento dell'automobile. L'elemento più interessante (e incredibilmente poco frequentato) è la **Siloteca**, un vero e proprio museo del legno che presenta sezioni d'alberi da tutto il mondo e un prezioso cimelio: una bacchetta da direttore d'orchestra donata da Riccardo Muti.

Corso Dante STRADA
Avviatevi lungo questa bella strada che dal porticciolo cinge il lato sud della cittadella con un'infilata di chiese. All'inizio (Piazza Mazzini) di essa noterete sulla destra le chiesette affiancate della **Santissima Trinità** (1154, con la minuscola torretta campanaria) e di **Santo Stefano** (1586). Quest'ultima è priva della navata destra per il mancato esproprio del palazzo accanto; l'interno custodisce i Cinque Misteri (statue lignee cinquecentesche della Passione). Poco più avanti raggiungerete la **Cattedrale di Santissima Maria Assunta** (1610-1744) e, imboccando il vicolo alla sua destra, il **Museo Diocesano** (☎348 411 36 99; www.museodiocesanomolfetta.it; Via Entica della Chiesa o Vescovado; interi/ridotti €4/3; ⏲10-13 mar-dom, 17.30-20.30/18-21 sab e dom set-giu/lug, chiuso agosto). I tesori artistici di Molfetta e dintorni li trovate qui, nell'ex Seminario Vescovile recentemente (e superbamente) restaurato. Al piano terra c'è la sezione archeologica, che include rinvenimenti della zona del Pulo di Molfetta (v. lettura p86), paramenti liturgici, un lapidario e una notevole statuaria lignea; al secondo si possono ammirare il tesoro e la pinacoteca (con opere del pittore molfettese Corrado Giaquinto); ma la vera chicca è al piano di mezzo: sono gli ambienti della monumentale biblioteca ottocentesca. Il corso si chiude scenograficamente sulla facciata della **Chiesa del Purgatorio** (1643-55), con le sue quattro statue di santi.

Feste ed eventi

Settimana Santa PERIODO PASQUALE
A Molfetta la Pasqua è particolarmente sentita, e già nei primi quattro venerdì di Quaresima si è soliti ricordare i quattro Misteri Dolorosi nella Chiesa di Santo Stefano. Sempre in questo periodo la banda cittadina esegue per le strade della città le prove delle tre marce funebri che risuoneranno durante la Settimana Santa. Ma è il Venerdì di Pasqua l'appuntamento immancabile, quando si visitano i 'sepolcri' (cioè i repositori allestiti nelle chiese) e si mangia un *pizzarello* (panino tipico molfettese con tonno, capperi e acciughe), dopodiché si attende l'uscita dei Cinque Misteri dalla Chiesa di Santo Stefano per accompagnarli in processione, alla luce delle candele e del primo sole, ovviamente con lo sfondo musicale della banda al gran completo.

Festa Patronale della Madonna dei Martiri PRIMA SETTIMANA DI SETTEMBRE
È in occasione di questa sentitissima ricorrenza religiosa di fine estate che la folta comunità di molfettesi espatriati all'estero fa ritorno a casa, ricongiungendosi per alcuni giorni con i propri cari. Nata come una processione a mare della statua della Vergine, che ancora oggi viene accompagnata nel suo viaggio verso il duomo da una festosa flotta di pescherecci, oggi questa ricorrenza è soprattutto un momento di festa, tra bancarel-

DA NON PERDERE

IL PULO DI MOLFETTA

Come un'inaspettata anteprima delle Murge (p98) a poco più di 1 km dal centro città, il pulo di Molfetta è una dolina di origine carsica, con un diametro variabile tra i 180 e i 140 m e una profondità massima di 30. Abitato da insediamenti umani già durante il Neolitico, fu adibito agli usi più svariati, divenendo persino una nitriera (fabbrica di polvere da sparo) durante il periodo borbonico. Nei fine settimana, l'**Infopoint** (p87) locale organizza visite guidate che offrono un interessante spaccato di archeologia industriale, oltre a fornire informazioni di natura geologica sulla zona. Una curiosità: qualche ora dopo la nostra visita, è stato rinvenuto un fondo di vaso a vernice nera, un reperto che si aggiunge a quelli già numerosi ritrovati nei decenni scorsi.

le e scoppiettanti fuochi d'artificio che illuminano il cielo. Nel 2021, per la prima volta nella sua storia, la Madonna ha raggiunto la cattedrale a bordo di un mezzo mobile.

Pernottamento

Il Mulino di Amleto B&B LETTERARIO €€
(345 289 57 14; www.bbilmulinodiamleto.it; Vico Campanile 6; singole/doppie €50/80;) Le onde del mare che si sentono dalle stanze sono la ciliegina su una torta già piuttosto invitante: oltre alla posizione incantevole, questa struttura incarna alla perfezione lo stile autentico del B&B, con proprietari ospitali, deliziose aree comuni e camere colorate e arredate con gusto. Ovviamente ci sono libri ovunque, magari da sfogliare mentre si fa colazione nella meravigliosa terrazza all'ultimo piano.

Mareè Seafront B&B €€
(348 653 43 06; www.mareemolfetta.it; Via Peruzzi 22; doppia €95;) Da qualche anno Emanuela e Vincenzo hanno voluto aprire le porte di casa e accogliere i viaggiatori in una stanza con le pareti colorate e arredata con gusto. Il B&B si trova poco fuori dal centro storico, sul lungomare cittadino, e offre nelle vicinanze buone possibilità di parcheggio.

Dogana Resort HOTEL €€€
(080 397 80 89; Banchina Seminario 3; doppie/suite €120-150/350;) Sono passati pochi anni dalla conclusione del restauro, eppure questo hotel a cinque stelle ha già fatto breccia nel cuore di molti. Il terrazzino con vista mare di alcune suite, le verande in pietra e tutte le comodità di una struttura di lusso sono da annoverare tra i motivi. Dire che la posizione è centrale è quantomeno riduttivo: salite al roof garden e vi sembrerà di poter sfiorare le torri del Duomo di San Corrado con un dito.

Pasti e locali

Due sono i piatti tipici di Molfetta: il ciambotto, la zuppa di pesce locale, tradizionalmente fatta con i pesci di scarto ma ora riproposta con pregiati pesci di scoglio, e il calzone molfettese, che invece è una torta salata con un ripieno di merluzzo fritto, cipolla e un cucchiaio di ricotta.

★ **Chioschetto San Marco** GELATERIA €
(080 964 80 51; www.sanmarcogelati.it; Piazza Giovene; 9-23.30 lun-gio, fino alle 24 ven-dom;) Non ci vuole molto a scoprire questa gelateria: situata in un angolo di Piazza Garibaldi, è sempre assediata da molfettesi di tutte le età. Il gusto mandorla e fichi è sublime. Buona anche la scelta per i vegani.

Panificio Centrale PANETTERIA €
(080 397 17 68; Via Respa 40/a, 200 m a sud di Piazza Garibaldi; 7-13.30 lun-sab, 16.30-21 venmer) Superate senza indugi il modesto ingresso e scegliete un pezzo della focaccia più buona della città, anzi una delle migliori della regione. A metà mattina potreste trovarla ancora calda, e magari lasciarvi tentare da patate e melanzane al forno, e altre prelibatezze ideali per un pranzo veloce.

La Vineria di San Domenico RISTORANTE €€
(080 334 45 10; Via San Domenico 33; pasti €30-35; 20-24 lun-sab, 13-16 dom) Anche se il nome e le bottiglie di vino (collocate praticamente ovunque) potrebbero far pensare solo a grandi bevute, nel locale di Antonella e Agostino si mangia anche, e pure molto bene. Il pesce è sempre fresco e a km0, con il porticciolo a due passi. Se in menu, provate il moscardino con carote e olive in crema di patate; chi l'ha fatto prima di voi si è congratulato personalmente con la chef.

Sapemore
Il cuciniNostrano RISTOPUB €€
(080 204 77 57; Via Cifariello 5; pasti a partire da €20; 12-15.30 e 19-24 sab e dom, 19-24 mer-ven e lun) È una birreria con un assortimento di birre di assoluto livello. È un locale con musica live suonata da artisti estrosi, pronti a riempire di allegria la vostra serata. È anche un piccolo ristorante che rende omaggio alle tra-

dizioni del territorio in chiave moderna, servendo le portate in piatti dai colori sgarginanti. Descrivere tutte le caratteristiche di questo poliedrico locale è davvero arduo: andateci per scovarne di nuove.

★ Cantine Pop WINE BISTROT €€
(☎349 843 07 07; www.cantinepop.com; Via Piazza 11; pasti €35; ⏲pranzo e cena tutti i giorni) Si definisce la 'prima galleria enogastronomica della Puglia' e già per questo si è incuriositi a entrare. Così ci si ritrova tra sculture colorate e collage dadaisti, magari sorseggiando un buon bicchiere di vino naturale. E quando arriva uno dei piatti cucinati dallo chef Onofrio, tutto è ancora più bello (e buono). Provate il pescato in crosta mediterranea con gocce di stracciatella e diteci com'è andata.

Bit – Bloom in Town COCKTAIL BAR
(☎392 988 68 71; www.bit-molfetta.it; Corso Dante Alighieri 51; ⏲18-2 mer-lun, anche 12.30-14.30 sab) Al Bit si viene per mangiare (specie il sushi), ma soprattutto per bere. Ordinate il vostro cocktail (menzione speciale per il daiquiri del professore) e, mentre un bartender preparato se ne occupa, guardatevi intorno. In un ambiente decisamente glamour, potreste fare qualche conoscenza interessante.

Informazioni

Per informazioni turistiche potete rivolgervi all'**Infopoint** (☎351 986 94 33; Via Piazza 27/29, asse centrale della cittadella; ⏲10-13 e 15.30-19.30, 9-19 estate) o alla **Pro Loco** (☎080 335 94 02; Palazzo di Città in Piazza Municipio 30; ⏲orario variabile).

Per/da Molfetta

Molfetta si trova 25 km a nord di Bari ed è raggiungibile in auto percorrendo l'autostrada A14 o la SS16 bis (litoranee), imboccando in entrambi i casi l'uscita Molfetta. **Trenitalia** (www.trenitalia.com) effettua frequenti collegamenti con Bari (€1,90, 25 min circa); la stazione ferroviaria si trova 1 km a sud della Cittadella. Bari è raggiungibile anche con gli autobus **STP** (www.stpspa.it; €2,20, 55 min; fermata in Via Vittorio Emanuele, dalla villa comunale). Per gli orari e l'acquisto consultate il sito web del **Consorzio Trasporti Aziende Pugliesi** (COTRAP), www.cotrap.it.

Giovinazzo

POP. 19.537 / ALT. 7 M

Solitamente il colpo di fulmine scocca al primo sguardo. Basta andare verso il lungomare, raggiungere il Braccio (così è chiamato il ramo del porticciolo esattamente di fronte al paese) e spalancare gli occhi. Da qui Giovinazzo prende le sembianze di una nave in pietra pronta a salpare verso il mare. L'effetto è dovuto alla forma di penisola del centro storico – tanto raccolto quanto grazioso –, dove passeggiare è romantico quanto vedere le onde del mare dall'alto dei bastioni. L'odore di salsedine è ovunque, così come non mancano i profumi dei tanti ristorantini nel centro. A mezz'ora da Bari, questo pittoresco borgo marinaro è il luogo ideale per una fuga rigenerante dal caos del capoluogo.

Che cosa vedere

Piazza Vittorio Emanuele II PIAZZA
La principale piazza di Giovinazzo non si discosta molto da quelle di ben più grandi città d'arte italiane, non solo per l'estensione ma per l'eleganza dei palazzi che la circondano. Posizionatevi al centro, dove si trova la **Fontana dei Tritoni** (1933), per coglierne la particolare forma a trapezio. Sul lato verso monte la scena è dominata dalla settecentesca **Chiesa di San Domenico**, parte di un grande convento dei padri domenicani. Nelle sere d'estate, sfavillanti bancarelle ricolme di dolciumi e cianfrusaglie attirano fiumane di gente.

★ Centro storico SITO STORICO
È un piacere venirci di giorno, quando a dominare è una quiete rara e preziosa, ed è altrettanto bello tornarci la sera, quando il giallo soffuso dei lampioni rende tutto ancora più magico e il chiasso festoso della gente mette di buon umore. Partite dalla bella **Piazza Duomo**, dove ci si ritrova al cospetto della **Cattedrale di Santa Maria Assunta** (☎080 394 26 23; ⏲orario delle funzioni), del XII secolo. Dell'originario impianto romanico resta la parte absidale (da ammirare dal lungomare per una visione d'insieme con il borgo), mentre quasi tutto il resto dell'edificio risente delle modifiche in chiave barocca apportate durante il Settecento. La **cripta** è invece rimasta così com'era, composta da 10 colonne provenienti da altri monumenti e 12 pilastri sporgenti dai muri perimetrali. Proseguendo oltre, lungo Via Marco Polo si giunge in un piccolo spiazzo dove ha sede l'associazione **Vedetta sul Mediterraneo** (☎080 394 65855; www.vedettamediterraneo.it; Via Marco Polo 11; ⏲orario variabile), che promuove eventi letterari con il mare come trait d'union; chiamate per verificare preventivamente l'apertura: anche se non ci sono eventi in programma, potrete godervi la splendida posizione a picco sul mare. Anche **Via Marina**, sopra i bastioni a mare, è una bella strada su cui passeggiare, per poi ricongiungersi con la città moderna. Terminato questo bre-

ve tour, scommettiamo che avrete già voglia di ributtarvi nei vicoli del centro. Fatelo senza indugi, gironzolando senza una meta precisa: siamo sicuri che così facendo troverete altri scorci meritevoli della vostra attenzione.

Pernottamento e pasti

Porto di Mare B&B €€
(☎338 263 86 63; www.portodimaregiovinazzo.com; Via Crocifisso 9; doppie/triple €85/105; ❄📶) Se tutti i porti fossero come questo, i marinai avrebbero serie difficoltà a salpare! Alessandra e Giulia, proprietarie di questa nuova struttura, ci sanno fare: dall'arredamento e pulizia delle camere all'ospitalità e gentilezza verso gli ospiti, niente è lasciato al caso. E c'è pure un piccolo giardino esterno dove concedersi un po' di relax.

S. Martin Hotel HOTEL €€€
(☎080 394 26 27; www.s.martinhotel.it; Via San Domenico Maggiore 28; singole/doppie €110/140; ❄📶) Si dorme in un antico monastero del XIII secolo, tra pareti romane originali e mobili d'epoca. Ma il pezzo forte è senza dubbio la terrazza, a cui è possibile accedere per prendere un aperitivo anche se non si è clienti. Perdetevi nel tramonto più bello su Giovinazzo e il suo mare.

Panificio Bove PANIFICIO €
(☎080 394 78 77; Via Molfetta 58; ⏲7.30-13.45 e 17.30-21 lun-sab, 7.30-13.45 dom) Se a Bari c'è la focaccia, qui si mangia la pizzella (dalla forma più piccola e ricoperta di solo pomodoro), e guai a confonderle. Fermatevi a prenderla nel miglior forno del paese e poi gustatela in riva al mare.

Hostaria San Domenico RISTORANTE €€
(☎080 394 85 40, 349 391 89 87; Vico Freddo 10, traversa di Via Cattedrale; pasti €25-30; ⏲12.30-15 e 19.30-23 mer-sab, 12.30-15 dom) Vanno forte i primi (provate il mezzo pacchero con ragù di polpo) così come i dolci, con gli sporcamusi ripieni di crema e cioccolato pronti a tentarvi. La struttura si trova in un vicolo nascosto a due passi dalla cattedrale, un luogo perfetto per un appuntamento galante.

Ristorante osteria Scvnazz RISTORANTE €€€
(☎080 411 79 26; www.osteriaristorantegiovinazzo.it; Via Fossato 50; pasti €30; ⏲12-14.30 e 19-23 mar-dom) La migliore cucina giovinazzese la trovate in questa vivace osteria all'entrata del centro storico. Sedetevi e ascoltate da Francesco (per gli amici Ciccio) qual è il pesce fresco della giornata. La prenotazione è fondamentale.

Shopping

Laguz ARTE ORIENTALE
(☎080 394 88 61; Piazza Meschino 29/a; ⏲10.30-13 e 17.30-21.30 lun-sab) Ogni volta che Lorenzo torna dai suoi viaggi in Oriente, la sua bottega si arricchisce di nuova, fascinosa mercanzia. Da gioielli in argento di fattura thailandese ai batik indiani, passando per capi di abbigliamento da vario genere, qui troverete senz'altro l'ispirazione per un acquisto decisamente originale. E sarete pure in una delle più belle piazze del centro storico.

Per/da Giovinazzo

Giovinazzo si trova 18 km a nord di Bari ed è raggiungibile in auto con la A14 e con la SS16 bis. Sono frequenti sia i treni di **Trenitalia** (www.trenitalia.com; €1,50, 20-30 min) sia gli autobus **STP** (www.stpspa.it; €1,40, 40 min).

Mola di Bari

POP. 24.567 / ALT. 5 M

Secondo una teoria, il nome proverrebbe dal termine latino omonimo che significa 'macina molitoria', intorno alla quale si sarebbe sviluppato il primo nucleo di case. Ma non lasciatevi ingannare: sebbene ci si trovi a pochi chilometri dal capoluogo, Mola ha una sua precisa identità e merita una visita a parte. Basta scorgere l'imponente profilo del **Castello Angioino**, edificato nel Duecento per proteggere la città dalle frequenti incursioni saracene, per capire che non si tratta di un anonimo centro dell'hinterland barese. La grande **Piazza XX Settembre** brulica di vita d'estate e nei fine settimana di tutto l'anno, ed è pervasa da una bellezza decadente, ben riassunta nella facciata di **Palazzo Roberti**, prezioso e trascurato esempio di arte napoletana barocca in città. Poi ci sono le chiese, come la rinascimentale **Collegiata di San Nicola**, sul cui portale campeggiano curiosi nani stilofori, o l'imponente **Palazzo Roberti-Alberotanza**, di epoca tardobarocca, o ancora il neoclassico **Van Westerhout**, piccolo gioiellino di teatro all'italiana. Per chi invece cerca un po' di relax c'è il bel **lungomare** fresco di ristrutturazione, dove è piacevole anche fare un giro in bicicletta.

Pernottamento e pasti

Al Duomo B&B €€
(☎347 162 10 91; www.bebalduomo.it; Via Duomo 3; singole/doppie/triple/quadruple €50/85/125/145) Piacevole B&B a conduzione familiare in un edificio del Seicento a due passi dalla Colle-

giata di San Nicola. Si dorme fra travi in legno a vista, archi a volta in pietra e arredi vintage.

Pizzeria Angelo PIZZERIA, PANZEROTTERIA €
(☎080 473 56 36; Via Van Westerhout 36; pasti €15; ⏲19-24 gio-mar) Anche se la pizza è molto buona, qui si viene per fare incetta di panzerotti e dei celebri medaglioni (specie di calzoni fatti con la stessa pasta dei panzerotti, ma decisamente più grandi). Le attese possono essere bibliche, ma la mozzarella filante (e incandescente!) pronta a fuoriuscire dall'opera d'arte che avrete in mano merita la vostra pazienza. Se non volete usufruire del servizio d'asporto, prenotate il vostro tavolo per tempo.

Al Bel Paese RISTORANTE, PIZZERIA €
(☎ 340 249 46 59; Via Piero Delfino Pesce 14-16; pasti €20; ⏲8-15.30 e 18-23.30 lun e mer-sab, 10-16 dom) Se la vostra passione sono i primi di pasta fresca, il ristorante del Pastificio Artigiano Molese è la scelta che fa per voi. Il dehors dà direttamente sulla litoreanea ma è riparato quanto basta, e il rapporto qualità-prezzo è imbattibile, anche per le pizze e i secondi di pesce. Il generoso orario di apertura va incontro a tutte le esigenze e potrete anche acquistare un pacco di pasta come souvenir.

Per/da Mola di Bari

Mola di Bari è situata 22 km a sud-est del capoluogo lungo la SS16. Per Bari ci sono diversi treni al giorno di **Trenitalia** (www.trenitalia.com; €1,50, 20-30 min) e più frequenti autobus **STP** (www.stpspa.it; €1,80, 35 min) che la collegano anche con Conversano (€1,10, 25 min). Per gli orari e l'acquisto consultate il sito del **Consorzio Trasporti Aziende Pugliesi** (COTRAP), www.cotrap.it

Polignano a Mare

POP. 17.680 / ALT. 24 M

Prima di varcare la porta d'ingresso del centro e immergervi nel bianco delle sue case, delle balconate, delle grotte, andate agli scogli di Pietra Piatta. Per arrivarci incrocerete la statua di un signore con gli occhi chiusi, sognanti, le braccia tese verso un cielo, manco a dirlo, blu dipinto di blu. Salutatelo e poi scendete lungo una breve scalinata. Giratevi verso destra, ma fate attenzione: a guardare questo paese avvinghiato su una roccia a picco sul mare, si può rimanere letteralmente senza fiato. Allora sedetevi, continuando a scrutare uno degli scorci più fotografati e iconici di un'intera nazione. E, a differenza della canzone, auguratevi che questo sogno ritorni il più possibile nei vostri ricordi di viaggio.

Sembra assodato che la colonia greca di Neapolis, secondo alcuni fondata dal tiranno di Siracusa Dionigi II, sorgesse in corrispondenza dell'attuale centro cittadino. Polignano divenne poi un importante centro dei commerci in epoca romana, trovandosi lungo la Via Traiana che collegava Roma a Brindisi. La sua vocazione mercantile trovò ulteriore impeto nei secoli successivi, quando la Serenissima Repubblica di Venezia fece di Polignano un importante nodo dei suoi traffici, tanto che ancora oggi nel centro storico della cittadina si trova il Palazzo del Doge. L'altra inclinazione che da sempre contraddistingue la cittadina è quella agricola: le patate e le carote coltivate da queste parti sono universalmente riconosciute come prodotti d'eccellenza del territorio pugliese.

Che cosa vedere

Polignano è ormai da tempo una conclamata meta turistica di fama mondiale. Se possibile, veniteci fuori dai mesi di alta stagione (specie luglio e agosto), quando folle oceaniche di visitatori potrebbero rendere il soggiorno decisamente meno piacevole. Spesso, nelle serate estive, il centro cittadino lungo Via San Vito è chiuso al traffico.

Statua di Domenico Modugno PUNTO PANORAMICO
Sebbene da anni in paese si parli di istituire un museo dedicato al più celebre cittadino di Polignano, per il momento ci si deve accontentare di questo monumento, che si incontra prima del centro provenendo da Bari. A vederlo immortalato dallo scultore argentino Hermann Mejer con le braccia spiegate al cielo e il volto sorridente, Modugno sembra davvero volare, come nella famosissima canzone. Scendete le scale alle sue spalle per raggiungere la scogliera e godervi la vista sul paese e sulla spiaggia di Lama Monachile.

Ponte di Lama Monachile PONTE
Scorre lungo il tracciato dell'antica Via Traiana questo ponte realizzato negli anni '30 dell'Ottocento che domina la spiaggia di Lama Monachile, su cui coppie provenienti dai quattro angoli del globo si contendono l'angolo migliore per l'agognato selfie. Nel percorrerlo, avrete davanti a voi due alternative: meglio un tuffo nel mare blu o una passeggiata tra i vicoli del centro storico? La risposta è semplice: entrambe.

Arco Marchesale ARCO
Per un ingresso trionfale in centro non si può che varcare questo maestoso arco, conosciuto

DA NON PERDERE

LE GROTTE DI POLIGNANO (E NON SOLO)

Si sa: i posti di mare vanno visti dall'acqua e di certo Polignano non sfugge a questa regola, specie considerando i tantissimi anfratti marini che si nascondono tra le insenature della costa. La **Grotta delle Rondinelle**, per esempio, deve il nome ai pipistrelli che la popolano ed è una delle più visitate nella stagione estiva; inoltre, presenta un'ampia cupola alta circa 6 m da cui arditi (e un po' sprovveduti) nuotatori si esibiscono in tuffi spericolati. Non lontano si trovano la **Grotta dell'Episcopina**, collegata anticamente attraverso cunicoli alla Chiesa Matrice, e la **Grotta della Chiangella**, così chiamata per il pianto disperato delle madri i cui figli venivano rapiti dai saraceni. La **Grotta Palazzese** è la più celebre, dotata di una terrazza pensile già nel Settecento per volere del nobile Giuseppe Leto e addirittura citata nella celebre *Encyclopédie* di Diderot; oggi è occupata dal ristorante dell'**Hotel Grotta Palazzese** (☎ 080 424 06 77; www.grottapalazzese.it; Via Narciso 59; menu degustazione €190; ⏲ 12.30-14 e 18-22.30). Infine, più 'riservate' sono le **Grotte dei Fidanzati**, dove secondo la tradizione si apparterebbero le coppiette in cerca d'intimità (non a caso si raggiungono solo a nuoto), e la **Grotta delle Monache**, dove le suore del vicino ospedale erano solite fare il bagno lontano da occhi indiscreti. Se siete stanchi del mare, anche la terra riserva sorprese. In Contrada Santa Barbara si trova un sito archeologico risalente al Neolotico, con alcuni ipogei ritenuti tra i più antichi del mediterraneo occidentale. L'**Infopoint** (p93) organizza visite guidate tramite navetta in partenza dal centro. Ed è sempre qui che potrete richiedere informazioni e dettagli per le gite in barca.

anche come Porta Grande. Realizzato nel 1530, per oltre due secoli ha rappresentato l'unico accesso alla città. Avvicinatevi alla struttura e cercate i fori ai lati: lì scorrevano le catene che azionavano il ponte levatoio sopra un fossato difensivo, poi coperto agli inizi del Novecento, quando furono anche parzialmente smantellate le imponenti mura che circondavano la città. Sul lato verso monte si trovano le ariose piazze Garibaldi e Aldo Moro, dove ci si può riposare un poco, magari gustando un buon gelato.

Centro storico QUARTIERE

Fra terrazze su strapiombi a picco sul mare e case in una pietra rilucente con graziose porte colorate, non ci metterete molto a restare estasiati dal luogo. Cercate però di passare – non vi sarà difficile – dalla centralissima **Piazza Vittorio Emanuele**, animata da un continuo viavai di turisti, guide o sedicenti tali anche in bassa stagione. Qui si trova il **Palazzo dell'Orologio**, un tempo sede dell'università e su cui campeggia, tra le due finestre del primo piano, il vessillo comunale. L'orologio immediatamente al di sopra scandisce la vita quotidiana del paese dalla seconda metà del Settecento ed è tuttora regolato periodicamente a mano. Sulla piazza si affaccia anche la **Chiesa Matrice di Santa Maria Assunta** (☎ 080 424 01 24; Piazza Vittorio Emanuele II 21; ⏲ riaperta dopo un restauro), di origine medievale ma completamente rifatta nel 1580; il suo interno ospita le reliquie di san Vito, conservate nello scenografico cappellone. Ma Polignano è conosciuta soprattutto per le sue spettacolari **balconate**, dalle quali ammirare il blu cobalto del mare e ascoltare la risacca negli anfratti rocciosi. Quella di **Santo Stefano**, ricavata dal basamento di un bastione, è forse la più gettonata e regala vedute indimenticabili sulla spiaggia di Lama Monachile; da qui potrete anche riflettere sul coraggio dei tuffatori professionisti che ogni anno si buttano da una terrazza poco lontano, in occasione del Red Bull Cliff Diving (p91). Se infine volete un po' di pace, provate a spingervi più a sud. E in **Via Roma** alzate la testa: vi ritroverete in compagnia dei versi delle canzoni più celebri di Modugno.

Fondazione Museo Pino Pascali MUSEO

(☎ 080 424 95 34; www.museopinopascali.it; Via Parco del Lauro 119, circa 800 m a est del centro storico; interi €5; ⏲ 16-20 mer-dom) Si trova nell'ex mattatoio comunale di Polignano, in un edificio in pietra del primo Novecento. Con i suoi 2500 mq distribuiti su due piani in bella posizione sul mare, il museo offre adeguata collocazione alla collezione permanente delle opere dell'artista a cui è intitolato. Barese ma con genitori di Polignano, Pascali seppe unire gli elementi della cultura mediterranea, come i campi e il mare, con la dimensione ludica (spesso le sue opere sono giocattoli rivisitati) e l'uso di materiali di recupero, motivo per cui è considerato uno dei principali esponenti dell'arte povera.

Spiagge

Oltre che per il suo centro storico, Polignano deve buona parte della sua fama al mare, che qui inizia a essere dello stesso blu che poi ritroverete più a sud. Non ci sono però grandi distese di sabbia, è quindi opportuno scegliere attentamente la destinazione, specie nel periodo estivo. Si parte da **Lama Monachile**, anche conosciuta come spiaggia del porto. Si tratta dell'arenile all'ingresso del paese: quello, per capirci, immortalato su cartoline e gadget nei negozi di souvenir. L'acqua è generalmente pulita, anche se le correnti a volte possono portare qualche brutta sorpresa; l'accesso è libero e si noleggiano ombrelloni e lettini. Poco più a nord ecco **Cala Paura**, la vera spiaggia dei polignanesi. Lo scenario non è come a Lama Monachile, ma l'acqua è altrettanto blu e i costi del noleggio sono più ragionevoli. Superate il porticciolo per raggiungere la tranquilla spiaggia di **Porto Cavallo**, di sabbia ma con il fondale roccioso (portatevi le scarpette da scogli). Nella stessa direzione ma più a nord, si incontra la frazione di **San Vito** che, oltre a una piccola spiaggia, cela uno degli scorci più belli della regione. Merito dell'**Abbazia Benedettina** (⊙in occasione della messa della domenica alle 9), che fa da sfondo a una caletta appartata, dove barche colorate di pescatori beccheggiano al ritmo del mare. Lasciando l'auto da queste parti potrete poi raggiungere, dopo una breve passeggiata, l'attigua **San Giovanni**, anch'essa molto apprezzata dalla gente del posto, dove si può fare il bagno tra rovine di fortificazioni saracene e cave di tufo. Ancora più a nord, verso Mola di Bari, ecco **Cala Fetente**: l'acqua è trasparente, ma il nome trova una sua verità nell'esiguo spazio a disposizione (evitate di venirci ad agosto!). In direzione opposta, procedendo verso Monopoli, c'è **Cala Incina**, una profonda insenatura che termina in una piccola spiaggia di sabbia (non sempre pulita: in caso optate per gli scogli) anch'essa dominata da una torre saracena nei paraggi.

Feste ed eventi

Il Libro Possibile LUGLIO
(www.libropossibile.com) La risonanza di questa rassegna culturale è tale che le prenotazioni alberghiere durante i cinque giorni della manifestazione fanno registrare regolarmente il tutto esaurito. D'altronde sono davvero molti e tutti autorevoli i giornalisti, scrittori e intellettuali che intervengono sui principali temi d'attualità dando vita a vivaci dibattiti pubblici nella splendida cornice del centro storico.

Meraviglioso Modugno AGOSTO
Poteva mancare una rassegna musicale dedicata al più famoso polignanese di sempre? L'evento è ormai divenuto un consueto ritrovo per i big della musica italiana, che si esibiscono cantando i pezzi più famosi dell'artista pugliese. Nel 2021 si sono avvicendati, tra gli altri, Brunori Sas, Diodato e Noemi.

Red Bull Cliff Diving SETTEMBRE
(www.redbull.com/it-it/events/red-bull-cliff-diving-polignano-a-mare) Sono in molti a pensare che, di tutte le tappe toccate da questo campionato del mondo di tuffi, Polignano sia la location più ambita in cui trionfare. Ogni anno, sono tantissimi gli spettatori che affollano la spiaggia di Lama Monachile e la scogliera attigua per assistere ai voli di tuffatori professionisti nell'acqua blu dell'Adriatico. Le piattaforme vengono montate direttamente sulla terrazza di un'abitazione privata, alle altezze di 27 e 21 m. Nel 2021 l'ingresso alla scogliera è stato contingentato: verificate per tempo le modalità d'ingresso sul sito dell'evento.

Pernottamento

Se girando per Polignano vi viene voglia di dormire nella città vecchia, magari con il rumore del mare come sottofondo, sappiate che la stessa idea l'hanno sicuramente avuta altre migliaia di persone. Cercate quindi di prenotare con larghissimo anticipo e, se pensate che sia presto per farlo, è probabile che sia già troppo tardi.

★ **Casetta del Pescatore** B&B €€
(☎ 320 791 00 45; www.casettadelpescatore.com; Vico Gelso Primo 5/7; doppie/suite €90/200; ❄ 📶) Il nome rispecchia l'atmosfera intima e ospitale di questo B&B in Piazza Vittorio Emanuele II, che dispone di tre camere a prezzi tutto sommato contenuti. L'accoglienza della signora Maria, pronta a darvi tutti i consigli del caso per un soggiorno memorabile a Polignano, nonché la ricca prima colazione servita sulla terrazza all'ultimo piano vi faranno venire voglia di prolungare il soggiorno.

La casa di Nicole AFFITTACAMERE €€
(☎ 392 572 00 95; www.lacasadinicole.com; Via Penna della Galera 3; camera €70; ❄ 📶) In pieno centro storico, è la casa di Tommaso e Mariella, che sapranno fin da subito accogliervi nel modo migliore. La camera per gli ospiti, ampia e luminosa, è arredata con dettagli blu, lo stesso colore del mare di Polignano.

Casa Dorsi B&B €€

(328 151 15 61, 329 065 91 31; www.casadorsi.com; Via Porto 58; camere €70 per persona, uso singola −20%;) L'attenzione nel preservare lo stile originario di questa splendida casa è riconoscibile in diversi aspetti, dall'arredamento semplice ma raffinato delle sei camere, alle travi a vista e agli archi in pietra. E poi la struttura si affaccia su quello che forse è lo scorcio più bello del centro storico: la balconata di Santo Stefano. Dobbiamo aggiungere altro?

Malù B&B €€/€€€

(333 799 13 53; www.bebmalu.it; Lungomare Domenico Modugno 7; doppie uso singola/doppie €70-190/90-220;) Anche se non si trova nel centro storico, vale la pena di provare questo B&B a conduzione familiare le cui stanze prendono il nome dai più grandi successi di Modugno (il monumento è a 20 m dalla struttura). Nelle camere regna la semplicità, confermata dalla scelta dei colori (bianco e blu), mentre sulla terrazza prevale lo stupore di chi ha la fortuna di ritrovarsi ad ammirare le case del centro storico arrampicate sulla scogliera. Chiedete alla reception per le gite in barca alle grotte nelle vicinanze.

Cinquevite CASA VACANZE €€€

(080 424 06 86; www.cinquevite.it; Piazza Caduti di Via Fani 24; appartamenti €200;) La posizione, leggermente defilata, la si scorda non appena si varca la porta e ci si ritrova tra archi in pietra e con la piscina in camera. Nella bella stagione la colazione è servita in terrazza, mentre la cordialità di Rossella è sempre presente e fa la differenza.

Echi di Puglia RESORT €€€

(351 699 88 37; www.echidipuglia.it; Via Gandhi 6; doppie/junior suite/suite deluxe €160/180/230;) Il centro storico è a una quindicina di minuti a piedi (ma gli ospiti possono usare le biciclette messe a disposizione dalla struttura), mentre la stazione ferroviaria è a un tiro di schioppo. Eppure la posizione un po' defilata ben si addice a questo resort, anche perché rimanere tra le sue mura per un tuffo nella piscina con cascata non ci sembra affatto una cattiva idea, anzi.

Pasti e locali

Il Super Mago del Gelo GELATERIA €

(080 424 00 25; www.mariocampanellailsupermagodelgelo.it; Piazza Garibaldi 22; 5.30-1.30/3 dom-ven/sab) Secondo gli intenditori il gelato non è più quello di un tempo, eppure noi non ce ne siamo accorti più di tanto. Siamo invece rimasti colpiti dall'arredamento kitsch anni '70 (vi sfidiamo a non fare altrettanto) e, soprattutto, dal mix fenomenale di panna, amaretto e scorza di limone del 'caffè speciale', vero marchio di fabbrica di questo storico locale, in piedi dal 1935.

Focacceria del Corso FOCACCERIA €

(392 834 45 00; Via Pompeo Sarnelli 74; 9.30-13.30 e 17.30-22.30 lun-sab, 10-14 e 17.30-22 dom) Il posto giusto dove prendere un pezzo di focaccia prima di scendere al mare o di farsi una passeggiata per il centro. Ce n'è per tutti i gusti, inclusa quella con prodotti tipici del territorio come cipolle e patate.

La Veranda di Giselda BAR, TRATTORIA €€

(080 424 08 63; Frazione San Vito 340-344; pasti €30; bar/trattoria 7.30-24/pranzo e cena) Avete presente quei ristorantini sul mare di poche pretese, dove andarsi a sedere con la salsedine sulla pelle per gustare un piatto di spaghetti allo scoglio? Ecco, aggiungeteci una splendida abbazia benedettina alle spalle e barche di pescatori adagiate sulla spiaggia, e avrete la Veranda di Giselda. Si trova 3 km a nord della città.

Braceria dello Sport BRACERIA €€

(349 542 99 15; Largo Gelso 7; pasti €20; 18-22.30 lun-sab) Certo, a Polignano si mangia soprattutto il pesce, ma siamo comunque in Puglia, e una bombetta non la si nega a nessuno. Scegliete ciò che più vi piace (involtini, tagliata o la squisita pancetta fritta) e poi aspettate che la carne sia cotta a puntino. Non si accettano prenotazioni e d'estate l'attesa può essere lunga: siate pazienti e sarete adeguatamente ricompensati.

Antica Trattoria Comes RISTORANTE €€

(080 424 88 88; Via Pompeo Sarnelli 14; pasti €30; 13-15 e 20-23.30 gio-mar) Pazienza se non si trova in pieno centro storico (ma è sul corso principale) e, visto da fuori, sembra un ristorante di poche pretese. Fidatevi di noi e lasciatevi travolgere dall'accoglienza del signor Giuseppe; ma, soprattutto, provate l'insalata di mare con uno dei polpi più teneri incontrati nel nostro viaggio. Prenotate per tempo.

Mint RISTORANTE €€

(080 424 13 73; www.mintcucinafresca.com; Via San Benedetto 32; pasti €30; 12.30-14.30 e 19-22 mar-dom;) È prevalentemente vegetariana e vegana, con qualche deviazione verso il mondo marino o caseario, la fresca cucina 'crudista' di Liu e Fabrizio, che assemblano, accostano, mischiano, combinano e compongono

con un talento che, proprio come loro, parla di culture e luoghi lontani. Ottimi anche i cocktail e gli estratti di frutta.

Antiche Mura RISTORANTE €€€

(☎080 424 24 76; www.ristoranteantichemura.it; Via Roma 11; pasti €45; ⌚12.30-14.15 e 19.30-22.30 mer-lun) Si trova all'ingresso del centro storico ma, appena si entra in questo conosciutissimo ristorante, l'atmosfera diventa più intima e quieta. Merito della luce calda e degli archi a volta in pietra. Sedetevi e fate la vostra mossa: tra torchietti con gamberi di Monopoli e trancio di tonno alla griglia sbagliare sarà impossibile.

★ **Pescheria Pasqualino** PESCHERIA

(☎080 424 04 84; Via Cala Paura 7; ⌚7-13 mar-sab, 18-20 sab per l'aperitivo) Basta un pesce crudo appena pescato, che lascia in bocca tutto il sapore del mare, accompagnato da un pezzo di focaccia e un buon bicchiere di vino bianco. Aggiungeteci tanta allegria ed ecco che in questa pescheria vicino a Cala Paura farete il miglior aperitivo di tutta Polignano.

La Casa Del Mojito COCKTAIL BAR

(☎342 825 40 61; Via Annunziata 19; ⌚12-2.30) Chi l'ha detto che c'è un unico modo per preparare il mojito? In questo locale fresco e giovane (ma un po' piccolo) ne vengono proposti di tantissimi tipi. Provate il Cuba Polignano solo andata, con miele di agrumi e rum, ovviamente cubano.

Shopping

Oro della terra PRODOTTI TIPICI

(☎328 264 42 61; www.orodellaterra.com; Piazza Vittorio Emanuele II 41; ⌚10.30-19) Orecchiette, Birrozza o carciofini sott'olio. Il posto migliore per un souvenir decisamente gourmet, autentico al 100%. Se non avete spazio in valigia, lasciate che la signora Gelsomina si occupi della spedizione.

Peppino Campanella Light Objects ARTIGIANATO ARTISTICO

(☎335 672 62 57; www.peppinocampanella.it; Via Conversano 9; ⌚8-20 lun-ven, orario variabile sab e dom) Nativo di Polignano, Peppino è un ex architetto che ha deciso di riconvertire un antico frantoio a picco sul mare in un atelier dove esporre originalissime lampade fatte rigorosamente a mano. Le parti in vetro sono ricavate da lastre esistenti poi spaccate, i cui frammenti vengono levigati e fissati alla struttura con lo stagno. Gli oggetti così creati sono stati esibiti in varie mostre a livello nazionale e compaiono anche in alcuni film italiani contemporanei.

Informazioni

Potete rivolgervi all'**Infopoint** (☎080 425 23 36; Via Martiri di Dogali 2; ⌚9-22), anche per prenotare le gite in barca alle grotte (v. lettura p90).

Per/da Polignano a Mare

Polignano si trova sulla linea ferroviaria **Trenitalia** (www.trenitalia.com) tra Bari (€2,60, 30 min) e Brindisi (€6, 1 h; si cambia quasi sempre a Monopoli); la stazione è 700 m a sud della città vecchia. Per raggiungere la città in auto prendete la SS16 bis (e in stagione non sperate di posteggiare a meno di 500 m dal centro; i pochi parcheggi sono nei pressi della statua di Domenico Modugno). Ci sono autobus diretti di **Flixbus** (www.flixbus.it) da Roma. Consultate il sito per info e costi.

Monopoli

POP. 47.931 / ALT. 9 M

C'è il bianco delle case che si affacciano lungo il Bastione Santa Maria. C'è l'ocra dei palazzi di un centro storico riqualificato ma ancora un po' decadente. C'è il blu del mare che si insinua dentro al porto vecchio e che, più a sud, bagna splendide calette dove nuotare è un piacere raro. E c'è il verde degli ulivi dell'immediato entroterra, con un vento leggero che accarezza le pietre di masserie secolari. Anche se sono lontani i tempi in cui era una meta semisconosciuta, Monopoli rimane uno straordinario caleidoscopio di colori autentici e vivi, tra i più sorprendenti dell'intera regione.

La città fu inizialmente un importante centro militare, ma scoprì la sua vocazione commerciale solo in epoca medievale. Contesa tra i bizantini e i normanni, seguì le vicissitudini del resto della Puglia, acquistando notevole importanza durante il periodo delle Crociate, quando i suoi possedimenti comprendevano gli attuali abitati di Fasano, Locorotondo, Alberobello e Cisternino. L'imponente sistema di fortificazioni che praticamente da sempre circonda la città le evitò saccheggi degni di nota da parte delle flotte turche e, anzi, le permise di continuare a progredire a discapito di città vicine di dimensioni ben più ragguardevoli. Finita la dominazione francese e iniziata quella degli spagnoli, la città fu teatro di una sanguinosa rivolta contro l'esosa imposta sul macinato nel 1647, in cui le donne giocarono un ruolo di prim'ordine, arrivando a macinare il grano davanti alle case dei nobili in segno di sfida.

Che cosa vedere

★ Piazza Garibaldi
PIAZZA

L'esplorazione di Monopoli non può che partire dalla piazza principale del centro storico, ora abbellita con profumati oleandri e affollata a tutte le ore sia dai turisti sia dalla gente del posto. All'angolo sud c'è la **Torre Civica**, alla cui base si trova la colonna infame, luogo un tempo preposto al pubblico ludibrio per i trasgressori della legge. A nord-ovest ecco invece la **Chiesa di Santa Maria Amalfitana** (080 930 30 59; Largo Amalfitana; orario variabile, telefonare prima), la cui parte più interessante è certamente la cripta, retaggio di una preesistente chiesa rupestre basiliana, dove si possono intravedere alcune tracce degli affreschi originari. Sul lato nord-est sorge invece **Palazzo Rendella**, costruito a metà Ottocento sulle fondamenta di un antico carcere spagnolo e attualmente sede della biblioteca civica e del rinnovato Infopoint. Sulla piazza si affacciano alcuni locali e l'atmosfera che si respira è sempre animata.

★ Porto Antico
PUNTO PANORAMICO

Basta passare sotto un arco (chiamato anch'esso del 'porto') per lasciarsi alle spalle il dedalo delle vie del centro storico e ritrovarsi circondati da gozzi blu, pescatori che riparano le reti e un mare placido che invoglia al relax. L'insenatura del primo originario porto di Monopoli è lunga e stretta, delimitata a est dalla cinta muraria che lo rendeva pressoché inespugnabile dall'attacco di flotte nemiche. Sulla destra guardando il mare si nota la loggia pseudo-veneziana del bel **Palazzo Martinelli** (Via Orazio Comes 26; chiuso al momento delle ricerche), di fattura settecentesca. Spingetevi fino al **Faro Rosso** all'ingresso del porto per avere una veduta d'insieme e scattare splendide fotografie, specie al tramonto.

Castello di Carlo V
CASTELLO

(080 930 30 14; Largo Castello; 10-12 e 17.30-20) FREE Voluto dal sovrano sul cui regno 'non tramontava mai il sole', questo castello fu costruito utilizzando il nucleo centrale di una chiesa del X secolo e una grande porta romana del I secolo a.C., edificata a sua volta sulle fondamenta delle antiche mura messapiche del V secolo. L'edificio fu adibito a carcere fino al 1969, mentre oggi, dopo un lungo restauro, fa da cornice a interessanti mostre d'arte temporanee.

Lungomare Santa Maria
PASSEGGIATA

Intendiamoci, il solo centro storico basterebbe a far di Monopoli una meta da non perdere. Ma passeggiare con il mare da un lato e candide case in muratura bianca dall'altro rasserena l'animo. Si parte dal castello e si giunge ben presto ai **Bastioni di Santa Maria**, così chiamati per via della chiesetta poco lontana. La torretta è in posizione sopraelevata rispetto alla passeggiata, con due cannoni a difesa della città, ed è un angolo meraviglioso in cui scattare foto ricordo o rilassarsi ascoltando le onde del mare. Proseguendo verso sud-ovest, lungo Via San Vito, si costeggiano le mura cinquecentesche, volute dal viceré Pedro Alvarez de Toledo, e si arriva infine in Via Portavecchia, dove un tempo c'era il varco di accesso alla città e oggi si va nei mesi estivi per un tuffo rinfrescante nelle acque della spiaggia sottostante (p95).

Largo Palmieri
PIAZZA

Quasi priva di locali e un po' nascosta tra le viuzze del centro storico, questa piazza è forse meno attraente di Piazza Garibaldi, eppure non può non stupire il visitatore con la sua incontrovertibile bellezza decadente. Gran parte del merito va all'omonimo **palazzo** fatto costruire a fine Settecento dalla famiglia Palmieri, tra le più illustri della città. Al di sopra del bugnato bianco vi è la facciata vera e propria, di tufo dorato e con un chiaro rimando al barocco leccese. Purtroppo l'edificio ha visto tempi migliori e gli interni, che pure sarebbero altrettanto magnifici, non sono visitabili se non in occasione di particolari eventi. Sul largo si affaccia anche la **Chiesa di Santa Teresa**, di stile barocco e con una cupola di imponenti dimensioni, spettacolare specialmente se vista dal mare. Spesso i ragazzini del posto si ritrovano da queste parti per dare vita a combattutissime partite di calcio: occhio a non ritrovarvi in mezzo al campo di gioco!

Basilica della Madonna della Madia
LUOGO DI CULTO

(080 74 22 53; www.cattedralemonopoli.net; Largo Cattedrale; 7.30-12 e 16-20.30) La concattedrale di Monopoli sorge su un luogo sacro da millenni, se è vero che sullo stesso sito in origine c'era un tempio pagano dedicato a Mercurio, come attesta un'epigrafe in greco visibile all'interno della cattedrale. L'attuale basilica, in stile barocco, colpisce ancora prima di entrare per il suo caratteristico muraglione a destra del sagrato. Venne completata nel 1772 sulle rovine di una chiesa romanica di cui restano solo pochi resti, tra i quali un commovente architrave che narra la passione di Cristo, conservati nel **Museo e Sito Archeologico**

IL CASTELLO DI SANTO STEFANO

Conosciuta da tutti come **Abbazia di Santo Stefano** (Contrada Santo Stefano), questa imponente fortificazione sorge su un promontorio circa 5 km a sud del centro di Monopoli, che sovrasta la cala di Porto Ghiacciolo a nord e quella di Santo Stefano a sud. La presenza di una sorgente di acqua nelle vicinanze favorì l'insediamento umano, e il primo, originario castello, fu fondato quasi mille anni fa (1086) dal conte di Conversano, Goffredo. Il sito divenne poi un monastero benedettino, al cui interno erano conservati alcuni frammenti del cranio di santo Stefano; questi furono poi traslati a Putignano, probabilmente per metterli al riparo dalle continue incursioni saracene. Verso la fine del XIII secolo il complesso passò di proprietà ai Cavalieri di Malta, che da qui potevano facilmente controllare il traffico navale diretto verso la Terra Santa. Le due cale intorno al sito garantivano inoltre un facile e riparato approdo alle imbarcazioni. Attualmente il castello appartiene alla famiglia De Bellis e non è visitabile: date comunque un'occhiata da fuori, tra un tuffo e l'altro, o, per chi può, arrivandoci dal mare a bordo di una barca.

Cripta Romanica (☎334 263 19 98; www.pietrevivemonopoli.it; Piazza Cattedrale 1; ⏱17.30-19.30 dom, consultare il sito per aperture extra e prenotazioni); qui si possono vedere anche le tombe di un cimitero altomedievale (VII-IX secolo), i reperti di una necropoli messapica (V secolo a.C.) e i fori di palificazione di capanne dell'Età del Bronzo che attesterebbero la teoria secondo la quale Monopoli sarebbe coeva di Egnazia (p287). La basilica è dedicata alla Madonna della Madia (dallo spagnolo *almadía*, insieme di travi, zattera), a commemorare il miracoloso sbarco del 16 dicembre 1117 di una zattera contenente 33 travi di legno nonché l'effigie della Madonna. Il materiale fu poi utilizzato per ultimare il tetto della chiesa, che allora era in costruzione.

Santa Maria del Suffragio o Chiesa del Purgatorio LUOGO DI CULTO
(Via Argento 16; ⏱orari delle funzioni) È la morte, con tutto il suo macabro fascino, il tema ricorrente in questa piccola chiesa settecentesca. Lo si intuisce già all'esterno, dove al centro del portale in legno sono scolpiti due scheletri. Teschi e ossa incrociate sono poi un po' ovunque, anche all'interno dell'edificio, dove però a catturare l'attenzione sono le impressionanti mummie nel vano subito a sinistra dell'ingresso. Tra queste vi è anche quella di una bimba, Plautilla Indelli, dell'omonima, ricca famiglia monopolitana.

Spiagge

Il primo bagno lo si può fare in pieno centro, a **Cala Portavecchia**, piccolo lembo di sabbia molto affollato in estate, ma con un'acqua tutto sommato pulita. Si sale di gamma a **Cala Porto Bianco** e **Cala Porto Rosso**, due calette di sabbia (ad accesso libero) bagnate da un'acqua verde smeraldo in mezzo a erte scogliere. Ci vuole invece l'auto (o la bici) per arrivare alla spiaggia più bella (e fredda) della zona, quella di **Porto Ghiacciolo**, così chiamata per via delle sorgenti di acqua gelida che sgorgano dai fondali e rendono il bagno decisamente... refrigerante! Un parcheggio (a pagamento), un bar, un piccolo ristorante e il noleggio sul posto di lettini e sdraio rendono la meta ancora più invitante, e se non bastasse ad aspettarvi c'è anche un'imponente abbazia con una storia tutta da scoprire (v. lettura p95). Ancora più a sud si arriva invece al **Capitolo**, dove la quiete cede il passo alla mondanità grazie ai tanti lidi che spesso, la sera, diventano locali notturni. Ma per la vera chicca si ritorna verso nord, in tre spiaggette incastonate tra gli scogli che, sebbene di non facile accesso, regalano quiete e un'acqua turchese. Stiamo parlando di **Cala Tre Buchi**, a poco più di 2 km dal centro abitato.

Attività

Il centro di Monopoli è raccolto e si presta a essere perlustrato a piedi. Ma non fermatevi a questo, specie se avete qualche giorno a disposizione; esplorate invece il magnifico entroterra, ornato di ulivi e masserie. Noleggiare una bici potrebbe essere una buona idea: lo potrete fare direttamente all'**Infopoint** (p97; €10 al giorno).

Un aperitivo sul mare al tramonto, tra i saluti dei pescatori (ricordatevi di non fare mai gli auguri, per scaramanzia) è un'esperienza da non perdere. Francesco la impreziosisce con racconti di ogni tipo, trasmettendo una passione fuori dal comune. Salpate a bordo del suo splendido gozzo per un'escursione guidata con il gruppo **Fatti di Mare** (☎328 652 66 66; escursioni con aperitivo incluso €30-50 secondo la stagione).

Feste ed eventi

Prospero Fest GIUGNO
(www.larendella.it) La rinnovata Biblioteca Rendella ci ha messo ben poco a diventare un formidabile incubatore di eventi. Tra i tanti, segnaliamo questa rassegna in cui scrittori vecchi e nuovi presentano le loro ultime fatiche letterarie in suggestive location del centro storico.

Ritratti Festival LUGLIO-SETTEMBRE
(ensemble05.it) Da una decina d'anni questa rassegna riempie di note e musica l'estate monopolitana. Nata da un'idea del laboratorio artistico Ensemble '05, mira a valorizzare artisti locali emergenti affiancandoli a musicisti affermati. Si spazia dal genere classico al jazz e spesso ci sono eventi anche per i più piccoli.

PhEST AGOSTO-OTTOBRE
(www.phest.info) Nasce come un festival di fotografia (ma non solo) che vuole rendere omaggio alle straordinarie contaminazioni del Mediterraneo. Grazie alla sua fama, il PhEST rende ormai Monopoli una meta affollata da critici di mezzo mondo. Ma, tramite ardite installazioni disseminate lungo tutto il centro storico, pure i semplici amanti dell'arte non ne rimarranno delusi.

Gozzovigliando OTTOBRE
(www.facebook.com/gozzovigliando) Si celebra l'imbarcazione dei pescatori per antonomasia con gite gratuite sui gozzi e per il centro storico, sempre con un'attenzione privilegiata verso i più piccoli. L'evento clou è il palio, che si tiene nelle acque antistanti al Porto Antico.

Madonna della Madia 16 DICEMBRE
Per i monopolitani la 'nottata' è un rito irrinunciabile: in un'atmosfera già fortemente natalizia ci si ritrova la sera del 15 per trascorrere tutta la notte in compagnia. Alle 5 di mattina poi, tutto il paese si riversa a Cala Batteria per rivivere il miracoloso rinvenimento del 1117 (p94).

Pernottamento

Oltre alle eccellenti sistemazioni in centro, considerate anche l'entroterra, ricco di masserie magnificamente ristrutturate.

Casa Palmieri B&B €€
(☎334 330 44 17; www.casapalmieri.it; Vico delle Palme 14; singole/doppie €45/90; ❄📶) La gentilezza di Maria e Filippo, i gestori di questo B&B di sapore medievale subito alle spalle di Palazzo Palmieri, è rara e molto apprezzata dagli ospiti. Anche se a qualcuno le camere potrebbero sembrare un po' vetuste, noi invece le abbiamo trovate calde e accoglienti.

Carpe Diem B&B €€
(☎347 014 82 75; www.bebcarpediemonopoli.it; Largo San Giovanni 18; doppie €75-145; ❄📶) Nella dimora Monopoli le persiane sono blu come il mare lontano, mentre nella Hydra domina il bianco e si dorme in un letto incastonato sotto una volta a botte. Ma in qualsiasi camera dormirete ci sarà sempre l'accoglienza di Cesare e Mara, pronti a coccolarvi ogni mattina con una gustosa colazione in terrazza.

Casa Cimino B&B €€
(☎366 496 06 40; www.bnbcasacimino.com; Via Cimino 36; doppie €120; ❄📶) Si fa colazione in un'antica stalla di fine Ottocento con il soffitto a volta e, salendo di piano, si scopre che c'è una meravigliosa terrazza che si apre sul porto. Alcune camere non sono esageratamente grandi, ma il silenzio che regna in questo tranquillo vicolo in pieno centro storico è merce rara.

★ **Masseria Spina** MASSERIA €€
(☎080 80 21 41; www.masseriaspinaresort.com; Viale Aldo Moro 27; appartamenti da €100; ❄📶🏊) Entrando nel cortile di questa masseria del XV secolo, con l'elegante scalinata del palazzo padronale a dominare la scena, si respira tutta la tradizione rurale del Sud Italia. Dopo aver dormito in una delle cinque belle camere, non perdetevi per nulla al mondo le visite guidate nella tenuta di sette ettari che circonda la masseria. Potrete ammirare una tomba messapica, un antico frantoio sotto un gigantesco ulivo o, semplicemente, scoprire un pezzetto di terra autenticamente pugliese. Da qualche tempo, nella struttura è attivo anche un eccellente **ristorante** (☎334 805 5322; www.facebook.com/lecucinedispina; pasti €35; ⏰gio-sab a cena, dom a pranzo), già divenuto meta imprescindibile per chi passa da queste parti.

Don Ferrante HOTEL €€€
(☎393 365 46 52; www.donferrante.it; Via San Vito 27; doppie/suite €220/360; ❄📶🏊) Sono i colori tenui, dal bianco delle mura all'ocra dei soffitti a volta, a dominare nell'hotel più lussuoso di Monopoli. La struttura si trova sulla cinta muraria della città e offre una vista sul mare dalla terrazza della colazione che è un ricordo destinato a durare nel tempo. Dispone anche di un **ristorante** (pasti da €70), aperto solo nei mesi estivi.

Pasti e locali

Sui menu dei ristoranti di Monopoli domina il pesce; nelle pasticcerie si gustano invece le bettole o pastelle, piccole palline fatte con farina, lievito e acqua, e poi passate nel miele e nello zucchero.

The King PUCCE €
(☎080 237 02 70; Via Comes 31; pucce €7; ⏲18.30-23 lun-sab, fino alle 24 dom) Un buon posto dove trascorrere la serata in compagnia e spensieratezza. Se volete spizzicare, prendete le frittelle ripiene alle salse. Se invece la fame si fa sentire, buttatevi su una generosa puccia farcita a piacimento. Ci sono anche le pizze.

Cime di Tapas TAPAS BAR €
(☎080 645 66 24; Corso Umberto I; tapas €4-5; ⏲12-2 gio-mar) L'idea di importare tapas in quel di Monopoli ci piace molto, specie se le proposte includono anche alcune delizie nostrane, come le cozze gratinate o la parmigiana di melanzane. L'accoglienza, tutta al femminile, è di quelle da ricordare.

Gaia Osteria Popolare RISTORANTE €€
(☎080 619 71 89; Via Garibaldi 68; pasti €30; ⏲12.30-15 e 19-23.30 ven-mer) Lo chef Ivan, che redige ogni giorno il menu con le primizie provenienti dal mare, sa il fatto suo. Sarà difficile non essere conquistati dalla tenerezza del polpo, così come non rimanere sorpresi dalla carbonara di calamari.

★ **Trattoria Il Brigante** TRATTORIA €€
(☎333 542 28 88; Via Cavaliere 17; pasti €30; ⏲12.30-15 e 19.30-24 mar-dom) Le crudité di mare vanno fortissimo: lasciamo a voi capire il perché. Noi ci limitiamo a dire che più di un monopolitano ci ha indicato questa trattoria come il posto migliore per mangiare pesce. Prenotate per tempo e, se il tempo è buono, fatevi mettere fuori, sotto l'arco in pietra.

★ **Il Guazzetto** RISTORANTE €€
(☎080 410 71 75; www.ristoranteilguazzetto.it; Via dell'Erba 39/41; pasti €25-30; ⏲11-15 e 19-23 gio-sab e lun-mar, 11-16 dom) "Semplice e genuina cucina di pesce contaminata solo dalle spezie del Mediterraneo". Così presentano la loro proposta i giovani e bravi chef Francesco e Mario, alla guida di un ristorante piccolo solo nelle dimensioni. Il *guazzett* è una zuppa di pesce con crostoni davvero speciale.

Alchemico Bar e Cose COCKTAIL BAR
(☎388 933 17 23; Corso Pintor Mameli 1; ⏲19.30-2 mer-lun) Godetevi lo spettacolo delle scintillanti bottiglie riposte in numero imprecisato sotto un arco in pietra. Poi fatevi suggerire dal bartender il drink perfetto per la vostra serata e assistete allo spettacolo della sua preparazione, fatta con cura da mani esperte.

Kambusa Rock Bar ROCK BAR
(☎388 933 17 23; Angolo Via Salvatore Quasimodo e Via Luigi Cadorna 1; ⏲13.30-2 lun-ven, 12-2 sab e dom) Le pareti rosse e le luci non troppo forti anticipano l'anima rock del locale, molto frequentato anche d'inverno dai ragazzi del posto. Consultate la pagina Facebook per le serate di musica live.

Shopping

Giùinlab CERAMICHE
(☎328 056 28 45; www.giuinlab.com; Via Cavaliere 32; ⏲10-13.30 e 17-20.30 mar-gio, 10-18 ven, 17-20.30 lun) Colorate, raffinate, autentiche. Dai set per la cucina alle lampade, le creazioni di Anna e Gianni sono una gioia per gli occhi e un'ottima idea per i vostri souvenir 100% pugliesi.

Informazioni

L'eccellente **Infopoint** (☎080 414 02 64; Via Garibaldi 12; ⏲9-20 mar-ott, 10-13 nov-feb), si è da non molto trasferito nella splendida location della Sala dei Pescatori, nella centralissima Piazza Garibaldi. Seguitelo su Facebook per sapere cosa succede in città Un'ampia gamma di escursioni (soprattutto in bici, tra ulivi, masserie e chiese rupestri) e servizi per i turisti sono proposti anche dall'agenzia privata **Apulia La Finestra sul Mare** (☎080 237 75

MANGIAR BENE CON POCO

A Monopoli e dintorni ci sono talmente tante cose da fare che non sempre si ha il tempo di sedersi intorno a un tavolo; ecco perché un pezzo di focaccia calda o due friselle possono essere buone alternative. Il **Panificio Fortunato** (Via Cappuccini 45; ⏲6.30-14 e 17-21 lun-sab) è fuori dal centro, ma ci troverete comunque la gente del posto a fare la fila. Se invece volete qualcosa di più sostanzioso, **Titti La Pizzicheria** (☎080 930 31 56; Via Santa Teresa 20; ⏲7-14 e 17-21 lun-sab, 10-13 dom) è un negozio di alimentari che prepara panini e altri deliziosi piatti caldi. Se avete tempo, sedetevi a uno dei tavolini all'aperto e godetevi un angolo che più pugliese non si può. **Magnapulia** (☎329 792 30 56; Via Garibaldi 37; ⏲19-24) è un'ottima alternativa e prepara anche invitanti taglieri.

45, 334 254 84 08; www.comingpuglia.it; Via Porto 8-12; ⏲9.30-13 e 16-20, orario prolungato in estate), insieme a souvenir e prodotti tipici.

Per/da Monopoli

Come Polignano a Mare, 10 km più a nord, anche Monopoli si trova sulla linea ferroviaria principale Bari–Brindisi di **Trenitalia** (www.trenitalia.com; per Bari €3,40, 55 min; per Brindisi €6, 45 min). La stazione è meno di 1 km a ovest del centro e sulla SS16 bis per chi si sposta in auto.

LE MURGE

Abbandonando il clamore della costa, il paesaggio cambia. Già il nome indica una terra ispida, selvaggia. Murge deriva infatti dal latino *murex*, ovvero murice, roccia aguzza. Ma, guardandovi intorno, troverete anche panorami sinuosi e gentili, spesso dominati dall'ulivo, che qui garantisce una produzione olearia di primissima qualità. Le attrazioni non mancano; a partire dal sottosuolo, che ha custodito per millenni manufatti di grandiose civiltà, come quella peuceta. Borghi ingiustamente ignorati vi stupiranno con le loro cattedrali romaniche, i centri storici curati e l'ospitalità degli abitanti. E quando avrete fame, non saranno semplici pietanze a sfamarvi, ma meraviglie culinarie invidiate da tutto il mondo, a partire dalla burrata. Se tutto questo non vi bastasse, sappiate che qui c'è anche il castello forse più bello d'Italia: Castel Del Monte. Come per la costa, elencheremo i luoghi da nord-ovest a sud-est.

Canosa di Puglia

POP. 28.422 / ALT. 105 M

Anticamera settentrionale delle Murge, Canosa ne incarna l'anima rurale. Anche se potrebbe sembrare nulla di più che un sonnolento borgo, lontano anni luce dalla sfolgorante vita costiera (e talvolta è davvero così, specie nel periodo estivo), è un centro dalle origini antichissime, che sconfinano addirittura nel Neolitico, e proprio in virtù della sua storia millenaria vanta un patrimonio archeologico di prim'ordine; non è certo un caso se i reperti rinvenuti in quest'area, quali i cosiddetti vasi canosini (urne funerarie di epoca ellenistica), sono conservati nei musei di tutto il mondo. La città è disseminata di siti archeologici, alcuni a cielo aperto, altri in luoghi decisamente meno convenzionali, come nelle fondamenta di palazzi degli anni '60.

Che cosa vedere

Basilica di San Sabino LUOGO DI CULTO

(☎0883 66 20 35; www.sansabinocanosa.it; Corso San Sabino; ⏲9-12.30 e 17-21) Non è l'anonima facciata di questa maestosa chiesa di origine longobarda a colpire, bensì i tesori custoditi all'interno: l'ambone (pulpito) realizzato nell'XI secolo dallo scultore Acceptus (come nella Cattedrale di Bitonto); la coeva cattedra vescovile in marmo bianco, attribuita a Romualdo, che poggia su due elefanti stilizzati; e la porta bronzea conservata nella Cappella della Madonna della Fonte, opera di Ruggero da Melfi, che chiudeva il **Mausoleo di Boemondo**, eroe normanno della I crociata e qui sepolto nel 1111. Si accede al mausoleo dal transetto meridionale (destro), ma l'aggraziata architettura marmorea - ispirata al Santo Sepolcro di Gerusalemmme - si apprezza meglio dall'esterno.

Palazzo Sinesi PALAZZO, MUSEO

(☎0883 66 47 16, 333 885 63 00; Via Kennedy 18; ⏲9-14 dom e mar-mer, 9-20 gio, 15-20 sab e dom; interi/ridotti €3/2) Superata la basilica e proseguendo in direzione sud, ci si imbatte in un bel palazzo ottocentesco che ospita il **Museo Civico Archeologico**. Qui troverete reperti funerari che spaziano dal IV al I secolo a.C., per lo più provenienti dall'Ipogeo Varrese, così chiamato perché fu il canosino Sabino Varrese, all'inizio del secolo scorso, a scoprire il sito nell'attuale Via Lavello. Il corredo comprende oltre 400 pezzi tra cui vasi a figure rosse, ceramiche listate, oggetti in alabastro e una magnifica corazza anatomica bronzea, oltre ad altri manufatti tipici dell'artigianato canosino. Per apprezzare al meglio il museo vi suggeriamo di partecipare a una visita guidata.

Parco Archeologico di San Leucio e Antiquarium SITO ARCHEOLOGICO

(Strada Vicinale Santa Lucia; ⏲solo visite guidate con la Fondazione Archeologica Canosina, p99) Del grande edificio a pianta centrale che fu la Basilica di San Leucio, fatta erigere dal vescovo Sabino nel VI secolo su un tempio dedicato alla dea Minerva, restano solo qualche colonna, frammenti di mosaici e sculture e il pavimento, che rende ancora l'idea delle dimensioni e della magnificenza della struttura originaria. Le rovine riposano tra gli ulivi su una collina a circa 1,5 km dal centro città.

Ponte Romano sull'Ofanto PONTE

Se avete l'auto vale decisamente la pena di fare i pochi chilometri di strada che dal centro portano a questo ponte in pietra, realizzato tra il I e il II secolo d.C. con cinque arcate a tutto sesto sorrette da imponenti pilastri. Percorrendolo a piedi si percepisce tutta la sua storia millenaria, anche se purtroppo il sito, che si trova lungo la SP231 in direzione di Cerignola, non è valorizzato come meriterebbe dagli enti locali. In suo soccorso è stata creata l'**Associazione Ponte Romano di Canosa di Puglia**, con una pagina Facebook molto attiva.

Pernottamento e pasti

Casa 28 Cucina e Camere B&B €
(☎333 442 29 38; Vico Ticino 15; doppie €80;) L'eccellente **ristorante** (pasti €30; 12.30-14 e 19-24 lun-sab, solo pranzo dom) lo si nota perché d'estate ha i tavolini fuori, disposti lungo una scalinata. Si tratta di un angolo decisamente suggestivo, dove, nelle calde serate estive, potrete anche rinfrescarvi con un buon aperitivo. Al piano di sopra della struttura ci sono le camere, che non si faranno forse notare per l'originalità ma garantiscono pulizia e pace.

Cefalicchio B&B AGRITURISMO €€/€€€
(☎339 836 20 87; www.cefalicchio.it; Contrada Cefalicchio; doppie a partire da €90;) La masseria di fine settecento gode dell'ombra di alcuni meravigliosi pini marittimi. Siamo in campagna ma non si rinuncia al comfort, come testimonia la bella piscina per gli ospiti. Nella tenuta è attiva anche un'azienda vinicola dove potrete degustare i vini del territorio, come il Nero di Troia, il Bombino Bianco o il Moscato.

★**Osteria Vinalia** RISTORANTE €€
(☎333 717 50 03; Corso San Sabino 11; pasti €25; 12-14.30 e 20-22.30 mar-sab) I canosini adorano venire a mangiare in questa piccola osteria – prenotate! – specie nei giorni di festa. Vanno forte gli antipasti da condividere, ma la vera delizia è la pasta fresca. Provate le orecchiette al grano arso con pomodorini freschi e ricotta selvatica.

A'mmare RISTORANTE DI PESCE €€
(☎393 212 14 19; Via Largo Carabiniere Domenico di Gennaro; pasti €35; 12.30-15 e 20.30-23.45 mar-dom, solo cena lun) Ebbene sì: a Canosa si può mangiare pesce e, quando succede, si rimane estremamente soddisfatti. Merito di questo ristorante nella zona alta del paese, dove le crudité di mare sono freschissime e il connubio tra pasta fresca e delizie del mare regala grandi gioie. Ci sono anche le pizze.

Informazioni

Per le informazioni c'è la **Pro Loco** (☎0883 61 24 23, 347 347 61 19; Via Trieste e Trento 20; 17-20), per le visite guidate a quasi tutti i luoghi d'interesse, consigliate e spesso inevitabili (meglio prenotare), l'ottima **Fondazione Archeologica Canosina** (☎333 885 63 00; www.canusium.it; Via Kennedy 18; visita guidata a un sito €3, a tre siti € 10, itinerari tematici €15; 9-13 e 15-19).

Per/da Canosa di Puglia

Canosa si trova nei pressi dello svincolo tra l'A14 Foggia–Bari e l'A16 per Napoli. Frequenti autobus **STP** (www.stpspa.it) la collegano con Barletta (€1,80, 50 min) e Bari (€6,30, 2 h 20 min). La fermata principale è in Piazza Terme (quella del mosaico, in centro); per biglietti e orari consultate il sito del **Consorzio Trasporti Aziende Pugliesi** (COTRAP), www.cotrap.it. La stazione ferroviaria, circa 1 km a ovest, è sulla linea **Trenitalia** (www.trenitalia.com) tra Barletta e Spinazzola che ferma a Minervino Murge. Per Bari (€6, circa 1 h 30 min) bisogna cambiare a Barletta.

SITI ARCHEOLOGICI A CANOSA

Nella periferia di Canosa sono sparpagliati diversi siti archeologici: l'imponente **Battistero di San Giovanni** (Vico Pietro Metastasio 28, 500 m a nord del centro; solo visite guidate con la Fondazione Archeologica Canosina, p99) del VI secolo, a pianta dodecagonale con al centro una vasca eptagonale, riattato a macina nell'Ottocento; tombe e necropoli, tra le quali spiccano la **Necropoli di Lamapopoli** (nei pressi del torrente omonimo; non visitabile, ma si può vedere da fuori) e i tre **Ipogei Lagrasta** (Via Luigi Cadorna 2, 600 m a sud-ovest del centro; solo visite guidate con la Fondazione Archeologica Canosina, p99) in uso tra il IV e il I secolo a.C, sono il più grande esempio di architettura funeraria dauna. L'**Arco Traiano** (Via Cerignola 24, 2,5 km a nord-ovest del centro) segnava l'ingresso della Via Traiana in città; oggi è inglobato all'interno di un vivaio a cui è possibile accedere per vederlo da vicino. Ci sono poi le **rovine del Castello** (Via Colleoni, su un colle 700 m a ovest del centro), usate dal Seicento come cava di materiale edile per i palazzi gentilizi, dove vale comunque la pena spingersi anche solo per la vista sul centro paese. Ci fermiamo qui, ma potremmo continuare.

Andria

POP. 97.173 / ALT. 151 M

Un vino dal colore rubino intenso (il Nero di Troia), un olio extravergine tra i più noti della penisola e un capolavoro di latte vaccino che si chiama burrata: quanto a eccellenze enogastronomiche, Andria sa il fatto suo. Ecco perché trascorrere qualche giorno in questa popolosa città (la quarta della regione) non è affatto una brutta idea. Di sera, le vie del centro storico – minuto e grazioso – si animano di un allegro fermento, regalando spensieratezza al viaggiatore. E poi, a soli 17 km da qui, c'è il castello più celebre di tutti: il leggendario Castel del Monte (p102). Forse fondata dal greco Diomede, eroe della guerra di Troia, Andria vede la sua storia legata indissolubilmente a Federico II. Andate alla Porta di Sant'Andrea (p101) per saperne di più.

Che cosa vedere

Piazza Vittorio Emanuele II — PIAZZA

Questo slargo dalla forma ellittica è da sempre il crocevia commerciale della città, nonché un ottimo punto di partenza per scoprire Andria, considerata anche la presenza dell'Infopoint sulla piazza. Ai due lati dell'ufficio, ospitato in un palazzo ottocentesco, noterete a sinistra il palazzo vescovile e a destra il **Palazzo Ducale** (non visitabile), sorto sulle ceneri dell'antico castello. In città la piazza è ancora (e soprattutto) conosciuta con il suo antico nome di Catuma, che potrebbe derivare dal latino *catacumbae* in virtù della presunta presenza di alcune catacombe nelle immediate vicinanze. Il termine potrebbe però anche discendere da *hecatombe*, a indicare un luogo destinato a sacrifici umani. Una terza teoria avvallerebbe questa tesi, riconducendo tutto al *catumeum*, sorta di focaccia consumata in occasione di riti pagani che prevedevano appunto l'uccisione di uomini.

Cattedrale di Santa Maria Assunta — LUOGO DI CULTO

(☎338 326 08 91; Piazza Duomo 25; ⏲9.30-12.45 e 16-18.45 lun-gio, 9.30-12.45 ven, 17.30-18.45 sab e dom) La principale chiesa della città è il risultato di continue modifiche che nel corso dei secoli ne hanno stravolto l'impianto originario, risalente alla fine dell'XI secolo. L'attuale facciata fu addirittura realizzata nell'Ottocento (nella parte inferiore; quella superiore è ancora più recente, del XX secolo). All'interno, che si sviluppa su tre navate, andate a cercare la reliquia della Sacra Spina, custodita nella cappella a destra del presbiterio; secondo la tradizione, si tratterebbe di una spina della corona di Gesù Cristo che negli anni in cui l'Annunciazione (25 marzo) corrisponde al Venerdì Santo sarebbe soggetta a modificazioni miracolose. Nella Cappella di San Riccardo, invece, i 13 cavalieri italiani fecero il solenne giuramento 'Vittoria o Morte' alla vigilia della disfida di Barletta (v. lettura p72). La parte più interessante dell'edificio è però senza dubbio la **cripta**, che corrisponde alla chiesa paleocristiana dedicata a san Pietro, antenata dell'attuale basilica. Al suo interno si trovano le salme della seconda e della terza moglie dell'imperatore Federico II, Iolanda di Brienne (morta di parto dopo avere dato alla luce il secondogenito Corrado) e Isabella d'Inghilterra.

Confetteria e Museo del Confetto Mucci Giovanni — CONFETTERIA, MUSEO

(☎0883 59 18 71, 320 791 30 20; www.museodelconfetto.it; Via Museo del Confetto 12; ⏲8.30-13 e 17-21 lun-sab, 10-13 dom o su prenotazione; visite guidate al museo di 45 min interi/ridotti €5/3) La bottega di confetti e dragées 'Mucci Giovanni' è attiva dal 1894 e oggi come ieri propone un incredibile assortimento di dolciumi che faranno la gioia dei più golosi. Ma è visitando i locali sottostanti al negozio, tra bassine in rame e macchinari con oltre un secolo di vita, che grandi e piccini rimangono a bocca aperta mentre viene loro spiegata l'antica arte del confettiere. E dopo la visita c'è spazio per la degustazione.

Vicolo I San Bartolomeo — STRADA

Dalla centrale piazza Vittorio Emanuele percorrete via Vaglio e poi svoltate a sinistra in via Stefano Jannuzzi. Qui, sulla destra, noterete un pertugio talmente stretto da sembrare difficile, se non impossibile, attraversarlo. La viuzza ha una larghezza minima di 42 cm e, sebbene non esistano certificazioni ufficiali, gli andriesi ne sono giustamente orgogliosi.

Chiesa di Sant'Agostino — LUOGO DI CULTO

(Piazza Sant'Agostino; ⏲secondo le funzioni) Prima di guardare la chiesa, godetevi la bella piazzetta che la ospita: gli alberelli, i lampioni in ferro battuto che la sera riscaldano l'atmosfera con una luce giallognola. Poi soffermatevi sul portale del tempio, costituito da sette fasce così finemente scolpite che sembrano un ricamo in pietra. Cercate nella lunetta centrale il Salvatore con ai lati san Remigio e san Leonardo sormontati da due angeli. La chiesa fu realizzata nel XIII secolo per volere del gran maestro dei Cavalieri Teutonici Hermann von Salza. Lungo Via Flavio Giugno si trova il portale laterale, impreziosito di stemmi, e poi l'ingresso dell'antico chiostro, trasformato in **Mercato Comunale Coperto** nel 1931.

Porta Sant'Andrea ARCO
(Via Federico II di Svevia) È attraverso questa porta, l'unica delle quattro originarie ancora in piedi, che si spiega l'inossidabile legame tra Andria e Federico II. L'opera fu infatti realizzata poco dopo il 1229, anno del ritorno dell'imperatore dalle Crociate. Colpito nel frattempo anche da una scomunica papale, Federico trovò un regno dilaniato dalle ribellioni e una sola città pugliese, Andria per l'appunto, pronta ad accoglierlo al suo arrivo. Cercate la lapide con l'iscrizione '*Andria fidelis nostris affixa medullis*' ('Andria fedele legata alle nostre midolla') che commemora la fedeltà della città al suo re. Una curiosità: la squadra di calcio locale si chiama Fidelis Andria proprio per onorare l'iscrizione sulla porta.

Feste ed eventi

Castel dei Mondi AGOSTO-SETTEMBRE
(www.casteldeimondi.com) Spettacoli teatrali e, in generale, di arti performative fanno di Andria un grandioso palcoscenico. I tantissimi eventi del programma si tengono in vari punti del centro storico, nonché nell'incantevole cornice di Castel Del Monte. Sulla pagina Facebook dell'evento troverete tutti i dettagli.

Pernottamento e pasti

Bed & Breakfast Liberty B&B €€
(☎347 720 55 40; www.bandbliberty.com; Via Ugo Bassi 21; doppie €85; 📶 🅿) Dimenticatevi le luci a led e altre diavolerie della modernità. Qui i mobili sono tutti d'epoca e alle pareti sono incorniciati i merletti. In questo b&b in pieno centro troverete, oltre a un garage a disposizione degli ospiti, anche l'ospitalità fine e preziosa della signora Roberta.

Il Turacciolo ENOTECA CON CUCINA €€
(☎388 199 88 89; Piazza Vittorio Emanuele II 4; pasti €30; ⏲20.15-23.30 lun-sab) Anche se siete massimi esperti di vino, per una volta lasciatevi consigliare: siamo certi che Luciano, il simpatico titolare, non vi deluderà. Nella cucina non troverete una scelta così vasta come in altri posti, ma siate certi che qualsiasi vostra scelta sarà ben ripagata. A partire dal succulento maialino.

★ **Antichi Sapori** RISTORANTE €€
(☎0883 56 95 29; www.pietrozito.it; Piazza Sant'Isidoro 10, Montegrosso di Andria; pasti €35; ⏲13-15 e 20-22.30 mar-ven, 13-14.30 lun e sab, prenotazione obbligatoria) A un certo punto della sua vita, Pietro sentì il richiamo, forte e sincero, della campagna e della vita contadina. Così, nel 1992, nacque questo ristorante dove le sedie sono fatte con i tralicci dei vigneti, si usa l'energia solare e si cucina con i prodotti dei piccoli produttori locali (che potrete anche acquistare), dall'olio al vino, dalla pasta ai taralli, fino alle erbe come la cicoria selvatica, la rucola spontanea e i senapelli. Della struttura fa parte il B&B **La Contr'ora** (doppie €80).

Habla Restaurant RISTORANTE €€€
(☎327 692 67 39; Via Lorenzo Bonomo 11; www.hablarestaurant.com; pasti €45; ⏲13-15 e 20.30-22.30 mer-sab, 20.30-22.30 mar, 13-15 dom) Nel nome del locale c'è molto della storia personale di Michele Melillo, giovane chef con un passato in Spagna. Il connubio italo-iberico continua nelle proposte culinarie, che spaziano dalla paella con l'astice all'agnello con cipollotto fondente e frutti rossi. Può capitare che l'attesa non sia breve: non abbiate fretta.

Shopping

★ **Caseificio Asseliti De Fato** CASEIFICIO
(☎0883 54 15 13, 328 807 07 70; Via Antonio da Villa 8, zona Pineta Comunale; ⏲8.30-20.30 lun-mer e ven-sab, 8.30-16 gio) Stracciatella, caciocavallo, ricotte e ovviamente la deliziosa burrata. In questo negozio attivo dagli anni '60 l'unico rischio è quello di non trovare abbastanza posto in valigia per tutte le leccornie acquistate. Se sarete fortunati potrete assaggiare la mozzarella appena fatta. Si trova 1,5 km a nord-est del centro.

Informazioni

Per informazioni rivolgetevi all'**Infopoint** (☎0883 29 02 29; Piazza Vittorio Emanuele II 16; ⏲orario variabile).

Per/da Andria

Gli autobus **STP** (www.stpspa.it) per Trani (€1,10, 20 min) partono da Corso Cavour. Per gli orari e l'acquisto consultate il sito del **Consorzio Trasporti Aziende Pugliesi** (COTRAP), www.cotrap.it. Dalla stazione ferroviaria partono gli autobus della linea n. 6 per Castel del Monte gestiti da **ASA** (☎0883 29 21 55; €0,60 in edicola o tabaccheria, 35 min); gli orari variano in base alla stagione e nei festivi possono essere ridotti: verificate contattando la compagnia di trasporti. I collegamenti con Bari/Barletta (€4,20 per 1 h 40 min/€1,10 per 15 min) di **Ferrotramviaria** (☎080 529 91 11; www.ferrovienordbarese.it) sono gestiti con autobus, in caso di provenienza da Bari si fa cambio a Corato. In auto potete agganciare il tratto Foggia–

Bari dell'A14, mentre la SS98 collega la città con Ruvo e Bitonto.

Castel del Monte

Stupor mundi: l'appellativo con il quale è passato alla storia Federico II di Svevia ben si addice anche a **Castel del Monte** (327 980 55 51; www.casteldelmonte.beniculturali.it; interi/ridotti €7/2; 10-18.45 tutti i giorni apr-set, 9-17.45 ott-marzo; ultimo accesso 45 min prima; audioguida €3,50, visite guidate €5), la sua creatura architettonica più grandiosa, realizzata (pare) a partire dal 1240 e terminata probabilmente dopo la morte dell'imperatore. Patrimonio UNESCO dal 1996 per 'il rigore matematico e astronomico delle sue forme e per l'armoniosa unione degli elementi culturali del Nord Europa, del mondo islamico e dell'antichità classica', questo castello suscita un brivido di emozione a chiunque inizi già solo a scrutarne il profilo da lontano, trovandosi sulla sommità di una collina, in posizione isolata. Considerata la sua ricca storia e i tanti elementi simbolici (v. lettura p102), vi consigliamo caldamente di avvalervi di una visita guidata.

➡ Esterno

La struttura è in bianca pietra calcarea, ma un tempo era decorata da elementi (porte, costoloni, fasce ecc.) in breccia corallina rossa con inserti in marmo e, all'interno, da affreschi, mosaici e piastrelle di cui rimangono esigue tracce. Giunti ai piedi dell'edificio, si può ammirare con maggiore accuratezza la perfezione geometrica delle linee. Sviluppato su pianta ottagonale, il castello presenta su ogni spigolo delle torrette, anch'esse ottagonali, leggermente più alte (24 m) del cortile interno. Il portone principale, inscritto tra due colonne scanalate che sorreggono un finto architrave, si affaccia sul fronte est, lo stesso su cui sorge il sole durante i due equinozi; a esso si accede tramite una doppia scalinata. Ciascuna delle pareti esterne della struttura presenta due finestre, una monofora al primo piano e una bifora al secondo, eccezion fatta per le pareti con i due ingressi (principale e secondario) e per quella settentrionale che si affaccia su Andria e presenta una trifora, forse l'ennesimo omaggio dell'imperatore alla città a lui *semper fidelis*.

➡ Interno

Varcato il portone si accede al cortile interno, dove pare che originariamente fosse collocata una vasca, anch'essa a forma ottagonale. Da qui si notano tre ingressi alla parte inferiore del castello e tre porte finestre al piano superiore. Ogni piano è suddiviso in otto stan-

UN CASTELLO PER QUALE UTILIZZO?

Ciò che rende unico Castel del Monte è anche l'inestricabile alone di mistero che lo circonda. Il luogo è intriso di simboli più o meno univoci, dal profilo della struttura, che ricorderebbe la corona con la quale fu incoronato Federico II, alla già menzionata forma a ottagono, poligono che rappresenta la figura intermedia tra il quadrato, simbolo della terra, e il cerchio, simbolo del cielo. Per il numero 8 sembra esserci una vera e propria ossessione: sono otto le torri esterne, otto le stanze interne; ci sono otto fiori quadrifogli sulla cornice sinistra sul portale di ingresso e altri otto sulla cornice inferiore e così via. Forse sarà proprio a causa di questi (e di tanti altri) elementi, talvolta in contraddizione tra loro, che gli studiosi non sono ancora riusciti a convenire sul perché il castello fu costruito; la maggior parte di essi tende a scartare l'ipotesi più scontata, quella della fortezza difensiva: non ha muro di cinta né fossato né caditoie, e le scale a chiocciola girano verso sinistra (e non verso destra, come vorrebbero le tecniche di difesa militare, per estrarre la spada con più facilità). C'è quindi chi ha pensato si potesse trattare di una tenuta di caccia e chi invece di un luogo esoterico, addirittura una sorta di scrigno del leggendario Sacro Graal. Secondo altri ancora, si tratterebbe di un luogo per lo studio di astronomi e scienziati, una sorta di tempio del sapere del tempo. E c'è anche chi vede in Castel del Monte una sorta di centro benessere sulla scia degli hammam arabi, con acqua corrente, vapori e variazioni di temperatura: a sostegno di questa teoria ci sarebbero il complesso sistema di collezione delle acque (cinque cisterne nelle torri e una centrale sotto il cortile interno) e la presenza di bagni e spogliatoi. Non per forza una teoria esclude le altre e, anzi, è verosimile che si sia potuto trattare di tutto questo e anche di più. Forse, però, la prima intenzione di Federico II era quella di meravigliare chiunque si trovasse al suo cospetto e su questo sono tutti d'accordo: da ormai quasi 800 anni Castel del Monte assolve egregiamente al suo compito.

ze, ciascuna delle quali comunica con le due adiacenti (eccetto un singolo sbarramento), mentre sono solo tre le torri che collegano il piano inferiore a quello superiore tramite scale a chiocciola. Queste e altre lievi, calcolate rotture della simmetria (deviazioni degli assi; chiavi di volta mai identiche, le finestre esterne a cui abbiamo già accennato) bastano a produrre un ritmo, un effetto di vertigine e disorientamento: ogni ambiente è simile agli altri, eppure sottilmente diverso. Il piano terra ospita spesso esposizioni temporanee, così come nel cortile si tengono rappresentazioni teatrali, specie nel periodo estivo.

Pernottamento e pasti

Ai Pilieri di Bagnoli AGRITURISMO, B&B €€
(☎333 474 19 56; www.aipilieridibagnoli.it; SP23, Km 15; doppie €100; ❄📶P) Si cena nel buon **ristorante** (pasti €30), tra muretti a secco e graziosi ulivi, e nel buio della notte ammirando pure il Castel Del Monte, divinamente illuminato. Ma dateci retta: fermatevi per qualche giorno in questa struttura originaria del Seicento, circondata da un boschetto di querce centenarie e con graziose camere con pietre a vista e travi in legno massiccio.

Per/da Castel del Monte

Castel del Monte si raggiunge da Andria con la SS170; in bassa stagione si arriva fino in prossimità del castello, ma da aprile a ottobre bisogna lasciare l'auto in uno dei due vasti parcheggi contigui (€1,50 l'ora) a circa 1 km di distanza e quindi utilizzare la navetta gratuita (ogni 15 min) o fare una bella passeggiata di circa 20 minuti.

Ruvo di Puglia

POP. 24.465 / ALT. 266 M

Un centro storico curato, in cui ci si innamora dei tanti, reconditi scorci per poi rimanere a bocca aperta davanti a una delle cattedrali più belle della regione. Un'offerta culinaria strepitosa, degna di centri abitati ben più popolosi e noti. E, ancora, uno dei musei archeologici più rilevanti nel panorama nazionale. Se non avevate in mente di passare da Ruvo, è il momento di cambiare i piani.

Che cosa vedere

Museo Archeologico Nazionale Jatta MUSEO
(☎080 361 28 48; www.musei.puglia.beniculturali.it; Piazza Bovio 35; ⏲chiuso per lavori) Il fortuito ritrovamento, intorno al 1820, dei primi reperti archeologici che hanno poi reso Ruvo celebre per i suoi vasi, innescò dapprima una febbrile e disordinata corsa all'oro, durante la quale archeologi improvvisati si riversarono nel paese solo per tornaconto personale. Fu grazie a Giovanni Jatta, esponente di una nobile famiglia ruvese, se l'immenso patrimonio non andò disperso e oggi possiamo ammirarlo in quasi tutta la sua grandezza. Le quattro sale della dimora di famiglia in stile neoclassico ospitano oltre 4000 reperti, tra vasi 'rustici' del periodo dauno e peuceto e altri più decorati, oltreché il capolavoro dell'esposizione: il vaso di Talos. Si tratta di un cratere a figure rosse di squisita fattura ateniese del V secolo a.C., raffigurante il gigante Talos, secondo la mitologia greca protettore dell'isola di Creta. In attesa che siano completati i lavori di ristrutturazioni nel museo, il vaso è esposto nella **Sala Conferenze del Museo del Libro** (☎080 950 75 00; Via Gasperi 26; ⏲9-13 e 16-18 lun-gio, 9-13 ven) FREE.

Concattedrale di Santa Maria Assunta LUOGO DI CULTO
(☎080 361 11 69; www.cattedraleruvo.it; Largo Cattedrale 1; ⏲8-12 e 16-20) Tra i massimi esempi di architettura romanico-gotica pugliese, la cattedrale colpisce per la sua commovente semplicità. In posizione leggermente ribassata rispetto alla piazza, presenta tre portali sulla facciata realizzati da artisti locali. Il vero protagonista è però il grande rosone centrale cinquecentesco, sormontato da una figura seduta, forse il feudatario che ne iniziò la costruzione, Roberto II di Bassavilla. All'interno catturano l'attenzione le colonne della navata centrale, ognuna diversa dall'altra e con quelle a destra, cruciformi, più antiche e di maggior valore artistico. Si scende poi per visitare il ricco ipogeo, scoperto del tutto solo negli anni '70, che ha confermato la presenza sul luogo di insediamenti antichissimi, tra cui uno della popolazione dei peuceti (le tombe fanno pensare a una necropoli) e un altro di epoca romana, con due pavimenti a mosaico che facevano probabilmente parte di una domus del II secolo d.C.

Chiesa del Purgatorio LUOGO DI CULTO
(☎080 361 14 42; Via Cattedrale 103, Largo San Cleto; ⏲orario variabile) La particolarità di questa chiesa è la struttura insolita a due navate, dovuta a un accorpamento di due chiese adiacenti. Più interessante è però il suo ipogeo, noto come la Grotta di San Cleto, che corrisponde a una cisterna di origine romana, poi divenuta luogo di rifugio per i primi cristiani perseguitati dall'autorità imperiale.

VALE IL VIAGGIO

A CORATO, TRA LE OLIVE E IL CARNEVALE

Sulla strada verso Ruvo per chi proviene da Andria c'è il piccolo paese di **Corato**, celebre per la produzione di olio extravergine, che qui raggiunge livelli altissimi di qualità grazie all'oliva autoctona detta appunto 'coratina'. Vale la pena di fare una deviazione per aggirarsi tra le vie del suo tranquillo e raccolto centro storico, che si anima ogni febbraio per il Carnevale, tra i più sentiti della regione. La **Pro Loco** (☎080 872 80 08; www.prolococorato.it; Piazza Sedile 4; ⏲orario variabile) ha sede nella piazza più bella della città ed è gestita da personale gentile e qualificato.

Torre dell'Orologio TORRE

(Piazza Menotti Garibaldi; ⏲solo visite guidate con l'Infopoint, p105) Le vestigia dell'antica Rubi risplendono grazie alla lapide del 239 d.C. che si trova alla base di questa torre del 1604 e che scandisce il passare del tempo con sonori rintocchi di campana ogni quarto d'ora. Salendo i circa 100 scalini si gode di un panorama a 360° dell'intera città.

Piazza Matteotti PIAZZA

Con la pavimentazione in pietra di Apricena, la principale piazza della città è tornata a splendere. Sul lato nord si affacciano i resti quasi irriconoscibili del castello, di fianco alla Chiesa del Redentore, e **Palazzo Avitaja** sul lato sud, addossato alla piccola Chiesa di San Rocco, ora sede del Comune. A parte la lunga iscrizione sulla cornice di facciata e, all'angolo destro, lo stemma della nobile famiglia (giunta a Ruvo da Castellammare di Stabia a metà del XVI secolo), l'elemento di spicco è lo scalone trionfale decorato a bassorilievo nel cortile interno. Circa 500 m a nord della piazza, nel punto ventilato di Ruvo, si trova la piacevole area verde della **Pineta Comunale**.

Attività

Per farvi un'idea di come dovesse apparire un tempo gran parte dell'entroterra barese, fate una passeggiata nel **Bosco di Scoparella**, a 12 km da Ruvo, che nei suoi 300 ettari ospita uno dei pochi boschi rimasti di querce roverelle, ora sottoposto a tutela dal **Parco Nazionale dell'Alta Murgia** (p109). Percorrete il sentiero interno per ammirare la lama profonda più di 40 m, sovrastata dal ponte dell'acquedotto pugliese, e lo Jazzo del Demonio, un ovile dove si dice abbia dormito il diavolo.

Pernottamento e pasti

Casa Dolce Casa B&B €€

(☎080 205 98 87; www.casadolcecasaruvo.it; Viale Cristoforo Colombo 1; doppie uso singola/doppie/triple €50/75/95; ❄📶) Non sarà il massimo dell'originalità, ma il nome di questa struttura, allestita in una casa semi-indipendente poco a sud del centro storico, rende bene l'idea di quello che vi aspetta. Giuseppe e Clementina saranno infatti gli anfitrioni ideali del vostro soggiorno, pronti a coccolarvi con torte fatte in casa e frutta del loro giardino.

La Pigna B&B €€

(☎334 835 98 82; Via Sauro 131; doppie €80; ❄📶) È a 10 minuti (a piedi) dal centro, ma la mattina potrete fare una passeggiata nella quiete della Pineta Comunale. E poi ci sarà la cortesia di Francesco, che vi accoglierà in camere pulite e con piastrelle di design nei bagni.

Panificio Cascione PANIFICIO €

(☎080 361 11 68, 347 621 38 36; www.pancascione.it; Via De Gasperi 20; ⏲7-21 lun-sab) Se siete solo di passaggio e avete voglia di un buon trancio di focaccia, fermatevi in questo storico panificio (1902) lungo la via principale.

Berardi PASTICCERIA €

(☎080 361 24 98; www.berardi.it; Corso Jatta 35-37, margine nord del centro storico; ⏲7-21.30 mer-lun) Punto di sosta imprescindibile per provare il tipico mandorlaccio, dolce a base di mandorle tritate e miele. Ma qui si viene anche per fare semplicemente una colazione golosa e iniziare nel modo migliore la giornata.

★ **Mokambo** GELATERIA €

(☎345 604 09 84; www.berardi.it; Via Nello Rosselli 29; ⏲10-13.30 e 16.30-23.30 tutti i giorni, chiuso lun mattina) Fu Luigi Marseglia, chef di pasticceria del celebre caffè Gambrinus di Napoli, allora capitale del regno borbonico, a tramandare i segreti dell'arte al nipote Vincenzo, fondatore di questa strepitosa gelateria. Il gusto Crema del Re, amato da Ferdinando II, è ancora la specialità della casa.

Al Batacchio RISTORANTE €€

(☎333 339 19 80; Via Isabella Griffi 12; pasti €30; ⏲cena mer-lun, dom anche a pranzo) Si entra con l'idea di varcare la soglia di poco più di una taverna, ma già alle prime avvisaglie il discorso cambia. Tra burrata, funghi cardoncelli e frittatine di verdura il rischio è quello di perdersi già agli antipasti. Non fatelo, perché oltre ai primi ci sono dei dolci da leccarsi i baffi.

Mezza Pagnotta RISTORANTE VEGETARIANO €€
(☎347 999 64 75; Via Rosario 9/11/13; pasti €40; ⌚20.30-23 mer-sab e lun, 13-14.30 sab e dom; ✎) Com'è giusto che sia, le eccellenze della terra vanno prima annusate. Per questo motivo, appena si entra qui l'olfatto è piacevolmente inebriato da origano, finocchietto e altre erbe selvatiche delle Murge. Poi si può partire con un percorso degustativo che sfrutta le specialità della stagione, in un tripudio di sapori sapientemente accostati.

Informazioni

Per informazioni rivolgetevi all'**Infopoint/Pro Loco** (☎080 361 54 19; www.prolocoruvodipuglia.it; Via Vittorio Veneto 46; ⌚9.30-12.30 e 17.30-20.30 lun-ven, 9.30-12.30 sab e dom).

Per/da Ruvo di Puglia

Ruvo si trova sulla linea di **Ferrotramviaria** (☎080 529 91 11; www.ferrovienordbarese.it; la stazione è 500 m a est del centro) tra Barletta (€2,50, 1 h 10 min) e Bari (€2,90, 50 min), servita da autobus nel tratto per Barletta con cambio a Corato e lungo l'intera tratta nei festivi. Dalla fermata di Corato (€1,10, 10 min) si possono raggiungere via autobus **STP** (www.stpspa.it) Molfetta/Bisceglie/Trani e Gravina/Altamura; per gli orari e l'acquisto consultate il sito web del **Consorzio Trasporti Aziende Pugliesi** (COTRAP), www.cotrap.it In auto, Ruvo si trova sulla SP231 tra Bitonto e Andria (entrambe a circa 20 km), ma le strade più belle da percorrere, se avete tempi più comodi, sono quelle secondarie, che tagliano le Murge verso sud per raggiungere in meno di 40 km Altamura (SP151) e Gravina (SP138, SP15).

Bitonto

POP. 53.226 / ALT. 118 M

Conosciuta come 'la città degli ulivi' e già nota nel XIII secolo per la produzione dell'olio, Bitonto è una sorpresa piacevole quanto inattesa. Il suo centro storico, raccolto ma a tratti labirintico, lo si gira a piedi in poco tempo e cela tesori di indiscusso valore, come la splendida cattedrale. La città fu protagonista di un'accesa rivalità con Bari per la contesa del Porto di Santo Spirito, privilegiato accesso ai traffici marittimi. Oggi della diatriba rimane traccia solo nei simpatici sfottò che sentirete indirizzare ai baresi dalla gente del posto (e viceversa). In posizione equidistante tra il mare e gli altopiani murgiani, Bitonto può risultare un valido punto di appoggio per la vostra esplorazione dei dintorni.

Che cosa vedere

Piazza Cavour PIAZZA
Il modo più suggestivo per accedere al centro storico è passare sotto l'imponente **Porta Baresana** – di fattura secentesca – e sbucare in questa animata piazza, dove i bitontini sono soliti ritrovarsi, specie nel tardo pomeriggio. All'angolo sud-orientale si erge il massiccio **Torrione Angioino** del XIV secolo (24 m di altezza, 16 di diametro, 5 di spessore murario) ancora oggi parzialmente delimitato da un profondo fossato. Lasciandosi la porta alle spalle ci si ritrova davanti all'elegante loggiato di Palazzo Sylos Calò (p105).

Via Rogadeo STRADA
Lungo la via che da Piazza Cavour scende verso sud si possono visitare alcuni begli edifici rinascimentali e barocchi. Anzitutto **Palazzo Sylos Calò**, che ospita la **Galleria Nazionale della Puglia Girolamo e Rosaria Devanna** (☎080 09 97 08; www.gallerianazionalepuglia.beniculturali.it; Via Rogadeo 14; ⌚8.30-14.30 mar-dom) FREE, con oltre 300 tra dipinti e disegni suddivisi per secolo (dal XVI al XX), tra i quali spicca il *Ritratto di gentiluomo* di Tiziano (1490-1576). Poco oltre, sulla destra, una sussiegosa coppia di scheletri vi segnalerà la facciata della **Chiesa del Purgatorio** (ma notate anche i teschi coronati e mitrati sull'architrave e le anime che si disperano tra le fiamme del timpano). Sulla sinistra troverete invece **Palazzo Rogadeo**: il fatto che ospiti la **Biblioteca Comunale** (☎080 375 18 77; Via Rogadeo 52; ⌚9-13.30 lun-ven e 15.30-18 gio) vi darà una buona scusa per entrarci. Dall'arco che lo precede, fitto di stemmi nobiliari, si accede alla **Cappella o Sedile di Sant'Anna**, del XIV secolo.

★**Cattedrale** LUOGO DI CULTO
(☎080 375 21 00; www.cattedralebitonto.com; Piazza Cattedrale; ⌚8-12 e 16.30-20; visite guidate con la Cooperativa Re.Ar.Tù ☎333 492 76 88 da prenotare in anticipo) Risalente al XII secolo e giustamente annoverata tra i massimi esempi del romanico pugliese, la Cattedrale di Bitonto colpisce per molti motivi. Innanzitutto la posizione, 'di sbieco' rispetto alla piazza e collegata alla sua destra con il nobiliare palazzo De Lerma da un ponte cinquecentesco, detto Loggia delle Benedizioni. La facciata è meravigliosa: soffermatevi sul portale centrale, riccamente scolpito e con un doppio archivolto sormontato

COLAPESCE

Narra la leggenda che Federico II (e chi sennò?) venne a sapere delle prodezze natatorie di un pescatore pugliese, un certo Nicola di Bari. Impressionato dalle sue doti, il sovrano volle metterlo alla prova, chiedendogli di esplorare le profondità del mare con immersioni sempre più pericolose. Nicola accettò le sfide, tornando ogni volta a terra e raccontando il mondo magico scrutato negli abissi; fino a quando, un giorno, la prova fu talmente difficile che non fece più ritorno. Sebbene la fama di Colapesce sia soprattutto nota in Sicilia (secondo questa versione il pescatore si sarebbe sostituito a una delle tre colonne che reggono l'isola), sono molti in Puglia a rivendicarne la paternità. Se avessero ragione i pugliesi, nella loro cattedrale i bitontini avrebbero la statua di un eroe dell''odiata' Bari.

da un sovrarco su cui campeggia un pellicano, che nella simbologia cristiana ricorda la generosità della Chiesa. Andate a vedere il lungo fianco meridionale, che presenta un loggiato sorretto da colonne con protomi (teste) umane tutte diverse da loro; sotto l'ultima finestra noterete un portale: è la celebre Porta della Scomunica, da cui il 29 settembre 1227 papa Gregorio IX scomunicò Federico II, reo di aver rimandato a più riprese una crociata in Terra Santa. All'interno non perdetevi l'ambone (struttura da dove si proclamano le letture) in marmo del XII secolo, che non ha eguali in altre chiese pugliesi per la raffinatezza dello stile e il livello degli intagli e trafori. Nel **succorpo** invece, cui si accede dal varco che collega la chiesa superiore con la cripta, a circa 3 m di profondità dal pavimento sovrastante si snoda un percorso tra i resti della basilica paleocristiana antecedente. La **cripta**, retta da 30 colonne di origini disparate, ospita un ciclo di affreschi e un crocifisso ligneo del Trecento. Risalendo, non dimenticate di cercare, lungo la scala, il bassorilievo di Colapesce la creatura mitologica più celebre del Mezzogiorno (v. lettura p106).

Feste ed eventi

BeatOnto Jazz Festival SETTEMBRE
Da 20 anni Bitonto balla al ritmo del jazz suonato da artisti di fama internazionale. L'edizione 2021 si è tenuta nella suggestiva location della Masseria di Lama Belice. Cercate su Facebook il programma completo.

Pernottamento e pasti

★ Palazzo Antica Via Appia B&B €/€€
(080 371 73 27, 333 564 65 74; www.palazzoanticaviappia.it; Via Porta Robustina 34; singole/doppie €35-40/70-80;) Vi sentirete come un nobile di fine Ottocento in questa elegante dimora, tra camere con tappezzerie d'antan e un'ospitalità discreta. Sul tetto c'è un magico roof garden con vista cattedrale, mentre nei sotterranei ci si perde nella storia del regno di Napoli, tra uniformi d'epoca e libri antichi.

San Lorenzo B&B €/€€
(388 659 10 98; www.bebsanlorenzo.it; Via Burrone 16; singole uso doppia/doppie €30-40/60-80;) È a ridosso del centro, a poco meno di 1 km dalla cattedrale, ma sembra in campagna: sorge infatti nei pressi della Lama Balice. Offre quattro camere, tutte spaziose e luminose. Qui ha sede anche l'omonima **masseria** (www.masserialamabalice.it), che propone stimolanti laboratori ed eventi incentrati sulle eccellenze del territorio pugliese.

Boccabò – il Bocconotto PASTICCERIA €
(080 404 22 33; Via Sedile 7; 7-19 mar-sab, 7-14 dom) La versione bitontina del celebre dolce di pasta frolla del Centro-Sud Italia prevede un ripieno a base di ricotta e canditi. Con le spiegazioni noi ci fermiamo qui: andate a farne scorta in questa pasticceria del centro.

★ Il Quarto Storto TRATTORIA €€
(327 843 80 07; il-quarto-storto.business.site; Via Beccherie Lisi 14; pasti €25; 11-15 e 19-23 mar-sab, 11-15 dom) Il nome pare derivi da un modo di dire del posto, riferito a quando ci si sveglia di cattivo umore in corrispondenza dell'ultimo quarto di luna. Ma, a giudicare dalle terrine in terracotta riempite di piatti semplici e sostanziosi, qui sarà più probabile uscire col sorriso. Il menu varia in continuazione: fatevi consigliare dall'ottimo Amedeo.

Ancaranvs RISTORANTE €€
(380 107 61 10; www.ancaranus.it; Largo Teatro Umberto I; pasti €35; pranzo e cena mar-dom) A qualcuno la location risulterà forse troppo incravattata, ma superata la diffidenza arriva la cucina dello chef Emanuele a dissipare ogni dubbio. Il risotto al curry con scampi e mango è una sorpresa, la calamarata con pesto di rucola una certezza.

☆ Divertimenti

Teatro Tommaso Traetta TEATRO
(080 374 26 36; Largo Umberto Teatro) La capienza esigua (circa 250 posti) è controbilanciata dal prestigio del teatro, divenuto fin dalla sua inaugurazione (1838) un punto cardine nel panorama culturale pugliese. Offre un calendario molto fitto di spettacoli, specie in prosa. Consultate la pagina Facebook per rimanere aggiornati.

Shopping

Frantoio Oleario Bitontino OLEIFICIO
(338 102 83 75; www.frantoioleariobitontino.it; Viale Due Cappelle 3; 8-17.30 lun-ven, 9-12 sab) In piedi da oltre 100 anni, questo frantoio ha avuto importanti riconoscimenti da parte degli esperti del settore. Ma è la passione di chi ci lavora a fare la differenza: nel periodo della raccolta, si aprono le porte agli studenti delle scuole per tramandare segreti e curiosità sulla lavorazione dell'olio.

Informazioni

L'**Infopoint** (080 373 99 12; Torrione Angioino in Piazza Cavour; orario variabile) non è attiva tutto l'anno; la miglior fonte di informazioni rimane comunque la **Cooperativa Re.Ar.Tù** (333 492 76 88; Via Traetta 34). Seguite la pagina Facebook per conoscere tutte le iniziative in corso.

Per/da Bitonto

I treni di **Ferrotramviaria** (080 529 93 48; www.ferrovienordbarese.it) collegano regolarmente Bitonto con la vicina Bari (€1,40, 30 min circa, alcuni passando dall'aeroporto) e con Ruvo (€1,40, 20 min), da dove si può proseguire in autobus per Andria (€2,80, 1 h circa) e Barletta (€4,30, 1 h 30 min); la domenica i treni sono sostituiti da autobus. La stazione centrale, più pratica di quella di Santi Medici, è 1 km a nord-ovest del centro storico. Bitonto è contigua alla A14 e alla SS96 Bari–Altamura; per Ruvo (20 km) prendete la SP231.

Conversano

POP. 25.733 / ALT. 219 M

A volte è nelle terre di mezzo che si celano i veri tesori. A soli 9 km dal mare, Conversano è adagiata sui primi rilievi delle Murge, e anche chi di solito preferisce indugiare sulla costa (dopotutto Polignano e Monopoli sono molto vicine) potrebbe cambiare idea, a fronte di una breve deviazione. A quel punto, gli sarà quantomai difficile resistere al fascino di un paese arroccato su un colle, con eleganti palazzi nobiliari che, la sera, sono rischiarati da soffuse luci gialle. Un tempo sede di una contea estesa e potente, Conversano risplende ancora del suo antico splendore, a partire dal suo magnifico castello, ma non solo. Veniteci per qualche ora, e siamo pronti a scommettere che ci rimarrete molto di più.

Che cosa vedere

Prima di avventurarvi nel centro storico dalla forma ellittica, raggiungete la parte alta del borgo per contemplare il panorama: da Via Bolognini (ci sono parcheggi per le auto, a pagamento nel periodo estivo) parte il bel **Corso Domenico Morea**. Con una passeggiata di pochi minuti si arriva al castello e da qui ci si può perdere nelle viuzze del centro, per poi tornare al punto di partenza passando sotto la quattrocentesca **Porta Tarantina**.

★ **Castello degli Acquaviva** CASTELLO
(Piazza Castello/Piazza della Conciliazione) La lunga e gloriosa storia di Conversano è ben rappresentata da questa fortezza normanna, poi rimaneggiata nel corso dei secoli. Provate a girarle intorno: all'angolo tra Corso Morea e Piazza Castello noterete un grosso torrione cilindrico del XIV secolo che evoca, nelle forme, i castelli immaginati da tutti noi da bambini. Della costruzione originale, eretta sulle antiche fortificazioni megalitiche, rimangono tre torri quadrate, mentre al 1710 risalgono il muro di cinta, il cortile gentilizio a portici e logge e l'ingresso monumentale verso la città. Da quest'ultimo si accede alla **Pinacoteca Comunale** (080 495 85 25; interi/ridotti cumulativi con il Museo Archeologico €6/3, biglietto a parte per le mostre temporanee; 10-13 e 16-20 mar-dom), che in tre sale al piano terra espone il gioiello della collezione Acquaviva, ossia il ciclo di 10 monumentali tele commissionate da Giangirolamo II al pittore di corte Paolo Finoglio (1590-1645) sul soggetto della *Gerusalemme liberata*; i dipinti sono considerati i più importanti del XVII secolo in Italia a tema non religioso. In una sala a parte troverete anche uno straordinario reperto del Monastero di San Benedetto: la secentesca 'Porta dei Cento Occhi', che raffigura una donna con l'intero corpo coperto di occhi; la porta, dotata di spioncino, serviva a osservare (e intimidire) le novizie che si comportavano male (come recita il cartiglio: 'qui potest capere capiat', chi può intendere intenda). Tornati all'aria aperta, godetevi il magnifico panorama che spazia sulla costa fino a far intravedere le mille luci dell'area metropolitana di Bari.

Cattedrale LUOGO DI CULTO
(☎080 495 11 23; cattedraleconversano.blogspot.it; Largo Cattedrale; ⏲9-12 e 17-18/19 lun-dom nov-marzo/apr-ott) 'Nascosta' dalla folla perché in una piazza defilata rispetto al castello, la cattedrale di Conversano, la cui costruzione è datata tra l'XI e il XII secolo, è un altro bell'esempio di romanico pugliese. L'attenzione è catturata dal rosone a 12 raggi della facciata, affiancato da due oculi laterali più piccoli. All'interno spiccano invece un affresco del XV secolo che ricopre l'abside sinistra e i due arredi più preziosi: un crocifisso ligneo del Quattrocento e l'icona di Maria Santissima della Fonte, santa patrona di Conversano.

Monastero di San Benedetto MONASTERO
(Via San Benedetto) Non sono solo le dimensioni (seppur considerevoli) di questo complesso a renderlo eccezionale, se non unico nel panorama cristiano, tanto da fregiarlo del titolo di 'Monstrum Apuliæ'. Nato come monastero benedettino, già a partire dal XIII secolo fu affidato alle monache, che ottennero nel giro di poco tempo un'autorevolezza senza pari, tanto che alla badessa fu concesso di indossare la mitra e impugnare il pastorale, e che addirittura il clero maschile, nel renderle omaggio, doveva sottoporsi al rito del baciamano. Lo strapotere femminile non si fermò qui: dando un'occhiata al campanile della **chiesa**, noterete come questo sia più alto e ricco di quello della vicina cattedrale (la cui costruzione fu bloccata proprio dalla badessa con tanto di atto notarile!). Nel **chiostro** trapezoidale non perdetevi il rarissimo capitello con labirinto unicursale.

Chiesa dei Santi Cosma e Damiano LUOGO DI CULTO
(Largo San Cosma, al confine ovest del centro medievale; ⏲orario variabile) Non sembra neanche possibile che un involucro così spoglio possa accogliere un interno tanto fastoso, un'aula unica che più barocca non si può (1650). Alle volte e alle tele laterali lavorò lo stesso Paolo Finoglio. Dal 1912 è affidata alle suore Adoratrici Crocifisse; suonate il campanello per farvi aprire: saranno gentilissime.

Feste ed eventi

Imaginaria Film Festival AGOSTO
(www.imaginariafilmfestival.org) È ormai prossima ai 20 anni di attività questa rassegna internazionale di alto livello, tra i pochissimi festival d'animazione in Italia e certamente l'unico in Puglia. Le proiezioni dei film in gara si tengono nel complesso di San Benedetto.

Pernottamento e pasti

Cieli di Dante B&B €€
(☎342 725 57 94; www.bebcielididante.it; Corso Dante Alighieri 45; doppie €60; ❄📶) Le tre camere hanno nomi d'ispirazione dantesca, ognuna con una propria personalità. A noi è piaciuta la Sole, con soffitto di travi in legno bianco e terrazza. A cinque minuti a piedi dal castello, questo B&B sa davvero il fatto suo.

Palazzo D'Erchia HOTEL €€
(☎080 495 0350; www.palazzoderchia.it; Via Acquaviva D'Aragona 116; doppie uso singole/doppie €60/90; ❄📶) Si vede che Apollonia, la proprietaria, ci mette passione nel suo lavoro e sa come accogliere i viaggiatori. Affidatevi alla sua gentilezza e godetevi il soggiorno in questa dimora del Seicento, in pieno centro.

Corte d'Altavilla HOTEL €€€
(☎080 495 96 68; www.cortealtavilla.it; Vico Goffredo Altavilla 8; doppie/triple/quadruple €90/120/150; ❄📶) Un giardino pensile con vista, un centro termale ricavato in un'antica cantina e un annesso ottimo ristorante. Sono alcune delle coccole che vi aspettano in questa struttura raffinata in pieno centro storico, in un incantevole vicoletto subito dietro la cattedrale.

Vita Pugliese RISTORANTE €€
(☎080 495 69 29; www.vitapugliese.it; Via Ospedale 15; pasti €35; ⏲20-23.30 lun-mar e gio-ver, 13-15 sab e dom) Ci si avventura lungo un vicoletto e, con la bella stagione, ci si siede su un tavolino lungo la strada. Provate gli orecchioni con ragù di brasciola d'asino.

Pashà RISTORANTE €€€
(☎080 495 10 79, 373 800 28 09; www.pashaconversano.it; Via Morgantini 2; pasti €70/130/150; ⏲12.45-13.45 e 19.45-21.30 mer-lun; prenotazione obbligatoria) In cucina lo chef Antonio, coadiuvato da mamma Maria, sa preparare con la giusta alchimia i piatti della tradizione rivisitandoli con il suo estro. Nella sala da pranzo invece ci si accomoda nei locali dell'antico seminario vescovile, impreziositi da elementi di design contemporaneo. La stella Michelin rende il dovuto omaggio a questo ristorante di stile ai piedi del castello.

Informazioni

Al castello c'è la **Pro Loco** (☎080 495 12 28; proloco-conversano.blogspot.it; Piazza Castello 13; ⏲9-13 e 16-20 mar-dom). Su prenotazione organizza interessanti visite guidate a piedi lungo il centro storico.

Per/da Conversano

I trasporti sono gestiti da **FSE** (www.fseonline.it). Dalla stazione ferroviaria, 250 m a nord del castello, passano frequenti bus feriali da Bari (€2,20, 1 h) alle Grotte di Castellana, ad Alberobello e a Martina Franca, in questi ultimi due casi si fa cambio a Putignano e si prosegue col treno. Ci sono anche bus per Polignano a Mare (€1,10, 15 min) e Monopoli (€1,40, 30 min).

ALTA MURGIA

Prima di tutto ci sono i colori. In primavera c'è il rosso dei papaveri, il giallo della ferula. D'estate cattura lo sguardo l'oro delle spighe, d'autunno il verde della gariga e, con un po' di attenzione, il lilla e l'arancione dello zafferano di Thomas. Poi ci sono i tramonti: sempre struggenti, con una luce calda che infiamma i paesaggi e addolcisce i volti delle persone. E c'è sempre una masseria da visitare, tra le cui mura in pietra si rinnova una tradizione contadina millenaria che sa cogliere il meglio di questa terra, pur rispettandola. 'Jazzi' (spazi recintati per il gregge), 'tratturi' (ampi sentieri erbosi percorsi dal bestiame) e, ovviamente, 'transumanza' sono alcuni dei termini che evocano un passato ancora presente, custodito gelosamente dalla gente del posto. L'Alta Murgia è un luogo per ritrovare la serenità, adatto a chi sa ancora viaggiare con la dovuta lentezza. Con oltre 68.000 ettari di estensione, il **Parco Nazionale dell'Alta Murgia** (080 326 22 68; www.parcoaltamurgia.it; Via Firenze 10, Gravina in Puglia; 10-13 lun-ven e 16-17 mar) è nato per preservare tutto questo: una terra in cui potrete ascoltate il sibilo del vento su lande desolate e contemplare il volo leggero di un uccello sopra gli insediamenti rupestri di Gravina, ma anche apprezzare la fragranza del pane d'Altamura.

Minervino Murge

POP. 8319 / ALT. 429 M

Soprannominato 'il balcone delle Puglie', il centro abitato di Minervino potrebbe anche fregiarsi del titolo di 'ambasciatore di una terra': qui si avverte con forza l'anima rurale delle Murge, degnamente rappresentata anche negli ottimi ristoranti. Arrampicato su un colle, lo si scopre risalendolo a poco a poco. Tra scalinate in pietra e chiacchiericci della gente del posto, oltre gli edifici si intravedono appezzamenti di terra a perdita d'occhio. La popolarità di Minervino è ancora decisamente inferiore rispetto ad altri centri, ed è anche per questo motivo che la sua visita garantisce tranquillità anche nel periodo estivo.

Che cosa vedere

Sedete su una panchina nella centrale **Piazza Bovio**, dove tra rumorosi trattori e bancarelle di frutta e verdura si respira l'atmosfera della campagna di altri tempi. Percorrete poi Corso de Gasperi verso nord, dove troverete sulla sinistra, superato lo slargo di Piazza De Deo, la **Torre Gialla o dell'Orologio** (non visitabile) e poi la **Chiesa Madre dell'Assunta** (0883 69 25 97; via Papa Innocenzo XII 9; 9-13 e 16-20.30), che del passato normanno conserva solo un bassorilievo incastonato nel timpano del portale laterale e pochi altri frammenti. Si giunge infine all'imponente **Palazzo Municipale**, sorto sulle ceneri di una roccaforte. Tornando sui vostri passi merita poi una deviazione il caratteristico **Borgo Scesciola** (dall'arabo 'labirinto'), vero e proprio groviglio di viuzze e casette in pietra affacciato sulla gravina. Meno labirintico ma con scorci meravigliosi sui dintorni è il **Borgo Belvedere**. Vale la pena di spingersi nel punto più alto del paese per scoprire l'edificio più singolare di Minervino: si tratta di un **faro** realizzato in epoca fascista che, fino a qualche anno fa, gettava un fascio di luce di oltre 80 km nelle notti delle Murge. Fuori dal paese si trova invece la **Grotta di San Michele** (0883 69 10 36, 349 5718094; Contrada Grotta San Michele; chiamate preventivamente o consultate la pagina Facebook; visite guidate €2,50), raggiungibile anche a piedi dalla Chiesa della Madonna della Croce tramite il Sentiero Lama Matitani. Superato un elegante portale in stile neoclassico, si scende, attraverso scalini scolpiti nella pietra, in uno dei luoghi di culto più suggestivi di sempre.

Attività

Con l'auto (o in bicicletta) prendete la SP230 che da Minervino porta a Spinazzola. Il suggerimento è semplice: se siete in macchina finestrino abbassato, velocità ridotta e silenzio assoluto. Sarete attorniati da colline dal profilo morbido e sinuoso, che in ogni momento dell'anno sprigionano forti essenze di natura selvatica. Per esplorare il territorio a piedi o in bicicletta, v. lettura p110.

Feste ed eventi

Sagra del Fungo Cardoncello NOVEMBRE

Il cardoncello è uno dei vanti della gastronomia locale, nonché il protagonista dell'ul-

DA NON PERDERE

PEDALANDO IN ALTA MURGIA

Non lasciate le Murge senza aver fatto una o più gite in bici in questa terra magnifica, alla scoperta dei centri abitati, della cucina, ma soprattutto dei paesaggi. Dal 2008, **CicloMurgia.com** (338 988 17 31; www.ciclomurgia.com, www.4cyclingandtrek.com; costi variabili secondo il numero dei partecipanti; apr-ott, ma ci sono escursioni anche in altri periodi) propone svariati itinerari ad anello. Si parte in sella (o a piedi) in cerca degli scorci più belli da fotografare, ma lungo il percorso s'incrociano anche masserie e altri siti storici di prim'ordine. Consultate il sito web o l'aggiornatissima pagina Facebook per rimanere aggiornati e scegliere l'escursione che fa al caso vostro.

timo fine settimana di ottobre, per la gioia degli appassionati della cucina autunnale.

Pernottamento e pasti

Nell'epicentro gastronomico dell'Alta Murgia, Minervino vanta alcune tra le migliori soste della Puglia per la cucina di terra.

B&B del Corso B&B €€
(320 112 93 66; Via Dante, 27; doppie €70;) Subito a fianco della Torre dell'Orologio, ecco questo B&B dall'arredamento sobrio e dalla pulizia impeccabile.

Casa Pistacchio APPARTAMENTI €€
(327 428 93 37; Via Vittorio Veneto 5; appartamento €90;) Si dorme in un appartamento ricavato dalla cantina di questa bella villa padronale, di cui conserva ancora l'antico torchio e le botti di legno settecentesche. Ma il pezzo forte è la spettacolare terrazza, dove tra un tuffo e l'altro in piscina gli occhi si perdono tra i verdi panorami delle Murge.

★ **Osteria La Tradizione** TRATTORIA €€
(0883 69 16 90; www.osterialatradizione.net; Via Imbriani 11-13; pasti €30; 12.30-14.30 e 20.15-22.30 ven-mer, chiuso dom sera) Affidatevi a chi da oltre 35 anni conosce ingredienti e sapori del territorio. Si parte con una sfilza incredibile di antipasti, tutti buonissimi, per proseguire con ravioli alla ricotta o pietanze di carne, anche equina. Chiedete, come ammazzacaffè, un bicchiere del rosolio fatto in casa.

A Sud dell'Anima RISTORANTE €€
(0883 69 11 75; Via Chiuso Cancello 3; pasti €30; 12.45-14.30 e 20.30-22.30 mar-dom, chiuso dom sera) Funghi cardoncelli, salsiccia o cime di rapa locale e, ancora, orecchiette di grano arso. Le eccellenze del territorio ci sono tutte, così come una terrazza da cui, d'estate, si ha una bella vista.

Osteria Cantina Brandi RISTORANTE €€
(0883 69 36 24; www.osteriacantinabrandi.it; Calata Brandi 7; pasti €40; 13-14.45 e 20.30-22.30 mer-lun, chiuso dom sera) Si mangia in un locale ricavato da una cantina del Settecento, di recente riarredata in stile modern chic. Di solito, è direttamente lo chef Pietro a fare gli onori di casa e a raccontare le specialità del giorno. Fidatevi di lui, ma se è di vostro gradimento e disponibile provate il filetto d'asino.

Informazioni

Lungo la via principale c'è il piccolo ufficio della **Pro Loco** (0883 69 12 91; Via Papa Innocenzo XII 69; orario variabile).

Per/da Minervino Murge

Si trova a 20 km da Canosa di Puglia (SR6) e da Castel del Monte (SP234) e a 50 km da Gravina in Puglia (SP230). È collegata con vari centri vicini della costa e con Bari (€6,50, 2 h) dalle autolinee **STP** (www.stpspa.it) ed è una fermata sulla tratta ferroviaria Spinazzola–Barletta che passa da Canosa di Puglia, servita da treni e autobus sostitutivi **Trenitalia** (89 20 21; www.trenitalia.com; da Barletta €3,40, da 40 min a 1 h; da Bari cambiando a Barletta €7,50, circa 2 h). La stazione si trova sulla piana in basso, 1 km a sud-est del centro.

Gravina in Puglia

POP. 42.821 / ALT. 338 M

In passato offuscata dalla vicinanza con Matera, Gravina ha finalmente trovato la forza di brillare di luce propria. Per capirlo vi sarà sufficiente essere nella piazza della cattedrale al tramonto, quando una luce soffusa accende pietra e terra di colori caldi, infilandosi negli angoli più reconditi del canyon di roccia dinanzi a voi. Ammaliati dallo spettacolo, vorrete scoprire più da vicino i rioni della città vecchia, di recente interessati da un'ampia opera di recupero che, negli auspici, non dovrebbe snaturarne l'anima. Centro antichissimo di cui si hanno tracce già nel Paleolitico, Gravina visse periodi di fortune alterne fino a conoscere un certo slancio in epoca medievale, con l'arrivo di normanni e svevi. Ma i veri protagonisti della storia cittadina furono gli Orsini, potente famiglia nobiliare che fece di Gravina il suo feudo dal 1380 al 1807 e che diede i natali al suo cittadino più illustre, papa Benedetto XIII, al secolo Pietro Francesco Orsini (1649-1730).

Che cosa vedere

A Gravina le visite si fanno su due livelli, quello classico 'in superficie' e quello 'in profondità'. In entrambi i casi la cosa migliore è rivolgersi alle associazioni che operano in città (p113).

Piazza Notar Domenico PIAZZA

Anticamera del centro monumentale della città, questa piazza reca al centro una fontana ferdinandea conosciuta come le **Quattro Fontane**; il monumento fu inaugurato nel 1778 e segnò un importante momento di svolta per la città, da sempre afflitta dal problema idrico. L'acqua sgorga ancora oggi da due serpenti marini scolpiti. Di fronte noterete la facciata secentesca della **Chiesa di Santa Maria del Suffragio o del Purgatorio** (visite guidate sab e dom, chiedete allo IAT), dove l'attenzione è subito catturata da due teschi accoccolati sul timpano della facciata e dalle iscrizioni sotto le nicchie vuote: 'quod tu es ego fui/quod ego sum tu eris' (quel che tu sei io sono stato/quel che io sono tu sarai). Furono i genitori del papa 'Orsini' Benedetto XIII a far realizzare l'edificio, al cui interno troverete, tra le altre opere, un quadro dedicato alla Madonna del Suffragio di Francesco Guarini, affermato pittore del Seicento italiano che lavorò a lungo per conto degli Orsini. L'edificio vicino potrebbe sembrare anch'esso un luogo di culto, ma si tratta in realtà della **Biblioteca Finya**, tra le più antiche della Puglia e che conserva più di 8000 volumi. Per visitarla, informatevi presso la Fondazione Santomasi (p111).

Cattedrale LUOGO DI CULTO

(Piazza Benedetto XIII; 080 326 90 65; 8.15-12.30 e 15.30-20, visite guidate tramite IAT, p113) Della precedente chiesa di epoca normanna la cattedrale dedicata alla Vergine Maria Assunta conserva solo alcuni frammenti, tra cui il rosone in facciata (quello laterale, peculiare, è del Cinquecento), qualche capitello e le feritoie del campanile. Nell'interno barocco meritano attenzione il soffitto in legno dorato e le cinque tele che incornicia, gli altari in marmo policromo con motivi madreperlacei (Settecento) e gli stalli del coro (Cinquecento). Raggiungete infine l'ultimo tratto della piazza per godervi lo spettacolo del **belvedere** che si affaccia sulla gravina.

San Michele delle Grotte LUOGO DI CULTO

(Via Leopardi, al fondo della Calata Grotte San Michele; chiuso per lavori) Si tratta della prima antichissima cattedrale di Gravina: risalente all'VIII-IX secolo, fu interamente realizzata sulla base di un blocco di tufo e conserva un impressionante ossario e alcune tracce degli affreschi originari. L'8 maggio, in occasione della Festa di San Michele Arcangelo, gli abitanti del rione Fondovico la addobbano con le 'ballune', drappi di seta o velluti finemente decorati al cui centro viene collocato un fiocco. Il tempio è stato recentemente chiuso in seguito alla caduta di alcuni massi nella zona sopra il complesso, e i tempi di apertura sono al momento incerti.

★ **Rioni Piaggio e Fondovico** QUARTIERI

Con le case costruite direttamente nel tufo, tra archi in pietra e piazzette familiari, i due quartieri storici della città sembrano essere una naturale prosecuzione della Gravina. Il rione Fondovico è ormai pienamente recuperato, ed è un piacere addentrarsi tra i saliscendi dei suoi stretti vicoli. Del rione Piaggio si ha una splendida veduta d'insieme dal belvedere della cattedrale. Qui è invece allo studio un progetto di riqualificazione, con l'auspicio di rendere accessibile anche quest'area, abitata dall'VIII secolo e che nulla ha da invidiare ai ben più celebri sassi di Matera.

★ **Palazzo Pomarici Santomasi** PALAZZO, MUSEO

(080 325 10 21; www.fondazionesantomasi.it; Via Museo 20; biglietto unico con Castello Svevo adulti/ragazzi €4/2; 9-13 e 16-20 mar-dom, prenotazione obbligatoria) L'esposizione di questo museo è talmente vasta da far impallidire quel la di città ben più blasonate. Gran parte del merito va al barone Ettore, che, morto senza eredi nel 1917, decise di lasciare il suo immenso patrimonio ai gravinesi. Tra una pinacoteca con 200 dipinti del Sei-Settecento napoletano, una biblioteca con 30.000 volumi, una ricca collezione di reperti archeologici, monete, abiti d'epoca, armi e uniformi, maioliche, persino una carrozza e, soprattutto, le sette stanze dell'appartamento di rappresentanza del barone, è difficile che possiate annoiarvi. Il vero gioiello, tuttavia, è la ricostruzione della cripta di San Vito Vecchio, con gli originali affreschi bizantineggianti dipinti da una bottega locale nel Duecento, che vi darà un'idea di come apparivano un tempo le innumerevoli chiese ipogee della città.

Castello Svevo ROVINE
(Contrada Castello, su un colle 2 km a nord della città lungo la SP137 per Corato e Ruvo; ⏲ visite guidate €4 da prenotare almeno una settimana prima) Dimenticate la solidità delle fortezze ammirate lungo la costa: qui la grandezza del castello la si può solo intuire, dato l'abbandono in cui versa da secoli e che ne ha lasciato intatte solo le mura perimetrali. Eppure, buona parte del suo fascino sta proprio nella sua decadenza, nonché nella bucolica posizione su cui sorge, adagiato su un colle fuori dal centro e immerso nel verde delle Murge.

Feste ed eventi

Festa di San Michele SETTEMBRE
Musica live nelle piazze del centro, sgargianti luminarie e strepitosi fuochi d'artificio sopra il Ponte Acquedotto. A Gravina la festa patronale è un evento molto sentito: se siete nei paraggi, non potrete mancare.

Pernottamento

Fontana La Stella B&B €€
(☎ 393 224 62 01; www.fontanalastella.it; Via Fontana la Stella 53; doppie €50-90; ❄ 📶) Questa struttura poggia direttamente sulla cinta muraria cinquecentesca, a due passi dal Ponte Acquedotto, offrendo la possibilità di fare stupende passeggiate fino all'altra parte della lama, magari prima di una cena romantica. Delle tre camere suggeriamo La Grotta, con una parete scavata direttamente nel tufo.

Giardini 82 B&B €€
(☎ 335 749 4659; www.giardini82bandb.it; Via Giardini 82; mini appartamenti €85-120; ❄ 📶) Si dorme in una dimora storica, immersi nella pace di un giardino ben curato e con un parcheggio privato a disposizione degli ospiti. L'arredamento è di classe, così come la colazione, ricca e preparata in casa.

Masseria Sant'Angelo MASSERIA €€
(☎ 080 326 42 55, 392 969 85 48; www.masseriasantangelo.net; Contrada Sant'Angelo; camere €40-90; ❄ 📶) Sono passati più di 20 anni da quando Giovanni, il titolare di questa masseria a 4 km da Gravina, ha deciso di ristrutturare un'antichissima tenuta agricola e renderla un luogo di soggiorno 'consapevole', dove entrare in contatto con le tradizioni contadine (i bambini impazziranno tra pecore, cavalli e asinelli). Soggiornerete in uno jazzo (ovile) riadattato dove pure le camere, seppur pulite e impeccabili, mantengono intatte il loro carattere rurale.

Pasti

Coolto TAPAS BAR €
(☎ 080 859 91 20; Via Marconi 1; ⏲ 20.30-24 mar-gio, 12.30-1 sab e 13-24 dom; 📶) Ci voleva questo bar-ristorantino dai colori sgargianti e frequentato dai giovani del posto, specie per

L'ALTRO LATO DELLA GRAVINA

Per attraversare la stretta e profonda gravina si percorre il magnifico **Ponte Acquedotto**, divenuto recentemente meta irrinunciabile per gli appassionati di James Bond. È qui, infatti, che lo 007 di Sua Maestà si esibisce in un salto da brividi nella sua ultima fatica cinematografica, *No Time to Die* (2021). Fu realizzato per raggiungere la Chiesa della Stella e, in seguito a un terremoto, ricostruito dagli Orsini nel XVIII secolo. Dal lato della città, all'altezza del **bastione** medievale e della fontana, si può scendere alla **Chiesa Rupestre di Santa Maria degli Angeli o delle Tombe** (⏲ solo visite guidate con lo IAT, p113): tre navate affacciate sul dirupo, con un'ara monolitica e tracce di un Cristo Pantocratore affrescato nell'abside. Tutto il costone è ricco di testimonianze archeologiche: potrete passeggiare tra le cave e le tombe scavate nel tufo del **Parco Archeologico di Padre Eterno** fino alla Cripta del Padre Eterno, oppure scendere dall'altra parte alla balconata panoramica della **Chiesa Rupestre di Madonna della Stella**, la cui grande aula contiene un altare e panche laterali. Per raggiungere la vasta rete di grotte collegate da scalette e cunicoli del **Complesso delle Sette Camere** risalite sulla strada, superate il ristorante Madonna della Stella e imboccate uno dei sentieri che scendono dal parcheggio. Per tornare indietro potete anche completare la passeggiata circolare di circa 3 km costeggiando la vasta area del **Parco Archeologico di Botromagno** (purtroppo per lo più inaccessibile), che dall'omonima collina ridiscende sull'altro lato del torrente verso la città. Passate sul ponte stradale tra il Parco di Bruno e il Parco Santo Stefano e aggirate il cimitero tagliando dal sentiero lungo il torrente (dove troverete altre cavità paleocristiane, tra cui la **Cripta di San Vito Vecchio**).

l'aperitivo. Oltre alle tapas, Michele e Mirella sono pronti a tentarvi con polpette, parmigiana e altre delizie. Il menu, che comprende anche piatti vegetariani e gluten-free, lo si trova direttamente nelle stories della pagina Instagram del locale.

Sottofondo GUSTOTECA €
(080 914 02 67; sottofondogustoteca.it; Calata Grotte San Michele 45; pasti €15; 20.30-24 mar-gio, 12.30-1 sab e 13-24 dom) C'è un po' di tutto in questo frizzante e innovativo locale, dove Tobia e Francesco sono pronti ad accoglervi in un'atmosfera giovane e vivace. Se avete fame addentate un *paninazz* o provate la specialità della casa, la *patein scorz e tutt* (patata con la buccia ripiena con verdure, carne o pesce). Se il tempo lo consente, godetevi la terrazza con vista sulla chiesa rupestre di San Michele.

Mamma Mia TRATTORIA €€
(080 326 45 09; Via Civita 59; pasti €30, menu mare/tipico €45/35; 12.30-15 e 20-23 mar-ven, 13-15 sab e dom) Si tratta forse del locale con la vista più bella del paese, perché affacciandosi dalle sue ampie vetrate sembra di volare sulla gravina sottostante. L'ospitalità del proprietario e i piatti (menzione speciale per le orecchiette alla crudaiola) completano il quadro.

★ **Osteria Sant'Agostino** OSTERIA €€
(080 969 88 09; Corso Vittorio Emanuele 12; pasti €30; 13-14.30 e 20-22 lun-mar e gio-sab, 13-14.30 mer e dom) Non è solo fatta rigorosamente a mano. Qui la pasta fresca la si stende direttamente in sala, davanti agli occhi estasiati dei clienti. Gustatevi, ancora prima del sapore, lo spettacolo dei cavatelli che prendono la forma auspicata, prima di essere conditi con una delicata crema di peperoni. Ottimi e ricchi anche gli antipasti.

Shopping

Amari & Rosoli LIQUORI ARTIGIANALI
(080 325 41 38; www.amarierosoli.it; Via Meucci 6/b; 10-21 lun-sab, 10-13 dom) Imparerete a conoscere e apprezzare lo straordinario liquore a base di 43 erbe molte volte durante le vostre cene in giro per la Terra di Bari. Noi vi suggeriamo di andare ad acquistarlo alla fonte.

Cantine Botromagno CANTINA VINICOLA
(080 326 58 65; www.botromagno.it; Via Archimede 24; 9-13 e 15-19 lun-ven, 9-13 sab) Si prende la SS96 per Altamura, si raggiunge la seconda rotonda dalla quale si imbocca la strada che scende in un sottopasso, si seguono le indicazioni e una volta giunti si sceglie qualche bottiglia da portarsi a casa, tra le quali non può mancare il premiatissimo rosso Pier delle Vigne Murgia IGT.

> DA VEDERE
>
> ### LA CASA DELLA COLA COLA
>
> Ci sono la magia della tradizione e la caparbietà di un giovane dietro questa coloratissima **casa-museo** (388 184 11 97; Piazza Benedetto XIII 24) FREE di Gravina. Tutto ruota intorno agli strumenti a fiato a forma di gallo detti in dialetto *còula-còule*, anticamente usati come fischietti dai pastori del posto. Marco, ultimo esponente della famiglia di artigiani dei fischietti, è pronto ad accoglervi e a raccontarvi la storia dei suoi avi. Vi spiegherà inoltre come si costruiscono questi piccoli capolavori dai colori sgargianti, tra i souvenir più azzeccati del vostro viaggio.

Informazioni

Gravina ha uno **IAT** (080 326 90 65; iatgravina.it; Piazza Benedetto XIII; 9-13 e 16-20) tra i migliori della regione. Qui potrete procurarvi vario materiale informativo e prenotare visite guidate ai principali siti della città. L'altro circuito, che include cantine, cisterne e cunicoli della città sotterranea (anch'essi da vedere), è gestito dall'associazione **Gravina Sotterranea** (328 541 53 79, 368 57 77 26; www.gravinasotterranea.it; Via Meucci 10, a 100 m dallo IAT, dove si apre uno dei percorsi; tour completo di due ore €10; prenotazione obbligatoria).

Per/da Gravina in Puglia

Gravina si trova all'incrocio delle linee Spinazzola–Gioia del Colle di **Trenitalia** (www.trenitalia.com) e Bari–Matera/Potenza di **Ferrovie Appulo Lucane** (800 050 500; ferrovieappulolucane.it). Conviene scegliere queste ultime per Bari (€4,20, 1 h 25 min; autobus sostitutivi nei festivi) così come per Matera (€2,90, 45 min). Le stazioni, contigue, si trovano 1 km a nord del centro. La SS96 collega Gravina a est con Altamura e a ovest con Potenza; belle le strade provinciali che collegano con Ruvo e Corato a nord e con Matera a sud.

Altamura

POP. 69.668 / ALT. 467 M

Sontuoso, a tratti monumentale, di certo principesco: gli aggettivi si sprecano per il centro storico di Altamura, attraversato da uno dei corsi più eleganti della regione. E pensare che la storia di questa popolosa cittadina è relativamente recente. Ci volle infatti l'infaticabile Federico II per rifondarla sulle ceneri di un centro preesistente. Ciononostante, occorse ben poco tempo per forgiare l'animo della gente del posto, risoluto come quando, in occasione dell'insurrezione di Masaniello a Napoli, Altamura si autogovernò per un breve periodo. In tempi più recenti (1848), la città fu protagonista, sotto la guida del notaio Domenico Tranaso, di un'insurrezione contro il regno borbonico, auspicando la creazione del futuro Regno d'Italia. Oggi gli altamurani – che si dichiarano fieramente pugliesi, nonostante la vicinanza con la Basilicata – vanno soprattutto orgogliosi dei loro prodotti gastronomici. La lenticchia è un prodotto d'eccellenza del territorio, già riconosciuto con marchio IGP nel 2017. E poi c'è il pane locale, sfornato a ritmo incessante dai tanti panifici storici del centro.

Che cosa vedere

Corso Federico II STRADA

La città la si esplora passeggiando lungo il suo corso, dedicato al fondatore e costantemente affollato di gente e rumori. Partendo dall'estremità nord si incontra la secentesca **Porta Bari**, al cui interno sono collocate le statue dei santi protettori della città, Irene e Giuseppe. Superato l'arco si trova **Palazzo De Angelis-Viti** (non visitabile), il più antico ed elegante dei palazzi nobiliari di Altamura, tuttora abitato dagli eredi. Poco oltre, al civico 26, una targa commemora i patrioti che cospirarono per l'Unità d'Italia nell'allora Farmacia Guerrieri. Ancora qualche passo e noterete due chiesette disposte ad angolo. Una è **San Nicola dei Greci**, costruita durante il regno di Federico II ma rifatta nel XVI secolo, con facciata a capanna e rosone centrale, dove originariamente si celebravano funzioni in rito greco; tra le vivaci raffigurazioni del portale si nota (a sinistra) il peccatore bollito in una gran pentola circondata da diavoli sogghignanti. L'altra, la **Cappella di San Biagio**, appare come una quinta scenografica sulla strada, anche in virtù del rossastro affresco di san Cristoforo che regge sulla spalla Gesù, alto più di 5 m. Giunti nella centralissima Piazza Duomo, a fianco della cattedrale si nota il **Palazzo Vescovile** del XVI secolo, già sede dal 1748 al 1811 dell'Università degli Studi di Altamura, quarta del Regno Borbonico dopo Napoli, Palermo e Salerno (c'è una targa a ricordarlo). Il corso termina più a sud presso Via Matera, dove un tempo sorgeva l'omonima porta, poi distrutta dall'esercito borbonico e sanfedista nel 1799 per riconquistare la città ribelle. Attenzione: la piazza dove vi troverete, chiamata 'della Resistenza', non è a ricordo della seconda guerra mondiale, ma commemora gli altamurani caduti sul campo per difendere la città dagli eserciti nemici.

Cattedrale di Santa Maria Assunta LUOGO DI CULTO

(080 311 70 32; Piazza Duomo; 8-12 e 16-20) Il centro storico ruota attorno alla cattedrale, che nonostante l'aspetto compatto è un mosaico di epoche diverse. Fu Federico II a volerla nel 1232, all'interno di un più vasto progetto di popolamento della neonata città. Caso unico in Puglia, la chiesa fu consacrata come cappella palatina, con il sovrano che si arrogò il diritto di nomina del vescovo. La situazione cambiò solo con i Patti Lateranensi del 1929, quando l'edificio finì sotto l'egida papale. Già nel 1316, un terremoto costrinse gli Angioini a ricostruirla, aprendo il portale laterale sulla piazza (detto 'delle Spezie', dal locale mercato). Nel Cinquecento l'assetto fu invertito, la facciata con tetto a spiovente fu trasformata in abside e comparve un secondo campanile (le cuspidi, però, risalgono al 1729). La facciata attuale, sul lato est, sfoggia un rosone del Trecento e un portale gotico fitto di sculture, con scene della vita di Cristo e un'ultima cena sull'architrave della lunetta (i leoni stilofori, però, sono del Cinquecento). Sorprendente è il contrasto con l'interno, tutto stucchi, ori e marmi policromi ottocenteschi. Nella prima cappella della navata sinistra spicca il **Presepe** dello scultore napoletano Altobello Persio (1507-93), che per costruirlo staccò un pezzo di grotta dalla zona del Pulo (ecco spiegati lumache, gechi e altri animali insoliti): osservate con quali dettagli, come la pantera che afferra una pecora per il collo, l'artista restituisce la simbiosi tra mondo umano e animale. Nell'abside, notate il **coro** ligneo di 64 stalli, intarsiati e montati interamente a incastro.

Mudima Museo Diocesano MUSEO

(348 151 87 63; museodiocesano.org; Arco Duomo 1; 10-13 e 15-18 mar-dom) In questo museo, si ammira la cattedrale da una prospettiva rialzata e decisamente originale, ovvero dai suoi matronei, i loggiati sovrastanti le navate. Qui troverete esposti manufatti di arte sacra dal XV al XIX secolo e si organizzano anche **visite guidate al campanile** (€2), con prenotazione obbligatoria.

TRA CLAUSTRI E STRICTULE

Non sono peculiari di Altamura, ma di tutte le città pugliesi di origine medievale. Altamura, però, ne è ricchissima. Parliamo delle *strictule*, passaggi strettissimi tra vie parallele, e soprattutto dei *claustri*, stretti vicoletti chiusi (se di tipo arabo) che sfociano in un cortiletto un po' più ampio (se di tipo greco). In alcuni casi vi si allesticono altarini votivi che li trasformano in luoghi di preghiera; in altri diventano piccoli, graziosi giardini condominiali. In tempo di pace i *claustri* erano veri e propri asili, dove le anziane insegnavano alle bambine a sferruzzare e a fare la pasta, mentre i maschietti scorrazzavano qua e là intenti a intrecciare i loro futuri legami di *comparizia*. In tempo di guerra, invece, diventavano trappole per i nemici, che li scambiavano per strade e ci restavano imbottigliati. Una volta chiusi i *sottani* (gli ambienti al pianterreno), infatti, gli abitanti si precipitavano nei *soprani* (gli ambienti al primo piano) e da lì lanciavano sugli assedianti frecce, stoviglie e oggetti contundenti. Tra i claustri più suggestivi segnaliamo il **Claustro Tricarico** in Via Santa Lucia, dove ci sono i resti di un'antica macina, e il **Claustro della Giudecca**, sito in una zona in cui viveva la comunità giudaica; quest'ultimo, costituito da una piazzetta con tre vicoli ciechi laterali, a guardarlo dall'alto ricorda la *menorah*, il tradizionale candelabro ebraico.

Museo del Pane Forte MUSEO

(☎080 914 01 18; www.museodelpaneforte.it; Via Onorato Candiota 2; ⏲16-20 gio-ven con prenotazione obbligatoria, 10-13 sab e dom) FREE Da più di 60 anni, il signor Vito Forte ha a che fare con il pane più famoso d'Italia. Recentemente, ha deciso di raccontare la storia di questo prodotto, che si fonde indissolubilmente con quella dell'azienda di famiglia.

Pulo di Altamura PULO

(6 km a nord-est della città, lungo la SP157) FREE La depressione carsica più imponente delle Murge si trova a pochi minuti d'auto dal centro di Altamura. Qui il terreno si apre all'improvviso in una profonda voragine, frutto dell'incessante e millenaria azione dell'acqua sulle rocce calcaree della zona. Il pulo ha un diametro di circa 500 m e una profondità massima di 75, e merita sicuramente di essere visto da vicino. Per chi vuole approfondirne le origini, c'è il Centro Visite Lamalunga (v. lettura p117).

Attività

Circa 1300 ettari di pini, faggi, querce: se il resto delle Murge vi è sembrato avaro di alberi, questo è il luogo giusto per fare una passeggiata all'ombra di frasche smosse dal vento, in compagnia dei tanti odori del bosco. Camminando lungo i sentieri che attraversano la **Foresta Mercadante** (☎080 76 43 33; SS98, Km 35; comune.cassanodellemurge.ba.it per dettagli e mappa), i più fortunati potrebbero anche avvistare faine e volpi.

Pernottamento

★ **Casa Farella** B&B €€

(☎339 419 62 40; www.casafarella.it; Via Crocifisso 78; bilocali da €65; ❄📶) Gli amanti del vintage impazziranno per questo B&B con vista cattedrale, dove sembra di essere sul set di *Happy Days*. Roberto, il poliedrico gestore, ha parecchie conoscenze in città ed è innamorato pazzo della sua terra: due ottimi motivi per chiedergli qualche suggerimento.

Il Claustro ALBERGO DIFFUSO €€

(☎080 311 36 02, 333 330 57 64; ilclaustro.it; Claustro Michele Chierico 3; singola/doppia/tripla/suite da €40/60/90/120; ❄📶) Rende omaggio alle caratteristiche piazzette chiuse di Altamura (v. lettura p115), e lo fa nel migliore dei modi. Tra una torta in casa preparata dalla solare Vittoria e le camere con letti in ferro battuto, con questo piccolo albergo diffuso andrete sul sicuro.

★ **Agriturismo Asfodelo** AGRITURISMO €€

(☎349 118 03 47; www.agriturismoasfodelo.it; Strada Provinciale 157, a 2 km da Altamura; doppie uso singola/doppie da €60/80; ❄📶) Se andate a vedere il Pulo di Altamura, sappiate che a pochi passi c'è una gradita sorpresa. Stiamo parlando di questo agriturismo piccolo e verace, tutto in pietra e con camere dal gusto rustico, disseminate nello jazzo antistante la struttura. Nel **ristorante** (pasti €40) lo chef Angelo saprà come prendervi, a noi ci ha conquistato con un cannolo di pane di Altamura con crema di ricotta.

Pasti

Caffè Ronchi Striccoli CAFFÈ, LIQUORI €
(080 311 70 01; Corso Federico II 87; 8-14 e 16-22 mar-dom) Non c'è altamurano che non ne abbia una buona scorta a casa. Stiamo parlando dell'elisir di Padre Peppe: bevetene un bicchiere nel bar dove fu inventato e assaporate il gusto combinato di noci, spezie ed erbe delle Murge. Scommettiamo che uscirete con una **bottiglia** (€13/17 da 500/750 ml) sotto braccio?

Pein Assutt OSTERIA €
(080 311 83 13; Corso Umberto I 56/58; pasti €15; pranzo e cena lun-sab) Dimenticate i convenevoli e abbracciate la convivialità in questa antica osteria dai prezzi super popolari. Tra i piatti, menzione speciale per i tagliolini cicerchia, un legume delle Murge ad alto contenuto proteico e dal sapore delizioso.

Origini Vino & Cucina RISTORANTE €€
(080 645 79 28; Via IV Novembre 30; pasti €35; 13-16 e 20-24 mar-sab, dom solo a pranzo) In un ambiente ricercato (bella l'idea dei libri riposti sopra la cucina a vista) si mangiano piatti della tradizione impreziositi dall'estro dello chef Marco. Si trova un po' fuori dal centro, ma merita la deviazione.

IL PANE DI ALTAMURA

La forma più grande (da 5 kg) si chiama 'u squanet' e il segreto della sua leggendaria fragranza pare risieda nella mollica. Per provare il pane locale recatevi innanzitutto al panificio più antico, il **Forno Santa Chiara** (329 152 41 77; Via Martucci 10; 8-22 lun-sab, 10-13.30 dom), in piedi dal 1423. Qui potrete assistere alla preparazione delle pagnotte, poi messe a cuocere in un forno in asse con la cattedrale e peculiare, nelle forme, a Castel del Monte. Poi c'è il **Panificio Santa Caterina** (320 056 59 04; Via Ambrogio del Giudice 4; 7-13.30 e 17-22.30 lun-sab, 17-22.30 dom) del 1724; scostate la tendina, scendete due gradini e guardatevi attorno, per ammirarne le meraviglie: il forno, le pale, la legna da ardere accatastata su un lato, le mensole su cui sono adagiate le pagnotte. E ancora il **Panificio Fratelli di Gesù** (080 314 12 13; www.digesu.it; Via Pimentel 17; 6.30-14 e 16-21.30 lun-sab), dove si usa solo legna di quercia dei boschi locali, e infine il **Pane di Nunzio** (080 311 58 52; www.ilpanedinunzio.com; Via Torino 36; 7.30-13.30 e 16.15-18 lun-sab), che fa anche ottime focacce.

Informazioni

Tra le tante associazioni turistiche di Altamura, la più utile è **Alturismo** (345 691 39 44; www.turismoaltamura.it; Via Falconi 27, a 50 m dalla Cattedrale; 9-13 e 14-18 giu-ott), sia per le informazioni sia per le visite guidate. C'è anche la **Pro Loco** (080 314 39 30, 342 139 72 01; prolocoaltamura.it; Piazza Repubblica 11; 9-13 e 17-20 lun-sab)

Per/da Altamura

Altamura, come Gravina, si trova all'incrocio delle linee Spinazzola–Gioia del Colle di **Trenitalia** (www.trenitalia.com) e Bari–Matera/Potenza di **Ferrovie Appulo Lucane** (800 5500; ferrovieappulolucane.it). Per Bari convengono queste ultime (€3,30, circa 1 h, autobus sostitutivi nei festivi), così come per Matera (€1,80, 30 min). Le stazioni, contigue, si trovano 1 km a sud del centro lungo Viale Regina Margherita. In auto, la città è collegata dalla SS96 a Bari (nord) e Gravina (ovest), dalla SS99 a Matera (sud) e dalla SP235 a Gioia del Colle (est).

Gioia del Colle

POP. 26.690 / ALT. 360 M

Sul nome di questa tranquilla cittadina circolano varie ipotesi e alcune leggende. Una narra di una dama che perse in viaggio i suoi gioielli più preziosi, tra cui una magnifica collana; ritrovato il monile nei pressi dell'abitato, decise di ribattezzare il luogo 'Gioia del Colle'. Chi arriva da queste parti non può mancare la visita al **Castello Normanno Svevo** (080 349 17 80; Piazza Martiri del 1799 1; 8.30-19.30; intero €4), edificato in epoca bizantina e poi sistemato definitivamente, manco a dirlo, da Federico II. Delle quattro torri angolari due sono originarie; l'edificio ha visto poi numerosi restauri che, seppur in maniera a volte disordinata, hanno mantenuto intatto lo spirito di un tempo. Alcune sale ospitano il **Museo Archeologico Nazionale** (stessi orari), che raccoglie numerosi reperti dall'Età del Bronzo all'epoca romana, dislocati in ordine tematico. Oltre ad alcuni vasi di squisita fattura, spiccano armi in bronzo del V e IV secolo a.C., conservate in modo così sorprendente che sembra di poterle brandire.

A nemmeno 10 minuti d'auto dal centro si trova invece il **Parco Archeologico di Monte Sannace** (080 348 30 52; SP61 Gioia del Colle–

GIOIELLI PREISTORICI

Se il centro di Altamura non può certo competere quanto a storia con la vicina Gravina, negli immediati dintorni della città il discorso si ribalta. Sulla SP235, verso Santeramo, si trova uno dei siti paleontologici più ricchi al mondo, dove nel 1999 sono state scoperte oltre 40.000 **orme di dinosauri**. Dopo anni di colpevole abbandono, il sito è ora visitabile tramite visite guidate gratuite organizzate dalla rete museale **Uomo di Altamura** (☎080 314 64 09; www.uomodialtamura.it; consultate la pagina Facebook per il calendario delle visite). La stessa rete si occupa della valorizzazione dell'altra grande star, ovvero l'**uomo di Altamura**. Ribattezzato Ciccillo dalla gente del posto, si tratta del primo e finora unico scheletro di Uomo di Neanderthal, rinvenuto più di 25 anni fa presso il canalone di Lamalunga. Per saperne di più andate al **Centro Visite** (☎371 581 44 71; Masseria Ragone, 5 km a nord di Altamura sulla SP157 per Quasano e il Pulo di Altamura; interi/ridotti €4/2; ⏲10-27 mar-dom), che approfondisce anche gli aspetti geonaturalistici del territorio murgiano, o al **Museo Archeologico** (stessi riferimenti telefonici e web del Centro Visite; Via Santeramo 88, 300 m a est del centro storico; ⏲9-13.30 lun, mer, ven e sab e ultime due dom del mese, 8.30-18.30 mar e gio) FREE. Per completare il quadro c'è il **Museo dell'Uomo di Altamura** (☎340 264 51 47; Via Fratelli Baldassarre; interi/ridotti €4/2; ⏲10-13 e 16-21 mar-dom), che ripercorre la storia del ritrovamento dello scheletro. Se state pensando di visitare più siti (compresi quelli al di fuori della rete museale qui citata), valutate il **biglietto integrato** (interi con visita a 2/3 siti €7/9, ridotti con visita a 2/3 siti €3/4) con visita guidata inclusa. In omaggio riceverete una pagnotta del pane di Altamura, da ritirare in un forno convenzionato.

Turi Km 4,5; ⏲8.30-15 mer-dom, ultimo ingresso alle 14). Secondo gli studiosi una parte delle rovine sarebbero riconducibili alla città peuceta di Thuriae, già citata da Livio. Il percorso naturalistico regala belle vedute sulla campagna murgiana.

Pernottamento e pasti

Non andate via senza aver assaggiato le eccellenze del territorio: la strepitosa mozzarella fior di latte e l'intrigante vino Primitivo.

Jsuite B&B €€
(☎348 388 09 43; mandorlaamara.wixsite.com/info; Strada Comunale Piscina Mandorla Amara 997; doppie €70; ❄📶) Bastano 10 minuti di auto dal centro per immergersi nella campagna e godersi i vigneti e uliveti di cui questa graziosa struttura è circondata. C'è anche una piccola piscina per i momenti di relax e la colazione è preparata ogni mattina da Domenico. Scommettiamo che vi è già venuta voglia di partire?

Masseria Ciavea MASSERIA €€
(☎338 444 89 00; www.masseriaciavea.it; Via Provinciale per Putignano 4064; doppie €80; ❄📶) Questa masseria in pietra bianchissima suscita subito una meravigliosa sensazione di pace e ristoro, poi confermata dagli interni, con soffitti a volta del Seicento e letti in ferro battuto. L'azienda agricola coltiva mandorli, ulivi, ciliegie.

Osteria del Borgo Antico OSTERIA €€
(☎080 343 08 37, www.borgoanticosteria.it; Corso Cavour 89/Vicolo Spada 62; ⏲13-15.30 e 20-23.30 mar-sab, 13-16 dom; pasti €35, menu degustazione €35/60) Lo chef Ottavio Surico è bravo quanto ardito nelle sue creazioni, tanto che i più tradizionalisti potrebbero storcere il naso. Eppure il filetto di capretto con patate e confettura di cipolla di Acquaviva dovrebbe mettere d'accordo tutti.

Informazioni

Pro Loco (☎080 343 477 2; Via Santa Maria Maddalena 9; ⏲18.30-20.30 lun-sab)

Per/da Gioia del Colle

Si trova più o meno a metà strada tra Bari e Taranto lungo la A14, la SS100 e la linea ferroviaria. Alla stazione, 1 km a sud-est del centro, fermano frequenti treni regionali di **Trenitalia** (www.trenitalia.com; €4,50, 40 min per Bari, €5,30 35 min per Taranto); altri treni o autobus sostitutivi vanno verso ovest ad Altamura (€2,60, circa 40 min) proseguendo per Gravina e Spinazzola. Ad Altamura è collegata anche da alcuni autobus **STP** (www.stpspa.it; €2,80, 50 min).

Foggia, i Monti Dauni, il Gargano e le Tremiti

Include ➡

Il meglio – Ristoranti

- L'Ambasciata Orsarese (p126)
- 'U Vulesce Vino e Cucina (p130)
- Peppe Zullo (p148)
- Ballarò (p152)
- Casa Li Jalantuùmene (p166)
- Il Capriccio (p177)
- Al Trabucco da Mimì (p182)
- Porta di Basso (p183)
- Da Enrichetta (p196)

Il meglio – Hotel

- Residenza Doria (p125)
- Camera a Sud (p150)
- Le Foglie d'Acanto (p138)
- Barone Gambadoro (p165)
- Il Barone del Mare (p181)
- Gli Orti di Malva (p181)

Perché andare

Capita raramente di incontrare in un solo territorio una tale varietà di siti storici e naturalistici, di tradizioni enogastronomiche e folkloristiche come nella provincia foggiana. Peraltro, fatta eccezione per la turistica costa del Gargano, questa parte di Puglia custodisce tesori ancora in buona parte da scoprire, che faranno la felicità del viaggiatore curioso.

Cominciate per gradi dai Monti Dauni e fatevi avvolgere dai silenzi di panorami immensi: qui si sperimenta una inedita Puglia di montagna, lontanissima dalle sirene della modernità. Attraversate poi il Tavoliere e la sua scabra ma poetica piattezza e inoltratevi nella Foresta Umbra, all'ombra di faggi secolari dalle dimensioni colossali. Fatevi soggiogare dal misticismo intenso della 'Montagna sacra' e dalla drammatica bellezza del promontorio, cornice aspra e rocciosa di un mare di cristallo e smeraldo che si insinua tra decine di grotte e scorre sotto gli intrecci di travi e funi sospese dei trabucchi. Ammirate con i vostri occhi la tavolozza dei colori che cambia con le stagioni, ma su cui dominano accostamenti giocati sui toni del blu, del verde delle pinete e del bianco delle falesie. Infine tuffatevi nel paradiso blu delle Tremiti, dove non faticherete un attimo a comprendere la radice dell'ispirazione di un gigante della musica italiana come Lucio Dalla.

Quando andare

La primavera è la stagione perfetta per i trekking nel Gargano alla ricerca delle orchidee selvatiche e dei lidi ancora deserti; l'estate è il periodo delle spiagge affollate, degli sport acquatici e delle feste patronali, ma anche delle fresche camminate tra i boschi del Subappennino e del Gargano; l'autunno si presta a itinerari nei Monti Dauni alla ricerca dei colori e sapori intensi di una natura ancora intatta. In inverno le belle giornate regalano panorami cristallini, ma mettete in conto la chiusura stagionale delle strutture turistiche.

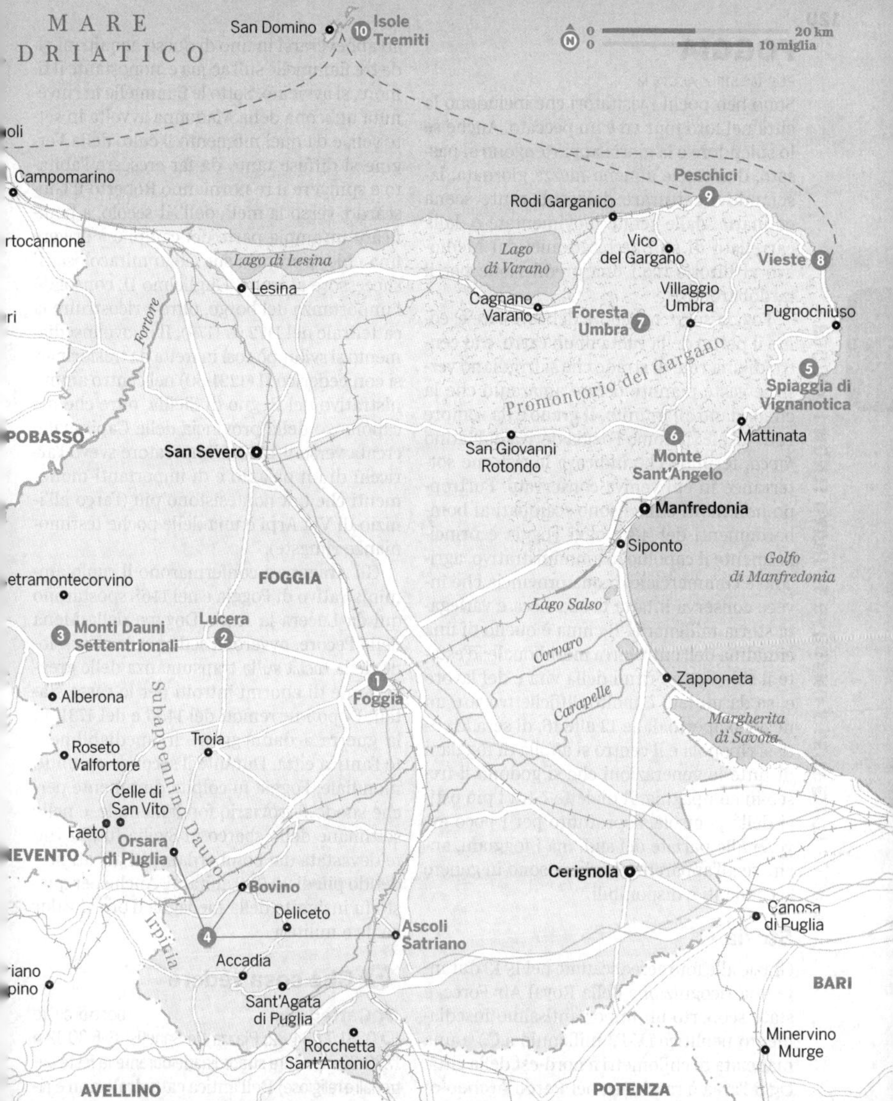

Il meglio di Foggia, Monti Dauni, Gargano e Tremiti

1. Food tour a **Foggia** (p125).
2. I monumenti e l'incredibile storia di **Lucera** (p134).
3. Natura selvaggia e avventure sui **Monti Dauni settentrionali** (p140).
4. I sapori della Daunia a **Orsara di Puglia** (p146) e **Bovino** (p149), i capolavori dell'archeologia ad **Ascoli Satriano** (p155).
5. Trekking da Mattinata alla **Spiaggia di Vignanotica** (p174).
6. Esperienze dello spirito a **Monte Sant'Angelo** (p161).
7. A piedi, in bici o a cavallo, non rinunciate a un'escursione nella **Foresta Umbra** (p164).
8. Liberate le energie a **Vieste** (p171) in mare, a cavallo o su un caicco.
9. Concludete la giornata di mare a **Peschici** (p178) con una cena in un trabucco.
10. Sperimentate 'l'effetto **Isole Tremiti**' (p190) visitando le perle dell'Adriatico.

FOGGIA

POP. 146.515 / ALT. 76 M

Sono ben pochi i visitatori che includono la città nel loro tour ed è un peccato. Anche se lo splendore e la gloria appartengono al passato, dedicatele almeno mezza giornata, lasciandovi catturare dall'esuberante scena culinaria, dalle serate movimentate e dalla carrellata di stili architettonici dal Medioevo al littorio (con una predilezione per il tardobarocco).

Foggia sorge nel cuore del Tavoliere e, come il perno della ruota di un carro, è al centro di una rete di strade che si irradiano verso le vaste pianure ocra e amaranto che la circondano all'infinito. Il grano è da sempre l'oro locale: il nome Foggia deriva dal latino *fovea*, termine che indicava le cisterne sotterranee in cui veniva conservato. Purtroppo non molti edifici sono scampati ai bombardamenti del '43 e oggi Foggia è principalmente il capoluogo amministrativo, agricolo e commerciale di una provincia che invece conserva intatta la sua ricca e variegata storia millenaria. Il clima è quello di una cittadina dell'entroterra meridionale: d'estate il sole detta i ritmi della vita e del lavoro e, se da un lato è molto difficile trovare un negozio aperto dalle 12 alle 16, di sera la città si ripopola e il centro si affolla di foggiani di tutte le generazioni che si godono il fresco in compagnia. Il dialetto è tra i più ostici della penisola, soprattutto per i poco avvezzi alle parlate del sud, ma i foggiani, anche se all'apparenza burberi, sono in genere accoglienti e disponibili.

Storia

Grazie alle foto aeree scattate nel 1943 durante una ricognizione della Royal Air Force, è stato scoperto un importantissimo insediamento neolitico (V-IV millennio a.C.) a una manciata di chilometri a nord-est della città. Oggi l'area è racchiusa nel **Parco Archeologico Passo di Corvo** (non visitabile al momento delle ricerche per la guida), dove il popolo dauno, di cultura illirica, ha lasciato molte tracce della sua fiorente civiltà. Prima della distruzione saracena verso l'anno Mille, a pochi chilometri dall'odierna Foggia nell'antichità sorgeva inoltre Arpi, il centro più importante e prospero della Daunia. Le zone limitrofe, poco abitate e in molti casi paludose, erano attraversate perlopiù da pastori locali e abruzzesi per la transumanza delle greggi. Secondo la leggenda nel 1062 (o 1073) un gruppo di pastori che aveva condotto i buoi ad abbeverarsi in uno di questi acquitrini vide tre fiammelle sull'acqua e, nonostante il timore, si avvicinò. Sotto le fiammelle fu rinvenuta un'icona della Madonna avvolta in sette veli, e da quel momento il culto della Vergine si diffuse tanto da far crescere l'abitato e spingere il re normanno Roberto il Guiscardo, verso la metà dell'XI secolo, a bonificare un'ampia parte dei campi e a erigere una chiesa proprio sul luogo miracoloso. Il successore al trono, Guglielmo II, consolidò l'importanza del borgo, oltre a ricostruire la cattedrale nel 1172 (o 1179). Il nuovo insediamento si sviluppò così in fretta da trasformarsi con Federico II (1221-50) nel centro amministrativo del Regno di Sicilia, oltre che nel capoluogo della provincia della Capitanata, creata verso il 1230. L'imperatore svevo l'arricchì di un palazzo e di importanti monumenti che ora non esistono più (l'arco all'inizio di Via Arpi è una delle poche testimonianze rimaste).

Gli Aragonesi confermarono il ruolo amministrativo di Foggia e nel 1468 spostarono qui da Lucera la Regia Dogana della Mena delle Pecore, ovvero la sede per la riscossione della tassa sulla transumanza delle greggi, fonte di enormi introiti per le casse statali. Dopo i terremoti del 1456 e del 1731, fu la guerra a danneggiare irrimediabilmente l'antica città. Durante il secondo conflitto mondiale, Foggia fu colpita duramente perché snodo ferroviario fondamentale, e nelle settimane dello sbarco in Sicilia fu più volte devastata dai bombardamenti alleati perdendo più di 20.000 abitanti. Anche per questo fu insignita della medaglia d'oro al valor civile e militare.

Che cosa vedere

★ Cattedrale LUOGO DI CULTO

(☎0881 77 34 82; Piazza De Sanctis; ⏲8.30-12 e 17.30-20; aperture straordinarie durante le feste patronali e religiose) Dell'antica cattedrale non è rimasto granché dopo il devastante terremoto del 1731, ma l'originario stile romanico riaffiora nei cinque archi ciechi della parte inferiore della facciata, mentre in quella superiore il rosone è stato sostituito da un finestrone barocco. Divide i due registri uno splendido **cornicione** duecentesco, forse scolpito da Bartolomeo da Foggia – uno dei più abili architetti e scultori al servizio di Federico II – con figure animali e mostruose, e con le enigmatiche rappresentazioni di un giovane e un vecchio barbuto assaliti da serpenti e rettili alati. Nel fastoso interno, ricostruito nel Settecento e di aspetto rococò, l'immagine sacra più venerata è quella della **Madonna dei sette veli** (la cosiddetta Iconavetere). La Vergine con il Bambino in grembo, riccamente abbigliata e protetta da una riza tardoseicentesca d'argento massiccio, è esposta nella maestosa cappella a destra del presbiterio. L'altare maggiore è un bell'esempio di barocco pugliese: la struttura in marmi policromi è arricchita da due grandi angeli marmorei realizzati da Giuseppe Sanmartino (1767). Sotto la navata centrale si ammirano le colonne in breccia corallina della **cripta** medievale che sorreggono le volte a crociera e sono sormontate da quattro raffinati capitelli duecenteschi.

Piazza del Lago PIAZZA

A pochi passi dalla cattedrale si apre Piazza del Lago, quasi un'enclave nella zona pedonale delimitata da bar e pub, il cui nome rimanda allo stagno in cui i pastori avrebbero rinvenuto l'Iconavetere. La fontana al centro, progettata dall'architetto romano Pietro Lombardi e inaugurata nel 1928, è detta 'delle tre fiammelle' e porta incise le parole 'Super Aquas Flammae' (le 'fiamme sopra l'acqua'), che ricordano l'episodio leggendario e sono diventate il simbolo della città.

Piazza XX Settembre PIAZZA

è una delle piazze più scenografiche della città, soprattutto nelle giornate molto assolate. Il bianco della **Chiesa di San Francesco Saverio** (☎340 520 25 06; Piazza XX Settembre 1; ⏲7.30-12.30 e 16.30-21.30), con il suo pronao neoclassico e il frontone triangolare, fa da contraltare alle geometrie più complesse e pesanti dei palazzi settecenteschi e, in particolare, all'imponente **Nuovo Palazzo della Dogana**, costruito fra il 1734 e il 1762. L'edificio, oltre a essere stato un importante centro amministrativo, è oggi sede della Provincia, dell'Archivio di Stato e, al pianterreno, della **Galleria Provinciale d'Arte Moderna e Contemporanea** (☎0881 79 12 09; Piazza XX Settembre 20; www.galleria.reciproca.it; interi/ridotti €4/2; ⏲orario variabile), a cui si accede attraversando un ampio cortile animato da sculture monumentali. La visita delle 11 sale della collezione permanente è un'occasione per conoscere le opere degli artisti dauni dell'Otto e Novecento, abili ritrattisti e paesaggisti, e le moderne visioni di Alfredo Bortoluzzi, esponente di spicco del Bauhaus tedesco che visse buona parte della sua esistenza a Peschici.

Piazza Nigri PIAZZA

Vi si accede tramite i **Tre Archi** (i foggiani chiamano così l'inizio di Via Arpi dal lato del conservatorio), detti anche Porta Arpana o Porta Grande, o anche Porta Reale, perché al tempo di Federico II di Svevia segnavano l'ingresso alla città. Sulla sinistra affaccia il **Palazzo Arpi** (sede del Museo Civico), che con un po' di malinconia conserva, murato in una delle sue pareti, l'**Arco di Federico II**, scolpito da Bartolomeo da Foggia, nel quale si può ancora leggere l'iscrizione del 1223: 'Hoc fieri iussit Federicus Cesar ut urbs sit Fogia regalis sede inclita imperialis', 'Questo (il palazzo) comandò Federico Cesare che fosse fatto affinché la città di Foggia divenisse reale e gloriosa sede imperiale'. Un altro portale medievale, proveniente dal Palazzo della Pianara (secondo alcuni storici sede della gendarmeria di Federico II, demolito dopo la seconda guerra mondiale), è murato nella parete laterale del **Conservatorio di Musica Umberto Giordano** (☎0881 72 36 68; www.conservatoriofoggia.it; Piazza Nigri 13), sede di festival, concerti ed esercitazioni pubbliche.

★Museo Civico MUSEO

(☎0881 81 40 42; Piazza Nigri 1; interi/ridotti €5/gratuito; ⏲9-13 mar-dom, anche 16-19 mar e gio) Nelle sale di Palazzo Arpi, è uno dei musei più rappresentativi dell'identità storica e culturale di Foggia e del suo territorio. I tablet a disposizione dei visitatori e gli allestimenti multimediali animati da personaggi virtuali permettono di rivivere la storia come in un racconto dal vivo. Si inizia dalla **Sezione Archeologica**, dove i reperti ritrovati nelle antiche città di Arpi e Herdonia – tra cui spiccano le tipiche ceramiche locali a decorazione geometrica, le stele di pietra daunie e le ceramiche a figure rosse d'ispirazione ellenica, oltre a mosaici e decorazioni parietali di epoca romana – ricostruiscono frammenti di vita di antichi popoli e civiltà del Tavoliere. Nella **Domus del Mosaico dei Leoni e delle Pantere** di Arpi (fine IV-III secolo a.C.), le eloquenti parole dell'arpano Dazos e della sua famiglia vi condurranno all'interno di una dimora romana, mentre nella **Pinacoteca** saranno l'*Autoritratto* parlante di Francesco Saverio Altamura (1822-97), pittore foggiano e fervente patriota risorgimentale, e due altre sue opere, *La morte di un crociato* e il *Ritratto della modella Elvira Biasello* (in posa languida con i capelli spettinati), a spiegarvi i temi dominanti della sua pittura: la patria, la campagna foggiana e le donne. Dopo aver dato uno sguardo, nell'ul-

Foggia

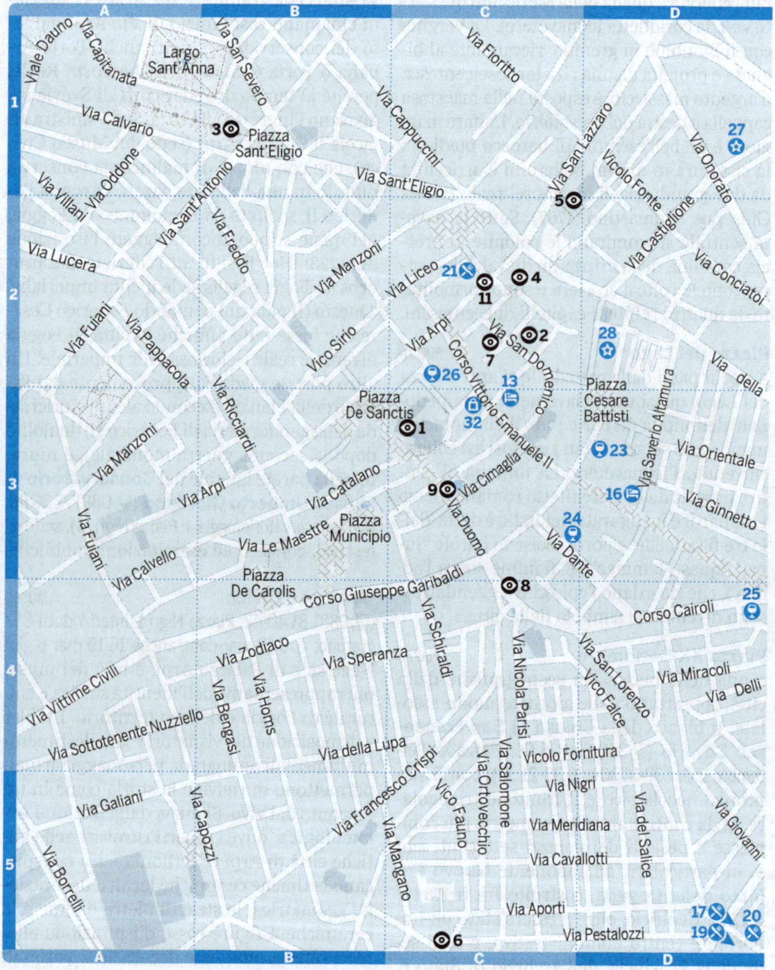

tima sala, al tenero *Ritratto di bambina* di Domenico Caldara (1814-97), scoprite le tradizioni popolari nella **Sezione Etnografica**, dove manufatti, abiti, telai e strumenti da lavoro rimandano alla cultura contadina e pastorale del XIX secolo nel Tavoliere e sul Gargano, a ritmi di vita lenti e faticosi scanditi dalle stagioni.

★ **Chiesa di Santa Maria della Misericordia (o 'dei Morti')** LUOGO DI CULTO (Piazza Purgatorio; ☎320 372 45 78; fpalese22@gmail.com; ⏲visite su prenotazione) Eretta a metà del Seicento in suffragio delle anime del purgatorio per volere della Congregazione dei Bianchi e dei Morti, che portava conforto spirituale ai condannati a morte e dava loro sepoltura, nonostante l'aspetto austero e macabro cela all'interno un vero tesoro: 14 tele a tema sacro del XVII secolo, marmi policromi, ori e statue raffinate, opera dell'artista barocco Lorenzo Vaccaro, raffiguranti l'arcangelo Michele e l'angelo custode. Il soffitto ligneo a cassettoni dorati e intarsiati con motivi floreali e fregi a forma di teschio è uno spettacolo ricchissimo. Sul pavimento vedrete una sorta di botola quadrata, attraverso cui i membri della congregazione facevano passare i corpi dei defunti. Potrete anche scendere nei vasti ambienti sotterranei che faceva-

no parte del palazzo di Federico II e ammirare le imponenti volte a crociera e i pilastri. Gli scavi sono fermi, ma si ipotizza che potrebbero sfociare negli ipogei di Via San Domenico dall'altro lato della strada (v. lettura p124).

Foggia

Da non perdere

1 Cattedrale C3
2 Chiesa di Santa Maria della Misericordia (o 'dei Morti') C2
3 Complesso del Calvario B1
4 Museo Civico C2

Che cosa vedere

5 Basilica di San Giovanni Battista C2
6 Civica Pinacoteca Il 9cento C5
7 Ipogei Urbani C2
8 Piazza XX Settembre C4
9 Piazza del Lago C3
10 Piazza Giordano E4
11 Piazza Nigri C2
12 Villa Comunale F4

Pernottamento

13 Albergo del Cacciatore C3
14 L'Etoile F5
15 La Civetta E4
16 Residenza Doria D3

Pasti

17 Chiosco Sherwood .... fuori cartina D5
18 Friggitoria In Centro E3
19 L'Ambasciata Orsarese .... fuori cartina D5
20 Piccola Osteria Km Zero D5
21 Pizzeria Da Brigida C2
22 Terra Arsa .... fuori cartina F5

Locali e vita notturna

23 Al Gastrò D3
24 Amarillo34 .... C3
25 Cairoli Bakery D4
26 Enoteca Uvarara C2

Divertimenti

27 Piccolo Teatro Impertinente D1
28 Teatro Umberto Giordano D2

Shopping

29 Gastronomia Jolly E5
30 Libreria Ubik E3
31 Mercato di Via Rosati E5
32 Talienti C3

Basilica di San Giovanni Battista
LUOGO DI CULTO

(Piazza Piano delle Croci; orario variabile) In Piazza Piano delle Croci è possibile ammirare una chiesa tanto semplice all'esterno quanto fastosa all'interno, venerata dai foggiani perché considerata teatro di svariati miracoli compiuti dalla Madonna per debellare epidemie di peste e colera.

★Complesso del Calvario
LUOGO DI CULTO

(Piazza Sant'Eligio; orario variabile) FREE L'unico monumento nazionale di Foggia ha avuto origine da una preghiera. Nel 1693, a seguito di una siccità devastante, i dauni organizzarono una processione penitenziale, alla fine della quale un temporale si abbatté sulla città e i campi circostanti. Intorno alle croci che

FOGGIA UNDERGROUND: GLI IPOGEI URBANI

Foggia può contare su un'intricata e perlopiù inesplorata rete di ipogei, cavità, imponenti resti di fondamenta, archi medievali e (in rari casi) antichi locali, che terremoti e bombardamenti, o le esigenze degli abitanti, hanno riempito di terra e materiali da costruzione.

In Via Arpi e dintorni gli scavi hanno portato alla luce i resti del palazzo imperiale di Federico II e di camminamenti medievali, utilizzati poi come bunker durante la seconda guerra mondiale.

Per le visite contattate la guida autorizzata **Franca Palese** (☎ 320 372 45 78; fpalese22@gmail.com; www.facebook.com/AssociazioneIpogeiFoggia; accessi da Via Arpi 151 e Piazza Purgatorio; ⏲ visite guidate a pagamento su prenotazione).

erano state piantate durante la processione, furono costruiti un recinto e successivamente un monumentale arco di trionfo barocco con iscritti gli strumenti della Crocifissione, oltre a cinque piccole cappelle allineate lungo un viale, decorate dai simboli della Passione: si dice che sotto ciascuna di esse sia sepolta terra proveniente dalla Palestina.

In fondo al viale sorge la **Chiesa delle Croci**, edificata fra il 1693 e il 1742, che custodisce una tela di scuola napoletana raffigurante la *Salita al Calvario* e una reliquia del Santo Legno della Croce di Gesù. La cripta accoglie i resti di soldati della prima guerra mondiale e, si racconta, durante il Risorgimento era la sede delle riunioni segrete dei carbonari.

Piazza Giordano PIAZZA

Al centro di Corso Vittorio Emanuele II, questa piazzetta ospita alcune statue in bronzo dell'illustre compositore a cui è dedicata, Umberto Giordano, e dei personaggi delle sue opere. Le panche di marmo, le aiuole e le bancarelle l'hanno resa una sosta privilegiata durante lo struscio serale.

Villa Comunale GIARDINO PUBBLICO

(Piazza Cavour 1) Progettata da Luigi Oberty nel 1820, è il parco pubblico cittadino. Vi si accede tramite un pronao monumentale d'ingresso a 28 colonne doriche che prospetta su **Piazza Cavour**, al centro della quale si staglia la **Fontana del Sele**, costruita nel 1924 per l'inaugurazione dell'Acquedotto Pugliese (a questo è intitolato il palazzo liberty di fronte, del 1926, con due cupolette ottagonali agli angoli). La Villa Comunale racchiude lo spiazzo rialzato per l'orchestra, una grande fontana e una grotta artificiale che precede un boschetto. Anche la villa ha subito i bombardamenti della seconda guerra mondiale ed è stata rimodernata. All'ingresso ci sono i busti di alcuni cittadini illustri: dallo scienziato Giuseppe Rosati al pittore Francesco Saverio Altamura, dal giurista Francesco Ricciardi a Francesco Rotundi, progettista della favolosa nave *Amerigo Vespucci*.

Civica Pinacoteca Il 9cento MUSEO

(☎ 0881 79 29 76; Via Marchese De Rosa/Via Ferrante Aporti; ⏲ 9-13 lun-ven) L'ex Mercato Popolare Ferrante Aporti, trasformato nel 2009 in un'originale sede espositiva per gli artisti della Capitanata tra Otto e Novecento, ma anche per opere di rilievo nazionale del secondo dopoguerra (tra i nomi più importanti, Renato Guttuso e Remo Brindisi), si è di recente arricchito di uno sgargiante murales di Agostino Iacurci: oltre alla pinacoteca, ospita una community library.

Feste ed eventi

Festa della Madonna dei Sette Veli MARZO

Il 22 marzo Foggia festeggia la sua patrona con la solenne e fastosa processione dell'Iconavetere, portata in trionfo dai fedeli per le vie della città. La cerimonia viene ripetuta a metà agosto per ricordare le apparizioni del XVIII secolo.

Festa di Sant'Anna LUGLIO

Il 26 luglio il quartiere di Borgo Croci si anima per la popolarissima festa dedicata alla protettrice delle partorienti e delle madri di famiglia. L'occasione è ghiotta per assaggiare piatti a base di *ciammaruchèlle* (lumache) e irresistibili pizzelle fritte condite con sugo di pomodoro, aglio e origano.

Vigilia di Natale DICEMBRE

L'aperitivo della vigilia è una tradizione a cui i foggiani difficilmente rinunciano. Ben prima di mettersi a tavola la sera del 24, si sono già rimpinzati di pettole, baccalà fritto e bollicine, hanno stretto mani e abbracciato parenti e amici tornati per pochi giorni a casa.

Pernottamento

Foggia offre pochi alberghi, ma parecchi B&B di buon livello, nei quali in genere non è difficile trovare posto. Per una scelta più ampia bisogna allontanarsi dal centro storico.

★ Residenza Doria
B&B €

(☎ 328 912 65 92; www.residenzadoria.com; Via Saverio Altamura 3; singole/doppie €35/50; ❄ 📶 🐾) Difficile trovare un'accoglienza di così alto livello in un B&B, peraltro attentissimo all'ecologia e dotato di lavanderia interna. Le camere, arredate con gusto, dispongono tutte di bagno privato. La colazione è sontuosa, ma tenete d'occhio l'orologio se non volete trascorrere tutta la mattinata a chiacchierare: la signora Doria e suo marito sono infatti dei padroni di casa impeccabili e preparati su qualsiasi argomento.

Albergo del Cacciatore
HOTEL €/€€

(☎ 0881 36 66 00; www.albergodelcacciatore.it; Vico Arrigotti 4; singole/doppie con prima colazione €50-55/60-70; ❄ 📶) Questo piccolo e sobrio hotel ricavato in una casa-torre dell'Ottocento, in posizione invidiabile in pieno centro, ha camere non enormi ma confortevoli e piacerà particolarmente ai ciclisti per l'ampia proposta di itinerari ciclabili, il deposito biciclette e la ciclofficina per le piccole riparazioni a disposizione degli ospiti.

★ L'Etoile
B&B €€

(☎ 0881 70 75 07, 351 729 49 99; www.bbletoile.it; Via Tugini 36; doppie uso singola/doppie con prima colazione servita in camera €60-90/70-100; ⏱ reception aperta 24 h; ❄ 📶; 🐾 €10 per notte) Ogni camera di questo B&B a due passi dalla zona pedonale e dal mercato di Via Rosati sembra uscita da un romanzo. I grandi bagni con docce o vasche con idromassaggio sono degni di un quattro stelle e la prima colazione viene servita in camera all'ora concordata.

★ La Civetta
B&B €€

(☎ 0881 77 77 17, 351 729 49 99; www.lacivetta.net; Piazza Umberto Giordano 77; singole/doppie a partire da €75/80; ❄ 📶; 🐾 €10 per notte) In questo storico palazzo del Settecento le volte a botte sono altissime e i balconcini delle suite si affacciano sulla rinnovata Piazza Umberto Giordano. Scegliete una delle sei camere di charme ispirate ai più celebri film della storia del cinema (*Casablanca*, *Colazione da Tiffany*, *La mia Africa*...) e sarete in pieno centro città.

Pasti

A chi poteva spettare, se non al grano, il titolo di principe della tavola foggiana? Oltre al pane e alla pizza, c'è la pasta artigianale preparata con la farina di 'grano arso', ricavata cioè dalla tostatura del grano, e guarnita con i prodotti delle campagne: i tipici troccoli e i cicatelli, per esempio, sono conditi con sugo di pomodoro fresco e una spolverata di ricotta dura, e spesso esaltati anche dall'abbinamento con le verdure e le profumate erbe spontanee che abbondano nel Tavoliere. Altri protagonisti sono i torcinelli, retaggio della transumanza, ricavati dall'intestino d'agnello attorcigliato intorno a un ripieno di animelle, prezzemolo e formaggio e abbrustoliti sulla brace, il caciocavallo podolico (una vera istituzione) e la musciska (v. lettura p125) insaporita con peperoncino, aglio e finocchio selvatico.

★ Friggitoria In Centro
STREET FOOD €

(☎ 389 185 36 20; Via Diomede 11; fritti a partire da €1; ⏱ 11.30-14 e 18-23 lun-sab, 18-23 dom) Se esistesse un Regno del Fritto la capitale sarebbe in questo localino a ridosso del centro pedonale. Non perdetevi le crocchette di patate, i panzerotti, le pizze fritte da farcire a piacimento, le pettole, gli scagliozzi (sono triangoli di polenta fritta) e nemmeno le frittatine di pasta. I prezzi sono popolarissimi.

DA PROVARE

STREET FOOD: UNA TENTAZIONE CONTINUA

Come in tutto il Sud Italia, anche a Foggia il cibo di strada è un'istituzione. Fritti, pizze e pizzette, involtini, stuzzichini... L'elenco potrebbe continuare per pagine e includere anche le varianti rionali e le ricette delle nonne. Il centro storico è un misto di profumi e vetrine che potrebbero indurvi a soste continue per assaggiare bontà di cui non avevate nemmeno mai sentito il nome: **pettole** (frittelline di pasta, ripiena oppure no), **scagliozzi** (pezzetti di polenta fritta), **paccanelli** (involtini di pancetta di maiale), **paposcia con i marasciuoli** (una sorta di panfocaccia con erbe selvatiche dal gusto amaro). Per gli amanti dei panini la scelta è vastissima: con la salsiccia, con i pregiati salumi locali, con i **torcinelli** (involtini di interiora di agnello), o ancora con la **musciska**, carne secca di pecora o di capra che un tempo i pastori essiccavano al sole durante la transumanza. Onnipresente il **caciocavallo podolico**, che si scioglie sulla 'fornacella' fino a diventare filante. Interessante anche la proposta di panini di mare, farciti con polpo, gamberi e totani.

Pizzeria Da Brigida PIZZERIA €
(☎ 0881 56 87 03; Via Siberia 9; pizze €3,50-10 ⏲ 19-22, mer, gio e sab anche a pranzo) A detta di molti, è la migliore pizzeria napoletana in città e la cottura nel forno a legna di sicuro esalta i sapori, che sia una semplice marinara o una Nerano alle zucchine fritte e provolone del monaco. Da provare anche la pizza con farina di grano arso e i calzoni ripieni.

Chiosco Sherwood STREET FOOD €
(☎ 349 135 43 71; Piazza Padre Pio angolo Viale Michelangelo; ⏲ 17-2, chiuso sab) Molto frequentato da motociclisti e foggiani veraci, sempre pronti a sedersi ai tavolini di Matteo Tomaiuolo per gustare i suoi famosi panini, gli imperdibili torcinelli o i paccanelli (bocconcini con pancetta e pecorino), arrostiti sulla brace e serviti con il pane che arriva da un forno di Monte Sant'Angelo, oltre che accompagnati con una birra della discreta selezione artigianale del chiosco. Il tutto a prezzi più che accessibili.

★ **Piccola Osteria Km Zero** OSTERIA €€
(☎ 340 052 62 16; Via Ignazio D'Addedda 77; pasti €25-35; ⏲ 12.30-15 mar-dom e 20-24 mar-sab) Localino accogliente e curato dove si degustano prodotti del territorio rielaborati con arte dallo chef: i salumi di Panni e Poggio Imperiale, il pancotto, le fave con la cicoria, i troccoli con le polpette e le orecchiette di grano arso.

★ **L'Ambasciata Orsarese** RISTORANTE €€/€€€
(☎ 0881 74 02 04, 320 251 25 50; Via Tenente Iorio 53; pasti €30-40; ⏲ 12.30-15 e 19-23, chiuso dom a cena) La bucolica Orsara, piccola capitale gastronomica della Daunia, ha un presidio anche in città. Oltre all'onnipresente pane di Orsara, nel menu si alternano carni e verdure dei Monti Dauni e pesce dell'Adriatico. Impossibile suggerire un piatto specifico, dal momento che il menu cambia di continuo in base alla stagione e a ciò che il proprietario trova sul mercato.

★ **Terra Arsa** CUCINA CREATIVA €€/€€€
(☎ 0881 178 55 48, 327 76 94 71; Viale Virgilio 13; pasti €30-40; ⏲ 13-14.30 e 20-22.45 mar-sab, 13-15 dom) Nuovo indirizzo per lo chef Raffaele Murani, ma identica creatività. Propone portate a base di pesce freschissimo del Gargano, abbinato con talento e fantasia a verdure del Tavoliere che coltiva lui stesso. Sublimi il baccalà (crudo, servito con l'arancia o fritto sotto forma di cannolo), i ravioli e le lasagne di pesce e, tra i dessert, la spuma chantilly con la granita. Di livello anche la carta dei vini e la presentazione dei piatti.

Locali e vita notturna

Durante la passeggiata serale lungo Corso Vittorio Emanuele II, potrete accomodarvi in uno dei numerosi bar con dehors di Piazza Duomo e Piazza De Sanctis (vicino alla cattedrale) oppure prendere un aperitivo su Via Oberdan e tra Corso Garibaldi e Corso Cairoli, dove si concentra la vita notturna.

Al Gastrò RISTORANTE, BISTRÒ
(☎ 333 242 2729; Via Oberdan 26; ⏲ 19-1) Il posto ideale per un ricco aperitivo a base di birra o vino locale, accompagnato da tapas o taglieri di salumi e formaggi pugliesi.

Amarillo 34 BIRRERIA
(☎ 340 310 12 20; Via Dante Alighieri 42; ⏲ 18.30-2 lun-sab, 19-1 dom) Un beer shop piccolo ma di tutto rispetto, con una selezione di birre da tutto il mondo, da assaporare seduti ai pochi tavolini all'aperto anche in inverno.

★ **Cairoli Bakery** BAR, BISTRÒ
(☎ 0881 77 24 72; Piazza U. Giordano 28; ⏲ 6-23) Per un'ottima colazione dolce o salata, un pranzo veloce o un aperitivo a due passi dalla movida cittadina, questo posto è l'ideale. I tavolini all'aperto, d'estate e la domenica, sono una risorsa in più.

★ **Enoteca Uvarara** ENOTECA
(☎ 347 870 25 96; Via Mastrolillo 15; ⏲ 20-24/1, chiuso dom estate e lun nel resto dell'anno) In pieno centro storico, è un'oasi felice per gli amanti del vino e dei liquori, grazie alle oltre 120 etichette di gin da tutto il mondo, compreso il Gin di Puglia (p146), ai vini biologici e alle birre artigianali di qualità abbinati a panini gustosi e crudi di mare. Meglio prenotare, specie in occasione di eventi.

☆ Divertimenti

Piccolo Teatro Impertinente TEATRO
(☎ 0881 196 11 58, 347 646 21 34; piccolacompagniaimpertinente.com; Via Castiglione 49) Non perdetevi i lavori teatrali messi in scena dalla Piccola Compagnia Impertinente, il cui motto è: 'Mai tenere la lingua a posto. Mai evitare le domande'.

Teatro Umberto Giordano TEATRO
(☎ 0881 79 29 08; www.teatrogiordano.it; Piazza Cesare Battisti 21) Il più antico teatro di Puglia, costruito in stile neoclassico dall'ingegnere Luigi Oberty e inaugurato nel 1828, è stato

intitolato un secolo dopo al grande compositore foggiano Umberto Giordano (1867-1948). Al maestro è dedicata una sala al primo piano riccamente decorata da immagini ispirate alle opere più importanti (*Andrea Chénier* è il suo capolavoro). L'interno è illuminato da un enorme lampadario di cristallo. Oggi propone un cartellone di alto livello di musica classica e jazz, balletti, spettacoli di prosa e pièce teatrali.

Shopping

La lunga e pedonale Via Arpi, che taglia in due il centro storico, oltre a essere ricca di palazzi d'epoca e istituzioni culturali, ha una vocazione commerciale sin dall'antica Roma. Da notare le arcate che si aprono sotto i palazzi storici: un tempo gli artigiani vendevano i loro prodotti in questi spazi. Lo shopping e la movida continuano lungo la principale arteria di Foggia, Corso Vittorio Emanuele II, pedonale e ravvivata dalle vetrine dei negozi e dai locali.

★ **Gastronomia Jolly** GASTRONOMIA
(☎ 0881 77 21 75; www.gastronomiajolly.com; Via Giovanni Urbano 59; ⏲ 7.30-13.30 e 17-20.30 lun-mer e ven-sab, 7.30-13.30 gio) Indirizzo storico per chi vuole portarsi a casa i sapori della tradizione pugliese: scaldatelli, orecchiette di grano arso, olive di Cerignola, condimenti pronti a base di fave e cicoria o cime di rapa, vini del territorio: Nero di Troia, Cacc'e Mitte di Lucera e spumanti.

Libreria Ubik LIBRERIA
(ubikfoggia.wordpress.com; ☎ 0881 58 78 53; Piazza Umberto Giordano 75; ⏲ 9-21 lun-sab, 9.30-13 e 17-21 dom, chiuso dom mattina in estate) Libreria ben fornita, con personale attento ed entusiasta, che organizza spesso reading, incontri con gli autori e presentazioni. Se d'estate vedete le sedie in piazza, fermatevi: ci sarà sicuramente un'iniziativa interessante.

Talienti BAZAR, VINTAGE, OGGETTISTICA
(☎ 327 103 07 27; Corso Vittorio Emanuele II 107; ⏲ 10-13 e 17.30-20.30) Vinili, fumetti, libri, cornici, apparecchi dalla funzione non ben precisata e di epoche indefinite: questo e molto altro troverete in questo negozietto pieno di colori e ricordi.

Informazioni

EMERGENZE

Guardia medica (☎ 0881 73 31 00; Viale degli Aviatori 1)
Ospedali Riuniti (☎ 800 67 68 68; Via Pinto 1)
Polizia (☎ 0881 66 81 11; Via Gramsci 1)
Pronto soccorso (☎ 0881 73 20 27; Via Pinto 1)

POSTA

Ufficio postale (☎ 0881 56 37 89; Viale XXIV Maggio 26; ⏲ 8.20-19.15 lun-ven, 8-12.35 sab)

IL MERCATO DI VIA ROSATI

Ha più di 70 anni e, oltre a essere uno dei mercati rionali più vecchi d' Italia, è anche tra i più estesi per quantità di bancarelle e varietà di prodotti. **Il Rosati** (⏲ alba-14 lun-sab), come usano chiamarlo i foggiani, è il posto giusto in cui acquistare le profumate erbe selvatiche locali (marasciuoli, borragine, finocchietti, cardoncelli, rucola), già apprezzate ai tempi di Federico II di Svevia, le anguille del Lago di Lesina e i pesci del Gargano, i formaggi dei pastori e gli ortaggi del Tavoliere, oltre, naturalmente, ad abbigliamento e oggettistica varia. I prezzi, già bassi alle prime ore del mattino, scendono ulteriormente all'avvicinarsi della chiusura.

Per/da Foggia

AEREO

L'**Aeroporto di Bari Palese Karol Wojtyla** (codice IATA aeroportuale BRI; ☎ 080 580 02 00; www.aeroportidipuglia.it/homepagebari) è il più comodo per raggiungere Foggia. Da qui si può prendere la linea ferroviaria metropolitana che in 15 minuti (€5,10) conduce alla stazione di Bari e quindi il treno fino a Foggia (a partire da €20,90, 1 h circa con Frecciarossa; €9,90, 1 h 30 min con i regionali). L'**Aeroporto Gino Lisa di Foggia** non era operativo per voli di linea al momento della stesura della guida (tranne per le Isole Tremiti, p190).

AUTOBUS

Gli autobus diretti nelle varie località della provincia di Foggia partono dal **terminal** (cartina p122, F2) a lato della stazione ferroviaria.

La compagnia **SITA** (☎ 0881 35 20 11; www.sitasudtrasporti.it) collega Foggia con Lucera, San Severo, Manfredonia, Monte Sant'Angelo, San Giovanni Rotondo, San Marco in Lamis, Rignano Garganico e Vieste. Le **Ferrovie del Gargano** (☎ 0882 22 89 60; www.ferroviedelgargano.com) collegano Foggia con le principali località del Gargano, Roma e i centri abruzzesi di Pescara e Chieti Scalo, e con le più importanti località dell'Italia centro-settentrionale. I biglietti per entrambe le autolinee sono acquistabili presso la tabaccheria e l'edicola della stazione ferroviaria, in altri esercizi in città e sul sito web biglietteria.cotrap.it. Le autolinee **Marino-**

bus (☎080 311 23 35; www.marinobus.it), infine, collegano Foggia con diverse regioni italiane.

AUTOMOBILE E MOTOCICLETTA

Prendete la SS16 in direzione sud per Bari o nord per la costa adriatica, Termoli e Pescara. Anche l'A14 Bologna–Taranto attraversa il Tavoliere passando da Foggia. Per Napoli prendete la SS655 e quindi l'A16 che percorre la Daunia Meridionale; dal capoluogo campano, poi, potrete raggiungere Roma. Un percorso panoramico consigliato ai motociclisti è quello che collega Foggia a Vico del Gargano passando per San Marco in Lamis, San Giovanni Rotondo, Monte Sant'Angelo e la Foresta Umbra.

ELICOTTERO

Con **Alidaunia** (☎0881 61 96 96; www.alidaunia.it) si possono raggiungere le Isole Tremiti in 20 minuti (servizio attivo tutti i giorni con 2 voli al giorno, potenziati in alta stagione), ma anche Vieste e Peschici (2 voli settimanali, 4 in alta stagione; €46/75 in bassa/alta stagione per tratta sui voli di linea, bambini fino agli 11 anni €30/44). Consultate il sito web per gli orari.

TRENO

La **stazione ferroviaria di Foggia** (cartina p122, F2; Piazza Vittorio Veneto) è regolarmente collegata da **Trenitalia** (www.trenitalia.com) con Potenza (€7,55, 2 h 20 min circa), Bari (€9,90-20,90, da 1 h a 1 h 30 min) e Brindisi (a partire da €10,90, da 2 h a 3 h). In direzione nord partono circa 10 treni al giorno per Ancona (a partire da €29,90, 2 h 45 min), Bologna (a partire da €39,90, da 4 h 40 min a 5 h 30 min) e Milano (a partire da €57,90, da 5 h 45 min a 6 h 45 min).

ℹ Trasporti urbani

In Piazza Vittorio Veneto, dove si trovano sia la stazione ferroviaria sia il terminal degli autobus extraurbani e locali, cercate il logo **ATAF** (☎0881 75 36 41; www.ataf.fg.it), la società che gestisce il trasporto pubblico foggiano. I biglietti costano €1 (€1,50 a bordo) e sono validi un'ora.

Il servizio **Taxi Foggia** (☎320 86 14 313; www.taxifoggia.it) è attivo 24 h.

IL TAVOLIERE

Tra i Monti Dauni e il promontorio del Gargano si spalanca il 'granaio d'Italia', una zona che, anche se è difficile immaginarlo mentre la si attraversa, fino agli inizi del Novecento era una selva afflitta dalla malaria e scarsamente popolata, piena di acquitrini, macchie paludose, foreste e vaste estensioni di prati e pascoli per la transumanza delle greggi che scendevano lungo i tratturi dalle montagne molisane e abruzzesi. Tuttavia, fin dall'antichità, nelle aree meno impervie erano sorti centri destinati ad avere un ruolo chiave nella storia della regione, come Cerignola, San Severo e poi Foggia, mercati principali del commercio agricolo e del bestiame, oltre che snodi di passaggio obbligati per i traffici tra la zona tirrenica, il Settentrione e l'Adriatico, che era la porta verso l'Oriente. A causa di ciò, tutti i poteri che si susseguirono in questa parte d'Italia prestarono particolare attenzione al consolidamento del proprio predominio territoriale, a partire dai romani fino ai Borbone, passando per i normanni e le altre dinastie. Furono proprio i romani a dare all'area il nome usato ancora oggi, ma non, come si potrebbe facilmente pensare, per la piattezza del territorio, bensì perché le iscrissero nelle *Tabulae Censuariae*, il

IL BOSCO DELL'INCORONATA

Se la temperatura lo permette, con una pedalata di 12 km dal centro di Foggia si raggiunge il **Parco Naturale Regionale del Bosco Incoronata** (per le visite guidate contattare Franca Palese al ☎320 372 45 78; fpalese22@gmail.com), un'oasi di vegetazione e frescura nel cuore della sterminata distesa di grano del Tavoliere. L'itinerario segue la SC105 e la SC Saggese-Borgo Cervaro, che ricalca il tracciato dell'antico tratturo di San Lorenzo, calpestato un tempo da greggi e pastori, e prosegue poi verso **Borgo Cervaro**, location di molti film ambientati in epoca fascista per le sue intatte architetture di regime. Appena superato il torrente Cervaro, si devia a sinistra verso il moderno **Santuario dell'Incoronata** (☎0881 81 00 16; www.santuarioincoronata.it; Via Don Orione 1, Località Incoronata; ⏱7-12.30 e 15-20), luogo di miracolose apparizioni e di pellegrinaggio alla statua della Madonna Nera, vigile custode di un popolo di fedeli insidiato un tempo dai briganti e dai razziatori di bestiame. Da qui si accede al parco e ai vari sentieri che s'inoltrano nelle zone più selvagge del bosco planiziale, zona di caccia nel Medioevo di Federico II e del figlio Manfredi. Querce, carpini, frassini e aceri cedono il passo, approssimandosi al torrente Cervaro, a pioppi, salici e olmi, su cui volteggiano, alternandosi, cuculi, upupe, poiane e il simpatico martin pescatore.

DA NON PERDERE

LA SFIDA DI VÀZAPP' PER UNA UNA NUOVA AGRICOLTURA

Si definisce come il primo 'hub rurale' in Puglia questa comunità di giovani professionisti, ricercatori, comunicatori e creativi, il cui scopo è quello di 'reinterpretare l'agroalimentare e il territorio'. Ma in che modo **Vàzapp'** (www.vazapp.it) si propone di migliorare il mondo agroalimentare in una terra di una ricchezza sconfinata, ma troppo spesso funestata dal caporalato e dallo sfruttamento dei braccianti? Vàzapp' prende per mano i contadini, immaginando percorsi di crescita sostenibile, ponendo al centro un'agricoltura che non sia sempre e solo sacrificio e sudore, ma anche condivisione, scambio, fiducia reciproca. Ecco che il contadino può trasformarsi in 'contadinner', aprendo le porte di casa per condividere il proprio sapere e raccontare la propria storia, mentre il pubblico degusta i prodotti.

Non stupisce affatto che a Giuseppe Savino, l'anima e il fondatore, consigliassero di andare... a zappare ("và zapp" vuol dire questo in dialetto pugliese). Caparbietà, intraprendenza e un pizzico di visionarietà, unite alla spinta del prete salesiano Michele de Paolis, rendono oggi Vàzapp' una delle realtà più innovative del nostro paese. E se Giuseppe volete conoscerlo e lasciarvi un po' ispirare, non avete che da recarvi sui campi di **Cascina Savino** (www.facebook.com/cascinasavino; Via Manfredonia km 6,200, Foggia) ad ammirare il vigneto che ritaglia la forma inconfondibile di Castel del Monte e poi a raccogliere, a seconda delle stagioni, zucche, melegrane, girasoli e perfino tulipani, stabilendo un rapporto diretto tra chi produce e chi consuma e generando innovazione sociale.

catasto delle terre appartenenti al fisco, in origine donate ai centurioni romani alla fine della carriera militare. In seguito Federico II di Svevia la dotò di un articolato sistema di castelli e fortezze difensive, iniziando l'opera di bonifica che nel Novecento fu portata a termine con la creazione di una fitta rete di canali d'irrigazione che ha dato al Tavoliere l'aspetto che conosciamo.

Sono rare le zone della penisola dove l'orizzonte è così vasto e sconfinato come nel Tavoliere: una pianura dove è facile vagare con l'immaginazione e perdersi tra le sfumature dorate del grano. Solo le case bianche dei contadini e le masserie in pietra riportano a tratti alla realtà, contribuendo a mettere in risalto le infinite gradazioni che il prezioso cereale dipinge sotto il blu del cielo. In primavera fa capolino la marca verde brillante delle spighe, che spuntano dalla terra e sbiadiscono crescendo; in estate le messi diventano d'oro, a rappresentare una promessa d'abbondanza. Dalle alture il nero del manto stradale le taglia come una lama brunita dal sole, mentre all'orizzonte, con l'arrivo di settembre, già si scorgono le sfumature più scure della tavolozza. Qualche mese più tardi, quando anche le ultime stoppie sono state bruciate e rimosse dall'aratura, la campagna si tinge del marrone intenso delle zolle, che contrasta con le nuvole rapide dal mare e dai monti. Arriva infine l'inverno, e anche lo spettro cromatico tende al freddo, con il grigio della terra in attesa di una nuova rinascita. In questa ordinata scacchiera di terreni si produce oggi buona parte del grano italiano, da cui si ricavano pasta e pane di altissima qualità. Inoltre, dalle olive e dall'uva del Tavoliere si ottengono ottimi oli e vini.

Cerignola

POP. 57.081 / ALT. 120 M

Limite meridionale del Tavoliere, Cerignola è una cittadina a vocazione agricola e commerciale. Tutto intorno all'abitato si estendono gli uliveti della 'bella della Daunia', l'oliva più grande del mondo, riconosciuta DOP nel 2004, le sconfinate distese coltivate a grano (lo stesso toponimo deriverebbe da Cerere, la dea romana delle messi) e i vigneti per la produzione del Rosso di Cerignola, vino DOC intenso e strutturato.

Che cosa vedere

Cerignola è stata semidistrutta dal terremoto del 1731, per cui è una città relativamente moderna, in cui non è rimasto molto dell'epoca precedente. Per avere un'idea delle architetture prima della catastrofe si può visitare il quartiere medievale **Terra Vecchia**, l'unico scampato al cataclisma.

Tra i monumenti il primato spetta alla **Cattedrale** (☎0885 42 29 46; Piazza Duomo; ⏲orario variabile), costruita fra il 1873 e il 1934 in stile eclettico, con rimandi romanici, gotici e barocchi e un'imponente cupola di 80 m che rievoca il Duomo di Firenze. Il luogo più importante di Cerignola, invece, è il Piano San Rocco con le sue **Fosse Granarie**: si tratta di oltre 600 silos sotterranei del diametro di 4-8 m e di 6-7 m di altezza, utilizzati dalla metà del Cinquecento per la conservazione del grano e di altri cereali. Il sito fa parte del **Polo Museale Civico** (chiuso al momento delle ricerche), all'interno di Palazzo Monte Fornari, che comprende il **Museo Multimediale del Piano delle Fosse** e il **Museo del Grano**, che, attraverso pannelli didattici, video e fotografie animate, attrezzi agricoli e la ricostruzione di una fossa raccontano l'evoluzione delle tecniche di lavorazione del grano, della vite e dell'ulivo nelle campagne foggiane. Nella Galleria dei Cerignolani Illustri sono raccolte invece testimonianze di vita, tra gli altri, di Pietro Mascagni, che proprio a Cerignola compose la celebre *Cavalleria rusticana*, del sindacalista Giuseppe Di Vittorio e del filologo Nicola Zingarelli, autore del *Vocabolario della lingua italiana*.

Pasti

Bar Roma BAR, PASTICCERIA, GELATERIA €
(0885 42 11 42; Via Don Minzoni 130; 7-14 e 15.30-22 mar-dom) Per colazione, ma soprattutto per un gelato, uno zuccotto o un cono da passeggio al gusto di cassata o magari di pane di Altamura.

★ **'U Vulesce Vino e Cucina** RISTORANTE €€
(0885 42 57 98; Via Cesare Battisti 3; pasti a partire da €35; 13-14.30 e 21-23 mar-dom) Il nome rimanda alla tradizione della cucina popolare e alle atmosfere più genuine, in questo locale piccolo, tutto di legno, con centinaia di bottiglie di vino e verdure sott'olio esposte alle pareti. L'appassionata professionalità di Rosario Didonna vi guiderà alla scoperta dei prodotti del Tavoliere abbinati con fantasia: verdure, funghi, paste fresche, carne e pesce, come il polpo su purè di fave o il tortino di alici e mozzarella. Da provare anche i dolci. Da giugno a ottobre il **negozio** (349 637 18 43; Corso Aldo Moro 11) di famiglia a due passi organizza favolosi aperitivi all'aperto a base di salumi, giardiniera fatta in casa e sublimi gin tonic, una delle tante passioni di Rosario, il cui motto è 'Se è buono lo mangi, se è meglio lo offri'.

UNA PROVINCIA, TANTI NOMI

La terra tra i fiumi Ofanto e Fortore anticamente era chiamata **Daunia**, dal re greco Dàuno, figlio del re degli Arcadi, che, secondo la mitologia, si era impossessato di questi territori. Sotto il dominio bizantino la regione assunse il nome di **Catapanata** per via dei catapani, alti funzionari dell'Impero d'Oriente e dignitari di quelle terre. Con i secoli il nome si latinizzò in **Capitanata**, appellativo che ancora oggi è sinonimo della provincia di Foggia.

Informazioni

Per ogni informazione rivolgetevi all'entusiasta personale della **Pro Loco** (388 930 48 84; Corso Garibaldi 3) oppure all'**Ufficio Cultura del Comune** (0885 41 02 51).

Per/da Cerignola

Cerignola si raggiunge in auto con la SS16 da Foggia (38 km) o con i bus delle **Ferrovie del Gargano** (0882 22 89 60; www.ferroviedelgargano.com; da Foggia €2,90, da 45 min a 1 h 20 min); i biglietti si acquistano anche su biglietteria.cotrap.it.

Dintorni di Cerignola

A 18 km da Cerignola, lungo la strada provinciale per Candela, si trova il complesso monumentale di **Torre Alemanna**, ciò che resta di una masseria fortificata, attualmente inglobata nella frazione rurale di Borgo Libertà. Qui è stato allestito il **Museo delle Ceramiche Medievali e Rinascimentali** (392 992 79 77; www.frequenze.info; SP95; interi/ridotti €5/4, più €2 per la visita guidata; su prenotazione), che racconta la travagliata storia del monumento attraverso emblemi teutonici e cardinalizi, pavimentazioni antiche, ritrovamenti archeologici e una preziosissima collezione di vetri e ceramica graffita datata tra il XIII e il XVII secolo.

San Severo

POP. 49.839 / ALT. 86 M

I sanseveresi sono fieri della propria appartenenza cittadina e della propria storia secolare. 'A San Severo già si faceva quando a Foggia ancora...' si sente dire spesso, segno della rivalità tra l'antico capoluogo e il nuovo. Tra il XV e il XVI secolo San Severo ottenne infatti il seggio vescovile e fu la sede del governatore della provincia della Capitanata e del Contado del Molise, in riconoscimento del suo status di 'città regia' inalienabile in perpetuo. Tale titolo non era certo stato regalato: più volte gli abitanti si erano ribellati al potere costituito a costo anche di pesanti ripercussioni (come quando si opposero all'imperatore Federico II e subirono l'abbattimento delle mura cittadine), ma mai piegandosi del tutto. Tanto è sempre stata cara l'indipendenza ai sanseveresi che nel Cinquecento un illustre sindaco, Tiberio Solis, arrivò addirittura a indebitarsi insieme a molte famiglie aristocratiche per riscattare la città dal re Carlo V che aveva osato cederla a un suo dignitario. Purtroppo, anche qui il catastrofico terremoto del 1627 danneggiò gravemente il tessuto urbano e la peste del 1656 provocò migliaia di morti rallentando la ricostruzione. Tuttavia, nel Settecento la città rifiorì e sposò del tutto l'estetica barocca, assumendo il volto tanto peculiare che conserva tuttora il centro storico.

Oggi la città sfoggia uno dei teatri all'italiana più belli di Puglia, alcune affascinanti cantine sotterranee dove si produce e conserva uno spumante superlativo (v. lettura p132) e il Museo dell'Alto Tavoliere, che mette in mostra, tra l'altro, i lavori del grande fumettista Andrea Pazienza, che visse a San Severo fino a 12 anni.

Che cosa vedere

Il centro storico è una suggestiva contaminazione tra il ricco passato della città e l'animo più prosaico dei giorni nostri. Zone residenziali, con volte e capitelli istoriati sui balconi, si alternano ad aree più popolari fatte di portoni su strada e chiacchiere nei vicoli, il tutto scandito dalla presenza dell'architettura medievale e barocca e dalle cantine sotterranee. Le chiese dove ancora si distinguono chiaramente elementi medievali, pur con inserti barocchi e rococò, sono la **Cattedrale di Santa Maria Assunta** (☎0882 22 20 84; Piazza Cattedrale), con il grande rosone, le due monofore sul fianco sinistro e il fonte battesimale in pietra, la **Chiesa di San Severino** (Via San Severino), con la bifora gotica del campanile, l'archivolto del portale sorretto da mensole a forma di leone, il rosone a sei raggi e i bassorilievi, e la **Chiesa di San Giovanni Battista** (Via Santa Lucia), del XIII secolo, con bassorilievi romani sulla base del campanile settecentesco.

Sempre in centro, cercate lo slancio creativo della San Severo barocca partendo ancora dai suoi edifici religiosi, come la settecentesca **Chiesa di Santa Maria del Carmine** (Largo Carmine), dalla leggiadra cupola maiolicata, e la **Chiesa della Santissima Trinità dei Celestini** (Piazza della Repubblica), con il bel campanile a vela. La **Chiesa di San Lorenzo delle Benedettine** (Corso Garibaldi 32), parte di un ex monastero, è invece a pianta centrale e conserva la superba facciata rivestita da lastre in pietra bianca, viluppo di ricci, curve e volute barocche, e un elegante campanile con cupoletta maiolicata. All'interno le monache commissionarono gli stucchi ad Ambrogio Piazza, le tele a Nicola Menzele e gli altari marmorei decorati da splendidi putti a Giuseppe Sanmartino, geniale maestro della scultura napoletana del Settecento. La facciata barocca della **Chiesa di San Nicola** (Via San Nicola) nasconde l'illusionistico soffitto interno dipinto da Nicola Menzele, l'altare maggiore in marmi policromi e il monumentale organo a canne di Innocenzo Gallo. Il **Santuario di Maria Santissima del Soccorso** (Via Soccorso 78), di stupefacente ricchezza, in cui nel XVI secolo fu traslato il simulacro ligneo della Vergine dai monaci agostiniani, conserva all'interno un soffitto a cassettoni raffinatissimo, una cupola da capogiro e il fercolo (un baldacchino per processioni) dorato della Madonna.

D'impatto il monumentale **Palazzo di Città** (Piazza Municipio) del XV-XVIII secolo, sede del municipio dal 1815, con le due colonne ai lati dell'ingresso che sostengono il timpano triangolare recante lo stemma dei Celestini.

MAT – Museo dell'Alto Tavoliere MUSEO
(☎0882 33 96 11; www.facebook.com/pg/museoaltotavoliere; Piazza San Francesco 48; ⏲9-13.30 e 17.30-20.30 lun-ven, 18-21 sab, 10.30-13.30 e 18-21 dom, anche festivi) FREE Ci sono vari modi di ripercorrere la storia di un territorio. Il MAT ha scelto di farlo attraverso il paesaggio, e per questo si è servito di fotografie aeree, mappe, foto e reperti archeologici che documentano le diverse fasi di civilizzazione degli antichi abitanti della Daunia. Trovate tutto ciò presso il **Convento di San Francesco**, fondato nel 1232 e ricostruito dopo il terremoto del 1627. Nelle sale del museo potrete scoprire inoltre i dipinti, le sculture e i disegni del paesaggista sanseverese Luigi Schingo (1891-1976), e visitare **SPLASH! Archivio Andrea Pazienza**, punto di riferimento per gli amanti del fumetto, con saggi, articoli giornalistici, copertine di dischi, materiale multimediale, poster e riviste di settore riguardanti il celebre 'Paz' (1956-88), ideatore dei personaggi Penthotal e Zanardi.

Feste ed eventi

★ Madonna del Soccorso MAGGIO
A metà tra un rito dionisiaco e una scena di guerriglia urbana, la festa del Soccorso sta

IL MONDO NASCOSTO DELLE CANTINE DI SAN SEVERO

Il centro di San Severo ha un cuore di pietra che ospita realtà davvero incredibili. Si tratta delle cantine che si nascondono tra i cunicoli labirintici proprio sotto il manto stradale e che custodiscono storie di passione ed eccellenza, oltre a botti e bottiglie dei migliori vigneti. La più famosa è senz'altro la **Cantina D'Arapri** (☎0882 22 76 43; www.darapri.it; Via Zannotti 30; ⌚8-13 e 15.30-19 lun-ven, visite gratuite su prenotazione a partire da €10), nata quasi per scherzo nel 1979 per iniziativa di tre amici appassionati di vino e di jazz. Visitatela per lo spumante di alta qualità che vi si produce e perché i proprietari hanno messo in atto una vera e propria opera di riqualificazione del sottosuolo, scoprendo resti di antiche macine per le olive e volte secolari in mattoni. Il prodotto di punta, lo spumante, si ricava dal vitigno autoctono della Capitanata Bombino Bianco, che nella spumantizzazione riesce a dare il meglio di sé. Assaggiate tutte le varianti dei Millesimati, Brut e Pas Dosé per godere appieno del lavoro certosino dei proprietari. Date anche un'occhiata al calendario: i tre soci fondatori (ai quali oggi si sono aggiunti i figli) non hanno affatto perso la passione per la musica jazz e periodicamente organizzano piccoli concerti e aperitivi.

Per acquistare i vini più rinomati della Daunia del nord un altro indirizzo per intenditori è l'**Antica Cantina San Severo** (☎0882 22 11 25; www.anticacantina.it; Via San Bernardino 94; ⌚8.30-13 e 15.30-19 lun-sab), nata come cantina sociale nel 1933, che produce il vino DOP San Severo Bianco, Rosato e Rosso, e vini IGP come il Nero di Troia e il Bombino Bianco. Nel punto vendita delle **Cantine Teanum** (☎0882 33 63 32; www.teanum.com; Via Croce Santa 48; ⌚8.30-13 e 16-19.30 lun-ven) sarete invasi da una tempesta di sensazioni olfattive e gustative di fronte ai vini che raccolgono i profumi e le note della Capitanata, tra cui l'unica DOP San Severo Riserva in commercio, invecchiata 18 mesi. Infine, appena fuori dal paese, le **Cantine D'Alfonso del Sordo** (☎0882 22 14 44; www.dalfonsodelsordo.it; Contrada Sant'Antonino; ⌚8.30-13.30 lun-ven), appartenenti a una famiglia di viticoltori fin dal 1860, puntano sull'alta tecnologia, la coltivazione di vitigni autoctoni e le sperimentazioni, con risultati eccellenti come il Bianco Catapanus e il Guado San Leo, ottenuto unicamente da uve Nero di Troia.

diventando sempre più famosa anche fuori dai confini nazionali, attirando ogni anno migliaia di visitatori. Due processioni attraversano i 20 rioni della città e al loro passaggio batterie impazzite di fuochi pirotecnici sparano in tutte le direzioni dando vita a grandi fughe lungo le strade del centro storico. Alla fine si fa la conta dei buchi sulle magliette: chi ne ha di più è un coraggioso *fujente* del fuoco.

Pernottamento

B&B Le Stelle della Daunia B&B €
(☎329 317 5750 fino alle 22 o 347 066 93 31 dalle 22 in poi; www.stelledelladaunia.it; Via Volturno 76; singole/doppie €35-45/52-58; ❄📶) L'aspetto è quello di un ostello, ma la qualità e la pulizia sono ottime. Ubicato in posizione centrale, in una via poco trafficata, dispone di belle camere che si trovano spesso a buon prezzo sui motori di ricerca. Ambiente confortevole, stanze con balcone e prima colazione inclusa.

B&B Arco Antico B&B €€
(☎389 011 61 73; www.arcoanticobb.it; Via Balbo 36; singole/doppie €45-60/70-80; ❄📶) Se cercate una sistemazione comoda a pochi passi dal centro storico, ma in una via tranquilla e silenziosa, avete trovato il posto che fa per voi. Camere ampie e luminose, letti con doghe e materassi ortopedici. Ricca prima colazione in camera con cornetti caldi.

Pasti

Panificio Alfieri PANIFICIO, TARALLIFICIO €
(☎0882 22 85 73, 392 279 68 36; Via Principato 11; ⌚7.30-14 e 17.30-23 lun-sab) Una storia, quella della famiglia Alfieri, iniziata nel 1927 e giunta con Marco alla quarta generazione. Tutti in paese apprezzano la pizza al taglio ripiena, sfornata verso le 18, ma sono fantastici anche i taralli, proposti in ben 11 varietà, tra cui vino bianco, multicereali e rosmarino, o quelli dolci, al cioccolato, preparati secondo un'antica ricetta di famiglia.

★ **L'Officina del Gusto** OSTERIA €€€
(☎0882 60 37 37; Via Don Felice Canelli 61; pasti €40 circa; ⌚13-14.30 e 20.30-22.30 mer-lun, chiuso dom sera) Sapori di mare freschissimi e olio extravergine dei migliori in un antico frantoio restaurato. Quando la stagione di pesca lo per-

mette, arrivano in tavola gli antipasti di crudo (presentati in maniera eccellente); la frittura di calamari è ottima e il semifreddo al caffè o al cioccolato è delizioso.

★ Divertimenti

Teatro Comunale Giuseppe Verdi TEATRO

(0882 33 96 41; www.teatrocomunalesansevero.it; Corso Garibaldi) Progettato da Cesare Bazzani tra il 1929 e il 1936, è l'erede dell'ottocentesco Teatro Real Borbone, nonché uno dei più bei teatri all'italiana di Puglia. La stagione di prosa propone concerti e spettacoli teatrali e, nonostante i lavori che all'inizio degli anni '90 l'hanno ridimensionato internamente, merita senza dubbio una visita.

Shopping

★ I Rigattieri ROBIVECCHI

(328 467 29 91, 329 806 77 16; www.ricciardirigattieri.it; Via Soccorso 290; 8-13 e 15-20 lun-ven e ultimi sab e dom del mese) Sorta di scatola magica per gli appassionati di 'robe vecchie', che in questo magazzino non lontano dal centro troveranno oggetti e mobili di antiquariato e modernariato di ogni tipo, tra cui carrozze d'epoca, carretti in legno, ma anche arredi industriali e vecchie insegne, fontane e ringhiere in ferro battuto, camini in pietra e marmi antichi. Vasta esposizione di modelli di Vespa anni '50, '60 e '70 per cultori e collezionisti.

Masseria Li Gatti FORMAGGI

(0882 39 23 54, 335 876 36 27; www.masserialigatti.it; SP San Severo-Castelnuovo, Km 5, Torremaggiore; prenotazione consigliata) Punto di forza di questo moderno caseificio all'interno dell'antica masseria dei principi Sansevero è il rigido controllo di tutte le fasi di produzione dei formaggi. I prodotti di bufala: mozzarelle, ricotta molle e dura, provole e caciocavalli (tra cui il raffinato frumentino, affinato nel grano) possono anche essere confezionati sottovuoto e spediti con consegna in 24 ore.

Informazioni

Pro Loco (0882 60 45 58; www.facebook.com/proloco.sansevero.9; Via San Giuseppe 29; orario variabile)

Per/da San Severo

San Severo è raggiungibile in auto con la SS16 da Foggia (31 km) o in 15-20 minuti di treno con **Trenitalia** (www.trenitalia.com; intercity €8,50, regionale €2,30).

LUCERA E I MONTI DAUNI

Il Subappennino dauno, propaggine orientale dell'Appennino campano, è l'estrema frontiera della wilderness pugliese, la più ammaliante. Quest'angolo di Puglia così poetico è ancora troppo poco frequentato: i turisti che tutte le estati si recano sul Gargano, a poche decine di chilometri da qui, quasi non conoscono quest'area punteggiata da una trentina di borghi medievali incantevoli, castelli e palazzi signorili, fitti boschi e cime che possono fregiarsi di ospitare la vetta più alta della piatta Puglia, il Monte Cornacchia. Forse proprio per questa natura schiva e isolata, i Monti Dauni hanno potuto preservarsi quasi intatti fino a oggi. Fin dall'insediamento e dall'espansione del popolo dauno, l'area fu un importante crocevia delle rotte che dall'Oriente e dalla Grecia portavano a Napoli e al Tirreno, da un lato, agli Abruzzi e al nord dall'altro. Qui i normanni e poi gli Svevi costruirono castelli e fortezze, che gli Angioini ampliarono e gli Aragonesi consolidarono. In alcuni dei castelli meglio conservati si possono ancora notare le tracce delle varie fasi storiche.

Le escursioni a piedi, in bici o a cavallo lungo i sentieri che ricalcano le orme di questi popoli o sugli antichi tratturi della transumanza sono il modo migliore per scoprire i Monti Dauni, integri e selvaggi, abitati da volpi, lupi e caprioli, e ravvivati dalla presenza di fiori e orchidee selvatiche di ogni forma e colore e di 800 specie diverse di farfalle. E soprattutto per entrare in contatto con i pugliesi di montagna, comunità decimate dallo spopolamento e sempre più tentate da nuovi rinascimenti, con il loro bagaglio di tradizioni, canti, folklore e cucina schietta.

Orientamento

Le strade, che si inerpicano su per le rocche e poi riscendono tra i campi di grano, sorvegliate dalla costante presenza delle spesso contestate pale eoliche all'orizzonte, si trasformano in avventurosi nastri d'asfalto. Fate attenzione, specie se viaggiate su due ruote, e in inverno munitevi di catene. In ogni caso, prendete tutte le informazioni prima di saltare da un paese all'altro: spesso i percorsi suggeriti dal navigatore, seppure più brevi, passano su strade dissestate (o addirittura sterrate) e potrebbero farvi perdere molto tempo. E quel paesino che sulla carta sembrava a un passo potrebbe trovarsi a un'eternità di curve... Spezzate in due l'itinerario: i Monti Dauni settentrionali hanno un popolamento più rado e paesi più piccoli, che si possono visitare per esempio con un percorso automobilistico che parte da Biccari. Per esplorare i Monti Dauni meridionali seguite invece il filo che dolcemente si dipana fra Troia e Ascoli Satriano.

Feste ed eventi

Festival dei Monti Dauni AGOSTO

(www.facebook.com/festivalmontidauni) Cambia ogni anno location questo festival musicale che anima le notti agostane dei paesi dauni. Tenete sott'occhio la programmazione, perché alcuni eventi sono davvero imperdibili.

Lucera

POP. 31.451 / ALT. 219 M

Insieme a Monte Sant'Angelo è la capitale culturale della provincia e per la sua posizione è considerata la 'porta dei Monti Dauni'. Il glorioso passato di Lucera si riflette nelle grandiose architetture, nell'eleganza del centro storico che riempì di stupore il poeta Ungaretti, nella ricchezza dei dettagli racchiusi tra i cortili e le mura dei palazzi gentilizi, molti dei quali trasformati in graziosi B&B. Grazie alla sua posizione su tre colli, inoltre, Lucera regala vedute incantevoli: dall'alto dei giardini della Villa Comunale e dalla fortezza si spalancano lo scenario multicolore del Tavoliere e l'incredibile panorama dei Monti Dauni e del massiccio del Gargano, con le vette del Gran Sasso e della Maiella in lontananza.

Storia

Lucera (Luceria) fu insieme a Brindisi uno dei capisaldi della presenza romana in Puglia dopo la guerra sociale. Il suo nome, tuttavia, è legato anche a una delle più umilianti sconfitte subite dai romani nell'intera storia dell'Urbe. La città si trovava infatti nel territorio dei dauni, confinante con quello dei sanniti, per 40 anni fierissimi nemici di Roma. Nel 321 a.C. le legioni romane, guidate dai malaccorti consoli Tiberio Veturio Calvino e Spurio Postumio Albino Caudino, furono attirate in trappola dai sanniti presso due gole, di collocazione incerta. Constatata l'impossibilità di spuntarla in uno scontro, i consoli accettarono le dure condizioni poste dai sanniti, la più mortificante delle quali fu l'obbligo per ogni romano di passare sotto un gioco di bastoni, a forma di H, tra i dileggi e le percosse dei nemici. L'episodio è ricordato come resa delle Forche Caudine. Un boccone molto amaro da ingoiare per i romani, che dovettero rinunciare a Luceria, ma se la cavarono con perdite minime. Pochi anni dopo, Roma vendicò la sconfitta: nel 320 i romani riconquistarono Luceria e posero le basi per la propria superiorità sui sanniti, ribadita definitivamente nel 294. In epoca imperiale, grazie alla posizione geografica privilegiata, la città divenne un centro florido e potente, tanto che Augusto vi fece erigere un grande anfiteatro ancora oggi utilizzato. Conquistata in seguito da Carlo Magno, tornò agli antichi splendori quando Federico II, dopo la scomunica da parte di papa Gregorio IX, decise di rafforzare la propria presenza in Puglia, facendo arrivare nel 1223 dalla Sicilia circa 20.000 arabi ribelli con tanto di cammelli e harem. Ai nuovi abitanti musulmani di Lucera (tra i quali l'imperatore scelse le sue guardie più fedeli) fu concessa la libertà di costruire moschee e praticare la propria religione ad appena 300 km dalla Santa Sede. Tuttavia, quando subentrarono gli Angioini, la colonia saracena fu dispersa, ogni musulmano che rifiutò di convertirsi fu massacrato, le moschee furono abbattute e sostituite da chiese nello stile nazionale francese, il gotico: sulle ceneri di Luceria Saracenorum nasceva la Civitas Sanctae Mariae. Infine, la vicinanza con San Severo e Foggia ridimensionò fortemente il ruolo della città, incentrandone lo sviluppo sulla vita religiosa.

> **MONTI DAUNI SU WEB E APP**
>
> Il punto di riferimento per scoprire tutti i segreti dei paesi dauni e della natura circostante sono l'aggiornatissimo portale www.visitmontidauni.it e l'app collegata Visit Monti Dauni. Potrete tenere sott'occhio il calendario degli eventi e prenotare direttamente le escursioni, le visite guidate e le esperienze. Un unicum in Puglia.

Che cosa vedere

Piazza Duomo PIAZZA

Questo splendido spazio medievale ha conservato intatta la sua funzione sociale e tuttora ospita, insieme alla cattedrale, antiche dimore signorili come il settecentesco **Palazzo Vescovile**, sede del **Museo Diocesano** (338 709 71 39; su prenotazione) FREE, con una notevole raccolta di opere pittoriche, oltre a oggetti sacri e arredi tra cui spicca un armadio particolare: aprendolo si svela in tutto il suo fulgore un eccezionale altare barocco. Seguono **Palazzo Cavalli**, con il cortile seicentesco e le due coppie di colonne a guardia del portale ligneo d'ingresso (la facciata è ottocentesca), e **Palazzo Nocelli**, eretto nella seconda metà dell'Ottocento. Una targa su **Palazzo Lanza De Cuneo** ricorda Massimo Troisi, che nel 1987 trasformò la piazza in un set per il film *Le vie del Signore sono finite*.

★Cattedrale LUOGO DI CULTO

(☎0881 52 08 80; Piazza Duomo; ⏲8.30-12.30 e 16.30-20) Edificata nei primissimi anni del XIV secolo da Carlo II d'Angiò, forse sulle rovine di una moschea saracena per celebrare la ricristianizzazione di Luceria Saracenorum, questa magnifica testimonianza di architettura gotica, rara in Puglia, è dedicata a Santa Maria Assunta, patrona di Lucera. Giratele prima tutt'intorno fino all'abside per ammirare le incredibili soluzioni statiche dell'architettura gotica, giocate sui contrafforti e l'altezza. La facciata si presenta asimmetrica ed elegantissima nella sua semplicità, con tre portali e una massiccia torre campanaria inglobata nel lato destro. L'interno a tre navate custodisce numerose opere d'arte: ammirate le colonne di verde antico provenienti da edifici del passato, gli affreschi cinquecenteschi di Fabrizio Santafede nell'abside sinistra, mentre del Trecento sono la statua lignea della Madonna della Vittoria, enigmatico e severo dono di Carlo II d'Angiò alla città, e il crocifisso di scuola renana. L'altare maggiore, costituito da una tavola marmorea di gusto tipicamente romanico, secondo la tradizione sarebbe stata la mensa di Federico II a Castel Fiorentino.

★Museo Civico Giuseppe Fiorelli MUSEO ARCHEOLOGICO

(☎0881 54 70 41; Via dei Nicastri 74; interi/studenti universitari/10-18 anni €3/2/1, biglietto cumulativo con Fortezza Svevo-Angioina e Anfiteatro Augusteo €6; ⏲9-13 e 16-19 mar-dom) Questo magnifico museo allestito in un altrettanto scenografico palazzo settecentesco ripercorre la storia unica di Lucera. Non perdetevi la raccolta di ex voto anatomici in terracotta, il busto fittile di Proserpina (III secolo a.C.), la statua romana di una Venere pudica ma sensualissima, i mosaici provenienti dalle Terme di Piazza Nocelli (I secolo d.C.). La testa di moro in pietra, rinvenuta nella Fortezza Svevo-Angioina, insieme ai vasi-filtro per gli infusi e alle ceramiche invetriate, è tra le poche testimonianze superstiti della presenza dei saraceni alla corte di Federico II, dove s'incontravano funzionari, schiavi e musici provenienti dalla Sicilia islamica. Il museo porta il nome dell'archeologo napoletano, ma originario di Lucera, Giuseppe Fiorelli, noto soprattutto per aver messo a punto la tecnica dei calchi dei cadaveri pompeiani.

I MONTI DAUNI, TERRA DI CINEMA E MEMORIE

L'integrità delle architetture, i paesaggi dagli echi antichi e fiabeschi e i personaggi leggendari che alimentarono le fantasie di intere generazioni hanno invitato il cinema ad ambientare storie e racconti nei borghi dei Monti Dauni. Nelle campagne di grano dorato intorno a **Candela**, Gabriele Salvatores ha girato alcune scene del film *Io non ho paura* (2003), ispirato all'omonimo romanzo di Niccolò Ammaniti. Tra le mura del castelli di **Deliceto** e **Bovino** il regista Mario Martone ha ripreso invece molte scene del film *Noi credevamo* (2010), che narra i moti risorgimentali nel Sud Italia e le tragiche vicende dei patrioti affiliati alla Giovane Italia in seguito alla feroce repressione borbonica. Sempre a Bovino, nel paese delle casette bianche di calce e delle scalinate che s'inerpicano tra i vicoli assolati, è stato girato *Marina* (2013), lungometraggio del regista belga Stijn Coninx con Luigi Lo Cascio e Donatella Finocchiaro; dedicato alla vita del musicista Rocco Granata, il film parla d'amore, ma affronta anche i temi dell'emigrazione e dell'integrazione. Un profondo atto d'amore nei confronti di **Volturino**, il paese intitolato al dio romano del vento di sud-est, è la pellicola del giovane regista Francesco Marino *Il Tempo che tiene* (2009), mentre un omaggio e un commovente ricordo della linea ferroviaria dismessa Avellino-Rocchetta Sant'Antonio, inaugurata nel 1895 e soppressa nel 2010, è la storia raccontata da Giambattista Assanti nell'*Ultima fermata* (2014), metafora sulle gioie e i dolori del Sud Italia; emblematica la figura del protagonista, il capotreno Domenico Capossela, ricordato come l'uomo che fischiava le partenze dei treni in ritardo, per rendere più dolci e meno dolorosi gli addii.

Lucera

Chiesa di San Francesco d'Assisi

LUOGO DI CULTO

(Piazza Tribunali) Semplice e austera come richiede lo spirito francescano, questa chiesa a una sola navata fu innalzata ai primi del Trecento per volere di Carlo II d'Angiò. All'interno si è circondati da un armonico intreccio di elementi gotici e barocchi, tracce di affreschi tre-quattrocenteschi e tele di scuola napoletana. Dentro una teca di vetro sono conservati il mantello, il saio e il cingolo del lucerino Antonio Fasani (1681-1742), il primo santo della Capitanata, sepolto sotto l'altare.

Chiesa di San Domenico

LUOGO DI CULTO

(Via San Domenico) Anch'essa di fondazione angioina, fu costruita usando lo spazio di alcuni fondachi arabi dopo la cacciata dei saraceni dalla città e radicalmente trasformata in sontuoso stile barocco nel Settecento. A tale periodo risalgono la singolare facciata a scacchiera e la Cappella del Rosario sulla destra, dalla copertura a cupola di stile arabeggiante.

★ Villa Comunale

GIARDINO PUBBLICO

(Piazza Matteotti) Situata sul Colle Belvedere a strapiombo sulla valle sottostante, è un bell'esempio di villa cittadina in stile tardo-ottocentesco, con statue, palchetti e tanto verde. Molto frequentata dai lucerini, soprattutto d'estate per trovare riparo dalla calura, è il luogo ideale dove fare una sosta e ammirare il panorama, sia verso pranzo sia alla sera, quando il tramonto può offrire spettacoli cromatici davvero impressionanti. Elemento architettonico caratteristico è il **Concertino**, palco circolare in muratura risalente al 1912. Il **Chioschetto da Gerardo** (☎329 740 72 07; www.facebook.com/AlChioschettoDaGerardo), al centro del parco, è il luogo migliore per prendere un aperitivo, un ultimo bicchiere o un gelato prima di tornare a casa la sera.

Biblioteca Comunale

BIBLIOTECA, PINACOTECA

(☎0881 54 16 51; www.comune.lucera.fg.it; ⏲9-13 lun-ven, ma verificare aperture sul sito web) FREE A lato del giardino della Villa Comunale sorgono la Chiesa e l'ex Convento del Santissimo

Lucera

Da non perdere

	Cattedrale	(v. 7)
1	Fortezza Svevo-Angioina	fuori cartina A2
2	Museo Civico Giuseppe Fiorelli	C3
3	Villa Comunale	A1

Che cosa vedere

4	Anfiteatro Augusteo	fuori cartina D2
	Biblioteca Comunale	(v. 3)
5	Chiesa di San Domenico	B2
6	Chiesa di San Francesco d'Assisi	B2
7	Piazza Duomo	B3

Pernottamento

8	Le Foglie d'Acanto	C2
9	Masseria Montaratro	fuori cartina B4
10	Masseria Sant'Agapito	fuori cartina C4

Pasti

11	Il Cortiletto	C3
12	Palazzo D'Auria Secondo	C2
13	Panificio Michele Riccio	fuori cartina D4

Locali

14	N8Caffè Nocelli	B2
15	Pigalle	B3

Divertimenti

16	Teatro Civico Garibaldi	C4

Shopping

17	Alberto Longo	fuori cartina A4
18	La Marchesa	fuori cartina D1
19	Libreria Ku:blai	B3
20	Paolo Petrilli	fuori cartina D1

Salvatore, fondati nel 1407 dai frati osservanti e ora sede della Biblioteca Comunale e Pinacoteca. Ricca di circa 100.000 volumi, espone preziosi manoscritti nella Sala delle Cinquecentine, riccamente affrescata, e dipinti otto-novecenteschi di importanti artisti locali, come Giuseppe Ar, e dei napoletani della Scuola di Posillipo. La struttura ospita poi un autentico tesoro: i **mosaici di San Giusto**, che furono ritrovati appena fuori città in occasione della costruzione di una diga sul torrente Celone. Appartenevano a una vasta basilica paleocristiana del V secolo e mantengono inalterata da allora l'originalità e il magnetismo dei loro motivi geometrici.

★ Fortezza Svevo-Angioina CASTELLO

(☎ 0881 54 15 54; Piazza Padre Angelo Cuomo; interi/ridotti €3/1, biglietto unico con Museo Civico Fiorelli e Anfiteatro Augusteo €6; ⏲ 9-13 mar-dom, verificare aperture pomeridiane su www.comune.lucera.fg.it) Questo poderoso complesso fu uno dei più potenti del regno. Le mura che lo abbracciano, innalzate in epoca angioina, sono lunghe 900 m e alte 14, protette da torri, bastioni e contrafforti e rese inaccessibili da un profondo e largo fossato, alle cui estremità si ergono le Torri della Leonessa e del Leone, di forma cilindrica. Come molti siti archeologici italiani, anche questo sconta la mancanza di fondi per la manutenzione, tanto che è più la suggestione che la realtà a valere la visita. Le mura inglobavano il sontuoso palazzo-fortezza di Federico II, eretto nel 1233, di cui oggi non restano che il basamento a tronco di piramide e poco altro: si trattava in origine di un edificio a tre livelli e con cortile ottagonale, che assolveva meravigliosamente alla doppia funzione di struttura difensiva e di lussuosa dimora imperiale, con tanto di tesoro e zecca di stato. Andando a ritroso nel tempo, si notano tracce di capanne neolitiche, ruderi di epoca romana e medievale, tra cui le fondamenta di una chiesa dedicata a San Francesco. Una curiosità: per preparare le tradizionali orecchiette con rucola e pomodoro, i lucerini vengono al castello a raccogliere la rucola selvatica, che cresce spontanea tra le rovine.

Anfiteatro Augusteo SITO ARCHEOLOGICO

(☎ 0881 54 15 54; al fondo di Viale Augusto; interi/ridotti €3/1, biglietto cumulativo con Fortezza Svevo-Angioina e Museo Civico Fiorelli €6; ⏲ 9-13 mar-dom, verificare aperture pomeridiane su www.comune.lucera.fg.it) Riconoscimento di età augustea (I secolo d.C.) dell'importanza di Lucera, questo anfiteatro di grandi dimensioni (poteva ospitare ben 18.000 spettatori), ai margini orientali della città, è stato ricostruito nel secondo dopoguerra utilizzando il materiale lapideo rinvenuto in loco e perciò risulta straordinariamente uniforme. I due elementi architettonici più significativi sono i portali gemelli in pietra, uno dei quali reca l'epigrafe che ha permesso di datare l'edificio. Visitatelo magari prima di uno spettacolo estivo, un'esperienza di sicuro incanto, anche perché la direzione creativa è nelle mani dell'attore lucerino Fabrizio Gifuni.

Feste ed eventi

La Quarantana FEBBRAIO/MARZO
(www.comune.lucera.fg.it) Il Carnevale non è solo una sfilata di carri allegorici e una festa molto sentita dalla cittadinanza, ma anche l'occasione per rivedere ogni anno l'esposizione delle 'quarantane', bambole di stracci dall'aspetto di streghe che restano appese fino al giorno di Pasqua e poi vengono bruciate.

Torneo delle Chiavi AGOSTO
(www.comune.lucera.fg.it) La città rievoca il periodo del suo massimo splendore, il XIII secolo: la 'chiave di Puglia' ritorna a quei fasti con un corteo storico in costume e una sentita sfida tra rioni per la conquista del palio, che si tiene nell'Anfiteatro Augusteo.

Pernottamento

Masseria Montaratro B&B €
(0881 54 28 85, 349 364 95 68; www.masseriamontaratro.it; SP109 Lucera-Troia, Contrada Montaratro; singole/doppie €30/50;) Sulle colline a circa 15 km dal centro, questo B&B è l'ideale se volete passare un po' di tempo nella serenità della campagna. Gli alloggi sono piccoli, ma ben ristrutturati e dotati di cucina, e c'è un maneggio con istruttore FISE per chi volesse cimentarsi nell'equitazione. Inoltre, si mangia in un **ristorante** (pasti €35-40) tra i migliori della zona: una buona occasione per assaggiare le verdure di campo, la carne e i formaggi di vacca podolica e la pasta fatta in casa.

★ **Masseria Sant'Agapito** B&B €€
(0881 54 78 27, 333 449 57 98; www.masseriasantagapito.it; Contrada Santa Caterina di Ripatetta, Borgo San Giusto, SP117; singole/doppie €50-60/60-70;) Se volete staccare un po' dalla frenesia, questo borgo rurale sperduto nelle campagne tra Lucera e Foggia, in parte ristrutturato, in parte dal fascino ancora diroccato, fa al caso vostro. Le camere sono semplici e curate, la piscina invita a lunghi ammolli, il **ristorante** (pasti €25) offre il meglio della scena locale, ma sapientemente reinventato con abili sperimentazioni. A fine soggiorno non potrete fare a meno di acquistare l'olio bio dall'accattivante nome 'La Buona Terra'. Tenete d'occhio la programmazione eventi, perché gli spazi si prestano a sperimentazioni ardite.

★ **Le Foglie d'Acanto** B&B €€/€€€
(340 365 29 12; www.lefogliediacanto.it; Via Frattarolo 3; singole/doppie/suite €70-90/95-170/110-210 con prima colazione;) Nulla è lasciato al caso in questo palazzo del 1860 a pochi passi dalla cattedrale, dove l'amore per l'arte e l'antiquariato regalano agli ospiti spazi di vera bellezza e armonia. Le ampie camere sono ingentilite da volte affrescate e da arredi antichi, curati nei minimi dettagli, con la biancheria ricamata e i rivestimenti di maioliche alle pareti, ma l'angolo più incantevole è sicuramente il piccolo giardino della prima colazione, romantico e intriso di atmosfere mediterranee. Ad accogliervi sarà Antonio Petrone, appassionato storico dell'arte, prodigo di consigli per la visita alla città. Fatevi spiegare come raggiungere quel giardinetto segreto proprio dietro la Cattedrale...

Pasti

Panificio Michele Ricci PANIFICIO €
(0881 54 01 36; Via Don Luigi Sturzo 62; 7-18.30 lun-sab) A detta di molti lucerini, il miglior panificio in città si trova appena fuori dal centro storico. Oltre al pane cotto nel forno a legna, sono da assaggiare anche i biscotti e la focaccia al pomodoro.

Palazzo D'Auria Secondo RISTORANTE €€
(0881 53 04 46; www.facebook.com/palazzodauriasecondo; Piazza Oberdan 3; pasti €30-35; 20-23 mar-dom, a pranzo su prenotazione) Il cortile di questo antico palazzo è davvero magico e la cucina non è da meno. Qualche suggestione: ravioli con provola di bufala a capocollo, arrosto porchettato e flan di verdure. Consigliato anche se avete voglia di pizza.

★ **Il Cortiletto** RISTORANTE €€
(0881 54 25 54, 347 150 34 03; www.ristoranteilcortiletto.it; Via De Nicastri 26; pasti €35; 12.30-14.15 e 20-21.30, chiuso dom a cena) Carpaccio di polpo con baccalà, pomodorini e olive di Nasuta, ravioli con provola affumicata con fiori di zucchine e scaglie di cacioricotta, spezzatino di maiale nero al vino rosso con castagne e mandorle tostate, tortino di ricotta, pere e fichi con cioccolato e vincotto di fichi. Questo solo per darvi un'idea della creatività di Paolo Laskavj, fedele al territorio (sia in cucina sia in cantina) e piuttosto rigido con gli orari (la cucina chiude alle 21.30: se fate tardi potreste rimanere senza cena).

Locali e vita notturna

N8Caffè Nocelli LOUNGE BAR
(0881 52 94 18, 366 545 81 69; Piazza Nocelli 8; 7-2) Nella piazza attigua a quella della cattedrale ci sono i tavoli, le poltrone e i diva-

netti di questo lounge bar adatto a un pranzo veloce, un aperitivo o un caffè.

Pigalle COCKTAIL BAR, BISTRÒ
(☎328 387 52 51; www.facebook.com/pigallebistrot; Via A. Solitano 2; ⏲18-24 lun-sab) Giovane e frizzante bistrò nel centro storico, gestito da due ragazze che sanno il fatto loro. Vini, champagne, gin, cocktail si accompagnano a gustosi sandwich, taglieri di salumi e formaggi e sfiziosità varie.

☆ Divertimenti

Teatro Civico Garibaldi TEATRO
(www.facebook.com/teatrogaribaldilucera; Corso Garibaldi) Dedicato prima a Maria Teresa Isabella di Borbone e poi a Giuseppe Garibaldi, fu inaugurato il 7 giugno 1838 con le rappresentazioni *Lucia di Lammermoor* di Donizetti e *La sonnambula* di Bellini. Al 1903 risale l'importante ristrutturazione dell'architetto Angelo Messeni, fortemente ispirata al Petruzzelli di Bari. Il teatro ospita spettacoli ed eventi culturali, che negli ultimi anni si sono giovati della direzione artistica di un lucerino DOC: l'attore Fabrizio Gifuni.

Shopping

Non potete andar via dal Lucera senza aver acquistato almeno una bottiglia di Cacc'e Mmitte, un rosso, DOC dal 1975, che si produce solo da queste parti. Il nome deriva dall'uso di affittare le vasche per la pigiatura dai ricchi proprietari dei palmenti (*mmitte, ovvero immettere*): al termine della giornata di fermentazione, l'affittuario doveva togliere il mosto appena prodotto dalle vasche affittate (*cacc'e*).

Alberto Longo CANTINA
(☎0881 53 90 57; www.albertolongo.it; SP 5, Km 4, Lucera; ⏲su prenotazione) Prenotate una visita in questa cantina per scoprire una delle realtà agricole più interessanti della zona. Tradizione e innovazione si fondono per produrre vini di pregio, tra cui il Cacc'e Mmitte di Lucera.

La Marchesa CANTINA
(☎0881 52 40 00, 337 83 87 02; www.cantinalamarchesa.it; SP8, Km 1, Lucera; ⏲su prenotazione) Fatevi accompagnare da Marika e Sergio alla scoperta del loro regno e concedetevi l'acquisto di una bottiglia di Cacc'e Mmitte, di Nero di Troia o di rosato, non solo ottime da degustare, ma anche belle da vedere.

Libreria Ku:blai LIBRERIA, CAFFÈ
(☎0881 54 26 69; www.facebook.com/kublailucera; Via Antonio Gramsci 27; ⏲9.30-13 e 17-20.30 lun-sab) 'Libri cibi incontri' è il pay off di questa libreria-caffè, che accosta ai libri letture con gli autori ed eventi, e un'offerta di cibi a km 0 attenta alla qualità e al territorio della Daunia.

Paolo Petrilli AZIENDA AGRICOLA
(☎0881 52 39 80; www.paolopetrilli.it; Contrada Motta della Regina) È uno dei migliori produttori di pomodori pelati (senza conservanti) e pasta della regione, oltreché di vino: nella sua masseria del Settecento a circa 10 km dal centro potrete acquistare un favoloso Nero di Troia e una bottiglia del famoso Cacc'e Mmitte di Lucera 'Agramante'.

ℹ Informazioni

EMERGENZE

Guardia medica (☎0881 54 33 78; Viale Lastaria)
Ospedale (☎0881 54 31 11; Viale Lastaria)

INFORMAZIONI TURISTICHE

Ufficio turistico (cartina p136, B2; ☎0881 52 27 62, 800 76 76 06; Piazza Nocelli 6; ⏲orario variabile). Informazioni e appuntamenti su www.visitmontidauni.it.

ℹ Per/da Lucera

Lucera è collegata a Foggia da frequenti autobus **SITA** (☎0881 35 20 11; www.sitasudtrasporti.it); l'autostazione si trova in Piazza del Popolo davanti all'Arco di Troia, la porta medievale cittadina rivolta verso Troia. È invece raggiungibile in automobile con la SS17 da Foggia (18 km). I collegamenti in treno sono effettuati da **Ferrovie del Gargano** (☎0882 22 89 60; www.ferroviedelgargano.com; da Foggia €1,50, 20 min) e i biglietti si acquistano anche su biglietteria.cotrap.it.

Biccari

POP. 2626 / ALT. 450 M

L'intraprendenza di un sindaco e la risposta entusiasta della collettività: il 'caso Biccari' è oggetto di studio del potenziale pressoché infinito dei borghi e delle aree interne, drammaticamente spopolatesi e abbandonate nel tempo. Dalla vendita delle case a un euro a decise azioni di marketing territoriale, oggi Biccari è uno dei capisaldi del rilancio dei Monti Dauni. Le origini del paese risalgono più o meno all'XI secolo, quando fu costruita la robusta e cilindrica **torre** (☎388 853 56 37; visite su prenotazione rivolgendosi alla Pro Loco) che ancora spicca sull'abitato, un intri-

Itinerario in auto
MONTI DAUNI SETTENTRIONALI

Ricca di risorse e primati, la Daunia settentrionale è adatta in particolare agli amanti del trekking e delle escursioni a cavallo.

Da **1 Biccari** (p139) a **2 Roseto Valfortore** i chilometri sono meno di 20, le curve ben di più. La fama del paesino nell'alta valle del fiume Fortore è legata all'attività degli scalpellini della pietra (la loro 'firma' era la rosa selvatica), riscontrabile soprattutto nella **Chiesa Madre**, rimaneggiata insieme a gran parte del borgo dai nobili Di Capua. Ai confini del paese si può visitare un **mulino ad acqua**, tra i meglio conservati, che a partire dal XIV secolo sfruttava l'energia idrica per azionare le macine. Se la stagione è adatta, concedetevi un tuffo in mezzo ai boschi alla **Piscina I Mulini** (☎353 428 35 30; interi/ridotti €10/8, solo pomeriggio €6/5; ⏲9.30-18.30 fine giu-agosto) e poi dritti alla **Locanda di Tullio e Amalia** (☎333 852 13 78; Via Sottosanti 7; pasti €20) per gustare un'ottima cucina a km0: pasta e formaggi fatti in casa, scorzoni (tartufi neri), selvaggina e polpette rosetane di pane raffermo, uova e aglio. Contattate la **Cooperativa ARIA** (www.facebook.com/cooparia) se volete dormire nella Casa del Mugnaio, fare glamping in mezzo ai boschi, o acquistare prodotti locali nello spaccio di comunità. Se viaggiate con bambini, considerate l'ipotesi di visitare l'**Osservatorio di Ecologia Appenninica** (info e prenotazioni ☎0881 59 46 10; Vico Donatelli 7), con annesso centro visite dedicato alla presenza del lupo sul territorio.

Inizio Biccari
Fine Lago di Occhito
Lunghezza 88 km; 2 giorni

In una decina di chilometri si raggiunge **3 Alberona**. Se esistesse un'astrologia dei luoghi, questo borgo avrebbe sicuramente un segno d'acqua, per la ricchezza di fonti, torrenti e abbeveratoi, come la **Fontana Muta**, le cui acque scivolano nelle grandi vasche di pietra senza far rumore. A testimoniare il passaggio dei Templari e poi dei Cavalieri di Malta sono rimasti la **Torre del Gran Priore** e le decorazioni sulla facciata della **Chiesa Madre**. D'obbligo, per tutti, una passeggiata lungo il **Muraglione**, lo splendido belvedere da dove gli abitanti contemplano il Tavoliere e, quando la giornata è limpida, persino il Gargano, fino alle Isole Tremiti. Meta consigliata agli escursionisti è il **Canale delle Teglie**, dove si cammina circondati da pareti rocciose modellate dall'acqua, piccoli strapiombi e cascatelle gorgoglianti che rompono un silenzio millenario. Per il pernottamento il consiglio è di fermarsi al **B&B I Templari di Alberona** (328 549 47 20; www.itemplaridialberona.com; Via Ripa 22; singole/doppie €40/70;), dove Leonardo e la sua consorte accolgono in un palazzo ricco di raffinatezza e memorie. Tra le sei camere con soffitti a mattoncini, mobili d'epoca dai colori chiari e biancheria ricamata, il panorama più spettacolare si gode dalla Croce.

In poco meno di tre quarti d'ora (27 km) sarete a **4 Pietramontecorvino**. Basta guardarlo, l'affascinante borgo, per spiegare almeno in parte il suo nome: si chiama 'Pietra' perché si sviluppa tutta su uno sperone calcareo, che domina boschi fittissimi. Quel che non è immediatamente evidente, invece, è che molte case del borgo non hanno fondamenta e sono scavate direttamente nel tufo. Per questo diverse abitazioni del **Rione Terravecchia**, di epoca medievale, nascondono sotto i pavimenti alcune grotte, dove forse ripararono i primi abitanti quando giunsero qui nel 1137, in fuga dalla distruzione di Montecorvino ad opera di Ruggero il Normanno. Il borgo si sviluppò in seguito intorno alla **Chiesa Madre di Santa Maria Assunta**, d'impronta romanica, impreziosita da cappelle in pietra e dall'appariscente cupola della torre campanaria ricoperta di maioliche gialle e verdi. Il **Palazzo Ducale**, di epoca normanno-sveva, era protetto da una cinta muraria con tre ingressi, dei quali l'unico sopravvissuto è l'arco gotico a sesto acuto detto **Port'Alta**. Nella **Torre Normanna** (346 235 91 93, 320 842 46 55, 348 590 98 45; 9-12.30 e 16-20 sab e dom e festivi, altri giorni su prenotazione), alta 30 m, si sale una scala di legno di quercia per godere di un panorama fantastico, che spazia sui tetti uniformi del paese e su tutta la valle. Nelle antiche stalle del Palazzo Ducale ha sede l'**Accademia Internazionale di Cucina Italiana** (0881 51 91 61; www.casteldipietra.it), che organizza eventi e laboratori dedicati alla pasta fresca, al pane e alla pasticceria. Ci si può anche fermare a dormire in una delle quattro stanze del **B&B Castel di Pietra** (0881 51 91 61, www.casteldipietra.it, singole/doppie €40/70;), alcune ubicate nel Palazzo. Facendo rotta verso Motta Montecorvino la si vede già in lontananza, ma nel periodo primaverile ed estivo, in particolare il 16 maggio, giorno della festa patronale di sant'Alberto Il Normanno, vale la pena percorrere a piedi la strada sterrata che in 7 km conduce alle rovine della cattedrale del borgo abbandonato di Montecorvino, andato in rovina dopo varie incursioni e il terremoto del 1456, di cui oggi si conserva la spiazzante torre soprannominata **5 Sedia del Diavolo**, alta 24 m e a base quadrangolare.

Dirigetevi ora verso il **6 Monte Sambuco** (981 m) per partecipare a corsi di orienteering che attraversano l'area boschiva più estesa dei Monti Dauni, con partenza dalla Casa del Guardiaboschi e arrivo al **Bosco di Celle** (324 532 26 00; www.facebook.com/origreenmontesambuco). Meno di 20 km di provinciali portano alla meta finale dell'itinerario. Il **7 Lago di Occhito**, bacino artificiale alimentato dalle acque del fiume Fortore. Le sponde del versante pugliese si possono percorrere a piedi, in bicicletta o a cavallo lungo un itinerario di 14 km che va da Carlantino fino al **Ponte dei Tredici Archi**, in territorio di Celenza Valfortore, con lo sguardo che spazia tra le foreste a galleria di pioppi e salici e le acque in cui sguazzano lontre e uccelli.

co di vicoli, scalette e palazzi in pietra che conducono alla **Chiesa Madre dell'Assunta** (Piazza Duomo), di foggia neoclassica (XIX secolo). Il motivo per cui si viene a Biccari sono però soprattutto le escursioni e le attività in una natura sovrana e primordiale, fatta di foreste e pascoli, ampie vedute e grandi silenzi, nonché per arrampicarsi e dormire in mezzo agli alberi.

Attività

Cliccate sul portale www.visitbiccari.com per stupirvi della quantità di esperienze proposte (sono circa 40 e spaziano dalle escursioni alla gastronomia e alle attività con i locali).

Sentiero Frassati SENTIERO NATURALISTICO
(www.visitbiccari.com/il-sentiero-frassati; per un'anteprima: www.trailmeup.com) Un tratto del Sentiero Pier Giorgio Frassati, percorribile a piedi, in mountain bike e a cavallo, sale dal paese attraverso i boschi sino al pittoresco **Lago Pescara**, di origine vulcanica. Proseguendo ancora, una salita abbastanza ripida porta alla vetta del **Monte Cornacchia** (a 6 km dal paese), il 'tetto di Puglia' (1151 m), da cui il panorama sulla Capitanata fino al mare e addirittura alla Maiella è a 360° (lassù troverete perfino un comodo rifugio gestito dal comune). Il sentiero poi scende verso **Roseto Valfortore** (10 km, 3 h 30 min) e prosegue ancora oltre. Se invece non avete alcuna intenzione di faticare, cercate la **panchina gigante** (1,5 km a nord-ovest del parco Daunia Avventura)e lasciatevi ammaliare dal panorama sul Tavoliere, oppure passeggiate senza fretta nei sentieri del **Bosco Cerasa**.

★ **Daunia Avventura** PARCO AVVENTURA
(☎ 0881 61 32 90, 342 372 08 82; www.dauniavventura.it; adulti/bambini da 1,05 m a 1,30 m di altezza/bambini sotto 1,05 m €15/12/5; ⏲ dom apr-mag e ott, sab e dom giu e set, tutti i giorni lug-agosto). All'interno dell'area naturalistica del Lago Pescara, questo splendido parco avventura propone percorsi acrobatici, ponti tibetani e attività di vari livelli di difficoltà per adulti e bambini, tra cui anche tiro con l'arco, orienteering e trekking.

Pernottamento e pasti

A Biccari avrete la possibilità di dormire in luoghi originali (di seguito). Quanto all'offerta gastronomica, consigliamo una sosta in uno dei forni del paese per assaggiare la caratteristica **pizza a forno aperto**: ma non andate oltre mezzogiorno, altrimenti rischierete di non trovarla.

★ **Bed&Tree** CASETTE SUGLI ALBERI €
(☎ 0881 199 10 19, 342 372 08 82; www.dauniavventura.it; adulti/bambini fino a 10 anni €30/15 con prima colazione; P) Alzi la mano chi non ha mai sognato di dormire in una casa in mezzo al bosco! A Biccari potete farlo, in una delle quattro casette all'interno del parco Daunia Avventura. Nel costo sono compresi sacco a pelo, materassino, lampada, luci frontali, sacca con acqua per l'igiene e la prima colazione; i servizi igienici sono in comune. Prenotate con largo anticipo se non volete rimanere delusi o, molto peggio, deludere i vostri figli.

★ **Bubble Room** CASA POP-UP €€
(☎ 371 336 58 64; www.coopbiccari.it; a partire da €130 a coppia, colazione esclusa) Dormire sotto un cielo trapunto di stelle è un'esperienza fuori dal comune. Vicinissima al Lago Pescara e gestita dalla Cooperativa di Comunità di Biccari, questa bolla semitrasparente completamente arredata vi darà la sensazione di essere realmente avvolti da Madre Terra. Il letto è uno, ma a richiesta si può aggiungere un lettino o una culla. Con un piccolo extra si può acquistare la colazione che – inutile dirlo – su questo set ha un sapore speciale.

Informazioni

Info Point (☎ 0881 59 10 07, 371 336 58 64; www.visitbiccari.com; Piazza Municipio; ⏲ orario variabile)

Per/da Biccari

Biccari è raggiungibile in automobile da Foggia con la SP117 e la SP132 (32 km). Non esistono corse in autobus da Foggia: i collegamenti sono effettuati da Lucera dalle **Ferrovie del Gargano** (☎ 0882 22 89 60; www.ferroviedelgargano.com; €1,40, 25 min) e i biglietti si acquistano anche su biglietteria.cotrap.it.

Troia

POP. 6768 / ALT. 439 M

Su una collina stretta e allungata, Troia ospita una vera perla: la Concattedrale della Beata Vergine Assunta in Cielo, magnifico esempio di romanico pugliese che con la sua facciata e il rosone è il fiore all'occhiello di quest'antica città. Ben cinque santi sono stati scelti nel tempo come protettori di Troia (Urbano, Secondino, Anastasio, Ponziano ed Eleuterio) e ogni anno, il 18 luglio, si portano in processione i busti d'argento che li raffigurano. Lungo le vie del centro vedrete varie targhe che ricordano il politico Antonio Salandra, primo ministro tra il 1914 e il 1916 (fonti locali, riportate anche dai giornali, raccontano che i colleghi senatori, per sbeffeggiarlo, spesso iniziassero gli interventi con: "Come ha testé affermato l'illustre figlio di Troia..."; al che il troiano rispondeva: "Ciò che per me fu patria per voi è madre"), ma oggi il nome della cittadina è legato soprattutto al famoso vino 'Nero di Troia' (v. lettura p143).

Storia

Città antichissima, erede dell'antica Aikai, insediamento dauno conteso da romani e cartaginesi, Aecae assunse rilevanza strategica quando diventò luogo di passaggio della Via Traiana (che attraversa il centro città sotto l'odierna Via Regina Margherita) e si sviluppò fino a diventare uno dei centri più importanti della zona. Distrutta durante le invasioni barbariche, fu rifondata nel 1019 da un catapano bizantino, Basilio Boioannes, come avamposto fortificato contro i longobardi. In breve tempo assunse di nuovo grande importanza per il controllo dei traffici e dei commerci; per questo la sua diocesi divenne molto potente, tanto da essere direttamente dipendente dalla Chiesa di Roma in cambio della fedeltà ai guelfi e contro Federico II di Svevia, che la rase al suolo nel 1229. A suggellare questo legame con i papi furono anche i quattro 'Concili di Troja' tra XI e XII secolo e i forti legami della città con le sue chiese e i suoi patroni.

Che cosa vedere

★ Concattedrale LUOGO DI CULTO
(☎ 0881 97 00 64; Piazza Episcopio; ⏲ 8.30-12.30 e 16-20) Capolavoro romanico, questa chiesa deve gran parte della sua fama all'insolito rosone a 11 raggi. Fu realizzata tra il 1093 e il 1119 in pietra bianca e verde, e coniuga con estrema raffinatezza tratti dello stile bizantino e motivi più tipici del romanico pisano. Interamente decorata da una ricca varietà di sculture allegoriche, è un monumento carico di simboli evocativi. Come le due porte bronzee, realizzate da Oderisio da Benevento: la centrale, ricchissima **Porta della Prosperità**, risalente al 1119, costituita da 28 formelle fissate su un supporto ligneo dai sorprendenti effetti tridimensionali, e la laterale, più semplice **Porta della Libertà**, celebrativa della strenua resistenza opposta dalla città di Troia contro l'assedio di Ruggero II di Sicilia e odierno accesso alla chiesa. Il **rosone**, impressionante e delicato ricamo di rilievi e ombre, è forse il più bello della regione ed è circondato da molte figure allegoriche. Ovviamente, le più emblematiche sono quelle dei Peccati: la scimmia (considerata nel Medioevo una delle personificazioni del Diavolo), il monaco (un demonio nelle vesti di un uomo di chiesa) nell'atto di defecare e il leone con una donna tra le fauci (simbolo della lussuria), solo per citarne alcuni. Sempre all'esterno, sul retro, l'**abside** è decorata da due leoni stilofori, rappresentazione di Cristo vincitore sul male, che stringono rispettivamente tra le zampe una testa di moro e un serpente.

IL NERO DI TROIA: UN'ISTITUZIONE

Sono state scritte pagine intere sulle origini del vino Nero di Troia (da pochi anni insignito della DOC 'Tavoliere'), la terza varietà autoctona di vino pugliese a bacca nera per importanza e produzione dopo il Primitivo e il Negroamaro. La versione più leggendaria lo assocerebbe a uno dei protagonisti della guerra di Troia, Diomede, che avrebbe portato con sé in Puglia il vitigno dalla Grecia. Altre ipotesi lo riconducono a Federico II e alla sua predilezione per i vini dal corpo robusto e deciso; altre ancora ai marchesi d'Avalos, che ne avrebbero intensificato le coltivazioni nel territorio da cui il vino prende il nome. Qualunque sia la sua origine, il primo documento ufficiale in cui compare la denominazione del vino Nero di Troia risale al 1875, e da allora non ha smesso di ammaliare per la sua armonia e piacevolezza, per il sapore deciso e il colore rosso rubino intenso, così scuro da sembrare quasi nero. Al naso esprime tutta la sua fragranza grazie alle note fruttate di ciliegia, prugna e mora, cui si affiancano i sentori floreali della macchia mediterranea. Dal tannino piuttosto definito e da note finali persistenti e leggermente amarognole, è un ottimo compagno a tavola abbinato a piatti di carne come l'agnello, gli arrosti alla brace o la faraona ripiena. Da provare anche insieme alle diverse varietà di taralli che vengono sfornati quotidianamente dagli antichi forni.

All'interno la chiesa è composta da tre navate suddivise da 13 colonne marmoree (la colonna in più rispetto alle 12 che rievocano gli apostoli sarebbe quella di Cristo). Soffermatevi ad ammirare il pulpito del 1169, con una lastra magnificamente scolpita che raffigura un leone che azzanna un agnello, ma viene nel frattempo azzannato da un cagnolino, e il grande affresco del XV secolo raffigurante la Dormitio Virginis.

★ Museo del Tesoro della Cattedrale MUSEO

(☎ 349 063 28 31; Piazza Episcopio; ⏰ solo visite guidate su appuntamento almeno 24 h ore prima; contributo €3) All'interno del palazzo dell'ex seminario vescovile, questo museo custodisce opere preziosissime e rare: i famosi exultet troiani, pergamene miniate tra l'XI e il XII secolo che raccolgono inni e immagini di raffinata bellezza. Presentati dai diaconi ai fedeli in occasione della Pasqua per annunciare la resurrezione di Cristo e cantarne le lodi, sono tra i pochissimi rotuli rimasti intatti (si stima che nel mondo non si arrivi alla trentina) e srotolati raggiungono la lunghezza complessiva di 11 m. La visita guidata vi svelerà tutti i loro significati.

Nelle altre sale ci sono poi molti codici miniati, più di 500 pergamene e i grandi busti argentei (gli originali) dei santi patroni della città, di scuola napoletana del Sei-Settecento. Notevoli l'ostensorio dei Cavalieri tempestato di smeraldi e un prezioso cofanetto in avorio del XII secolo.

MED – Museo Ecclesiastico Diocesano MUSEO

(☎ 338 709 71 39; Piazza Papa Giovanni XXIII; ⏰ su prenotazione, ingresso a offerta) Le sale del seicentesco ex Monastero delle Benedettine fanno da cornice a oggetti sacri di grande valore, come i *flabelli* (sorta di ventagli utilizzati dai vescovi di Troia nelle celebrazioni) e le espressive sculture dei *Cinque misteri dolorosi* in cartapesta, di fattura napoletana settecentesca. Osservate con attenzione soprattutto il capitello detto 'delle quattro razze', che raffigura i popoli conosciuti nel XIII secolo (africani, asiatici, arabi ed europei); ce n'è uno molto simile al Metropolitan Museum di New York, anch'esso risalente all'epoca di Federico II (1225-30).

Chiesa dell'Addolorata LUOGO DI CULTO

(Piazza Papa Giovanni XXIII; ⏰ orario variabile) La chiesa dell'ex convento benedettino, proprio di fronte alla cattedrale, è un mirabile esempio di barocco. Gli elementi sfarzosi si inseriscono nell'architettura austera e, sulle pareti, l'oro delle cornici illumina il bianco dell'intonaco. Oltre agli altari in pietra policroma e al tabernacolo in argento, si possono ammirare le grate del matroneo, attraverso cui le monache di clausura potevano assistere alle funzioni religiose.

Museo Civico MUSEO

(☎ 0881 97 84 18; Via Regina Margherita 84; ⏰ 9-13.30 lun-ven, telefonare preventivamente) FREE Allestito nel fastoso Palazzo dei Principi d'Avalos, sede comunale, ospita un'eterogenea raccolta: stemmi, ceramiche del XVIII secolo, basoli della Via Traiana, reperti archeologici come crateri e antefisse del VI-IV secolo a.C., piatti decorati e un sarcofago in marmo scolpito, detto 'di san Secondino', opera bizantina dell'XI secolo. Nello stesso edificio si possono visitare anche la raccolta dedicata al pittore locale Vincenzo Curcetti (1923-2000) e quella intitolata allo scultore troiano Nicola Fiore (1881-1976).

Chiesa di San Basilio Magno LUOGO DI CULTO

(Via San Basilio Magno; ⏰ orario variabile) Costruita intorno al 1087 e poi rinnovata nel periodo barocco, è un bell'esempio di primo romanico e conserva nella navata slanciate colonne e un bel fonte battesimale.

Attività

Troia è una delle tappe sul cammino della **Via Francigena del Sud** (www.viefrancigene.org). Da qui potrete partire a piedi per Lucera (18 km) oppure Ordona (32 km), o per il cammino che in circa 80 km vi porterà a Monte Sant'Angelo (p161). In città c'è anche l'ostello Hospital del Cammino per i camminatori e i pellegrini (p145).

Feste ed eventi

★ Riti della Settimana Santa MARZO/APRILE

Inizia la domenica delle Palme con la **Passione Vivente** di Gesù lungo le vie cittadine, e riprende al mattino del Venerdì Santo con la **Processione delle Catene**, inscenata da cinque penitenti incappucciati e vestiti di bianco con la croce sulle spalle e le catene intorno ai piedi scalzi (peraltro sono tenuti a ripeterla per i quattro anni seguenti). I coinvolgenti riti pasquali continuano la sera con la **Processione dei Misteri**, con la sfilata delle statue, per terminare il pomeriggio della Domenica di Pasqua con la toccante **Processione del Bacio**. La città è percor-

DESTINAZIONI INSOLITE

LA PUGLIA FRANCOPROVENZALE

Sono due le isole linguistiche francoprovenzali nella provincia di Foggia, le uniche nel Sud Italia: il panoramico borgo di Faeto, arroccato a 866 m di altezza sul fianco orientale del Monte Perazzoni, 27 km a sud-ovest di Troia, e il vicino comune di Celle di San Vito, il più piccolo della Puglia (conta meno di 150 abitanti), dove si parla un francese arcaico e primitivo, originario della zona di Lione e Ginevra, introdotto dalle truppe di Carlo I d'Angiò nel XIII secolo. Con orgoglio e caparbietà le due piccole comunità resistono alle trasformazioni della storia preservando la loro cultura originaria anche attraverso due sportelli linguistici che promuovono studi, eventi e pubblicazioni in francoprovenzale.

Oltre che per la piacevole parlata musicale e un po' fuori dal tempo, vale la pena di inerpicarsi fra i vicoli stretti e tortuosi di **Faeto** anche per dare uno sguardo alla rinascimentale **Chiesa Madre del Santissimo Salvatore** e all'antica **Casa del Capitano**, in pietra, ornata da una bifora rettangolare sulla facciata, che accoglie il **Museo Civico del Territorio** (0881 97 32 90; Via Vittorio Emanuele 5; visite su appuntamento) FREE. Delle tradizioni ormai desuete parlano anche il **Mulino Pirozzoli** (347 822 99 51; visite su appuntamento) FREE e la fontana barocca con i lavatoi in pietra e il trittico in marmo e bronzo del 2004, intitolato *Il provenzale*, su Piazza Rubino, che rammenta a ogni faetano le proprie origini attraverso la figura di un soldato angioino. Per i cacciatori di panorami è vietato perdersi la veduta sul Tavoliere e i monti del Gargano che si gode dal **belvedere**; per chi preferisce una passeggiata a piedi, in bici o a cavallo, la meta da raggiungere è il **Bosco Difesa** (16°24'49"E 40°44'47"N), una distesa di faggi di maestosa bellezza con percorsi attrezzati, un orto botanico e sorgenti di acque minerali dai poteri curativi. L'altitudine e l'aria asciutta e sottile hanno favorito inoltre la produzione di una chicca gastronomica, il prosciutto di Faeto, nato dalla sapiente lavorazione del maiale nero allevato allo stato brado; lo si 'celebra' la prima domenica di agosto in una sagra e lo si può assaggiare o acquistare sottovuoto al **Salumificio-Ristorante Moreno** (0881 97 32 05; www.prosciuttodifaeto.it; Via Maria Pierre Petite; pasti €35; 12-15 e 19-22.30 sab-gio inverno, tutti i giorni estate), che produce anche superlativi capocolli dolci o piccanti, filetti, lardo speziato, spianate e soppressate.

Se siete abili camminatori, un percorso di trekking attrezzato lungo il **Sentiero Frassati** (p142) permette di raggiungere il paesino di **Celle di San Vito**, tappa del tratto dauno della Via Francigena, cui si accede da due portali a tutto sesto in pietra chiamati 'Arco dei Provenzali'. Frammenti di vita passata si colgono tra i vicoletti disegnati dalle case in pietra a vista, i cui nomi in lingua francoprovenzale sono riportati su pannelli in ceramica colorata, e intorno alla fontana con i lavatoi pubblici dove un tempo le donne s'incontravano per lavare il bucato e socializzare. Non perdetevi il **Museo della Civiltà Contadina Franco-Provenzale** (328 434 11 23; Via dei Provenzali; visite su appuntamento) FREE e se avrete la fortuna che vi accompagni Mariangela, apprezzerete sia la raccolta sia la bella parlata locale.

sa da due gruppi: il primo si dirige alla Chiesa di San Domenico per prendere la stupenda statua in cartapesta della Madonna, il secondo alla Chiesa di San Francesco per prelevare la statua del Salvatore. L'incontro avviene nella piazza antistante la cattedrale, dove la folla assiste all'andirivieni dei due simulacri che si conclude con il Rito del Bacio, unico in tutta la regione.

Festival Troia Teatro AGOSTO
(www.facebook.com/troiateatro) I primi giorni di agosto la città e i suoi vicoli diventano un'agorà sotto le stelle, dove il pubblico è coinvolto in spettacoli, performance, reading.

Pernottamento

Hospital del Cammino OSTELLO €
(393 891 77 25, 380 126 11 58; www.facebook.com/HospitaldelCammino; Via Regina Margherita 4; offerta libera; telefonare in anticipo;) Se siete pellegrini o camminatori in viaggio sulla Via Francigena diretti a Monte Sant'Angelo, potete sostare con il vostro sacco a pelo in questo confortevole ostello allestito dal camminatore Michele del Giudice. Ci sono 28 posti in letti a castello e quattro bagni.

Svegliarsi nei Borghi ALBERGO DIFFUSO €
(349 830 54 77; www.svegliarsineiborghi.com; Via Iamele 12; singole/doppie €30/50 in bassa stagio-

ne, €40/60 in alta stagione; 🐾) Questa interessante formula di albergo diffuso consiste in alcuni comodi appartamenti nei centri storici o in caratteristiche location nella natura, lungo gli itinerari naturalistici, cicloturistici o i sentieri dei Monti Dauni. Inoltre, c'è la possibilità di farsi accompagnare da guide specializzate, di praticare sport e attività all'aria aperta e di fare tour di più giorni a tema in varie zone della Puglia. A Troia c'è **Casa Iamele**.

Pasti

★ Pasticceria Casoli PASTICCERIA €
(☎328 443 40 40; www.dolcepassionata.com; Via Regina Margherita 121-123; ⏲9-13.30 e 16-21.30, orario prolungato in estate) Non potete lasciare Troia senza aver fatto tappa in questa storica pasticceria per assaggiare la 'passionata', preparata con tre tipi di ricotta (mucca, pecora e bufala) scegliendo tra i gusti nocciola, pistacchio, strega, arancio, moscato, frutto della passione ed estasi (mandorla amara). Da provare anche la mousse alla frutta o al cioccolato e pistacchio e il croccante cuor di nocciola.

Da Maria Neve OSTERIA €
(☎0881 97 94 76, 349 579 30 78; Via Iamele 16; pasti €15-25; ⏲12-14.30 e 19.30-23, chiuso lun non festivi) Locale rustico con volte e mattoni a vista, dove i piatti della tradizione troiana sono cucinati ad arte. Provate le paste fatte in casa (cavatelli, cicatelli, troccoli e orecchiette), condite con squisite verdure di stagione, le polpette di pane, soffici e leggere, e il coniglio in umido 'alla Maria Neve'.

Osteria del D'Avalos OSTERIA €€
(☎0881 97 00 67, 331 210 71 57; www.ristoranteda valos.it; Piazza della Vittoria 9; pasti €20-30; ⏲10-17 lun, 10-22.30 mar-dom) Clima accogliente e personale molto gentile di fronte allo storico Palazzo D'Avalos. Provate i piatti tradizionali e assaggiate il vino locale: non ve ne pentirete.

★ Osteria Fra Due Terre OSTERIA €€
(☎0881 97 73 54; Via San Leonardo 2; pasti €25-35 bevande incluse; ⏲13-15 e 20-22.30 mer-lun) La storia dei Monti Dauni è illustrata negli ambienti di questo locale tradizionale che espone attrezzi da lavoro dei cafoni (braccianti), foto dei briganti che si nascondevano nei boschi al tempo dei Borbone e immagini del cinema italiano degli anni '70. La cucina è ricca di prodotti provenienti dall'agriturismo di famiglia. Vi consigliamo gli antipasti, i cicatelli con cime di rapa e pancetta, il coniglio alla 'fra due terre' e la crostata di castagne e mandorle.

Shopping

Eccellenze Giannelli MACELLERIA, SALUMERIA
(☎0881 97 91 21; www.salumigiannelli.it; Via Carducci 17-19; ⏲7-13 e 16-20 lun-sab, chiuso gio pomeriggio) Fare le cose secondo tradizione qui è una regola: da ben sei generazioni Giannelli produce salumi senza conservanti chimici, sostituiti da conservanti naturali come il miele, il vino, l'aglio e il peperoncino. Assaggiando le salsicce, la pancetta alle erbe, il filetto in paprika dolce e il capocollo al vincotto preparati con carni di suini alimentati al naturale, si assaporano gusti e profumi inusuali che stuzzicano il palato alla ricerca dell'ingrediente nascosto.

Gin di Puglia GIN
(☎347 870 25 96; www.gindipuglia.it; Via Regina Margherita 91) Ettore, Pellegrino e Valentina: tre amici, la passione per la propria terra e il desiderio di produrre un gin 100% made in Daunia, distillato in olio extravergine d'oliva e arricchito dai sentori mediterranei.

Informazioni

Ufficio IAT (☎0881 97 00 20; Piazza Giovanni XXIII; ⏲orario variabile). Informazioni e appuntamenti su www.visitmontidauni.it.

Per/da Troia

Troia è raggiungibile in automobile con la SP115 da Foggia (24 km). I collegamenti in autobus sono effettuati dalle **Ferrovie del Gargano** (☎0882 22 89 60; www.ferroviedelgargano.com; da Foggia €1,80, 45 min) e i biglietti si acquistano anche su biglietteria.cotrap.it.

Orsara di Puglia

POP. 2516 / ALT. 635 M

Orsara è un borgo ben conservato tra i boschi, con alcuni palazzi e chiese antiche nella parte alta, un intrico di vicoli tra le case in pietra e il magnifico ex Complesso Abbaziale dell'Angelo. Non solo: si è anche conquistata il titolo di 'città slow' di Slow Food per l'elevata qualità della vita, i tempi scanditi dalla tranquillità montana e l'eccellenza delle produzioni gastronomiche, come il cacioricotta caprino dall'inconfondibile forma a pera, gli asparagi e il famoso pane di grano duro, solo per citarne alcuni.

Ci sono varie tesi (alcune leggendarie) sul nome di questo paese della Daunia. La più

DA NON PERDERE

IL PANE 'DIVINO' DI ORSARA

'Divino' è il nome del pane cotto nel più antico forno a paglia della Puglia, **Pane e Salute** (☎0881 96 48 26, 366 546 49 92; www.facebook.com/foggia.it; Via Caracciolo 13; ⏲pranzo e cena su prenotazione; ✍), un tempo forno pubblico, risalente al 1526 e ancora perfettamente funzionante. Divino perché, racconta il proprietario Angelo Di Biccari, detto Trilussa, viene preparato secondo tecniche antiche utilizzando lieviti madre selezionati da secoli, ricchi di fermenti lattici e vitamine, che lo rendono gustoso e digeribile. Le pagnotte, di circa 4 kg l'una, hanno una crosta di mezzo centimetro, particolarmente scura per effetto della forte combustione della paglia. Croccante nelle prime ore dopo la cottura, il pane si ammorbidisce nelle ore successive e può essere conservato addirittura fino a due settimane. Entrate nel piccolo e tipico locale per vedere da vicino i due vani di cui è composto il forno in pietra focaia, uno inferiore per la combustione della paglia e l'altro, più in alto, per la cottura. E lasciatevi inebriare, magari seduti al tavolo del piccolo ristorante sotto l'arco, dal profumo del pane appena sfornato, della pizza farcita con i prodotti di stagione come fichi e zucca, o della tiella del fornaio con carne e verdure o in versione vegetariana e vegana.

accreditata è che derivi dal latino *ursus* (orso) a causa della presenza, sul luogo dove sarebbe stato poi edificato il centro abitato, di una tana di un'orsa con due cuccioli; e infatti lo stemma del comune è un'orsa rampante con una quercia e due orsacchiotti. Tra i primi abitanti di Orsara vi furono probabilmente alcuni monaci orientali insediatisi nell'VIII secolo, quando l'area era ancora sotto il controllo dei bizantini. Nel XIII secolo furono invece i monaci guerrieri dell'ordine di Calatrava, incaricati di difendere la fede cristiana lungo la Via Francigena, a stabilirsi nell'abbazia. Infine giunsero i Guevara, a cui si devono le trasformazioni che tra XVI e XVIII secolo cambiarono il volto della città.

Che cosa vedere

★ Complesso Abbaziale dell'Angelo COMPLESSO MONUMENTALE
(☎0881 96 49 04, 349 479 10 34; ⏲visite guidate su prenotazione) FREE Il luogo più interessante di Orsara si trova già citato in testi medievali come punto di passaggio importante per i pellegrini diretti al santuario di Monte Sant'Angelo. Scendendo la Scala Santa, stupisce la sacralità austera della **Grotta di San Michele**, risalente al IX-X secolo, che non lascia dubbi sul perché i pellegrini l'avessero scelta come luogo di raccoglimento. Ancora più suggestiva è la visita al mattino presto o alla sera, quando la luce fioca aggiunge al luogo un'aura di spiritualità anche maggiore, riflettendosi sui paramenti dorati di san Michele che colpisce il demonio. La cinquecentesca **Chiesa di San Pellegrino** (erroneamente detta 'di San Michele Arcangelo') soprastante ha vetrate istoriate e un portale con episodi biblici e micaelici scolpiti dallo scultore fiorentino Iorio Vivarelli. Il nucleo principale dell'abbazia è però la **Chiesa dell'Annunziata**, del IX secolo circa, austera come una fortezza nella sua posizione arroccata sul precipizio sottostante ed essenziale per la mancanza di decorazioni sulla facciata romanica. Nell'interno, profondamente restaurato, spiccano le due cupole, una ellittica e l'altra circolare, intervallate da una volta a botte e, nella grande arcata sinistra, lo stemma dei Guevara e di un'altra famiglia nobile a essi imparentata. Da notare anche il pulpito, che è stato ricostruito con un leone stiloforo che sorregge una colonna federiciana ed è sormontato da pannelli rinascimentali su cui è riportata la data dell'intitolazione della chiesa alla Santissima Trinità.

Centro storico AREA MONUMENTALE
Alle spalle del complesso abbaziale, in parte convertito in **Palazzo Baronale**, disseminate per il centro storico ci sono alcune delle architetture laiche più interessanti e gli eleganti portali in pietra dei palazzi nobiliari, come il vicino **Palazzo Varo**, del Cinquecento, destinato a ospitare la biblioteca musicale e un centro culturale dedicato a quell'arte. Ammirate la **Fontana Nuova**, a due archi, costruita nel 1457 e ampliata nel 1663 dai duchi Guevara per diventare poi lavatoio pubblico, e l'ottocentesca **Fontana dell'Angelo**, su Corso della Vittoria, che prende il nome dalla statua che la decora (in realtà una Vittoria alata). Entrate infine nella **Chiesa di San Nicola di Bari** (☎0881 96 40 64; Piazza Muncipio 7), di origini medievali ma ampliata e trasformata a partire dal 1622, che tra i suoi tesori custodisce uno strepitoso crocifisso lapideo di epoca aragonese (XV secolo), scolpito su en-

trambi i lati e levigato con una finezza tale da sembrare di legno. Una curiosità: nonostante il borgo di Orsara sia profondamente legato al Cristianesimo, oggi ospita una chiesa evangelica valdese, costruita nel 1932 con sottoscrizione collettiva di alcuni emigranti di ritorno dagli Stati Uniti che si erano convertiti al protestantesimo.

Attività

In primavera, una meta consigliata per il trekking è la cima di **Monte Preisi**, splendido punto panoramico e habitat di orchidee selvatiche dai colori magnifici. Per tutte le dritte e per farvi accompagnare rivolgetevi al ☎349 479 10 34 o tenete d'occhio la programmazione dell'**Associazione Verde Mediterraneo** (☎346 560 13 64) controllando la pagina Facebook.

Feste ed eventi

Festa del Vino ULTIMO SABATO DI GIUGNO
Dal tardo pomeriggio fino a notte fonda per le vie del centro si degustano il Tuccanese, il Ripalonga e l'Ursaria, vini autoctoni da abbinare alle specialità gastronomiche della zona, prima di farsi trascinare dalla musica suonata dal vivo.

★ **Fucacost e Cocc' Priatorije** 1° NOVEMBRE
Questa festa dal nome impronunciabile (tradotto vuol dire 'falò e teste del purgatorio') è nata ben prima di Halloween, ma allo stesso modo celebra l'incontro tra il mondo dei vivi e quello dei morti, che in questa notte fanno visita ai loro cari. Lo fanno sfruttando le scintille prodotte dalle fascine di ginestre incendiate e riconoscono la propria casa grazie alla zucca-lanterna intagliata. Dice la tradizione che il loro riflesso si può scorgere nelle bacinelle piene d'acqua messe apposta davanti agli usci di casa. Un rito pagano remoto e suggestivo che ha attraversato indenne i millenni, aggirando anche la chiesa. Per le strade si cucinano carne alla brace, patate, caldarroste e *a muscetaglje*, il saporito dolce dei morti preparato con grano lesso bagnato nel vincotto, melograno e noci.

Pernottamento e pasti

Agriturismo Posta Guevara MASSERIA €
(☎0881 97 68 80, 342 780 65 51; www.facebook.com/posta.guevara; Via Napoli SS90, Località Giardinetto; singole/doppie €40/60;) Nell'originaria tenuta della nobile famiglia Guevara troverete una locanda rurale che offre, oltre all'ospitalità in comode camere immerse nel verde, corsi di cucina e laboratori didattici tenuti dalla preparatissima Lucia Di Domenico. Il **ristorante** (pasti €25) offre i sapori autentici della campagna: la fragranza del pane appena sfornato, la pasta di grano arso fatta in casa, le carni alla brace, i salumi di maiale nero e i formaggi dei Monti Dauni.

Relais Maffia B&B €€
(☎328 223 25 56; Corso della Vittoria 203; camere €75-80;) Memorie di famiglia e pezzi antichi si mescolano in questo bel casolare dell'Ottocento a ridosso di Orsara, gestito con amore da Maria Michela, che dispone di cinque camere matrimoniali. La struttura è circondata da un giardino in cui concedersi una rilassante colazione con vista sulla valle.

★ **Peppe Zullo** RISTORANTE, B&B €€
(☎0881 96 47 63; www.peppezullo.it; Via Piano Paradiso; pasti €35; doppie con prima colazione €90; ⏲13-15.30, chiuso mar e tutto novembre;) 'Simple food for intelligent people' è lo slogan con cui Peppe Zullo, istrionico e televisivo cuoco-contadino di fama internazionale che ha fatto esperienza in Messico e negli Stati Uniti per poi fare ritorno nella sua città natale, promuove la sua cucina mediterranea legata ai prodotti della terra: olio, vino, verdure, frutti di bosco ed erbe selvatiche. A Orsara, Zullo ha costruito un piccolo regno, che ora conta un'azienda agricola con un orto biologico e una cantina ipogea che coniuga arte e sapori, oltre a due B&B e ristoranti: il primo in Via Paradiso e il secondo presso Villa Jamele, dove c'è anche una scuola di cucina con vista sui campi.

Pasticceria De Angelis dei Fratelli Terlizzi PASTICCERIA, BAR €
(☎347 793 79 58; Corso della Vittoria 10; ⏲6-13 e 16-22 mer-lun) Fate due passi fino al civico 10 di Corso della Vittoria, dove si trova questa premiatissima pasticceria. La specialità è la cosiddetta 'pastiera orsarese' (una variante locale di quella napoletana), ma ci sono anche la pralineria, i gelati e i tipici biscotti al mosto cotto.

Shopping

Il Tuccanese VINO
(☎0881964660, 3479019986; architetto.guidacci@virgilio.it; Via Tenente G. Volpe; ⏲orario variabile, visite su appuntamento) L'architetto Leonardo Guidacci e sua moglie hanno una passione ben precisa: il vino. Nello specifico, il Tuccanese, vitigno autoctono ma quasi estinto,

che cresce sui pendii argillosi, di cui producono poche ma profumatissime bottiglie. Vi consigliamo di partecipare a un **aperitivo in vigna** (prenotazioni su www.visitmontidauni.it e sull'app).

Informazioni

L'**ufficio turistico** (☎ 0881 96 49 04, 349 479 10 34; Via Mentana 3; ⏲ sab e dom inverno, tutti i giorni estate) si trova in Palazzo De Gregorio, vicino al Palazzo Baronale. Informazioni e appuntamenti su www.visitmontidauni.it.

Per/da Orsara di Puglia

È raggiungibile in automobile da Foggia (37 km) con la SS90 fino a Giardinetto. I collegamenti in autobus sono effettuati da **Ferrovie del Gargano** (☎ 0882 22 89 60; www.ferroviedelgargano.com; da Foggia €2,90, 1 h 15 min) e i biglietti si acquistano anche su biglietteria.cotrap.it.

Bovino

POP. 3001 / ALT. 620 M

Tra i borghi più affascinanti della Puglia c'è l'antica Vibinum, di fondazione romana, che conserva le tracce del passato nelle sue architetture di pietra. Prendetevi del tempo per esplorare il centro storico, che nasconde alcune chiese, oltre 800 diversi portali di edifici signorili, enigmatici mascheroni scolpiti agli angoli dei palazzi, e culmina nel Castello Ducale (in cui potete anche trascorrere la notte). Dai confini urbani ammirate il bel panorama delineato da colline, campi coltivati, foreste impenetrabili e dal Vallo di Bovino, dove si nascondevano le bande di briganti alla fine dell'Ottocento, da sempre luogo di transito obbligato da e per la Campania. Tanti visitatori giungono a Bovino attratti dalla sua fama di borgo all'antica, oltre che per godere della buona cucina locale in cui spicca il guanciale, vera specialità autoctona. Da qualche anno, inoltre, il paesino ha acquistato fama grazie alla Barberia Scapicchio, celebre per avere importato la rasatura 'all'americana' (v. lettura p150).

Che cosa vedere

Castello Ducale — CASTELLO, MUSEO

La fama di Bovino è legata soprattutto all'imponente castello, che nei secoli ospitò molti personaggi illustri tra i quali Torquato Tasso, Giovan Battista Marino, Maria Teresa d'Austria e papa Benedetto XIII. Eretto nel 1045 per volontà del normanno Drogone, conte di Puglia, sulle rovine di una fortezza romana, fu ampliato successivamente da Federico II e rimaneggiato più volte fino a divenire il palazzo ducale dei Guevara intorno al 1600. Dell'impianto normanno oggi restano l'imponente torre cilindrica e l'annesso cassero, mentre nel cortile s'innalza la settecentesca torre dell'orologio.

All'interno si trova il ricco **Museo Diocesano** (☎ 0881 91 20 15, 328 842 74 33; www.facebook.com/museodiocesanobovino; ⏲ 16-19 mar, gio e sab, 10-12.30 e 15.30-19 festivi, adulti/bambini €2,50/1,50), che raccoglie sculture lignee e tele del Sei-Settecento (il Martirio di San Sebastiano è attribuito a Mattia Preti) e oggetti sacri tra cui un braccio reliquiario di san Marco di Eca in argento dorato e un ostensorio, creati dall'argentiere marchigiano Pietro Vannini alla metà del XV secolo.

Centro storico — AREA MONUMENTALE

Fuori dalle mura fortificate del castello sorge la **Cattedrale** (piazza Duomo) in stile romanico pugliese del XIII secolo, con la facciata asimmetrica e otto imponenti colonne di granito di epoca romana all'interno; ospita sul fianco destro dell'altare il Cappellone di San Marco con le spoglie di san Marco di Eca, vescovo di Troia vissuto nel III-IV secolo. Interessante il **Museo Civico Carlo Gaetano Nicastro** (☎ 0881 96 10 25, 339 168 68 39; www.facebook.com/museocivico.bovino; Piazza Marino Boffa; ⏲ 10-13 lun-ven, 10.30-12.30 e 16.30-18.30 sab e dom, tutto l'anno su prenotazione) FREE custodito nello splendido Palazzo Pisani, che tra i suoi reperti vanta due stele del III millennio a.C. raffiguranti un uomo e una donna stilizzati, tra le prime sculture antropomorfe rinvenute in Puglia, e una rara e conturbante sfinge in pietra di età augustea.

Ponte Bovino — FRAZIONE

In questa località a valle di Bovino si concentrano alcuni monumenti incantevoli e segreti. Attraversate il **ponte** (romano, ma rifatto nel Seicento) sul torrente Cervaro e ammirate la monumentale **Fontana Borbonica**, voluta da Carlo III per l'abbeveraggio dei cavalli che facevano sosta nella dirimpettaia **Taverna del Ponte**, stazione di posta fin dall'epoca romana (ruolo che mantenne fino all'Ottocento) e poi adibita agli usi più disparati. Ritornate sui vostri passi per scoprire uno dei più bei mulini della zona, il **Moleno d'Acqua del Ponte** (pagina Facebook: Associazione 'Lo Moleno d'acqua del Ponte') e fatevi deliziare dalle storie raccontate da qualche membro della famiglia Grasso, che da anni si occupa amorevolmente del bene (la macina è ancora perfettamente funzionante), organizzando visite guidate, incontri e degustazioni.

Attività

Escursionismo e trekking

Associazione Verde Mediterraneo ESCURSIONISMO
(📞 346 560 13 64; Facebook: Associazione Verde Mediterraneo) Rivolgetevi a questa associazione locale per appassionanti trekking urbani e outdoor nel Vallo di Bovino, alla scoperta di antiche storie di briganti e di una natura ancora impervia e selvaggia.

Masserie didattiche

Se viaggiate con bambini, le masserie didattiche sono il luogo ideale per scoprire i segreti della vita contadina. Ne trovate alcune a pochi chilometri dal borgo.

Masseria Morra LABORATORI
(📞 0881 96 62 09, 346 729 15 68; Contrada Salecchia, SP122 Deliceto-Bovino, Km 2,5) Qui si può partecipare a workshop sulle erbe aromatiche e la lavorazione dei formaggi.

Masseria Salecchia LABORATORI, PASSEGGIATE
(📞 340 774 53 09; www.masseriasalecchia.it; SP122 Bovino, Km 4,4) Non lontana dalla Masseria Morra, propone laboratori sulle farine e le marmellate fatte in casa ed escursioni nel bosco e in un parco avventura.

DA PROVARE

UN AFFARE DI FAMIGLIA

Una Harley parcheggiata sul corso principale di Bovino segnala l'ubicazione del **Barber Shop** (📞 0881 96 18 41, 393 451 01 33; www.facebook.com/scapicchio; Corso Vittorio Emanuele II 28, Bovino; ⌚ 8.30-13 e 15.30-20.30, chiuso dom pomeriggio e lun) della famiglia Scapicchio, che tramanda l'arte e i segreti del barbiere da cinque generazioni. Rasatura con rasoio a mano libera, prodotti di qualità, poltrone e strumenti d'antan, arredo in stile e una vera passione per il mestiere fanno di questa bottega, tra le prime a riportare la barberia 'old syle' in Italia, molto più di un semplice parrucchiere. Concedetevi un taglio anni '20 o una rasatura con trattamento relax e massaggio a panno caldo aromatizzato e freddo (40-50 minuti in totale).

Feste ed eventi

Santa Maria di Valleverde 28-30 AGOSTO
Nel 1266 la Madonna apparve a un legnaiolo nel bosco di Mengaga, a circa 3 km dall'abitato di Bovino. Da allora la città le è devota e dal XV secolo dedica il 29 agosto alla sua celebrazione, con luminarie, fuochi, concerti e bande. La mattina ha luogo la suggestiva cavalcata storica, rappresentata da una lunga fila di cavalieri e carrozze preceduti da nobiluomini e gentildonne in costume, con tanto di musici, sbandieratori e danzatori. Portano in Cattedrale la bella statua della Madonna con bambino, che nel resto dell'anno è custodita in un moderno santuario poco fuori.

San Marco di Eca 7 OTTOBRE
La ricorrenza è famosa soprattutto per il tradizionale 'getto delle noci'. Si narra che uno storpio volle unirsi ad alcuni bambini che giocavano a tirarsi delle noci, ma fu da loro deriso perché non riusciva a correre. Così pregò san Marco di Eca, che lo guarì. Oggi la ricorrenza si divide tra una processione che termina con il 'getto' e una sagra tra le vie del borgo antico a base di frutti autunnali e pietanze della tradizione contadina.

Pernottamento

★ **Camera a Sud** B&B €€
(📞 0881 96 60 73, 347 489 51 41; www.facebook.com/cameraasudbovino; Piazza Marino Boffa 13-15; singole/doppie €50/75; 📶❄) Arte povera e oggetti di design convivono in questa struttura in pieno centro storico. La sapiente conservazione di pietre e materiali originali, inoltre, dà alle camere (a tema) un aspetto caldo e accogliente, mentre l'ampio assortimento di brochure, dépliant, mappe e guide rende ancora più interessante e piacevole il soggiorno. Disponibili i servizi di noleggio bici e prenotazione guide turistiche.

Residenza Ducale B&B €€
(📞 0881 91 20 15, 328 842 74 33; www.residenzaducale.it; Castello di Bovino; singole/doppie €40/75; 📶❄🅿) Se volete dormire in un vero castello (a prezzi contenuti), prenotate una delle camere di questa antica dimora. Si entra dallo stesso ingresso del museo e dalle finestre si possono ammirare la corte interna e i tetti del borgo. La gestione della struttura è affidata alla **Società Cooperativa Sipario** (www.sipario.bo.it).

Palazzo San Procopio B&B €€
(📞 0881 96 19 26; www.lepietredelborgo.it; Via Monte Girone 23-25; singole/doppie €40/75; 📶❄) Un

restauro accurato ha conferito a questo antico palazzo l'aspetto di una residenza di lusso senza compromettere la semplicità degli ambienti. Ogni camera porta il nome di una pietra preziosa e la suite all'ultimo piano ha una bellissima terrazza panoramica che domina il borgo e la valle. Belle anche la sala colazioni e la piccola spa al piano terra.

Pasti

★ Giannotti BAR, PASTICCERIA, BISTRÒ €
(☎ 0881 96 17 22; www.giannotti1966.it; Corso Vittorio Emanuele 49; ⏲ 6-23, fino alle 24 nei festivi) Per sperimentare un felice connubio fra tradizione e innovazione sedetevi ai tavolini di Giannotti, una pasticceria nata nel 1966 che negli anni è diventata il punto di riferimento dei gourmand da tutta la provincia e oltre: scelta etica delle materie prime, filiera corta, no ai conservanti e grande maestria sono alla base del successo. Assaggiate i bombolini ripieni di ricotta e panna all'arancia, le creme spalmabili di nocciola e a Natale il panettone, disponibile in ben 14 versioni. E se l'orario è quello di pranzo o di cena, prenotate un tavolo nell'annesso bistrò **Origini** (originibistro quet.it; pasti a partire da €25) per un bel piatto di pasta Casa Prencipe (p167) con melanzana e cacioricotta o un tagliere di formaggi e salumi, annaffiato da buon vino locale.

Da Cumba Frang PIZZERIA €
(☎ 335 540 73 81; Villa Comunale; pasti €20; ⏲ 12-15 e 19.30-24 mer-lun) Sembra quasi di essere in una baita, per le pareti di legno e l'ubicazione nel verde della Villa Comunale, il bel parco cittadino. Provate la ragumita, con carne macinata rosolata e provola, la rosmita, a base bianca con crema di rosmarino, salsiccia e patate al forno, o una pizzetta fritta montanara, condita con pesto di basilico e cacioricotta. La cottura è a legna.

★ Piana delle Mandrie AGRITURISMO €€
(☎ 0881 96 64 06, 389 789 79 56; www.facebook.com/pianadellemandrie; Contrada Padula SP121 incrocio Accadia Panni; pasti €25-30; ⏲ 12-15 mar-dom, è gradita la prenotazione) In aperta campagna, è una masseria autentica dove gustare formaggi, ortaggi a km0 e carni allevate in loco (conigli, faraone, polli e agnelli). Il titolare, Nicola, con semplicità e maestria vi farà assaggiare antipasti della casa, primi conditi con verdure spontanee e un trionfo di formaggi, ricotte e nodini di mozzarella. Approfittate della suggestiva location per una passeggiata digestiva prima di rimettervi in viaggio. In paese, **La Cantina** (Via Barone 1; pasti €30-35) è un piccolo locale con la stessa gestione e la stessa filosofia.

La Taverna del Duca RISTORANTE €€
(☎ 0881 96 63 26; www.facebook.com/LaTaverna DelDucaBovino; Piazza XX Settembre 5; pasti a partire da €30; ⏲ 13-15 e 19-22 mar-dom) Se dovesse venirvi un'improvvisa nostalgia del mare, questo posticino è quello che fa per voi. Qualche chicca dal menu: carpaccio di baccalà, tataki di tonno con crema di carote, scialatielli agli scampi, calamari scottati con mandorle e pesto di rucola. Sicuramente il miglior indirizzo di pesce sui Monti Dauni.

Shopping

★ Fattibene MACELLERIA, SALUMI
(☎ 0881 96 12 46; www.fattibene.it; Via Castello 14; ⏲ 8-13 e 17-20 lun-sab) Giunti ormai alla settima generazione (pare che gli avi venissero dall'Abruzzo), dal 1826 continuano a produrre artigianalmente e senza additivi salumi come capocollo, soppressatona, pancetta arrotolata, carpaccio (bovino e suino). Provate anche la musciska, filetto di maiale magrissimo tagliato a listarelle, salato, condito ed essiccato (i pastori usavano carne di capra o pecora). Esiste anche una linea 100% bio.

Informazioni

Info Point Bovino (☎ 0881 96 64 75, 333 839 18 90; www.prolocobovino.it; Corso Vittorio Emanuele II 1; ⏲ 9-13 e 15.40-19.30, orari prolungati in estate). Informazioni e appuntamenti su www.visitmontidauni.it.

Per/da Bovino

Bovino è raggiungibile con gli autobus di linea **ACAPT** (☎ 0881 96 10 21; www.acapt.it) da Foggia (€3,30/4,30, 1 h 5 min). Potete acquistare i biglietti anche sul sito web biglietteria.cotrap.it.

Deliceto

POP. 3551 / ALT. 611 M

L'imponente castello normanno, tra i meglio conservati della regione, domina con il suo zoccolo triangolare l'altura sulla quale sorge Deliceto, il quarto paese più popolato dei Monti Dauni. Tutto il borgo tende verso l'alto e le sue stradine si inerpicano tra palazzi ed edifici ben tenuti, immersi in un'aria pulita e fresca anche d'estate. La vista è mozzafiato e si capisce perché Antonio Piccolomini, nipote di papa Pio II, scelse Deliceto come capitale del suo marchesato, trasferendosi qui con una colonia di albanesi.

Che cosa vedere

Il monumento simbolo di Deliceto è il poderoso **Castello Normanno** (☎0881 36 52 81; ⏲orario variabile, visite guidate su prenotazione) FREE risalente alla fine del IX secolo, che mantiene intatto il severo aspetto di fortezza sormontata dal mastio normanno alto ben 30 m. Nel suo stemma c'è un elce (cioè un leccio), perché pare che il nome 'De Iliceto' significhi appunto 'presso il bosco di elci', sebbene quest'albero sia raro nell'area circostante. Splendide le viste che si godono dall'alto. Visitate la **Chiesa Madre del Santissimo Salvatore**, che accoglie la scultura medievale della Madonna dell'Olmitello, la barocca **Chiesa di Sant'Anna e Morti**, con i portali decorati da motivi ispirati al tema funerario, e il più antico edificio sacro della città, la **Chiesa dell'Annunziata**, sulla cui facciata stupisce il quadrato magico con l'incisione palindroma SATOR.

Il **Convento della Consolazione** (Comunità Mariana Oasi della Pace; ☎0881 199 10 18 o Pro Loco; ⏲visite guidate su prenotazione), 5 km a sud della città, risale al 1470 ed è famoso per aver ospitato due religiosi che sarebbero divenuti santi, uno dei quali, Alfonso Maria de' Liguori, avrebbe composto proprio qui il celebre canto natalizio *Tu scendi dalle stelle* (l'altro è san Gerardo Maiella). Tutt'intorno c'è il **Bosco della Consolazione**, da esplorare a piedi, magari cercando di avvistare qualche esemplare dei tanti rapaci che lo abitano (gufi, allocchi, poiane, nibbi reali).

Pasti

★ **Ballarò** RISTORANTE €€

(☎0881 96 31 26; Contrada Varco SP122 Deliceto-Bovino; pasti €25-30; ⏲12-14.30 mer-sab, fino alle 16 dom, 19-23 ven-sab, chiuso feb) Un ristorante siciliano tra i Monti della Daunia? No, quella di Raffaele Mazzarella è di più: una cucina che mescola sapori pugliesi, siculi e sudamericani. Cominciate con polpette di vitello panate al limone con insalata novella e senape, proseguite con tortelli ripieni di stracciatella con pomodoro fresco e basilico oppure cotechino artigianale con verdure di campo e spuma di fagioli e concludete con una crostatina con crema al limone e meringa gratinata.

Attività

Il **Bosco Macchione**, già riserva reale, con le sue maestose querce secolari si presta a passeggiate e trekking a cavallo. L'antico casolare gestito dalla **Cooperativa Pegaso** (☎0881 91 40 28, 333 289 97 59; www.pegasocooperativa.it) promuove le attività nell'area naturalistica.

Feste ed eventi

Presepe Vivente PERIODO NATALIZIO

È uno degli eventi più sentiti dell'inverno nell'intera provincia. Tra il Convento della Consolazione e le grotte scavate nella roccia nel rione Pesco, il 26 dicembre e il 6 gennaio l'intera comunità si veste in abiti settecenteschi per rappresentare scene della vita quotidiana accompagnate dall'immancabile suono delle zampogne.

Informazioni

Pro Loco (☎0881 36 52 81, 349 054 68 45; www.prolocodeliceto.it; Corso Regina Margherita 57; ⏲orario variabile). Informazioni e appuntamenti su www.visitmontidauni.it.

Per/da Deliceto

Deliceto è raggiungibile in automobile da Foggia (38 km) con la SS90, la SP106 e la SP103. I collegamenti in autobus sono effettuati da **Ferrovie del Gargano** (☎0882 22 89 60; www.ferroviedelgargano.com; da Foggia €2,90, 1 h 5 min). Potete acquistare i biglietti anche sul sito web biglietteria.cotrap.it.

Accadia

POP. 2178 / ALT. 620 M

La collina sulla quale sorge l'abitato, con la sua favorevole esposizione a est, è sempre stata luogo privilegiato per gli insediamenti nella zona; non per nulla, i primi resti rinvenuti ad Accadia sono databili al Neolitico. In età romana, sull'altura fu eretto un tempio in onore di Eca, un'antica divinità legata al culto della terra. Accadia, più di tutti i borghi vicini, oggi conserva i resti del tempo che fu in un intero quartiere abbandonato, il Rione Fossi; cinto da rupi e con una sola via d'accesso, è il teatro di una storia che deve ai terremoti e allo spopolamento dei centri rurali la forma attuale.

La città nuova, costruita dopo che i terremoti del 1930 e del 1962 ebbero danneggiato la maggior parte dell'antico abitato medievale, è oggi famosa soprattutto per il festival Accadia Blues.

Che cosa vedere

Parcheggiate l'auto presso la **Fontana Monumentale** del 1836, a forma di tempietto neoclassico con quattro colonne in pietra. Accanto si erge la **Torre dell'Orologio** in mattoni: soffermatevi sul bassorilievo che raffigura l'assedio del 1462, durante il quale gli abitanti resistettero per 19 giorni all'esercito del re Ferrante d'Aragona (l'originale bronzeo decora le porte del Maschio Angioino a Napoli). Superando l'arco medievale in pietra di **Porta di Capo** si entra nel **Rione Fossi**, un intrico di vicoli tortuosi e case medievali, ma anche di grotte e abitazioni rupestri un tempo abitate da eremiti: queste ultime, gravemente danneggiate dal terremoto del 1930, sono ormai abbandonate, anche se prosegue il restauro e il recupero di alcuni palazzi. Il posto è imperdibile per chi subisce il fascino dei luoghi misteriosi (di notte, il buio profondo e i rumori indefinibili vi caleranno in un'atmosfera da film horror). In estate fa da cornice a eventi musicali.

Attività

Alle pendici delle colline intorno al paese ci sono boschi attraversati da facili sentieri e varie aree picnic. Vi segnaliamo in particolare il bosco che circonda il **Santuario della Madonna del Carmine**, sul Monte Crispignano (1105 m, la seconda vetta della Puglia), dove la tradizione racconta che la Madonna apparve a un pastorello, e il **Bosco Paduli**, ombrosa area naturalistica ricoperta di querce secolari, sorgenti e splendide orchidee selvatiche.

Se amate il trekking, un'escursione da non perdere è quella alle **Gole di Pietra di Punta** (4 km), dove le sorgenti del torrente Frugno affiorano tra bianche pareti calcaree. Ai piedi delle gole si raggiunge la **Chiesetta di Santa Maria Maggiore**, con importanti iscrizioni sulla facciata. Per escursioni guidate e trekking a cavallo contattate l'**Associazione Verde Mediterraneo** (☎ 346 560 13 64; Facebook: Associazione Verde Mediterraneo).

Feste ed eventi

★ Accadia Blues LUGLIO

(www.accadiablues.it) Uno dei più apprezzati festival blues italiani per la presenza di noti artisti internazionali nella spettacolare cornice del Rione Fossi. Se passate per la Daunia il terzo fine settimana di luglio, una tappa qui è d'obbligo.

Corteo Storico 18 AGOSTO

Per le vie del centro si rievoca la resistenza eroica di un piccolo presidio di soldati angioini all'assedio dell'esercito aragonese guidato da re Ferrante I d'Aragona nel 1462.

Pernottamento

Casa Salvatore B&B, AGRITURISMO €

(☎ 081 19 13 31 61; www.nelmiocampo.com; Via Borgo 70; singole/doppie €40/60; 📶) Un palazzetto sul corso di Accadia, dalla cui terrazza si gode una splendida vista, ospita questo bel residence con otto camere. Se invece amate stare in aperta campagna, optate per la **Masseria Salvatore** (081 19 13 31 61; Contrada Vadecannata; singole/doppie €40/60; ⏲ apertura stagionale), a 3 km dal paese. Fatevi raccontare dai gestori come si producono secondo metodi bio yogurt, olio e deliziosi formaggi di capra: non potrete fare a meno di acquistare qualcosa.

Informazioni

Pro Loco (☎ 0881 98 6106; www.facebook.com/prolocoaccadia; Via Borgo 22; ⏲ orario variabile; aperture straordinarie durante l'Accadia Blues). Informazioni e appuntamenti su www.visitmontidauni.it.

Per/da Accadia

Accadia è raggiungibile in auto da Foggia (52 km) con la SS655 Foggia-Ascoli Satriano fino all'uscita per Deliceto, la SP119 e la SP137 fino alle indicazioni per la cittadina. I collegamenti in autobus sono effettuati da **Ferrovie del Gargano** (☎ 0882 22 89 60; www.ferroviedelgargano.com; da Foggia €4.30, 1 h 35 min). Potete acquistare i biglietti anche sul sito web biglietteria.cotrap.it.

Sant'Agata di Puglia

POP. 1828 / ALT. 795 M

Sant'Agata è uno di quei luoghi incantati che si vedono a ogni tornante e dove il solo passeggiare basta a riempire la mente di suggestioni e curiosità. Per il panorama emozionante e ampio di cui si gode dall'alto dei suoi 800 m, dalla valle del fiume Carapelle fino al basso Tavoliere, dal promontorio del Gargano sino al Golfo di Manfredonia, Sant'Agata è soprannominata 'la loggia delle Puglie'. Bella soprattutto verso sera, nell'ora in cui si accendono pian piano le luci, la cittadina è attraversata da una rete fittissima di 'trasonne' (stradine labirintiche) e vicoli che si inerpicano fino a convergere nella piazza del municipio e, più in alto, al castello.

Che cosa vedere

In Piazza XX Settembre affacciatevi dalla bellissima terrazza panoramica ornata da vasi di fiori alle ringhiere, come un balcone da sogno su un paesaggio sconfinato di campi e boschi coronato dal profilo inconfondibile del Monte Vulture, già in Basilicata. è molto piacevole (anche se un tantino faticoso) addentrarsi nel borgo medievale, sotto la cascata di piccole case dagli uniformi tetti in cotto, per scoprire i simboli araldici e i bei portali in pietra scolpita che nobilitano le facciate con cariatidi, armi, mascheroni e motivi vegetali. La maggior parte dei monumenti apre su prenotazione: rivolgetevi al Comune o alla Pro Loco (p155) per le visite guidate.

Date un'occhiata alla **Chiesa di Sant'Andrea**: ritenuta la più antica del borgo, è stata ampiamente rimaneggiata nel XVI secolo e custodisce un pregevole coro ligneo. La **Chiesa Matrice di San Nicola**, di origine normanna ma rifatta tra il XV e il XVI secolo, è stata parzialmente riaperta dopo alcuni anni di restauro: al suo interno un presepe in pietra di Stefano da Putignano (XVI secolo), un trittico in legno del 1606 e, anche qui, un bellissimo coro ligneo. Una prima cinta di mura turrite si stringe intorno al **Castello Imperiale**; nella seconda cinta cercate l'**Arco della Porta Nuova**, poi visitate la cappella dedicata a sant'Agata per volere di Carlo I d'Angiò. Tra le mura sentirete di sicuro riecheggiare il nome di Agatone, signore del paese in età longobarda che trovò la morte per opera del suo barbiere, il quale si ribellò in tal modo all'applicazione dello *ius primae noctis*. Prima di lasciare il paese fermatevi al **Frantoio Ipogeo** della famiglia Nova, del XVI secolo, la cui macina in pietra fu azionata fino al 1927 da asini e muli nel cuore di una grotta, e all'**Antico Forno a Paglia** della famiglia Del Buono, dove potrete visitare un vero forno antico tradizionale restaurato in ogni sua parte.

Non tralasciate le bellezze naturalistiche intorno a Sant'Agata: nel bosco di Serbaroli, lungo la strada per Accadia, si erge il megalite chiamato **Pietra di Sandu Linze** (san Lorenzo), un'area sacra italica con pozzo sacro.

Feste ed eventi

Festa di Sant'Agata 5 FEBBRAIO

All'antica Artemisium fu dato il nome di Sant'Agata nel 592, in onore delle reliquie della martire che, durante un trasferimento a Roma, transitarono sul suo territorio. Siccome la santa catanese fu martirizzata con l'asportazione delle mammelle, i santagatesi vollero ricordarla con un rito, durante il quale le donne si recavano al castello con una candela e un cesto pieno di pani a forma di mammelle. Dopo la messa e la benedizione, i pani venivano distribuiti alla popolazione, cosa che accade ancora oggi in occasione della festa patronale.

Pernottamento

★ **L'Antico Monastero** B&B €

(☎375 510 23 21; www.lanticomonastero.com; Via Santa Maria delle Grazie 16-18; singole/doppie €40-45/60-65; 📶) All'ingresso, leggete la storia di quest'antico palazzo ristrutturato ad arte che ospitava un monastero. Il personale è molto

ULTIMA FERMATA: ROCCHETTA

'La poetica': così nel 1875 il critico letterario e uomo politico Francesco De Sanctis definì **Rocchetta Sant'Antonio**, per la serenità che gli ispirava questo piccolo borgo, il più meridionale dei Monti Dauni, 22 km a sud-ovest di Ascoli, a un passo dalla Campania. Nel 984 i normanni presero possesso di questi territori e vi eressero una fortezza della quale si possono ancora scorgere i resti. In epoca medievale il borgo divenne feudo dei D'Aquino e, ai primi del Cinquecento, su influsso delle celebri architetture rinascimentali di Francesco di Giorgio Martini vide la costruzione di un nuovo maniero, il più scenografico della zona. Il **Castello D'Aquino** (non visitabile), fatto erigere per sfarzo più che per difesa, conserva ancora oggi un fascino singolare per la forma del torrione principale, che rievoca la sagoma di una nave e getta la sua ombra sulle minuscole case vicine, adornate da archi e pietre lavorate dagli scalpellini locali. Visitate la parte del borgo intorno al castello: dall'alto il panorama è superbo, seppur segnato dalle pale eoliche (la zona è infatti molto ventosa), che si stagliano bianche sul verde delle vallate percorse da innumerevoli corsi d'acqua. Tutt'intorno al paese è uno spettacolo della natura: ettari di rigogliosa vegetazione e, ai piedi del borgo, il fiume Ofanto, dove sguazzano anche le lontre, uno dei simboli dello stile di vita salubre e tutt'altro che frenetico di Rocchetta. La **Chiesa Madre** (Largo Onorato) è la più imponente del paese ed è dedicata all'Assunzione della Vergine. Fu eretta a metà del XVIII secolo e custodisce una piccola chicca, una tavola cinquecentesca raffigurante la *Madonna del Cardellino* attribuita a un pittore della scuola del Pinturicchio.

gentile e disponibile, mentre le camere accoglienti, spaziose e dalla vista panoramica rendono la sosta più che piacevole.

Pasti

La Cantina della Canonica RISTORANTE €€
(☎0881 98 40 26, 340 296 20 65; Via Volpe e Nova 28; pasti €25-30; ⏲12.30-15 e 20-22.30 gio-mar) Concedetevi il ricchissimo antipasto della tradizione che comprende zuppetta di legumi, fave e cicoria, salumi e formaggi, e il pancotto a base di broccoli e polenta. Se rientrate nella categoria 'grandi stomaci', non perdetevi poi i cavajuòle, i tipici ravioli santagatesi ripieni di ricotta e zucchero, conditi con ragù.

Informazioni

Pro Loco (☎0881 98 44 33; www.prolocosantagatadipuglia.wordpress.com; Vico Farmacia 8; ⏲orario variabile). Informazioni e appuntamenti su www.visitmontidauni.it.

Per/da Sant'Agata di Puglia

Sant'Agata di Puglia è raggiungibile in auto da Foggia (48 km) con la SS655 Foggia–Ascoli Satriano fino al bivio per Candela, la SP119 fino al bivio per Sant'Agata e infine la SP101 fino alla cittadina.
I collegamenti in autobus sono effettuati da **Ferrovie del Gargano** (☎0882 22 89 60; www.ferroviedelgargano.com; da Foggia €3,60, 1 h 20 min).

Ascoli Satriano

POP. 5973 / ALT. 442 M

Ascoli Satriano sorge nella Valle del Carapelle, antica direttrice naturale di collegamento tra la Puglia e la Campania, oltre che terra fertilissima. Per questa sua grande importanza strategica, fu teatro di due battaglie campali: nel 279 a.C. Pirro, re dell'Epiro (un'antica regione tra la Grecia e l'Albania), vi sconfisse i romani; 13 secoli dopo, nel 1041, i normanni, guidati da Guglielmo d'Altavilla, sbaragliarono i bizantini e si assicurarono il dominio sulla regione.

Gli appassionati di archeologia non possono perdersi una visita al Polo Museale, sede dei famosissimi grifoni in marmo policromo trafugati, venduti e poi restituiti alla città (v. lettura p156). Il Parco Archeologico di Faragola, che custodisce i meravigliosi mosaici di una villa patrizia tardoantica, è andato disgraziatamente in fumo nel 2017 ed è in attesa di rinascita.

Che cosa vedere

Centro storico AREA MONUMENTALE
Un labirinto di vicoletti, case e palazzi nobiliari sui quali non è raro individuare un reperto romano, si avviluppa intorno alla mole squadrata del medievale **Palazzo Ducale** (non visitabile), trasformato in dimora gentilizia nel Settecento, come attesta il portale sormontato da una loggia. Tra le chiese, la **Cattedrale di Santa Maria della Natività** (☎0885 65 10 12; Largo Cattedrale 2), di fondazione romanica ma trasformata nei secoli, vanta gli affreschi e le opere più preziose, come un crocifisso ligneo del XIII secolo e la grande tela del *Transito di San Giuseppe* di Corrado Giaquinto. Per chi apprezza le architetture neoclassiche vale una sosta anche la **Chiesa dell'Incoronata** (Via Santa Maria del Popolo), disegnata dal celebre Luigi Vanvitelli, l'architetto della Reggia di Caserta, mentre la **Chiesa e Convento Francescano di San Potito** (Corso Belvedere) accoglie altari settecenteschi in marmi policromi e un coro ligneo barocco.

Parco Archeologico dei Dauni SITO ARCHEOLOGICO
(☎0885 66 21 86; Largo Maria Teresa di Lascia 1; ⏲orario variabile) FREE Gli scavi hanno portato alla luce molti reperti e fornito notizie più precise sulle popolazioni che abitavano la zona e sui loro usi. Gli archeologi sono sicuri che il sottosuolo nasconda ancora ricchezze enormi; finora sono stati rinvenuti reperti importanti come la tomba a camera di una nobildonna sepolta insieme ai suoi preziosi gioielli e la necropoli preromana della Collina del Serpente. Il parco comprende un percorso guidato tra i suggestivi ritrovamenti della collina e una sala didattica dotata di supporti audiovisivi e di pannelli esplicativi sull'evoluzione dell'antica Ausculum.

★ **Polo Museale** MUSEO
(☎0885 65 17 56; www.facebook.com/museoascolisatriano; Via Santa Maria del Popolo 68; ⏲10-12 e 16.30-18.30 mar-dom; interi/ridotti €5/3, visite guidate su prenotazione rivolgendosi alla cooperativa ArteMus: ☎338 232 88 94, €3) Nella cornice quattrocentesca del Monastero di Santa Maria del Popolo, il Polo Museale di Ascoli Satriano è gestito da personale competente e disponibile che vi racconterà volentieri, con una comprensibile punta d'orgoglio, aneddoti sul **Museo Archeologico** e su ciò che custodisce: un grande patrimonio di anfore, bacini, statuette di bronzo e vasi di marmo il cui pezzo forte è il trapezophoros, ovvero un sostegno per una mensa rituale datato tra il 325 e il 300

a.C., composto da due grifoni in marmo che azzannano con furia un cervo atterrato. Tra i marmi che lasciano a bocca aperta anche il *podanipter*, un bacino rituale con raffigurate tre nereidi che cavalcano mostri marini mentre trasportano le armi che Efesto ha forgiato per Achille; una statua di bambino cacciatore (II secolo a.C.) e quella di un giovane Apollo con il mantello (II secolo d.C.).

Nel **Museo Diocesano**, non perdetevi la statua della Madonna con Bambino in trono del XIII-XIV secolo, la Croce intarsiata di avorio e madreperla e l'*Ecce Homo* dipinto nella bottega di Luca Giordano.

Pasti

Medioevalys RISTORANTE, PIZZERIA €€
(☎0885 66 15 78, 333 108 02 66; www.medioevalys.it; Via Manzoni; pasti €25, menu turistico €30; ⌚12-15 e 19-22, chiuso mer a cena) Seminascosto tra i vicoletti di Ascoli, questo ristorante in pietra viva offre una vasta scelta di sapori della cucina locale: zuccotto (purea di fave con rape), cavatelli di grano arso, salsiccia di maiale e anche pizze gourmet. Apprezzerete anche il delizioso pane di Ascoli Satriano. Approfittate del **B&B** (singole/doppie €30/50) se volete passare la notte in paese.

Informazioni

IAT (☎0885 65 17 56; c/o Polo Museale, Via Santa Maria del Popolo 68; ⌚10-12 e 16.30-18.30 mar-dom). Per una visita guidata alla città potete contattare Rosaria Di Reda (☎338 232 88 94). Informazioni e appuntamenti su www.ascolisatrianofg.it e www.visitmontidauni.it.

Per/da Ascoli Satriano

Ascoli Satriano è raggiungibile in automobile da Foggia (33 km) con la SP105 Foggia-Ascoli o con la superstrada Foggia-Candela. I collegamenti in autobus sono effettuati da **Ferrovie del Gargano** (☎0882 22 89 60; www.ferroviedelgargano.com; da Foggia €2,50, 50 min). Potete acquistare i biglietti anche sul sito web biglietteria.cotrap.it.

IL GARGANO

Sacro e profano convivono su questa 'montagna' dalla storia millenaria. Luoghi mistici (e di una spiritualità non solo religiosa) e spiagge da sogno affollate da vacanzieri di ogni nazionalità, boschi dalla vegetazione quasi nordica e grotte marine, eremi e cattedrali ultramoderne; il tutto in una cornice naturale tanto stupefacente per bellezza e varietà da meritare di essere inclusa nel **Parco Nazionale del Gargano** (Ente Parco ☎0884 56 89 11, 800 53 05 52; www.parcogargano.it; Via Sant'Antonio Abate 121, Monte Sant'Angelo), un territorio esteso su 1200 kmq, con circa 200 km di coste e altitudini moderate che culminano con il Monte Calvo a 1056 m.

Ma il Gargano è anche un luogo di antiche tradizioni popolari, dove al folklore si accompagna la produzione di pasta e pane, formaggi, carni, olio e vino. Qui si possono assaggiare il caciocavallo podolico e la mu-

IL FURTO DEI GRIFONI, UN GIALLO DELL'ARCHEOLOGIA

I grifoni in marmo policromo di Ascoli Satriano sono una delle testimonianze più ricche e meglio conservate delle tradizioni e dell'opulenza degli antichi popoli italici della Daunia. Realizzati nella seconda metà del IV secolo a.C. in marmo orientale come sostegno di una mensa, su commissione di una famiglia aristocratica, costituiscono un unicum tra i corredi finora rinvenuti. Tra il 1976 e il 1977 il noto tombarolo Sabino Berardi li rinvenne intorno ad Ascoli e li vendette in Svizzera, insieme ad altre preziose opere, al mercante d'arte Giacomo Medici. I pezzi finirono, quindi, per il tramite di un trafficante internazionale, nella collezione di Maurice Tempelsman, magnate belga-americano, per essere infine acquistati, insieme a una statua di Apollo, dal J. Paul Getty Museum di Malibu in California, che li pagò 5,5 milioni di dollari. Il racconto in punto di morte di Sabino Berardi, nel 2002, e la denuncia dell'accaduto portarono il Ministero per i Beni e le Attività Culturali a condurre lunghe trattative con il museo americano per la restituzione dei reperti all'Italia, avvenuta finalmente nel 2007. Oggi la straordinaria scultura, alta 95 cm e lunga 148, è di nuovo esposta nella sua patria d'origine, Ascoli Satriano. Visitando il Museo Archeologico si può ammirare da vicino l'incredibile realismo dei due grifoni con il corpo di leone e la testa di drago, ritratti nell'atto di azzannare un cervo disteso al suolo; da notare anche l'alta qualità del marmo e la vivace policromia ben conservata, dal rosa delle narici al porpora delle creste, dall'azzurro delle ali al verde della base rocciosa.

Il Gargano

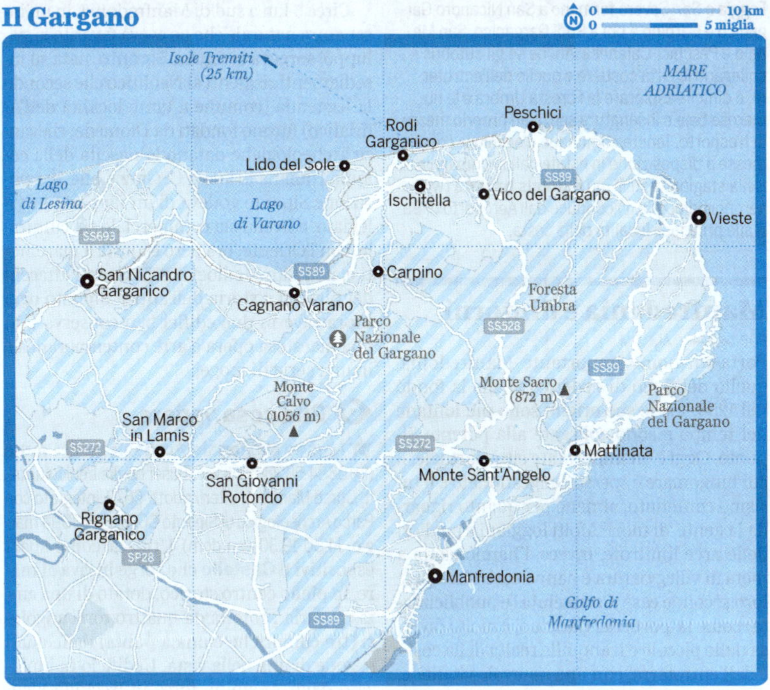

sciska (carne secca di capra) e fare uno spuntino con la paposcia (panfocaccia) ammirando il tramonto sul mare. Ogni esplorazione è impreziosita dal panorama, sempre diverso e spettacolare, sia quello naturale, sia quello architettonico, delle abbazie, degli eremi e dei paesini di ispirazione orientale. E le soste sono momenti di scoperta stimolante grazie alle eccellenze artistiche e artigianali locali: alcune medievali, come l'opera dell'ultimo dei *sammecalère* a Monte Sant'Angelo (v. lettura p166), altre più recenti, ma che tentano di recuperare tradizioni quasi perdute, come la tessitura a mano con antichi telai a Rodi Garganico.

Restare o meno nei pressi dello splendido mare color smeraldo o esplorare l'entroterra starà ai gusti di ogni viaggiatore, ma noi raccomandiamo caldamente di unire le due esperienze e dedicarsi alla scoperta dello 'sperone d'Italia' nelle sue infinite specificità. Infine, il Gargano è la costa alla quale guardano le Isole Tremiti, perle dell'Adriatico meridionale e arcipelago di monaci, pirati e leggende omeriche.

ℹ Orientamento

La via d'accesso al Gargano venendo da nord è Lesina, mentre da sud è Manfredonia, collegata a Foggia dalla SS89. Il litorale garganico snocciola spiagge e località mediterranee come Manfredonia, Mattinata, Vieste, Peschici e Rodi Garganico, di cui la SS89, una delle più spettacolari strade italiane, è il filo conduttore. Ma c'è solo un modo per lasciarsi sconcertare dall'infinita bellezza di questa costa, spesso incombente e candida, stretta tra il mare dai mille colori e il verde intenso dei pini, e per scoprire calette segrete che dalle piazzole in cui vi fermerete a fotografare (pochissime, a dir la verità) si possono solo sospettare: ed è viverla dal mare. Sul gradino superiore dell'altopiano si dipana invece il Gargano interno: Monte Sant'Angelo, la Foresta Umbra, Vico del Gargano e San Giovanni Rotondo, collegate da memorabili percorsi con tante curve in mezzo al verde. è un Gargano spirituale, molto diverso da quello a picco sul mare.

ℹ Trasporti locali

I treni delle **Ferrovie del Gargano** (☎0882 22 89 60; www.ferroviedelgargano.com) provenienti da

Foggia e San Severo fermano a San Nicandro Garganico e Carpino e poi a Rodi Garganico, San Menaio e Peschici-Calenella. Anche se gli autobus collegano le città costiere e quelle dell'entroterra, è difficile esplorare la Foresta Umbra e le numerose baie e insenature senza un proprio mezzo di trasporto. Tenete comunque d'occhio le corse messe a disposizione in estate dalla compagnia. Nella stagione estiva, un **autobus navetta** (www.aeroportidipuglia.it) conduce dall'Aeroporto di Bari alle principali località della costa.

Manfredonia e dintorni

POP. 54.344 / ALT. 5 M

Porta un nome importante Manfredonia, quello del figlio di Federico II che la fondò nel 1256, ma le sue origini sono più lontane nel tempo e sono collegate alla potente Siponto. Oggi è un'importante città portuale, il cui lungomare è spesso congestionato e il turismo contenuto, almeno per quanto riguarda la gente 'di fuori'. Molti foggiani e pugliesi delle aree limitrofe, invece, l'hanno eletta a meta di villeggiatura e hanno costruito qui le loro seconde case. Conosciuta (e pubblicizzata) come la 'porta del Gargano', è molto diversa dalle piccole e tranquille realtà della costa e dell'entroterra, con una notevole vitalità e, a pochi chilometri dal centro, aree di grande interesse storico e naturalistico e percorsi per gli appassionati di bici.

ZE PEPPE E SATANELLO

Ze Peppe e Satanello sono le due maschere più famose della tradizione carnevalesca di Manfredonia: la prima rappresenta un allegro contadino che va in città per divertirsi tra balli e canti, la seconda uno spiritello maligno e dispettoso, incarnazione del motto 'a Carnevale ogni scherzo vale'. Per ammirare divertenti rappresentazioni di entrambe, imponenti carri allegorici, statuine del presepe nel periodo natalizio e busti che sembrano di vero bronzo, e conoscere tutte le tecniche per fabbricarle, dovete visitare il laboratorio di **Matteo Trotta** (www.facebook.com/LaCartapestaDiMatteoTrotta), che in città è un'istituzione. In genere il laboratorio è ospitato nei capannoni dove si prepara il Carnevale e l'indirizzo varia, per cui contattate Matteo prima di arrivare in città: sarà ben felice di illustrarvi la sua arte.

Circa 5 km a sud di Manfredonia, in un'insenatura naturale che ne aveva favorito lo sviluppo, sorgeva la dauna **Siponto**, nata su insediamenti risalenti al Neolitico che secondo la leggenda (comune a tante località dell'Adriatico) furono fondati da Diomede; rilevanze archeologiche datano la nascita della colonia romana al 194 a.C. Grazie alla sua posizione Siponto godeva di un rapporto privilegiato, a livello sia commerciale sia culturale, con l'Oriente; era però esposta a maremoti e, nell'Alto Medioevo, a frequenti attacchi dei pirati. La storia dell'antica Siponto oggi sopravvive in due edifici ben conservati, in una maestosa opera d'arte contemporanea e in una serie di ipogei.

Che cosa vedere

★ Museo Nazionale Archeologico MUSEO
(☎ 0884 58 78 38; www.musei.puglia.beniculturali.it; Corso Manfredi; interi/ridotti €5/2, integrato con Parco Archeologico di Siponto €6/3; ⏲ 9.30-14 mar-gio, 14.30-19.30 ven-dom) Utilizza come spazi espositivi il **Castello** che sorge in riva al mare, in pieno centro storico, dotato di una cinta muraria protetta da quattro torri angolari (tre cilindriche e una a punta) dalle quali si gode di una bella vista. L'edificio fu innalzato dagli Angioini, forse utilizzando alcune strutture erette da Manfredi, e venne poi rafforzato dagli Aragonesi. Riaperto con un allestimento nuovo di zecca nel 2021, il museo ospita reperti provenienti da scavi del territorio dell'intera Capitanata, tra i quali la neolitica sepoltura della 'signora di Biccari'. A fare la parte del leone sono le straordinarie **Stele Daunie**, lastre funerarie in pietra calcarea risalenti al VII-VI secolo a.C., sculture antropomorfe decorate con immagini di guerrieri, cacciatori, animali e scene di vita quotidiana, che gettano un po' di luce sull'universo spirituale e materiale del popolo dauno. Queste lapidi si differenziano a seconda del sesso e del ruolo del defunto: i guerrieri sono raffigurati con le armi, le donne sfoggiano gioielli e fermagli.

Cattedrale LUOGO DI CULTO
(☎ 0884 53 26 33; Piazza Papa Giovanni XXIII; ⏲ 8.30-11.30 e 16.30-20/20.30) Ricostruita nel 1677 su un precedente duomo gotico andato distrutto, conserva all'interno tre capolavori d'arte medievale: una statua in legno policromo della **Madonna di Siponto**, di epoca bizantina, proveniente dalla Basilica di Siponto e perciò detta 'La Sipontina', un impressionante **Crocifisso** del XIII secolo traslato dall'Abbazia di San Leonardo e un'icona bi-

zantina della **Madonna di Siponto**, anch'essa originaria della basilica sipontina, che il 30 agosto viene portata in processione per le vie della città.

Palazzo San Domenico MONUMENTO
(☎0884 51 93 22; Piazza del Popolo 8; ⏲9-13 e 16-20 lun-ven) FREE Una loggia barocca coperta da volte a crociera attira lo sguardo mentre si passa da Piazza del Popolo, ma l'ex convento domenicano, oggi sede municipale, non è l'unico elemento affascinante. La **Chiesa di San Domenico** della fine del XIII secolo presenta un notevole portale gotico, con due leoni stilofori a guardia dell'ingresso. Oggi inglobata nel palazzo è la **Cappella della Maddalena** che, nel 1620, a seguito delle razzie dei saraceni, fu riempita di detriti e usata come torre di avvistamento. Scavata e restaurata, oggi sfoggia affreschi di stile gotico e un'edicola con arco a sesto acuto ornata da due capitelli finemente decorati.

★ **Parco Archeologico di Siponto** SITO ARCHEOLOGICO, INSTALLAZIONE
(☎080 528 52 13; www.musei.puglia.beniculturali.it; Viale Giuseppe Di Vittorio; interi/ridotti €3/2, integrato con Museo Nazionale Archeologico di Manfredonia €6/3; ⏲9-18 mer-dom) Raramente capita di poter ammirare un progetto di contaminazione tra arte antica e contemporanea così ben riuscito come nel Parco Archeologico di Siponto. Sui resti di una basilica paleocristiana, l'ormai arcinoto artista Edoardo Tresoldi ha realizzato un leggiadro ricamo in metallo che riproduce i volumi dell'antico edificio. Grazie a una sofisticata tecnica di elettrosaldatura, la chiesa distrutta è oggi riapparsa al fianco della più recente chiesa romanica, restituendo nuova vita all'intero complesso. Alla base si vedono ancora i resti dei mosaici originali e i lastroni delle fondamenta.

Accanto, la **Basilica di Santa Maria Maggiore di Siponto** è il frutto di una sorprendente sovrapposizione architettonica. La chiesa superiore, databile all'XI-XII secolo, è un raffinato esempio di arte romanica con influenze orientali nella particolare pianta quadrata sormontata da una piccola cupola (allegoria del Cielo che sovrasta la Terra). Da notare l'arco del portale esterno di stile romanico pugliese, arricchito da decori di ispirazione islamica, con i due leoni stilofori a guardia delle scale e le arcate cieche su tre lati. All'interno spiccano il massiccio altare ricavato da un sarcofago paleocristiano e, sulla parete sinistra, la ricostruzione della pavimentazione mosaicata originale della basilica paleocristiana. L'icona nell'abside è in realtà una copia: l'originale si trova nella Cattedrale di Manfredonia (p158). Sotto la chiesa si spalanca un'ampia e avvolgente **cripta**, suddivisa per mezzo di 16 colonnine e di quattro pilastri.

Ipogei Capparelli SITO ARCHEOLOGICO
(☎333 321 78 03; www.facebook.com/AssociazioneculturaleSCICOnlus; Via Giuseppe Di Vittorio; ⏲solo visite guidate su prenotazione) Nei pressi del parco archeologico, sono un complesso di grotte, in parte naturali, in parte scavate nei banchi calcarei, abitate fin dall'età preistorica. In seguito divenne una grande necropoli paleocristiana, utilizzata più o meno fino al X-XI secolo.

★ **Abbazia di San Leonardo** LUOGO DI CULTO
(☎0884 54 94 39; www.sanleonardomanfredonia.it; SS89 Garganica, Km 175; ⏲9-18, in estate fino alle 19/20) Dal Parco Archeologico di Siponto, procedendo per 7 km lungo la SS89 in direzione di Foggia ci si trova di fronte a un altro capolavoro del romanico pugliese. Costruita a cavallo tra XI e XII secolo e dotata nel 1261 di un ospedale dai Cavalieri Teutonici per curare i crociati feriti in Terra Santa, San Leonardo era un punto di passaggio quasi obbligato per i tanti cavalieri degli ordini monastico-militari che si recavano in pellegrinaggio a Monte Sant'Angelo prima di imbarcarsi per Gerusalemme. L'edificio ha due cupole ottagonali e un **portale** romanico tra i più spettacolari di tutta la Puglia, con sculture e bassorilievi ricchi di significati allegorici (notate il capitello scolpito con figure che rimandano all'episodio del profeta Balaam con l'asina). Il giorno del solstizio d'estate (21 giugno) un raggio di sole penetra attraverso la rosetta sulla volta e con il passare delle ore si posa su un punto preciso del pavimento (segnato con una croce). Il raggio indica l'inizio del solstizio proprio come accade nella Cattedrale di Chartres.

Attività

Bicicletta

Nei dintorni di Manfredonia ci sono numerosi percorsi in bicicletta di difficoltà e lunghezza variabili. Chiedete l'opuscolo *Manfredonia Bike* allo IAT. Per visionare le mappe e i profili altimetrici dei percorsi inquadrate con lo smartphone i QR code sulla pubblicazione, che vi porteranno sul portale www.bikemap.net. Per noleggiare una due ruote, anche elettrica, rivolgetevi a **Buccino Ci-**

cli e Moto (☎0884 58 34 20, 340 293 38 51; Viale Aldo Moro 26).

Fra gli itinerari più interessanti, La Pedicagnola (19 km; dislivello 90 m; da 1 h a 1 h 30 min; nell'entroterra a nord di Manfredonia), Le Ripetute di Selle della Cavola (43 km; dislivello 550 m; da 2 h 30 min a 3 h; fino a Mattinata, in buona parte sulla litoranea) e La Valle Carbonara (36 km; dislivello 390 m; da 1 h 30 min a 2 h; tra Monte Sant'Angelo e San Giovanni Rotondo). Di durata e impegno maggiore sono i seguenti percorsi: Monte dalla Lunga (63 km; dislivello 1030 m; da 3 h 30 min a 4 h; da Mattinata a Manfredonia lungo la costa e a Monte Sant'Angelo nell'entroterra) e Il Regio Itinerario (76 km; dislivello 1010 m; da 4 h a 4 h 30 min; tra l'entroterra e il Tavoliere meridionale), per i quali occorre programmare adeguatamente l'orario di partenza. La Granfondo del Gargano (137 km; dislivello 2740 m; 6-7 h; da Manfredonia a Vieste, andata sulla litoranea, ritorno attraverso l'entroterra) è il più impegnativo: portate con voi acqua a sufficienza, fate attenzione in caso di maltempo alla scivolosità del terreno e programmate l'orario di partenza.

Birdwatching

A breve distanza da Manfredonia ci sono luoghi fantastici per gli amanti dell'outdoor. Recentemente sottratta all'illegalità, rinaturalizzata e gestita dal Centro Studi Naturalistici (www.centrostudinatura.it) è l'Oasi Laguna del Re (☎348 813 77 28, 348 918 98 17; www.facebook.com/lagunadelre; Viale dei Pini, Manfredonia; visite guidate adulti/fino a 8 anni a partire da €5/gratuito), area umida di 40 ettari presso la foce del Candelaro. Le appassionate guide vi spiegheranno tutti i segreti del birdwatching e della fotografia naturalistica che si svolgono su passerelle, capanne e altane nuove di zecca.

Al momento delle nostre ricerche risultava invece chiusa l'Oasi Lago Salso (www.facebook.com/lagosalso; SP 141, Km 7,200), residuo dell'area paludosa che si estendeva sino alla foce del fiume Ofanto, bonificata negli anni '50. In attesa della riapertura, sappiate che sugli oltre 1000 ettari dell'oasi ci sono canneti, specchi d'acqua e pascoli su cui volteggiano moltissime specie di uccelli, sia nei mesi invernali sia in quelli estivi: anatre, rapaci come il falcone, il lanario, il falco (pellegrino, di palude, pescatore, cuculo e grillaio…), tutte le specie di aironi europei e, da marzo ad agosto, le cicogne bianche.

Feste ed eventi

Carnevale GENNAIO/FEBBRAIO

(www.facebook.com/carnevalemanfredonia) Come altre città pugliesi, anche Manfredonia ha i suoi carri allegorici in cartapesta, che ritraggono personaggi e argomenti della politica e dell'attualità in versione caricaturale. Il maestro cartapestaio Matteo Trotta ne realizza ogni anno di nuovi (v. lettura p158).

Festa Patronale 29-31 AGOSTO

La festa in onore di Maria Santissima di Siponto è una tradizione centenaria, con concerti di bande e musica, spettacoli, street food, manifestazioni artistiche e bancarelle per le vie del centro e sul lungomare.

Pernottamento

★ Le Ferule B&B €/€€

(☎347 583 00 16; Via Maddalena 117; doppia uso singola/doppia/suite €45-60/65-90/90-120; ❄📶🅿🐾) Tutto, in questo B&B a due passi dal mare, racconta Manfredonia e la poesia del Gargano: il nome, dedicato a una pianta autoctona utilizzata in passato come 'ricostituente', l'antico e grande palazzo, appartenuto al governatore della città, e gli arredi curati in ogni particolare, in cui prevalgono il legno, le mattonelle dipinte a mano e i colori locali. Deliziosi i pranzetti (menu a partire da €20) della signora Elisabetta. Le tre camere, tutte con balcone, hanno il doppio affaccio, sul mare e sul campanile. Disponibile il servizio di deposito e noleggio biciclette.

La Dolce Vista B&B €€

(☎393 513 00 00; www.ladolcevistamanfredonia.it; Via delle Cisterne 2; doppie con prima colazione €60-120; ❄📶🅿) Un nome quanto mai azzeccato per questo B&B di charme che ha tanti punti a suo favore: accoglienza calorosa, posizione centralissima vicino al mare, camere comode ed eleganti con terrazzo o balcone, giardino privato con solarium e divanetti all'ombra, prima colazione a base di torte fatte in casa, ricovero bici gratuito e, per di più, una vista tra le migliori della città.

Pasti

Fra le specialità tradizionali di Manfredonia ci sono la ciambotta, una zuppa di pesce e molluschi in rosso servita con crostini di pane, e la farrata, un rustico di sfoglia ripieno di farro o grano mescolato a ricotta di pecora, maggiorana, sale, pepe e cannella che trovate nelle pasticcerie o nelle panetterie, soprattutto a Carnevale.

Tommasino GELATERIA €

(☎0884 51 49 98; www.tommasinogelati.it; Via dell'Arcangelo; ⏲tutto il giorno in estate, chiusura invernale) La specialità di questo chiosco di gelati, preso d'assalto nelle serate estive, è la cassatina: un cuore di pan di Spagna ricoperto di gelato e guarnito di amarene. Tommasino è qui dal 1952 e, nonostante ora ci sia una vera e propria azienda dietro questa rivendita, il chiosco è un'istituzione: se passate da Manfredonia, dovete provarlo.

Pizzeria Grasso PIZZERIA €
(☎368 347 19 54; Corso Roma 86; ⏲18-23 mar-dom) Per uno spuntino o un pasto veloce scegliete questa pizzeria spartana che serve la pizza al trancio più buona, soffice e croccante della città.

Osteria Boccolicchio OSTERIA €€
(☎0884 09 03 17; www.facebook.com/osteriaboccolicchio; Via Arco Boccolicchio 15; pasti a partire da €25; ⏲12.30-14 e 19.30-23 gio-mar) In estate approfittate dei tavolini nella candida corte e assaggiate tutti i sapori del mare, crudi o cotti, reinterpretati con mirabile equilibrio e annaffiati da un'ottima selezione di vini: per primo fusilli con cicale e peperone crusco o troccoletti al tartufo nero, per secondo una frittura rivisitata o il pescato del giorno.

Locali e vita notturna

Il luogo di ritrovo serale dei ragazzi del posto è Piazza del Popolo, proprio davanti al municipio e a due passi sul porto. Se siete a caccia di divertimento, in estate spostatevi verso Siponto e i suoi lidi, movimentati a tutte le ore del giorno e della notte.

Civico Cinque AMERICAN BAR
(☎0884 66 18 14; Via del Rivellino 5; ⏲7-13.30 e 15.30-3) Cuore della movida locale, questo bar alla moda con vista sul castello ha proposte diverse a seconda dell'ora: prime colazioni, aperitivi, tante varietà di tè e le migliori etichette di vini e champagne, oltre ai cocktail, preparati alla sera da professionisti: se siete indecisi, provate il Long Island Zeff agli oli d'arancia o il Vodka Zen a base di zenzero fresco e ginger ale. Nel periodo estivo, ogni settimana ci sono eventi e serate a tema.

Shopping

Mieli Papagna MIELE
(☎350 588 02 65; www.mielipapagna.com; Via Barletta 4/b; ⏲8.30-13 e 17.30-20.30 lun-sab) Da 65 anni la famiglia Papagna produce miele nel rispetto della natura e delle api. Provate quello al rosmarino, al timo, al coriandolo e all'eucalipto, tutti disponibili in diversi formati, o le combinazioni di miele e pasta di nocciole o pistacchio.

Informazioni

Lo **IAT** (www.visitmanfredonia.com; officinepopolari@gmail.it; Piazza della Libertà 1; ⏲orario variabile) è un'ottima fonte di informazioni e ha personale competente. In alternativa c'è un **ufficio turistico** (Piazza Mercato 7; ⏲orario variabile) in centro.

Per/da Manfredonia

AUTOBUS

Ferrovie del Gargano (☎0882 22 89 60; www.ferroviedelgargano.com) e **SITA** (☎0881 35 20 11; www.sitasudtrasporti.it) offrono autobus regolari per/da Foggia (€2,90, 45 min), Monte Sant'Angelo (€2,20, 40 min) e Vieste (€4,30, 1 h 55 min). Potete consultare gli orari e acquistare i biglietti presso il Bar Impero in Piazza Marconi, dove c'è anche il capolinea degli autobus, oppure sulla pagina web biglietteria.cotrap.it.

AUTOMOBILE

Da Foggia prendete la SS89 che in 41 km vi porterà nel centro di Manfredonia. Da Vieste la strada più veloce è la SP53 fino a Mattinata, poi di qui la SS89 (58 km), ma valutate le code estive.

Monte Sant'Angelo

POP. 11.488 / ALT. 796 M

Con giusto orgoglio si fregia di essere 'la città dei due siti UNESCO' (le cripte longobarde della basilica e le faggete vetuste della Foresta Umbra), un invidiabile primato che la cittadina celebra con eventi e manifestazioni tra maggio e giugno. La storia dell'Occidente è passata per Monte Sant'Angelo fin dai tempi della caduta dell'Impero Romano. Le testimonianze più disparate di storici, politici, scrittori, artisti, papi, imperatori, re e mistici potrebbero riempire libri interi con le suggestioni che questo piccolo centro dall'eccezionale spiritualità ha generato nei secoli. Punto di passaggio obbligato dei pellegrini e dei crociati che percorrevano la Via Francigena del Gargano (v. lettura p162) e sostavano nel Santuario di San Michele prima di imbarcarsi per la Terra Santa, Monte Sant'Angelo domina il Gargano dai suoi 800 m d'altezza e costituisce uno snodo chiave della mappa spirituale d'Europa. È infatti situata in posizione centrale su una 'linea sacra' idealmente tracciata dalle ali dell'arcangelo che va dall'isola di Skellig Michael, in Irlanda, al Monte Carmelo, in Israele, passando per il St Michael's Mount in Cornovaglia, Mont Saint-Michel in Francia, la Sacra di San Michele in Piemonte e il Monastero di San Michele sull'isola greca di Simi. L'aspetto religioso è parte fondamentale della visita, ma chiunque passi dal Gargano non può fare a meno di fermarsi qui, dove si respira una spiritualità autentica.

A Monte Sant'Angelo c'è però molto altro oltre al santuario: un castello ben conservato, visitabile in ogni sua parte; l'antichissimo **Rione Junno**, con le bianche case a schiera dai tetti spioventi tra le scalette e i vicoli tortuosi; l'abbazia e gli eremi di Pulsano, a pochi chilometri dal paese; l'incantevole **Villa Comunale**, con un panorama che da solo varrebbe il viaggio.

Che cosa vedere

★ Santuario di San Michele LUOGO DI CULTO

(☎ 0884 56 11 50; www.santuariosanmichele.it; Via Reale Basilica; ⏲ 7.30-20 feriali, 7-20 festivi lug-set, 7.30-12.30 e 14.30-19 feriali, 7-13 e 14.30-20 festivi apr-giu e ott, 7.30-12.30 e 14.30-18 feriali, 7-13 e 14.30-19 festivi nov-marzo) FREE 'Terribilis est locus iste' (Impressionante è questo luogo): sono le parole che accolgono all'ingresso. Effettivamente, costituito com'è da una grotta naturale e da un complesso di costruzioni sovrapposte, il Santuario di San Michele è un mirabolante viaggio nel tempo e nello spirito. A destra dell'ingresso s'innalza un **campanile** a pianta ottagonale, eretto nel 1274 su commissione di Carlo I d'Angiò, le cui campane scandiscono la vita della città. Oltrepassato l'atrio, gli 86 gradini della scalinata che porta incisi nella pietra frasi e messaggi dei pellegrini conducono alla Porta del Toro, al livello inferiore. Attraversando un cortile ci si trova di fronte a un magnifico **portale** bizantino in bronzo ageminato (fuso a Costantinopoli nel 1076 su commissione di Pantaleone, un ricco mercante amalfitano), nelle cui formelle sono incisi episodi biblici che vedono protagonisti gli angeli. Si entra quindi nell'ascetica e spoglia **grotta** dell'arcangelo, da questi indicata al vescovo di Siponto come propria dimora nella prima apparizione (furono tre alla fine del V secolo), e ricoperta in età angioina da una navata in stile gotico. All'interno, una scultura del 1507 in marmo di Carrara ritrae l'arcangelo guerriero mentre calpesta Satana brandendo la spada: la statua è oggi attribuita ad Andrea Ferrucci da Fiesole (in passato la si considerava opera del Sansovino).

★ Musei TECUM e Cripte Longobarde MUSEI

(☎ 0884 56 11 50; www.santuariosanmichele.it/musei-tecum; Via Reale Basilica, all'interno del santuario; ingresso senza/con audioguida €5/7; ⏲ 9-12.15 e 15-16.30, fino alle 19 con l'ora legale) L'acro-

LA VIA FRANCIGENA DEL GARGANO

Un viaggio lento, su tornanti e tratturi, tra costoni di montagna e vallate dominate da eremi nascosti, con soste nella natura aspra o in uno dei tanti luoghi di culto: è il tratto pugliese della Via Francigena del Sud (detta anche Via Micaelica) proveniente da Roma. L'antica strada di purificazione spirituale e pellegrinaggio che innervava quasi tutto il territorio europeo, in Puglia partiva da Casale Sant'Eleuterio, nei pressi di San Severo, e si addentrava nella montagna attraverso un'ampia fessura a sud dell'acrocoro, unica via naturale di traffico e accesso rapido al massiccio garganico. Lungo il percorso e le sue varianti si incontravano molti punti di sosta e preghiera, a partire dal **Santuario dell'Incoronata** (p128) fuori Foggia, le chiese romaniche di **San Leonardo** (p159) e di **Santa Maria Maggiore di Siponto** (p159), nei pressi di Manfredonia, il **Santuario di Santa Maria di Stignano** e al **Convento di San Matteo** a San Marco in Lamis; si proseguiva quindi verso l'**Abbazia di Santa Maria di Pulsano** (p168) e infine si raggiungeva il **Santuario Micaelico** di Monte Sant'Angelo, luogo delle apparizioni dell'Arcangelo.

I pellegrini, in viaggio a piedi verso mete lontane per lunghi periodi di tempo, avevano un abbigliamento funzionale all'impresa, tale da renderli riconoscibili: mantello largo e lungo su una veste con ampie maniche, bisaccia a tracolla, bordone (lungo e robusto bastone con modanature e a volte ganci di ferro per appendere il fardello) e le immancabili 'insegne', appese al collo o appuntate agli abiti o al cappello, che servivano a identificare la natura del pellegrinaggio: ampolle con acqua, olio o pugnetti di terra raccolti al santuario, la conchiglia di Santiago, le tre sfere di san Nicola di Bari e le piume colorate di san Michele. I fedeli di oggi alle mete tradizionali aggiungono la visita al Santuario di Santa Maria delle Grazie e alla tomba di Padre Pio a **San Giovanni Rotondo** (v. lettura p167), l'ultimo in ordine di tempo, ma il più frequentato tra i santuari garganici.

nimo sta per TEsori del CUlto Micaelico: magnificamente allestiti, sono imperdibili per comprendere l'importanza di questo sito. Il **Museo Devozionale** è un viaggio nel cuore del culto micaelico testimoniato da ex voto di semplici pellegrini, ma anche di re e imperatori, e vanta tra i suoi tesori la croce in cristallo donata al santuario da Federico II di Svevia e l'icona in rame dorato con la prima rappresentazione di san Michele arcangelo, di fattura longobarda del VII secolo secondo alcuni, normanna dell'XI secondo altri.

Il **Museo Lapidario** è ospitato nella galleria di epoca longobarda (un tempo unica via d'accesso al santuario), dove sono esposti i reperti e le sculture rinvenuti durante gli scavi nella basilica, nel complesso di San Pietro e nell'Abbazia di Pulsano. Da rimanere a bocca aperta davanti all'ambone realizzato nella bottega di Acceptus (scultore molto attivo in Puglia nell'XI secolo), la fontana lustrale del XII secolo da Pulsano e le iscrizioni in alfabeto runico, le più antiche rinvenute in Italia. Alla fine del percorso la sorpresa più emozionante: collocate proprio sotto la grotta, le **Cripte Longobarde** custodiscono le epigrafi dei duchi di Benevento (i longobardi fecero di questo luogo il loro santuario nazionale e san Michele divenne patrono delle loro genti). Questo il motivo dell'iscrizione del santuario nella lista del Patrimonio dell'Umanità da parte dell'UNESCO, all'interno del sito seriale 'I Longobardi in Italia. I luoghi del potere (568-774 d.C.)', insieme ad altri centri di dominio di quel popolo, tra cui Cividale del Friuli, Brescia e Spoleto. Il percorso si chiude davanti all'altare sul quale san Michele avrebbe lasciato le impronte.

★ Complesso Monumentale di San Pietro — MONUMENTI MEDIEVALI

(ingresso €1; ⏲10-13 e 15.15-19 apr-ott) Usciti dal santuario, scendete lungo la breve rampa di scale di fronte a voi per andare a visitare queste spettacolari architetture medievali cui si accede attraverso la facciata della **Chiesa di San Pietro**, che con il suo elaborato rosone e la conca absidale è tutto ciò che resta di un edificio piuttosto antico distrutto nel XIX secolo. Il Battistero di San Giovanni in Tumba, un tempo definito 'Tomba di Rotari' in quanto ritenuta luogo di sepoltura del celebre re longobardo, è molto più probabilmente un battistero del XII secolo dalla sorprendente struttura e copertura interna. Del complesso monumentale fa parte anche la **Chiesa di Santa Maria Maggiore**, costruita tra l'XI e il XII secolo con un magnifico portale romanico che poggia su due aquile e begli affreschi all'interno.

Il Sentiero dell'Angelo — MUSEO INTERATTIVO

(☎345 179 55 35; www.ilsentierodellangelo.it; Via Garibaldi 3; interi/ridotti €5/3,50; ⏲10-13 e 15.30-19.30 lun-ven, 9.30-19.30 sab e dom mar-nov; solo weekend e festivi negli altri mesi o su prenotazione) Realizzato da uno dei grandi nomi della videoart internazionale, Studio Azzurro, è un affascinante percorso multimediale in tre atti dedicato alle apparizioni e ai miracoli dell'arcangelo.

★ Castello — CASTELLO

(Cooperativa Ecogargano ☎0884 56 54 44, 0884 56 20 62, 349 850 81 33; Largo Roberto il Guiscardo 1; €2; ⏲9.30-13 e 14.30-19) Tra i meglio conservati della Capitanata, questo castello normanno-svevo-aragonese affaccia sul centro storico e sulle valli circostanti e si erge sul punto più alto della città, regalando viste da cartolina sul Golfo di Manfredonia, il promontorio del Gargano, il Tavoliere e le Murge. La struttura originaria risalirebbe all'837-838, mentre l'imponente e pentagonale **Torre dei Giganti**, alta 18 m, è di epoca normanna. Si deve invece a Federico II la **Sala del Tesoro**, a volte ogivali e con una grande colonna centrale, voluta dall'imperatore per ospitare la sua prediletta, la contessa Bianca Lancia di Torino.

MeTa – Museo Etnografico Tancredi — MUSEO

(☎0884 56 20 98; www.facebook.com/museotancredi; Piazza San Francesco 1; ⏲10-12.30 e 15-18 mar-dom) FREE è una delle più belle raccolte etnografiche di Puglia: sui due piani ben allestiti nell'antico convento francescano espone strumenti e memorie della civiltà contadina e pastorale, durata molto a lungo in questa parte di Puglia, oggetti legati al culto dell'arcangelo e ricostruzioni della vita domestica delle genti garganiche tra Otto e Novecento. Non perdetevi la vista dalla terrazza sul Rione Junno.

Attività

★ Escursioni a piedi e trekking

Monte Sant'Angelo è il fulcro di una quantità incredibile di cammini: antichissimo tracciato è quello della **Via Francigena del Gargano** (v. lettura p162), più recente il cammino intitolato **Con le Ali ai Piedi** che congiunge i luoghi di san Francesco a quelli dell'arcangelo. Contattate **Michele del Giudice** (☎393 891 7725; laviapermikael.com) se volete ricevere le suggestioni di un vero camminatore: è

VALE IL VIAGGIO

LA FORESTA UMBRA, L'ANIMA SELVAGGIA DEL GARGANO

Per alcuni l'appellativo 'Umbra' deriverebbe dalle antiche popolazioni umbre insediatesi nella foresta, ma più probabilmente allude alla folta e tenebrosa vegetazione un tempo frequentata solo da carbonai e briganti. Fatto sta che gli oltre 10.000 ettari di Foresta Umbra, polmone verde del Parco Nazionale del Gargano che si sviluppa fino a circa 800 m di altitudine, sono ancora oggi un angolo di natura lussureggiante, dove solo il passaggio rapido degli animali (caprioli, tassi, gatti selvatici, faine e volpi, ma anche lupi) e i versi degli uccelli (picchio rosso, barbagianni, sparviero, bigia grossa) rompono un silenzio millenario. A far gridare alla meraviglia è la bellezza degli alberi pluricentenari – pini, querce, abeti, larici ma soprattutto cerri e faggi –, che raggiungono record di longevità e dimensioni: il Cerro di Vico del Gargano, di fronte al Santuario di San Francesco, è vecchio più di tre secoli; ma il patriarca della foresta è un faggio con un diametro pari a 2 m e un'altezza di più di 40 m, che si trova in località Dispensa. Proprio grazie alle **Faggete Vetuste** in aree depresse (cioè al di sotto della quota dove, normalmente, potrebbero crescere), la Foresta Umbra è Patrimonio UNESCO dal 2017 e ha pure guadagnato un ampliamento dell'area protetta nel 2021. Quindici sentieri tracciati e ben indicati con segnaletica gialla su alberi e rocce permettono a escursionisti e biker di addentrarsi in questo santuario verde di rara bellezza. Qui potranno scoprire il **Cutino d'Umbra** e il **Cutino d'Otri**, piccole depressioni carsiche dove si raccolgono le acque piovane e nelle quali si specchia il verde, la **Valle del Tesoro** e la **Riserva Integrale di Sfilzi**, con l'unica sorgente perenne del Gargano montano, e ancora la **Riserva Naturale Falascone**, e magari trovarsi a tu per tu con le imponenti vacche podoliche allevate allo stato brado.

Potete iniziare l'esplorazione dal **Centro Visitatori** (Cooperativa Ecogargano ☎0884 56 54 44, 349 850 81 33, 347 230 26 60; www.facebook.com/ecogargano.artenatura; ⏲10-18 domenica delle Palme-4 ottobre), proprio nel cuore della foresta, per informarvi sulle attività (sono previste due visite guidate al giorno, alle 11 e alle 15), procurarvi le mappe dei sentieri, noleggiare una mountain bike o chiedere la disponibilità di una guida ufficiale, ma anche per visitare il Museo Naturalistico e scrutare nel recinto dei daini. Anche le guide di **Gargano NaTour** (☎393 175 31 51; www.garganonatour.it) sono grandi esperte di questi sentieri. Rivolgetevi all'agenzia

lui che ha mappato e realizzato la segnaletica del percorso micaelico e a Troia gestisce l'Hospital del Cammino (p145). Per farvi accompagnare mettetevi nelle mani esperte delle guide di **Gargano NaTour** (☎393 175 31 51; www.garganonatour.it).

Una bella passeggiata sulle pendici di Monte Sant'Angelo ricalca le orme dei pellegrini che raggiungevano il santuario attraverso un impervio vallone. Lungo il **Sentiero Scannamugliera** (7,6 km; 890 m di dislivello) si trovano i resti della chiesa rupestre di Jazzo Ognissanti, un unico vano rettangolare decorato da affreschi risalenti al XIII secolo.

La vera attrazione naturalistica della zona è tuttavia il **Bosco Quarto**, popolato di cerri colossali che svettano sugli aceri, seppur imponenti, che li circondano. Per i trekking nella Foresta Umbra, v. lettura p164.

Feste ed eventi

Settimana Santa MARZO/APRILE

L'intero periodo pasquale è scandito da riti e processioni, ma l'appuntamento più significativo è l'Ufficio delle Tenebre al Venerdì Santo, durante il quale nella Chiesa di San Benedetto risuonano antichi lamenti e strepiti per la morte di Cristo.

Festival Michael MAGGIO

(www.montesantangelo.it) Un festival ricco di appuntamenti musicali e incontri sui temi della legalità e del patrimonio culturale e naturale della città.

Festambiente Sud LUGLIO/AGOSTO

(www.festambientesud.it) Monte Sant'Angelo, la Foresta Umbra e Vieste sono i tre splendidi palcoscenici di questo festival estivo che prevede concerti, DJ-set, reading e appuntamenti culturali incentrati sui vari aspetti della transizione ecologica.

Raduno dei Suonatori di Tarantella LUGLIO/AGOSTO

Dal 2010 si svolge questo festival che cresce ogni anno per appuntamenti e presenza di pubblico. Due giorni di note e balli folkloristici a base di tarantella garganica e pugliese.

Mooveng (☎328 955 95 67; www.mooveng.it) per affittare mountain bike e bici elettriche e farvi accompagnare fra queste meraviglie: pagando un sovrapprezzo, il pick up è assicurato in tutto il Gargano e verranno a prendervi anche dagli alberghi in mezzo al bosco!

Per le passeggiate a cavallo avete due opzioni: il **Centro Equestre Posta Ruggiano** (☎347 571 44 22; Località Ruggiano, Manfredonia), affiliato FISE, che offre anche lezioni in maneggio con istruttori qualificati, e l'**Azienda Agricola Sitizzo** (☎340 974 78 54), affiliata all'ENGEA, baricentrica tra la Foresta Umbra e il Bosco Quarto. Se preferite una gita in quad o fuoristrada rivolgetevi a Vieste a **Explora Gargano** (☎340 713 68 64, 348 192 75 20; www.facebook.com/exploregargano) oppure a Peschici ad **Agrifoglio Tour** (☎0884 96 27 21, 347 260 48 58).

Se siete pigri, limitatevi a sbirciare tra le bancarelle del **mercatino** sulla strada che porta al Cutino d'Umbra alla ricerca di taglieri in legno e tartufi. Vi consigliamo vivamente di passare almeno una notte nella foresta per sperimentare un silenzio mai udito prima. Potete dormire al **Rifugio Sfilzi** (☎Francesco 340 631 52 60, Fausta 338 334 55 44; www.rifugiosfilzi.com; Località Sfilzi, Vico del Gargano; solo pernottamento/mezza pensione €45-55/65-80 per persona; pasti €20-40; ⏲tutto l'anno su prenotazione), ex stazione del Corpo Forestale dello Stato, dove Francesco e Fausta offrono ospitalità e organizzano attività ed escursioni a cavallo, a piedi e in bicicletta, oltre a degustazioni della cucina locale. Un'altra proposta è la **Cantoniera d'Umbra** (☎339 196 88 59; www.cantonieradumbra.it; SP144, Km 23,800, Monte Sant'Angelo; singole/doppie a partire da €70/90 con prima colazione; ⏲tutto l'anno; 📶), agriturismo a gestione familiare che propone camere semplici, cucina schietta del territorio (pasti €25) e noleggio bici, anche elettriche.

Infine, per chi ama standard più elevati, navigatore impostato verso **Elda** (☎0884 59 46 85, 353 303 92 82; www.eldahotel.it; SP52B, Località Foresta Umbra, Monte Sant'Angelo; doppie a partire da €70 con prima colazione; ⏲tutto l'anno; ❄📶🅿),che offre camere moderne ed eleganti nel restaurato Albergo Rifugio e ha un'anima 100% green, come si confà a questi luoghi. La sera scendete al **ristorante** (pasti €40), non solo per assaggiare le originali creazioni dello chef a base di cacciagione, funghi e formaggi locali, ma anche per degustare i vini della casa: i proprietari sono gli stessi delle **Cantine Elda** (www.eldacantine.com) a Troia.

San Michele Arcangelo 28-30 SETTEMBRE

Centinaia di figuranti e attori in costumi altomedievali sfilano lungo le vie cittadine inscenando gli episodi che ricostruiscono l'intero ciclo delle apparizioni micaeliche. Il 29 settembre, un gruppo di fedeli percorre a piedi la strada da Vieste, a 50 km di distanza, e si unisce alla Processione della Sacra Spada di San Michele Arcangelo.

Pernottamento

Gli Arcangeli B&B €

(☎366 387 13 06; www.beblarcangelo.it; Via Castello 2; singole/doppie €45-60; ❄📶🐾) A pochi passi dalla basilica, tre camere nuove e accoglienti, ognuna dedicata a un arcangelo (Michele, Raffaele e Gabriele), con bagni spaziosi. Unico limite è la scala ripida, non adatta a chi ha problemi di deambulazione o ai passeggini.

Hotel Michael HOTEL €€

(☎0884 56 55 19; Via Reale Basilica 86; singole/doppie a partire da €50/70; ❄📶) Questo piccolo e semplice albergo sulla strada principale che dal santuario porta alla città vecchia ha camere spaziose, con belle terrazze; chiedetene una con vista. Il panorama dalla veranda dove viene servita la prima colazione merita una menzione particolare.

Palace Hotel San Michele HOTEL €€/€€€

(☎0884 56 56 53; www.palacehotelsanmichele.it; Via Madonna degli Angeli; singole/doppie €60-110/60-180; ❄📶🅿🏊) A pochi passi dal castello, è un quattro stelle ricavato in un vecchio mattatoio novecentesco, con arredi classici e raffinati. Ha due suite, cinque junior suite e un grande ristorante sotto belle volte, oltre a una splendida piscina e a una spa moderna e ben attrezzata. Servizio navetta per la spiaggia privata di **Baia del Monaco**, con ombrellone e due lettini compresi nella tariffa.

★ **Barone Gambadoro** B&B €€€

(☎333 727 28 68; www.masseriabaronegambadoro.it; Via Madonna delle Grazie 2; suite €149-359; ❄📶🅿🏊🐾) Concedetevi un po' di lusso e raffinatezze in questa masseria tra mare e montagna in mezzo agli ulivi. Moderno e antico convivono nelle sei luminose stanze: potrete optare tra junior, superior e royal suite e avrete a disposizione la piscina esterna e la spa con piscina interna, idromassaggio, sauna finlandese, hammam e saletta massaggi (che naturalmente sono extra). A voi la scelta!

Pasti

A Monte Sant'Angelo è sempre il momento di uno spuntino, perché le **ruote di pane** sono irresistibili; si tratta di pagnotte giganti, con la crosta bruna ricoperta di farina che protegge una mollica chiara e morbida per giorni e giorni. Tra i vanti gastronomici della cittadina ci sono anche le **ostie piene**, nate, secondo la tradizione, nel monastero della Santissima Trinità, a due passi dal santuario: si tratta di due cialde croccanti che racchiudono irresistibili mandorle tostate e caramellate con miele e cannella. In città panifici e pasticcerie sono a ogni angolo.

Forno Moretti PANIFICIO, PASTICCERIA €
(0884 56 12 00; Corso Pietro Giannone 7; 7-13.30 e 16-21 lun-ven, 7.30-13 dom) Conviene fare due passi in più, appena fuori dal centro storico, per raggiungere questo vecchio forno che, oltre alle classiche delizie, propone taralli zuccherati e alle mandorle, cartellate, biscotti, pastarelle, friselline e scaldatelli pronti da portare via e da far sparire in uno schiocco di dita.

L'ULTIMO SAMMECALÈRE

I *sammecalère* (sanmichelari) erano gli unici artigiani del Regno di Napoli che avevano il permesso, sancito da regio decreto del 1475, di riprodurre in statue l'immagine di san Michele arcangelo; figurarsi che la pena per i trasgressori era di 100 once, un'enormità per l'epoca. Le statuette erano inizialmente in alabastro o in pietra e il mestiere era tramandato di padre in figlio. Quando nel 1656 sul Gargano arrivò la peste, che già aveva devastato il regno, la leggenda narra che il clero e il popolo chiesero aiuto all'arcangelo, il quale promise che avrebbe protetto i suoi devoti mediante le pietre della Sacra Cava con inciso il suo nome o usate per scolpire la sua immagine. Oggi la produzione è diventata seriale e le statuette sono di plastica o resina. Tuttavia, nel cuore del centro storico di Monte Sant'Angelo, l'anziano artigiano **Michele Renzulli** (Via Garibaldi 22) e suo figlio vendono ancora alcuni rari pezzi fatti a mano secondo l'antica tradizione.

Medioevo RISTORANTE €€
(0884 56 53 56; Via Castello 21; www.ristorantemedioevo.it; pasti €30; 12-15 e 19-22 mar-dom) La filosofia di Pasquale Mazzone e Tonino Palumbo è quella di rispettare i frutti di questa terra ricca e generosa. Il locale è curato, i salumi sono fatti in casa, le orecchiette sono alle cime di rapa o 'alla Medioevo' (con rucola, pecorino e ragù di agnello), i troccoli sono al ragù di seppia o avvolti in una melanzana e il finocchietto selvatico è usato per condire il pancotto contadino insieme a verze, patate e fave. Ottimi anche i formaggi e la carta dei vini, in cui la fanno da padroni i pugliesi.

Profumo OSTERIA GOURMET €€
(340 339 68 52, 347 693 21 71; Via Giuseppe Verdi 97; pasti €35-40; 19-23.30 ven-dom, più estesi in estate) Pochi posti a sedere per una cucina di alto livello e piena di estro e colori: baccalà mantecato con crema di piselli e crumble di guanciale, risotto alla rapa rossa e ostrica croccante, cubi di tonno con maionese di polpo e guacamole.

★ **Casa Li Jalantuùmene** RISTORANTE €€€
(0884565484, 3487976321; www.li-jalantuumene.it; Piazza De Galganis 9; pasti €45, menu degustazione €50; 20.30-22.30 lun-gio, 12.30-15 e 17.30-24 ven, 11-17 con brunch e 17.30-24 sab e dom;) Immerso nel silenzio del Rione Junno, questo ristorante di alto livello è gestito con determinazione e fantasia dall'istrionico patron Gegè Mangano insieme alla moglie Ninni. Oltre al romantico balconcino per due, d'estate ci sono i tavolini che si allungano su un meraviglioso lato terrazzato della piazza, dove è un autentico piacere degustare stracciatella di Andria con funghi cardoncelli e mandorle tostate, ravioli di formaggio podolico e bottarga di Lesina, torcinelli di agnello con mugnoli, per chiudere il pasto in grande con i prelibati formaggi locali o le ciangularie (dolcetti pugliesi) con calice di passito. Il menu degustazione è sempre una garanzia. Ci sono anche quattro **camere** di charme nel B&B vicinissimo al ristorante.

Locali e vita notturna

Quando calano le luci della sera, in inverno Monte Sant'Angelo a poco a poco si spegne, mentre in estate ci si sposta verso il mare. Ma non mancano segnali di vita incoraggianti, soprattutto sulla bella via Giuseppe Verdi.

SAN GIOVANNI ROTONDO E IL CULTO DI PADRE PIO

San Giovanni Rotondo può definirsi una città-santuario, dove si viene per visitare le memorie di Padre Pio da Pietrelcina. La devozione dei fedeli per i luoghi in cui visse e operò il frate (giunto in questo paese nel 1916 e qui rimasto fino alla sua morte, il 23 settembre 1968) è tale da oscurare tutto ciò che non sia a lui legato. Del resto, prima della nascita del culto, San Giovanni Rotondo era solo un minuscolo paesino medievale arroccato nell'entroterra garganico. Di quel tempo restano, oltre alla **Chiesa di San Giovanni Battista** (Via della Rotonda), la più antica del borgo, quella di **Sant'Onofrio** (XIII secolo) e le mura svevo-angioine con le torri di guardia, due delle quali ancora visibili. Dagli anni '50 il flusso di pellegrini da tutto il mondo ha imposto l'allargamento del santuario; l'aumento costante di visitatori è culminato nel 2002, quando la Chiesa ha riconosciuto al frate la miracolosa capacità di guarire i malati. Oggi, soprattutto nei weekend, risulta difficile sfuggire agli assembramenti di pellegrini e ai venditori ambulanti di souvenir religiosi e statuette, ma, se la motivazione è forte e la fede sincera, vale comunque la pena di raccogliersi in meditazione nei luoghi del santo. Ve ne segnaliamo due: il vasto complesso del **Santuario di Santa Maria delle Grazie** (☎0882 41 75 00; www.conventosantuariopadrepio.it; Piazza Santa Maria delle Grazie; ⌚6-22), in cui convivono una chiesa antica e una moderna, e l'ancor più esuberante **Chiesa di San Pio da Pietrelcina** (⌚7-19), progettata da Renzo Piano e inaugurata nel 2004, costruita per contenere migliaia di pellegrini, e tra le più grandi d'Italia. Caratteristiche principali sono la forma a spirale e l'avveniristica semicupola che la rende simile a un auditorium. Percorrendo un corridoio in cui l'artista e teologo sloveno Marko Rupnik ha raffigurato in parallelo le vite di san Francesco e di san Pio, si entra nella **cripta** dorata che custodisce le reliquie di quest'ultimo.

San Benedetto COCKTAIL BAR, GELATERIA
(☎347 884 17 77; Piazza Giovanna I d'Angiò; ⌚fino a tardi) Affacciato al Rione Junno, è uno dei bar più frequentati dai giovani del luogo e dai turisti: ordinate un aperitivo, sorseggiate un cocktail e godetevi il maestoso panorama dalla terrazza.

Shopping

Casa Prencipe PASTIFICIO
(☎0884 56 15 99; www.casaprencipe.it; Contrada Carbonara; ⌚9-17 lun-ven, 9-13 sab) Pochi quintali al giorno, solo grano biologico, filiera corta e lenta trafilatura al bronzo fanno di quest'azienda una delle migliori produttrici di pasta artigianale di Puglia.

★ **Green Cave** PRODOTTI TIPICI, ARTIGIANATO
(☎348 264 95 23; www.greencave.org; Via Garibaldi 27; ⌚10-13 e 16.30-20.30 estate, 6.30-20.30 lun-ven, 10-13 sab e dom negli altri periodi) Più che un negozio in senso stretto, è un centro culturale, spazio espositivo e sede del Circolo Legambiente che organizza l'evento Festambiente Sud (p164). Tutto il meglio delle produzioni biologiche locali e poi libri, strumenti musicali, ceramiche e creazioni di artisti e designer locali.

Mungi & Mangia FORMAGGI
(☎349 850 81 33; www.facebook.com/mungiemangia; Vico Giglio 24; ⌚7.30-13 e 17.30-20.30 lun-sab) In questo caseificio artigianale aderente al circuito Campagna Amica, la specialità è il caciocavallo podolico, ma dal banco occhieggiano invitanti anche mozzarelle fresche, burrate, formaggi primosale farciti e yogurt.

Informazioni

EMERGENZE

Guardia medica (☎0884 56 59 29; Viale Santa Croce)

Polizia municipale (☎0884 56 62 08; Piazza Municipio 2)

Pronto soccorso (☎0884 56 59 89; Viale Santa Croce)

INFORMAZIONI TURISTICHE

Info Point (☎0884 56 20 62; www.turismomontesantangelo.it, www.facebook.com/InfoPointMonteSantAngelo; Largo Roberto il Guiscardo 1, dentro il Castello; ⌚9-13 e 14.30-18) Punto di riferimento per le visite guidate culturali e naturalistiche su tutto il territorio garganico.

Pro Loco (☎0884 56 55 20; www.facebook.com/prolocomontesantangelo; Via Reale Basilica 40; ⌚9-13, orario prolungato in estate) Nella città vecchia; gli addetti sono gentilissimi e disponibili.

POSTA

Ufficio postale (☎ 0884 56 13 31; Via Reale Basilica 10; ⏲ 8.20-13.45 lun-ven, 8.20-12.45 sab)

Per/da Monte Sant'Angelo

AUTOBUS

Monte Sant'Angelo è servita dagli autobus **SITA** (☎ 0881 35 20 11; www.sitasudtrasporti.it) che partono da Foggia (€5,10, 1 h 30 min) e Manfredonia (€2,20, 40 min, corse frequenti). **Ferrovie del Gargano** (☎ 0882 22 89 60; www.ferroviedelgargano.com) mette in comunicazione Monte Sant'Angelo con San Giovanni Rotondo, San Severo, Termoli e Roma.

AUTOMOBILE

Da Foggia prendete la SS89 in direzione Manfredonia e Vieste, uscendo all'indicazione per Monte Sant'Angelo e salite per una tortuosissima strada (57 km). Da Vieste dirigetevi a sud lungo la SS89 e imboccate l'uscita per Monte Sant'Angelo dopo Mattinata (60 km).

Dintorni di Monte Sant'Angelo

★ Abbazia di Santa Maria di Pulsano LUOGO DI CULTO

(☎ 0884 56 10 47, 328 024 34 96; www.abbaziadipulsano.org; Località Pulsano; ⏲ sempre aperto, ma telefonare prima) FREE La strada che da Monte Sant'Angelo conduce a Pulsano è lunga una decina di chilometri, ma sembra condurre ad altre latitudini. Il paesaggio è asciutto, impervio, inospitale. Ripidi greti, grotte improvvise, terra arsa e arbusti segnano il passo del visitatore lungo i sentieri che scendono sul fianco del promontorio. L'abbazia, l'unico edificio evidente, attira lo sguardo come un tempio nel deserto. Fondata alla fine del lontano VI secolo da san Gregorio Magno, fu ricostruita nel 1129 da san Giovanni da Matera, mistico ed eremita benedettino dalla vita avventurosa che, giunto a Bari per imbarcarsi alla volta di Gerusalemme, sentì l'esigenza di passare prima dal Santuario di San Michele, ma durante il viaggio cadde preda di una grave febbre. Secondo la leggenda, proprio in prossimità del punto dove oggi sorge l'abbazia gli apparve la Madonna, che gli prese il polso e lo guarì (da qui il nome: *puls sano*), prima di indicargli la sua missione evangelica. Sempre stando alla tradizione, l'abbazia sarebbe stata costruita in soli sette giorni. Mitologia a parte, san Giovanni da Matera istituì una congregazione di ordine benedettino che professava l'ascetismo unito alla predicazione attiva tra i contadini e gli allevatori della zona, oltre che tra i pellegrini in visita al vicino santuario.

Nell'abbazia l'accoglienza è garantita per chi vuole partecipare alle attività spirituali e alle messe con rito bizantino-latino. In estate ci sono corsi sulle antiche tecniche di pittura delle icone.

Attività

★ Trekking agli eremi ESCURSIONISMO

Tutt'intorno all'abbazia di Pulsano le pareti rocciose sono traforate da più di 20 **Eremi Rupestri**, alcuni in grotte, altri costruiti con semplicità, nei quali i monaci passavano anche lunghi periodi d'isolamento. Tenete conto che i più lontani distano anche più di un'ora di cammino, perciò fatevi sempre consigliare o ancora meglio accompagnare, per esempio dalle guide di **Gargano NaTour** (☎ 393 175 31 51; www.garganonatour.it). Prendete il sentiero che dall'abbazia porta a una scalinata rocciosa e prima di scendere ammirate il panorama. Il balzo su cui sorge il complesso domina la pianura sottostante e il Golfo di Manfredonia, e non è difficile capire perché san Giovanni l'avesse scelto come luogo di raccoglimento. Ciò che, al contrario, non è semplice immaginare, è come facessero i monaci a vivere nelle grotte che si incontreranno scendendo dal sentiero. Entrate nella celletta affrescata ai piedi dell'abbazia e prestate attenzione agli affreschi mentre tendete l'orecchio. Non un suono che non sia il frinire delle cicale o il vento nelle gole disturberà la vostra riflessione.

Mattinata

POP. 5988 / ALT. 75 M

Distesa in una conca, Mattinata è un luogo di tradizione agropastorale, genuinamente basato sulla pesca e sulla coltivazione di ulivi, mandorli e fichi. Il suo centro a 3 km dalla costa è piccolo e privo di edifici di particolare interesse storico; ma forse è proprio l'aria sommessa e discreta di Mattinata a renderla affascinante, lontana dall'affollamento di Vieste e Peschici e dal trambusto di Manfredonia. Da Mattinata inizia il Gargano costiero delle spiagge lunghe da cartolina, del mare color cobalto che entra nelle grotte (frequenti lungo la scogliera a picco sul mare) e nelle calette. Come se non bastasse, appartengono al territorio di questo comune i famosi faraglioni della Baia delle Zagare, simboli internazionali della Puglia. Senza contare che Mattinata è una delle migliori destinazioni per chi ama il trekking e le viste mozzafiato.

Che cosa vedere

È chiamato Junno il centro storico del paese, un dedalo di vicoli e scalinate che dei tempi antichi conserva ancora gli edifici rurali in pietra a vista e calce e alcune dimore nobiliari. Tra queste l'ottocentesco **Palazzo Mantuano** (Largo Agnuli), restaurato e adibito a biblioteca e sede dell'ufficio turistico.

Prima di correre in spiaggia, fate tappa alla **Farmacia Sansone** (☎ 0884 55 95 37; Corso Matino 114; ⏲ 8-13 e 16-20 inverno, 8-13 e 16-20.30 estate, 8-13 dom e festivi) FREE. Nulla a che vedere con una normale farmacia: è una bottega dal sapore ottocentesco che custodisce la collezione privata di Matteo Sansone (1916-92), studioso del territorio, archeologo per passione e farmacista per necessità. Tra i reperti archeologici della civiltà dauna, ellenistica e romana, spicca l'eccezionale Stele Dauna del Sansone che ritrae un guerriero dauno a colloquio con un mostro infernale. Nella sezione etnografica, che raccoglie oggetti ritrovati nelle case e nelle masserie del Gargano, ci sono cassoni da corredo finemente intarsiati, costumi tradizionali, statue dedicate a san Michele di varie fogge ed epoche e statuine di presepi del Settecento. Sulle mensole e nelle teche troverete di tutto, compresi gli attrezzi per cavare i denti realizzati da un fabbro locale, oltre a una quantità di foto e immagini d'epoca.

Attività

Sport acquatici

Alcune spiagge e grotte sono raggiungibili solo via mare: una pagaiata in canoa o un giro in barca vi regaleranno emozioni incredibili. Per il noleggio delle imbarcazioni potete rivolgervi a **Mazzone Centro Marine** (☎ 338 584 61 17; www.mazzonemarine.it; Contrada Agnuli, Darsena). Per uscite in canoa trasparente contattate **Mooveng** (☎ 328 955 95 67; www.mooveng.it; solo noleggio/tour guidato €60/120 per 2 persone tutto il giorno): si parte dalla Baia di Mattinatella.

Trekking

Gargano Running and Trekking Park ESCURSIONISMO

Questo è il nome di una rete di ben 160 km di sentieri che partono da Mattinata (recuperate l'opuscoletto all'Info Point e scaricate i QR code con i tracciati), che ricalcano in parte gli antichi tratturi del pellegrinaggio e della transumanza. Se preferite farvi accompagnare da guide specializzate, contattate **Gargano NaTour** (☎ 393 175 31 51; www.garganonatour.it). Vi indichiamo qui tre dei più suggestivi: il **Saraceno Trail** (13 km; 560 m di dislivello) raggiunge dal centro di Mattinata la necropoli dauna di **Monte Saraceno**, con circa 500 tombe scavate nella roccia calcarea. Il secondo, spettacolare e mediamente impegnativo (19 km a/r; 980 m di dislivello), conduce al **Monte Sacro**, che si eleva a 874 m e, tra febbraio e maggio, regala il caleidoscopico spettacolo delle orchidee selvatiche; con ben 60 specie, il territorio di Mattinata è il più ricco del Gargano. Prendetevi del tempo per inerpicarvi sul sentiero che conduce in vetta e godere della vista sul mare, oltre che della pace serafica tra le incredibili rovine di un'antica **Abbazia Benedettina** (1058) dedicata alla Santissima Trinità. Il terzo, emozionante itinerario conduce in 21 km dal centro di Mattinata alle quattro spiagge più scenografiche della costa garganica: **Mattinata**, **Mattinatella**, **Baia dei Faraglioni** e la stupenda **Spiaggia di Vignanotica**, nel Viestano, orlata da ripidi faraglioni di calcare bianco che scendono a precipizio sul mare.

Spiagge e grotte

La più lunga e attrezzata spiaggia della zona è **Piana di Mattinata**, dominata dal Monte Saraceno e ideale per chi ama la comodità delle strutture ricettive e i ristorantini sul mare. Sul versante nord c'è il porticciolo turistico da cui partono le escursioni lungo la costa. Dotata di un ampio parcheggio a pagamento, lidi attrezzati e facili accessi liberi è anche, proseguendo verso nord, la spiaggia di **Tor di Lupo**, superata la quale si susseguono fittissime, una dopo l'altra, piccole spiaggette con fondo ghiaioso nascoste tra le falesie calcaree: la **Valle delle Sirene**, di una bellezza incantevole e selvaggia, raggiungibile con difficoltà anche a piedi, e la **Baia dei Gabbiani**, accessibile solo dal mare, formata da tre spiaggette incastonate tra falesie piramidali che le fanno ombra nelle ore pomeridiane. Subito dopo incontrerete la splendida **Mattinatella**, composta da due arenili attigui, separati da uno spuntone di roccia alto circa 100 m, dei quali è raggiungibile via terra solo quello meridionale, attrezzato con varie strutture ricettive. A nuoto o in barca si approda sul versante nord, frequentato dagli appassionati di pesca subacquea, chiamato anche **Fontana delle Rose** (in ombra dalla metà del pomeriggio) per la presenza di una sorgente di acqua dolce.

A questo punto, lungo la costa si susseguono fittissime minuscole spiagge dal fondo ghiaioso, nascoste tra le falesie calcaree: **Cala del Pescecane**, **della Cattedrale**, **della Pipa**, **Grottone del Pescatore**, tanto incantevoli quanto di difficile accesso (in molti casi sono raggiungibili solo dal mare).

Decisamente più ampia è la **Baia delle Zagare** (detta anche dei Mergoli per la presenza di una nutrita colonia di merli e passeri solitari), che per via delle falesie di calcare, del mare verde smeraldo e della lussureggiante vegetazione è uno dei siti balneari più noti di tutto il Gargano, reso inconfondibile dalla presenza di due spettacolari faraglioni detti Arco di Diomede e Le Forbici.

Subito dopo il promontorio inizia la sfilata di magiche grotte che forano, senza soluzione di continuità, il lungo tratto di costa fino alla splendida **Baia di Vignanotica** (p174): la **Grotta Rossa**, con una piccolissima spiaggia interna; la **Grotta dei Pipistrelli**; la **Grotta Cattedrale**, dalla maestosa volta naturale; la **Grotta del Serpente**, una sorta di rettile che la natura ha scavato nella roccia; e l'altissima **Grotta Campana Grande**.

Feste ed eventi

Festa di Santa Maria della Luce 14-16 SETTEMBRE
La festa comincia con il suono di campane e la banda che annuncia l'inizio delle celebrazioni. Il terzo giorno, dopo la processione religiosa per le vie cittadine, va in scena uno spettacolo pirotecnico.

Pernottamento

Una quindicina di chilometri a nord di Mattinata, lungo la costa nei pressi della splendida Baia delle Zagare, si susseguono una serie di alberghi molto lussuosi. Anche Mattinatella e Vignanotica sono importanti centri turistici, ma se volete gravitare intorno al paese potete scegliere una delle strutture che vi consigliamo di seguito.

Masseria Liberatore B&B €€
(0884 55 97 53, 338 898 80 38; www.masseria liberatore.it; Contrada Liberatore 2, Funni; doppie €60-110;) Questo B&B offre camere silenziose immerse tra gli ulivi e gli agrumi e con viste impareggiabili sulla piana di Mattinata. La struttura aderisce al circuito Albergabici (www.albergabici.it).

Hotel Torre del Porto RESIDENCE €€
(340 778 57 23, 342 010 73 39; www.torredelporto.it; Contrada Funni; appartamenti per 2/4 persone €90/160;) Mono, bi e trilocali circondati da ulivi e alberi di agrumi a soli 300 m dalla spiaggia. Gli appartamenti sono comodi e funzionali, l'accoglienza è di una cortesia e un calore fuori dal comune. Per chi cerca la quiete totale c'è un'ampia piscina con lettini e ombrelloni. A colazione, torte appena sfornate e marmellate della casa.

★ **Hotel Il Porto** RESIDENCE €€/€€€
(0884 55 25 11; www.hotelresidenceilporto.it; SP53 Litoranea per Vieste, Km 1,5 da Mattinata; doppie a partire da €100/150; appartamenti per 2/4 persone a partire da €170/260;) Uno dei migliori hotel di Mattinata, per la posizione arroccata su una collina, il panorama marino dal fascino magnetico e la vicinanza alla spiaggia (privata, ma con parcheggio gratuito). Potrete scegliere tra le camere o gli appartamenti super attrezzati e arredati in uno stile chic mediterraneo, ognuno con terrazzo o giardino privato. E poi ci sono gli ambienti comuni ben tenuti, la splendida piscina, un open bar e un **ristorante** (pasti €30) di qualità.

Pasti

Piatti tipici di Mattinata sono l'acquasala (pomodorini e cipolla tritata con origano e sale su fette di pane raffermo locale), le ricette a base di capperi e con le rarissime cime di capperi, i calzoncelli a Natale (panzerotto dolce ripieno di cioccolata, ceci o frutta secca) e il poperato a Carnevale.

Ciangularie PANIFICIO, PASTICCERIA €
(0884 55 99 66; www.ciangularie.it; Corso Matino 133; 7.30-13 e 16-22 mer-lun inverno, tutti i giorni estate) Ciangularie in dialetto garganico vuol dire 'golosità' ed è quello che propone questa pasticceria di dolci tipici pugliesi realizzati artigianalmente con ingredienti genuini. Ci sono le scartellate, le ostie piene

ACCESSO ALLA BAIA DELLE ZAGARE

Se non soggiornate in uno degli esclusivi hotel che danno sulla baia, non vi rimane che ottenere un pass giornaliero da richiedere all'**Info Point di Mattinata** (p171) il giorno precedente la visita. Attenzione: si rilasciano solo 20 pass al giorno, perciò fatevi trovare al mattino presto all'apertura dell'ufficio. In alternativa, potete richiedere 48 h prima un pass per una visita rapida e per scattare qualche foto (solo 15 persone per 3 fasce orarie giornaliere).

di Monte Sant'Angelo, i mostaccioli, i poperati, le castagnole, ma anche pizze e scaldatelli per chi preferisce il salato.

★Gabrielino GELATERIA €
(☎0884 55 94 44; www.gabrielino.it; Via Garibaldi 3; ⌚7.30-22 mer-lun marzo-giu e set-ott, 7-1 lug-agosto, 7.30-13.30 mer-lun gen-feb, chiuso nov) è dal 1933 che la famiglia Di Mauro produce gelati a Mattinata. I sapori legati alle essenze del territorio sono sublimi. Provate anche le granite e i ghiaccioli.

★La Locanda del Maniscalco TRATTORIA, BRACERIA €€
(☎348 753 81 61; www.lalocandadelmaniscalco.com; Via Zuppetta 12-14; pasti €25-30; ⌚19.30-23.30 lun-ven, 12.30-14.30 e 19.30-23.30 sab e dom giu-set, 12.30-14.30 e 19.30-23.30 mar-dom marzo-mag, solo weekend ott-nov) Menu incentrato sui prodotti dell'azienda di famiglia, tutti di ottima qualità, dai salumi ai formaggi e alla carne alla brace, per concludere con i dolci della casa, prelibati e presentati con fantasia. Non perdetevi l'occasione di assaggiare le birre della Daunia. Per farvi recapitare a casa i prodotti che avrete assaggiato, seguite le istruzioni riportate sul sito dell'**Azienda Agricola De Vita** (www.agricoladevita.com).

Locali e vita notturna

Barboni di Lusso BAR, PUB
(☎0884 55 08 47; Via Fischetti 32/A; ⌚7-2) Locale dallo spirito fresco che grazie all'allestimento semplice ma accogliente è riuscito in poco tempo ad attrarre i giovani della zona. D'estate è praticamente pieno tutte le sere ed è il posto ideale per un long drink all'ora dell'aperitivo o un ultimo bicchiere prima di rientrare.

Panta Rei WINE BAR, RISTO-PUB
(☎340 951 18 31; www.facebook.com/pantarei.mattinata.gargano.puglia; Contrada Funni; ⌚giu-ott) In riva al mare, su un'insenatura che di notte regala uno spettacolo davvero suggestivo, questo locale all'aperto con tavolini e divanetti è l'ideale per trascorrere una serata all'insegna della musica dal vivo, sorseggiando cocktail e vini a prezzi onesti. Gentilissimo il gestore Leo.

Informazioni

L'**Info Point** (☎0884 59 72 91; www.facebook.com/infopointmattinata; Largo Agnuli; ⌚8-12 e 18-22 giu-set, orari ridotti nel resto dell'anno) ha una sede tutta nuova in Palazzo Mantuano. Recatevi per prendere i pass per la Baia delle Zagare e tutte le informazioni sui trekking e sulle attività in tutto il Gargano.

Per/da Mattinata

Mattinata si trova 17 km a nord di Manfredonia. Gli autobus **SITA** (☎0881 35 20 11; www.sitasudtrasporti.it) e **Ferrovie del Gargano** (☎0882 22 89 60; www.ferroviedelgargano.com) la collegano con Manfredonia (€1,40, da 20 min a 35 min) e Vieste (€2,90, da 55 min a 1 h 25 min). **Ferrovie del Gargano** gestisce anche la linea Vignanotica-Mattinata (€1,40, 35 min). I biglietti si prenotano e si acquistano anche sul sito web biglietteria.cotrap.it.

Vieste

POP. 13.467 / ALT. 43 M

Vieste è uno dei borghi costieri più affascinanti d'Italia. Le sue casette bianche si affastellano l'una sull'altra, mentre gli archi esili e i vicoli stretti portano alle piazzette dall'atmosfera medievale e alle scalinate del centro storico, passaggio obbligato per la Cattedrale e per l'istmo roccioso di Punta San Francesco, affacciata sull'isolotto di Sant'Eufemia e sul suo faro. A sud del centro c'è lo scoglio di Pizzomunno, una delle attrattive più fotografate di Vieste. Non lasciatevi spaventare dalla grande affluenza estiva: di notte, il paese illuminato è uno spettacolo magnetico, di giorno è una scoperta continua, tra gli odori e i rumori che lo pervadono, e la folla che lo attraversa, tra le spiagge di San Lorenzo e quella di Castello.

Che cosa vedere

Non limitatevi a perlustrare il cuore del **centro storico**: attraversate Piazza Garibaldi e Piazza Kennedy, poi cercate i gradini di **Marina Piccola**. E fate anche una passeggiata per Corso Tripoli e le strade limitrofe: vi sentirete un po' in Africa e un po' in Grecia. Prestate attenzione all'angolo tra via Cimaglia e via Gregorio XIII, perché lì per terra c'è la **Chianca Amara**, la pietra amara, dove nel luglio 1554 il corsaro saraceno Draguth decapitò gran parte degli abitanti dopo aver saccheggiato case e chiese e, non ancora soddisfatto, ordinò di dare fuoco alla città. Nei paraggi si trova la **Via Judeca**, che testimonia l'antica presenza degli ebrei nel paese, mentre la casbah ha lasciato spazio a una piazzetta a strapiombo sul mare. Scendendo per Via Uria si incontra il **Largo del Seggio**, dove si affacciava l'edificio del governo cittadino; anch'essa rivolta verso lo spettacolare **Strapiombo della Ripa**, prende nome dal **Sedile di San Giorgio**,

Vieste

una costruzione a base quadrata, oggi sede di un hotel, utilizzato un tempo dai notabili del paese come luogo di riunione.

E anche se di norma non si può visitare (è sede della Marina Militare), sappiate che il Castello (Piazza Castello) di Vieste è stato uno dei più importanti della costa adriatica. Costruito su una rupe a strapiombo sulla spiaggia della Scialara, è citato per la prima volta in una pergamena dell'anno 1059 e deve il suo aspetto attuale, con i bastioni a punta di lancia, a interventi cinquecenteschi a opera degli spagnoli.

Cattedrale
LUOGO DI CULTO

(Via Duomo; ⌚ tutti i giorni fino a tarda sera in estate) Anche se profondamente rimaneggiata nei secoli, è una testimonianza del romanico pugliese (lo si vede soprattutto nel bel portale scolpito e nelle tozze colonne delle navate). All'interno conserva un soffitto ligneo del Settecento di fattura napoletana decorato a tempera, un altorilievo marmoreo cinquecentesco raffigurante la *Deposizione di Cristo* e una statua in legno di tiglio di santa Maria di Merino (XIV secolo), patrona di Vieste insieme a san Giorgio, che originariamente si trovava all'interno del **Santuario di Santa Maria di Merino** (7 km a nord di Vieste), risalente ai secoli XI-XII.

Museo Malacologico
MUSEO

(☎ 0884 70 76 88; Via Pola 8; ⌚ 10.30-12 e 17.30-20.30, 9.30-12.30 e 16-23 lug e agosto) **FREE** Vi sono esposti qualcosa come 15.000 esemplari di conchiglie provenienti da tutto il mondo e anche numerosi fossili di conchiglia. C'è da divertirsi ad ammirare la fantasia della natura nello scolpire forme e volumi, soprattutto le fantastiche volute dell'*Epitonium scalare*, il pezzo forte della collezione.

Museo Civico Archeologico 'Michele Petrone'
MUSEO

(☎ 353 429 95 17; www.facebook.com/poloculturalevieste; Piazzetta Cappuccini; adulti/fino a 10 anni €2/gratuito; ⌚ lug-set, altri periodi su prenotazio-

Vieste

Da non perdere

Che cosa vedere

Attività

Pernottamento

Pasti

Locali e vita notturna

Shopping

ne) Visitate l'interessante museo aperto nel 2019 per scoprire la storia di Apeneste (questo il nome antico di Vieste) partendo dai reperti utilizzati dai minatori di selce neolitici fino all'arrivo dei romani. Affinate le conoscenze storiche fuori città nella Necropoli 'La Salata' (p173).

Complesso di San Francesco LUOGO DI CULTO
(☎0884 70 74 95; Via San Francesco 15) All'estremità del centro abitato, praticamente sopra il mare, sorgono la Chiesa e il Monastero di San Francesco, di origini quattrocentesche ma distrutti durante il sacco turco del 1480 e infine ricostruiti nel Settecento. È uno degli angoli più incantevoli di Vieste, illuminato dai riflessi smeraldo del mare con pure gocce di luce. Scendete le scale sulla destra e vi troverete di fronte la scogliera con un vecchio **trabucco** in fase di ricostruzione e una vista impareggiabile del centro storico.

Faro FARO
Suggestivo e in posizione solitaria e defilata sullo scoglio di Sant'Eufemia, il faro di Vieste fu progettato nel 1867 per facilitare la navigazione di pescatori e marinai tra il medio e il basso Adriatico. Oggi la casa del guardiano è disabitata, ma la rassicurante lanterna d'ottone che la sovrasta si accende ogni giorno all'imbrunire e con i suoi potenti fasci di luce illumina il mare e il centro cittadino.

★ **Necropoli 'La Salata'** SITO ARCHEOLOGICO
(Parco Archeologico di Santa Maria di Merino, ☎347 678 13 65; www.facebook.com/poloculturalevieste; ⏱solo visite guidate su prenotazione; adulti/fino a 10 anni €3/gratuito; SP Vieste–Peschici, Km 8) Circa 9 km a nord della città, nell'ultimo tratto della Spiaggia di Scialmarino, s'incontra questa oasi naturalistico-archeologica costituita da più di 300 tombe risalenti al IV-VI secolo d.C. Le camere funerarie, ricavate da una serie di grotte, sorgono nei pressi di un terreno paludoso vicino al mare, in un'area ricoperta da una folta macchia mediterranea. La necropoli è la più antica testimonianza dell'arrivo del cristianesimo sul Gargano. Le visite guidate, di circa 45 minuti, seguono un percorso facile e accessibile a tutti.

Spiagge

A nord di Vieste

A far da confine tra Peschici e Vieste c'è la sabbiosa **Spiaggia di Sfinalicchio**, una lunga striscia di sabbia fine, facilmente accessibile, attrezzata con lidi, scuole di surf e vela, bar e ristoranti, adatta ai bambini. Subito oltre si stende la **Spiaggia di Crovatico**, una

SI DICE SUL POSTO

LA LEGGENDA DI CRISTALDA E PIZZOMUNNO

Il **Pizzomunno** (Spiaggia di Castello), l'iconico monolite di roccia bianca che si nota emergere per 26 m dal mare quando ci si avvicina a Vieste da sud, è un'attrazione naturalistica avvolta da un'aura fiabesca. Una leggenda, messa in musica anche da Max Gazzè nel 2018, racconta che sotto la sua dura mole di pietra giace il cuore del romantico Pizzomunno, un umile pescatore che ogni giorno andava per mare con la sua barca. Le sirene tentavano di ammaliarlo con i loro canti, ma lui era fedele alla sua bella Cristalda. Gelose e indispettite, non riuscendo a tentare il giovane con le loro armi di seduzione, le sirene trascinarono Cristalda in fondo al mare; Pizzomunno, disperato, rimase pietrificato dal dolore. La fiaba racconta che ogni 100 anni i due amanti si ritrovino per una notte di passione e che poi Pizzomunno riprenda le fattezze del monolite e Cristalda venga di nuovo trascinata negli abissi marini.

serie di dune sabbiose di non facile accesso ma attrezzata anch'essa con varie strutture. Se optate per quest'ultima, tra una nuotata e l'altra non rinunciate a una passeggiata verso la piccola spiaggia oltre il promontorio a est: si chiama **Spiaggia Stretta** ed è un gioiello di sabbia incastonato tra due promontori e protetto da una pineta rigogliosa; ideale per le famiglie con bambini, è comunque facilmente raggiungibile anche dalla provinciale. Segue la **Spiaggia della Chianca**, perfetta per gli amanti degli scogli, che potranno raggiungere con i piedi nell'acqua (il fondale è particolarmente basso) lo scoglio omonimo con il tradizionale trabucco all'estremità. È basso anche il fondale della **Spiaggia di Scialmarino**, ideale per le famiglie: accesso facile, possibilità di parcheggio, lidi attrezzati, bar, ristoranti, scuole di vela, surf, kite e persino un parco giochi. D'obbligo, prima di tornare a casa, è un salto alla Necropoli 'La Salata' (p173). Seguono, una dietro l'altra e tutte di sabbia fine e racchiuse da pinete lussureggianti, la **Spiaggia di Molinella** (di facile accesso, con parcheggio custodito e attrezzata), il piccolo arenile di **Braico** (di più difficile accesso dalla pineta), protetto dai venti e incoronato da pini d'Aleppo che lambiscono il mare, **Punta Lunga** (con un trabucco verso nord, scelta da chi fa surf), **Colombi** (di difficile accesso ma attrezzata, con la gigantesca grotta cui deve il nome) e **Dietro San Lorenzo** (di facile accesso e attrezzata, detta anche 'U' murt'), con il suo trabucco restaurato di fresco e visitabile. Si arriva quindi allo spiaggione che si estende proprio a nord della città, la sabbiosa **Spiaggia di San Lorenzo** (o del Convento), molto ampia e attrezzata con scuole di vela e surf: peccato per i palazzoni che rovinano il paesaggio.

A sud di Vieste

Verso sud si allunga invece, per circa 3 km, la magnifica **Spiaggia di Castello** o Scialara, un'ampia distesa di sabbia bianco-dorata sul cui sfondo si stagliano a picco candide scogliere e l'imponente scoglio di Pizzomunno (v. lettura p174). Irraggiungibile, se non dal mare, la successiva **Scogliera dei Cavoli**, racchiusa tra bianche falesie. Grandi spazi e facili accessi per la seguente **Spiaggia di Portonuovo**, una lunga serie di dune di sabbia chiara e fine, protette da terra dalle torri costiere del XVI secolo, in parte libere e in parte occupate da strutture ricettive e ricreative per i più piccoli.

Proseguendo, una volta oltrepassata la **Spiaggia di San Felice**, incastonata tra il fotografatissimo Architiello di pietra e la scogliera, si giunge alla pittoresca **Baia di Campi**, un arenile ghiaioso delle cui acque cristalline approfittano molti turisti e anche i sub, attratti dal relitto di un'antica nave romana; alle sue misteriose grotte approda chi dispone di una piccola barca o di una canoa. Seguono spiagge ghiaiose di dimensioni ridotte come **Cala della Sanguinara**, che si raggiunge percorrendo un lungo sentiero immerso in una fitta pineta (si possono visitare le vicine grotte marine), e **Portogreco**, un piccolissimo approdo naturale circondato dalla macchia mediterranea e protetto dalla Torre dell'Aglio, dove la spiaggia è libera e ci sono anche un chioschetto presso cui ristorarsi in alta stagione e le magnifiche Grotte dei Marmi e delle Viole. E poi le baie di **Portopiatto** e **Pugnochiuso** (di difficile accesso dalla litoranea, paradiso dei sub, ma a uso di un grosso resort, il primo sorto nel Gargano negli anni '60), e **Cala della Pergola**, lunga appena 20 m, con fondali alti e albe mozzafiato (di facile accesso e con il parcheggio, meno affollata nelle prime ore del giorno).

Dulcis in fundo, l'imperdibile **Spiaggia di Vignanotica**, un seducente miraggio per la sua alta e bianca falesia (il sole arriva all'alba, ma al pomeriggio se ne va presto) che cade a picco in grotte misteriose e scogli pescosi. La si raggiunge attraverso uno splendido sentiero nella pineta o con una navetta che parte dalla provinciale (sia il parcheggio sia la navetta sono a pagamento).

Attività

★ Gite in barca alle grotte

Non perdetevi una gita in barca di un paio d'ore nelle magnifiche grotte marine del Gargano, cui i pescatori hanno attribuito i nomi più evocativi e curiosi: **Grotta Sfondata** (leggendario approdo di Diomede, alta 40 m, dalla cui volta forata si sporgono i pini d'Aleppo), **Campana Grande** (è alta quasi 50 m), **Dei Contrabbandieri**, **Dei Due Occhi** (dalle cui piccole aperture penetrano fasci di luce azzurra), **Dei Colombi**, **Dei Pipistrelli**, **Grotta Calda** (o delle Viole), **Della Tavolozza**, **Delle Sirene**, **Dei Sogni**, **Del Faraone**, **Grotta Smeralda**, **Dei Marmi**.

Le imbarcazioni fiancheggiano la costa frastagliata del promontorio in direzione sud verso Mattinata, permettendo di ammirare le spiagge più belle del Gargano, tra cui la magnifica Vignanotica. Numerose sono le compagnie che portano alle grotte in imbarcazioni capienti ma sempre molto affollate. I biglietti sono in vendita presso i chioschi del porto. Se invece amate la quiete e i ritmi più blandi, potete contattare chi organizza piccole escursioni a numero chiuso: sul suo *Leone di Vesta* **Matteo della Malva** (☎ 328 863 32 20; www.facebook.com/IlLeoneDiVesta) porta al massimo 20 persone e offre anche l'aperitivo durante la navigazione; Michele e Giusy di **Vieste Sea Adventure** (☎ 342 092 10 02, 389 78 32 70; www.viesteseadventure.it; Viale XXIV Maggio 26) hanno solo sette ambitissimi posti a bordo della loro barca. In alternativa affittate un gommone, per esempio da **Nautica Vieste** (☎ 328 427 44 77; www.nauticavieste.it; Scalo Marittimo Sud).

Gite in caicco

Se volete vivere una giornata 'da sultani', l'esclusivo caicco turco **Norita Sans Souci Vieste** (Giuseppe ☎ 349 474 29 15; www.caicconorita.it; adulti/da 3 a 12 anni €80/45 giu, lug e set, €90/55 agosto; ⏲ 10-18; partenze dal Porto Turistico Lungomare Europa), 22 m di lunghezza, vi condurrà veleggiando tra bianche falesie, baiette nascoste, torri saracene e archi naturali da Vieste a Mattinata. Bagni in baia e aperitivo e pranzo a bordo. A disposizione dei passeggeri maschere e boccagli per lo snorkelling.

Mountain bike, quad e safari

Vieste è un buon punto di partenza per visitare la **Foresta Umbra** (v. lettura p164), che offre numerose possibilità di escursioni a piedi, a cavallo e in bicicletta. Per le gite su due ruote contattate gli esperti biker di **Gargano Trail Center** (☎ 347 489 37 55; www.facebook.com/garganotrailcenter). Per quad e safari rivolgetevi a **Gargano In** (☎ 0881 31 33 33, 329 187 01 92; www.garganoin.it) o all'agenzia peschiciana **Agrifoglio Tour** (☎ 0884 96 27 21, 347 260 48 58; www.agrifogliotour.it).

Passeggiate a cavallo

Punti di riferimento per cavalcare tra spiagge, boschi e vigneti sono il **Maneggio Il Montincello** (☎ 346 736 53 66; Località Monticello) e il **Maneggio San Giorgio Martire** (☎ 345 743 54 34; Località Palude Mezzane) per passeggiate dall'alba al tramonto e anche dopo per esperti e principianti. I bimbi vi ringrazieranno.

Pescaturismo

Sulla motobarca *La Rosa dei Mari*, accanto al comandante **Michele Impagnatiello** (☎ 348 178 87 54; www.pescaturismovieste.it; ⏲ mag-ott), pescatore di professione, potrete partccipare a un'uscita di pesca sulla costa e imparare le tecniche usate dai pescatori locali. A fine giornata, bagno ristoratore e pranzetto a bordo con il 'bottino' della pesca.

Surf, kitesurf, SUP, canoa e kayak

Spiaggia Lunga è la spiaggia di Vieste più frequentata dai surfisti, che spesso noleggiano l'attrezzatura da **Gargano Surf & Kite Centre Cala Azzurra** (☎ 347 888 71 44; www.garganosurf.com; Spiaggia Santa Maria, Cala Azzurra e Isola La Chianca; Litoranea Vieste-Peschici, Km 5; ⏲ mag-set), nella Baia di Santa Maria, 5-6 km a nord di Vieste, che offre anche corsi di windsurd, kitesurf e dei meno conosciuti e-foil e wingsurf.

Capo Vieste, a 8 km dalla cittadina, ospita il **Villaggio-Camping Capo Vieste** (☎ 0884 70 63 26, 340 724 59 60; www.capovieste.it), molto ben organizzato, dove potrete praticare windsurf, kite e SUP con gli istruttori di **Free Surf** (☎ 347 184 18 20; www.freesurfvieste.it). Canoe e kayak si possono affittare infine nel **Villaggio Baia di Campi** (☎ 0884 70 00 00; www.baiadicampi.it; Litoranea Sud Campi-Vieste, Km 10) e in quasi tutte le spiagge attrezzate.

Trekking ed escursioni a piedi

Tra gli itinerari naturalistici più belli che si possono fare nel Gargano c'è il sentiero archeologico-naturalistico ad anello di circa 11 km che inizia e si conclude in località **Sfi-**

nalicchio (SP52 Litoranea Vieste–Peschici, Km 10,2). In un ambiente naturale ancora selvaggio, ricoperto di ulivi secolari e macchia mediterranea, si visitano i **Ripari**, grotte preistoriche sulle cui pareti si distinguono ancora incisioni parietali.

Il secondo percorso consigliato s'inoltra nel bosco di Vieste per raggiungere l'ottocentesca **Masseria Sgarrazza** (☎347 754 51 80; www.masseriasgarrazza.it) in Contrada San Salvatore, dove ancora si allevano allo stato brado le vacche podoliche e le capre garganiche (sono entrambe presìdi Slow Food) e si assaporano il caciocavallo e altre prelibatezze locali. Da Vieste percorrete il Lungomare Enrico Mattei verso Mattinata; dopo circa 1 km troverete un incrocio con semaforo e sulla vostra sinistra il Lido Oasi; svoltate a destra e seguite le indicazioni per il Centro di Spiritualità e Preghiera; dopo circa 500 m troverete la segnaletica in legno che per 9 km vi accompagnerà fino alla masseria.

Feste ed eventi

Il Libro Possibile LUGLIO
(www.libropossibile.com) Uno dei festival letterari più importanti d'Italia, il cui set abituale è Polignano a Mare, ha preso casa anche a Vieste: sul palco si alternano autori nazionali e internazionali di primo piano.

Festambiente Sud LUGLIO/AGOSTO
(www.festambientesud.it) Vieste, insieme alla Foresta Umbra e a Monte Sant'Angelo, è uno dei poli di una serie di eventi estivi dedicati a un tema di grandissima attualità, la transizione ecologica.

Pernottamento

La zona più piacevole in cui alloggiare è il centro storico, anche se sul lungomare e a sud della città si possono trovare alberghi in stile resort e B&B. Un'ottima alternativa, soprattutto per chi vuole anche praticare sport e stare lontano dal traffico, è costituita dai villaggi vacanze, molto diffusi e con un'offerta che copre tutte le fasce di prezzo.

Villaggio Camping Spiaggia Lunga VILLAGGIO, CAMPING €
(☎0884 70 65 86, 335 844 45 25; www.spiaggialunga.it; Litoranea Vieste-Peschici, Km 7; piazzola camping in bassa/alta stagione €9,50/25, monolocali in bassa/alta stagione a partire da €390/950 per 2 persone a settimana; ⏲mag-set; ❄🅿🐾🏊) Potete scegliere gli appartamenti vicini al mare o quelli sulla collina, tutti forniti di un angolo cottura attrezzato e di una veranda, oppure, se preferite, la formula camping (il servizio navetta è comodo e ben organizzato). Il villaggio ha tre piscine, un market di generi alimentari e una tabaccheria con edicola, un **ristorante-pizzeria** (pasti €25) di buon livello, una pasticceria artigianale e un bar sulla spiaggia. Staff coinvolgente e vivace nell'animazione: se siete sportivi, potete iscrivervi, a pagamento, ai corsi di kitesurf e windsurf.

★ **Villaggio Cala Azzurra** VILLAGGIO €€
(☎0884 70 65 88; www.calazzurra.it; Litoranea Vieste-Peschici, Km 5; monolocali in bassa/alta stagione €245/820 per persona a settimana; ⏲mag-set; ❄🅿🏊) Che preferiate la villetta in muratura con veranda o gli alloggi deluxe in un casale di pietra vicino al mare, il servizio professionale di questo moderno resort immerso nella vegetazione vi garantirà un soggiorno coi fiocchi. Se vi piace lo sport avrete a disposizione, a pagamento, corsi di windsurf, kitesurf e wakeboard. La spiaggia privata è poco affollata e sia il **ristorante-pizzeria** (pasti €25) sia il più raffinato **Ebbrodiblu** (pasti €35) offrono una vista incantevole sulla baia. Piscina, miniclub e campo da tennis a disposizione degli ospiti. L'aria condizionata si paga a parte (€50/settimana).

Dimora del Dragone B&B €€
(☎0884 70 12 12, 340 550 51 88; www.bbdimoradeldragone.it; Via Duomo 21; singole/doppie a partire da €80/120; ❄📶🐾) Questo delizioso B&B nel borgo antico, a due passi dal Duomo, è ospitato in un palazzo storico ristrutturato con attenzione, in cui gli arredi moderni e minimal si accostano armonicamente con i pavimenti ottocenteschi in cemento policromo. Le camere, ben insonorizzate, sono dotate di cassaforte, materasso ortopedico, TV e minifrigo. La suite ha una terrazza panoramica con vista romanticissima sul faro. Proprio di fronte, il ristorante Al Dragone (p177) vi accoglierà con la stessa eleganza.

Hotel Seggio HOTEL €€
(☎0884 70 81 23; www.hotelseggio.it; Via Vesta 7; doppie con mezza pensione €60-100 per persona; ⏲15 apr-15 ott; ❄📶🅿🏊) Questo edificio seicentesco color giallo limone, che era l'antica sede del Comune, si affaccia su una deliziosa piazzetta del centro storico, a sua volta affacciata sul mare. Ha una spiaggia privata con piscina, alla quale si accede direttamente dall'albergo tramite un ascensore. Golosissima la colazione. Potendo, spendete un po' di più e scegliete una camera vista mare.

Il Castellino Relais HOTEL €€/€€€
(☎0884 70 20 81; www.ilcastellinovieste.it; Lungomare Europa; doppie €70-180; ⏲mag-ott; ❄📶🅿🐾🏊) Affascinante la location, in un edificio storico a due passi dal mare, rustico-elegante l'ambiente, con una grande terrazza per le prime colazioni e il relax, un campo da tennis, la spiaggia privata e due piscine per grandi e bambini. Ben arredate le camere, ampie e moderne, con balconcino; le junior suite hanno anche uno stupendo terrazzo vista mare.

Pasti

A Vieste, come in tante altre località turistiche di mare, spendere poco e mangiare bene è molto difficile. Preparatevi perciò ad aprire un po' di più il portafoglio, a meno che non optiate per calzoni, panzerotti e pizze o un bel gelato.

★ **Gelateria Maggiore** GELATERIA €
(☎0884 70 26 68; www.facebook.com/gelateriamaggiore; Via Santa Maria di Merino 40; ⏲tutti i giorni marzo-ott) Gelateria storica, dove le creme sono fatte con latte e panna dei pascoli del Gargano, e i sorbetti con profumati agrumi locali e frutta a km0. Nella bella stagione la granita di anguria è da provare assolutamente. Anche gelati senza glutine.

Il Paniere TRATTORIA €€
(☎0884 59 75 00; www.ilpanierevieste.it; Via Todisco 4; pasti €20-30; ⏲12-14.30 e 19-23 apr-set) Una bianca corte a ridosso del centro storico accoglie questa trattoria della tradizione pugliese in cui assaporare favette di Carpino (presidio Slow Food) e cicorie, cavatelli con ceci, cozze e verdure, caciocavallo in terrina con funghi cardoncelli e i gelati mattinatesi di Gabrielino (p171). Prenotate per assicurarvi gli ambiti tavoli all'aperto.

★ **Osteria degli Archi** OSTERIA €€
(☎0884 70 51 99; www.osteriadegliarchivieste.it; Via Ripe 2, da Via Pola; pasti €35-40; ⏲12-14.30 e 19-23 apr-nov) Sedete ai tavoli di questo ex frantoio in pietra e preparatevi alle piacevoli sorprese dello chef Michele Vescera. Ci riferiamo innanzitutto ai vari tipi di pani e pasta fatta in casa, poi al pesce, cucinato in tanti modi diversi, originali e saporiti. Potete cominciare con tartare di gambero e uova di lompo. Poi, in una città di mare, come non assaggiare i troccoli allo scoglio o con seppia ripiena alla viestana? Ottimi i dessert, specialmente lo sformatino al cuore caldo di cioccolato.

★ **Il Capriccio** RISTORANTE, SUSHI BAR €€€
(☎0884 70 50 73; www.ilcapricciodivieste.it; Porto Turistico; pasti a partire da €45, menu €50-75; ⏲12.30-14.30 e 19.30-23, chiuso lun inverno) Con la sua selezione di oltre 500 etichette pregiate, questo ristorante è uno dei più raffinati di tutto il Gargano. D'estate si mangia in mezzo al mare, su un pontile che si infila tra le barche ormeggiate, d'inverno dietro enormi vetrate che lasciano filtrare l'atmosfera magica del porto. In cucina c'è Leonardo Vescera, che con la sua esperienza internazionale coniuga la raffinatezza della cucina francese con la tecnica di quella giapponese e la creatività di quella italiana. Accettate ogni suggerimento sul pescato del giorno, altrimenti scegliete pasta di legumi con scampi, triglia e sesamo croccante, rana pescatrice in crosta di pistacchi e pane oppure agnello croccante con tapenade di olive, aglio, acciuga, capperi e pepe e terminate con un omaggio al limone femminiello del Gargano.

Al Dragone RISTORANTE €€€
(☎0884 70 12 12, 335 687 07 41; www.aldragone.it; Via Duomo 8; pasti a partire da €50; ⏲12-14.30 e 19-23, chiuso mar apr-mag, prime due settimane di giu e metà set-metà ott) Non si può negare che l'atmosfera sia suggestiva in questo locale su due livelli ricavato in una grotta con volte basse e luci soffuse. Al piano di sopra, la sala principale con cucina a vista e la zona cantina, sotto una grotta più piccola e intima con musica di sottofondo. Quanto al menu, vi consigliamo tagliolini alle canocchie e datterino giallo al Martini Dry, gamberoni reali al Calvados (flambati direttamente in sala!) e un bel semifreddo alle mandorle.

Locali e vita notturna

★ **Carpenter** WINE BAR, BISTRÒ
(☎320 698 95 12; Largo Seggio 9; ⏲12-2) I tre fratelli Tano, Matteo e Giampiero Desimio hanno ricavato un wine bar con musica dal vivo nell'ex segheria del nonno, che affaccia proprio sulla stupenda piazzetta dove sono soliti darsi appuntamento tutti i giovani viestani. Cocktail, aperitivi con crudo di mare e drink creativi e di qualità con la luna che si specchia nel mare e la vista del borgo illuminato.

Shopping

Camminate lungo Via Carlo Mafrolla, dove eleganti negozi vendono ceramiche e altri prodotti di artigianato locale. Vista la mole di turisti e la richiesta di souvenir, fate attenzione alle cianfrusaglie in plastica spacciate per artigianato. Se volete fare incetta di bontà del posto, recatevi al **mercato comunale** (Via Jenner; ⏰8-22 apr-primi di ott), una caverna di Alì Babà stracolma di formaggi, salumi, verdure sottolio, pomodori secchi, pasta, pane, oli, vini e tutto quello che questa terra meravigliosa produce. Nell'indecisione, assaggiate prima di comprare.

Innangi Francescantonio CERAMICHE
(☎0884 70 19 76; Via Mafrolla 36/40; ⏰tutti i giorni in estate, orari ridotti in inverno) Un riassunto di tutte le ceramiche della Puglia in questa suggestiva grotta-emporio in cui troverete sicuramente il servizio di piatti, la brocca o la lampada che fa al caso vostro.

Lithos DESIGN
(☎346 960 38 09; Via Battisti 37; ⏰8-13 e 15-20 in inverno, 9-13 e 15-24 in estate) Per una lampada in pietra leccese, una scultura in calcarenite del Gargano e del Salento, una fusione in bronzo o un raffinato monile in alabastro (se volete un ricordo di Vieste più leggero), questo è il vostro negozio.

La Massaia ENOGASTRONOMIA
(☎389 181 11 78; www.lamassaia.it; Viale XXIV Maggio 9; ⏰9-13.30 e 17-23) Non fatevi distrarre dai finti 'prodotti tipici' delle botteghe del centro storico. Fate invece due passi in più e arrivate fin qui, dove Vieste si fa più città. Troverete pasta fresca e secca, vini, oli e tante altre bontà veramente tipiche.

ℹ Informazioni

EMERGENZE

Carabinieri (☎0884 70 51 00; Via Giuseppe Verdi 18)

Polizia municipale (☎0884 70 80 14; Via Giovanni XXIII 62)

Pronto Soccorso (☎0884 70 65 30; Località Coppitella)

INFORMAZIONI TURISTICHE

L'**Info Point** (cartina p172, C3; ☎0884 70 88 06; Piazza Kennedy; ⏰orario variabile in inverno, prolungato in estate) è all'interno di un edificio rosa che fu un'antica pescheria (come ricorda una grande insegna sopra l'orologio) a Marina Piccola.

POSTA

Ufficio postale (☎0884 70 28 49; Via Vittorio Veneto 7bis; ⏰8.20-19.05 lun-ven, 8.20-12.35 sab)

ℹ Per/da Vieste

AUTOBUS

Gli autobus **SITA** (☎0881 35 20 11; www.sitasudtrasporti.it) collegano Vieste con le città a sud del promontorio. Da Foggia partono frequenti mezzi che percorrono la costa meridionale (da Foggia €7,20, 2 h 45 min; da Manfredonia €4,30, 1 h 55 min). Gli autobus gestiti da **Ferrovie del Gargano** (☎0882 22 89 60; www.ferroviedelgargano.com) collegano Vieste con le città a nord del promontorio e con Foggia (€7,20 2 h 40 min). In estate sono previste corse frequenti da Vieste a Peschici (€1,80, 35 min). Il capolinea è in Lungomare Europa (cartina p172, A3). Prenotate e acquistate i biglietti direttamente sul portale biglietteria.cotrap.it. Se atterrate all'Aeroporto di Bari, in estate un **autobus navetta** (www.aeroportidipuglia.it) vi conduce direttamente a Vieste.

AUTOMOBILE E MOTOCICLETTA

Per raggiungere Vieste in auto da nord è consigliabile percorrere l'autostrada A14 e prendere l'uscita di Poggio Imperiale. Proseguendo lungo la Strada Veloce del Gargano, arriverete a Vieste (92 km). Da Foggia prendete la SS89 per Manfredonia e seguite la strada costiera meridionale per Vieste (97 km).

IMBARCAZIONI

Sono due le compagnie di navigazione che collega Vieste con le Isole Tremiti in circa un'ora e mezza: **Navigazione Libera del Golfo** (☎0884 70 74 89, 347 767 30 84; www.navlib.it) e **Navigazione Libera Adriatica** (☎0884 96 27 32, 349 163 64 19; www.navitremiti.com). Di anno in anno cambia tutto, per non dire di settimana in settimana: consultate le pagine web per le informazioni più aggiornate.

ℹ Trasporti locali

Gli **autobus comunali** (☎331 707 70 44; €1,20, €2 a bordo) circolano frequentemente in estate lungo la strada costiera, coprendo il tragitto da Sfinalicchio a nord a Pugnochiuso a sud. In inverno il servizio è molto limitato e serve principalmente i residenti.

Peschici

POP. 4298 / ALT. 90 M

Su una rupe a picco sul mare dalla quale si domina la costa fino a Rodi Garganico, nel punto più a nord della regione, sorge l'antichissima Peslizzo, di fondazione slava. Il nome deriverebbe proprio dai termini 'pesek' (sabbia) e 'cist' (pura), che sottolineano l'importanza della cultura slava per questo borgo. In paese si racconta che a fondare Peschici, nel 970, sia stato Sueripolo, comandante di un gruppo di slavi inviato dai monaci delle Tremiti a edificare la sede della loro abbazia sulla terraferma; gli storici optano invece per un processo inverso: furono i peschiciani stessi a donare una chiesa e il proprio ca-

DA NON PERDERE

I GIGANTI DELLA COSTA TRA VIESTE E PESCHICI

I **trabucchi** della costa adriatica sono un vero prodigio di ingegno marinaresco. Diffusi dall'Abruzzo alla Puglia, con una particolare concentrazione proprio qui sul Gargano, queste strutture giganti permettevano di pescare senza doversi inoltrare in mare aperto. Ancorati alla roccia da grossi tronchi di pino d'Aleppo, materiale pressoché inesauribile lungo la costa adriatica, modellabile, resistente alla salsedine, elastico e in grado di fronteggiare le forti raffiche di maestrale, sono costituiti da una piattaforma protesa sul mare dalla quale si allungano lunghi pali detti 'antenne'. Posizionati dove il mare presenta una profondità adeguata (almeno 6 m) ed eretti a ridosso di punte rocciose orientate in genere verso sud-est o nord-ovest, in modo da poter sfruttare favorevolmente le correnti, riuscivano ad assicurare il sostentamento di intere famiglie, anche se non senza sforzi e grande fatica. Un pescatore si posizionava di vedetta per sorvegliare i banchi di pesci; mediante gli argani, altri due calavano la rete (detta 'trabocchetto') in acqua. Quando i pesci venivano avvistati, gli addetti azionavano il marchingegno. In seguito, con l'arrivo dei motopescherecci negli anni '40, i trabucchi sono stati lentamente dismessi. Recentemente riconvertiti in ristoranti, oggi offrono una delle esperienze gastronomiche più belle del Gargano e, verrebbe da dire, d'Italia.

Ma il trabucco, a ben vedere, è anche altro: racchiude memorie, saperi, le conoscenze di uomini semplici ma capaci di costruire con tecniche complesse. Perché la tradizione non vada perduta e perché queste splendide macchine da pesca vengano restaurate e conservate come monumenti del paesaggio e della cultura marinara, è nata una onlus, **La Rinascita dei Trabucchi Storici** (www.trabucchidelgargano.org), che da maggio a settembre organizza a Vieste visite e dimostrazioni per fare conoscere ai curiosi l'incredibile storia dei 'giganti della costa'. Se volete partecipare a una battuta di pesca insieme a un equipaggio di veri trabucchisti rivolgetevi a **Giovanni Spalatro** (☎340 084 87 37) e **Matteo Silvestri** (☎327 427 62 05), che vi coinvolgeranno nell'avvistamento, nel calo delle reti e nel recupero del pescato. Se invece volete mettere alla prova le gambe e nutrire la vostra anima, partecipate a un memorabile trekking tra Vieste e Peschici lungo il **Sentiero dei Trabucchi** (☎393 175 31 51; www.ilsentierodeitrabucchi.it; percorso completo 27 km, ma esistono anche opzioni più leggere), ideato dalla guida turistica Domenico Sergio Antonacci e dallo chef Domenico Ottaviano.

stello alla potente abbazia isolana, nel 1053, in cambio di protezione dai pirati. Assaporate l'aria antica e mediterranea, un po' Grecia e un po' Tunisia, tra le case bianche a cubo dai caratteristici tetti a semibotte, camminate tra gli archi e le chiese del borgo antico, e godetevi una vista incredibile dal trabucco di Monte Pucci. Approfittate poi di alcune tra le spiagge più belle della costa, come quella di Zaiana, o salpate alla volta delle Tremiti per una gita di un giorno o più.

Che cosa vedere

Castello CASTELLO
(Recinto Baronale 1) Arroccato su una rupe a guardia della costa garganica, fu edificato dai Bizantini nel 970, poi più volte ricostruito, anche da Federico II. Sotto gli spagnoli, nel XVI secolo, la fortezza entrò a far parte del sistema di difesa contro le incursioni turche. Oggi il castello è di proprietà privata e non è visitabile; fanno eccezione le segrete, con le prigioni e i depositi di armi, che potrete vedere pagando il biglietto del **Museo delle Torture** (☎0884 96 22 89; www.facebook.com/segretedelcastello; interi/ridotti €4/2; ⏲9.30-13.30 e 16.30-22.30 giu-set, chiusure prolungate lug e agosto, su prenotazione nel resto dell'anno), un'esposizione di 60 pezzi dal Medioevo al Rinascimento (non adatto ai bambini). A rasserenarvi dopo le inquietanti spiegazioni sarà il giardinetto-terrazza a picco sul mare.

Chiesa di Sant'Elia Profeta LUOGO DI CULTO
(☎0884 96 40 64; Largo Chiesa Madre; ⏲7-12 e 16.30-21) I peschiciani sono assai devoti al patrono sant'Elia (festeggiato dal 19 al 21 luglio; p180), che secondo la leggenda salvò il paesino da una terribile invasione di cavallette. La chiesa del centro che gli hanno intitolato, di origini forse duecentesche, racchiude alcune interessanti immagini della Via Crucis dipinte da Alfredo Bortoluzzi, artista internazionale formatosi al Bauhaus, che si trasferì a Peschici nel 1958 portando con sé una ventata di arte contemporanea. Custo-

disce inoltre la statua lignea policroma della Madonna di Càlena, proveniente dall'omonima abbazia medievale, uno dei principali monumenti medievali del Gargano, che da troppi anni attende una meritata rinascita.

Chiesa della Madonna di Loreto LUOGO DI CULTO
(☎0884 96 40 64; SP52 Peschici–Vieste) A circa 2 km da Peschici, lungo la strada costiera per Vieste, s'incontra questa piccola chiesa eretta tra il XVI e il XVII secolo nel punto in cui si dice che la Madonna sia apparsa a un gruppo di pescatori in balìa di una tempesta e li abbia salvati illuminando la costa. Le pareti interne sono tappezzate di ex voto a forma di barche e velieri, remi e altri attrezzi, e la chiesa stessa ricorda per dimensioni una grossa imbarcazione, come quella salvata dall'apparizione miracolosa. La Madonna di Loreto viene festeggiata il secondo lunedì di Pasqua con una messa, al termine della quale si mangiano i *canistredd*, dolci a forma di cestini con le uova sode al centro.

Attività

Tour, escursionismo e safari

Agrifoglio Tour (☎0884 96 27 21, 347 260 48 58; www.agrifogliotour.it; Piazza Sant'Antonio 3) è un'agenzia che organizza tour culturali, minicrociere alle Isole Tremiti, trekking e safari in jeep nel Parco Nazionale del Gargano e nella Foresta Umbra.

Visite alle grotte

Tante le compagnie che organizzano escursioni su grosse barche con sosta vicino alle spiagge e alle grotte più spettacolari, tra cui **Motobarca Vittorio** (☎320 837 03 80, 347 489 38 20; Corso Garibaldi 44) e **Tour delle Grotte** (☎0884 96 20 08, 379 119 56 05; Corso Garibaldi 53/57).

Spiagge

Quelle peschiciane sono le spiagge più insignite di Bandiere Blu di tutto il Gargano. Una delle più grandi è quella subito a ovest del costone roccioso sul quale è arroccato il paese: la **Baia di Peschici** (o più comunemente 'A Marejn') è meta di famiglie (perché ben attrezzata), surfisti (perché esposta ai venti settentrionali) e anche degli spiriti più romantici (sul suo orizzonte, in estate il sole sorge e tramonta). Dalla sua estremità occidentale, nascosta da un grosso masso roccioso, tramite una passerella tra gli scogli si può accedere alla **Spiaggia di Jalillo**: protetta dai venti e ombreggiata al pomeriggio, è la prima scelta per chi ama la privacy.

La carrellata di spiagge a est del paese comincia con la dorata e sabbiosa **Spiaggia di Procinisco**, della quale è rimasto solo un breve tratto libero (vi si accede con un sentiero dalla Località Tuppo delle Pile); la bella e lunghissima **Spiaggia di San Nicola**, in parte libera e in parte attrezzata; e infine, oltre uno spuntone di roccia che la separa dalla precedente, l'incantevole **Spiaggia di Zaiana**, amatissima dai giovani (alla sera si trasforma in un'animata discoteca all'aperto), da chi ama stendere l'asciugamano sulla sabbia fine e da chi preferisce cimentarsi nei tuffi, e raggiungibile tramite una strada bianca, passando attraverso la macchia e infine scendendo una rampa di gradini naturali. Asfaltata è invece la strada che conduce alla **Spiaggia di Manaccora**, una delle più frequentate di Peschici, con sabbia fine, mare digradante, villaggi turistici e un bel trabucco sulla scogliera della Grotta degli Dèi, maestosa cavità naturale che si estende per più di 90 m all'interno di un massiccio promontorio calcareo. Facilmente raggiungibile da una strada che termina a ridosso del costone roccioso e un comodo sentiero è la **Spiaggia di Cala Lunga**, interamente privata, anch'essa di sabbia finissima, circondata da vari trabucchi. È invece libera e sabbiosa la bella **Cala del Turco**, che ricorda le scorrerie dei pirati su queste coste, seguita dalla paradisiaca **Spiaggia di Gusmay**, in concessione alle strutture ricettive dell'esclusivo Gusmay Resort. A chiudere il litorale di Peschici, prima di sconfinare nel comune di Vieste, ci sono la **Baia di Manacore**, quasi tutta privata, e la lunga **Spiaggia di Sfinale**, che prende il nome dai resti della torre di avvistamento saracena che vi si affaccia; orlata da una folta macchia mediterranea, è facilmente raggiungibile.

Feste ed eventi

Festa di Sant'Elia 19-21 SETTEMBRE
Fede, folklore e misticismo fanno da sfondo a un evento da non perdere per chi desidera conoscere le tradizioni più autentiche del Gargano. Oltre alla processione, il momento più emozionante è lo spettacolo conclusivo di fuochi artificiali sul mare, una festa di luci e colori da godersi dall'alto del borgo o da vicino, sulle spiagge, magari con un bel tuffo finale per suggellare il momento.

Pernottamento

A Peschici e dintorni numerosi B&B offrono soluzioni di charme a prezzi piuttosto elevati. La costa che si estende a est e a ovest è invece punteggiata di campeggi. È bello pernottare in pieno centro paese, ma attenzione a scegliere la posizione del vostro alloggio: in alta stagione i rumori sono amplificati dai vicoli stretti. Per chi non ha problemi a spostarsi di pochi chilometri, ci sono anche soluzioni interessanti (e molto meno care) nell'entroterra.

Camping Village Baia San Nicola CAMPEGGIO €

(☎0884 96 42 31, 349 507 04 27; www.baiasannicola.it; Località San Nicola; interi/5-10 anni/under 5 €7,50-12/3,50-7/gratuito, tende €7-12, monolocali per 2 persone €320-800 a settimana;) Campeggio superefficiente in una pineta di 12 ettari, a poca distanza dal Trabucco da Mimì (p182). Oltre allo spazio per tende e camper, mette a disposizione alcuni bungalow proprio a un passo dalla spiaggia.

Il Rifugio B&B, OSTERIA €/€€

(☎333 544 51 18; www.ilrifugiopeschici.it; Località Croci; doppie/triple/quadruple €40-55/60-100/80-150; apr-ott e tutto l'anno su prenotazione per l'osteria;) Le camere, ben tenute, sono essenziali, ma non mancano di nulla. Bella vista sulla vallata e su un tratto di mare, ampio giardino circostante e parcheggio chiuso. Consigliato anche per chi di notte voglia allontanarsi dagli ingorghi turistici e dal caos dei vacanzieri. È però la **cucina** (menu di carne/pesce €20/35) di Tea il punto di forza di questa struttura a gestione familiare nel mezzo della campagna dietro Peschici (alla quale si arriva in meno di un quarto d'ora): le torte per la colazione e le cene a base di pesce e carne sono deliziose, genuine e appaganti. Spesso, a cena, si creano simpatiche situazioni conviviali con visitatori da ogni parte del mondo.

Torre dei Preti AGRITURISMO €€

(☎0884 96 30 66, 347 038 95 75; www.torredeipreti.it; Località Valle Croci; B&B €65-90 per persona, mezza pensione €75-100 per persona; metà mag-metà set;) Questa torre cinquecentesca circondata dagli ulivi è il nucleo principale di un'elegante tenuta di 26 ettari delimitata da mura a 3 km da Peschici e a 2 km dal mare. Le camere standard o familiari sono immerse nella quiete della campagna e dotate di ogni genere di comfort, come la veranda esterna coperta e attrezzata. Completano la cornice agreste una grande piscina circondata da esotiche palme, il parco giochi per i bambini e il percorso da jogging attrezzato per chiunque abbia voglia di fare attività fisica.

★La Locanda della Castellana HOTEL €€

(☎0884 96 30 20; www.hotelcastellanapeschici.it; Località Valle Castellana; singole/doppie €40-98/70-140; mag-set;) Muretti a secco, fichi d'india, agrumi e ulivi fanno da cornice bucolica a questo albergo rurale, ad appena 1 km dal centro di Peschici e a 1,5 km dal mare. Il trattamento base prevede il pernottamento (con prima colazione a base di frutta e pasticceria deliziosa) in diverse tipologie di ampie camere e appartamenti arredati con gusto; per chi non ama cucinare in vacanza è a disposizione un **bistrò** (piatti €6-15; solo a cena) nella splendida terrazza vista mare, con ottimi vini del territorio e degustazione di prodotti coltivati in loco: olio extravergine d'oliva, frutta e ortaggi in grande quantità. A rendere ancora più appetibile il tutto concorrono la piscina, la vasca con idromassaggio e la palestra.

★Il Barone del Mare B&B €€/€€€

(☎0884 96 41 47; www.ilbaronedelmare.it; Via Colombo 36; doppie €130-260; Pasqua-ott;) Raffinata dimora nobiliare di origini antichissime, proprio nel centro di Peschici, dove a sorprendervi saranno gli antichi arredi di famiglia nella zona pranzo e nelle grandi suite, ognuna dotata di camino a legna e terrazzo a picco sul mare, ma anche l'amorevole cura del dettaglio e la ricchezza delle prime colazioni dolci e salate servite in terrazza fino alle 12. Difficile da dimenticare.

★Gli Orti di Malva ALBERGO DIFFUSO €€€

(☎0884 35 51 67, 347 867 47 12, 348 926 83 95; www.gliortidimalva.it; Via Le Ripe 122/124; suite €180-300 per 2 persone; hotel tutto l'anno, ristorante Pasqua-dic;) Il legno degli arredi neoclassici e art nouveau, i tessuti naturali, i terrazzini vista mare e altri raffinati dettagli sono le caratteristiche delle tre eleganti suite di Porta di Basso (p183). Di notte sarete cullati dalle onde del mare, di giorno lasciatevi coccolare dalla deliziosa prima colazione servita sulla terrazza a picco sul mare.

Pasti

Peschici pullula di bar, ristoranti e sontuose gelaterie. Ordinando il pesce si va quasi sempre sul sicuro. Un'esperienza che potrete fare solo qui è un pasto in un trabucco: l'atmosfera è impareggiabile.

Dolce Peschici PASTICCERIA €
(☎348 867 15 33, 349 084 97 76; Via Forno 3; ⏲6-24 Pasqua-fine set) Difficile descrivere la bontà dei grossi cornetti artigianali, ripieni di crema al limoncello o di cioccolato, che vengono sfornati in questa pasticceria nel centro storico. Sono caldi, profumati e preparati con un impasto segreto di produzione propria, così come le 'delizie' al rum, le bombe ripiene di crema o di nutella e i taralli al mosto cotto di fichi.

★ **Gelateria Michel** GELATERIA €
(☎347 913 99 59; www.gelateriamichel.it; Piazza del Popolo 5; ⏲11-1 Pasqua-fine ott) Da pochi anni tra le tentazioni peschiciane, ma già in vetta all'Olimpo delle gelaterie italiane. La lista dei nostri gusti preferiti sarebbe troppo lunga, per cui ci limitiamo a segnalarne tre fra quelli che utilizzano solo materie prime del territorio: gelato del pastore con ricotta di capra fresca, mascarpone, composta di pere e noci di Vico; gelato affumicato (agli agrumi e affumicatura di rosmarino); 'mènnele atterrate' alle mandorle di Toritto tostate. Superate infine i vostri pregiudizi ordinando un cono gastronomico. Il nostro preferito? Quello al cacioricotta piccante e composta di cipolla peschiciana.

★ **Gelateria Pina Gel** GELATERIA €
(☎338 407 08 79; www.gelateriapinagel.it; Corso Umberto I 7; ⏲10-13 e 16-24 Pasqua-ott, 10-13 e 16-20 weekend altri periodi) Una tradizione di famiglia lunga un secolo ha custodito e tramandato antiche ricette come il sublime gianduiotto, la torronita con pezzi di nocciole, mandorle, noci e pistacchi e la 'crema degli angeli', ideata da nonna Lucrezia senza liquore, ma solo con aromi naturali. Chi preferisce le novità può assaggiare la crema al rosmarino selvatico del Gargano, dalle fresche note mediterranee, il caramello al burro salato e la stracciatella di arance amare. Se volete poi scoprire tutti i segreti dell'arte del gelato artigianale, chiedete di partecipare a un corso nel laboratorio (da aprile a luglio).

Panini di Mare PANINI €
(☎0884 96 42 40; www.paninidimare.it; Via Castello 40; panini a partire da €8; ⏲10-14 e 17-24 mag-ott) In uno degli angoli più suggestivi del centro storico, con vista sul mare e sugli ultimi tetti a cupola rimasti, potrete gustare un panino farcito con tonno crudo, polpo alla griglia e cipolla, gamberi rossi di Gallipoli e altre incredibili sorprese di pesce: un format che ha ormai fatto scuola. All'ora dell'aperitivo vengono servite anche tapas di mare. Buone le bevande: birre di produzione propria come la Bianca del Gargano e bollicine D'Araprì.

La Piazzetta PIZZERIA €
(☎339 535 07 07, 333 123 50 19; Via Malacera 1; pizze €7-11; ⏲19-24 fine mag-fine set) Fermatevi da Nino se volete assaggiare la vera pizza alla vampa, cotta con la fiamma del forno a legna: pare l'abbia inventata lui. Nel suo locale semplice e informale viene preparato questo panfocaccia farcito con prodotti locali, per esempio caciocavallo e salame piccante o sgombro e salicornia, ed è il tipico esempio di cucina popolare buona e genuina a prezzi più che onesti.

Il Trabucco da Elia RISTORANTE €€
(☎0884 91 10 08, 347 340 63 54; www.iltrabuccoristorante.it; Località Baia di Manaccora; pasti €35-40; ⏲12.30-14.30 e 18.30-21.30 inverno, 12.30-15 e 18.30-22 estate) Si trova a 6 km da Peschici e condivide la gestione con il vicino **Camping Valle Olivo** (www.valleolivo.it). La sua fantastica posizione, su uno sperone di roccia, garantisce un'esperienza unica. Per raggiungerlo si scende una ripida scala e si entra in un tunnel scavato nella roccia dove potrete visitare il museo privato del proprietario. Il menu dipende dal pesce disponibile: se ci sono, ordinate le seppie ripiene. Meraviglioso il tramonto, anche solo per un aperitivo.

★ **Trabucco di Monte Pucci** RISTORANTE €€/€€€
(☎345 893 31 51; www.facebook.com/TrabuccoDiMontePucci; Località Montepucci; pasti a partire da €35-40; ⏲12.30-14 e 19.30-21 fine mag-ott) Questo trabucco profumava di pesce alla griglia già negli anni '70, quando il nonno degli attuali gestori pescava e cucinava direttamente sul posto. Oggi il locale è cambiato (oltre alla spaziosa sala esterna con vista su Peschici c'è una sala interna che guarda in direzione del tramonto e di Rodi) e si è fatto più raffinato, ma la filosofia è sempre la stessa: il pesce fresco è protagonista, crudo, grigliato, fritto, sottilmente reinterpretato. La piattaforma assomiglia al ponte di una nave, tra 'antenne' e cime, e la vista è sublime: vedere l'Adriatico imbrunirsi mentre a ovest si accendono le luci di Peschici ha dell'incredibile.

★ **Al Trabucco da Mimì** RISTORANTE €€€
(☎0884 96 25 56; www.altrabucco.it; Località Punta San Nicola; pasti a partire da €45, menu degustazione €60-90; ⏲12.30-15.30 e 19.30-22.30 marzo-dic) Sono trabucchisti da generazioni Carlo, la moglie Rossella e i due figli, Vincenzo e

Domenico, che è il talentuoso chef di casa; e prima ancora nonno Mimì, che vedrete raffigurato sul trabucco. La location è stata splendidamente rimodernata, ha una terrazza da cartolina, ideale per un pranzo con gli occhi puntati sul blu del mare, una cenetta romantica o un impareggiabile aperitivo al tramonto, con le onde che vi bagnano i piedi. Il livello della cucina è alto, il pesce vario e freschissimo cucinato in modo estroso e abbinato alle verdure di Peschici: seppia con spinaci e stracciatella, pasta con cozze fritte e crema di cavolfiore, zuppa di pesce fai da te. Ottime le birre artigianali. Da qualche anno ci si può anche dormire: le quattro **camere** (doppie bassa/alta stagione €110-200/220-380 con prima colazione; ❄ P 🐾) sono curate, spaziose e, inutile dirlo, iperromantiche. Esperienza da non perdere se passate da queste parti.

★ La Taverna di Peschici RISTORANTE €€€
(☎ 0884 96 24 06, 349 704 61 00; www.latavernadipeschici.it; Piazza del Popolo 15; pasti a partire da €45; ⏲ 12-15 e 19-24) In centro città, nei bianchi locali di un antico frantoio e con una cantina di circa 500 etichette, La Taverna è un ristorante che cucina materie prime a km0. Il fratello di Matteo, Francesco, è pescatore e procura il pesce fresco alla mamma Vittoria e a Nicola, che lo cucinano con gustose ricette della tradizione locale rielaborate con personalità: parmigiana di mare, troccoli con cozze ripiene e cacioricotta, sandwich di triglia con crema di cime di rapa e tante altre delizie simili.

★ Porta di Basso RISTORANTE €€€
(☎ 0884 35 51 67, 347 867 47 12; www.facebook.com/RistorantePortaDiBasso; Via Colombo 38; due menu degustazione €80, con vini abbinati €120; ⏲ 12-16 e 19-24 marzo-dic) Domenico Cilenti, uno dei più noti chef pugliesi, da molti anni stellato Michelin, vi guiderà in un viaggio gastronomico alla scoperta dei sapori e dei profumi del Gargano. I prodotti locali e le ricette tradizionali, dal pesce alla pasta passando per le verdure, vengono presentati con nuovi abbinamenti e procedimenti di cottura capaci di esaltare la complessità degli ingredienti. Indispensabile prenotare, soprattutto se volete sedervi a uno degli otto tavoli della piccola terrazza 90 m a picco sul mare, romanticissima soprattutto nelle serate estive di luna piena.

Locali e vita notturna

Birra del Gargano BIRRERIA
(☎ 340 716 09 46; www.birradelgargano.com; Corso Umberto I 12; ⏲ 18-1 estate) È il primo punto mescita di un marchio di birra artigianale giovane ma con le spalle già larghe. Una leggera e sfiziosa proposta culinaria legata al territorio accompagnerà le vostre bevute: i formaggi di capra e vacca podolica, l'immancabile frisella pugliese e un menu speciale di pesce il venerdì.

Enoteca da Mario BAR, MUSICA LIVE
(☎ 350 088 72 41; www.facebook.com/EnotecaDaMario; Vicolo del Purgatorio 5; ⏲ 20-3 tutti i giorni mag-set, 20-3 sab e dom resto dell'anno) Mario, che ama la musica e il buon vino, ha unito le sue passioni in un unico locale. E ha una liuteria, dove realizza e aggiusta strumenti di ogni tipo, tra cui le tradizionali chitarre battenti e le mandole.

L'Angolo Divino ENOTECA
(☎ 329 241 49 54; Corso Umberto I 9; ⏲ 9.30-13 e 18-21.30, fino alle 24 in estate) È il posto giusto in cui assaggiare i migliori vini di Puglia (Negroamaro, Tuccanese, Bombino Bianco, Primitivo ecc.), accompagnati da ottimi salumi e formaggi locali, a prezzi da aperitivo ma in porzioni da cena. Oltre che bere, ci si può scambiare libri e, nelle sere d'estate, si può partecipare a qualche breve corso di avvicinamento al mondo del vino.

Shopping

Al Vecchio Frantoio OLIO, PRODOTTI GASTRONOMICI
(☎ 0884 96 26 85, 340 305 39 82; www.alvecchiofrantoioranieri.it; Piazza Fioritti 10; ⏲ 8-13 e 16-24 in alta stagione) Olio extravergine d'oliva biologico e poi pane, confetture, capperi, sottoli, sottaceti e altre bontà. Assaggiate qualcosa nel frantoio con le macine, ritenuto il più antico di Peschici, e fatevi raccontare da Donato e Michela Ranieri i segreti della spremitura delle olive a freddo.

Ceramiche Frammichele CERAMICHE
(☎ 348 292 03 37, 328 678 27 05; Via Forno 22; ⏲ orario variabile, prolungato in estate) Tappa imperdibile per gli amanti della ceramica. I 'palummell' di Frammichele sono bamboline dell'amore sfiziose, così come le altre creazioni di questi artigiani dell'argilla.

★ I Fatti a Mano ARTIGIANATO ARTISTICO
(☎ 389 874 89 19; Via Colombo 18; ⏲ 9-0.30 in estate) Mai sentito parlare delle 'pupe di carto-

DA PROVARE

DURETTA, BIONDA E FEMMINIELLO: A SPASSO TRA GLI AGRUMI

Lungo tutto l'Adriatico è solo il triangolo compreso tra Vico, Ischitella e Rodi a ospitare coltivazioni di agrumi: nell'**Oasi Agrumaria del Gargano** (www.garganoagrumi.com), con tecniche millenarie si coltivano gli agrumi in terreni calcarei tra il mare e l'entroterra, protetti dai venti e scaldati dal sole dell'Adriatico. Il profumo e la fragranza dell'**Arancia del Gargano** – molto succosa la Bionda, soda e croccante la Duretta che matura a Natale – e del **Limone Femminello**, dal profumo intenso e dalla buccia sottile, ottimo anche da mangiare crudo per la straordinaria quantità di succo e di oli essenziali, sono stati premiati con l'indicazione geografica protetta IGP. Slow Food ha inserito gli agrumi garganici tra i presìdi dei prodotti tipici italiani oggetto di massima considerazione e tutela. A poco a poco cresce la rete dei sentieri nell'area: un itinerario molto bello unisce Vico a Ischitella, tra giardini di agrumi, uliveti, sorgenti e punti panoramici. Rivolgetevi a **Gargano NaTour** (☎ 393 175 31 51; www.garganonatour.it) per conoscerne tutte le meraviglie e visitare le realtà locali.

Per acquistare agrumi bio, liquori, marmellate (e anche olio extravergine d'oliva), segnaliamo questi indirizzi: **Agricola Ricucci** (☎ 349 371 0833; www.agricolaricucci.it; SS 89, Km 678, Rodi Garganico), **Coppa Rossa** (☎ 0884 99 39 29, 328 655 55 33; www.copparossa.it; Corso Umberto I 6, Rodi Garganico), Essenza Garganica (p187) e **Fausta Munno** (☎ 0884 965 56 26, 338 334 55 44; Contrada Canneto, Rodi Garganico).

ne'? Sono bambole tradizionali realizzate in carta pressata e dipinte a mano dall'artista Marco delli Carri, che fino a qualche decennio fa venivano vendute nei santuari del Gargano come dono per le bambine o per le spose (ai maschietti si regalavano i cavalli). Dentro la pancia delle bambole si mettevano dei sassolini per allontanare gli spiriti maligni.

Olfattoteca PROFUMI
(☎ 0884 96 24 05; 392 816 18 18; www.olfattotecapeschici.it; Via Castello 20; ⏲ 9-14 e 16-23 estate) Seguite gli aromi e vi ritroverete in questo laboratorio artigianale in cui ogni creazione è una piccola opera d'arte. Suggeriamo Il giardino dei fichi, Arco degli innamorati e Notti peschiciane. In vendita anche profumi da uomo.

Radici GASTRONOMIA
(☎ 347 546 57 09; www.facebook.com/radicigargano; Via Castello 28; ⏲ 9-0.30) 'Gargano da portare via' è il claim di questo emporio. In effetti, c'è solo l'imbarazzo della scelta fra i tanti prodotti delle realtà di punta della Capitanata: gli scaldatelli del Forno Sammarco di San Marco in Lamis, la pasta di Arte Agricola di Cerignola, il miele Papagna di Manfredonia e poi vini e birre locali.

Informazioni

EMERGENZE

Carabinieri (☎ 0884 96 49 10; Via Montesanto 10)
Polizia municipale (☎ 0884 96 44 66; Piazza Pertini 1)
Pronto Soccorso (☎ 0884 96 4 139; Via Solferino)

INFORMAZIONI TURISTICHE

Info Point (☎ 0884 96 49 66; infopointpeschici.com; Via Magenta 3; ⏲ orario e aperture variabili in inverno, 10-13 e 17-20 lun-ven, orario continuato fino alle 22 nel weekend in estate)

POSTA

Ufficio postale (☎ 0884 96 40 19; Via Giordano 1; ⏲ 8.20-13.35 lun-ven, 8.20-12.25 sab)

Per/da Peschici

AUTOBUS E TRENO

Gli autobus gestiti da **Ferrovie del Gargano** (☎ 0882 22 89 60; www.ferroviedelgargano.com) servono tutte le località del Gargano settentrionale, da San Severo a Peschici (€6,50, 2 h 10 min). Corse frequenti collegano Peschici con Vieste (€1,80, 35 min). Per prenotare e acquistare i biglietti: biglietteria.cotrap.it. Sempre con Ferrovie del Gargano si può viaggiare in treno tra Peschici Calenella (la stazione è a circa 8 km dal centro) e Foggia (€7,50, 2 h 16 min). Sulla linea ferroviaria è ammesso il trasporto bici gratuito (fino a un massimo di 3 per convoglio). Se atterrate all'Aeroporto di Bari, in estate un **autobus navetta** (www.aeroportidipuglia.it) vi porta direttamente a Peschici.

IMBARCAZIONI

Da aprile a ottobre è possibile raggiungere le Isole Tremiti da Peschici con un collegamento giornaliero gestito dalla società **Navigazione Libera Adriatica** (☎ 0884 96 27 32, 349 163 64 19; www.navitremiti.com). Durante la bassa stagione il biglietto si può acquistare anche al momento della partenza, mentre in alta stagione è consigliatissimo recarsi alla **biglietteria** (Porto di Peschici) almeno un giorno prima.

Vico del Gargano

POP. 7313 / ALT. 445 M

È 'il paese dell'amore' perché ha come patrono san Valentino, ma non è sempre stato così. Un tempo il patrono di Vico era infatti Norberto, la cui ricorrenza cadeva però a giugno, in un periodo dell'anno in cui era del tutto inutile invocarlo per proteggere dalle gelate invernali gli agrumi, principale risorsa locale. Così, nel 1618, una delegazione di vichesi si recò a Roma per chiedere al papa il permesso di cambiare patrono e adottarne uno più 'invernale'; il pontefice concesse di visitare le catacombe per scegliere fra i santi disponibili, dove pare che la reliquia di un braccio di san Valentino, che sporgeva dal muro, sia stata considerata come un segnale di richiamo da parte dello stesso. In seguito nacque anche la leggenda secondo la quale, staccando un'arancia dalla statua addobbata del santo, il 14 febbraio, se ne ricavi un potentissimo filtro...

Il paese dell'amore ha però un cuore medievale di pietra: la pietra dei comignoli dalle forme curiose ed elaborate, dei portali intagliati, delle scalinate scavate nella roccia, degli antichi frantoi ipogei, degli archetti e dei campanili. Fuori dall'abitato, l'incanto continua tra i sentieri della Foresta Umbra e negli agrumeti (v. lettura p164).

Che cosa vedere

Le origini di Vico risalgono al 970, anno in cui gli slavi venuti dalle coste orientali dell'Adriatico per scacciare i saraceni vi formarono il primo insediamento. Furono però i normanni, nell'XI secolo, a costruire il primo fortilizio, poi ampliato dall'imperatore Federico II nel 1240. A mano a mano si aggiunsero nuovi quartieri (al Seicento risale il Rione Casale, abitato perlopiù dal ceto artigiano), ma nonostante le trasformazioni, Vico ha mantenuto abbastanza integro il suo centro storico, ancora circondato da una ventina di torri, caso unico nel Gargano.

Il nucleo più antico è costituito dal **Rione Civita**, stretto intorno alla Chiesa Madre e al castello, attraversato da un intrico di vicoli che fanno perdere l'orientamento. La **Chiesa Madre** (☎0884 99 34 89; Salita Chiesa Madre; orario variabile), restaurata nel 1675, accoglie un busto secentesco in legno dorato di san Valentino: il 14 febbraio viene allestito un baldacchino circondato da arance con una statua del santo. Del Castello Normanno Svevo sono ancora visibili un torrione quadrangolare con una bifora di epoca normanna e un torrione cilindrico (se ne può visitare l'atrio). Se invece vi state domandando cosa sia quell'edificio che somiglia un po' a un castello e un po' al fiorentino Palazzo Vecchio, sappiate che l'imponente Palazzo della Bella (Salita della Bella) fu costruito fra il 1908 e il 1929 da una nobile famiglia fiorentina.

Museo Trappeto Maratea FRANTOIO IPOGEO
(☎346 090 14 63; Via Castello; per orari aggiornati rivolgetevi all'ufficio turistico, p187) FREE Di fronte al castello si trova un interessante sito di archeologia industriale, una ex fabbrica d'olio scavata nella roccia che veniva azionata dalla forza di uomini e animali. Fu operativa fin dal Trecento con una notevole capacità di lavoro, attestata dalla presenza di quattro torchi in legno e una macina in pietra. La struttura accoglie oggi anche una collezione di utensili e attrezzature agricole.

Chiesa del Purgatorio LUOGO DI CULTO
(Corso Re Umberto 140) è La chiesa più interessante di Vico. Sorta nel Seicento, conserva due tele coeve, una che ritrae la Madonna mentre abbevera le anime assetate del Purgatorio, l'altra un temibile scheletro che osserva le loro sorti disperate. Nel 1759 la chiesa divenne sede dell'Accademia degli Eccitati, di cui ancora si ammira la splendida cappella nella quale si riniva questo manipolo di pensatori illuminati.

Vicolo del Bacio VICOLO
Soprattutto se siete in coppia, non lasciate il paese prima di aver percorso questo vicolo a pochi metri dalla Chiesa di San Giuseppe: largo appena 50 cm, è così stretto che non ci si può passare in due senza sfiorarsi. Si dice che i baci rubati qui portino fortuna: per questo gli innamorati vi lasciano biglietti e promesse d'amore. Il vicolo è frequentato dalle coppie soprattutto nel giorno di San Valentino, per scambiarsi auguri e donarsi un'arancia, frutto simbolo del Gargano.

Convento dei Cappuccini CONVENTO
(☎0884 99 10 49; Viale Cappuccini 47) A nordest della città, fu edificato nel 1556 e ricostruito dopo il terremoto del 1646. All'interno, la Chiesa di Santa Maria degli Angeli custodisce dipinti degli artisti napoletani Andrea Vaccaro e Ippolito Borghese. Sul sagrato ammirate il maestoso **leccio** di oltre 300 an-

ni, alto 18 m, con un tronco di 5 m di circonferenza e una chioma che raggiunge i 50 m.

Attività

Per gli escursionisti che vogliano esplorare la Foresta Umbra, Vico è un'ottima base di partenza in quanto dista appena 14 km dal Centro Visite (v. lettura p164).

Spiagge

La più vicina è la lunghissima **Spiaggia di San Menaio**, piccola frazione a soli 7 km, ricca di lidi attrezzati che ne fanno una meta comoda per le famiglie. Più scomoda, invece, ma più tranquilla, è la successiva **Spiaggia dei Cento Scalini**, che si raggiunge scendendo una lunga gradinata che inizia sulla SS89 (oppure dalla stessa Spiaggia di San Menaio, considerato che ne costituisce la parte finale), dove è possibile affittare gommoni e canoe. Agli amanti delle spiagge libere consigliamo di raggiungere la ghiaiosa e isolata **Spiaggia del Sospetto**, ai piedi dell'omonima grotta, o l'arenile di sabbia sottile della bellissima **Spiaggia di Calenelle**, che riconoscerete facilmente dalla strada per la presenza alle sue spalle di un'ampia piana coltivata. Il posto è molto suggestivo, sempre tranquillo e con acque ideali per nuotate rinfrescanti. Tutt'intorno alberi e, all'ombra, qualche roulotte. All'estremità della baia c'è l'omonimo campeggio.

Feste ed eventi

Festa di San Valentino 14 FEBBRAIO

Suggestiva è la processione che dalla Chiesa Madre sfila per il paese portando in trionfo la statua del santo protettore degli innamorati e degli agrumi. Per l'occasione, l'effigie è decorata da arance coltivate nella zona e fiori d'arancio. Fate una deviazione al Vicolo del Bacio (p185).

★ Settimana Santa PASQUA

Appuntamento imperdibile per chi è affascinato dai riti della tradizione popolare. In un contesto di particolare e genuina drammatizzazione, accompagnato da antichi canti di Passione, si assiste alle processioni delle cinque confraternite del paese, che sfilano indossando l'abito bianco con la corona di spine intonando il Miserere.

Pernottamento

Villaggio Calenella BUNGALOW, CARAVAN, CAMPEGGIO €

(☎ 377 590 4203, estivo 0884 968689; www.calenella.it; Località Calenella, SS89, Km 78,5, San Menaio; campeggio: piazzole adulti/bambini €7-10/6-7 a persona, tende €7-12, auto €3-3,50; bungalow e case mobili per 4-6 persone €380-1080 a settimana; ⏲ fine mag-metà set; P) Comodissima base per esplorare la Foresta Umbra e per raggiungere Peschici in men che non si dica, questo villaggio turistico è in posizione incantevole, con l'azzurro del mare che bagna le calette e le spiagge nascoste, e il verde dei pini che ombreggiano le piazzole. C'è anche un buon ristorante se non volete cucinare e ci sono, in più, piscina, miniclub, animazione e la possibilità di fare sport ed escursioni.

Pizzicato Eco B&B, CASA VACANZE €/€€

(☎ 338 483 45 67; www.pizzicatobeb.com; Via Bucci 13; doppie €25-45 per persona, appartamenti €200-650 a settimana) Questo B&B con sei piccoli alloggi dotati di angolo cottura dichiara il suo intento a partire dalla prima colazione biologica, che si consuma da Pizzicato (p187), un'istituzione nel Gargano. Grazie alla profonda conoscenza del territorio, fornisce anche consigli e supporto nell'organizzazione di itinerari a piedi, in bicicletta e via mare.

★ A Casa di Gaia CASA D'EPOCA €/€€

(☎ 349 564 33 68; www.acasadigaia.it; Via Ricciotti 16; doppie con prima colazione €50-100) Autentica casa d'epoca fra le torri del centro storico, ristrutturata nel 1886, con la tipica 'cucina monacesca' dove la famiglia si riuniva per pranzare e conversare davanti al camino. Le camere in stile provenzale sui toni del bianco sono nuovissime e accoglienti, la prima colazione è abbondante e gustosa, con agrumi e torte fatte in casa.

Masseria Le Ville RESIDENCE, B&B €€

(☎ 347 220 90 64, 347 550 95 31; www.masserialeville.it; Via Parelli, Località Calenella, San Menaio; doppie in B&B €60-160, appartamenti per 4 persone €420-1150 a settimana, supplemento animali €30; P) Autentica masseria ecologica immersa nel verde di pini d'Aleppo e ulivi secolari, a soli 1,5 km dalla Spiaggia di Calenella e a 5 km circa da Vico del Gargano e Peschici. Si può scegliere tra gli appartamenti in stile rustico con angolo cottura e veranda esterna o la formula B&B con camera e prima colazione. I più bei ricordi che vi porterete a casa saranno le passeggiate a cavallo con Enzo, i trekking nella Foresta Umbra, il tour delle grotte e il bagno nella bellissima piscina circondata da un silenzio surreale.

Pasti

★Pizzicato PASTICCERIA, BAR €
(☎0884 99 12 45; www.pizzicatomandorla.com; Via del Risorgimento 14; ⌚5-2) Pizzicato è famoso per il suo goloso assortimento di pasticcini, gelati e torte squisite, ma anche per gli aperitivi, i centrifugati e i liquori. Provate i biscotti di pasta di mandorle e i dolcetti di marzapane, o anche solo una brioche come si deve, a lievitazione naturale, o ancora un drink accompagnato da appetitosi stuzzichini. C'è anche una linea gluten free e biologica. La stessa proprietà gestisce il B&B Pizzicato Eco (p186).

Il Trappeto Cantina Ristorante RISTORANTE, WINE BAR €€
(☎0884 99 42 88, 327 006 96 14; Via Casale 168; pasti a partire da €35; ⌚19-24) In un ex frantoio del XIV secolo ristrutturato con buon gusto, tutto archi in pietra, botti e bottiglie, c'è questo locale intimo e suggestivo il cui arredo ricorda un museo, ma dal tocco moderno. Nel menu dominano piatti tipici del Gargano preparati con carni, pesci, verdure dell'orto, gli onnipresenti agrumi e qualche nota siciliana. In estate, nell'adiacente terrazza immersa in un giardino all'ombra dei melograni, apre il ristorante **Orto del Conte** (☎320 632 00 17; ⌚12.30-15 e 19-24 Pasqua-ottobre; pasti a partire da €35), che è anche enoteca e stuzzicheria. Una menzione per la paposcia, un panfocaccia di forma allungata e schiacciata, croccante e leggera (che ricorda una pantofola, da cui il nome), cotta nel forno a legna: gustatela magari 'alla vichese', con olio e pecorino stagionato.

★Radici RISTORANTE €€€
(☎0884 66 30 48; www.radicivicodelgargano.com; Via Cilenti 6; pasti €45; ⌚12.45-15 e 19-23 mar-dom estate, solo ven-dom inverno; 🚭) Tra gli ultimi arrivati sulla cima del colle, il ristorante di Martina e Leonardo seleziona solo il meglio della cucina locale al passo con i tempi. Ogni voce sul menu è una sicurezza: orecchiette alle vongole e porcini, roticello vicaiolo con torcinello, salsiccia, ventresca e capocollo; per chiudere con gelato ai limoni garganici, rosmarino e olio. Anche i vegetariani hanno molte possibilità.

Shopping

★La Tela TESSUTI
(Corso Umberto I 10; ⌚9-12 e 17-20) Maria Voto è una donna coraggiosa e determinata che ha fatto della tradizione tessile vichese un vanto, oltre che un polo d'eccellenza. Tesse a mano con un telaio costruito come quelli che a metà del secolo scorso abbondavano in paese e oggi sono scomparsi. L'unico rimasto in funzione è il suo e se passate da Vico non potete perdervelo. Scendendo le scale del negozio-laboratorio potrete ammirare le tele in lino e canapa realizzate recuperando tecniche e trame antiche, e ascoltare i racconti dei sacrifici e dei successi di questa artigiana-imprenditrice che è riuscita da sola a riportare in vita un metodo di lavoro faticoso e complesso, che crea però prodotti unici e di qualità elevatissima.

Biscottificio Nonna Maria PASTICCERIA
(☎0884 99 12 17, 335 812 31 16; www.facebook.com/biscottificiononnamaria; Via della Resistenza 70; ⌚8-13 e 16-20 lun-sab) Appena fuori dal centro, questo biscottificio storico continua a sorprendere per la qualità e la varietà della sua offerta dolce e salata, dai pasticcini di mandorla agli agrumi ai biscotti integrali, dai taralli al vincotto a quelli al sapore di finocchio o rape.

Essenza Garganica PRODOTTI TIPICI
(☎328 416 92 18; www.essenzagarganica.com; Via Michele Monaco 1; ⌚9-13 e 15.30-20 lun-sab, anche dom in estate) Utilizzando solo gli agrumi IGP della sua terra, presidio Slow Food, Rocco Afferrante prepara deliziosi liquori senza conservanti e coloranti, ottenuti solo con la lunga infusione e la macerazione di frutta ed erbe: limoncini, arancini, l'amaro Lemonlivo, a base di foglie di ulivo e bucce di limone, e l'Agrumetto, ma anche marmellate, confetture e canditi di arance.

Informazioni

L'**ufficio turistico** (☎346 090 14 63; www.prolocovicodelgargano.it) si trova nel centro storico, all'interno del Museo Trappeto Maratea (p185). Se è chiuso rivolgetevi alla **Biblioteca Comunale** (☎0884 99 46 66; Via Sbrasile 11).

Per/da Vico del Gargano

Gli autobus di **Ferrovie del Gargano** (☎0882 22 89 60; www.ferroviedelgargano.com) collegano Vico con Rodi Garganico (€1,40, 30 min) e da lì con le stazioni ferroviarie di Foggia e Peschici.

DESTINAZIONI INSOLITE

VARANO E LESINA, LE LAGUNE SALMASTRE DEL GARGANO

Visti dall'alto le loro acque si confondono con quelle del mare, ma a separarli dall'Adriatico ci sono due stretti cordoni. Sono i laghi di Varano e di Lesina, che appaiono inaspettati lungo la strada costiera, subito dopo Rodi Garganico. Più che laghi, sono in realtà lagune salmastre popolate in inverno da migliaia di uccelli acquatici, tra cui folaghe, svassi, tuffetti, germani reali, moriglioni, falchi di palude, aironi, il colorato martin pescatore, l'elegante cavaliere d'Italia e anche il fenicottero. Il loro fascino è dato inoltre dagli ambienti dunali e retrodunali di macchia mediterranea, e soprattutto dalla loro fauna ittica, come le anguille provenienti dal Mar dei Sargassi che un tempo erano la principale fonte di sostentamento dei pescatori: ancora oggi la minestra di anguille è la specialità dei ristoratori del luogo.

➡ Il **Lago di Varano**, con una superficie di circa 60 kmq, un perimetro di 33 km e una profondità massima di 5,5 m, è il più grande bacino lacustre del Sud Italia; il suo territorio ricade sotto la circoscrizione dei comuni di Cagnano Varano, Carpino e Ischitella. A separarlo dall'Adriatico c'è una sottile striscia di terra lunga 10 km, lambita da un lato da una spiaggia di sabbia finissima, chiamata **Isola di Varano** e divenuta riserva naturale statale nel 1977 per le sue dune costiere, i monumentali eucalipti e le pinete di pini d'Aleppo e marittimi contorti dalla brezza marina. Da vedere nei pressi c'è la suggestiva **Grotta di San Michele** (☎ 350 534 12 42; Via per Capoiale, SS693; ⏲ 9-12 e 15-18.30), legata al culto dell'arcangelo come la più celebre grotta di Monte Sant'Angelo: l'acqua che stilla è ritenuta miracolosa per la vista. Si deve raggiungere la riva orientale del lago per visitare il **Santuario del Santissimo Crocefisso** (Contrada Crocefisso, Ischitella), meta dei fedeli che giungono fin qui per venerare un crocefisso ligneo del XIV secolo cui vengono attribuiti poteri miracolosi contro la siccità. In segno di ringraziamento, tutti gli anni il 23 aprile la popolazione di Ischitella celebra l'effigie con una solenne processione, cui partecipano anche i pescatori a bordo dei sandali, tipiche imbarcazioni lagunari. Per conoscere da vicino le varie tecniche di pesca sul lago e di coltivazione di cozze e ostriche, una buona opportunità è quella di partecipare a una dimostrazione organizzata dal **Consorzio Lagunare dei Pescatori di Ischitella** (Vincenzo Falco ☎ 345 158 20 59), magari dopo aver visitato il **Museo del Territorio e della Cultura Lagunare** (☎ 0884 85 32 81; Località Bagno, Cagnano Varano; www.facebook.com/museodelterritorioedellaculturalagunare; ⏲ orario variabile), fonte d'ispirazione per tutte le attività che il lago offre ai visitatori: trekking, escursioni botaniche, percorsi in bicicletta. Se amate l'avventura affidatevi senza pensarci due volte a **I Lake Varano** (☎ 338 115 1552; www.facebook.com/ilakevarano) per pagaiare a filo d'acqua in kayak, oppure alle guide di **Gargano Natour** (☎ 393 175 31 51; www.garganonatour.it) che sorseggiando un aperitivo in barca davanti a un maestoso tramonto vi riveleranno i segreti della zona.

Per gustare il sapore delle cose buone fatte in casa e dormire tra il verde di un immenso uliveto a due passi dal lago potete fermarvi all'**Agriturismo Biorussi** (☎ 0884 99 25 13; www.biorussi.it; Contrada Macchiarotonda, Carpino; camere €30-35 a persona con prima colazione; 📶🖉), che tra le altre cose produce un profumatissimo olio extravergine d'oliva bio, oppu-

Rodi Garganico

POP. 3361 / ALT. 42 M

Fondata dai rodii argivi, fu per secoli un vivace porto commerciale e peschereccio. Oggi è prima di tutto meta di turismo balneare: le sue spiagge sabbiose sono forse tra le meno particolari del Gargano, ma tra le più economiche. Il paese è piacevole, con edifici storici accanto a palazzine nuove che non stonano; non aspettatevi la ricchezza di Vieste o Peschici, ma anche qui colpiscono le case di un bianco brillante, che si stagliano di fronte al blu intenso del mare. Insieme a Vico e Ischitella, Rodi è uno dei vertici del 'triangolo degli agrumi' del Gargano (v. lettura p184).

Che cosa vedere

Il centro storico è una ragnatela di vicoletti, ripide scale, archi e case costruite l'una attaccata all'altra per far fronte compatto contro i pirati. Sostate davanti alle chiese di **San Nicola di Mira**, di forme secentesche, e di **San Pietro e Paolo**, che nonostante l'aspetto è la più antica della città (1216-21), prima di visitare il barocco **Santuario della Madonna della Libera**, che accoglie all'interno il bel dipinto della *Madonna della Libera*, di scuola

re all'**Agriturismo Falcare** (☎0884 82 38, 340 297 21 47; www.agriturismofalcare.com; Contrada Falcare, Cagnano Varano; doppie in b&b/mezza pensione €40/65 a persona;), immerso nella campagna, con un parco avventura per adulti e bambini e un percorso attrezzato per chi vuole rimanere in forma.

➡ Più piccolo (51 kmq) e decisamente meno profondo (2 m al massimo) è il **Lago di Lesina**, comunicante attraverso due canali con l'Adriatico, da cui lo separa un cordone dunale lungo ben 16 km, il **Bosco Isola**, oasi naturalistica dove si scivola sull'acqua con il kitesurf anche nei mesi invernali. Oltre alle traiettorie disegnate dal volo degli uccelli, delle sue scenografie fanno parte le palafitte in legno in mezzo all'acqua che servono per aggrappare le paranze da pesca. Nella parte orientale del lago si estende la **Riserva Naturale Lago di Lesina**, un'area statale protetta istituita nel 1981 come zona di ripopolamento animale. Una passerella in legno permette di raggiungere dalle sponde del lago l'**Isolotto di San Clemente**, sul quale un tempo sorgeva una piccola badia del XII secolo, a sua volta eretta su una villa romana con peschiera. Dirigetevi, soprattutto se siete in compagnia di bambini, al **Centro Visite** (☎0882 70 74 55, 328 075 85 63; www.centrovisitelesina.it; Via Banchina Vollaro 147; ⏲9.30-12.30 mar-ven, 9.30-12.30 e 17.30-20 dom o su prenotazione), che comprende un acquario con 14 vasche dove sguazzano specie ittiche lagunari, un museo con sezioni naturalistiche dedicate alla laguna, al Bosco Isola e al mare, e una sezione etnografica chiamata 'la Casa del Pescatore', che illustra com'erano l'ambiente domestico e lavorativo e le condizioni di vita della popolazione. Il museo organizza escursioni a piedi con birdwatching sul Bosco Isola e in barca per andare alla scoperta di questo incredibile habitat e dei resti dell'isolotto. Affidatevi ancora alle guide del Centro Visite per romantici tramonti a bordo dei sandali dei pescatori.

Fermatevi al ristorante **Le Antiche Sere** (☎0882 99 19 42; www.leantichesere.it; Via Pietro Micca 22; pasti €40; ⏲pranzo e cena mar-sab, solo pranzo dom ott-mag, pranzo e cena mar-dom lug e set, pranzo e cena tutti i giorni agosto), proprio in riva al lago, e non alzatevi da tavola senza aver assaggiato le declinazioni d'artista dell'anguilla e degli altri pesci, non solo di laguna. Se l'anguilla non fa per voi o vi è venuta voglia di una pizza gourmet, fate rotta verso **La Cruna del Lago** (☎339 610 1531; www.lacruna.pizza; Via Isonzo 64; pizza a partire da €7; ⏲19.30-23 mer-lun, fino alle 24 estate): le creazioni di Vincenzo D'Apote sono superlative. Un indirizzo perfetto a ogni ora del giorno e della notte è il **Lake Café** (☎348 449 6973; www.facebook.com/LakeCafeLesina; Via Banchina Vollaro 133; aperitivo, panini e piatti del giorno €10-12): salite sulla piattaforma galleggiante per colazione, a pranzo, per una granita artigianale agli agrumi, concedetevi un aperilake per ammirare il favoloso tramonto rosato o per terminare degnamente la serata con un drink e della buona musica. Dormite sogni d'oro in un'autentica residenza nobiliare nel **B&B Liù – Palazzo Ducale** (☎0882 99 02 58, 329 106 81 70; www.liupalazzoducale.it; Via Dante 19-21; singole/doppie €35/30 a persona;): si trova in pieno centro storico e ha camere arredate con stile.

gotico-veneziana. Concludete la passeggiata al **belvedere**, dove si apriva la principale porta cittadina: da qui il panorama sugli uliveti, gli agrumeti, il litorale e la foce di Varano sembra ritrarre un quadro paradisiaco. D'estate buona parte della vita si sposta nel modernissimo **Porto Turistico** (www.marinarodigarganico.it), che pullula di velisti, ristoranti, bar e attività: è lì che vi recherete se dovete prendere il traghetto o volete affittare un'imbarcazione per raggiungere le Isole Tremiti.

Spiagge

Se siete a Rodi e avete voglia di spiaggia, potete scegliere tra la **Spiaggia di Ponente** e la **Spiaggia di Levante**: la prima, formata da una serie di dune di sabbia che digradano dolcemente verso il mare, è costantemente esposta ai venti settentrionali (che la rendono adatta soprattutto ai surfisti); la seconda, di fine sabbia dorata, è caratterizzata invece dal profumo dei vicini aranceti. Le strutture ricettive e balneari sono perfette per chi viaggia con i bambini. Chiaramente potete approfittare delle vicine spiagge che ricadono nel territorio di Vico del Gargano (p186).

Pernottamento

La Cappella del Convento RESIDENCE, B&B €/€€
(☎0884 96 63 86, 320 163 87 15; www.lacappelladelconvento.it; Contrada Convento; B&B €20-60 per persona, appartamenti per 2 persone €200-800 a settimana, climatizzatore €5 al giorno, disinfezione animali ammessi €40; fine mag-metà set;) Già il nome suggerisce la quiete di agrumeti e uliveti in cui è immersa questa struttura che dista 800 m dal centro storico e 1500 m dal mare (servizio di navetta gratuito per la spiaggia), adatto agli appassionati di turismo rurale e di paesaggi bucolico-marini.

Edificio 15 HOUSE ELITE €€
(☎0884 96 62 96, 328 254 26 95; www.edificio15.com; Via Fini 3; B&B €50-85 per persona, supplemento mezza pensione €20 per persona; tutto l'anno, mezza pensione giu-ott;) Raffinatissime le sei camere in una palazzina d'epoca del centro. Incluso nel costo il lido convenzionato e il servizio navetta. Giù al porto c'è il ristorante per chi sceglie la mezza pensione.

Pasti

Panificio Santucci PANIFICIO €
(☎0884 96 64 86; Via Crocifisso 9; 6-14 e 17-20, orari più estesi in estate) Un vero e proprio must in paese, in estate a qualsiasi ora del giorno e della notte il Panificio Santucci sforna pane e pizze calde, e dalle 22 in poi i cornetti e le bombe alla nutella. Ottimi anche i biscotti e i taralli.

Il Fornetto PIZZERIA, PAPOSCERIA €
(☎347 820 74 51; Piazza Rovelli 15; paposcia €7; 19.45-23 marzo-ott) I tavoli all'aperto in piazza fanno tanto estate. Assaggiate le pizze tradizionali e le paposce: tra le nostre preferite quella con ventricina piccante, al caciocavallo e la salsiccia e spinaci. Anche impasti senza glutine.

Informazioni

Pro Loco (☎388 361 69 15; www.visitrodigarganico.it; Corso Madonna della Libera 8; orario variabile)

Per/da Rodi Garganico

AUTOBUS E TRENO

Rodi si può raggiungere con i treni delle **Ferrovie del Gargano** (☎0882 22 89 60; www.ferroviedelgargano.com; da Foggia €8,20, 1 h 40 min) o in bus da San Severo (€5,80, da 1 h 40 min a 2h).

IMBARCAZIONI

Da Rodi Garganico ci si può imbarcare per le Isole Tremiti con le compagnie **Navigazione Libera del Golfo** (☎0884 27 06 47, 347 620 54 98; www.navlib.it) e **Navigazione Libera Adriatica** (☎0884 96 27 32, 349 163 64 19; www.navitremiti.com).

Isole Tremiti

POP. 462 / ALT. 70 M

Perle selvagge in un mare incontaminato, ricche di storia e di leggende, un tempo note per un monastero-roccaforte nel mezzo dell'Adriatico, oggi meta di migliaia di turisti, le Tremiti sono un piccolo arcipelago di cinque isolotti, di cui solo due abitati, che coprono complessivamente una superficie di 3 kmq. **San Domino** è l'isola più grande, ricoperta di pini d'Aleppo, dove si concentrano il turismo e la maggior parte delle attività; **San Nicola** è la memoria storica dell'arcipelago, con i suoi racconti di monaci guerrieri, pirati saraceni, detenuti e confinati politici. E poi c'è **Capraia** (o Capperaia per le estese coltivazioni di capperi), rocciosa e selvaggia, con fondali da sogno e cespugli di rosmarino e lentisco che diffondono intensi profumi mediterranei; e **Pianosa**, la più lontana e selvaggia, riserva marina integrale dove tutto è vietato: navigare, approdare, fare il bagno; e infine il **Cretaccio**, poco più che uno scoglio solitario plasmato dai venti. Tutte insieme costituiscono il patrimonio dell'**Area Marina Protetta delle Isole Tremiti** (www.riservamarinaisoletremiti.it), istituita nel 1989 per la conservazione dei fondali e per la tutela delle peculiari flora e fauna marine.

La leggenda vuole che Diomede, il valoroso eroe dell'*Iliade* da cui presero il nome di Isole Diomedee, abbia creato le Tremiti lanciando in mare i ciottoli avanzatigli da due enormi blocchi provenienti dalla distrutta rocca di Pergamo, dai quali aveva dapprima ricavato il Subappennino e il Gargano; tra queste isole si dice anche che l'eroe omerico morì (v. lettura p192) e fu sepolto (a San Nicola).

Mitologia a parte, la bellezza delle Tremiti e delle acque che le circondano sono davvero leggendarie: ogni cala, grotta, falesia sembra possedere un mistero che richiede tempo per essere decifrato. Evitate senza alcun dubbio perciò le gite di un giorno, così come le attività più turistiche, e concentratevi invece nell'esplorazione e, perché no, nella contemplazione di questi luoghi. Il relax, le bel-

Isole Tremiti

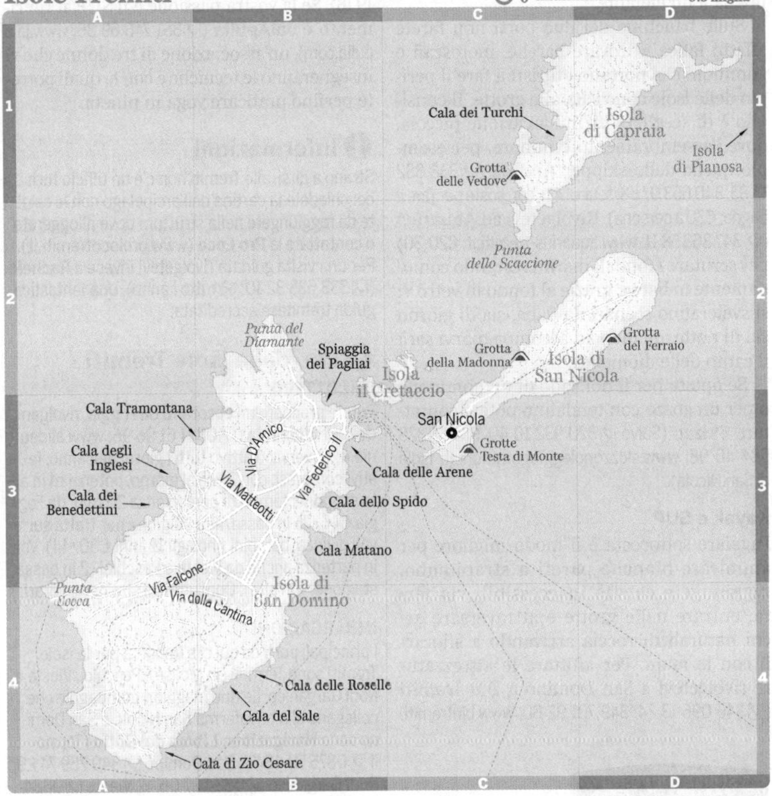

le spiagge, le cene deliziose vi si offriranno senza fatica: starà a voi calarvi nell'incanto.

Attività

Birdwatching

Strategicamente situate al centro dell'Adriatico, le Isole Tremiti costituiscono un luogo di sosta e di riposo per le numerose specie di uccelli migratori che affollano l'intero arcipelago e in particolare Capraia. Tra tutte spiccano le diomedee, il cui canto si può udire di notte percorrendo il Sentiero del Faro a San Domino (v. lettura p192).

Crociere e caicco

Ci sono le minicrociere giornaliere sulle motonavi che servono anche il pranzo a bordo, per le quali potete rivolgervi a Roberto e Flavia della **Motonave Victor** (☎348 612 02 40, 348 612 02 41; www.motonavevictor.it; Isola di San Domino). E non mancano le occasioni per veleggiare per più giorni su un caicco nato dalle mani dei maestri d'ascia turchi: contattate **Caicco Esat** (☎333 530 90 96, 331 580 46 57; caiccoesat.wixsite.com/website; una settimana a partire da €900), che vi ospiterà a bordo di un veliero di 24 m, dotato di otto cabine con bagno e cuscini sul ponte dove rilassarsi e prendere il sole.

Gite in barca

Cale e calette si susseguono una dopo l'altra e ogni volta è una sorpresa. La più grande, la **Grotta del Bue Marino**, prende il nome dal misterioso animale che pare si riposasse nella spiaggetta nascosta sul fondo; meno misteriose sono invece le foche monache avvistate qui fino agli anni '60. Alle viole che spuntano sul pendio delle rocce e alla colorazione violacea delle alghe calcaree che ne tappezzano le pareti si deve invece il nome della **Grotta delle Viole**, mentre nella **Grotta delle Rondinelle** fanno il nido in primavera i rondoni di mare. C'è poi la **Punta dell'Elefante**, così chiamata perché la forma della roccia assomiglia a un elefante.

Sulle banchine dei due porti non farete affatto fatica a trovare barche, motoscafi e gommoni che portano i turisti a fare il periplo delle isole con visita alle grotte. Il consiglio è di scegliere un'imbarcazione piccola, dove l'assembramento è minore, per esempio quella dello skipper **Andrea** (☎338 882 15 83, 340 653 07 58; tour di 4 h, con soste per fare il bagno; €30 a persona). Rivolgetevi ad **Aquarius** (☎347 868 58 11; www.aquarius-tremiti.it; €20-30) per scrutare i fondali marini restando comodamente in barca: grazie al fondo in vetro vi si sveleranno scenari da fiaba, sia di giorno sia di notte, quando ad accompagnarvi sarà il canto delle diomedee.

Se optate per il noleggio di un gommone o per un gozzo con tendalino potete contattare **Skizzo** (Salvo ☎320 932 10 40, Rita ☎328 584 40 98; www.skizzonoleggiogommoni.it; Isola di San Nicola).

Kayak e SUP

Pagaiare sottocosta è il modo migliore per ammirare bianche pareti a strapiombo, raggiungere calette inaccessibili via terra, entrare nelle grotte e attraversare archi naturali di roccia arrivando a sfiorarli con le mani. Per affittare le attrezzature rivolgetevi a San Domino a **Blu Tremiti** (☎346 096 13 24, 349 731 92 60, www.blutremiti.it), a San Nicola a **Est Vita** (Nicola ☎331 813 19 18). Se la vostra passione è il SUP, il riferimento è **JalApulia** (☎351 746 69 36; www.jalapulia.com), un'associazione di tre donne che vi insegneranno le tecniche e con le quali potrete perfino praticare yoga in pineta.

SI DICE SUL POSTO

NARRA LA LEGGENDA...

Quando Diomede morì, i suoi compagni lamentarono così intensamente la sua scomparsa da essere trasformati da Venere in uccelli marini, detti appunto diomedee, che ancora oggi continuano a piangere inconsolabili il loro re. Il grido dei maschi delle berte maggiori, altro nome delle diomedee, assomiglia in modo impressionante al pianto di un neonato o a un lamento funebre, mentre quello delle femmine è più grave e cupo. Per sentire il loro canto notturno, nelle sere d'estate senza luna bisogna percorrere il **Sentiero del Faro**, nella parte ovest dell'Isola di San Domino, immerso tra i pini d'Aleppo. In corrispondenza della Grotta del Bue Marino, si cominciano a udire versi inquietanti: sono i richiami delle berte che annunciano il loro arrivo ai piccoli nei nidi in attesa di cibo e calore.

Informazioni

Strano a dirsi, alle Tremiti non c'è un ufficio turistico: chiedete la cartina dell'arcipelago con le calette da raggiungere nella struttura dove alloggerete o contattate la **Pro Loco** (www.prolocotremiti.it). Per una visita guidata rivolgetevi invece a **Rachele** (☎333 635 32 10; ⏲tutto l'anno), una fantastica guida tremitese accreditata.

Per/dalle Isole Tremiti

ELICOTTERO

Potete prendere un elicottero da Foggia, rivolgendovi ad **Alidaunia** (☎0881 61 96 96; www.alidaunia.it; ⏲servizio attivo tutti i giorni dell'anno, festivi compresi, con 2 voli al giorno, potenziati in alta stagione; tempo di percorrenza 20 min; da Foggia €46/75 in bassa/alta stagione per tratta sui voli di linea, bambini fino agli 11 anni €30/44). Voli in partenza anche da Vieste e Peschici (2 in bassa stagione, 4 in alta). Consultate il sito per gli orari.

IMBARCAZIONI

I principali porti da cui ci s'imbarca per le Isole Tremiti sono Termoli (in Molise), Peschici, Vieste e Rodi Garganico. Le due maggiori compagnie che collegano alla terraferma San Nicola e San Domino sono **Navigazione Libera del Golfo** (Termoli ☎0875 70 48 59, San Domino ☎349 759 74 29, Rodi Garganico ☎0884 27 06 47, Vieste ☎0884 70 74 89; www.navlib.it; adulti/bambini €17,50-22/11-12 a tratta da Termoli con la linea veloce, la nave è più economica ma più lenta) e **Navigazione Libera Adriatica** (☎0884 96 27 32, 349 163 64 19; www.navitremiti.com). Da Termoli partono collegamenti tutti i giorni dell'anno, mentre dagli altri porti ci sono solo corse stagionali, generalmente una al mattino e ritorno al pomeriggio; da Peschici contate circa 1 h 30 di tragitto. Le tariffe variano in base alla stagione.

Trasporti locali

Sulle isole non ci sono automobili. O, meglio, ci sono solo le navette degli alberghi che vanno su e giù verso il porto per andare a prendere e riaccompagnare gli ospiti. Le distanze si possono facilmente colmare a piedi con piacevoli passeggiate o, a San Domino, con le bici di **Fuffy E-Bike** (☎340 883 65 02; bici €25/giorno, e-bike €60/giorno, la tariffa giornaliera si abbassa se si noleggiano per più giorni). Se però vi serve un taxi, contattate **Fabio Fentini** (☎348 803 60 23). Il collegamento tra San Domino e San Nicola è frequente durante il giorno; il biglietto di andata e ritorno

DA NON PERDERE

PARADISI SOMMERSI NEL MARE DELLE TREMITI

Sono oltre 50 i punti d'immersione consigliati ai sub nell'Arcipelago delle Tremiti, e ognuno regala esplosioni di vita sommersa ed emozioni da brivido. Si può cominciare dall'**Isola di Capraia**, dove ad attendere i subacquei a 12 m di profondità c'è l'imponente **statua di Padre Pio degli Abissi**, che lo scultore Mimmo Norcia ha scolpito nel bronzo con le braccia protese verso la Chiesa di San Nicola per proteggere subacquei e pescatori. Una delle immersioni più spettacolari di tutto il Mediterraneo è però quella a **Punta Secca**, sul versante orientale dell'isola: scendendo lungo questa incredibile lama di roccia, già a 35 m di profondità le pareti si accendono del rosso e del giallo delle gorgonie; poi, a circa 42 m, si aprono due archi naturali e anfratti nella roccia dove aragoste, cernie, ricciole e dentici sembrano giocare a nascondino. Alcuni punti della costa hanno nomi evocativi, come **Cala del Caffè**, frequentata in passato dai contrabbandieri che aspettavano il buio della notte per sbarcare la loro merce; qui, l'immersione segue il profilo di un canyon di massi franati che offrono riparo alle aragoste per deporvi le uova e scende a 40 m fino a imboccare l'ingresso di un'enorme grotta misteriosa... Ma ci sono tantissime altre immersioni consigliabili ai sub esperti, come la **Secca delle Vedove**, dove si aggirano branchi di saraghi, salpe, occhiate, nuvole di castagnole e dentici che risalgono quasi in superficie per predare piccoli pesci; più in basso, una spaccatura conduce all'ingresso di una grotta che diffonde meravigliosi giochi di luce al suo interno. Nell'**Isola di San Domino** i sub in notturna possono entrare nella caleidoscopica **Grotta delle Viole**, che prende il nome dal riflesso violaceo che assume la roccia calcarea soprattutto alle prime luci dell'alba; oppure affrontare l'impegnativa discesa della **Secca Paradiso**, il cui cappello è ricoperto dai rossi ventagli delle gorgonie e dalle vivaci pennellate di colore delle spugne. La curiosità dei subacquei è attirata anche dai numerosi relitti nascosti negli abissi delle Tremiti, come il glorioso **piroscafo a ruote Lombardo**, identificato nel 2005 presso Cala degli Inglesi, che trasportò i garibaldini della spedizione dei Mille, e il **relitto delle Tre Senghe**, a poca distanza dalla costa meridionale dell'isola, databile attorno al I secolo a.C., all'epoca dei romani.

Sono quattro i diving center cui potete rivolgervi, tutti a San Domino, che propongono corsi e immersioni per principianti ed esperti: **Aquodiving** (☎ 366 426 31 89, 377 344 06 84; www.aquodivingtremiti.com), **Blu Tremiti** (☎ 346 096 13 24, 349 731 92 60; www.blutremiti), **Marlin Tremiti** (☎ 0882 20 39 72, 333 845 52 01; www.marlintremiti.com) e **Tremiti Diving Center** (☎ 334 312 87 61; www.tremitidivingcenter.com).

costa €5. Il servizio è disponibile anche la sera pagando un supplemento.

Isola di San Domino

ALT. 116 M

Non ha edifici storici, perché sull'isola si è iniziato a costruire solo dal 1958, ovvero dalla nascita del villaggio del Touring Club Italiano. Arrivati al porto, salite per un breve tratto (se non siete troppo carichi andate a piedi: è poca strada, altrimenti chiedete un passaggio) fino a raggiungere le strutture turistiche, gli alberghi con i locali e i vari servizi. Noterete subito la vegetazione rigogliosa: i pini d'Aleppo, che, come sul Gargano, ricoprono interamente la macchia e fanno una bella ombra nelle giornate più calde, i fiori coloratissimi e gli arbusti profumati a segnare il cammino e, nella parte settentrionale, anche i lecci, che vi accompagneranno alle baie, alle grotte e alle scogliere calcaree e falesie che incorniciano l'isola. Prima fra tutte la **Ripa dei Falconi**, alta fino a 80 m, nelle cui spaccature nidifica il falco pellegrino.

Spiagge

L'isola di San Domino ha una costa magnifica e ancora incontaminata, per lo più alta e rocciosa, ricca di calette non troppo comode ma incantevoli, alcune facilmente raggiungibili a piedi tramite sentieri ben segnalati. Il consiglio è di scegliere le spiagge sul lato est al mattino e quelle sul lato ovest al pomeriggio. Sul lato est farete bagni indimenticabili nelle acque straordinariamente turchesi e trasparenti di **Cala Matano** (piccola, attrezzata e raggiungibile con un facile sentiero), resa famosa da Lucio Dalla che le intitolò un album, e di **Cala dello Spido** (di facile accesso, ideale per i tuffi), con una vegetazione selvaggia che arriva a lambire il mare e l'Isola di San Nicola sullo sfondo. A **Ca-**

la Grotta del Sale, dove un tempo la popolazione veniva a raccogliere il sale, lo spazio per prendere il sole sugli scogli è poco, ma è obbligatoria una nuotata con la maschera fino alla grotta, mentre la **Cala Zio Cesare** è in parte attrezzata e comunque ha scogli lisci dove non è scomodo sdraiarsi (si può nuotare facilmente anche fino alla splendida Grotta delle Viole). Sul lato ovest, la bellissima **Cala dei Benedettini** è attrezzata con sdraio e ombrelloni e ha una comoda entrata in mare (e la possibilità di affittare gommoni e canoe), così come **Punta Secca**, mentre **Cala degli Inglesi** è la spiaggia privata del Touring Club Italiano. Nella costa nord, è piacevole fare una nuotata sotto i **Pagliai** (il sole c'è fino alle 15); nella cala, però, è vietato sostare perché la parete rocciosa è instabile. Più comoda, infine, è l'unica spiaggia sabbiosa di tutto l'arcipelago, la **Cala delle Arene**, sconsigliata in alta stagione perché troppo affollata. Se vi piacciono i bagni 'di creta e argilla', benefici per il corpo e la pelle, fatevi portare con un gommone o una barca al **Cretaccio**, ideale per trascorrere una giornata in pieno sole in compagnia dei gabbiani.

Pernottamento

Villaggio Internazionale Punta del Diamante VILLAGGIO €/€€
(☎0882 46 34 05, 0882 46 34 60, invernale 348 352 28 31; www.puntadeldiamante.it; case tenda €60-78 mezza pensione, villette €68-108 mezza pensione; residenze €470-1480 per settimana mezza pensione; ⏲mag-set;) Struttura non nuovissima, ma gestita con cura e passione dalla famiglia Simonetti. Tanti i punti a favore: la posizione tra il verde dei pini, l'esclusiva **Cala Tamariello** riservata agli ospiti, con possibilità di fare escursioni in barca e canoa, un self service ricco e di buon livello, e camere spartane ma pulite, confortevoli quanto basta. Sono disponibili anche sistemazioni in residence su base settimanale.

Hotel La Vela HOTEL €€
(☎0882 46 32 54, 338 882 15 83; www.hotel-lavela.it; doppie a partire da €50-75 a persona con colazione;) Proprio sopra Cala Matano, questo hotel è in posizione strategica tra il villaggio e il porto. Le camere hanno terrazzino privato con ingresso indipendente; costano qualcosa in più quelle lato mare. Prenotando almeno sei notti, una è in omaggio. Notevoli le colazioni con le torte fatte in casa. Fatevi accompagnare da Andrea (p192) alla scoperta delle favolose coste tremitesi.

★ **Hotel Kyrie** HOTEL €€
(☎0882 46 32 32; Via San Domino, www.hotelkyrieisoletremiti.it; doppie a partire da €111;) Quattro stelle con arredi e atmosfere anni '80, non adatto agli amanti della movida, ma con una posizione invidiabile per chi preferisce il mare e la sinfonia delle cicale. Il ristorante e la cucina di pesce sono il fiore all'occhiello della struttura, così come la musica serale, da ascoltare a bordo piscina sorseggiando un drink. Notevoli il servizio navetta, di baby-sitting e di animazione per grandi e bambini. Scegliete le camere di fronte a Cala Tramontana (la spiaggia attrezzata, raggiungibile a piedi, a uso esclusivo degli ospiti): vedrete tramonti incredibili!

Hotel Gabbiano HOTEL, RISTORANTE €€€
(☎0882 46 34 10; www.hotel-gabbiano.com; Piazza Lucio Dalla; doppie €195-250, con mezza pensione €225-280; ⏲apr-dic;) C'è un tocco piacevole e rilassante nell'arredo basato sui colori crema e arancione, sulle linee semplici, sul largo impiego di legno chiaro. A questo si unisce il panorama che si gode dai balconi delle camere: l'Isola di San Nicola con il mare tutt'intorno o il giardino dell'hotel. Pur essendo nella piazzetta principale dell'isola, in cinque minuti, scendendo un'agevole gradinata che si addentra nella pineta, sarete immersi nelle acque cristalline di Cala Matano. Subito sotto l'albergo c'è la **Coco Mama SPA** (⏲9-13 e 16-20), con piscina termale, sauna e bagno turco.

Pasti

★ **Capatosta** LOUNGE BAR, PANINOTECA €
(☎340 638 0421; www.facebook.com/capatostatremitiisland; Via Prefetto Cesare Mori; piatti e panini €8-15; ⏲18-1 estate) C'è tanta allegria nelle proposte di questo nuovo indirizzo tremitese: polpo alla diavola, moscardini alla birra, poké di riso con pesce crudo e verdure o magari un panino gourmet di carne e pesce, il tutto accompagnato da un cocktail creativo.

★ **La Fenice** RISTORANTE, PIZZERIA €€
(☎0882 46 34 49; www.facebook.com/lafenicetremiti; Via Beato Giovanni da Foligno 4; pasti a partire da €25, menu a pranzo di carne/pesce €20/25; ⏲sempre aperto estate, 9-15 e 17.30-24 inverno;) Reti da pesca e ombrelloni di paglia danno il benvenuto in questo ristorante apprezzato anche dai tremitesi. In cucina, la signora Rosa prepara piatti veraci: orecchiette alla Fenice al tonno fresco, capperi e limone, pasta con la salicornia, carne e pesce alla brace e pizze salate o dolci. Chi ha poco appe-

tito può saziarsi con l'aperitivo a bordo piscina. Menu per vegetariani, vegani e celiaci. Da qualche anno dispone anche di **camere** (☎ 0882 46 32 07; www.feniceroomstremiti.com; doppie €110-200 colazione e navetta inclusa; 📶❄🐾) fresche e spaziose.

Locali e vita notturna

★ Da Elio FISH BAR

(☎ 338 778 01 87; www.facebook.com/daElioFishBar; Via 4 Marzo 1943; ⏱ 18-1 giu-set) Bella novità nel panorama tremitese, questo fish bar offre crudité di pesce, tacos di mare in stile sushi, fritture e altre bontà marinare da accompagnare a bordo piscina con cocktail e vini fino a tarda sera.

Diomede BAR, DISCOTECA

(☎ 338 272 95 80; Piazza Sandro Pertini 1; ⏱ 12-15 e 18-1 metà apr-fine set) Lounge bar con un bel dehors semicoperto, famoso per gli aperitivi gourmet preparati al momento da un bravo chef e accompagnati da drink all'altezza. Personale gentilissimo e ambiente accogliente, ideale per una pausa dopo la giornata di mare e prima di una passeggiata in Piazza Pertini.

Era Ora WINE BAR

(☎ 347 731 47 83; Piazza Sandro Pertini; ⏱ 8-11.30 e 17.30-2 Pasqua-set) Non è solo un bar-enoteca in cui sorseggiare un buon vino di Puglia o un aperitivo preparato da un barman d'eccezione (il Finocchietto di nonna Elisa è memorabile, così come il Negroni aromatizzato con i capperi delle Tremiti), ma anche un luogo d'incontri letterari e musicali, di scambi con persone che hanno idee da condividere. Ci sono anche una mini biblioteca e qualche gioco di società a disposizione dei clienti.

Isola di San Nicola

ALT. 75 M

San Nicola assomiglia molto a un'isola greca, di quelle mitiche, legate a una spiritualità senza tempo. Fu fortificata da una comunità monastica con mura imponenti e torri merlate tra il XIII e il XV secolo, per difendere dagli assalti dei pirati la celebre Abbazia di Santa Maria a Mare, uno dei centri religiosi più importanti del Mediterraneo, tanto da essere denominata 'la Montecassino del Mare'. La mole dell'abbazia domina tuttora quest'isola-fortezza che, a differenza della sua vicina, è arida, tendente più alla scala dei gialli delle rocce e della macchia riarsa dal sole, che ai verdi rigogliosi di San Domino.

San Nicola, da sempre cuore storico, religioso e amministrativo dell'arcipelago, è il luogo ideale se volete godervi il soggiorno senza immergervi nella bolgia dei turisti. I ristoranti si contano sulle dita di una mano e non ci sono locali tranne i due bar (frequentati solo dai pochi abitanti stabili) su Corso Diomede, la via principale. Il restauro della chiesa lascia ben sperare, ma c'è ancora strada da percorrere per valorizzare questo luogo incantato.

Storia

Se il mito lega l'isola all'eroe greco Diomede, scampato alla guerra di Troia, la storia vuole San Nicola utilizzata dai greci come base per i commerci con le città del Gargano e sicuramente abitata in epoca romana, come attesta la villa di epoca imperiale di cui rimangono poche rovine. Nell'XI secolo, per volere dei benedettini, furono costruiti sull'isola una chiesa e un monastero, meta di devozione e pellegrinaggi. I monaci di Montecassino vi rimasero fino al 1237, quando furono destituiti dal papa e sostituiti dai cistercensi e poi dai lateranensi, che vi restarono fino alla fine del Settecento. Quindi arrivarono i Borbone, che cacciarono i monaci e istituirono un bagno penale. Da allora San Nicola fu carcere e sotto Mussolini un luogo di confino, rimasto attivo fino alla fine della seconda guerra mondiale. Dagli anni '60 l'isola ha iniziato una nuova vita, legata al mare e con un blando sviluppo turistico.

Che cosa vedere

★ Fortificazioni MURA E TORRI

Dal porto, per raggiungere il cuore dell'isola si percorre la ripida (e scivolosa in discesa) strada a rampe scavata nella roccia e sorvegliata da torri di difesa che hanno incredibili storie e panorami da rivelare: la **Torre dei Cavalieri del Crocifisso** (sull'architrave si legge la poco rassicurante iscrizione 'Coteret et confriget', ovvero 'Spezzerà e stritolerà'), la quadrata **Torre del Pennello**, dove i visitatori venivano invitati a deporre le armi e da cui nel 1567 partirono le prime palle di fuoco contro le galere turche di Solimano II, e il **Bastione del Cannone**. Il bastione è anche un punto panoramico dal fascino intenso, così come la **Torre Angioina**, che nelle giornate serene regala vedute fantastiche sul promontorio del Gargano. L'ultimo baluardo prima di entrare nell'abbazia è la **Torre Quadrata**, con merli e caditoie per la difesa della porta, e un tabernacolo di epoca gotica sopra l'architrave che accoglie una piccola statua della Madonna con il Bambino.

★ Abbazia di Santa Maria a Mare LUOGO DI CULTO
(☎0884 56 89 11) Al termine della scalinata, dopo avere sostato davanti alla facciata rinascimentale in pietra e al portale del 1473, entrate dall'ingresso principale nella **chiesa**, magnificamente restaurata, per ammirare i tesori del suo interno: un mosaico pavimentale dell'XI secolo con un bestiario in puro stile medievale, tra i più belli ed estesi della Puglia; uno splendido polittico intagliato, dorato e dipinto, ricevuto in dono da Venezia alla metà del XV secolo; un crocifisso bizantino in legno dipinto, portato sull'isola nell'XI-XII secolo; e infine la statua della Madonna Nera, probabilmente giunta qui nel Medioevo da Costantinopoli, che ogni 15 agosto viene trasportata in processione dalle barche in mezzo al mare. Si raggiungono quindi il secondo chiostro, di sapore rinascimentale, e l'ultimo baluardo difensivo dell'isola, il **Torrione dei Cavalieri di San Nicolò**, fiabescamente incastonato nella roccia, dove lo sguardo non ha confini se non il mare e l'orizzonte.

Zona Archeologica NECROPOLI
Continuate la passeggiata imboccando il sentiero che si snoda dietro l'abbazia, sul costone a picco, fino alla zona archeologica, con la necropoli greco-romana e il cimitero costruito nel 1806 dai francesi. Tra le piante di cappero e il volo dei gabbiani, potrete concedervi qualche momento di serenità aggirandovi tra la cosiddetta **Tomba di Diomede**, un ipogeo e non una fossa come le altre sepolture, e il singolare **Mausoleo Libico** ai deportati della guerra coloniale del 1911-12.

Pernottamento

★ Il Chiostro B&B €€
(☎333 930 67 75; Piazza Lateranensi 7; doppie €70-120; ❄📶) Cullatevi nell'amaca in giardino, fate colazione tra il frinire delle cicale, dormite nel silenzio più assoluto, lasciate che le vostre giornate prendano il ritmo dei monaci quando camminavano lungo il perimetro del chiostro lì a fianco. Debora è gentilissima, e ha adattato a B&B le grandi camere della sua casa, che un tempo era la scuola elementare dell'isola.

La Casa di Gino B&B €€/€€€
(☎0882 46 34 10, 389 484 69 80; www.facebook.com/laCasadiGino; Via dei Forni; doppie €85-195; ⏲giu-set; ❄📶) B&B accogliente, dalle tonalità chiare, che ha sette camere, ciascuna ornata da una diversa foto storica di San Nicola. Dalla terrazza-solarium per la prima colazione si gode di un panorama che è uno dei migliori 'buongiorno' che si possano desiderare.

Pasti

L'Architiello RISTORANTE €€
(☎0882 46 30 54; Salita delle Mura 5; pasti €25-30; ⏲12.15-15 e 20-23) A San Nicola si mangia dalla simpatica Carolina, sotto un arco del Settecento e su una terrazza affacciata sul mare. Mare dal quale, inutile a dirsi, arrivano le prelibatezze: paccheri all'aragosta, frittura di paranza, ceci e vongole, pepata di cozze, zuppa di pesce e altri piatti appetitosi.

★ Da Enrichetta RISTORANTE, PASTICCERIA €€/€€€
(☎329 492 75 25; www.daenrichetta.com; Piazza Marconi 2; cena a partire da €40; ⏲10-24 fine apr-ott) All'ombra del Torrione Angioino, è un locale gestito da Enrichetta, pasticcera sopraffina e spiritosa, e dal figlio Simone Brasiello, chef di talento, dove si mangiano piatti di pesce gustosi e creativi e verdure freschissime, e fra i dolci, cannoli siciliani e pastiera napoletana da acquolina in bocca. Da prenotare assolutamente. A pranzo il ristorante propone un comodo servizio di consegna sulle barche, con uno sconto del 10%.

Il Torrione RISTORANTE €€€
(☎333 684 4 8 70; Piazza Castello 8; pasti a partire da €40; ⏲12.15-15 e 20-23) Un trio affiatato e allegro di donne gestisce questa locanda che offre piatti di mare semplici e gustosi: polpo fritto su letto di arancia e zafferano, pepata di cozze, tartare di gambero rosa, spaghetti con ricci, risotto al polpo e vino rosso, frittura di paranza. Alla fine non rifiutate il liquore allo zenzero della casa.

Locali e vita notturna

La Torretta del Caicco LOUNGE BAR
(☎333 530 90 96; www.facebook.com/latorrettadelcaicco; Via Salita delle Mura; ⏲dalle 19 fino a tardi) A San Nicola non perdetevi l'aperitivo e relativo tramonto dall'alto di questa torre dell'antica cinta muraria.

Valle d'Itria

Include ➡

Il meglio – Ristoranti

- Gaonas (p201)
- Bina (p205)
- Il Panino di Marino (p211)
- Osteria da Giuseppe (p228)

Il meglio – Hotel

- Masseria Mazzalorsa (p209)
- Tenuta Colavecchio (p214)
- Masseria Casaburo (p217)
- Giovannarolla Green House (p224)
- Masseria Brancati (p224)
- Palazzo Camarda (p227)

Perché andare

Cominciamo dal paesaggio. Gli ulivi, che pure vi accompagneranno un po' ovunque nel vostro viaggio in Puglia, qui fanno spesso da sfondo alle case in muratura bianca. E le campagne sono un susseguirsi di muretti a secco e colline sinuose, mai troppo irte e piacevoli da attraversare a piedi o in bicicletta: così si respirano meglio i profumi di salvia, rosmarino e altre essenze del Mediterraneo, si odono il frinire delle cicale o il sussurrio delle frasche mosse dal vento e si raggiunge uno stato di grazia tale da predisporre alla visita dei borghi con animo romantico e contemplativo. Si percorrono allora le stradine di Ostuni o Locorotondo alla ricerca del balcone fiorito più bello, senza mai riuscire a emettere un verdetto finale. Nessuna difficoltà, invece, a scegliere un buon posto dove mangiare: tra bombette che sfrigolano sulla brace, ristoranti stellati dai menu arditi o semplici localini con terrazze panoramiche sulla valle, non avrete problemi. E poi si riparte verso nuove scoperte, magari alla volta delle Grotte di Castellana, dove gli occhi vi si illumineranno anche per le stalattiti, più lucenti del corallo. E quando giungerà il tramonto, con le sue tinte calde e soffuse, nella campagna da cui siete partiti avvisterete curiose casette in pietra a forma di cono rovesciato, i cui tetti saranno ora colorati da una vivida luce dorata, e capirete perché la Valle d'Itria è uno dei luoghi più belli del mondo.

Quando andare

La primavera e l'autunno colorano le campagne, oltre a regalare temperature più che accettabili e borghi liberi dalle fiumane di turisti. In estate, in compenso, avrete l'imbarazzo della scelta fra i tantissimi eventi e il mare poco lontano. D'inverno correrete il rischio di trovare alcune strutture chiuse, ma se sarete fortunati potreste imbattervi in uno dei paesaggi più belli, con i trulli di Alberobello (e non solo quelli) imbiancati.

Il meglio della Valle d'Itria

1 Che ci fa un lungomare in cima a una collina? Scopritelo a **Locorotondo** (p203).

2 La distesa di trulli del Rione Monti ad **Alberobello** (p206) è difficile da dimenticare.

3 Tra gli anfratti delle **Grotte di Castellana** (p213), si cela un sorprendente spettacolo di rocce lucenti.

4 A **Cisternino** (p218), gustate la succulenta carne locale alla brace in uno dei tanti 'fornelli'.

5 Il bianco di **Ostuni** (p220) suscita gioia e meraviglia.

6 Nella tranquilla **Ceglie Messapica** (p227), troverete balconi fioriti, piazzette incantevoli e ottimi ristoranti.

7 Tra chiese barocche e festival estivi, a **Martina Franca** (p199) va in scena l'anima esuberante della Valle d'Itria.

Martina Franca

POP. 47.033 / ALT. 431 M

Il bianco è uno dei colori tipici di questa parte di Puglia. E in tal senso Martina Franca non delude, avvolta com'è in un candore immacolato, che nelle belle giornate spicca nell'azzurro del cielo. Ma c'è qualcos'altro che rende questa animata cittadina così peculiare rispetto ad altri luoghi. Per accorgervene vi basterà guardarvi intorno, in una qualsiasi piazza del centro: vi sembrerà di essere in Sicilia, nel Ragusano, o, come intuiranno i più attenti, davanti a una meravigliosa anteprima del barocco leccese. Fregi, capricci e cornici rococò sono ovunque, e di certo non si limitano solo alle chiese e ai palazzi più importanti, che pure stupiscono per la loro raffinatezza.

Fondata nel X secolo da alcuni profughi sfuggiti all'occupazione di Taranto da parte degli arabi, la città acquistò maggiore importanza nel 1310, quando fu eletta libero comune da parte di Filippo I d'Angiò. La famiglia nobiliare Caracciolo, originaria di Napoli, ne detenne poi il feudo per un lunghissimo periodo (1506-1827), sviluppando appunto l'anima barocca del centro. Situata nella propaggine sud della Valle d'Itria, Martina Franca ne è il 'capoluogo' anticonformista.

Che cosa vedere

Un tempo il **Ringo** (*U'ring* in dialetto, Via Vittorio Emanuele il nome ufficiale) era l'antica strada che segnava il confine tra il territorio di Monopoli e Taranto. Oggi invece è semplicemente il modo migliore per addentrarsi nel centro, perché lungo questa via si trovano le principali attrazioni. Percorretelo con calma e più volte, concedendovi tutte le divagazioni che riterrete opportune.

Palazzo Ducale PALAZZO

(☎ 348 510 95 24; Piazza Roma; ⏲ 10-12 e 17-19 tutti i giorni, visite guidate ogni mezz'ora da prenotare in anticipo) FREE Il progetto, voluto dall'ottavo duca di Martina Franca, Petracone V Caracciolo, era talmente grandioso che non fu mai ultimato. Iniziati nel 1668, i lavori furono presieduti dall'architetto Andrea Carducci, sulla base di disegni approvati nientemeno che da Bernini. Anche se a essere completata, nel 1773, fu solo l'ala orientale, questo nulla toglie alla magnificenza del palazzo. Il portale con arco a tutto sesto, incorniciato da due semicolonne di ordine tuscanico e abbellito da maschere apotropaiche, suscita meraviglia. L'interno, se possibile, è ancora più opulento, con l'appartamento reale che sfoggia pareti dorate in stile rococò.

Piazza XX Settembre PIAZZA

L'anticamera del centro storico è questo grande slargo pavimentato in pietra dove gli anziani del paese, seduti all'ombra, giocano a carte o avviano interminabili discussioni su politica e calcio. Chi proviene da Palazzo Ducale vi accede passando sotto la barocca **Porta di Santo Stefano**, detta anche di Sant'Antonio, che rievoca il miracoloso intervento di un terzo santo, Martino. Secondo la leggenda, aiutò la città durante l'assedio dei Cappelletti (1529), terribili mercenari al soldo della corona francese. Recenti ricerche hanno invece svelato come in realtà si trattasse di truppe del Regno di Napoli, in guerra proprio contro i francesi. Quando ai soldati fu negata l'accoglienza in città, questi provarono a entrarci con la forza, ma la strenua difesa dei martinesi li convinse presto a desistere. Cercate la statua del santo nella parte superiore della porta.

Basilica di San Martino LUOGO DI CULTO

(☎ 080 430 65 36; Piazza Plebiscito; ⏲ 9.30-12 e 17-18 lun-ven) Con la sua facciata abbellita da contorti riccioli rococò, la Basilica di San Martino è stata nominata dall'UNESCO 'monumento messaggero di una cultura di pace' e spunta un po' a sorpresa, specie per chi proviene da Palazzo Ducale. All'esterno spicca la statua di san Martino, intento a tagliare una parte del suo mantello per dividerlo con il mendicante. All'interno, invece, è da vedere il *Cristo alla colonna*, intagliato nel 1622 da Vespasiano Genuino, artista di Gallipoli. Il Cristo modellato da un blocco di legno di ulivo ha il capo sollevato e uno sguardo difficile da dimenticare. Della precedente struttura romanica non è rimasto nulla se non il campanile, peraltro mozzato della cuspide nel 1775 perché danneggiata, e la sacrestia.

I TRENI IN VALLE D'ITRIA

I treni di **Ferrovie del Sud Est** (FSE; www.fseonline.it) o **STP** (www.stpbrindisi.it) sono un'alternativa all'auto e alla moto, che rimangono comunque i mezzi più comodi per esplorare la zona. Attenzione agli orari durante i weekend, quando i treni di Ferrovie del Sud Est sono sostituiti da autobus.

★ **Piazza Maria Immacolata** PIAZZA

L'abbraccio più intenso del barocco martinese lo riceverete qui, in questa piazza a emiciclo da cui spunta, sull'angolo aperto, la vicina basilica. Il portico neoclassico in passato ospitava le bancarelle del mercato, e per questo motivo la piazza viene anche chiamata 'I portici'. Se di giorno si gode la lucentezza della pietra, la sera ci si innamora delle luci che la illuminano. Se avrete poi la fortuna di vedere la piazza addobbata a festa, con luminarie difficili anche solo da immaginare, ne conserverete per sempre il ricordo.

Chiesetta di San Nicola Montedoro LUOGO DI CULTO

(Via Cristoforo Colombo) Dopo tanto barocco ci vuole un po' di semplicità. La minuta struttura di questa chiesa, tra le più antiche di Martina (XIV secolo), è una piacevole divagazione. Date un'occhiata al portale a ogiva e al grazioso e minuscolo rosone a raggiera. Dietro al leggero campanile a vela c'è il tetto a falde rialzate, ricoperto con le tipiche chiancarelle (lastre in pietra calcarea).

Lama QUARTIERE

Da Piazza Maria Immacolata, seguendo in direzione sud Via Cavour e poi Via Pietro Micca, si giunge in quello che un tempo era il quartiere più povero della città. La 'lama' era una zona depressa, dove confluivano le acque piovane rendendo il terreno un pantano – e che ora, manco a farlo apposta, è uno degli angoli più belli del paese: un intricato groviglio di balconi, tetti a spiovente (*a pignon* in dialetto), mura bianchissime e comignoli protesi verso il cielo.

Villaggio di Sant'Agostino LUOGO DI CULTO

(☎080 321 03 56; www.villaggiodisantagostino.it; Via Capponi; ingresso €3/gratuito belvedere/resto del complesso; ⏲9-13 e 16-20 mar-sab, visite guidate alle 10.30, 11.30 e 17) Questo ex convento delle agostiniane del XVII secolo custodisce all'interno un coro ligneo e una piccola pinacoteca dove è anche conservata la campana più antica di Martina Franca. Ma il vero pezzo forte è lo straordinario panorama della Valle d'Itria che si ammira dal suo belvedere.

Attività

In paese è attiva la **Cooperativa Serapia** (☎328 647 47 19, 366 599 95 14; www.cooperativaserapia.it), che propone valide attività all'aria aperta: nel **Bosco delle Pianelle** si organizzano visite guidate tra lecci secolari e un trullo immerso nel bosco.

Feste ed eventi

Festival della Valle d'Itria LUGLIO/AGOSTO

(www.festivaldellavalleditria.it) La rassegna musicale più importante della zona (ma non solo) propone da oltre 40 anni un fittissimo calendario per lo più di genere classico e operistico. Spesso le rappresentazioni vanno in scena nello splendido cortile interno di Palazzo Ducale.

Festival del Cabaret AGOSTO

(www.festivaldelcabaret.com) In estate, si ride grazie alle battute di comici esordienti e già affermati, nel corso di questa rassegna giunta nel 2021 alla venticinquesima edizione.

Pernottamento

Casa Nino B&B €€

(☎328 564 02 67; Vico I Votano; doppia €60; 📶) Sarà forse meno charmante di altre strutture, ma ai viaggiatori più incalliti importerà poco. Perché questa camera è a due passi dal centro e ha un prezzo ragionevole e tutte le comodità del caso, inclusa una cucina attrezzata. E poi c'è il signor Nino, con cui sarà sempre un piacere scambiare due chiacchiere.

La Neviera dell'Arco APPARTAMENTO €€

(☎333 230 32 27; Via Arco Raguso 29; appartamento €75; 📶) Non c'è l'aria condizionata, ma niente panico: la casa, anticamente un deposito di neve, è freschissima. Scommettiamo che

DA VEDERE

ITRIA E ODEGITRIA

Il nome della Valle d'Itria deriverebbe dal culto della Madonna Odegitria (dal greco bizantino Οδηγήτρια, Odegétria, colei che conduce), particolare iconografia cristiana che raffigura la Madonna con Gesù Bambino in braccio in atto benedicente. Il dipinto all'interno della cinquecentesca **Chiesa di Sant'Antonio dei Cappuccini** (Strada Cappuccini 33, Martina Franca) avalla questa tesi: si tratta infatti di un affresco della Madonna originariamente custodito all'interno della cripta di un precedente insediamento basiliano del XII secolo. L'opera fu poi spostata all'interno della nuova chiesa, mentre la cripta cadde in disuso per poi essere riscoperta solo nel 1998. La chiesa si trova sulla SS172, a metà strada fra Martina Franca e Locorotondo, e riveste un'importanza straordinaria per tutta la valle.

vi sentirete subito a casa: la struttura è arredata con gusto da una coppia con il pallino del viaggio.

Casa degli Uccellini BIOAGRITURISMO €€
(335 583 86 37; www.lacasadegliuccellini.it; Strada Lamia Nuova, Zona D; camere €90-160;) Non si tratta della solita operazione di facciata, ma di una sincera storia d'amore per la terra e il territorio. È Marilù a gestire questa masseria ecologica, con una grande cisterna adibita ancora oggi a raccogliere l'acqua piovana. Veniteci per riscoprire il vostro rapporto con la natura, magari gustando pane appena sfornato o partecipando a una delle tante attività quotidiane.

Il Carpino CASA VACANZA €€€
(080 440 21 61; www.casavacanzeilcarpino.it; Strada Ospedale 256; appartamenti a partire da €155;) Si lascia il centro e ci si ritrova in una campagna verdissima e profumata di fichi, salvia e rosmarino. In fondo, ci vogliono solo 10 minuti d'auto per raggiungere questa struttura composta da trulli splendidamente arredati e con una titolare, Magda, che vi sorprenderà per la sua gentilezza. E se una sera vorrete cimentarvi ai fornelli, c'è una cucina attrezzata in ogni appartamento.

Pasti

Martina Franca è un ottimo posto dove mangiare carne alla brace in osterie a conduzione familiare. Nel centro storico invece troverete ristoranti più raffinati. Qualunque sia la vostra scelta, ricordatevi di provare la specialità locale: il famoso capocollo (*chépecüedde* in dialetto).

Bar Adua BAR-PASTICCERIA €
(080 480 70 34; www.baradua.it; Via Paisiello 62; 5.45-13.30 e 15-20.30 mer-lun) Il motivo del contendere si chiama 'bocconotto', morbida frolla farcita con crema e amarena. Gli sfidanti sono questo bar e il Caffè Tripoli. Noi, seppur a malincuore, abbiamo fatto la nostra scelta.

Caffè Tripoli BAR-PASTICCERIA €
(080 480 52 60; Via Garibaldi 10; 7-24 dom-ven, 7-13 e 16-24 sab) Se non per il bocconotto (comunque buonissimo!) varrà la pena entrare in questo locale storico per un caffè al banco, una deliziosa granita con panna o magari per prendere l'aperitivo nel dehors.

Caseificio Gentile PANINERIA €
(348 658 41 64; Via Cavour 13; 9.30-23) Non fatevi ingannare dal nome: le persone che affollano i tavolini sotto i portici lo fanno principalmente per mangiare un panino farcito con qualche salume tipico. Tra questi, ovviamente, non manca il capocollo, magari accompagnato da stracciatella e pomodori secchi.

Macelleria Centro Storico BRACERIA €€
(080 483 88 64; macelleriacentrostorico.com; Via Garibaldi 4; pasti a partire da €20; 8.30-13.30 e 16.30-22.30 mar-sab, solo mattina lun) A giudicare dall'entrata, decisamente altisonante, sembra più una braceria che una macelleria (per la differenza, v. lettura p202); voi non fateci troppo caso e provate le carni eccellenti. Ci troverete anche ottimi spunti per i vostri souvenir gastronomici.

Al Sagittario RISTORANTE €€
(080 485 89 82; Via Quarto 15; pasti €35, menu fisso €30 min 2 persone; 12-15 e 20-23 mer-lun) L'ambiente non sarà di molte pretese, ma che importa davanti all'imponente sfilata di antipasti, tutti cucinati divinamente? Se non amate i convenevoli, buttatevi sulla grigliata mista con salsiccia, bombette e *gnummareddi*.

Coco Pazzo OSTERIA €€
(080 483 82 99; www.cocopazzo.it; Via Arco Mastrovito 18-19; pasti €35; 12-15 e 19-23, chiuso mar e gio a pranzo) Una volta vista la Lama si trova sempre una buona scusa per tornarci, specie se è per andare in questo ristorante verace, dove è un piacere, d'estate, mangiare seduti ai tavolini all'aperto. Da provare il medaglione di vitello cotto nel Primitivo.

Ristorante Torre di Angelucco RISTORANTE €€
(342 762 29 66; www.torrediangelucco.it; Via Mercadante 96; pasti €40; 12.30-15.30 e 19.30-23.30 mer-sab e lun, 12.30-15.30 dom) Angela, la chef alla guida del locale, sa rendere semplici le cose difficili, come lo sformatino di risotto e capocollo su vellutata di zucchine. Seduti ai tavoli di questo raffinato ristorante, conoscerete anche Alessandro, pronto a suggerirvi il miglior vino da abbinare al vostro pasto.

★ **Gaonas** RISTORANTE €€
(329 309 36 65; www.ristorantegaonas.it; Via Arco Valente 17; pasti €30-35, menu fisso €45-50; 12-15 e 19.30-23.30, chiuso gio tranne agosto;) Padre Bonaventura Gaona era un nobile di Martina Franca che condusse la sua vita all'insegna dell'umiltà; la stessa da cui nascono i piatti preparati con ingredienti semplici e genuini, cotti lentamente in un bagno di acqua calda

FORNELLI E BRACERIE

La differenza c'è, anche se non sempre si vede. Il **fornello** è una macelleria con forno a legna dove ci si può fermare a mangiare. Nasce dalla tradizione contadina, quando erano in pochi a possedere un forno e il pasto a base di carne era spesso un momento di ritrovo tra amici o familiari. La pratica è semplice: si va al bancone, si sceglie la carne e poi si aspetta – spesso in piedi – la cottura.

La **braceria** si avvicina maggiormente al concetto di ristorante, anche se, visto il boom di fornelli, ormai è difficile distinguere gli uni dagli altri. Costolette d'agnello, spiedini di salsiccia, *gnummareddi* (involtini a base di interiora) e bombette (sempre involtini ma fatti con il collo del maiale) sono alcune delle prelibatezze che potrete scegliere. Accompagnate il tutto con un generoso bicchiere di Negroamaro.

o in forno a vapore. Per chi non sa decidersi fra le specialità proposte c'è un menu degustazione, di terra o di mare, a prezzo fisso. Su richiesta anche piatti per celiaci e vegani.

Locali e vita notturna

Cibando BISTRÒ

(☎080 798 42 22; Piazza Roma 18; ⏲11.30-15 e 18.30-24) Per prendere un aperitivo nella bella piazza del Palazzo Ducale, magari prima di vedere Martina by night, o per un hamburger quando l'ora di cena è già passata da un pezzo, c'è sempre un buon motivo per sedersi a uno dei tavolini di questo affollato locale.

Birreria Fratelli di Pinta PUB

(☎327 538 99 70, 327 889 53 36; Vico Primo Lanucara; ⏲18-2 mar-dom) In cinque anni questo pub è diventato un punto di riferimento per i giovani di Martina e dintorni. In effetti vi si respira un clima allegro, a tratti goliardico, e spesso ci sono eventi di musica live che spaziano dallo swing al country. Le birre cambiano in continuazione: chiedete al bancone per le ultime novità.

Dreams COCKTAIL BAR

(☎324 783 74 72; Via Vittorio Emanuele 50; ⏲21-3 lun-ven, fino alle 4 sab e dom) A prescindere dai vostri piani per la serata, è molto probabile che prima o dopo finirete sotto i soffitti a volta di questo bar. Vuoi per la posizione, a due passi dalla basilica, vuoi per gli ottimi e scenografici cocktail e vuoi per l'atmosfera sempre vibrante.

Shopping

Martina è il posto giusto per fare acquisti, dal classico soprammobile ricordo a qualcosa di decisamente più gustoso, come il già citato capocollo, presidio Slow Food (www.presidiocapocollodimartinafranca.it). Il **mercato settimanale** del mercoledì mattina è il più grande della zona e si estende da Via Giulio Recupero a Piazza d'Angiò.

Caseificio La Valle GASTRONOMIA

(☎080 430 50 35; www.caseificiolavalle.it; Via Giacomo Puccini 3; ⏲8-21 lun-sab) Forme di caciocavallo che penzolano dal soffitto, ricotta freschissima confezionata al momento in appositi cestini, mozzarella e burrate. È da oltre 45 anni che questo caseificio crea col latte e ben pochi altri ingredienti delizie di ogni tipo. C'è solo da sperare che continui così.

Alfieri Maioliche ARTIGIANATO ARTISTICO

(☎080 321 08 13; Via Paisiello 311; ⏲9.30-13 e 16.30-20.30 lun-sab, orario prolungato in estate) In questo laboratorio artigianale di ceramiche troverete 'pumi' (v. lettura p203) di tutti i tipi e per tutti i gusti. Ma non finisce qui: da qualche tempo il negozio ha lanciato una linea di capi d'abbigliamento decorati a mano con motivi floreali.

★ Macelleria Romanelli ENOGASTRONOMIA, MACELLERIA

(☎080 480 53 85; www.macelleriaromanelli.it; Via Valle d'Itria 8; ⏲8.30-13 e 16.30-20 lun-sab, anche 8-12 dom agosto) La macelleria è membro dal 2007 dell'Associazione Produttori di Capocollo di Martina Franca, si tratta quindi di un ottimo posto per fare incetta del tanto decantato insaccato. Ma di salumi ne troverete a iosa, così come non mancheranno taralli e altri prodotti tipici pugliesi.

Informazioni

EMERGENZE

Guardia medica (☎080 480 50 92; Via Pitagora 11)

Polizia municipale (☎080 483 62 21; Piazza D'Angiò)

Pronto soccorso e ospedale (☎080 483 51 11; Via San Francesco da Paola 1) A volte rispondono dal centralino di un altro ospedale: gestiranno comunque la vostra chiamata.

INFORMAZIONI TURISTICHE

Nel locale **Infopoint** (☎080 411 65 54; Piazza XX Settembre 3; ⏲orario variabile) troverete personale simpatico e preparato. Si trova subito dietro Palazzo Ducale.

POSTA

Ufficio postale (☎080 480 28 49; Via Valle d'Itria 6; ⏲8.20-19.05 lun-ven, 8.20-12.35 sab)

Per/da Martina Franca

Per raggiungere Martina Franca prendete un treno o un autobus di **Ferrovie del Sud Est** (FSE; ☎800 079 090; www.fseonline.it) da Bari (treno €5,80, 2 h 30 min circa, cambio a Putignano; autobus €5,10, 2 h circa). Ci sono anche treni per Locorotondo (€1,10, 15 min) e Alberobello (€1,10, 20 min). Gli autobus gestiti da **Miccolis** (☎080 496 43 71; www.busmiccolis.it; €0,90) collegano la stazione ferroviaria di Ferrovie del Sud Est con il centro storico. L'autostazione si trova a sud-ovest del centro, ma talvolta i mezzi fermano anche in Viale Europa.

Locorotondo

POP. 13.944 / ALT. 410 M

A vederlo di sera, abbarbicato su un colle in piena Valle d'Itria, il centro di Locorotondo sembra lo scafo di una nave; solo che dal ponte di questa sorta di imbarcazione bianchissima si ergono, anziché gli alberi, edifici dalla forma stretta e slanciata, con caratteristici tetti a spiovente: si tratta delle 'cummerse', che forse saranno meno conosciute dei trulli ma suscitano uguale stupore. Le analogie con il mondo marino non finiscono qui, perché, una volta arrivati in centro, si scopre che è circumnavigato da una meravigliosa passeggiata, chiamata 'lungomare'. E pazienza se l'Adriatico dista parecchi chilometri: nei mesi autunnali, con la nebbia che sale dalla pianura, sembra davvero di ritrovarsi davanti a un mare schiumoso. Dietro di voi, invece, ci sarà il centro storico, che vi attende con balconi fioriti, ristorantini romantici e tanti scorci da fotografare. Se avete poco tempo da dedicare a questa parte di Puglia, accettate il consiglio: fermatevi a Locorotondo per fare il pieno di bellezza.

Che cosa vedere

Via Nardelli BELVEDERE

Una volta giunti nella centralissima Piazza Dante resistete alla tentazione di entrare subito nel borgo antico. Imboccate invece la via che scende leggermente verso il basso per poi girare verso sinistra. Vi troverete in uno dei belvedere più notevoli della Puglia, per il panorama davanti a voi e pure per le quinte alle vostre spalle, le caratteristiche cummerse. Se è l'ora del tramonto lo spettacolo del sole che infuoca volti e paesaggio prima di scomparire all'orizzonte è di quelli da ricordare. Da qui parte anche la **Scalinata dei Templari**: immersa nei vigneti, costeggia le scarpate che circondano il paese.

Palazzo Morelli PALAZZO

(Via Morelli 30; ⏲non visitabile) Rocco Morelli, sindaco di Locorotondo nel XVIII secolo, doveva essere rimasto molto colpito dal barocco della vicina Martina Franca, se volle abbellire la sua dimora con un portale d'ingresso nello stesso stile. Tra volute e foglie di acanto si notano, al centro, una maschera apotropaica e lo stemma della famiglia: un elefante che regge una torre.

Chiesa Madre LUOGO DI CULTO

(☎080 431 12 36; Piazza Fra Giuseppe Andrea Rodio 6; ⏲7-12 e 16-20) La principale chiesa del paese è dedicata a san Giorgio, raffigurato nel timpano della facciata neoclassica. La cupola centrale, alta 35 m, era originariamente ricoperta di tegole variopinte in terracotta. All'interno date un'occhiata al cappellone del Santissimo Sacramento, che ricostruisce alcuni episodi del Vecchio e Nuovo Testamento. Dietro all'altare spicca invece un quadro ottocentesco raffigurante nuovamente San Giorgio con spada sguainata a cavallo.

Madonna della Greca LUOGO DI CULTO

(Largo Madonna della Greca; ⏲7.30-12.30 e 16-20) È bizzarro come al centro della chiesa più antica di Locorotondo – realizzata nell'VIII secolo e poi ricostruita nel XV – ci sia un elemento tanto moderno. Stiamo parlando dell'arzigogolato rosone, inserito nel XX secolo sul modello della cattedrale di Acquaviva delle

> **I PUMI**
>
> Deriva dalla dea Pomona, protettrice dei frutti, il nome di questi boccioli in terracotta decorati da foglie d'acanto. Anticamente era consuetudine collocarli ai lati dei balconi e ancora oggi si regalano agli sposini per augurare prosperità e fecondità. Li vedrete un po' ovunque, nelle case e nei negozi, e in vari colori e dimensioni, e sono certamente un souvenir autenticamente pugliese, oltre che un raffinato oggetto d'arredo.

TRA CUMMERSE E TRULLI

Locorotondo è una sorta di sintesi architettonica della Valle d'Itria. Qui sono nate le 'cummerse', case in muratura bianca con i tetti spioventi, che evocano nell'aspetto le costruzioni del Nord Europa. Ma a Locorotondo c'è anche il trullo più antico della regione, risalente addirittura al 1509, che bisogna invece andare a cercare nella contrada Marziolla; purtroppo non visitabile, lo si può vedere solo da lontano. Va meglio con la **Chiesetta di San Nicola di Myra** (Via Dottor Giorgio Oliva 20; ⌚9-12 e 17-19). Stretta dagli edifici intorno, presenta sopra la modesta facciata il tetto spiovente a cummersa e, a copertura della cupola posteriore, un piccolo trullo; entrate ad ammirare gli affreschi che ne ornano la volta a botte.

Fonti. Per il resto, il tempio colpisce per la sua essenzialità, tanto all'esterno quanto all'interno, dove spiccano elementi scultorei del Rinascimento, tra cui la Vergine col Bambin Gesù nell'altare centrale.

Giardini della Masseria Ferragnano GIARDINI
(Via Cisternino 282; ⌚solo visite guidate da concordare preventivamente) Ciò che rende Locorotondo così pittoresca sono anche i suoi dintorni, dove vale la pena di addentrarsi per scoprire alcuni gioielli come i giardini in stile italiano di questa masseria, i cui viali sono abbelliti da colonne in pietra e un cedro monumentale di oltre 300 anni. Per visitarli, rivolgetevi all'Infopoint in paese (p206).

Feste ed eventi

Oltre agli eventi qui riportati, ad animare Locorotondo ci sono anche mostre, spettacoli e performance di artisti di strada nel periodo natalizio: rivolgetevi all'Infopoint per maggiori informazioni.

Festa di San Rocco 15-17 AGOSTO
Anche se il patrono del paese è san Giorgio, i festeggiamenti più sentiti sono quelli per il santo protettore dalla peste. Imponenti luminarie colorano l'atmosfera e, il 16 agosto sera, il cielo si accende con i fuochi d'artificio. Poi tutti a mangiare *gnummareddi* e agnellone al forno.

Viva! Festival AGOSTO
(www.vivafestival.it) La musica elettronica tra cummerse e masserie storiche? Perché no! Ogni anno viene stabilito un tema portante, attorno a cui ruotano DJ-set, concerti e dibattiti sulla musica contemporanea.

Balconi Fioriti ESTATE
I locorotondesi si danno un gran da fare per abbellire le loro case con fiori variopinti che, considerato il bianco degli edifici, risaltano ancora di più. Sono i visitatori a eleggere il vincitore tramite i social: chiedete all'infopoint (p206) maggiori informazioni.

Locus Festival ESTATE
(www.locusfestival.it, www.facebook.com/locusfestival) Vinicio Capossela, Franco Battiato, Omar Sosa sono tra gli artisti che si sono avvicendati in questo festival, nato nel 2005 e presto diventato un punto di riferimento delle estati pugliesi. Alcune performance live si tengono nei Giardini della Masseria Ferragnano; consultate il sito e la pagina Facebook per i dettagli sulla prossima edizione.

Pernottamento

Casa Nonna Lina APPARTAMENTO €€
(☎335 836 88 11; Via Giannone 33; appartamenti a partire €80; 📶❄) Se avete gambe buone per affrontare le ripide scale – in fondo, fanno parte dell'esperienza –, sarete ripagati dalla vista sulle cummerse e la Chiesa Madre di cui si gode dalla terrazza. Le camere, che seducono con il loro candore, hanno travi e pietre a vista.

Trulli Angela TRULLI €€
(☎333 369 97 93; www.trulliangela.it; SC25 Ritunno Piccolo 89; trulli €100 prima colazione esclusa; 📶🏊) Sulla strada per Martina Franca, in una stradina non molto facile da trovare, svettano i pinnacoli di questi trulli magistralmente ristrutturati da Leonardo, il papà della simpatica Rosanna, titolare della struttura. Dotati di tutte le comodità del caso, sono arredati con gusto e due hanno anche una piscina privata.

Sotto le Cummerse ALBERGO DIFFUSO €€€
(☎080 431 32 98; www.sottolecummerse.it; Via Vittorio Veneto 138; doppie/quadrupla €100-200/250; P❄📶🐾) Se dormire dentro un trullo vi sembra troppo scontato, provate questo albergo diffuso che dispone di bellissime cummerse disseminate nel centro storico, tutte con angolo cottura e macchinetta per il caffè. Si fa colazione in una sala comune, la Salottina, e da qualche tempo è stata anche

VALE IL VIAGGIO

LA CICLOVIA DELL'ACQUEDOTTO PUGLIESE

Una volta portato a termine, si potrà percorrere in sella a una bicicletta l'intero percorso del grandioso acquedotto pugliese, opera realizzata ai primi del Novecento per portare l'acqua dalle sorgenti irpine di Caposele (AV) fino a Santa Maria di Leuca (LE). In attesa che vengano sistemati tutti i 500 km è attivo il tratto tra Figazzano (a metà strada tra Cisternino e Locorotondo, la partenza è sulla strada comunale 35) e Ceglie Messapica. Pedalando in mezzo a meravigliosi scorci di macchia mediterranea alternati a campi coltivati, tra un pinnacolo e l'altro di trulli che spuntano all'orizzonte, passerete sopra alcuni ponti canali, sempre in sentieri protetti e separati (se non proprio lontani) dalla sede stradale. La **Cooperativa Serapia** (☎328 647 47 19, 366 599 95 14; www.cooperativaserapia.it) organizza escursioni su questo splendido percorso. Per ulteriori informazioni sul progetto potete consultare il sito www.aqp.bike.

creata una ciclofficina per gli amanti delle due ruote.

Masseria Grofoleo MASSERIA €€€
(☎370 342 85 47; www.masseriagrofoleo.it; Contrada Grofoleo 24; camere/trulli €330/360; ❄📶🏊) Sono in molti a fotografare da lontano questa meravigliosa masseria settecentesca, con i trulli da un lato e le cummerse dall'altro. Sono assai meno i fortunati che vi pernottano, ammaliati dai profumi delle campagne e coccolati da una pantagruelica colazione. Sullo sfondo della struttura spicca il lungomare di Locorotondo.

Pasti e locali

Controra PANINI €
(☎339 687 41 69; Via Nardelli 67; pasti €15; ⏲12-24 estate, consultate la pagina Facebook nel resto dell'anno) Ci piace pensare che i benefici della controra (il pisolino pomeridiano) siano proprio l'energia e la vitalità di cui questo locale è pieno zeppo, dai ragazzi che ci lavorano all'offerta culinaria, a base di semplici ma gustosi panini, friselle e taglieri di salumi. E siete sul Lungomare!

L'Arco dei Tipici GASTRONOMIA €
(☎393 902 68 15; www.larcodeitipici.it; Via Vittorio Veneto 126; pasti €20; ⏲10.30-21 mer-lun) Solitamente si entra attratti dagli scaffali ricolmi di cibarie locali e poi, in un batter d'occhio, si finisce per assaggiare di tutto seduti a uno dei tavolini all'aperto. Il Piatto dell'Arco è un generoso tagliere di salumi e formaggi: ve lo consigliamo in compagnia di un calice di Primitivo.

140 Gradi BRACERIA €€
(☎324 998 63 41; Corso XX Settembre 106; pasti €25; ⏲19-23.30 mar-ven, a pranzo sab e dom) Per mangiare la migliore carne alla griglia si lasciano le vie più turistiche e ci si accomoda in questo piccolo locale, molto conosciuto dalla gente del posto. Bombette, salsicce e bistecche vi attendono sfrigolanti.

★ **Bina** RISTORANTE €€
(☎080 43 11 78; www.binaristorante.it; Via Dottor Recchia 44/50; pasti €40; ⏲12.30-15 e 19.30-23 mar-sab, 12.30-15 dom, chiuso lun tranne lug-set) Si scende qualche scalino per raggiungere la sala e ci si ritrova fra il candore delle tovaglie e la pietra che abbraccia il ristorante. Per restare in ambito locale, provate la purea di fave di Locorotondo con cicorielle campestri.

Il Rosone OSTERIA €€
(☎080 431 14 33; www.osteriailrosone.it; Via Eroi di Dogali 6; pasti €40; ⏲12.30-15 e 19.30-23 merlun) Peppino e Margherita non hanno lasciato nulla al caso, dalle luminarie esterne agli arredi interni, colorati anch'essi ma senza eccessi. Nel loro bel locale potrete provare i *gnumeredde suffuchete*, involtini a base di trippa d'agnello dalla non facile preparazione. D'estate si può mangiare all'aperto, in un romantico vicoletto.

Terrazzamenti Valle d'Itria APERITIVO
(www.terrazzamentivalleditria.com; Via Nardelli; ⏲aperitivo a partire dalle 18 gio-dom estate, consultate la pagina Instagram per le aperture speciali) È un'idea nata da poco, ma già diventata un must del preserata a Locorotondo. Stiamo parlando dell'aperitivo nei vigneti organizzato da questa cantina subito sotto il Lungomare. Prenotate un tavolo dal sito o tramite l'app.

Pub & Sud – Malteria PUB
(☎335 586 15 64; www.osteriailrosone.it; Via C. Battisti 9/11; ⏲17-3 mer-lun) A volte il troppo stroppia; ecco perché è una buona idea lasciare i localini romantici del centro per gustarsi una

buona birra con il giusto sottofondo di musica rock. Ci sono anche taglieri e hamburger.

Shopping

La Bottega di Alfredo ENOTECA
(☎ 080 431 17 82; Via Eroi di Dogali 12; ⊙ 10-20.30) Ci sono i migliori vini della zona, la pasta artigianale e altre piccole prelibatezze, come caciottini e pâté. E poi c'è la gentilezza di Alfredo, pronto ad aiutare e suggerire senza mai insistere.

Il Tempo Ritrovato ARTIGIANATO
(☎ 080 431 31 01; www.il-tempo-ritrovato.net; Piazza Vittorio Emanuele 20; ⊙ 10-13 e 16-24) La signora Nunzia ha rispolverato tecniche di lavorazione all'uncinetto di origini antichissime, come il punto margherita, per applicarle su corredi che profumano di un tempo che fu.

Informazioni

All'**Infopoint** (☎ 080 431 27 88; Via Morelli 23; ⊙ 10.30-13.30 lun-gio, 9-22 sab e dom inverno; 9-23 tutti i giorni estate) troverete personale qualificato.

Per/da Locorotondo

Locorotondo è raggiungibile da Bari (€5,80, 2 h) con treni e autobus sostitutivi di **Ferrovie del Sud Est** (FSE; ☎ 800 079 090; www.fseonline.it) con cambio a Putignano. Il paese si trova lungo la SS172 che collega Alberobello con Martina Franca. Per chi proviene dalla costa c'è la SS172 dir.

Alberobello

POP. 10.280 / ALT. 428 M

Il borgo di Alberobello non può certo vantare una storia millenaria, se è vero che l'area fu abitata solo a partire dal XVI secolo da un manipolo di contadini della vicina Noci, su iniziativa del conte di Conversano Andrea Matteo III di Acquaviva. Tuttavia, un'ardita trovata architettonica (v. lettura p209) lo ha trasformato per sempre in un luogo unico. Oggi i trulli non sono più un'esclusiva di questo paese – anzi, la loro popolarità ha fatto sì che diventassero uno dei simboli dell'intera regione –, ma è solo andando nel luogo dove tutto ebbe inizio che si coglie fino in fondo la loro bellezza. La si apprezza, per esempio, dalla Balconata Santa Lucia. Arrivateci con calcolata lentezza e poi spalancate gli occhi: sul colle davanti a voi vedrete innumerevoli casette coniche bianche, con le chiancarelle grigie decorate da disegni semplici e graziosi. Di sera, poi, ogni trullo si accende, restituendo alla vista del visitatore il presepe più pittoresco di sempre.

Che cosa vedere

★ **Belvedere Santa Lucia** PUNTO PANORAMICO
(Via Contessa, nei pressi della Chiesa di Santa Lucia) Raggiungete la centrale piazza Giangirolamo, andate sul lato meridionale e superate la facciata della Chiesa di Santa Lucia. Non sarà difficile trovare lo splendido belvedere, affollato com'è di turisti e coppiette alla ricerca del selfie perfetto. Gli oltre 1000 trulli sparsi sulla collina sono quelli del **Rione Monti**, un tempo la zona più popolare del paese, ora quasi esclusivamente votata al turismo. Scendete le scale, arrivate in Largo Martellotta e poi iniziate la risalita del colle: tra fiumane di gente e bancarelle ricolme di souvenir, saprete scovare alcune chicche, come un trullo costituito da due cupole affiancate e per questo chiamato 'siamese'.

Chiesa di Sant'Antonio LUOGO DI CULTO
(☎ 080 432 44 16; www.santantonioalberobello.it; Piazza Antonio Lippolis Canonico 16; ⊙ 7.30-23) Salendo in cima al Rione Monti troverete questa chiesa realizzata all'inizio del Novecento in tempo record, anche grazie alle donazioni dei pugliesi emigrati in America. Ciò che la rende meritevole di attenzione (e assai fotografata!) è la cupola e i campanili laterali a forma di trullo.

Rione Aia Piccola QUARTIERE
Fuggendo 'dalla pazza folla' si trova rifugio nel quartiere di fronte al Rione Monti, dove i circa 400 trulli sono per lo più abitati da gente del posto e per le strade si respira una pace surreale. Addentratevi per le viuzze rispettando la quiete: sarete ricompensati da scorci pittoreschi e, soprattutto, autentici. Il nome del rione pare derivi dall'antica usanza di battere il grano nella piazza principale.

Museo del Territorio MUSEO
(☎ 380 411 12 73; Piazza XXVII Maggio; interi/under 10 €4/gratuito; ⊙ 10-20 metà lug-metà set, telefonate per gli orari invernali) La storia dei trulli è affascinante almeno tanto quanto la loro forma. Venitela a sentire in questo museo, allestito all'interno della Casa Pezzolla, il più grande complesso di trulli contigui (se ne contano 15). Scoprirete anche l'antica arte dei mastri trullari, attivi ancora oggi nel restauro dei trulli (per legge non se ne possono costruire di nuovi).

Alberobello

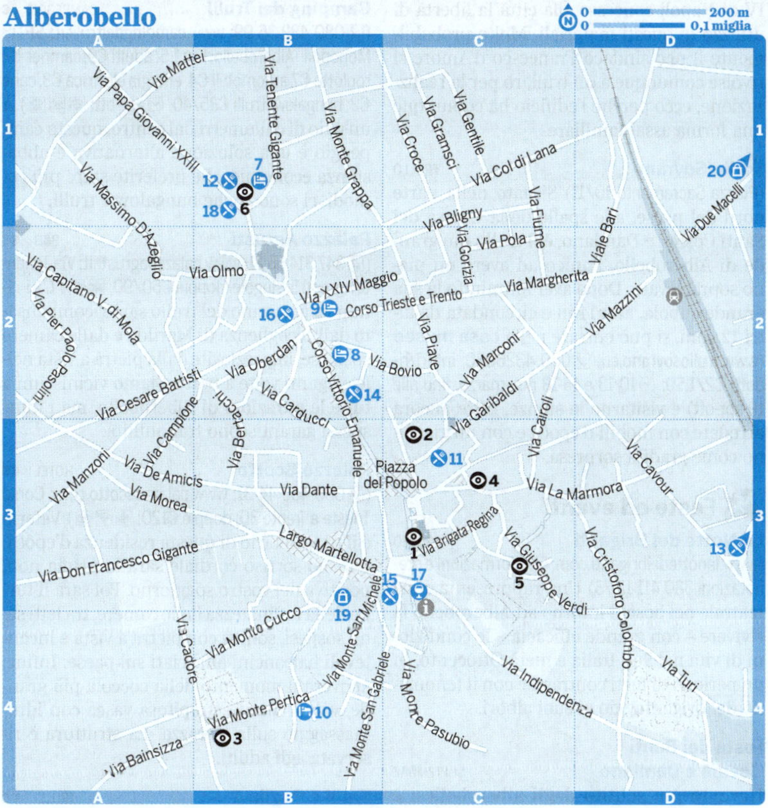

Alberobello

Da non perdere

1 Belvedere Santa Lucia C3

Che cosa vedere

2 Casa d'Amore C3
3 Chiesa di Sant'Antonio B4
4 Museo del Territorio C3
5 Rione Aia Piccola C3
6 Trullo Sovrano B1

Pernottamento

7 Charming Trulli B1
8 Palazzo Agrusti B2
9 Palazzo Scotto B2
10 Trulli e Puglia B4

Pasti e locali

11 Amatulli C3
12 Evo B1
13 Gli Ulivi .... fuori cartina D3
14 La Cantina B2
15 La Lira C3
16 Mille Voglie B2
17 Paco Wines C3
18 Terra Madre B1

Shopping

19 Gift Idea B3
20 Salamida .... fuori cartina D1

Casa d'Amore EDIFICIO STORICO

(Piazza Ferdinando IV; ⏲ solo in occasione di mostre) All'interno della secolare 'guerra' edilizia (v. lettura p209) tra Alberobello e potere regio, questo palazzo segna un momento storico: fu infatti la prima costruzione realizzata a cotto, vale a dire con l'uso di malta e calce. Fu costruita nel 1797, dopo che il re Ferdinando

IV di Napoli concesse alla città la libertà di utilizzo di questi materiali. Molto probabilmente il neo sindaco Francesco d'Amore si rivolse comunque a un trullaro per la realizzazione, ecco perché l'edificio ha comunque una forma assai familiare.

Trullo Sovrano TRULLO
(Piazza Sacramento 10/11) Situato nella parte nord del paese, alle spalle della Chiesa dei Santi Cosma e Damiano, è il trullo più grande di Alberobello, l'unico ad avere un piano sopraelevato. Dopo aver ammirato la sua grande cupola, alta 14 m e circondata da altri 12 coni, si può entrare nella **casa museo** (www.trullosovrano.eu; ☎ 080 4326030; interi/ridotti €2/1,50; ⌚ 10-13 e 15-18 nov-marzo, fino alle 19 apr-ott) e visitarne le stanze, tutte ancora arredate con mobili d'epoca e con un giardino come gradita sorpresa.

Feste ed eventi

La Notte dei Briganti AGOSTO
(www.lanottedeibriganti.com; ☎ informazioni e prenotazioni 380 411 12 73) Una rappresentazione teatrale nei boschi intorno ad Alberobello fa rivivere – con grande efficacia – le condizioni di vita nel Sud Italia a metà Ottocento, in un periodo di forti contrasti e con il fenomeno del brigantaggio ai suoi albori.

Festa dei Santi Cosma e Damiano SETTEMBRE
L'evento più sentito dagli alberobellesi è senz'altro la festa patronale, in cui si scaldano le braci dei tradizionali fornelli, i cieli si accendono con i fuochi d'artificio e l'intera città è bardata a festa.

Lights of Christmas PERIODO NATALIZIO
I trulli del Rione Monti vengono addobbati con luci colorate e sulle chiancarelle si proiettano motivi natalizi e cristalli di neve. Ci sono anche mercatini per tutti i gusti in un'atmosfera forse un po' artefatta ma comunque magica.

Pernottamento

Pernottare nei trulli in centro storico è un'esperienza unica, anche se alcune sistemazioni sono un po' buie e per chi ha l'auto il parcheggio può essere un problema. Verso Fasano, nell'incantevole Valle del Canale di Pirro, ci sono sistemazioni tra le più belle dell'intera zona.

Camping dei Trulli CAMPEGGIO €
(☎ 080 432 36 99; www.campingdeitrulli.it; SP113 Monopoli–Alberobello, Km 1,5; adulti €9, camper €7, roulotte €7, automobili €4, energia elettrica €3, cane €2; bungalow/trulli €35/40; ⌚ apr-ott;) A un paio di chilometri dal centro, questo campeggio è una soluzione alternativa e abbastanza economica. Se preferite stare più comodi, ci sono anche bungalow e trulli.

Palazzo Agrusti B&B €€
(☎ 347 314 56 21; www.palazzoagrusti.it; Via Tenente Agrusti 5; singole/doppie €60/90;) Chi rinuncia al fascino del trullo sarà ricompensato dall'accoglienza di Marilda e dalle camere spaziose, impreziosite dalla pietra a vista nelle eleganti volte a botte. Siamo vicinissimi a tutte le attrazioni di Alberobello, ma i muri spessi garantiscono tranquillità.

Palazzo Scotto HOTEL €€
(☎ 080 432 44 31; www.palazzoscotto.com; Corso Trieste e Trento 30; doppie €120;) Valerio è il proprietario di questa residenza d'epoca, e il suo sorriso cordiale sarà la prima nota positiva del vostro soggiorno. Poi sarà il turno della raffinatezza delle camere, tra letti semi sospesi, soffitti con pietra a vista e incantevoli balconcini affacciati sul paese. Infine, arriverà il momento della coccola più grande, vale a dire la strepitosa vasca con idromassaggio sulla terrazza. La struttura è riservata agli adulti.

Trulli e Puglia TRULLI €€
(☎ 347 553 85 39; www.trulliepuglia.com; Piazza D'Annunzio 2; a partire da €60 per notte;) Classico, Superior e Suite: ci sono trulli per tutti i gusti e tasche, ma, ovunque andrete, state certi che pernotterete in ambienti accoglienti e arredati con gusto. Si trova nel Rione Monti e la prima colazione è inclusa nel prezzo.

Charming Trulli TRULLI €€
(☎ 080 432 38 29; www.charmingtrulli.com; Piazza Sacramento 8; singole/doppie €100/120;) Oltre ai tanti trulli disseminati in paese, questa struttura offre due sistemazioni nella campagna subito fuori. Il personale organizza anche escursioni e degustazioni di vino: chiedete informazioni al momento dell'arrivo.

Masseria Rosa RESORT €€
(☎ 080 207 50 55; www.masseriarosa.com; SS172, Km 37+500; doppie/doppie superior €90/160;) Circa 3 km a sud-est del centro, sulla SS172 verso Locorotondo, questa struttura propone pernottamenti in trulli (quello chiamato Romantico sembra fatto apposta per le

ABUSO EDILIZIO O TROVATA GENIALE?

Un editto del Regno di Napoli promulgato nel XV secolo, la *Pragmatica de Baronibus*, prevedeva un tributo per ogni nuovo edificio costruito. Per sfuggire a questi esosi gabelli, i conti Acquaviva di Conversano ebbero un'idea: alla gente delle loro terre fu concessa la possibilità di costruire dei rifugi, a condizione che questi fossero edificati a secco e quindi facilmente smontabili in caso di ispezioni da parte degli inviati del re. Obbedienti alla disposizione, i contadini trovarono pertanto in una casupola a forma rotonda con tetto a cupola autoportante la soluzione più vantaggiosa. L'editto rimase in vigore fino al 1797, quando il re Ferdinando IV di Borbone accolse un'istanza di un comitato locale ed elevò Alberobello al rango di città regia, liberandola dalla servitù feudale. Per celebrare l'evento venne costruita la Casa d'Amore, primo edificio in malta e calce della città (p207). Con il passare dei secoli le tecniche di costruzione si perfezionarono, come si può intuire osservando i vari pinnacoli, ossia i tratti terminali dei trulli, vere e proprie firme dei mastri trullari. La classica forma tondeggiante, la cocla (tratto terminale del pinnacolo) assunse via via varie fogge, tra cui quella della croce cristiana. Stesso discorso per i dipinti sulle chiancarelle, dove inizialmente si raffiguravano il simbolo di Mercurio o quello di Giove per poi passare al cuore trafitto di Maria o alla croce con due puntini (che forse rappresentano il sole come origine della vita).

coppie) e dimore in pietra tradizionali ricche di charme. Si fa colazione in una splendida veranda circondata da ulivi e ci si attarda a oziare in una grande e bella piscina comune con idromassaggio.

★ **Masseria Mazzalorsa** MASSERIA, TRULLI €€
(☎ 338 474 90 91, 080 432 21 09; www.bebmasseriamazzalorsa.it; Contrada Iorello 1, Canale di Pirro; appartamenti €100; ❄ 📶) Cecilia è pronta ad accoglierVi in uno degli angoli più incantevoli del Canale di Pirro, una dolina lunga 1200 m, dove potrete passeggiare tra lecci, balle di fieno e muretti a secco, dormire in una cummersa e fare colazione in un trullo. Nel giardino subito fuori, sarete cullati dal suono delle frasche smosse dal vento. Che cosa volete di più?

Pasti e locali

La Lira FOCACCERIA €
(☎ 349 472 68 12; Largo Martellotta 67; ⏲ 9-21 mar-dom, chiuso 14.30-17 in bassa stagione) Nel punto nevralgico del viavai fra il Rione Monti e il Rione Aia, questa piccola focacceria è il posto giusto per uno spuntino veloce durante il vostro girovagare. Se siete a corto di energie, la puccia con il capocollo è il giusto rimedio.

Mille Voglie GELATERIA €
(☎ 080 432 10 39; Piazza Curri 31; ⏲ 8-13 e 16-21) Sono stati gli abitanti del posto a consigliarci questa gelateria, presente in paese dal 1951. Dopo aver preso un cono al gusto fichi e noci abbiamo capito perché.

Terra Madre RISTORANTE €€
(☎ 080 432 38 29; www.trattoriaterramadre.it; Piazza Sacramento 17; pasti a partire da €25; ⏲ 13-14.45 e 19.15-21.45 mar-dom; 🌱) Il posto giusto per chi inizia a sentire la mancanza delle verdure dopo tanta carne, con un meraviglioso orto biologico proprio alle spalle. E se comunque non riuscirete a resistere alla brascioletta al sugo con polpette di pane, non preoccupatevi: è successo anche a noi.

La Cantina RISTORANTE €€
(☎ 080 432 34 73; www.ilristorantelacantina.it; Vico Lippolis; pasti €40; ⏲ 12.30-15 e 20-23.30 mar-lun) La conduzione genuinamente familiare, la cucina a vista e la cortesia del personale di sala, ci sono tanti motivi per andare in questo ristorante che offre tutti i piatti forti della cucina pugliese. Prenotate per tempo.

Amatulli RISTORANTE €€
(☎ 080 432 29 79; Via Garibaldi 13; pasti €30, menu fisso €20; ⏲ 12-14.45 e 20-22.30 mar-dom) Vietato parlare di modernità in questo ristorante che emana invece tradizione in tutto e per tutto, dai muri tappezzati con fotografie al menu fisso, semplice ma molto apprezzato. Da provare, se disponibili, i cappellacci con burrata.

Gli Ulivi RISTORANTE €€/€€€
(☎ 080 432 37 96; Contrada Popoleto 15; pasti €30, menu degustazione €30-50; ⏲ 12.30-15 e 20-23.30 gio-mar) L'ampia offerta del menu include il meglio dei grandi classici, come le orecchiette al sugo di braciola o le tagliatelle con il ragù di funghi. Ma la vera specialità sono gli antipasti: prendetene uno misto per ritrovarvi il

tavolo affollato di delizie di mare e terra, tra cui spiccano polpette di pane al sugo e burrata. Se siete fortunati, sarete serviti da Carmelo, cameriere dal cuore gentile.

Evo RISTORANTE €€€
(☎320 848 12 30; www.evoristorante.com; Via Giovanni XXIII 1; pasti €25-50, menu degustazione €30-50; ⏲19-21 lun-ven, 12-13.30 gio-mar, dom solo a pranzo) La popolarità di questo locale, già conosciuto e apprezzato da tempo, è esplosa dopo la sua partecipazione a un famoso contest televisivo. Gianvito, lo chef al timone, saprà guidarvi al meglio nel percorso degustativo prescelto, fermandosi poi a raccogliere le vostre impressioni.

Paco Wines ENOTECA
(www.pacowines.it; ☎080 849 64 79; Via Monte Nero 2; ⏲11.30-14.30 e 18.30-21.30) Francesco, il simpatico gestore, è solito ripetere agli avventori che "ha smesso di bere tanto, ora beve bene". Difficile dargli torto, a giudicare dalla qualità delle etichette presenti, tra cui spiccano alcuni vini autoctoni.

Shopping

Il Rione Monti è una sorta di bazar all'ombra dei trulli. Non importa la qualità o la provenienza: siamo certi che vi sarà comunque difficile resistere alla tentazione di acquistare il vostro piccolo souvenir di Alberobello.

Salamida OLEIFICIO
(☎080 432 33 32; www.oliointini.it; Contrada Popoleto 7; ⏲visite guidate e degustazioni su prenotazione 8-13 e pomeriggio previa chiamata) Più che di shopping si tratta di una vera e propria esperienza, in cui si viene presi per mano e messi a parte dei segreti della millenaria produzione dell'olio d'oliva. Al termine della visita guidata del frantoio, è possibile acquistare le bottiglie e farsele recapitare direttamente a casa.

Gift Idea ENOGASTRONOMIA
(☎328 196 53 82; www.giftideapuglia.com; Via Monte Sabotino 10/1; ⏲9.30-19) Non fatevi ingannare dal nome, questa bottega è una vera e propria fucina di delizie pugliesi, come vincotto, taralli e friselle. E poi c'è Cosimo, per cui vale la pena attardarsi mentre racconta con passione sincera le caratteristiche dei vari prodotti.

Informazioni

EMERGENZE

Gli ospedali più vicini sono quelli di Martina Franca e di Putignano.

Farmacia (☎080 432 10 19; Piazza del Popolo 7; ⏲8.30-20 lun-ven, se è di turno anche sab e dom)

Polizia municipale (☎080 432 53 40; Piazza del Popolo 32)

INFORMAZIONI TURISTICHE

Pro Loco (cartina p207, C3; ☎080 432 28 22; Via Monte Nero 1; ⏲10-18)

POSTA

Ufficio postale (☎080 432 03 49; Corso Trieste e Trento 112; ⏲8.20-13.35 lun-ven, 8.20-12.35 sab)

Per/da Alberobello

Alberobello è raggiungibile da Bari (€510, 2 h, cambio a Putignano, spesso la prima tratta è effettuata tramite bus) e da Martina Franca (€1,10, 20 min) con i mezzi di **Ferrovie del Sud Est** (www.fseonline.it). I treni effettuano servizio dal lunedì al sabato, mentre la domenica è attivo un servizio di autobus sostitutivi. Se viaggiate la domenica, dovrete acquistare il biglietto per l'autobus il giorno prima presso la biglietteria della **stazione ferroviaria** (cartina p207, D2; ⏲7-13.30 lun-sab). Chi viaggia in automobile troverà numerosi parcheggi a pagamento, ma gli basterà allontanarsi leggermente dal centro per trovarne anche di gratuiti. Mettete in conto di camminare almeno 10 minuti di più. Alberobello si trova infine sulla SS172, a metà strada tra Putignano e Locorotondo.

Noci

POP. 18.415 / ALT. 420 M

In piena Valle d'Itria, ma lontana dai clamori e dalla confusione, e con un centro storico raccolto e piacevole da visitare, la cittadina di Noci è una gradita sorpresa per chi vuole concedersi un po' di tranquillità, senza rinunciare ai punti cardine, ovvero il buon cibo e le tradizioni locali. Centro le cui origini sono documentate intorno al XII secolo, è celebre per una peculiare caratteristica architettonica: le **gnostre** (il cui etimo è lo stesso di chiostro, dal latino *claustrum*, 'serratura'), ossia cortili con tre lati chiusi e uno sporgente sulla via; originariamente si trattava di vicoli aperti, poi delimitati man mano dalle nuove case costruite successivamente. Addentrarsi in queste intime piazzette vuol dire sperimentare una particolare convivenza tra pubblico e privato: nel vostro girovagare vi troverete davanti a lenzuola stese ad asciugare, signore che impastano la farina sull'uscio di casa e bambini che giocano ad acchiapparella. Solitamente, l'autunno era animato da una rassegna chiamata **Bacco nelle Gnostre**, con vino novello e caldarroste a scaldare l'atmosfera; purtroppo l'evento non si è tenuto nel 2020 e 2021. L'estate è invece il momento della rassegna letteraria **Chiostri, Inchiostri e Claustri** (www.inchiostrinoci.it), occasione in cui il paese diventa teatro di letture pubbliche, mostre e dialoghi.

Che cosa vedere

La parte antica si sviluppa intorno alla **Chiesa Madre** (Piazza Plebiscito), chiamata anche di Santa Maria de Nucibus. Si narra che l'edificio sia stato eretto nel 1316 per volere di Filippo I d'Angiò, che, sorpreso da un temporale mentre si trovava a caccia nei boschi e costretto a rifugiarsi sotto un albero di noci, fece voto che, se fosse sopravvissuto, avrebbe fondato una chiesa in onore della Madonna. Dopo aver ammirato l'interno, con la *Madonna di Loreto* attribuita a Stefano da Putignano, lasciatevi ispirare dagli scorci più suggestivi del paese.

Pernottamento

Le strutture ricettive nel centro scarseggiano: un motivo in più per andare in cerca di una delle tante masserie di cui è costellato il territorio comunale.

La Grave B&B €€
(☎349 458 20 41; www.la-grave.it; Zona G, SP Noci–Alberobello 23; singole/doppie/quadruple €50/75/130; ❄📶) Pazienza se non ci sono i trulli, questo solido complesso rurale di inizio Novecento, gestito da Antonella e Simone, è immerso nel verde dei fragni che circondano Noci. Le camere sono impeccabili, la colazione è una meravigliosa coccola con cui iniziare la giornata e la tenuta agricola ospita anche dei cavalli.

Dimora Intini HOTEL €€
(☎080 497 89 30; www.dimoraintini.com; Via Porta Barsento 2; doppie a partire da €90; ❄📶) Le camere al primo piano sono impreziosite da affreschi d'epoca, ma in questo palazzo ottocentesco in pieno centro a Noci l'eleganza è comune a tutti gli ambienti. Anche la cortesia e professionalità sono degne di un quattro stelle.

Agli Antichi Trulli MASSERIA €€
(☎080 497 26 30; www.aglianitchitrulli.it; SP239 Noci–Alberobello; doppie a partire da €80) Il turismo di massa porta spesso a snaturare l'anima dei luoghi. Per fortuna ci sono le eccezioni, come questa masseria a metà strada tra Noci e Alberobello, dove la signora Mariella vi vizierà con le sue torte, mozzarelle e primosale, tutto rigorosamente a km0. Ci sono a disposizione tre trulli di varie dimensioni, e gli animali della fattoria faranno impazzire i più piccoli.

Abate Masseria MASSERIA €€
(☎080 497 82 88; www.abatemasseria.it; Zona F 83/C SP Noci–Massafra, Km 0+300; doppie €90-180; ⏲1° apr-31 ott; P❄📶🏊) Più che una masseria è un resort di gran classe, come già anticipato dall'ampia e bella piscina a disposizione degli ospiti. Si dorme in appartamenti con travi in legno a vista ricavati dalle ex mangiatoie o nell'immancabile trullo.

I MURETTI A SECCO

Una volta tornati a casa, ripensando ai vostri piacevoli spostamenti lungo la Valle d'Itria sarà una delle immagini che più vi tornerà alla mente. Parliamo dei muretti a secco che, insieme agli ulivi, sono così tipici di questo paesaggio (e, a pensarci bene, di tanti altri lungo lo Stivale). Si tratta di un'arte millenaria, riconosciuta nel 2019 Patrimonio Mondiale dall'UNESCO per la 'relazione armoniosa fra l'uomo e la natura'. Sottoscriviamo in pieno.

Pasti

★ **Il Panino di Marino** PANINI €
(☎080 403 0505, 320 257 11 70; Via Cavour 86; pasti €3-10; ⏲19.30-1 mar-dom) Marino è una di quelle persone talmente innamorate del proprio mestiere che è un piacere ascoltarlo mentre racconta dei gusti della sua terra. Lasciate che sia lui a preparare il vostro panino secondo il suo estro: vi ritroverete in mano un capolavoro del gusto.

Montegrappa OSTERIA €€
(☎080 497 84 91; Via Monte Grappa 14; pasti €30; ⏲12-15 e 20-24 gio-mar) Nei pressi di una piazzetta un po' nascosta, ecco un'osteria che meriterebbe forse maggiore risonanza. O forse è meglio così; d'altronde l'atmosfera è intima (prenotate), ma i piatti, tutti della tradizione, sono cucinati alla perfezione.

Masseria Vecchia Mastro Marco AGRITURISMO €€
(☎366 504 65 66; www.masseriamastromarco.it; SP per Castellaneta, Km 8, Zona D/188, Via Zona A 30; menu €25 bevande escluse; ⏲20-22.30 ven e sab, 12.30-14 dom, telefonate negli altri giorni; 🖉) Passando da queste parti nel fine settimana, po-

CHIESE E ABBAZIE NEI DINTORNI DI NOCI

Merita una visita la piccola **Chiesa di Santa Maria di Barsento** (a circa 6 km da Noci, sulla Strada Vicinale Barsento), edificata tra l'XI e il XII secolo. Il toponimo Barsento, forse di derivazione messapica, significa 'che è alto'. Spesso la chiesa non è accessibile al pubblico, ma per accedervi basta chiedere le chiavi ai proprietari della masseria adiacente, confidando nella loro gentilezza. Una volta entrati dirigetevi verso l'altare maggiore e infilatevi nella minuscola abside: potrete ammirare i resti di un affresco bizantino, che rappresenta il Redentore fiancheggiato dal sole e dalla luna e circondato dal cielo stellato. L'esterno della chiesa è immerso nella campagna; dal 1986, i 1100 ettari di terreno che circondano l'edificio sono un'oasi protetta.

L'**Abbazia Madonna della Scala** (080 497 58 38; www.abbazialascala.it; Zona B/58), sorge su un colle solitario nella campagna, ed è circondata da un bel parco. I monaci benedettini che vi risiedono hanno dato vita a una comunità religiosa particolarmente vivace; si tratta di un buon posto dove recarsi anche solo per meditare in silenzio.

trete celebrare degnamente l'antico rito del pranzo domenicale. I piatti sono preparati secondo le stagioni, con un'attenzione particolare verso i vegetariani. Dopo pranzo, andate a vedere l'annessa chiesetta di San Nicola.

L'Antica Locanda RISTORANTE €€
(080 497 24 60; www.pasqualefatalino.it; Via Spirito Santo 49; pasti €30-35; 13-14.45 e 20-22.45 lun-sab, 13-14.45 dom) Lo chef Pasquale Fatalino vi accoglie in questa locanda tradizionale, fra piatti in terracotta e insegne di legno. Sono molto buone le carni, specie l'agnello, tutte cotte nella *pignata* insieme alle erbe aromatiche.

Fè Ristorante RISTORANTE €€€
(080 321 59 63; www.feristorante.it; Via Giulio Pastore 2; pasti €80, menu degustazione €68-80; 20-22.30 mer-sab e lun, anche 12.30-14.30 sab e dom) È tutto un'opera d'arte in questo intimo ristorante gourmet, dalla location – un complesso di trulli – al menu di Francesco Laera. Affidatevi a uno dei suoi percorsi degustativi che, ancor prima della pancia, riempiono gli occhi.

Shopping

★ **Recchia** CALZATURE
(349 785 76 11; Via Porta Barsento 7; 8.30-13 e 15-20 lun-sab) In questo laboratorio si realizzano calzature maschili a mano fin dal 1865 (siamo alla quarta generazione). Veniteci anche solo per sentire l'acre odore del cuoio e restare incantati a guardare i macchinari che da oltre cent'anni svolgono egregiamente il loro lavoro.

Informazioni

EMERGENZE

Poliambulatorio (080 405 07 52; Via Repubblica 2)

Polizia municipale (080 497 70 14; Largo Fiera 2C)

INFORMAZIONI TURISTICHE

L'**Infopoint** ha recentemente cambiato location (080 416 45 31; Piazza Plebiscito 42; orario variabile)

Per/da Noci

Noci è raggiungibile in automobile da Bari tramite la SS100 (55 km circa). I collegamenti pubblici sono gestiti da **Ferrovie del Sud Est** (FSE; www.fseonline.it; treno e bus con cambio a Putignano €4,30, 1 h 30 min circa).

Putignano

POP. 25.924 / ALT. 372 M

Ci sono varie teorie circa l'origine del nome del borgo; quella più simpatica è che derivi da Puteus Insanus ('pozzo che rende folli'), per via dell'antica usanza di depositare il mosto del vino nelle cisterne. Di certo la contaminazione, a Putignano, è palpabile e meritevole d'interesse. Perché se è vero che i principali borghi della Valle d'Itria in senso stretto, quali Alberobello o Locorotondo, sono molto vicini, qui si sente ancora l'influenza dell'altrettanto prossima Terra di Bari. Il risultato è una delicata commistione tra i due mondi, con i muri delle case di un color ocra più caldo rispetto al bianco che vedrete più a sud. Tuttavia, nelle campagne circostanti, avvisterete comunque i pinnacoli dei trulli, per poi scoprire che nel sottosuolo si celano altrettante meraviglie. Intorno a Putignano, infatti, ci sono varie cavità carsiche, tra cui spiccano le Grotte di Castellana (v. lettura p213), uno dei siti speleologici più belli d'Italia.

Che cosa vedere

Porta Barsento PORTA

(Via Estramurale a Mezzogiorno 2) La storia di Putignano è strettamente legata a quella dei Cavalieri di Malta, che qui instaurarono un baliaggio sotto il loro controllo. E fu proprio il balì – massima autorità spirituale e temporale – Carafa, nel XV secolo, a volere questa imponente porta, che ha la sommità sovrastata dalla croce di Malta.

Piazza Plebiscito PIAZZA

Il centro della vita del paese è questa piazza rettangolare dove la gente del posto si ritrova a chiacchierare, specie la sera. I più giovani spesso si siedono sulla scalinata della **Chiesa Madre**, anche conosciuta come Chiesa di San Pietro Apostolo. Secondo la tradizione, sarebbe infatti stato Pietro a evangelizzare Putignano durante il suo viaggio verso Roma. La facciata è in stile romanico, mentre il campanile, collegato all'adiacente Palazzo del Balì, fu realizzato solo nel Settecento. Osservate sul portale lo stemma pontificio, a testimonianza del lungo periodo in cui Putignano fu *ecclesia nullis*, cioè non soggetta ad alcuna diocesi, ma solo all'autorità pontificia. All'interno c'è un prezioso presepe di Stefano da Putignano del 1503, oltre che un crocifisso ligneo del XIII secolo. Il palazzo a fianco ospita il **Museo Civico** (☎080 405 61 11; Piazza Plebiscito 16; interi/ridotti € 4/3; ⏲10-12 lun-ven), dove si può ripercorrere la vita di un altro illustre inquilino, il principe di Putignano Guglielmo Romanazzi Carducci. Tra saloni di un'eleganza regale (qui soggiornò anche il principe Umberto II di Savoia) e la sorprendente Stanza di Pinocchio, camera privata del principe, quello che forse più colpisce è lo splendido giardino pensile, con alcuni alberi secolari. Di fronte al museo c'è infine il **Palazzo del Sedile** (⏲non visitabile), originario del XVII

DA NON PERDERE

LE GROTTE DI CASTELLANA

Provate a immaginare lo stupore dello speleologo lodigiano Franco Anelli (1899-1977) nel lo scoprire il complesso delle **Grotte di Castellana** (☎800 21 39 76, 080 499 82 21; www.grottedicastellana.it; Piazzale Anelli, Castellana Grotte; visita parziale/completa adulti €15/18, 6-14 anni o gruppi superiori a venti persone €12/15, fino a 5 anni gratuito; ⏲orario variabile, consultare il sito), a 10 minuti d'auto da Putignano. Fu Anelli, infatti, a intuire per primo la presenza del sistema di grotte da un piccolo pertugio nel suolo e a calarsi, nel 1938, nello spettacolare cratere profondo 60 m (chiamato Grave). Fate altrettanto e sarete ricompensati da uno spettacolo oltre ogni aspettativa, con i raggi del sole che bucano il foro sulla sommità e trapelano nell'oscura caverna, dove la temperatura è costante tutto l'anno e si aggira intorno ai 16°C. Questo sarà solo l'inizio del percorso: da qui, infatti, prende il via un itinerario a piedi ben strutturato, di circa cento minuti (quello più breve dura poco meno di un'ora), durante il quale la meraviglia sarà ininterrotta, tra stalattiti, stalagmiti e pareti di roccia che in alcuni ambienti raggiungono altezze incredibili. Come spesso accade, lo stupore più grande arriverà alla fine, quando giungerete nella Grotta Bianca, un ambiente di alabastro considerato la cavità più splendente al mondo, tanto che le rocce ricordano i coralli degli abissi. Le guide renderanno l'esperienza interessante anche per i bambini. All'interno delle cavità vengono anche organizzati tour notturni, come la **Speleonight** (www.grottedicastellana.it), o rappresentazioni teatrali della Divina Commedia, chiamate **Hell in the Cave** (www.hellinthecave.it), nelle quali l'inferno dantesco prende vita in un ambiente suggestivo. Se siete interessati a un approfondimento o a una tappa introduttiva, vi suggeriamo di visitare il **Museo Speleologico Franco Anelli** (☎080 499 82 30; www.gruppopugliagrotte.it; Piazzale Anelli, Castellana Grotte; ⏲10-14 inverno, 9-13.30 e 15-18.30 estate). È inoltre possibile organizzare una visita guidata all'**Osservatorio Astronomico** (☎339 834 47 44; ⏲su prenotazione telefonica), perfetto per i più piccoli. Sul sito web delle grotte sono pubblicate le date delle visite, generalmente effettuate durante il periodo estivo. Se infine vi volete fermare per la notte nelle vicinanze delle grotte, perfetto è il **Bio Agriturismo Serragambetta** (☎339 373 33 78; www.serragambetta.it; Via Conversano 204; mezza pensione €74-84 per persona, B&B €54-64 per persona, pasti da concordare €30; P ❄ 📶 ≋) 🌿.

LA METAMORFOSI DI FARINELLA

Fino a una sessantina di anni fa la maschera simbolo del carnevale di Putignano indossava un abito rosso-blu (i colori della città), aveva estrazioni popolane ed era raffigurato nell'atto di dividere un cane e un gatto in litigio tra loro, a simboleggiare i dissidi tra i cittadini di Putignano nel passato. Negli anni '50 fu il designer Mimmo Castellano, dietro richiesta del presidente del Carnevale, ad attuare un forte restyling della maschera, rendendola nell'aspetto più simpatica, specie agli occhi dei bambini. Oggi Farinella è una sorta di joker dal cappello a sonagli con un sorriso scanzonato e ironico, innamorato della vita e della propria terra proprio come i putignanesi.

secolo ma ricostruito più volte, l'ultima nel 1905. Per lungo tempo fu sede del governo cittadino, poi divenne un carcere e quindi il comando dei vigili urbani. Oggi abbellisce la piazza con il suo orologio, che sostituisce l'originario quadrante in maiolica conservato nella splendida **Villa Karusio** (Via Cappuccini; ⏲chiusa al pubblico).

Chiesa di Santa Maria la Greca LUOGO DI CULTO
(Via di Santa Maria) Se avrete la fortuna di trovarla aperta, al suo interno potrete vedere un reliquiario contenente frammenti del cranio di santo Stefano, traslato dai Cavalieri di Malta dall'Abbazia di Santo Stefano a Monopoli per metterlo al sicuro dalle scorribande saracene. Se così non fosse, accontentatevi della notevole facciata barocca.

Attività

Puglia Cycle Tour BICICLETTA
(☎080 237 10 85; www.pugliacycletours.com; Via Estramurale a Levante 146; ⏲9-13 e 15.30-19.30 lun-ven) Tour operator molto attivo in Valle d'Itria, dove organizza innumerevoli escursioni di uno o più giorni tra trulli, campagne e siti storici. Andate a trovarli nei loro uffici di Putignano.

Feste ed eventi

★ **Carnevale** 26 DICEMBRE-MARTEDÌ GRASSO
(www.carnevalediputignano.it) Questo Carnevale gode di fama ormai universale, tanto da essere subito associato a Putignano. Tutto ebbe inizio il 26 dicembre 1394, quando le reliquie di santo Stefano furono traslate da Monopoli, con l'intento di proteggerle dalle frequenti razzie dei saraceni. La tradizione vuole che, al passaggio del corteo, i contadini putignanesi abbandonarono il loro lavoro lasciandosi andare a danze e canti, e improvvisando versi in vernacolo. È quello che più o meno avviene tutt'ora, specie il giovedì, quando si susseguono spettacoli di dissacrante ironia su vari gruppi sociali (i preti, le monache, gli scapoli ecc.). Il culmine è la sfilata del Martedì Grasso, in cui a dominare la scena sono gli imponenti carri allegorici in cartapesta. Tutto poi sfuma con la Campana dei Maccheroni, così chiamata perché, durante i suoi 365 rintocchi (uno per ogni giorno dell'anno) si mangiano maccheroni al sugo. A quel punto, due officianti cospargono di cenere il capo dei presenti: i bagordi sono finiti, almeno fino all'anno prossimo.

Pernottamento

Santo Stefano B&B €€
(☎388 632 29 07; Via Scesciola 11; doppie €60; 📶) Sul portone di casa si viene accolti da Francesco e la moglie Marilena, che in quanto a ospitalità non hanno nulla da imparare. Dopo avervi mostrato l'ampia zona in comune, molto luminosa, sarete portati in una delle camere, tutte con i caratteristici soffitti a botte; quelle al piano superiore hanno il balcone che si affaccia sul centro storico.

L'Angolo di Gaudì B&B €€
(☎348 251 1360; www.langolodigaudi.it; Via Campanile, 75; doppie €60; ❄📶) Le camere qui si chiamano 'alcobe', e ognuna ha un suo carattere peculiare, fatto di luci, colori e mosaici ricercati. Come la Fascinosa, in cui domina il blu di Prussia e i muri sono spogli di ogni intonaco per far affiorare la pietra.

★ **Tenuta Colavecchio** B&B €€
(☎080 405 23 28; www.tenutacolavecchio.com; SP per Gioia del Colle 9; doppie €100; ❄📶🏊) È una tenuta vinicola di riconosciuta qualità, ma anche un luogo perfetto dove rilassarsi e trascorrere qualche giorno nella pace più assoluta. La struttura si trova su un colle, immersa in un giardino all'italiana e, all'interno, presenta un favoloso piano padronale con

una sala tutta affrescata, adibita alle colazioni (ottime le torte della signora Rosalba), e un'intrigante biblioteca.

Pasti e locali

Il piatto tipico è la farinella, sfarinato di ceci e orzo tostati con un po' di sale, che dà anche il nome alla maschera del Carnevale (v. lettura p214).

Cibaria GASTRONOMIA €
(☎080 645 07 99; Via Estramurale a Levante 9; pasti €15; ⊙12-15 e 18-22 lun-gio, 12-15 ven-sab) Il posto ideale per un boccone veloce, anche a pranzo, senza rinunciare ai gusti del territorio. Ottima anche l'offerta da asporto: provate le orecchiette con capocollo e crema di verdura.

Scinuà RISTORANTE €€
(☎080 405 84 30, 347 192 67 54; Via Santa Lucia 18; pasti €25-35; ⊙12.30-14.30 e 19.30-22.30 lun-ven) In un angolo discreto e romantico del centro, ecco il ristorantino dove andare in dolce compagnia. Nel menu si parte dalla tradizione con qualche rivisitazione in chiave moderna, specie negli antipasti.

Dal Mollusco RISTORANTE €€
(☎080 491 32 16; SP Via Conversano 78; pasti €40; ⊙12.30-15 e 20-23 mer-lun, solo a pranzo dom) Fidatevi di noi: lasciate il centro storico, non soffermatevi troppo sullo stile o altri fronzoli e andate subito al sodo, anzi al pesce. Tutti in paese conoscono la bontà delle crudité di mare di Donato, così come la fama leggendaria del suo fritto misto.

Birreria Oi! BIRRERIA
(☎340 556 69 02; Piazza Plebiscito 7; ⊙18-1, dom anche 11-13) Che c'è di meglio di una birra nella piazza più bella di Putignano? Sceglietela con calma tra le oltre 40 etichette presenti e, se avete fame, ordinate un crostone.

★ **Sinensis** SALA DA TÈ
(☎347 783 45 85; sinensisteahouse.wixsite.com/sinensis; Piazza Plebiscito 5; ⊙9.30-12.30 e 16.30-19.30 mer-dom, 16.30-19.30 mar) Sembra di fare un salto all'inizio del Novecento in questa sala da tè, piccolo angolo di pace dove anche le anime solitarie non soffriranno di solitudine, coccolate da un buon tè o dal caffè che qui si fa con la moka. La saletta con il cucinino piastrellato e il soffitto a volta piacerà agli inguaribili romantici.

Shopping

Simone LIBRERIA
(☎080 405 90 78; Corso Umberto I 90; ⊙8-13 e 16.30-20.30 lun-sab, 8-13 dom) Piccola ma ben fornita, si trova in centro, sul corso principale, ed è particolarmente attenta alle pubblicazioni di arte e fotografia, e alle guide di viaggio. Cura anche una sezione dedicata ai più piccoli e organizza incontri con gli autori, anche se in altre sedi per questioni di spazio. Seguite il profilo Instagram.

Libreria Lik e Lak LIBRERIA
(☎377 260 72 38; Via Bixio 20; ⊙17-20.30 lun, 9-13 e 17-20.30 mar-sab) È fatta a misura dei bambini questa libreria con tanti titoli illustrati e personale serio e gentile. Gli appassionati di graphic novel troveranno inoltre un vasto assortimento di titoli.

La Farinella ALIMENTARI
(☎335 657 97 64; www.lafarinella.it; Via Estramurale a Mezzogiorno 176; ⊙8.30-12.45 e 16.30-20.30 lun-mer e ven-sab, 8.30-12.45 gio) Per provare la farinella, ma non solo. In questa bottega di altri tempi ci sono legumi, taralli e tanti altri prodotti del territorio.

Informazioni

L'**Infopoint** (☎080 405 65 55; Piazza Plebiscito 18; ⊙orario variabile) ha riaperto i battenti da poco. Più attiva è la **Pro Loco** (☎080 247 56 97; Corso Giuseppe Garibaldi 23; ⊙orario variabile).

Per/da Putignano

Putignano è raggiungibile in automobile da Bari con la SS100 e la SS172 (42 km circa). I collegamenti con altri mezzi sono effettuati da **Ferrovie del Sud Est** (FSE; www.fseonline.it; autobus: €3,30, 1 h 30 min circa; treno: €3,60, 1 h 20 min circa). La stazione è a circa 20 minuti a piedi da Piazza Plebiscito.

Dintorni di Putignano

Circa 500 m a nord-ovest della città in direzione Turi–Bari c'è l'antica **Grotta del Trullo** (☎080 491 21 13; www.grottadeltrullo.com; SS172 tratto Putignano–Turi; adulti/bambini 6-14 anni €5/2,50; ⊙10-12.30 e 14.30-17 ott-mag, 9-12.30 e 14.30-18.30 giu-set), scoperta casualmente nel 1931 e aperta al pubblico, una delle prime, quattro anni dopo. Molto più piccola rispetto al complesso di Castellana, si sviluppa in senso verticale: percorrendo una suggestiva scala a chiocciola, si scende fino a raggiungere una piccola cavità nel sottosuolo. La discesa permette ai visitatori di ammira-

DA VEDERE

IL PARCO RUPESTRE LAMA D'ANTICO

All'interno di una bellissima lama, ovvero una depressione del terreno punteggiata di ulivi e arbusti tipici della macchia mediterranea, si trova il meraviglioso **Parco Rupestre Lama d'Antico** (☎ 328 359 75 17; www.lamadantico.it; SP Fasano–Savelletri, Contrada Sarzano; interi/ridotti €6/4; ⏲ 9.30-13.30 dom ott-metà mag, lun-sab su prenotazione; 9.30-13.30 e 16-20.15 mag-set). Al suo interno troverete un insediamento rupestre sviluppatosi tra il X e il XIV secolo d.C., di cui le chiesette costruite dentro le grotte costituiscono il pezzo forte. La più notevole è quella al centro del villaggio, a due navate, con le arcate scavate nella pietra. Grazie alla tecnologia del video mapping, è possibile assistere a un suggestivo spettacolo 3D, con gli affreschi del tempio che assumono il loro aspetto originario davanti agli occhi stupefatti dei visitatori.

re le sfumature rosse dell'alabastro e quelle bianche del calcare. La sua esplorazione continua: una seconda cavità – non visitabile – è stata scoperta nel 2006.

Fasano

POP. 38.787 / ALT. 111 M

La storia recente di Fasano è quella di un prodigioso riscatto. Se infatti fino agli anni '90 la città era tristemente conosciuta per essere un centro nevralgico del contrabbando, specie di sigarette, oggi Fasano è un centro con una ritrovata vitalità sociale, che trova ulteriore slancio nelle molteplici attrazioni presenti sul territorio: spiagge, uno strepitoso parco rupestre, dolci colline e persino una selva; tutto questo e molto di più in una zona che molti, a torto, ritengono ancora di mero passaggio. Andate in una delle tante meravigliose masserie dell'entroterra per ricredervi definitivamente.

Che cosa vedere

L'elegante quadrilatero di **Piazza Ciaia** ha sostituito, dalla seconda metà del XVIII secolo, l'antica piazzetta del seggio come epicentro della vita fasanese. Intitolata al patriota Ignazio Ciaia, membro della Repubblica Napoletana del 1799, fu teatro di durissimi scontri tra esponenti giacobini e realisti durante i quali fu linciata e uccisa la giovane militante Anna Teresa Stella, ricordata da una targa sul lato ovest della piazza, dove si trova anche, in una nicchia di Palazzo Gaito, la statua della Madonna del Monte, protettrice della città. Sul lato sud spicca il bel loggiato del **Palazzo dell'Orologio**, mentre a nord il Palazzo Municipale è stato costruito sulle fondamenta dell'antico Palazzo del Balì. Raggiungete il centro della piazza per vedere il grande stemma con il colombo bianco, simbolo cittadino, sulla pavimentazione. Proseguendo in direzione ovest lungo Via del Balì, poco dopo vedrete lo stupendo rosone della **Chiesa Matrice** (☎ 080 439 14 52; www.matricefasano.it; Largo San Giovanni Battista 1; ⏲ 7-12.30 e 16-20), di fattura cinquecentesca e dedicata a san Giovanni Battista. Tornate su Via del Balì e girate a destra in Via Dragone: dopo aver incontrato la **Chiesa della Madonna delle Grazie** (Via Santa Teresa), la più antica della città, arriverete, procedendo dritti, ai bellissimi **Portici delle Teresiane**, un antico convento del XVI secolo oggi diventato una suggestiva galleria commerciale, ritrovo dei giovani fasanesi. Gironzolate ancora un po' per il centro, magari cercando il **Torrione delle Fogge**, unico superstite delle mura di cinta, o nelle caratteristiche vie del centro, come **Via del Forno**, sormontata da un piccolo arco.

Attività

Fasano è celebre per la sua **selva**, una collina alle spalle della città ricoperta di querce, lecci, pini, castagni, cipressi. Oggi è per lo più una zona residenziale, fresco rifugio per i fasanesi dalla calura estiva. Si sta procedendo con una bonifica dei **sentieri** nelle gravine circostanti, con l'intento di creare percorsi percorribili a piedi e in bici dal centro, chiedete all'Infopoint (p218) per maggiori dettagli. Andate a vedere la piccola e graziosa **Chiesetta della Madonna del Carmelo** (Viale Toledo), risalente a metà del Seicento, tutta in pietra e con il caratteristico tetto a spiovente. Poco lontano si trova il **Trullo del Signore** (☎ 080 433 17 65; Viale Toledo 61, Selva di Fasano), una chiesa di recente fattura ma con la cupola dalla forma conica. È allo studio un progetto di recupero della **Villa Damiaso Bianchi** (Contrada Gordini; ⏲ non visitabile), un eclettico edificio in stile moresco; in attesa di novità, andate a vederla per scoprire il bel minareto, magari al tramonto. La **Cooperativa Serapia** (☎ 366 599 95 14; www.cooperativaserapia.

it) propone interessanti attività da svolgere nella selva. Scendendo da quest'ultima e dirigendosi verso Alberobello, la SP1 attraversa il bucolico **Canale di Pirro**, dove vigneti che si stagliano nel cielo azzurro e ulivi accarezzano muretti a secco. Non resta che fermarsi a lato della strada e ammirare la meraviglia della natura.

Passeggiate a cavallo

A Montalbano c'è il rinomato centro ippico **Parco di Mare** (335 721 87 82; www.parcodimare.com; Contrada Ottava, Montalbano di Fasano), che propone belle escursioni, sia per principianti sia per esperti, nell'entroterra e anche in riva al mare.

Spiagge

Savelletri (p287), Torre Canne (p286) ed Egnazia (p287) sono spopolari mete balneari che fanno parte del comune di Fasano.

Feste ed eventi

Wow Fasano ESTATE

Da qualche anno, l'estate fasanese si anima grazie a un ciclo di eventi a cui hanno già partecipato grandi nomi, tra cui Gianna Nannini, Roberto Vecchioni, il duo comico Lopez-Solenghi e tanti altri. Date un'occhiata alla pagina Instagram della rassegna per il calendario completo.

La Scamiciata GIUGNO

(www.lascamiciata.it) Si rievoca l'eroica resistenza all'incursione turca del 1678, quando i fasanesi furono colti di sorpresa nella notte (e quindi scamiciati) e non si persero d'animo, riuscendo a respingere gli invasori nonostante le condizioni avverse. Dal 1978 si rievoca l'evento, tra bandiere, armigeri e processioni in costume.

Pernottamento

Sarebbe un peccato ritrovarsi da queste parti e non pernottare in una delle splendide masserie nei dintorni, così ricche di storia e tradizioni.

Palazzo De Luca B&B €€

(348 842 20 65; Via de Luca 29; doppie €70;) Se non volete rinunciare alle comodità della città, optate per questo B&B pulito e gestito in maniera impeccabile. La ricca colazione è quello che ci vuole per partire alla grande.

★Masseria Casaburo MASSERIA €€

(080 512 58 03; masseriacasaburo.it; Contrada Gravinella 11; doppie/trulli €90;) Dodi e Luciana sono tra le persone più amabili che incontrerete durante il nostro viaggio. Ascoltarli raccontare la storia di questa masseria, mentre il vostro naso filtra il profumo dei pini, sarà un piacere raro. La coppia gestisce con sapienza e cura 27 ettari di terreno, che li ricompensa con prodotti eccezionali come mandorle, carrube e olio extravergine d'oliva. Oltre alle due camere della struttura principale c'è anche un trullo risalente al 1694.

Corte degli Asini MASSERIA €€€

(334 181 35 38; www.cortedegliasini.it; Contrada Spetterrata s.n., Montalbano; doppie €180;) Questa bianca tenuta del 1841 è di proprietà della famiglia Cisternino da cinque generazioni. Nel corpo principale si trovano le camere, tutte molto luminose e immerse in un contesto che profuma di agrumi e di uli-

DELIZIE DELLA TERRA

Un frutto che non è un frutto

Viene raccolto da mani esperte preferibilmente la mattina, perché il caldo rende fragile la buccia e rischia di rovinare questo dolcissimo frutto. Stiamo parlando del **fiorone**, un fico ampiamente coltivato nelle frazioni rurali di Fasano. A dirla tutta si tratta in realtà di un'infiorescenza, perché quando viene colto i 'villi' interni sono fiori ancora sterili. Cercatelo da qualunque fruttivendolo o anche nel delizioso gusto di gelato.

Rosso, bianco e verde

La coltivazione del **pomodoro Regina**, oggi presidio Slow Food, risale all'Ottocento, quando il terreno salmastro dell'odierno Parco Naturale Regionale delle Dune Costiere, già seminato a cotone da secoli, cominciò a nutrire i primi frutti rossi. Il cotone è tuttora utilizzato per legare le *ramasole*, ovvero i mazzi di pomodori da serbo, per cui il suo frutto continua ancora oggi a biancheggiare tra i filari di pomodori. Infine, d'estate è un piacere rinfrescare il palato con il dolce *cucumarazz*, una specie di melone verde (in italiano **cocomero barattiere**).

vi. Per non parlare della piscina, in posizione panoramica sulla vallata fasanese. Si trova a Montalbano, non lontano da Cisternino.

Pasti

Il Cortiletto RISTORANTE €€
(☎080 481 07 58, 349 133 37 85; Via Lecce 91, Speziale di Fasano; pasti €25-30; ⏲12.30-14.30 e 19.30-22.45 mar-dom, solo a pranzo dom set-metà apr) Prima di tutto bisogna guardarsi intorno: in estate ci si siede sotto un bel porticato, tra glicini, bougainvillea e porte dipinte di blu. Poi arriva il momento di gustare le prelibatezze della cucina, tra cui non si può non menzionare il clamoroso ragù di brasciole e polpette.

La Locanda di Martumé RISTORANTE €€
(☎080 332 46 66; Via Santa Teresa 36; pasti €25; ⏲19.30-23 lun-sab, 12.30-15 dom) In un bell'angolo del centro storico si mangia bene sia carne sia pesce e, con ogni probabilità, si fa la conoscenza di Vito, l'intraprendente gestore.

Pentole e Provette RISTORANTE €€
(☎348 655 48 11; Via Musco 37; pasti €35; ⏲19.30-23 mar-sab, 12-14.30 dom) Allo chef Luca piace coccolare i suoi clienti, a partire dall'*amuse-bouches*, sorta di antipasto dell'antipasto di cui si viene omaggiati appena seduti al tavolo. Il viaggio gastronomico continua splendidamente, con piatti raffinati e mai eccessivamente elaborati. Provate gli spaghetti aglio, olio, peperoncino e riccio.

Shopping

Arrotino Cincavalli ARROTINO
(Largo Seggio 8; ⏲orario variabile) Andate a trovare Angelo nella sua bottega, in piedi dal 1886. Farete conoscenza con un artigiano dal cuore buono, pronto a raccontarvi innumerevoli aneddoti sulla sua vita e su quella dell'esercizio commerciale.

★ **Crovace** CASEIFICIO, GASTRONOMIA
(☎080 481 01 24; Via Lecce 22, Speziale di Fasano; ⏲7-21 lun-sab) Per fare incetta di caciotte e mozzarelle dovete andare a Speziale; ma d'altronde in questo caseificio ci viene gente pure da Bari. Tutto per accaparrarsi le delizie al latte come burrata, caciocavallo e tanto altro. Nel market collegato si preparano anche panini gourmet, il ristoro ideale per una pausa veloce e gustosa.

Informazioni

EMERGENZE

Guardia medica (☎080 439 28 42; Via Nazionale dei Trulli 95A, notturna e festiva)

Polizia municipale (☎080 441 42 54; Viale Romita)

Pronto soccorso (☎ 080 439 01 11; Via Nazionale dei Trulli 95/A)

INFORMAZIONI TURISTICHE

Infopoint (☎080 439 41 64; www.infopointfasano.com; Piazza Ciaia 10; ⏲10-13 e 16-19 lun-ven, 8-21 sab e dom)

Per/da Fasano

Fasano è raggiungibile con le linee ferroviarie di **Trenitalia** (www.trenitalia.com) da Bari (€4,60, 35 min circa, partenze ogni 45 min circa) e da Brindisi (€4,60, 35 min circa, partenze frequenti). La stazione dista circa 3 km dal centro, cui è collegata tramite un servizio di navetta (www.sitasudtrasporti.it). Se volete muovervi in autobus tra le varie frazioni di Fasano, è attivo un servizio gestito sempre da **Sita Sud Trasporti** (www.sitasudtrasporti.it). Il mezzo più comodo per raggiungere Fasano, e soprattutto per spostarsi sul suo territorio, è comunque l'automobile: vi si arriva percorrendo la SS16 da Bari e la SS379 da Brindisi.

Cisternino

POP. 11.201 / ALT. 394 M

Da tempo inserito nel circuito dei Borghi più Belli d'Italia, Cisternino non smette mai di stupire. Tra i tanti motivi del suo successo c'è la sua posizione privilegiata, adagiata su un colle che sovrasta le campagne circostanti e da cui, all'ora del tramonto, le terre coltivate diventano oro per gli occhi. Nelle vie del centro storico, minuto e per questo ancora più grazioso, incontrerete poi tutto il bianco che rende celebre la Valle d'Itria, punteggiato però da fiori colorati. Nelle sere d'estate, la piazza principale è animata da tutti i suoni e rumori che ci si può aspettare in un borgo grazioso come questo, ma gli animi più solitari non devono temere: basta fare pochi passi per ritrovarsi avvolti nel silenzio e nella pace. Insediamento urbano antichissimo, dopo il periodo buio delle invasioni barbariche Cisternino rinacque grazie ai monaci basiliani, che vi eressero un'abbazia. Oggi la sua attrazione forse più celebre sono i fornelli, vanto gastronomico dell'intera valle ma di cui il paese si è da tempo proclamato capitale indiscussa.

Che cosa vedere

La **Porta Piccola** (*piccenne* in dialetto) è il punto migliore da cui entrare nel centro storico. A pochi passi si trova la graziosa **Chiesa di Santa Lucia**, con l'ingresso centrale sormontato da un piccolo rosone e quello laterale con un'edicola rotonda raffigurante una tempera della santa. Proseguendo dritto si arriva a **Piazza Vittorio Emanuele**, dove svetta la **Torre dell'Orologio** del 1850, simbolo della città. Da qui potrete iniziare il vostro girovagare del centro storico, dove è tanto difficile perdersi quanto invece è facile stupirsi davanti al candore degli edifici e la loro semplice bellezza. All'angolo sud-occidentale del borgo si trova la **Torre Civica** (Via San Quirico 1), di epoca svevo-normanna (detta anche Torre Grande per via della sua forma un po' massiccia), visitabile in occasione di particolari eventi o mostre. Sulla sua sinistra, la **Chiesa Matrice** (Piazza Garibaldi; ☎ 080 444 80 26), dedicata a san Nicola di Patara, che conserva al suo interno una preziosa scultura del 1517 di Stefano da Putignano, la *Madonna del Cardellino*. La costruzione è sullo stesso sito dove i monaci basiliani avevano eretto un'abbazia, di cui potrete vedere alcuni resti nel **Museo Arte Moderna Area Archeologica Cisternino** (MAAAC; ☎ 333 110 58 08; www.facebook.com/museomaaac.it; Piazza Garibaldi 11; ingresso €3,50; ⏲ 11-13 e 18-22 gio-dom ott-apr, 11-13 e 18-22 mar-dom mag-set, orario prolungato in occasione di mostre), che si trova proprio sotto la Chiesa Madre. Di fronte alla chiesa, in Piazza Garibaldi, ci sono dei giardinetti con una lunga balconata: vi basterà attraversare la strada per affacciarvi allo splendido **belvedere** e ammirare buona parte della Valle d'Itria e dei suoi borghi.

Feste ed eventi

Nell'estate 2021 ha riscosso un grande successo il progetto **Firmamento**, che ha addobbato Cisternino e altri borghi della Valle d'Itria con enormi centrini, collocati nelle piazze o persino tra le balle di fieno delle campagne. Per sapere se sono previste iniziative simili potete seguire su Facebook Bernardo Palazzo, l'artista e designer che si è occupato delle installazioni.

Pasquetta MARZO/APRILE

A *Pasquarèdde* ci si ritrova al **Santuario della Madonna d'Ibernia** (Via Contrada Lamacesare), dove le bambine si recano con dolci tipici del periodo, le *churrüchele*.

Festival dei Sensi AGOSTO

(www.festivaldeisensi.it) Intellettuali, studiosi e politici animano il dibattito culturale estivo in Valle d'Itria, con riflessioni legate al mondo dei sensi. L'edizione 2021 ha avuto come tema conduttore le mani.

I QUATTRO RIONI

Prima di lasciare Cisternino assicuratevi di aver visitato tutti e quattro i suoi rioni: la parte più antica, 'Bère Vécchie', e 'Scheledd', dal nome dei cordoli posti sulla pavimentazione per rallentare l'andatura dei carri; poi 'L'ìsule', delimitata da quattro vie, e 'u Pantène', che sorge più in basso e un tempo con le piogge si allagava più facilmente (come suggerisce il nome). Infine, verso l'esterno, c'è 'u Bùrie', dove le famiglie benestanti di una volta facevano costruire i loro palazzi.

Borgo Fiorito ESTATE

Così come in altri borghi della Valle d'Itria, anche Cisternino ha da tempo deciso di indire un concorso per colorare i suoi balconi. Al bando emesso dal Comune partecipano numerosi cittadini, dei quali potrete facilmente ammirare le composizioni floreali in gara: vi basterà fare un giro tra le vie e piazze del centro.

Pernottamento

Considerati i tanti ristoranti e bar, le vie del centro di Cisternino sono spesso affollate di persone fino a tardi, specie in estate. Se siete alla ricerca di tranquillità tenetene conto nella scelta dell'alloggio.

Agriturismo Masseria Calongo RESORT €€

(☎ 080 444 67 38; www.masseriacalongo.com; Contrada Calongo 4; doppie €120; P ☒ ᯤ) Difficile scegliere tra la camera doppia Giuggiolo e la sua invitante vasca con idromassaggio o la Lazzarone, con angolo cottura e accesso diretto a una meravigliosa terrazza. Facilissimo, invece, apprezzare il patio comune, in un giardino di palme e lavanda. A 3 km dal centro.

★ **Giardini di Pomona** AGRITURISMO €€

(☎ 080 431 78 06, 333 367 06 53; www.igiardinidipomona.it; Contrada Figazzano 114; ostello/doppie/appartamento per 4 persone €20/90/140-170; P ᯤ) A soli 10 minuti di auto dal centro, questa struttura è il classico buen retiro per chiunque cerchi un po' di riposo nella quiete e bellezza della natura. Oltre alle classiche sistemazioni, da qualche tempo è anche attivo un ostello, ricavato all'interno di un'antica cantina rurale, che sarà motivo di gioia per i viaggiatori zaino in spalla. Approfittatene per partecipare a una **visita guidata** (€8 con guida, da prenotare online; ⏲ ven-mer) del bellissimo conservatorio botanico, un luogo idilliaco dove passeggiare fra 600 varietà di alberi di fico o perdersi nel labirinto di lavanda.

Pasti e locali

Sono molte le persone che si spingono a Cisternino per una cena nei tanti locali del centro storico. Cercate quindi di prenotare per tempo.

★ Cremeria History Vignola BAR-PASTICCERIA €
(☎ 080 444 10 55; Via San Quirico 28; ⏲ 7-24 gio-mar) Per un caffè fatto come si deve, magari accompagnato da una fetta di torta con la ricotta o un pasticcino. Oppure per l'aperitivo al tramonto. Ci sono tanti, ottimi motivi per sedersi nella terrazza di questo bar, tra cui non possiamo dimenticare la veduta incantevole sulla Valle d'Itria.

Al Vecchio Fornello FORNELLO €
(☎ 080 444 11 13, 339 267 80 12; Via Basiliani 18; pasti €15; ⏲ 19.30-23.30 lun e mer-gio, anche a pranzo ven-dom) Si contende con lo Zio Pietro il titolo di miglior fornello di Cisternino, anche se in quanto a popolarità è certamente il più conosciuto. Non lasciatevi intimorire dal caos, scegliete con cura la carne e, per ingannare l'attesa, ordinate un tagliere di salumi.

Zio Pietro FORNELLO €
(☎ 080 444 83 00, 340 557 35 97; www.ziopietro.info; Via Duca d'Aosta 3; pasti €15; ⏲ macelleria 10-13 tutti i giorni; fornello 19.30-23.30 ven-sab e 12-15 dom mag-ott, tutte le sere giu-set) Bombette; ma anche puntine di maialino impanate, tagliata di agnello, fegatini, salsicce… La vostra scelta potrebbe rivelarsi più difficile del previsto. Avrete però tutto il tempo per pensarci, vista la lunga fila che si forma solitamente davanti al locale. Si mangia nel vicoletto all'aperto o in sale con i soffitti a volta.

Rosticceria L'Antico Borgo FORNELLO €
(☎ 080 444 64 00, 346 132 30 00; www.rosticceria-lanticoborgo.it; Via Tarantini 9; pasti €15; ⏲ 18.30-ultimo cliente tutti i giorni estate, chiuso dom inverno) È meno conosciuto degli altri fornelli, ma ci sentiamo comunque di dargli fiducia, specie per le deliziose braciole di asino. Ci sono anche alcuni primi piatti, tra cui le immancabili orecchiette.

Giardini 36 RISTORANTE €€
(☎ 080 247 18 29; Via dei Giardini 36; pasti €35 ⏲ 19.30-24 mar-sab, 13-15 dom) Dimenticate il baccano e le tavolate del centro storico: in questo ristorantino l'arredamento è minimal, le luci sono soffuse e le creazioni culinarie sono piccole opere d'arte. Provate i fichi con il capocollo.

Mezzofanti RISTORANTE €€
(☎ 080 444 84 07; Via Mezzofanti 17; pasti €30; ⏲ cena lun e mer-sab, pranzo dom) Niente carne alla brace, perché questo ristorante raffinato propone soprattutto deliziosi e, in certi casi, arditi piatti di pesce, come la pasta cacio, pepe e gamberi. Si trova in un vicolo appartato del centro, lontano dal chiasso.

Chirico BISTRÒ
(☎ 080 444 86 61; Via San Quirico 23; ⏲ 18-2 mer-lun) Si viene quasi subito travolti dall'entusiasmo e dall'energia dei giovani alla guida di questo locale. Tra piatti della tradizione, cocktail preparati con sapienza e vista sulla valle, non ve ne vorrete più andare.

Informazioni

EMERGENZE

Guardia medica (☎ 080 444 6336; Via Regina Margherita 80)
Polizia municipale (☎ 080 444 80 14; Via Principe Amedeo 72)
Punto di primo soccorso (☎ 080 439 06 12; Via Regina Margherita)

INFORMAZIONI TURISTICHE

Infopoint (☎ 391 438 71 31; www.prolococisternino.it; Via Castello 22; ⏲ 16-19 mer-dom, anche 10-13 sab e dom)

Per/da Cisternino

Cisternino è raggiungibile da Bari Centrale con i bus di **Ferrovie del Sud Est** (FSE; www.fseonline.it; €5,80, 2 h 30 min circa); la stazione di riferimento è quella di Cisternino Città (attenzione a non confonderla con la stazione chiamata Cisternino, che dista 16 km dalla città e si trova nel territorio di Pozzo Faceto di Fasano). Un'alternativa è quella di arrivare a Fasano col treno e poi proseguire con un bus di **STP Brindisi** (www.stpbrindisi.it). Decisamente più comoda è l'automobile: percorrete la SP17 da Ostuni e la SP134 da Locorotondo.

Ostuni

POP. 30.195 / ALT. 218 M

Ci sono le salite contorte, che tra un gradino e l'altro conducono verso vicoli sempre più stretti. Spesso però gli spazi angusti cedono il passo a inaspettate piazzette, dove è un piacere fermarsi per qualche istante ad ascolta-

re il suono del vento provenire dalla campagna. La 'città fortezza' sembra fare delle sue mura le fondamenta, e in effetti è qui che ci si innamora perdutamente di Ostuni. Nel tratto di cinta muraria ancora in piedi, dove lo sguardo spazia sugli uliveti intorno alla città, che sfumano all'orizzonte in un mare quantomai vicino. Poi ci si volta istintivamente verso il borgo, e Ostuni appare un intricato, denso e immacolato pulviscolo bianco, talmente candido da sembrare irreale.
Centro già abitato nel paleolitico, Ostuni fu poi il luogo di un insediamento messapico, come testimoniato dal rinvenimento di tombe del periodo compreso tra IV e II secolo a.C. La città seguì poi le vicissitudini comuni alla Puglia, vivendo una certa prosperità durante il periodo di Federico II. Ostuni riuscì poi a sfuggire quasi del tutto alla spaventosa epidemia di peste del Seicento (v. lettura p225). In tempi più recenti, la città è stata la prima di Puglia, durante il Risorgimento, a innalzare il tricolore. Ostuni è oggi una conclamata meta del turismo internazionale, farete quindi bene a tenere gli occhi aperti e il cellulare pronto per il selfie. Tra le fiumane di visitatori potreste infatti incontrare qualche star di Hollywood o del jet set internazionale.

Che cosa vedere

La città vecchia si adagia su un colle con le sue strade disposte in cerchi concentrici; fa eccezione Via Cattedrale, che, partendo da Piazza della Libertà, giunge fino alla sommità, dove si trova la cattedrale. Una volta viste le principali attrattive, lasciatevi guidare dall'istinto e andate alla scoperta di archi, scalinate e muri ciechi.

Piazza della Libertà PIAZZA
Punto d'incontro tra zona vecchia e nuova questa piazza è il luogo ideale per iniziare a esplorare Ostuni. Al centro si trova una **guglia** in stile napoletano (1771), in cima alla quale si erge la statua del patrono, sant'Oronzo. Di fronte c'è l'attuale sede del Comune, ex monastero francescano il cui atrio ospita eventi e rassegne culturali.

Palazzo Zevallos PALAZZO
(Via Cattedrale 29; non visitabile) Il nome di questo palazzo settecentesco in stile neoclassico rievoca un periodo di decadenza economica e morale per la città. Apparteneva infatti alla famiglia di banchieri napoletani Zevallos, che, creditori nei confronti dei Borboni, anziché ottenere il denaro prestato, dal 1639 ebbero il feudo di Ostuni a riscatto, assoggettandolo a un dominio tirannico e corrotto. Oggi la casa appartiene alla famiglia Ayroldi.

Concattedrale LUOGO DI CULTO
(0831 30 11 77; Piazza Beato Giovanni Paolo II; 9.30-12.30 e 19-19.30) Terminata la salita di Via Cattedrale si viene ripagati da un capolavoro assoluto quale la Basilica di Santa Maria Assunta. In particolare il rosone centrale, in pietra gentile, che raffigura il Cristo Salvator Mundi circondato dai 12 apostoli e stupisce per il dettaglio delle sculture, così come per l'eleganza dei suoi 24 raggi. Costruita fra 1435 e 1495 e dalla facciata in stile tardo gotico, la cattedrale fu più volte rimaneggiata, tant'è che al suo interno presenta la settecentesca pianta a croce latina.

Palazzo Vescovile PALAZZO
(Piazza Cattedrale; non visitabile) Incuriosisce la sobrietà della facciata di questo palazzo, edificato intorno al 1560 e ricostruito parzialmente nel 1750, recante la lapide di fondazione di un castello normanno eretto nel 1148 e crollato nel 1559. Al piano terra si trova il **Museo Diocesano** (www.museodiocesanoostuni.it; 10-24 giu-set, 10-13 mer-ven ott-giu; interi/ridotti €4/2), con un bel giardino pensile. L'edificio è unito al **Palazzo del Seminario**, con il caratteristico **Arco Scoppa**, decorato sontuosamente con putti, conchiglie e fiaccolone. Superatelo e voltate le spalle, con la loggia in primo piano e la Concattedrale sullo sfondo sarete davanti a uno degli scorci più belli di Ostuni.

Museo di Civiltà Preclassiche della Murgia MUSEO
(0831 33 63 83; Via Cattedrale 15; www.ostunimuseo.it; interi/ridotti €5/3; 10-16 lun-ven e 10-18 sab e dom) Ricavato da un ex convento delle carmelitane di clausura (del XVIII secolo) e dalla Chiesa di San Vito Martire, edificata tra il 1750 e il 1753, il museo ospita lo scheletro di una giovane donna incinta, risalente all'Alto Paleolitico (25.000-20.000 anni fa), rinvenuto nel **Parco Archeologico e Naturale di Santa Maria di Agnano** (stessi riferimenti; ex SS16, Km 878/II; interi/ridotti €5/3; su prenotazione), a 2 km da Ostuni verso Fasano, dove sono esposti il calco dello stesso scheletro e altri reperti di interesse archeologico.

★ **Cinta muraria** MURA
Prima di addentrarvi dentro al paese, o quando ne siete già usciti, non perdetevi il pezzo forte. Sul lato nord-occidentale si trova un ampio tratto delle mura di epoca aragonese. Guardatele dall'alto, tra un bastione e

Ostuni centro

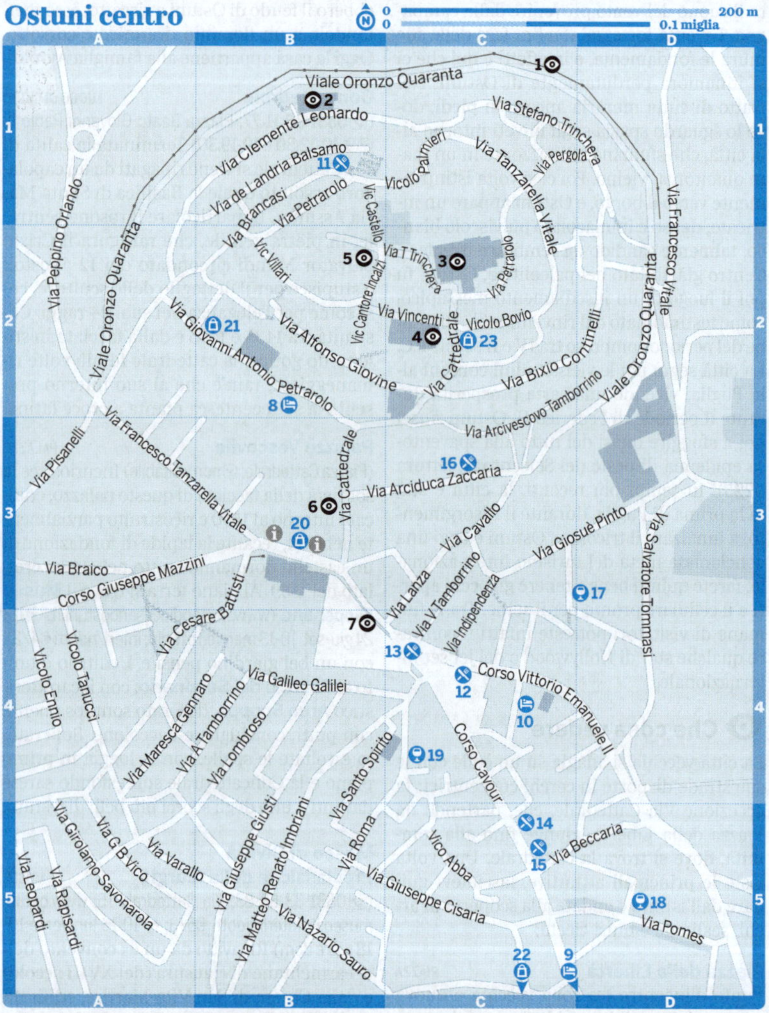

l'altro di Via Stefano Trinchera, e, dopo essere passati dalla trecentesca Porta San Demetrio, riguardatele dal basso, camminando lungo Viale Oronzo Quaranta. Da qui il candore della calce è quasi accecante. Se volete fare una foto di tutto il borgo scendete ancora e fermatevi nei pressi del Parcheggio Auto e Camper Stella.

Chiesa di Santa Maria della Stella

LUOGO DI CULTO

(Via Clemente Leonardo 123) Andate a vedere questa chiesa non tanto per l'edificio in sé, rimaneggiato a più riprese, ma per l'incantevole posizione in cui si trova, a ridosso delle mura e vicino ad alcuni palazzi che hanno l'ingresso in posizione sopraelevata rispetto alla strada.

Spiagge

Ostuni ha una posizione invidiabile anche per le spiagge: in soli 6 km, infatti, percorrendo la SP20 si raggiunge la costa fra l'antico **Porto di Villanova** (oggi porticciolo turistico), dominato da una torre-castello del XVI secolo, e **Torre Canne**. In questo susseguirsi di calette libere e spiagge attrezzate, l'atmosfera più selvaggia (purtroppo in parte turbata dalle auto parcheggiate vista

Ostuni centro

mare) si respira sugli scogli di **Gorgognolo**, presidiati dalla casa rossa che apparteneva ai conti Incalzi. Proseguendo da qui verso nord si incontrano **Diana Marina** e **Monticelli**, con le loro piccole calette sabbiose, poi il **Pilone** (dove c'è l'omonimo campeggio), con la sua lunga spiaggia fiancheggiata dalle dune, e la torre aragonese di San Leonardo. Per raggiungere le spiagge con l'auto ricordate di muovervi sulla complanare, ovvero la strada che corre parallela alla SS379 (sulla quale non trovereste le uscite per i numerosi lidi della costa).

Attività

Bicicletta

A Ostuni ci sono numerosi percorsi da esplorare, primo fra tutti quello della Via Traiana, che corre parallela alla costa attraverso la campagna, le masserie e il Parco Naturale Regionale delle Dune Costiere. Se cercate una bicicletta potete rivolgervi a **Longo Bikes** (☎0831 30 45 51; www.longobikes.it; Via Stazione Z.I.), a un paio di chilometri dal centro. Per un tour guidato, adatto ai bambini e utile per fare qualche esperienza naturalistica e culturale, contattate invece **Madera Bike Tour** (☎327 578 51 85; www.maderabike.com; c/o AlbergaBici – Centro Visite Casa del Parco delle Dune Costiere, Montalbano), che offre diversi pacchetti a seconda delle preferenze del cliente e inoltre affitta biciclette e auto elettriche.

Itinerari ed escursioni a piedi

Se volete scoprire le bellezze del Parco Naturale Regionale delle Dune Costiere (p286), rivolgetevi alla **Cooperativa Serapia** (☎328 647 47 19; www.cooperativaserapia.it; c/o AlbergaBici – Centro Visite Casa del Parco delle Dune Costiere, Montalbano), i cui tour vi condurranno nel bel mezzo della grandiosa biodiversità dell'area protetta, alla ricerca di dune fossili, orchidee spontanee e incisioni carsiche che aprono profonde fenditure nella roccia, oltre che di siti archeologici, masserie storiche, frantoi ipogei e insediamenti rupestri. Da Ostuni passa anche una delle vie del Cammino Materano (v. lettura p226).

Feste ed eventi

Sagra dei Vecchi Tempi ESTATE

Mestieri, tradizioni e saperi di un tempo vengono fatti rivivere dall'artigiano che lavora la paglia, dall'*umbrellare* (ombrellaio), dall'*acconzopiatte* (l'aggiustatutto) e dal *curdelare* (funaio), che intreccia i fiscoli, sorta di cestini utilizzati per la spremitura dell'olio.

Festa di Sant'Oronzo 25-27 AGOSTO

Nel 1657 Ostuni scampò a una terribile epidemia di peste, secondo la tradizione grazie al miracolo di sant'Oronzo, protettore della città. Per ringraziarlo, ancora oggi un gruppo di cavalieri vestiti con un'uniforme bianca e rossa (a simboleggiare i cavalieri spagnoli) preleva la statua del santo nel santuario eretto in suo onore fino a scortarla in città, dove l'attende un ingresso trionfale. Come nella tradizione dei toreri in Spagna, la vestizione del cavaliere è un rito che si tramanda di padre in figlio e a cui partecipano tutti i membri della famiglia.

IL CENTRO BHOLE BABA

Chi l'avrebbe mai detto che all'ombra dei trulli è stato fondato il primo ashram dell'Occidente? Il centro **Bhole Baba** (☎ 339 475 28 19; www.bholebaba.org; Contrada Portarino 10, nel territorio comunale di Ostuni ma più vicino a Cisternino; ⌚ uffici 17-19, centro fino alle 21) è attivo dal 1978 e accoglie tutti i devoti del maestro spirituale Babaji, dediti alla meditazione e allo yoga. Se volete trascorrerci qualche giorno, ricordate che nell'ashram non è consentito fumare o bere alcolici e che la castità è consigliata.

Ostuni Sound Track Festival AGOSTO
Nonostante il periodo certamente non facile per le performance dal vivo, gli organizzatori di questa giovane rassegna che esplora l'intricato rapporto tra musica e film non si sono dati per vinti. Nel 2021 si sono avvicendati sul palco band come i Calibro 25 e i Negrita.

Pernottamento

B&B, campeggi e masserie nel giro di pochi chilometri: l'offerta ricettiva a Ostuni è la più variegata possibile. Dormire in centro può essere un problema per il parcheggio, ma ci sono comodi Api Calessino a disposizione (talvolta offerti dagli hotel o comunque convenzionati).

Camping Villaggio Il Pilone CAMPEGGIO €
(☎ 0831 35 01 35; www.villaggioilpilone.it; SS379 Bari–Brindisi, Km 14, Località Pilone; tenda €38, camper €45, case mobili per 2/3/4 persone €1800 a settimana; P) Il mare è una decina di chilometri a nord del centro: per chi voglia goderselo appieno, questo campeggio ha l'accesso diretto sulla spiaggia. Le attività dell'animazione coinvolgono un po' tutti, compreso chi ne farebbe a meno.

★ **Giovannarolla Green House** B&B €€
(☎ 328 604 53 89; www.giovannarolla.it; Contrada Giovannarolla, SP29 Ostuni, Km 5,3; doppie €110;) Sandra e Alfieri scappano da Bari, alla ricerca della tranquillità e desiderosi di condividere il ritrovato benessere interiore con chiunque voglia avvicinarsi alla loro realtà. Non è la trama di un libro ma la storia di questa struttura, immersa in una bellissima campagna e molto attenta all'ambiente circostante. Le camere sono tutte dedicate ai mestieri di un tempo, con arredamento a tema. A noi è piaciuta molto quella 'del maestro', con una lavagna come testiera del letto. Si organizzano anche lezioni di yoga. A circa 8 km dal centro.

★ **Masseria Brancati** MASSERIA €€
(☎ 330 82 29 10; www.masseriabrancati.com; Contrada Brancati; doppie €110, visite per i non ospiti €10 per persona;) Fiera di aver mantenuto la sua autenticità, questa masseria circa 6 km a nord del centro è perfetta per approfondire il rapporto tra la Puglia e il suo albero simbolo, l'ulivo. La famiglia Rodio, attuale proprietaria, prende molto seriamente l'onere e l'onore di custodire ulivi plurisecolari e conduce chiunque lo voglia alla scoperta della storia di questo luogo. La struttura è stata inoltre scelta dal regista Gabriele Salvatores per un documentario sulle eccellenze italiane realizzato nel 2021. Se ci pernotterete, dormite in uno dei quattro alloggi un tempo riservati ai massai.

SoleBlu B&B €€
(☎ 347 475 21 20; Corso Vittorio Emanuele II 16; doppie €80;) Se pensate che a Ostuni non sia più possibile soggiornare presso una dimora a conduzione familiare, la signora Luisa sarà pronta a smentirvi. Nel suo appartamento a più piani – attenzione agli scalini! – troverete una cucina attrezzata, mura con pietre a vista e una strepitosa veduta di Ostuni dalla terrazza.

Pietra Bianca B&B €€
(☎ 333 577 36 36; www.bbpietrabianca.it; Contrada Bagnardi s.n.; doppie €110-140;) Si vede Ostuni in tutta la sua bellezza da questo B&B circa 3 km a nord-ovest del centro. La mattina Maria Grazia vi saprà viziare con le sue torte fatte in casa.

Palazzo Stunis B&B €€
(☎ 393 170 00 75; www.palazzo.stunis.it; Corso Giuseppe Garibaldi 255; doppie €140;) È tutto scintillante in questo B&B di charme ricavato da un palazzotto storico ostunese, a 10 minuti a piedi dalla piazza principale della città. Dalle volte a padiglione finemente decorate alle ceramiche con bordi dorati, passando per il pianoforte della zona comune, ci si sente come giovani rampolli della Belle Époque. Prenotando direttamente dal sito si ha l'aperitivo di benvenuto offerto.

Hotel La Terra HOTEL €€€
(☎ 0831 33 66 51; www.laterrahotel.it; Via Gaspare Petrarolo 16; doppie a partire da €130;) Raffinato quattro stelle in un palazzo del XIII se-

colo, un tempo adibito a monastero. Le camere più belle offrono vedute sul centro storico, ma siamo pronti a scommettere che anche in quelle classiche non vi troverete poi così male.

Masseria Il Frantoio HOTEL €€€
(☎0831 33 02 76, 380 432 93 01; www.masseriailfrantoio.it; SS16 Ostuni–Fasano, Km 874; doppie a partire da €200; ❄📶🐾) È una magnifica azienda agricola biologica nonché un hotel di lusso questa struttura cinquecentesca a circa 8 km dal centro di Ostuni. Se il budget ve lo consente, sentitevi per una notte il signore della masseria dormendo nella camera padronale, con letto a baldacchino e pavimento in maiolica originale.

Pasti

Nel centro storico non è sempre facile trovare un buon posto dove mangiare, sia per il complicato dedalo di viuzze sia perché alcuni locali sono prettamente turistici. Affidatevi all'intuito.

Ciccio in Piazza GELATERIA, PASTICCERIA €
(☎0831 198 73 55; Via Armando Diaz 66; ⏲7-13.30 e 15-21-30 gio-mar) Questa pasticceria storica, tanto cara agli ostunesi, ha recentemente chiuso il punto vendita in Piazza Oronzo per tornare nel locale da dove tutto ebbe inizio. Poco male: dovrete fare solo qualche passo in più per gustare un gelato idilliaco o provare il pezzo forte della casa, la torta del nonno.

Cicinedda Fruit Bistrot VEGETARIANO, CENTRIFUGATI €
(☎345 608 23 82; Piazza Libertà 15; pasti €3-10; ⏲11-2 gio-mar; 🌿) Frutta mista, taglieri di verdura pastellata e, perché no, focaccia con cime di rapa. Sono queste alcune delle specialità di questo piccolo locale, che segue la stagionalità dei prodotti ed è l'ideale per rinfrescarsi, dissetarsi e godere di un pasto leggero.

Borgo Antico Bistrot BISTRÒ €€
(☎0831 33 64 75; Via Fina 8; pasti €25-30; ⏲12-15 e 19-1) Impossibile resistere al richiamo di questo bistrò nella zona più suggestiva del centro, lungo una discesa a zigzag contornata da un muro bianco e con la vista che spazia sulle campagne e il mare. Se non avete prenotato preparatevi a lunghe attese.

Fave e Fogghje TRATTORIA €€
(☎366 706 67 00; Corso Camillo Benso Cavour 15; pasti €30; ⏲19-24 lun, mar, gio e ven, anche a pranzo sab e dom) Tra spaventapasseri che reggono il menu, proverbi in pugliese scritti sui muri e panni messi a stendere negli angoli, l'atmosfera è meravigliosamente retrò. I piatti, che rispettano degnamente la tradizione locale, sono invece serviti da giovani camerieri, sempre entusiasti e gentili.

Vicolo 43 BISTRÒ €€
(☎348 478 04 27; Via Arciduca Zaccaria 43; pasti €25-30; ⏲19.30-24 mer-lun, anche a pranzo dom) Le sale con archi a volta e le sedie in legno bianco sono il giusto compromesso tra romanticismo e leggerezza. E dopo uno scialatiello con fonduta di caciocavallo, ci vuole una passeggiata digestiva: fatela lungo i bastioni della città, a pochi passi dal locale.

Il Fienile RISTORANTE €€
(☎0831 198 23 82; www.ristoranteilfienile.it; Contrada Rosara 7; pasti €30-35; ⏲19.30-22.30 mar-sab, 12.30-14 dom) Si lascia il centro per andare a cenare in un patio circondato da ulivi secolari, in una quiete apparentemente lontana dal caos della città. Tra terra e mare, pare che sia quest'ultimo ad andare per la maggiore: provate il polpo con fave e cicoria.

Osteria Ricanatti RISTORANTE €€€
(☎0831 156 18 31; Corso Camillo Benso Cavour 37; pasti €45; ⏲12-14 e 19-23) Nulla è lasciato al caso in questa intima osteria, dalle tovaglie ricamate con i centrini all'impeccabile impiattamento delle portate, degno di un locale stellato. E poi, per esempio, c'è un delizioso risotto con limone e polpo alla pignata.

Locali e vita notturna

Monna Lisa Caffè COCKTAIL BAR
(☎0831 33 86 24; Via Roma 7; ⏲17.30-1 lun e mer-ven, 18-2 sab e dom) In una ex cantina del 1940 realizzata dentro a una grotta si fa l'aperitivo

IL BIANCO CONTRO LA PESTE

Pare che fin dal Medioevo si utilizzasse la calce viva, una pietra calcarea di cui è ricca l'intera Valle d'Itria, per tinteggiare i muri esterni delle abitazioni. Tale usanza, oltre a conferire maggiore luce ai vicoli stretti di città come Ostuni, era anche di vitale importanza per via delle proprietà asettiche e disinfettanti della calce. Fu anche per questo motivo che, allo scoppiare della spaventosa epidemia di peste del XVII secolo, gli ostunesi furono meno colpiti rispetto agli abitanti di altri centri urbani, decimati dal morbo.

GLI ULIVI MILLENARI E IL CAMMINO MATERANO

Oltre che per il bianco delle sue mura, Ostuni è anche conosciuta per il verde degli ulivi che la circondano, con alcuni esemplari perfino millenari: una zona unica al mondo, dove fortunatamente sembra che il batterio della *Xylella Fastidiosa*, che tanti danni sta causando nel Salento, non sia riuscito a diffondersi. Se volete addentrarvi nei suoi meandri e vi piace camminare, potete mettervi in marcia verso Matera lungo il **Cammino Materano** (camminomaterano.it). Una delle sue vie, la Ellenica, è un itinerario che parte da Brindisi e tocca i borghi più belli della Valle d'Itria, fino a Martina Franca. Sebbene il progetto sia ancora in fase di attuazione, ci sono già alcune strutture ricettive che offrono alloggio ai pellegrini in cammino: chiedete informazioni all'Infopoint di Ostuni.

più originale di Ostuni, con cocktail superbi e schiacciate gustose. Godetevi il tramonto sulla guglia di Piazza Libertà e poi ripartite alla volta della città vecchia.

Bellinfusto PUB
(☎0831 09 30 75; www.bellinfusto.it; Via Greco 13; ⏲18-2) Non è in pieno centro storico, ma d'altronde, si sa, i luoghi speciali bisogna saperli scovare. In questo pub, che si dichiara orgogliosamente indipendente, troverete hamburger strepitosi, gente simpatica e un'ampia scelta di birre artigianali, per lo più provenienti da piccole realtà locali.

Clover PUB
(☎333 805 25 08; cloverostuni.it; Via Mercadante 6; ⏲19-2) I tavolini, disposti lungo una scalinata, sono sempre affollati di clienti pronti a gustarsi un buon panino. Anche un mojito o un bicchiere di vino può essere una buona idea, specie se in occasione di qualche performance live di tribute band. Si trova a 200 m da Piazza della Libertà.

Shopping

Bottega del Libro LIBRI
(☎0831 33 20 73; www.facebook.com/bottega.del libro; Corso Giuseppe Mazzini 10; ⏲8-13 e 16-20 lun-sab, 9-12.30 e 17-20.30 dom) Inaugurata nel 1979, propone un ampio assortimento di libri, anche per ragazzi, e organizza eventi e incontri con gli autori.

Mercatino Zacaredde MERCATO
(www.facebook.com/pasqualepinto67; nelle vie intorno alla Villa Comunale; seconda dom del mese inverno, sab e dom giu-agosto) In dialetto *zacaredde* significa vecchie cianfrusaglie, e infatti questo mercato poco a sud del centro è specializzato in oggetti d'epoca e pezzi d'antiquariato.

Typicus ALIMENTARI
(☎328 552 23 33; www.typicuspuglia.it; Vicolo Giovanni Carlo Bovio 2; ⏲10-16 lun-ven, 9-17 dom) Andate a fare incetta dei sapori gustati durante il viaggio in questa bottega in pieno centro storico. Tra le tante leccornie ci troverete anche le mandorle locali, prodotto d'eccellenza delle campagne ostunesi.

L'Ulivo che Canta ARTIGIANATO
(☎340 363 36 79; Via Petrarolo 75; ⏲9.30-13.30 e 16.30-21, ma telefonate prima) Tonino è l'artefice di questi stupendi oggetti in legno di ulivo, spesso realizzati con i soli resti della potatura; ma è anche un cantastorie, e ad ascoltarlo mentre suona la chitarra nella sua bottega si viene trasportati in un altro tempo.

Informazioni

EMERGENZE

Ospedale (☎0831 30 91 11; Via Villafranca)

Polizia municipale (☎0831 33 19 94; Corso Vittorio Emanuele II 39)

INFORMAZIONI TURISTICHE

Infopoint (cartina p222, B3; ☎0831 33 96 27; Corso Giuseppe Mazzini 8; ⏲10-21 estate, orario variabile negli altri periodi)

Pro Loco (cartina p222, B3; ☎339 592 7318; www.prolocostuni.it; Corso Giuseppe Mazzini 18; ⏲17-20.30 lun-ven)

POSTE

Ufficio postale (☎0831 30 57 41; Corso Mazzini 11; ⏲8.20-13.35 lun-ven, 8.20-12.35 sab)

Per/da Ostuni

Gli autobus della compagnia di trasporti **STP Brindisi** (☎800 23 20 42; www.stpbrindisi.it) collegano Ostuni a Brindisi (€3,20, 45 min circa) partendo all'incirca ogni due ore fuori dal centro. La stessa compagnia collega anche Ostuni ad altre città della valle, con orari e tariffe consultabili sul sito web. Vi sono inoltre frequenti collegamenti **Trenitalia** (www.trenitalia.com) per/da Brindisi (€3,10, 25 min circa) e per/da Bari (€6,10, 1 h circa). La stazione ferroviaria è in posizione un po' scomoda, 5 km a nord del centro, ma ci sono bus STP per andare in città. In estate ci sono maggiori collegamenti STP con Costa Merlata (il litorale di Ostuni) e Villanova.

Ceglie Messapica

POP. 18.750 / ALT. 298 M

A Ceglie il bianco va di pari passo con il silenzio. Persino nei mesi estivi, quando nelle vicine località della Valle d'Itria si riversano fiumane di turisti, qui non è raro imbattersi in una pace salvifica, quasi surreale. Così si inizia a salire per le intricate vie del centro con animo curioso, magari in compagnia di una piacevole brezza. Nelle piazze gli scorci di vita quotidiana non mancano, tra i panni stesi ad asciugare che si stagliano sul nitore dei muri e i fiori che anche qui colorano i balconi delle case. Attenzione, però, a pensare che tutto questo sia solo la – seppur suggestiva – quinta teatrale di uno spettacolo senza interpreti: in questo meraviglioso borgo sono protagonisti ristoranti rinomati, degni ambasciatori di una tradizione enogastronomica di conclamata e riconosciuta fama. Il prestigio è ulteriormente confermato dalla **Mediterranean Cooking School** (☎0831 38 20 65; Via Giuseppe Elia 1; www.medcookingschool.it), celebre scuola di cucina che ha qui la sua sede.

Storia

Dall'alto del colle che domina la zona circostante, l'antica città di Kailia (nome messapico del centro) oppose, nel IV secolo a.C., una strenua resistenza alla vicina Taranto. Furono erette addirittura tre cinte murarie a difesa del centro: la prima, più a ridosso della città, fu inglobata nelle mura medievali e in alcuni tratti è tuttora riconoscibile, così come si possono ancora vedere alcune sezioni della seconda cinta, realizzata con l'accumulo di pietre a secco e conosciuta come 'Paretone'. La terza cinta consisteva invece in alcune torri di avvistamento a pianta circolare, le 'Specchie' (dal latino *specula*, 'vedetta'), la cui altezza poteva arrivare fino a 20 m. Nei dintorni di Ceglie se ne possono contare ancora 19 ben conservate, tra cui la **Specchia della Selva** o la **Specchia Galante**, che si trovano ora in proprietà private.

Che cosa vedere

La vita scorre placida in Piazza Plebiscito, punto di ritrovo del borgo e luogo ideale per iniziare 'l'ascesa' verso la città vecchia. Date un'occhiata alla **Torre dell'Orologio**, di gusto neoclassico, poi raggiungete la vicina **Chiesa di San Domenico** (Via Ospedale Vecchio 10), bell'esempio di barocchetto leccese; fa parte del complesso l'omonimo convento: se aperto, visitate il **chiostro**. Entrate quindi nella **Chiesa della Collegiata** (☎0831 377093; Via Chiesa 8), di origine cinquecentesca e dedicata al culto della Vergine Assunta, per osservare gli affreschi di Domenico Carella, pittore pugliese del Settecento, e in particolare quello raffigurante una cena biblica con veduta prospettica della città (è la più antica raffigurazione di Ceglie). Diretto dirimpettaio è il **Castello Ducale** (☎0831 37 61 23; Via Chiesa 11; ⏲chiuso per lavori), che al suo interno ospita la **Pinacoteca Emilio Notte** (stessi riferimenti del castello) e la biblioteca comunale. Fatto costruire durante la dominazione normanna, a cui risale l'edificio più basso, fu poi ulteriormente ampliato dai Sanseverino, feudatari di Ceglie, che nel XV secolo fecero costruire l'imponente torre a pianta quadrata, simbolo della città, che svetta nel cielo con i suoi 34 m di altezza. Purtroppo durante le nostre ricerche abbiamo trovato l'edificio chiuso. Giunti all'estremità settentrionale del borgo, uscitene per un attimo passando dalla **Porta del Monterrone** (Via Muri) e godetevi il panorama dal **belvedere**. Poi ritornate tra le mura e girate senza meta, alla ricerca degli scorci più pittoreschi.

Feste ed eventi

Food Festival AGOSTO
(www.facebook.com/cegliefoodfestival) Nelle scorse estati chef di prestigio si sfidavano proponendo la loro versione di un alimento del territorio scelto come tema portante. Purtroppo l'ultima edizione è stata quella del 2019 e il futuro della rassegna è incerto.

Pernottamento e pasti

Suite Plebiscito AFFITTACAMERE €€
(☎333 974 71 64; Piazza Plebiscito 16; camere a partire da €70; 📶❄) La pietra chiara delle volte, le maioliche nel bagno e l'area salotto: sembra tutto fatto appositamente per rilassarsi, in questa struttura che si affaccia sulla piazza centrale di Ceglie. Per non parlare della colazione in terrazza.

★ **Palazzo Camarda** B&B €€€
(☎0831 38 05 75; www.palazzocamarda.com; Largo Ognissanti 2; doppie €140-170; 📶❄) Cesare Fiorio è passato dalla passione automobilistica alla riscoperta delle tradizioni rurali. Così ha deciso di sistemare questa stupenda dimora del Seicento, con le camere dalla tipica volta a stella e con elementi in muratura a vista. I

prodotti della prima colazione sono per lo più provenienti dall'omonima **masseria** (☎0831 38 05 75; www.masseriacamarda.it; Via Turco Camarda 31; doppie €180;); immersa nel verde di 27 ettari di campagna, con tanto di trulli a disposizione per gli ospiti, più che un agriturismo è un'oasi di pace.

Pasticceria Martinese PASTICCERIA €
(☎0831 37 95 85; pasticceriamartinese.it; Via Martina 125; ⏲7-13.30 e 17.30-21.30 mar-dom) Probabilmente sarete gli unici 'forestieri', e questo è già un buon segno. Lasciatevi ispirare dai dolci esposti, ma non dimenticate di provare l'*u' piscquett'l*, il biscotto tipico di Ceglie, a base di mandorle e ripieno di marmellata di ciliegie o uva.

★ **Bottega Alimentari Zito** PANINI €
(Via Giuseppe Elia; ⏲7.30-13 e 17-20 lun-mer e ven-sab, 7.30-13 gio) È in questa bottega in pieno centro storico che è nato il celebre panino di Ceglie a opera di Vincenzo Zito. Ideato per sfamare i contadini di rientro dai campi, è un morbido pane farcito con tonno in olio extravergine, provolone stagionato piccante, capperi dissalati e fette di mortadella. Vincenzo non c'è più, ma la sua geniale creazione è ormai entrata nella leggenda.

★ **Osteria da Giuseppe** OSTERIA €
(☎334 146 23 44; www.osteriadagiuseppe.it; Via Malta 12; pasti €15-20; ⏲12-15 e 19-24) Dopo un lungo periodo trascorso in Germania, Giuseppe ha deciso di tornare all'ovile e aprire questa rinomata osteria a conduzione familiare. Sedetevi, ordinate un antipasto misto e iniziate a far posto in tavola per i tantissimi piatti tipici che vi arriveranno, tutti deliziosi.

La Cucina della Nonna RISTORANTE €€
(☎389 027 42 69; Vico VI Orto Nannavecchia 4; menu fisso €28; ⏲19.30-22.30, anche a pranzo dom) Probabilmente, come suggerisce il nome del vicolo, questa zona aveva un tempo a che fare con il mondo campagnolo. Di sicuro ora è un accogliente giardino urbano, dove gustare specialità siculo-pugliesi è un piacere autentico.

Cibus RISTORANTE €€
(☎0831 38 89 80, 368 364 71 25; www.ristorantecibus.it; Via Chianche di Scarano 7; pasti €35; ⏲12.30-14.30 e 19.30-23 lun e mer-dom) Il ristorante di Lillino Silibello continua a riscuotere successo tra gli avventori, tra cui non manca una folta rappresentanza estera. Merito della cucina di qualità e senza eccessivi fronzoli: ordinate le orecchie di prete con cacioricotta e pomodoro e capirete perché.

Moonshine COCKTAIL BAR
(☎327 629 12 34; Largo Ognissanti 24; ⏲10-2) Avete presente la classica piazzetta con le lampadine appese che trasportano in un altro tempo? Aggiungeteci un buon bicchiere di vino e sarete in questo locale del centro storico.

Informazioni

EMERGENZE

Ospedale e pronto soccorso (☎0831 37 71 90; Largo Cappuccini)
Polizia municipale (☎0831 37 70 14; Via Enrico de Nicola 2)

INFORMAZIONI TURISTICHE

Infopoint (☎0831 182 57 82; Via Giuseppe Elia 16; ⏲orario variabile)

Per/da Ceglie Messapica

Ceglie Messapica è raggiungibile in automobile da Brindisi (48 km) con la E90. I collegamenti in autobus sono effettuati da **STP Brindisi** (☎800 23 20 42; www.stpbrindisi.it; da Brindisi €3,50, 1 h 10 min circa).

Carovigno

POP. 16.778 / ALT. 161 M

"Cinta d'intorno dal verde lussureggiante degli alberi, pare come gemma nel castone di un anello". Così Carovigno è descritta da un suo illustre cittadino, l'archeologo Vincenzo Andriani (1788-1851). Oggi questo borgo sonnacchioso è trascurato da molti viaggiatori, eppure, nel centro storico recentemente riqualificato, si respira una vaga atmosfera da isola greca, con tinte blu e reti di pescatori appese ai muri. Dinanzi allo stupefacente rosone della Chiesa Madre, poi, non si può che rimanere a bocca aperta. Nel territorio comunale sono comprese anche alcune rinomate località balneari, tra cui **Torre Santa Sabina**, **Pantanagianni** e **Torre Guaceto**, tutte Bandiere Blu da vari anni.

Che cosa vedere

A dominare il borgo c'è il **Castello Dentice di Frasso** (☎0831 99 72 37; Via Sant'Anna 2; ⏲chiuso per lavori), che presenta tre torri: una quadrata, una circolare e un'ultima, quella settentrionale, dalla peculiare forma 'a mandorla', costruita nel XV secolo pare sotto l'influenza di architetti senesi. Edificato originariamente in età normanna, l'edificio fu poi sottoposto a diversi interventi, tra cui uno recente all'inizio del Novecento a opera dell'allora proprietario, il conte Alfredo Dentice, quando si aggiunsero merlature e caditoie. Purtroppo il sito risulta chiuso e non ci è stata fornita una data precisa circa la sua riapertura. Consolatevi con la **Chiesa Madre** (Via Cattedrale 23), dedicata all'Assunta. Della struttura edificata nel Trecento è rimasto il gioiello più prezioso, ovvero il magnifico rosone laterale posto su quella che un tempo era l'entrata principale della chiesa. Imboccate la stretta Via Sanzio per andarlo a vedere.

In uscita dalla città, merita una visita il **Santuario di Maria Santissima di Belvedere** (☎333 796 50 71; SP33, Contrada Belvedere; ⏲7.30-17.30, fino alle 20 estate), a circa 4 km dal centro. L'edificio ottocentesco sorge su un'antica grotta, nella quale sono ancora visibili gli affreschi della Vergine con il Bambino e dell'Arcangelo, risalenti rispettivamente al XIV e XII secolo. È in questo luogo che ha avuto origine l'antica tradizione della *'nzegna* (v. lettura p229).

Pernottamento e pasti

Dimora dell'Osanna B&B €€
(☎320 049 79 32; www.dimoradellosanna.it; Via Vittorio Veneto 12; doppie €80) Gianpiero vi spalancherà le porte della sua dimora, un tempo convento e ora ambiente raffinato, dove elementi in stile liberty si affiancano a putti colorati a centro tavola. Nei bagni delle camere troverete le maioliche di Vietri a illuminare l'ambiente.

Chechele RISTORANTE €€
(☎0831 36 38 05; Corso Vittorio Emanuele 66; pasti €45; ⏲19-24 mar-sab) 'Il mare in piazza' è il motto di questo locale conviviale, proprio all'ingresso del centro storico. Frittura di paranza, panino al polpo o pasta con i gamberi sono solo alcune delle delizie che vi attendono. Prenotate.

Dissapore RISTORANTE €€
(☎347 361 39 26; Via Pietro Micca 15; pasti €45; ⏲19.30-22.30 mar-sab, 13-14.30 dom, anche lun sera agosto) Lo chef Andrea Catalano vuole 'far emozionare' i suoi clienti. Ci riesce degnamente con strepitosi risotti, delicate tartare e un sorprendente predessert all'olio.

Osteria Già Sotto l'Arco RISTORANTE €€€
(☎0831 99 62 86; www.giasottolarco.it; Corso Vittorio Emanuele 71; pasti €50-70; ⏲12.30-15 e 19.30-22.30 mar-dom, chiuso anche dom sera inverno) Recentemente insignito della stella Michelin, questo ristorante elegante sa come farsi amare; a partire dalla narrazione dei piatti da parte del personale di sala, che saprà rendere sensazionale il già prelibato filetto di vitello in riduzione di ciliegia e Primitivo.

LA 'NZEGNA

Secondo la tradizione, la Madonna apparve in sogno a un signore di Conversano gravemente ammalato, suggerendogli di recarsi a venerare la propria immagine al Santuario di Belvedere, se voleva guarire. Giunto sul posto, l'uomo trovò solo un contadino disperato per aver perso uno dei suoi vitelli. Il signore e i suoi servi si unirono alla ricerca dell'animale e lo trovarono in una grotta nelle vicinanze, genuflesso davanti a un'icona della Madonna. Quando l'infermo si fece calare nella spelonca vi riconobbe la stessa Vergine del sogno e guarì all'istante. Dal canto suo, recuperato l'animale, il contadino iniziò a sventolare in segno di festa un fazzoletto colorato, attirando l'attenzione dei compaesani. Da quel giorno la **'nzegna** (in italiano insegna) è diventata la ricorrenza più sentita a Carovigno e ancora oggi viene celebrata nei tre giorni successivi alla Pasqua con il rito della 'battitura', in cui sbandieratori esperti agitano vessilli colorati fra le strade del paese.

Informazioni

EMERGENZE

Poliambulatorio (☎0831 30 96 10; Via Provinciale per Ostuni)

INFORMAZIONI TURISTICHE

Ufficio turistico IAT (☎0831 99 09 58; Corso Vittorio Emanuele 25; ⏲orario variabile)

Per/da Carovigno

Carovigno è raggiungibile in automobile da Brindisi (40 km circa) con la SS379. I collegamenti in autobus sono effettuati da **STP Brindisi** (☎800 23 20 42; www.stpbrindisi.it; da Brindisi €2,50, 45 min circa). Per Bari ci sono treni frequenti (€6,90, 1 h circa) di **Trenitalia** (www.trenitalia.com). Posta a 5 km dalla città, la stazione è servita da bus di STP per arrivare in centro.

Taranto, la costa e la Murgia Tarantina

Include ➡

Il meglio – Ristoranti

- Biagio (p246)
- Panetteria Tamburrino (p247)
- Ristorante Gatto Rosso (p247)
- Macelleria Franco Dragone (p261)
- All'Hostaria (p267)

Il meglio – Hotel

- Hotel Akropolis (p245)
- Relais Histò (p247)
- Borgo Valle Rita (p261)

Perché andare

Conosciuta come "la città dei due mari" – dove per mari ci si riferisce al Mar Grande e al Mar Piccolo – Taranto, adagiata sull'omonimo golfo, al confine con la Calabria, trasuda storia e antiche tradizioni da ogni pietra. Città problematica eppure stupefacente e bellissima, ha origini che risalgono molto indietro nel tempo, a quando venne considerata il polo strategico ed economico della Magna Grecia: i depositi di questa gloriosa memoria luccicano oggi nelle vetrine del Museo Archeologico, ricco di sculture, gioielli e ceramiche di raffinata fattura, così come nella città vecchia, con la sua stratificazione di ambienti ipogei, chiese, chiostri e palazzi nobiliari consumati dal tempo e dalla salsedine. Ad attrarre i visitatori nel territorio tarantino, oltre alla città, sono la costa ionica e il mare dai sette colori rincorso da alte dune coperte da cespugli profumati, che sembra fatto su misura per le famiglie e per quanti amano le lunghe nuotate in solitudine. E se ancora non bastasse, ci sono le misteriose chiese rupestri dove pregavano i monaci basiliani venuti dall'Oriente; Grottaglie, con i suoi abili e indaffarati ceramisti; la Manduria delle vigne, delle cantine e del delizioso Primitivo; i trekking nelle gravine; le dolenti e scenografiche processioni pasquali della Settimana Santa, che sapranno intrigare anche i più restii ad avventurarsi da queste parti.

Quando andare

Come nel resto della Puglia, l'estate è il periodo privilegiato, soprattutto se la destinazione è il litorale. In questo caso, il consiglio è di visitare la zona a giugno, quando il caldo non è afoso, le spiagge sono pressoché deserte e le tariffe di hotel e B&B sono ancora piuttosto basse. Se avete intenzione di girare tutti i centri della provincia, la stagione migliore è la primavera: non solo per le suggestive feste pasquali, come quelle di Taranto e Ginosa, ma soprattutto per la natura che si ridesta e invita a lunghe passeggiate. L'inverno, con le basse temperature, e l'autunno, particolarmente piovoso, sono infine i periodi indicati agli inguaribili malinconici.

Il meglio di Taranto, della costa e della Murgia Tarantina

1 A Taranto, fate un tuffo nella Magna Grecia visitando il **MArTA** (p239), lo straordinario museo archeologico.

2 Una scorpacciata delle squisite **cozze tarantine** (p245) oggi Presidio Slow Food.

3 Le misteriose chiese rupestri della **Murgia Tarantina** (p252).

4 La Cantina Spagnola, il MuMa e la gravina più grande d'Europa a **Laterza** (p258).

5 Il Quartiere delle Ceramiche di **Grottaglie** (p263).

6 A **Manduria** (p265), dedicatevi alle degustazioni di Primitivo.

7 Scoprite il borgo incantato di **Maruggio** (p266).

8 Esplorate le dune e fate il bagno a **Campomarino** (p268).

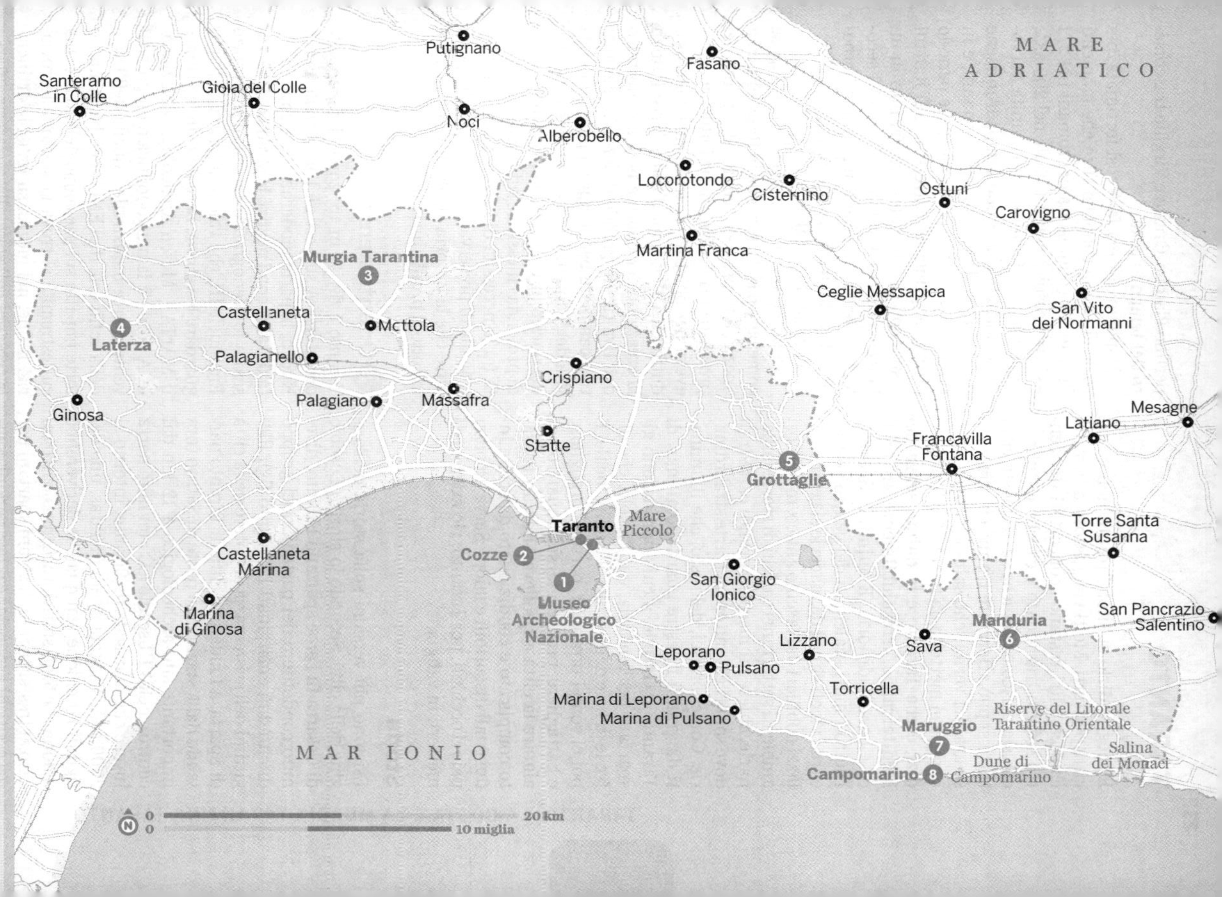

TARANTO

POP. 199.560 / ALT. 15 M

È meglio dirlo subito: Taranto non è una città per tutti. Molti viaggiatori la trovano caotica, altri restano sconcertati dal centro storico trasandato e c'è chi sottolinea che sia pericolosa, anche se di questa città tutto si può affermare tranne che sia poco sicura. La verità, che salta agli occhi non appena si mettono da parte i facili pregiudizi, è che Taranto è la quintessenza del Mediterraneo, irresolubilmente anarchica e contraddittoria. E quindi bellissima. Dietro i muri scalcinati del centro storico e tra i vicoli chiusi da macerie si celano palazzi nobiliari dal fascino antico, misteriosi ambienti sotterranei carichi di storie millenarie, chiese minuscole e grandi cattedrali dove sonnecchiano opere d'arte straordinarie. Come i musei, del resto, che illuminati da grandi finestre guardano ai mari di Taranto: il Grande, a cui approdarono gli spartani per fondarla, e il Piccolo, che offre le delizie della schietta cucina locale. E poi ci sono i tarantini, persone orgogliose e battagliere, pronte a farsi in quattro per aiutare la città a risollevarsi da un passato complicato e condizionato da scelte industriali discutibili e miopi. Serve un buon paio d'occhiali, per Taranto: ricordatevi di metterli in valigia.

Storia

Esistono più versioni sulla storia dell'origine della città. Secondo lo storico Eusebio di Cesarea fu l'eroe spartano Falanto, divenuto condottiero dei parteni, quel gruppo di cittadini emarginati in quanto figli illegittimi dell'aristocrazia al potere nella città di Sparta, a fondare la città di Taranto partendo dalla stazione di posta di Saturo (ora importante sito archeologico a 12 km dal centro), nell'VIII secolo a.C.; un mito narra invece che la nascita di Taranto, intorno al 2000 a.C., sia stata opera di Taras, uno dei figli di Poseidone, dal quale le deriverebbe il nome. Le fonti storiche accennano in ogni caso al trasferimento di alcuni spartani per necessità di espansione o per ragioni commerciali. La colonia si sviluppò così fino a divenire una delle più importanti della Magna Grecia. Era fiorente il commercio di vino, lana, fichi e conchiglie di murice, da cui veniva estratta la porpora usata per tingere gli abiti. E nella prospera Taranto nacquero anche molti intellettuali, come il matematico Archita e il musicista Aristosseno, e perfino Platone, Orazio e Virgilio trascorsero del tempo in città.

Dopo una prima fase così fortunata, però, la città non conobbe altro che momenti difficili. Fu conquistata dai romani nel 272 a.C., poi cospirò con Annibale nel 209 a.C., ragion per cui fu duramente punita dai romani, quando riuscirono a impadronirsene nuovamente. L'avvento dei normanni, e in seguito degli svevi, portò un breve periodo di tregua, prima che diversi nobili italiani e spagnoli si contendessero Taranto in un braccio di ferro durato dal XV al XVI secolo. Insofferente e ribelle al dominio borbonico, la città fu caposaldo coraggioso di Napoleone nel Sud Italia.

Dopo l'Unità d'Italia, Taranto si impose come base navale, seconda in Italia solo a La Spezia, e fu prescelta come città pilota nel processo di riqualificazione industriale che aveva per obiettivo la trasformazione produttiva del Meridione d'Italia. Il risultato fu la creazione dell'enorme polo metallurgico dell'Ilva (il più grande d'Europa), destinato a cambiare per sempre il paesaggio e la vita degli abitanti. Oggi, con l'incerta sorte del nucleo industriale, la città è in una fase di profonda riflessione sul suo futuro, stretta fra la necessità di salvare posti di lavoro e quella di preservare la salute degli operai oltre che la propria bellezza, valorizzandola sotto il profilo turistico.

ℹ Orientamento

Taranto è divisa in tre zone, dove è facile orientarsi. A sud-est c'è l'ortogonale Borgo Nuovo, la parte moderna sorta dopo l'Unità d'Italia, con i negozi, le strade dello struscio e lo scenografico Lungomare Vittorio Emanuele III, che vale una passeggiata per guardare le vetrine, bere un caffè e visitare il MArTA – Museo Archeologico Nazionale. A nord c'è la mastodontica e un po' spaventosa area industriale – quella dell'Ilva e della raffineria dell'ENI – che ha avuto un forte impatto sul paesaggio dell'area, e alla cui estremità si trova la stazione ferroviaria. Infine, nel mezzo, su un'isola artificiale (che era collegata alla terraferma fino a quando, alla fine del Quattrocento, non fu separata da un canale navigabile) alla quale si accede tramite il Ponte di Pietra a ovest e il Ponte Girevole a est, c'è la Città Vecchia, bagnata da due mari: il Mar Piccolo a nord e il Mar Grande a sud. A parte qualche puntatina nel Borgo Nuovo, comunque, sarà qui che passerete la maggior parte del vostro tempo, tra chiese, chiostri, musei e ottimi ristorantini di pesce.

Che cosa vedere

Città Vecchia

Stretta fra le acque del Mar Piccolo e del Mar Grande e cinta da due lungomari, la Città Vecchia è affascinante e al tempo stesso contraddittoria e poeticamente decadente. Costruita più e più volte sopra una penisola trasformata in isola dall'uomo, è un labirinto di vicoli che cela sotto il manto stradale secolari ambienti ipogei scavati nella roccia e alterna un'impressionante quantità di chiese, chiostri e palazzi nobiliari a edifici corrosi dai secoli e dalla salsedine. A chi avrà voglia di perdersi con il naso per aria, sfidando il frenetico e a tratti disordinato viavai degli abitanti dell'isola, Taranto vecchia svelerà d'improvviso scorci indimenticabili, straordinarie opere d'arte e una sensazione di scoperta e meraviglia che poche città sanno ancora regalare.

Castello Aragonese CASTELLO

(☎099 775 34 38; www.castelloaragonesetaranto.com; ⏱solo visite guidate 9.30-13.30) FREE Posto a sentinella all'ingresso del canale navigabile, il castello aragonese di Taranto è una delle fortezze più imponenti di tutta la Puglia e, dopo Castel del Monte, è il secondo sito più visitato della regione. Le sue origini risalgono ai bizantini, anche se l'aspetto attuale è databile al XV secolo, epoca in cui la struttura fu quasi completamente ricostruita. Oggi è gestito dalla Marina Militare ed è accessibile solo tramite visite guidate. Edificato dai bizantini nell'anno 780 all'estremità orientale del centro storico, là dove fino al XV secolo la penisola era collegata alla terraferma, con i suoi massicci torrioni angolari è uno dei siti più noti della città. Lo progettò, nella sua forma attuale, uno dei massimi architetti militari del Quattrocento, il senese Francesco di Giorgio Martini, che, dopo aver lavorato in tutto il Centro Italia, fu chiamato a Taranto da Ferdinando d'Aragona, preoccupato di difendere la città dagli attacchi dei pirati saraceni. L'ingegnere aggiunse all'originaria pianta quadrangolare tre nuove torri (poi demolite) a ovest, dando al complesso la forma di uno scorpione; fortificò le mura che dovevano essere in grado di sopportare i colpi d'artiglieria; fece installare centinaia di bocche da fuoco da cui sparavano cannoni di diverso calibro, infine diede ordine di allargare il fossato che proteggeva a est il castello, rendendolo navigabile. Il risultato fu un inespugnabile capolavoro d'architettura, modificato più volte nel corso dei secoli e in grado di ospitare fino a 4000 soldati.

Per scoprire ogni segreto della fortezza, ammirarne le diverse stratificazioni storiche e perdersi tra i camminamenti di ronda, i sotterranei, le cisterne e le casematte, l'unico modo è partecipare alla visita condotta dai preparatissimi sottufficiali della Marina Militare (dura 45-60 minuti e non si può abbandonare a metà percorso, perciò è consigliabile calcolare bene i tempi prima di iscriversi). Chi volesse togliersi lo sfizio di dare un'occhiata all'interno può affacciarsi sul grande cortile centrale e infilarsi nella Cappella di San Leonardo (XIV-XV secolo), accanto all'ingresso: è un gioiellino rinascimentale a pianta quadrata, con una straordinaria cupola a cerchi concentrici sorretta da grandi arconi in pietra a tutto sesto. Secondo la tradizione, fu qui che venne celebrato il matrimonio tra la principessa di Taranto Maria d'Enghien e Ladislao d'Angiò-Durazzo, re di Napoli. Pare infine che nello scrivere *Il conte di Montecristo* Alexandre Dumas si fosse ispirato alle esperienze di suo padre, imprigionato nella fortezza tra il 1799 e il 1800.

LA STATUA DI LISEA

In Piazza Castello, alla sommità della Discesa Vasto, vedrete la statua di una donna seminuda e sensuale, dal sorriso enigmatico e lo sguardo fiero rivolto lontano. Si tratta di Lisea, una vestale consacrata alla dea Minerva Poliade che, fatta prigioniera dai romani quando espugnarono Taranto nel 209 a.C., per sottrarsi alla violenza si gettò dalle alte mura del tempio.

Colonne Doriche AREA ARCHEOLOGICA

(Piazza Castello) Oggi sono frequentate solo da una piccola colonia felina, ma le due monumentali colonne doriche che svettano su Piazza Castello nell'antichità erano il luogo di ritrovo di gran parte della cittadinanza tarantina. Un tempo infatti tutto intorno si ergeva un enorme tempio greco, circondato da un portico colonnato rivolto verso la terraferma. Nel III secolo a.C. il luogo di culto fu abbandonato e in seguito

Taranto

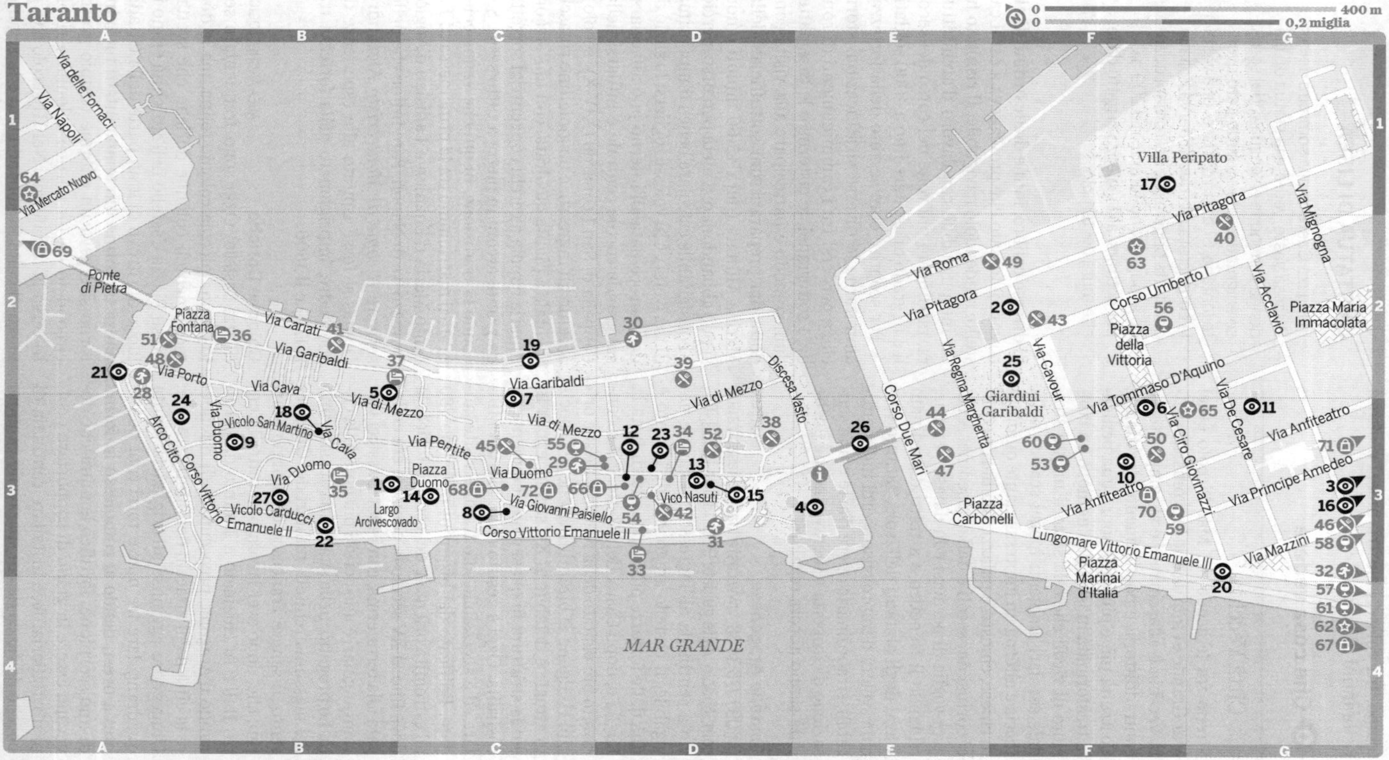
0 400 m
0 0,2 miglia
A B C D E F G
1 2 3 4
Villa Peripato
Via delle Fornaci
Via Napoli
Via Mercato Nuovo
Ponte di Pietra
Piazza Fontana
Via Cariati
Via Garibaldi
Via Porto
Via Cava
Via di Mezzo
Via Duomo
Vicolo San Martino
Arco Cito
Corso Vittorio Emanuele II
Vicolo Carducci
Piazza Duomo
Largo Arcivescovado
Via Pentite
Via Giovanni Paisiello
Vico Nasuti
Discesa Vasto
MAR GRANDE
Corso Due Mari
Via Roma
Via Pitagora
Via Regina Margherita
Via Cavour
Giardini Garibaldi
Piazza Carbonelli
Corso Umberto I
Piazza della Vittoria
Via Tommaso D'Aquino
Via Ciro Giovinazzi
Via De Cesare
Via Anfiteatro
Via Acclavio
Via Mignogna
Piazza Maria Immacolata
Via Principe Amedeo
Lungomare Vittorio Emanuele III
Via Mazzini
Piazza Marinai d'Italia

Taranto

Da non perdere
1 Cattedrale di San Cataldo B3
2 MArTA – Museo Archeologico Nazionale........................F2

Che cosa vedere
3 Biblioteca Acclavio ....fuori cartina G3
4 Castello Aragonese E3
5 Chiesa dei Santi Medici........................ B2
6 Chiesa del Carmine........................F3
7 Chiesa di San Giuseppe C3
8 Chiesa di Sant'Andrea degli Armeni...... C3
9 Chiesa e chiostro di San Domenico Maggiore........................ B3
10 Chiesetta di San Francesco da Paola al Borgo F3
11 Chiostro dell'ex Convento di Santa Teresa........................ G3
12 Chiostro di San Francesco........................ D3
13 Chiostro di San Michele........................ D3
14 Chiostro di Santa Chiara........................ C3
15 Colonne Doriche........................ D3
16 Concattedrale.....................fuori cartina G3
17 Giardini Peripato........................ F1
18 Ipogei di Via Cava B3
19 Lungomare del Mar Piccolo........................ C2
20 Lungomare Vittorio Emanuele III G3
21 Molo Sant'Eligio A2
22 MuDi – Museo Diocesano di Arte Sacra........................ B3
23 Palazzo Galeota – Museo Medievale D3
24 Palazzo Pantaleo A3
25 Piazza Garibaldi........................F2
26 Ponte Girevole E3
27 Vicoletto Mercanti B3

Attività, corsi e tour
28 Jonian Dolphin Conservation........................ A2
29 Nobilissima Taranto D3
30 Skuma........................ D2
31 Taranto in Calessino........................ D3
32 Taranto Sotterranea.........fuori cartina G3

Pernottamento
33 Baja delle Sirene........................ D3
34 Buonanotte Margherita D3
35 Hotel Akropolis B3
36 Hotel L'Arcangelo........................ B2
37 La Terrazza di NonnAnna........................ B2

Pasti
38 Biagio D3
39 Gente di Mare D2
40 Guernica........................ G2
41 La Paranza B2
42 La Piazzetta D3
43 Panetteria Tamburrino........................F2
44 Panificio Due Mari E3
45 Pasticceria Gelateria Aiello........................ C3
46 Pasticceria Napoletana.....fuori cartina G3
47 Patties E3
48 Ristò Fratelli Pesce A2
49 Ristorante Gatto Rosso........................F2
50 Siddharta F3
51 Trattoria del Pescatore........................ A2
52 Vico........................ D3

Locali e vita notturna
53 Alhambra F3
54 Bar Falanto........................ D3
55 Cibo per la Mente – Caffè Letterario D3
56 Da Massimino F2
57 Exit Village........................fuori cartina G4
58 Just Café........................fuori cartina G3
59 Sonora........................F3
60 Tabir........................F3
61 The Hops........................fuori cartina G4

Divertimenti
62 Auditorium Tarentum........fuori cartina G4
63 Cinema Teatro Orfeo F2
64 Mercato Nuovo Taranto A1
65 Teatro Fusco G3

Shopping
66 Atelier Fabrizio Lanzo........................ D3
67 Casa del Libro Mandese ...fuori cartina G4
68 Ceramiche Omma C3
69 La Factory Taranto ....fuori cartina A2
70 laNODO F3
71 Mercato Fadini ....fuori cartina G3
72 Piri Ro........................ C3

smantellato; nel Settecento fu parzialmente inglobato nell'ex Convento dei Celestini. Quando all'inizio del secolo scorso quest'ultimo fu demolito, gli archeologi si trovarono di fronte alle rovine del più antico tempio della Magna Grecia, di cui sono sopravvissute solo queste due colonne di carparo, alte 8 m e sormontate da semplici capitelli. Secondo alcuni studiosi il tempio era consacrato a Poseidone, dio del mare; per altri, invece, a Persefone, regina dell'oltretomba o comunque a una divinità femminile. Purtroppo, i gatti che sonnecchiano tra le rovine non vi aiuteranno a risolvere l'enigma.

Palazzo Galeota PALAZZO, MUSEO

(Via Duomo 234; orario variabile) FREE Magnifica dimora aristocratica del XVIII secolo, Palazzo Galeota (1728) coniuga elementi decorativi tipici del barocco salentino con soluzioni architettoniche di ispirazione napoletana. Ogni anno a maggio ospita la **rievocazione storica del Matrimonio di Maria d'Enghien** (nobildonna leccese diventata regina di Taranto) con Ladislao re di Napoli. Il corteo nuziale, al quale partecipano centinaia di figuranti, è particolarmente suggestivo.

Chiesa di Sant'Andrea degli Armeni LUOGO DI CULTO

(Piazzetta Monteoliveto; www.facebook.com/santandreadegliarmeni; su richiesta) L'unica testimonianza dell'architettura religiosa rinascimentale a Taranto è questa microscopica chiesetta nascosta nell'intrico di vicoli del centro storico. Costruita nel XIV secolo, con la sobria facciata caratterizzata da quattro lesene e un oculo a sovrastare il portale, fu per secoli il luogo di culto e ritrovo della comunità di mercenari armeni giunti in città per combattere i saraceni. Oggi, invece, è diventata il fulcro di un interessante progetto di gestione partecipata dei monumenti, vi si organizzano reading, concerti e spettacoli teatrali ed è una tappa imperdibile per quanti desiderino conoscere in profondità lo spirito della Città Vecchia. Per visitarla, bussate alle porte delle case nei dintorni: i residenti della zona hanno le chiavi.

★Cattedrale di San Cataldo LUOGO DI CULTO

(099 460 82 68; www.cattedraletaranto.com; Piazza Duomo; 8.30-13 e 16-19.30) A metà di Via Duomo, che attraversa per intero la Città Vecchia, la Cattedrale di San Cataldo fa bella mostra di sé con la sua facciata barocca e i fianchi mossi da archetti ciechi duecenteschi che ne svelano il passato millenario. Dell'edificio originario, eretto fra il X e l'XI secolo in onore del santo irlandese stabilitosi a Taranto di ritorno da un pellegrinaggio in Terra Santa, resta ben poco. La pianta basilicale, divisa in tre navate scandite da sottili colonne in marmo e coperte da un elaborato soffitto in legno intarsiato, è frutto dei rimaneggiamenti che si sono succeduti nel corso dei secoli. Gli amanti dell'architettura bizantina e romanica, comunque, potranno consolarsi scendendo nella cripta risalente al X secolo, che si ramifica al di sotto del presbiterio rialzato. Lungo i muri sono visibili lacerti di affreschi probabilmente quattrocenteschi, tra cui spicca il trittico che raffigura san Cataldo, la Maddalena e san Zosimo mentre porge con una pinzetta da eucaristia l'ostia a Maria Egiziaca, divenuta monaca ed eremita dopo un turbolento passato da prostituta.

La ragione per la quale non dovrete perdervi per nulla al mondo una visita alla cattedrale è il **Cappellone di San Cataldo**, alla fine della navata destra, che generalmente lascia tramortito anche chi non ama troppo le decorazioni barocche. A pianta ellittica, progettata nel 1631 da Cosimo Fanzago (un Bernini napoletano, anche se era nato a

TARANTO SOTTERRANEA: TRA IPOGEI E NECROPOLI

Nella Città Vecchia si dice che sotto ogni palazzo storico (di quelli costruiti in carparo) c'è un ambiente, degli stessi volumi, sotterraneo. La ragione è che il materiale necessario alla costruzione veniva estratto proprio al di sotto dell'edificio. Oggi il sistema degli ipogei è una delle principali attrazioni della città. Per scoprire alcuni degli ambienti sotterranei più affascinanti, contattate l'associazione **Nobilissima Taranto** (327 455 79 09; www.nobilissimataranto.it; Via Duomo 245; visite guidate su prenotazione a partire da €5), che da anni si occupa di studiare e valorizzare questo ineguagliabile patrimonio storico. Oltre agli ipogei, nelle viscere di Taranto (sia nella Città Vecchia sia nel Borgo Nuovo) si trovano cripte, tombe a camera e necropoli di diverse epoche, in buona parte risalenti all'epoca magnogreca. Per vederle potete contattare **Taranto Sotterranea** (347 612 24 88; Via Marche; tour su richiesta interi/ridotti a partire da €8/4; v. pagina Facebook), un consorzio di cooperative archeologiche che organizza visite guidate a otto siti, compresa un'area di scavi in Via Marche e la **Cripta del Redentore** in Via Terni, una tomba a camera di età imperiale che in epoca medievale fu adibita a luogo di culto.

Bergamo), è un tripudio di decorazioni policrome a intarsio. Solo l'altare, che custodisce le spoglie del santo, è impreziosito da oltre 100.000 frammenti di marmo, onice, madreperla, lapislazzuli e altre pietre dure. Si potrebbe passare un'intera giornata ad ammirare ogni dettaglio delle complesse figure floreali realizzate dagli artigiani nell'arco di quasi un secolo, ma vi converrà dare uno sguardo anche all'affresco della cupola, opera di Paolo de Matteis (1713), e alle otto statue settecentesche che ornano la cappella, del celeberrimo scultore napoletano Giuseppe Sanmartino, come quella di Gesù bambino tenuto in braccio da Giuseppe.

Presso La Bottega di San Cataldo, negozio di souvenir sulla piazza di fronte alla cattedrale, sono disponibili audioguide a noleggio (€3).

Ipogei di Via Cava IPOGEO

(Via Cava; ingresso libero; orario variabile) FREE Degli oltre 60 ipogei (v. lettura p236) della città, i quattro accessibili da Via Cava, che con il suo basolato luccicante è una delle strade più suggestive del centro storico, sono gli unici visitabili liberamente. Il più interessante si trova al civico 99. Si tratta di un'ex cava di carparo trasformata in epoca medievale in un frantoio, del quale sono sopravvissute le macine, i pozzetti per la raccolta dell'olio e gli ambienti dove le olive venivano conservate. Bello anche il profondo ipogeo del Passo di Ronda (civico 90), costituito da numerose sale su più livelli. Per accedervi rivolgetevi all'associazione Nobilissima Taranto (p236).

Lungomare del Mar Piccolo STRADA

(Piazza Fontana) Al mattino presto, quando il sole non si è ancora appropriato della città, è una goduria passeggiare lungo le banchine del Lungomare del Mar Piccolo, sul versante nord della Città Vecchia. Approfittatene per farvi finalmente spiegare dai cozzaroli al lavoro come si puliscono per bene i molluschi, poi spingetevi sul più lontano dei moli per scattare qualche foto allo skyline del fronte mare e scivolate fino al piccolo **mercato del pesce** all'aperto, dove i più audaci potranno fare una scorpacciata mattutina di cozze crude. Dopo il tramonto, invece, aggregatevi a una delle tante tavolate di tarantini che approfittano di panchine e aiuole per improvvisare una cenetta sotto le stelle. Oppure afferrate al volo una bottiglia dell'onnipresente birra Raffo e fermatevi a osservare il continuo viavai di ragazzini in libera uscita.

Vicoletto Mercanti VICOLO

Noto fra i tarantini come Vicolo degli Amanti e adorno di cuori rossi, questo vicoletto lastricato largo appena 47 cm è uno dei più stretti della Città Vecchia. L'intera isola è un dedalo di anguste viuzze, che garantivano alla popolazione locale maggiori capacità difensive in caso di assedio.

Chiesa di San Domenico Maggiore LUOGO DI CULTO

(Via Duomo 33; orario variabile) Insieme all'adiacente chiostro (v. lettura p238), la Chiesa di San Domenico Maggiore è la più imponente eredità architettonica angioina a Taranto. Costruita nel XIV secolo nell'area in cui sorgeva un precedente luogo di culto (a sua volta eretto sui resti di un tempio greco), ha una monumentale scalinata barocca che conduce alla facciata nella quale si aprono il sontuoso portale ogivale e lo splendido rosone. Da qui, durante la Settimana Santa a mezzanotte del Giovedì parte la processione che vede i *perdoni* (penitenti a piedi nudi) portare la statua della Vergine Addolorata: solo per scendere la scalinata impiegano circa un'ora.

Palazzo Pantaleo PALAZZO, MUSEO

(349 865 45 95; Rampa Pantaleo 6; interi/ridotti €2/1,50; 9-13 lun su prenotazione, mer, ven e prima dom del mese, 9-18 mar e gio su prenotazione) Le superbe sale di questo palazzo nobiliare affacciato sul Mar Grande (e dalle cui finestre si gode di una vista spettacolare sulle case bianche della Città Vecchia e sul golfo) sono l'ideale per chi voglia scoprire il livello di eleganza raggiunto da Taranto negli anni più luminosi della sua storia. Costruito nel 1770 dal barone Francesco Maria Pantaleo, è un gioiellino dagli elaborati pavimenti in maiolica, i soffitti a cassettoni affrescati e l'arredamento tipico dell'epoca. In un'ala dell'edificio è ospitato il **Museo Etnografico Alfredo Majorano**, dedicato a uno dei più amati sindaci della città, grande esperto di storia locale. Conserva, divisi in varie sezioni, antichi attrezzi d'uso quotidiano; tuttavia, la parte dell'esposizione più appassionante è quella dedicata alle processioni e ai riti della Settimana Santa, sentitissimi dai tarantini. Prima di tornare sui vostri passi, chiedete agli addetti del museo che vi facciano visitare la terrazza: morirete d'invidia per il fu barone Pantaleo.

MuDi – Museo Diocesano di Arte Sacra MUSEO
(☎ 099 471 60 03; www.museodiocesanotaranto.it; Vico I Seminario; interi/ridotti €5/3; ⏲ 9.30-12.30 e 16.30-19.30 gio, sab e dom 15 set-15 mag; 18-21 gio, sab e dom 16 mag-14 set) Il pezzo da 90 del museo, ospitato nel cinquecentesco Palazzo del Seminario, è un impressionante topazio scolpito a metà dell'Ottocento da Andrea Cariello, considerato il più grande al mondo. Del peso di oltre 1,5 kg, alto 18 cm e spesso 7, ha una storia piuttosto travagliata. Estratto in Brasile e acquistato da Ferdinando II di Napoli, che l'avrebbe voluto incastonato nello sportello del tabernacolo della chiesa partenopea di San Francesco di Paola, passò di mano in mano finché fu donato alla diocesi di Taranto dagli ultimi proprietari, la famiglia Latagliata. All'incisore occorsero 10 anni per realizzare l'opera, che raffigura in bassorilievo Gesù intento a spezzare il pane; a voi servirà molto meno tempo per esplorare i tre piani del museo. Non perdetevi il raffinatissimo arazzo in bisso (un filato ottenuto dalla *Pinna nobilis*, un mollusco che prospera nel Mar Piccolo) e la piccola croce aurea di san Cataldo, trovata nell'XI secolo sul corpo del santo custodito nella Cattedrale.

Chiesa dei Santi Medici LUOGO DI CULTO
(Via di Mezzo; ⏲ 7-22, chiuso gio) Molto cara alla devozione tarantina, questa chiesetta nascosta in fondo a un vicolo angusto è una struttura semplice, eretta sul sito di una precedente chiesa del XIV secolo. Gli arredi interni consistono in poco più che una collezione di ex-voto e le statue lignee di Cosma e Damiano. Nel giorno dedicato ai santi, le statue vengono trasportate in solenne processione per le vie delle città.

Chiesa di San Giuseppe LUOGO DI CULTO
(Via Garibaldi; ⏲ 8-14) La Chiesa di San Giuseppe, affacciata sul Mar Piccolo, è da sempre centro della devozione dei pescatori tarantini. Le sue origini risalgono al XVII secolo, ma l'edificio è stato ampiamente rimaneggiato nel corso dei secoli. L'elemento di maggior spicco oggi è il controsoffit-

DA NON PERDERE

SILENZIOSI, FRENETICI O MUSICALI: TUTTI I CHIOSTRI DELLA CITTÀ

Basta fare un giro del centro storico per rendersene conto: a Taranto sono numerosi i conventi e i monasteri che custodiscono placidi chiostri secolari. Alcuni sono silenziosi, altri più frenetici e altri ancora... musicali. Seguite Via Duomo, stretta fra palazzi d'epoca, poi fate una breve incursione nel Borgo Nuovo per chiudere all'ombra delle alte palme del chiostro di Santa Teresa. Uno dei più tranquilli, perfetto come rifugio nelle torride giornate estive, è il **Chiostro di San Domenico** (Via Duomo 33; ⏲ 9-13 lun-ven), addossato all'omonima chiesa, quasi all'estremità occidentale della Città Vecchia; il quadriportico sostenuto da colonne ottagonali nasconde, sul lato nord, i resti delle mura di un tempio greco, visibili sotto il pavimento. Poco distante, nella piazzetta su cui si affaccia la Cattedrale di San Cataldo, il **Chiostro di Santa Chiara** (Piazza Duomo; ⏲ 9-13 lun-ven) è il giardino del Tribunale per i Minorenni. Non vi si può accedere, ma affacciandosi oltre il portone si scorge il marchingegno attraverso il quale le monache di clausura vendevano i loro prodotti all'esterno. È identico a quello nascosto nella portineria, che fungeva da ruota degli esposti, dove venivano lasciati i bimbi meno fortunati. Il duecentesco **Chiostro di San Francesco** (Via Duomo 259; ⏲ temporaneamente chiuso) è invece il più frenetico, soprattutto da settembre a giugno; l'antico convento francescano dalla solenne facciata in carparo è infatti la sede di alcune facoltà umanistiche dell'ateneo, e tra gli arconi a tutto sesto del chiostro c'è sempre un'atmosfera allegra e movimentata. Nell'estremità orientale della Città Vecchia, il **Chiostro di San Michele** (Via Duomo 276; ⏲ 9-13 lun-ven), armonico spazio settecentesco fiancheggiato da 12 colonne in pietra, ospita l'Istituto Musicale Paisiello; nelle sere d'inizio estate non è raro imbattersi in qualche saggio degli studenti, attentissimi a non sbagliare nemmeno una nota. Infine, attraversando il Ponte Girevole (p239) ed entrando nel Borgo Nuovo, seguite la pedonale Via D'Aquino e svoltate a destra in Via De Cesare: ecco il **Chiostro dell'ex Convento di Santa Teresa** (Via SS. Annunziata; ⏲ 9-13 lun-ven), ristrutturato dall'ASL (vi si affaccia il Dipartimento di Salute Mentale), nel quale si tengono incontri e rappresentazioni teatrali.

to ligneo, al centro del quale campeggia un dipinto del 1715, opera di Paolo de Matteis.

Borgo Nuovo

Oltre a essere la parte della città dove si svolge prevalentemente la vita dei tarantini, il Borgo Nuovo rappresenta una piacevole sorpresa: la mappa a scacchiera dal sapore piemontese, i palazzi liberty, la bella Via D'Aquino, pedonale e fiancheggiata da caffetterie e negozi, le palme e il Lungomare Vittorio Emanuele III vi daranno l'impressione di essere stati catapultati in un'altra città. E invece siete sempre nella stessa e multiforme Taranto.

Ponte Girevole PONTE

(Via Ponte San Francesco da Paola) Chi vuole assistere a uno spettacolo fuori dall'ordinario tenga d'occhio il calendario di apertura e chiusura di questo ponte girevole inaugurato nel 1887, che collega il Borgo Nuovo alla Città Vecchia. Quando il meccanismo (un tempo idraulico, oggi elettrico) entra in azione, il ponte – lungo 89 m e largo poco meno di 10 – si divide in due, ruota di 90° e permette il passaggio delle navi militari tra il Mar Piccolo, dove sono di stanza, e il Mar Grande. Troverete un modellino in scala, che ne illustra il meccanismo, all'interno del Castello Aragonese: è una buona alternativa per chi non riesce a vedere la struttura in funzione dal vivo.

★MArTA – Museo Archeologico Nazionale MUSEO

(☎099 453 86 39; www.museotaranto.beniculturali.it; Via Cavour 10; interi/ridotti €8/2, ⌚8.30-19.30) Molti viaggiatori non credono ai loro occhi la prima volta che visitano le modernissime sale del MArTA, uno dei più importanti musei archeologici di tutta Europa. Nei due piani dell'esposizione sono custoditi alcuni capolavori assoluti dell'arte della Magna Grecia, che testimoniano fra l'altro la millenaria importanza di Taranto nel bacino del Mediterraneo. Ospitato nell'ex Convento di San Pasquale, il museo fu fondato nel 1887. In origine poco più che un deposito, custodiva i numerosi reperti portati alla luce durante i lavori di costruzione del Borgo Nuovo e dell'Arsenale Militare alla fine del XIX secolo. Gli imponenti interventi di ristrutturazione degli ultimi anni hanno avuto come risultato l'apertura del secondo piano del museo, che ospita mostre dedicate alla preistoria della regione e all'arte classica della Taranto greca. Per apprezzare al meglio la visita, partite dal secondo piano e seguite il percorso che si snoda in ordine cronologico attraverso 25 sale.

SI DICE SUL POSTO

SAN FRANCESCO DA PAOLA AL BORGO

Camminando lungo Via Cavour fermatevi a visitare la minuscola **Chiesetta di San Francesco da Paola al Borgo** (Via Cavour 51; ⌚ingresso su prenotazione al ☎338 959 14 32), l'unico edificio neogotico della città. La chiesa, costruita tra il 1881 e il 1898 e da molti chiamata 'il piccolo Duomo di Milano', è nascosta nel cortile di un palazzo.

➡ Secondo piano

Di solito il primo sussulto si ha non appena usciti dall'ascensore, imbattendosi nella piccola statua bronzea (soli 74 cm di altezza) dello **Zeus di Ugento** datata VI secolo a.C.; rimasta sottoterra fino al 1961, ritrae la divinità nell'atto di lanciare un fulmine ed è di una perfezione ipnotica. Nella sala II sono esposti alcuni tra i reperti più antichi del museo, molti dei quali provengono dai primi insediamenti sorti intorno al Mar Piccolo. Tra i più significativi ci sono le **Veneri di Parabita**, due statuette la cui datazione risale a circa 20.000 anni fa, che rappresentano figure femminili in stato di gravidanza, testimonianza di un culto dedicato alla dea madre. Le sale successive ospitano un prezioso cratere raffigurante menadi danzanti con gioielli 'a rilievo', alcuni splendidi esemplari della zecca dell'antica città greca di Taras (ci sono monete che sembrano fresche di conio) e centinaia di vasi attici a figure rosse o nere, illustrati con scene tratte dalla mitologia, rinvenuti in vari angoli della Puglia. Uno dei più belli è il **cratere della nascita di Dionisio**, parte di una coppia di vasi rinvenuti a Ceglie del Campo (Bari) che gli studiosi fanno risalire a un periodo compreso tra il IV e il V secolo a.C. Nella sala VII c'è infine l'altra grande star di questo piano: la **Tomba dell'Atleta** (V secolo a.C.). Si tratta della sepoltura di un atleta circondata dai suoi trofei: anfore dipinte, equivalenti delle odierne coppe, con il nome di Athena e la rappresentazione della specialità sportiva nella quale eccelleva il campione (il cui scheletro riposa ancora dentro il sepolcro: potrete vederne l'immagine riflessa

MAR PICCOLO E RISERVA PALUDE LA VELA

Con un bacino di 20 kmq, il più piccolo dei due mari di Taranto ha sempre avuto un ruolo centrale nella vita della città. Lo chiamano 'il paradosso del Mar Piccolo', sostanzialmente per questo motivo: nonostante le ingombranti megastrutture della zona industriale, che si affacciano sulle sue acque, gode di ottima salute. Ci si allevano da tempo immemore le cozze, fiore all'occhiello della cucina locale e oggi anche Presidio Slow Food; ci vivono grandi colonie di cavallucci marini, la rara *Pinna nobilis* e uno dei seni in cui è diviso il bacino interno è una riserva naturale nella quale nidificano decine di specie di uccelli. Per scoprirne la straordinaria biodiversità è una buona idea dedicare una giornata intera a esplorare l'**Ecomuseo Palude La Vela Mar Piccolo** (☎380 471 41 20; www.ecomuseomarpiccolo.com; ⏲su prenotazione con i volontari del WWF), un museo diffuso creato per valorizzare e rendere fruibile al pubblico la **Riserva Orientata Naturale Regionale 'Palude La Vela'** che si raggiunge costeggiando le sponde orientali del Mar Piccolo lungo la SP78. Estesa su un territorio che comprende zone umide incontaminate, canneti, pineta e macchia mediterranea, la riserva offre un meraviglioso rifugio dal vicino caos urbano e grandi esperienze di birdwatching: qui potrete avvistare aironi, garzette, piro-piro, falchi pescatori e, se siete fortunati, persino i fenicotteri (si stima che nella zona ve ne siano circa 130-140 esemplari).

nello specchio posto sul soffitto). Nella sala successiva, la VIII, potrete ammirare uno dei pezzi più fotografati del museo, perfetto per uno scatto da postare sui social: un **vaso** su cui è raffigurata l'immagine di Afrodite che minaccia il figlioletto Eros con un sandalo.

➡ Primo piano

Le 17 sale, che ripercorrono il periodo compreso tra gli splendori dell'età ellenistica e la città altomedievale, custodiscono alcuni dei reperti più noti dell'intera collezione. La prima sala a cui si accede è la IX, al centro della quale spicca il grande **cratere apulo** con la storia di Anfiarao, leggendario re di Argo e indovino, costretto dalla moglie a partecipare come settimo eroe alla mitica guerra contro Tebe guidata da Polinice. Nella stessa sala è esposta una **metopa** raffigurante un soldato a cavallo sul punto di sferrare il colpo di grazia su un nemico nudo, riverso in terra, armato di spada e scudo. Il rilievo era parte degli elementi decorativi del più importante tempietto funerario di età ellenistica rinvenuto a Taranto, il *naiskos* di Via Umbria. Proseguendo nella visita, la sala X accoglie la **Tomba delle Cariatidi**, proveniente da uno dei tanti ipogei di Vaste. Il pezzo forte della collezione arriva subito dopo: è il tesoro degli **Ori di Taranto**, una magnifica raccolta di gioielli realizzati in prevalenza da artigiani tarantini in età ellenistica. Comprende cinture, squisite corone a foglia d'alloro, anelli con incastonature e scarabei, oltre al celebre **orecchino a navicella**, opera di raffinatissima oreficeria. Nulla, comunque, in confronto all'oggetto più famoso ed elegante del museo, che si trova nella sala XI: uno **schiaccianoci** in bronzo, che ha la forma di due mani intrecciate, i cui avambracci sono decorati con bracciali a spirale in oro. In questa sala potrete ammirare anche una **testa femminile** in terracotta diventata il volto del MArTA: l'opera, che conserva tracce di colore, colpisce per la bellezza e la delicatezza dei tratti. Vi aspetta invece nella sala XII il ricchissimo corredo rinvenuto nella **Tomba degli Ori di Canosa**, con coppe in vetro laminate d'oro, un diadema di foglie e fiori aurei e il meraviglioso portagioie a forma di conchiglia con inciso il nome della proprietaria, Opakas Sabalidas. A seguire (nella XIII) la **Testa di Eracle**, copia romana ridotta di un originale gigantesco in bronzo di Lisippo, che fu l'orgoglio dell'acropoli tarantina prima di essere rubato dai romani, portato a Roma, spedito a Costantinopoli e poi fuso per farne moneta sonante. Le ultime sale dell'esposizione (dalla XIV in avanti) sono interamente dedicate all'arte romana. Tra vasi, marmi, epigrafi e sculture, brillano enormi ed elaboratissimi **mosaici pavimentali**. Particolarmente degni di nota quelli rinvenuti presso la Domus di Piazza Maria Immacolata, tra cui uno raffigurante un satiro e una ninfa e, tutt'attorno, uno straordinario bestiario con tigri, leoni, pantere e altri animali.

Fate infine un salto alla pinacoteca al piano ammezzato dell'edificio, che ospita la **collezione Ricciardi**, una raccolta di arte sacra che monsignor Giuseppe Ricciardi, vescovo di Nardò, lasciò in eredità al museo alla sua morte avvenuta nel 1908. La maggior parte dei dipinti a olio della raccolta è opera di artisti della scuola napoletana del periodo compreso tra il XVII e il XVIII secolo.

Giardini Peripato PARCO

(Piazza Kennedy; ⌚7-22) Con la suggestiva vista sul Mar Piccolo, i viali ombreggiati, le aiuole fiorite, un'area giochi per i bambini e una zona dedicata agli spettacoli sotto le stelle, i Giardini Peripato sono un ottimo rifugio per quanti, dopo la scorpacciata di chiese, palazzi e musei, vogliano concedersi una rigenerante boccata d'ossigeno. Appartenuti alla famiglia de Beaumont, che a metà dell'Ottocento trasformò il suo frutteto in un elegante giardino formale, questo parco diventato nel 1913 di proprietà comunale è rimasto abbandonato per decenni. Oggi è uno dei luoghi più amati dagli abitanti del Borgo Nuovo, animato a tutte le ore.

Lungomare Vittorio Emanuele III STRADA

Affacciato sul Mar Grande, è la passeggiata cittadina per eccellenza, frequentata da famiglie, appassionati di jogging e coppie a passeggio, ma anche dagli amanti dell'architettura. È sul lungomare, infatti, che troverete molti degli edifici monumentali più interessanti di Taranto. E ci troverete anche uno dei simboli della città, che sorge proprio all'imbocco, davanti al Castello Aragonese: è il **Monumento al Marinaio di Taranto**, grande scultura che guarda al golfo, realizzata nel 1974 e dedicata ai 58 marinai che nella notte tra l'11 e il 12 novembre 1940 persero la vita nel bombardamento britannico che sferrò un duro colpo alla flotta navale italiana, di stanza nel porto di Taranto. Poco più avanti, il **Palazzo del Governo** (ingresso da Via Anfiteatro 4), sede della Prefettura, stupisce tanto per i volumi quanto per lo stile, uno strano connubio di architettura del Ventennio ed eclettismo. Progettato nei primi anni '30 da Armando Brasini e costruito interamente in mattoni rossi, è ricco di archi a tutto sesto e ricorda un edificio di epoca romana. I fasci littori e le aquile in bronzo (anche questi simboli presi dalla cultura dell'antica Roma) riportano alla sua origine e al discorso che da qui fece Mussolini per la sua inaugurazione nel 1934. La **Rotonda del Lungomare**, che si apre proprio di fronte, è una bella terrazza panoramica. Ancora poco oltre raggiungerete il fascistissimo **Palazzo delle Poste** (Via Giovinazzi 78): progettato in stile razionalista dall'architetto romano Cesare Bazzani, è riconoscibile dalla torretta che divide la facciata e dalla serie di colonne sul fianco. Continuando la passeggiata s'incontra Piazza Ebalia, al cui centro campeggia la **Fontana Rosa dei Venti**: per un formidabile colpo d'occhio, ammiratela dopo il tramonto, quando un gioco di luci illumina i potenti zampilli verticali che si sollevano dalla vasca centrale. Osservandola da vicino noterete intorno alla base gli otto volti che rappresentano i venti che soffiano sulla città: Tramontana, Grecale, Levante, Scirocco, Ostro, Libeccio, Ponente e Maestrale. Sulla piazza si affaccia anche la mole imponente dell'**ex Palazzo della Banca d'Italia**.

Alla fine del lungomare è d'obbligo una sosta alla **ex Casa del Fascio** (Lungomare Vittorio Emanuele III 32; ⌚9-12 lun-ven), che oggi ospita gli uffici della Commissione Tributaria Regionale. Il salone di rappresentanza dipinto da Mario Prayer è una spettacolare *summa* dell'iconografia del regime che esaltava le arti, la scienza e la guerra.

LA LEGGENDA DELLE SIRENE

Si racconta che al tempo in cui Taranto fu capitale della Magna Grecia, fu scelta come meta preferita dalle sirene, che costruirono un castello incantato all'incontro dei due mari. La leggenda tramanda la storia della moglie di un pescatore che in un momento di debolezza si fece sedurre da un ricco signore tarantino. Il marito, accecato dall'ira, la gettò in mare (salvo poi pentirsi del gesto e perdonarla). La donna, che non sapeva nuotare, fu salvata dalle sirene, le quali, ammaliate dalla sua incredibile bellezza, la incoronarono loro regina con il nome di Skuma (Schiuma), perché era stata condotta lì dalle onde. Le statue in cemento marino delle sirene di Taranto, posizionate sulla scogliera artificiale del **Molo Sant'Eligio**, sono state scolpite e installate dall'artista contemporaneo Francesco Trani, scultore e gelataio di professione, e recentemente restaurate.

Concattedrale LUOGO DI CULTO
(☎375 737 69 16 31; Via Blandamura/Via Magna Grecia; ⏲sempre aperto) La Concattedrale Gran Madre di Dio, la cui geometrica mole immacolata domina Viale Magna Grecia alla periferia orientale della città, è uno dei monumenti simbolo di Taranto. Progettata da Gio Ponti e inaugurata nel 1970, forse non conquista tutti a prima vista, ma la sua famosa facciata traforata crea senza dubbio un colpo d'occhio memorabile.

Taranto negli anni '60 era una città in crescita: l'economia locale aveva ricevuto grande impulso dalla nascita dello stabilimento siderurgico, e fu quindi in uno scenario di rapida espansione urbana che monsignor Guglielmo Motolese, arcivescovo di Taranto, commissionò a Gio Ponti la realizzazione di una nuova cattedrale. La posa della prima pietra avvenne cinque anni dopo, nel 1967. I lavori durarono tre anni e il 6 dicembre 1970 la città celebrava l'inaugurazione dell'edificio che sarebbe diventato uno dei suoi monumenti iconici. Il progetto di Ponti, considerato da molti una delle sue opere migliori, rende omaggio alle tradizioni architettoniche pugliesi, pur nelle sue linee decisamente avveniristiche. L'uso del cemento bianco a vista, per esempio, rievoca le case bianche di pietra caratteristiche delle cittadine della regione. È il legame fra Taranto e il mare, tuttavia, il tema centrale della struttura, come si evince dalla simbolica vela della facciata che si eleva sul corpo principale della chiesa. La parete di 40 m, traforata da 80 finestre rettangolari ed esagonali, si rispecchia nelle tre vasche antistanti che simboleggiano l'oceano.

Il richiamo al mare prosegue all'interno, per esempio nel rivestimento di piastrelle color acquamarina del pavimento, oppure nelle due croci-ancore, poste in cima ad altrettanti pilastri ai lati dell'altare dal design essenziale. La luce naturale, che inonda il vastissimo ambiente (è in grado di ospitare 3000 persone), conferisce un senso di slancio e leggerezza al moderno interno minimalista, che si ispira all'essenzialità del romanico pugliese.

Piazza Garibaldi PIAZZA
Questa piazza ampia ed elegante è un punto di riferimento tradizionale per i tarantini, che durante la passeggiata serale si fermano a chiacchierare sotto le sue palme svettanti. Sul lato orientale, l'imponente Palazzo Archita color rosso ruggine, costruito alla fine del XVIII secolo, ospitava in origine l'orfanotrofio comunale.

Chiesa del Carmine LUOGO DI CULTO
(www.confraternitadelcarmine.it; Piazza Giovanni XXIII; ⏲8-12 e 16.30-20, chiuso lun mattina) Questa imponente chiesa in stile neoclassico a ridosso di Via D'Aquino, principale arteria dello shopping cittadino, è sede di una delle più importanti confraternite tarantine. Custodisce inoltre le statue di Cristo Morto e dell'Addolorata, portate in solenne processione per le strade della città durante le suggestive celebrazioni dei riti del Venerdì Santo.

Biblioteca Acclavio BIBLIOTECA
(☎099 458 11 72; www.bibliotecaacclavio.it; Via Salinella 31; ⏲9-13 e 14.30-19 lun-ven) Un grande murales variopinto raffigurante il volto di Alessandro Leogrande, celebre e compianto scrittore locale, accoglie i visitatori di questa biblioteca frutto di recenti lavori di restauro. Gli appassionati di architettura moderna ne apprezzeranno la facciata curvilinea e l'interno lineare e luminoso, mentre chi ha bimbi al seguito sarà conquistato dallo spazio Baby Pitstop riservato ai più piccoli.

Parco Cimino PARCO
(Via per San Giorgio Jonico; ⏲6-23) Oasi verde ai margini sud-orientali della città, il Parco Cimino offre un gradito rifugio dalla calura estiva e dal caos urbano. Passeggiate nella pineta silenziosa e tranquilla ammirando la bellissima vista sul Mar Piccolo, oppure approfittate degli attrezzi installati qua e là

DA VEDERE

UN SOGNO ARCHEOLOGICO: IL PROMONTORIO DI SATURO

A 12 km dal centro di Taranto in direzione sud-est, il Promontorio di Saturo è il luogo in cui, vuole la leggenda, fu fondato il primo nucleo di Taranto (secondo alcune teorie da Taras, figlio di Poseidone, secondo altre da Falanto, a capo di un gruppo di coloni spartani). Lasciando da parte i miti, vale la pena di arrivare fin qui perché su questa lingua di terra protesa sul mare si estende un **parco archeologico** (www.facebook.com/parcoarcheologico.disaturo; ⏲chiuso al momento delle nostre ricerche) che comprende i resti di insediamenti dell'Età del Bronzo e del Ferro, di un santuario greco e di una villa romana con tanto di terme.

STABILIMENTI BALNEARI

Lungo la litoranea a est di Taranto s'incontrano molti stabilimenti balneari. Di seguito ne segnaliamo alcuni dei migliori, nel tratto di costa compreso fra San Vito e Marina di Taranto. A titolo di esempio, per un ombrellone, due sdraio e accesso ai servizi alla Marina di Taranto i prezzi variano da €20 a €40.

Yachting Club (☎099 593 41 58, 335 638 66 85; www.yachtingclubsanvito.com; Via Ombrine 4, San Vito) Stabilimento balneare completo di bar, ristorante e discoteca, con un parcheggio ombreggiato di oltre 300 posti, su un tratto di costa rocciosa inframmezzata da varie aree sabbiose, a Capo San Vito.

Mon Rêve (☎099 731 21 85, 335 770 81 25; www.monreve.it; Via Pesca Mazzisciata 1, Lama) Più che uno stabilimento un resort quattro stelle, con ristorante (anche per matrimoni) e piscina, area bimbi e spazi per attività sportiva.

Lido Blue Sun (☎320 616 28 06-339 6067784; www.lidobluesun.it; SP122 31, Marina di Taranto) Stabilimento con ristorante e lounge bar, ben attrezzato per le famiglie (con area nursery), sulla spiaggia dalle acque caraibiche di Marina di Taranto.

La Spiaggetta Club (☎339 700 94 22; www.laspiaggettaclub.it; Contrada Morrone, Marina di Taranto) Un altro lido molto frequentato dove godersi una giornata sulla spiaggia bianca di Marina di Taranto, con ombrelloni di paglia, bar e DJ-set.

Onda Blu (☎347 813 32 78; www.ondablulido.it; Litoranea Salentina, Marina di Taranto) Acque cristalline accarezzano l'arenile di questo rinomato stabilimento, che offre parcheggio custodito con servizio navetta (€5), area giochi per i bambini e ristorante self-service.

all'interno del parco per fare un po' di allenamento all'aria aperta.

Spiagge

Già alle porte di Taranto, a San Vito e nel quartiere sud-orientale di Lama, il panorama urbano lascia il posto a splendide baie e spiagge, facilmente raggiungibili in autobus, in auto o in taxi dal centro cittadino in pochi minuti. Avventurandosi poi verso sud lungo la litoranea, il tratto di costa fra i comuni di Pulsano e Lizzano è caratterizzata da spiagge chilometriche di sabbia finissima lambite da acque cristalline. Scendendo ulteriormente verso il Salento, si prosegue tra spiagge sabbiose cinte da dune, insenature rocciose e mare azzurrissimo (p267).

Capo San Vito e Lama — SABBIA, SCOGLI

Spiagge di sabbia finissima e calette dall'acqua cristallina a pochi minuti dal centro città: questo è Capo San Vito, con acque poco profonde che ne fanno una meta molto popolare tra le famiglie e piacevole per chiunque voglia fare un tuffo ammirando lo skyline di Taranto e gli aironi o cormorani in volo sul mare. Qui gli stabilimenti balneari si alternano a spiagge libere costellate da tanti piccoli *chiringuitos*, affollati di bagnanti in estate, che oltre a essere ideali per un aperitivo al tramonto, garantiscono i servizi essenziali. Lama si caratterizza, invece, per le scogliere e le calette dall'acqua cristallina perfette per gli amanti del relax. Tutte le spiagge si raggiungono facilmente anche con i mezzi pubblici o in taxi.

Marina di Leporano — SABBIA

Scendendo verso sud incontriamo la successione di invitanti calette della Marina di Leporano: **Lido Gandoli**, una baia con un grazioso porticciolo e un piacevole locale sulla spiaggia, e le belle insenature, affollate in estate, della **Spiaggia di Saturo** e della **Spiaggia di Porto Pirrone**, con splendidi fondali che faranno la felicità degli amanti dello snorkelling; nei pressi, l'area archeologica del Promontorio di Saturo (v. lettura p242).

Marina di Pulsano — SABBIA, SCOGLI

Molti tarantini preferiscono spingersi fino a Pulsano, dove spiagge di sabbia chiara si alternano ad altre rocciose e scure, molto belle anche se assai frequentate in alta stagione.

Marina di Taranto — SABBIA

Da Torre Sgarrata, che chiude a est il tratto di costa di Marina di Pulsano, a Marina di Lizzano si sviluppa il litorale denominato Marina di Taranto. Questa zona coniuga i

IN CROCIERA FRA I DUE MARI

Se non volete perdervi il fascino della città dal mare potete prenotare una minicrociera della durata di circa 75 minuti sul Mar Grande e sul Mar Piccolo a bordo della **Nave Calajunco** (☎335 644 88 88, 340 220 39 03, WhatsApp 335 644 88 88; www.navecalajunco.it): durante la navigazione una preparatissima guida vi illustrerà le bellezze della città mentre siete seduti a godervi il panorama. Si salpa dalla Discesa Vasto. La nave è dotata di servizi igienici e bar.

servizi dei tanti lidi attrezzati con un contesto naturalistico fatto di chilometri di dune sabbiose ricoperte di piante di timo, mirto e gigli selvatici, fra i più integri sistemi dunali del litorale ionico. Una capatina notturna nell'entroterra vi permetterà di godervi anche qualche bel concerto di musica tradizionale, per esempio a **La'nchianata** (☎349 594 71 00; www.lanchianata.it; Via Per Mare, SP131, Torricella; ⏲18.30-fino a tardi lug-agosto), un luogo piacevolissimo anche solo per bere una birra sotto le stelle, in mezzo agli ulivi; la sua popolarità si deve però soprattutto alla serie di eventi estivi organizzati in occasione del **Popularia Festival** (www.popularia.it), rassegna di musica popolare e d'autore che promuove soprattutto band emergenti e nuove tendenze.

Attività e tour

★ Jonian Dolphin Conservation AVVISTAMENTO DEI DELFINI
(☎349 133 82 21; www.joniandolphin.it; Molo Sant'Eligio; interi/4-11 anni €40/20; ⏲su prenotazione) I vostri bambini non vi ringrazieranno mai abbastanza per averli fatti imbarcare sui due catamarani a motore di questa associazione che da anni si batte per la tutela dei cetacei nel Golfo di Taranto. Perciò, prenotate con larghissimo anticipo (almeno d'estate), mollate gli ormeggi, inforcate i binocoli e passate un'intera giornata ad avvistare i delfini. Nel corso dell'escursione si passa davanti all'Isola di San Paolo, parte dell'Arcipelago delle Cheradi (v. lettura p246), e si raggiunge un'area di ricerca di 640 kmq nel Golfo di Taranto. Lo spettacolo delle evoluzioni dei cetacei non è garantito, ma l'equipaggio fa di tutto per non deludere le aspettative, procedendo a una velocità di sei nodi nella zona degli ultimi avvistamenti e seguendo un percorso a zigzag stabilito da un software appositamente programmato. Durante la navigazione i membri dell'equipaggio illustrano il prezioso ecosistema del Golfo, descrivono i cinque tipi di delfini che vivono nella zona e invitano i passeggeri a collaborare alle attività giornaliere di raccolta dati.

Considerato che la navigazione dura circa cinque ore (si parte alle 10, si torna intorno alle 15.30), portatevi qualcosa da mangiare, anche se a bordo vi faranno assaggiare alcuni prodotti gastronomici locali.

Falesia di Statte ARRAMPICATA
A pochi minuti da Taranto, arrampicatori e free climber possono sfidare altezze da brivido cercando la propria via sulle pareti di questa splendida gravina, con oltre 100 percorsi possibili.

Taranto in Calessino TOUR IN APE CALESSINO
(☎339 284 85 69; www.apecalessinotaranto.it; Piazza Castello; tour guidato €15 per persona; ⏲9-13 e 16-20 o su richiesta) Gianni conosce Taranto come le sue tasche. E durante il tour (circa un'ora) a bordo dell'Ape Calessino, che guida con maestria tra i vicoli del centro, vi racconterà la città dalla sua fondazione e ve ne mostrerà gli angoli più pittoreschi.

Skuma TOUR IN TRIMARANO
(☎333 409 07 35; www.skuma.it; Via Garibaldi 240; tour guidato €10-25 a persona in base alla durata del tour) Gite in trimarano a visione subacquea nel Mar Piccolo e nel Mar Grande, alla scoperta di delfini, cavallucci marini e tartarughe, che faranno la felicità di grandi e piccini.

Feste ed eventi

Uno Maggio Libero e Pensante 1° MAGGIO
(www.facebook.com/unomaggiotaranto) Di concertoni del Primo Maggio non c'è solo quello di Piazza San Giovanni a Roma. Quello tarantino, che dal 2012 ha visto la partecipazione di alcuni tra i migliori interpreti della musica italiana (dai Subsonica a Daniele Silvestri, dai Tiromancino a Vinicio Capossela e a Teresa de Sio), riesce a richiamare ogni anno migliaia di giovani da tutta la penisola. A Roma organizzano i sindacati; qui, invece, operai e cittadini. Si svolge nella cornice del Parco Archeologico delle Mura Greche, alle spalle della Concattedrale (p242).

Matrimonio di Maria d'Enghien MAGGIO
Qualche settimana dopo la **Festa di San Cataldo**, che l'8 maggio vede l'effigie del santo portata in processione fino in mare, si rievocano con stupendi abiti medievali le nozze di Maria d'Enghien (nobildonna leccese diventata regina di Taranto) con Ladislao re di Napoli. Il corteo nuziale, al quale partecipano centinaia di figuranti, è particolarmente suggestivo.

Giovanni Paisiello Festival SETTEMBRE
(www.giovannipaisiellofestival.it) Dedicato al compositore tarantino Giovanni Paisiello, questo festival ospitato in vari luoghi della Città Vecchia unisce musica classica, opere liriche, concerti di jazz e musica etnica.

Pernottamento

Buonanotte Margherita B&B €
(☎349 295 89 59; www.buonanottemargherita.it; Via Duomo 260; singole/doppie €45/68; ❄📶) La gentilissima proprietaria di questo B&B vicino al Borgo Nuovo vi illustrerà la città armata di mappe, carta e penna, con particolare attenzione all'amata Città Vecchia. La vista che si gode dai balconcini delle camere, la 'Medievale' e la 'Marinara', è incantevole. La colazione si fa al bar.

La Terrazza di NonnAnna B&B €€
(☎346 725 80 62; www.laterrazzadinonnanna.it; Via Garibaldi 150; singole/doppie/quadrupla €70/95/150; ❄📶) Bel B&B con una splendida terrazza vista mare dove potrete gustare la prima colazione guardando i pescherecci.

★ **Hotel Akropolis** HOTEL €€
(☎099 470 41 10; www.hotelakropolis.it; Vico I Seminario 3; singole/doppie €70-110/90-130; ❄📶P) Ospitato in un bel palazzo le cui fondamenta risalgono all'anno Mille, l'Akropolis è un quattro stelle che ha tutto ciò che serve per viziare i suoi ospiti: dalla splendida terrazza sul tetto (la più alta di tutta la Città Vecchia) al comfort discreto delle camere, molte delle quali hanno ancora i pavimenti originali in piastrelle di maiolica.

Baja delle Sirene B&B €€
(☎099 987 17 81; www.bajadellesirene.it; Via Paisiello 56; singole/doppie €60/80; ❄📶) Con le finestre rivolte verso il Mar Grande, che vi daranno l'impressione di essere su una nave da crociera, le sei camere del Baja delle Sirene sono di gusto moderno, seppure ricavate in un bel palazzo ottocentesco recentemente restaurato. Oltre che per l'accoglienza, comunque, potreste scegliere di pernottare qui per lo straordinario **ipogeo** dell'edificio, dal soffitto a cupola: secondo alcuni sarebbe stato utilizzato come luogo di culto dai primi cristiani tarantini.

Hotel L'Arcangelo BOUTIQUE HOTEL €€
(☎099 471 59 40; www.hotelarcangelotaranto.it; Piazza Fontana 33/Via Garibaldi 3; singole/doppie €60-80/90-100; ❄📶) Negli ultimi anni, questo piccolo tre stelle ricavato in un bell'edificio ottocentesco ha conquistato vari primati e vinto numerosi premi. In effetti è stato perfettamente restaurato, si trova in posizione comoda per autobus e treni, ha un'atmosfera piacevole e una proprietaria premurosissima. Le camere più economiche sono anche le più piccole, mentre le altre, oltre a essere spaziose, hanno la terrazza vista mare.

Pasti

C'è poco da girarci attorno: a Taranto si mangia quasi solo pesce. Trattorie e ristoranti si concentrano prevalentemente nella Città Vecchia, in particolare nei pressi del

DA NON PERDERE

LE PROCESSIONI DELLA SETTIMANA SANTA

Pasqua è un periodo davvero speciale per visitare la città: le famose processioni della Settimana Santa, tra i riti più suggestivi della tradizione popolare pugliese, sono un evento molto sentito dai tarantini. Le loro origini risalgono all'epoca in cui l'Italia meridionale era sotto il dominio spagnolo. Nel 1703 un nobile tarantino, don Diego Calò, commissionò ad artigiani napoletani la realizzazione di due statue raffiguranti Cristo Morto e l'Addolorata: le stesse che, ancora oggi, sono portate in processione lungo le vie della città il Venerdì Santo. Le processioni cominciano il Giovedì Santo, quando coppie di penitenti incappucciati (i *perdùne*) percorrono le vie della città in pellegrinaggio fra i vari sepolcri allestiti nelle chiese. A mezzanotte, dalla chiesa di San Domenico ha inizio la suggestiva Processione dell'Addolorata, che si snoda lungo le strade per tutta la notte. E il venerdì alle 17 dalla chiesa del Carmine escono i simulacri dei Misteri che rievocano la Passione di Cristo sfilando per circa 15 ore lungo le vie del Borgo Nuovo.

VALE IL VIAGGIO

L'ARCIPELAGO DELLE CHERADI

Se cercate un'ottima scusa per vedere Taranto dal mare e godervi allo stesso tempo un'intera giornata in spiaggia, andate a visitare l'Arcipelago delle Cheradi, probabilmente il meno conosciuto d'Italia, a pochi minuti di navigazione dalla città. Composto dall'**Isola di San Paolo** (oggi non visitabile) e dall'**Isola di San Pietro**, è stato per secoli un avamposto militare e oggi è una delle mete più ambite dagli amanti della tintarella. Durante l'estate è attivo un servizio di battelli gestito da **Kyma Mobilità Amat** (www.amat.taranto.it; andata e ritorno €10) che parte dalla banchina di Piazzale Democrate, sulla terraferma accanto al Ponte di Pietra, e approda alla spiaggia dell'Isola di San Pietro, dove c'è uno **stabilimento balneare** (ingresso €1,85) gestito dalla Marina Militare. Considerate che i posti sono limitati, per cui dovrete prenotare con un po' d'anticipo. L'elenco delle rivendite dei biglietti (dove riservare anche l'accesso alla spiaggia) è disponibile sulla pagina web dell'Amat.

Lungomare del Mar Piccolo, ma sono numerosi anche quelli – di ottimo livello e con un menu più variegato – del Borgo Nuovo.

Citta Vecchia

Pasticceria Gelateria Aiello PASTICCERIA €
(☎099 994 65 56; Via Duomo 189; ⏲7.30-13.30 e 17-19 lun-sab, 7.30-14 e 18-19 dom) Questa pasticceria di vecchia data è considerata la migliore della Città Vecchia. Grazie all'invitante assortimento di dolci e gelati e all'ottima posizione lungo la via principale del quartiere, è il posto ideale dove fermarsi a fare il pieno di energie.

Vico PIZZERIA €
(☎099 400 41 79; www.facebook.com/vicosantagostino/; Vicolo Sant'Agostino 9; pasti a partire da €15; ⏲18-23.45) Inaugurata all'inizio del 2020, questa pizzeria dall'atmosfera informale ha conquistato subito un'affezionata clientela grazie alle pizze eccellenti e alle birre artigianali servite nella sala semplice e ariosa, nonché alla posizione in un vicolo di fronte alla quattrocentesca Chiesa di Sant'Agostino.

Trattoria del Pescatore RISTORANTE €€
(☎099 470 71 21; www.pescheriatrattoriadamurianni.it; Piazza Fontana 47; pasti €25-30; ⏲8.30-23.30) Per un assaggio della Taranto verace, non c'è niente di meglio di questa accogliente trattoria con i tavoli all'aperto in Piazza Fontana. Il menu propone specialità locali di cucina di mare con ingredienti freschissimi provenienti dalla pescheria accanto: iniziate con i tubettini alle cozze e proseguite con un fritto misto o un piatto di pesce alla griglia.

Gente di Mare RISTORANTE €€
(☎099 946 66 52; gentedimaretaranto.it; Via Garibaldi 254; pasti €30; ⏲12.30-15 e 20-23.30) Le reti stese ad asciugare al sole e i pescherecci ormeggiati sulle banchine lungo il Mar Piccolo creano la cornice perfetta per un eccellente banchetto di cucina di mare. Versione contemporanea di una trattoria tipica, Gente di Mare serve ottimi piatti a base di pescato del giorno nella sala luminosa con le pareti immacolate e gli arredi di legno chiaro.

La Paranza RISTORANTE €€
(☎099 460 83 28; www.laparanzataranto.it; Via Cariati 68; pasti a partire da €30; ⏲12-15 e 19-22 mar-dom) In posizione privilegiata sul lungomare del Mar Piccolo, La Paranza è la soluzione perfetta per chi non vuole spendere un patrimonio per cenare ma è allergico ai posti alla buona: tavoli apparecchiati con cura, camerieri gentili e preparati, menu basato solo sui prodotti provenienti dal Golfo di Taranto. C'è anche un piacevole dehors con qualche tavolo. Gli antipasti della casa, piatto forte del locale, sono assai sazianti, perciò non esagerate con le ordinazioni.

Ristò Fratelli Pesce RISTORANTE €€
(☎099 470 90 00; www.facebook.com/ristofratellipesce; Via Porto 18; pasti a partire da €30; ⏲12-15 e 19.45-1 mar-dom) Decisamente più elegante rispetto alle trattorie dei dintorni, questo ristorante all'estremità nord-occidentale dell'isola è molto apprezzato da chi abita in zona. Nella sala dal soffitto a volta gusterete una cucina di mare preparata ad arte con ingredienti stagionali di primissima qualità (si consiglia vivamente la prenotazione).

★Biagio RISTORANTE €€€
(☎338 701 40 41; Piazza Castello 11; pasti €45-55; ⏲12-15 e 19-23 mar-dom) La cucina tarantina viene rivisitata in chiave sofisticata in questo esclusivo ristorante affacciato su Piazza Castello. Gli antipasti sono un tripudio di quanto di meglio il mare possa offrire, men-

tre l'interessante carta dei vini propone una selezione di etichette locali degne di nota.

Borgo Nuovo

Siddharta RISTORANTE €
(☎338 407 06 47; www.facebook.com/pinosiddhartarusso; Via Massari 3; pasti a partire da €15; ⏲12.30-0.30 lun-sab) I *bon viveur* tarantini adorano il Siddharta, gestito dal simpatico Pino. Tra gli arredi in legno della sala accogliente, in cui regna un'atmosfera da taverna, potrete gustare piatti stagionali e ottimo vino, e il locale ospita spesso serate di jazz dal vivo. Nei mesi freddi Pino prepara un gulasch strepitoso: preannunciato sulla sua pagina Facebook, è diventato una sorta di appuntamento in città.

Panificio Due Mari PANIFICIO €
(☎099 451 91 78; Via Giacomo Matteotti 16; pasti a partire da €4; ⏲10.30-15 e 18-23.30 lun-ven, 18-24 sab e dom) Non ha neanche un tavolino, eppure è pieno zeppo a tutte le ore questo panificio a due passi dal Ponte Girevole; che poi non è esattamente un panificio, perché ha il forno a legna per le pizze, un bancone di formaggi e salumi per imbottire le pucce e molto altro. Imbattibile per un boccone al volo.

Pasticceria Napoletana PASTICCERIA €
(☎099 477 57 46; Via Icco 8-10; www.pasticcerianapoletanaterrero.it; ⏲7-13.30 e 17-20, chiuso lun, gio e dom pomeriggio) Un angolo di Napoli in piena Taranto. Di proprietà della stessa famiglia da tre generazioni, questa pasticceria con le piastrelle di maiolica alle pareti propone tutti i dolci classici della tradizione partenopea, dagli irresistibili babà al rum alle peccaminose sfogliatelle.

Patties HAMBURGER DA GOURMET €
(☎342 326 32 49; www.facebook.com/PattiesTaranto; Via D'Aquino 15; pasti €15-20; ⏲12.30-15 e 19-24, chiuso mar e dom a pranzo) Con le pareti bianche di mattoni a vista e l'ampia vetrata, il Patties rievoca l'atmosfera di un magazzino riconvertito newyorkese. È una tappa irrinunciabile se volete assaggiare i migliori hamburger della città accompagnati da un buon assortimento di birre europee alla spina.

Guernica PIZZERIA €
(☎099 994 22 95; Via Acclavio 4-10; pasti a partire da €15; ⏲12.30-14.30 e 19.30-24) Il ricco menu di ottime pizze, la sala elegante dal design moderno e il servizio cordiale ed efficiente contribuiscono a fare di Guernica una delle migliori pizzerie di Taranto.

★ **Panetteria Tamburrino** PANETTERIA €
(☎099 452 94 10; Corso Umberto I 43a; ⏲7.30-14 e 17-21.30 lun-sab) Durante la Settimana Santa, la fila davanti all'ingresso di questo panificio d'altri tempi sembra non finire mai. In attività da tempo immemore, Tamburrino garantisce un approvvigionamento continuo di pizza al taglio e deliziosa focaccia tarantina (con la base sottile e carica di pomodoro).

★ **Ristorante Gatto Rosso** TRATTORIA €€/€€€
(☎340 533 78 00; www.ristorantegattorosso.com; Via Cavour 2; pasti €35-60; ⏲12.30-15 e 19.30-23 mar-dom) A un passo dal MArTA, è tra i più quotati ristoranti della città, con una piacevole terrazza coperta dove si mangia d'estate ed eleganti sale interne decorate con vecchie foto in bianco e nero della famiglia Bartoli, che lo gestisce dal 1952. In cucina Agostino, con i genitori Elisa e Rino, ci sa fare: spaghetti alle vongole tarantine, strascinati di grano arso con cozze e fiori di zucchina, seppie grigliate e così via.

Marina

Poldo Forever Paninoteca PANINI €
(☎099 777 68 13; www.poldoforever.it; Via Lama 105, Lama; pasti a partire da €10; ⏲19-2.30) Fiero di definirsi un 'pub americano', per i tarantini, Poldo Forever è il tempio delle pucce. Questi giganteschi panini ripieni di ogni ben di dio (formaggi, bacon, patatine fritte e salse) sono già di per sé un pasto soddisfacente.

RELAX A CINQUE STELLE

Esclusivo cinque stelle in una masseria del XIV secolo, circondata da una tenuta di 70 ettari, sulle sponde del Mar Piccolo, l'esclusivo **Relais Histò** ☎349 939 22 05; www.relaishisto.it; Via Santandrea Circummarpiccolo) offre una spa con una vastissima gamma di trattamenti benessere: da un percorso terme romane di 90 minuti (€60) a un più esotico rituale tibetano a base di pietre himalayane e sali del Mar Morto della durata di due ore (€120).

I CITRI E IL SEGRETO DELLE COZZE D'ACQUA (QUASI) DOLCE

Sono onnipresenti, le cozze, a Taranto. Nei banchetti improvvisati che le vendono a bordo strada, sulle banchine del **Porto Peschereccio**, con il pomodoro nelle tavole casalinghe apparecchiate dietro le tende e in bella mostra in ristoranti di lusso e osterie alla mano. La ragione è che da secoli questi molluschi si coltivano, con grande successo, nelle basse acque del Mar Piccolo, in quelle che un tempo erano chiamate *sciaje*, un termine tarantino che significa più o meno 'giardini di mare'. Negli appezzamenti (oggi detti quadri) che i pescatori ottenevano in concessione, venivano infissi lunghi pali in legno collegati tra loro da corde in fibra vegetale, che dal fondo arrivavano quasi a pelo d'acqua e su cui erano coltivati i mitili. A dire il vero, prima si producevano ostriche, ma, un po' per la difficoltà di portarle a maturazione e un po' per le imposte che i pescatori erano costretti a pagare, ben presto tutti si ritrovarono ad allevare le cozze. A differenza di tutte le altre del mondo, queste hanno un sapore più delicato, che le rende apprezzatissime. Sul fondo del Mar Piccolo, infatti, sgorgano 32 polle d'acqua dolce, i citri, di diversa dimensione e intensità, che attenuano la salinità del mare. Il più ampio tra i citri, tuttavia, si trova nel Mar Grande: è l'**Anello di San Cataldo**. Se vi dovesse capitare di fare un giro in barca da quelle parti, andatelo a vedere: è impressionante.

Medì – Apulian Sea Experience RISTORANTE €€/€€€
(☎347 698 29 02; www.facebook.com/MediApulianSeaExperience; Via Litoranea Salentina 5962, Marina di Leporano; pasti a partire da €35-40; ⌚10.30-1, chiuso mer) Pareti imbiancate a calce e arredi bianchi conferiscono una sobria eleganza a questo sofisticato ristorante di fronte al mare con i tavoli all'aperto in una magnifica terrazza baciata dal sole. In armonia con l'ambiente circostante, il menu offre piatti classici della cucina di mare accanto a proposte più originali, come tartare di gambero viola con maionese alle arachidi.

La Barca CUCINA DI MARE €€/€€€
(☎099 533 33 35; www.facebook.com/labarcataranto; Litoranea Salentina, Marina di Pulsano; pasti €35-50; ⌚12-24 mar-dom) Molto apprezzato dai gourmet locali, questo elegante ristorante di fronte al mare utilizza ingredienti pregiati a km0. Provate una delle eccellenti portate di crudo, ma assolutamente da non perdere sono anche i primi della tradizione (come i tagliolini alla polpa di ricci) e le fritture di pesce, leggere e croccanti.

Locali e vita notturna

Città Vecchia

Cibo per la Mente – Caffè Letterario CAFFÈ, EVENTI
(☎099 400 75 20; www.facebook.com/CiboPerLaMenteTaranto; Via Duomo 237-239; ⌚17-23 lun-mer, 17-1 gio-sab) Claudia e Barbara si danno un gran da fare con i libri e gli eventi in questo piacevole ritrovo, punto di riferimento per molti tarantini che trascorrono sempre volentieri qualche ora in questo caffè: per una fetta di crostata fatta in casa, un aperitivo, un incontro con un autore o un concerto.

Bar Falanto BAR
(Via Duomo 246; ⌚6-20) Questo bar nella via principale della Città Vecchia è frequentato da una clientela eterogenea di residenti, studenti e passanti che si fermano a bere un caffè o una birra fresca. Se avete un po' di tempo, sedetevi a uno degli ambiti tavolini disposti lungo il muro in pietra color miele davanti all'ingresso del locale.

Borgo Nuovo

Da Massimino BAR
(Via XX Settembre 7; ⌚20-fino a tardi) Sembra un bar anonimo questo posto nascosto nei pressi di Piazza della Vittoria, nel cuore del Borgo Nuovo; ma non lasciatevi ingannare: dopo le 20, che sia estate o inverno, qui si dà appuntamento la 'meglio gioventù' di Taranto: studenti universitari, intellettuali, artisti. Sarà per l'aria informale, per l'ampia scelta di birre e alcolici e l'ottimo rapporto qualità-prezzo, o forse e soprattutto per l'innata simpatia del proprietario, Massimino, ma è una tappa irrinunciabile.

Tabir PUB
(☎335 754 71 69; Via Cavour 35; ⌚18-2 mar-dom) Amatissimo dai giovani tarantini, informale, con uno spazio interno caldo e accogliente e una buona selezione di birre, è uno dei capisaldi notturni del Borgo Nuovo. Se lo sto-

maco chiama, è possibile anche mangiare stuzzichini e pucce.

Alhambra PUB
(☎349 273 68 06; www.facebook.com/alhambrarockmusicpub; Via Cavour 39; ⌚orario variabile) La musica rock fa da sottofondo al brusio dei giovani che sorseggiano birre scozzesi e lager tedesche nella saletta raccolta di questo storico pub cittadino. Per chi avesse fame, sono disponibili anche spuntini e piatti semplici.

The Hops PUB
(www.facebook.com/thehopstaranto; Via Umbria 23; ⌚18-1 mar-dom) Gli amanti della birra artigianale non rinunceranno a una tappa in questo eccellente bar-bottiglieria nel Borgo Umbertino. Nell'accogliente sala di legno scuro potrete scegliere tra circa 120 etichette internazionali, cinque delle quali alla spina. Con la sua atmosfera rilassata, è il posto ideale per una piacevole serata di bevute.

Exit Village PUB
(☎349 087 67 97; www.facebook.com/exitvillage; Via Cavallotti 120; ⌚17.30-1/2) Scendendo le scale che portano a questo locale dalla volta a botte situato al piano interrato vi ritroverete catapultati in un altro mondo. Dietro il lungo bancone illuminato da luci colorate i barman preparano ottimi cocktail per la clientela giovane che affolla la sala arredata con panche di legno e oblò nautici.

Sonora BAR
(☎338 427 33 89; www.facebook.com/sonorataranto; Via Principe Amedeo 1-3; ⌚18-22) La variopinta sala stile shabby-chic di questo tranquillo ritrovo di quartiere sfoggia un bancone rivestito di piastrelle, eclettici arredi vintage e arte etnica alle pareti. Frequentato da una clientela bohémienne, ospita regolarmente musica dal vivo, DJ-set ed eventi culturali.

Just Café CAFFÈ
(☎371 426 28 13; www.facebook.com/Justcafeltalia; Piazzale Dante Alighieri 26; ⌚7.30-24) Per lo spritz migliore di Taranto fate un salto in questo popolarissimo caffè con un'ampia terrazza affacciata sulla Biblioteca Acclavio e i grattacieli del Centro Direzionale Bestat. Aperto tutto il giorno, serve prime colazioni, pasti leggeri e aperitivi.

LA ZONA DEI DOCKS

Chi visita Taranto di rado si spinge fino al quartiere di Porta Napoli. Esteso appena oltre il Ponte di Pietra, a ridosso della zona industriale e a due passi da Piazza Fontana nella Città Vecchia, ha le caratteristiche di un'area di passaggio, con strade a scorrimento veloce e vie semideserte lungo le quali si susseguono magazzini e depositi dall'aria abbandonata. Da qualche tempo, tuttavia, un progetto di riqualificazione ha dato vita a numerose iniziative artistiche e culturali.

Inaugurata a ottobre del 2020 in un magazzino degli anni '20 in Via Foca Niceforo, **La Factory** (www.facebook.com/LaFactoryhandmade; Via Foca Niceforo 30; ⌚10-21) è un laboratorio/showroom per stilisti e artigiani locali. La gamma di articoli spazia dai capi trendy (T-shirt dipinte a mano e originalissime giacche di jeans) agli oggetti artistici (gioielli artigianali, ceramiche e stampe) fino ai gadget più bizzarri (codici ricamati che, scannerizzati dal cellulare, danno accesso a brani rock su Spotify).

Proprio accanto alla Factory, **SpazioPorto** (☎351 618 11 18; www.facebook.com/spazioportotaranto; Via Foca Niceforo 28; ⌚orario variabile) è un grande contenitore multifunzionale che occupa un ex deposito riconvertito. Funge da spazio di coworking e studio di produzione per film-maker e in futuro ospiterà eventi.

Un isolato alle sue spalle, **Ammostro** (☎334 949 21 38; www.facebook.com/ammostroTA; Via Costantinopoli 56; ⌚su appuntamento) è nato da un'idea di sei giovani artigiane e oggi offre uno spazio di coworking per un team di creativi locali.

Avamposto del progetto di valorizzazione urbana di Porta Napoli, **Mercato Nuovo** (☎339 486 99 54; www.mercatonuovo.club; Via Mercato Nuovo 30; ⌚21-2 ven e sab, 17-24 dom) è un club frequentato da una clientela giovane e trendy. Lo spazio, allestito in un magazzino riconvertito, ospita un interessante programma di concerti, DJ-set, eventi culturali e spettacoli. Per il calendario degli appuntamenti consultate la pagina Facebook o il sito.

Marina

Whisky a Go Go BAR
(☎ 346 000 05 11; Viale dei Micenei, Pulsano; ⏲ 16-fino a tardi) In relativa solitudine su un tratto di litorale roccioso, Whisky a Go Go, o 'the Republic of Rock' come è orgoglioso di definirsi, è il classico baretto fronte mare dall'atmosfera magica. Un muretto a secco cinge la terrazza con un chiosco e le poltroncine di rafia. Il sottofondo di buona musica retrò garantisce serate memorabili sotto le stelle.

Frescheria Jamaica BAR
(☎ 099 201 34 87; www.facebook.com/frescheria jamaica; Litoranea Salentina, Marina di Lizzano; ⏲ orario variabile) Questo arioso locale porta i ritmi del calypso caraibico fin sulle sponde dello Ionio. Popolarissimo tra i bagnanti del litorale tarantino, il Jamaica può vantare una fantastica posizione sul mare. Vi troverete ottima musica reggae, un buon assortimento di cocktail e un'atmosfera informale e rilassata. Il posto perfetto per bere una birra a piedi nudi sulla spiaggia.

☆ Divertimenti

Teatro Fusco TEATRO
(☎ 099 994 93 49; www.teatrocomunalefusco.it; Via Ciro Giovinazzi 49) Inaugurato nel 1907 (fu uno dei primi cinema aperti in Italia), il Fusco divenne da subito un importante punto di riferimento in città. Una vetrina per talenti emergenti e artisti affermati, oggi ospita sul suo palcoscenico un eterogeneo programma di concerti, spettacoli teatrali, eventi culturali e tavole rotonde. Molto apprezzata dagli attori che si esibiscono qui è la presenza, dietro le quinte, dei resti di una fornace per la lavorazione dell'argilla risalente al XVIII secolo.

DA NON PERDERE

IL MERCATO FADINI

Per vivere un'esperienza autenticamente tarantina, non perdetevi il **mercato coperto di Piazza Fadini** (⏲ 6.30-14) dove i venditori si apostrofano scherzosamente in dialetto e i clienti si assiepano tra banchi carichi di frutta e verdura di stagione, formaggi, bombette, focacce, pesce fresco e mezzelune di delizioso caciocavallo color burro.

Cinema Teatro Orfeo CINEMA, TEATRO
(☎ 099 453 35 90; www.teatrorfeo.it; Via Pitagora 78) Un'istituzione in città, ospita grandi produzioni di teatro e musica ed è anche molto bello da vedere.

Auditorium Tarentum AUDITORIUM
(☎ 099 453 32 18; www.facebook.com/Auditorium Tarentum; Via Regina Elena 122) L'eclettico programma, che spazia da spettacoli di cabaret a musical, reading, concerti pop e serate di tango, riscuote un grande successo di pubblico.

Shopping

Città Vecchia

Ceramiche Omma CERAMICA
(☎ 345 667 80 76; Via Paisiello 13; ⏲ 8.30-13 e 15-20 lun, 9.30-20.30 mar-sab, 8.30-13 dom) Fate un salto in questo piccolissimo laboratorio artigiano accanto alla Chiesa di Sant'Andrea degli Armeni e scegliete un pezzo delle colorate ceramiche e mattonelle in maiolica prodotte ed esposte qui. Nel caso il genere vi appassioni, potreste portarvi a casa anche l'intera processione della Settimana Santa, con tanto di penitenti incappucciati, Cristo e via dicendo.

PiriRò LABORATORIO ARTISTICO
(☎ 340 541 28 12; Arco Madonna del Pozzo 4; ⏲ 9-12.30 mer, gio e sab, 18-20 mar e ven) Pierina Marturano ha aperto questo spazio artistico nel cuore della Città Vecchia, nel quale crea, e vende, principalmente gioielli e oggetti in terracotta. Ma dato che è un'artista, e che gli artisti non stanno mai fermi, dopo aver restaurato il suo laboratorio ha deciso di fare lo stesso con il vicolo sul quale si affaccia. E fra le altre cose ha risistemato, a sue spese, la deliziosa **Edicola della Madonna del Pozzo**, con una delicata immagine bizantina della Vergine con Gesù bambino.

Atelier Fabrizio Lanzo ABBIGLIAMENTO
(☎ 347 560 61 37; www.facebook.com/piccoloate lierdifabriziolanzo; Via Duomo 242; ⏲ 9.30-13.30 e 15.30-19.30) Passeggiando lungo Via Duomo vi capiterà sicuramente di vedere Fabrizio Lanzo intento a dipingere T-shirt e felpe all'ingresso del suo piccolo negozio. I soggetti, tutte creazioni uniche e originali, vanno da ritratti di Charlie Chaplin e Joker fino a lupi e animali selvatici.

Borgo Nuovo

Casa del Libro Mandese LIBRERIA
(☎ 331 782 77 90; www.facebook.com/casadellibromandese/; Via D'Aquino 142; ⏲ 9-13 e 17-20 lun-ven, 9-13 sab) Questa libreria storica dalla bella insegna, che ha resistito ai decenni e alla modernità, è la creatura di Nicola Mandese, un piccolo-grande editore di Nola trasferitosi a Taranto per aprirla. Oggi al timone c'è il nipote, Nicola anche lui, che gestisce uno dei luoghi della cultura cittadina.

laNODO BORSE, ACCESSORI
(☎ 349 579 93 28; www.lanododesign.com; Via Massari 8/A; ⏲ 17-20 lun, 10-13 e 17-20 mar-ven, 10-13 sab) La città dei due mari incontra il design contemporaneo nelle borse e nelle valigie delle due stiliste tarantine che hanno creato questo brand, riconoscibile dall'uso di nodi marinari, cime nautiche e occhielli da vela in ogni accessorio.

Informazioni

ASSISTENZA SANITARIA

Farmacia Schiavone (☎ 099 452 19 04; Via Regina Margherita 46/48; ⏲ 9-13 e 16.30-20.30 lun-ven)

Ospedale SS. Annunziata (☎ 099 458 51 11; Via Francesco Bruno 1)

EMERGENZE

Numero Unico di Emergenza (☎ 112)
Questura (☎ 099 462 01 11; Via Palatucci 5)

INFORMAZIONI TURISTICHE

L'**Infopoint** (cartina p234, E3; ☎ 334 284 40 98; Piazza Castello; ⏲ 9-13 e 17-21 Pasqua-set, 9-13 gen-apr) è ospitato presso il Castello Aragonese. Organizza visite guidate del centro storico anche per singoli viaggiatori (€15 a persona).

Per/da Taranto

AUTOBUS

Le **Ferrovie del Sud Est** (☎ 800 07 90 90; www.fseonline.it) collegano Taranto con Bari (autobus €6,50, 1 h 48 min; treno €9,20, 1 h 22 min) e Lecce (treno €8,40, 1 h 50 min circa), mentre le **Autolinee Miccolis** (☎ 099 470 44 51; www.miccolis-spa.it) gestiscono i collegamenti fra Taranto, alcune città della Puglia e della Basilicata e Napoli (€33, 5 h). Tutti i mezzi partono dal Porto Mercantile, dove si possono acquistare i biglietti presso lo sportello della **Sogir** (☎ 099 476 40 98, 099 477 78 23; ⏲ 6-13 e 14-19 lun-sab, 14.30-18 dom).

AUTOMOBILE E MOTOCICLETTA

Il collegamento autostradale di riferimento per Taranto è la A14 Bologna–Taranto, detta anche 'Autostrada Adriatica', che in Puglia tocca anche le province di Bari e Foggia ed è molto trafficata. Taranto è anche raggiungibile da Bari con la SS100 e da Brindisi con la SS7. Le SS7 e SS100 collegano inoltre Taranto con Massafra e Mottola. Per spostarvi in direzione sud-ovest lungo la costa dovrete percorrere la SS106, una buona statale a due corsie che però è quasi sempre molto trafficata, specialmente nella stagione estiva.

TRENO

Dalla **stazione di Taranto** (cartina p234, A1) **Trenitalia** (www.trenitalia.com) ha corse frequenti per Bari (€9,20, 1 h 20 min) e Brindisi (€5, 30, 1 h 5 min); per raggiungere altri centri della Puglia bisogna sempre prevedere dei cambi.

Trasporti urbani

Gli autobus n. 1/2, 3, 8, 20, 27c e 28c della **Kyma Mobilità AMAT** (☎ 099 779 55 27; www.amat.taranto.it) collegano la stazione ferroviaria con il Borgo Nuovo. Le linee n. 14, 15 e 16 si dirigono invece verso le spiagge. I biglietti per una corsa costano €1 (€1,50 se acquistati a bordo), €1,30/2,60 per 90 min/giornata intera.

BICI E MONOPATTINI

Cittadini e turisti possono esplorare la città a bordo di **monopattini elettrici** usufruendo del pratico servizio di sharing di **Bit Mobility** (bitmobility.it/app-monopattino-elettrico-taranto) oppure in sella alle **biciclette** messe a disposizione da **PisTA** (www.bicincitta.com), il servizio di bike sharing del Comune di Taranto.

TAXI

Per chiamare un taxi potete rivolgervi a **Radio Taxi Driver** (☎ 099 453 48 28; ⏲ 24 h) o a **Taxi Due Mari** (☎ 099 735 48 58).

A OVEST DI TARANTO

Superata la grande area industriale dell'Ilva, e il caos della statale a nord-ovest della città, ci si dirige verso l'entroterra e il mondo roccioso e unico della **Murgia Tarantina**, con l'omonima catena montuosa che corre parallela al mare e le profonde gravine scavate dalle acque meteoriche nella roccia calcarea (v. lettura p253). Qui nei canyon più grandi d'Europa, scoprirete borghi solitari e tantissime e preziose chiese rupestri che conservano resti più o meno consistenti del corredo originario di affreschi murali. La terra, che sprofonda in una piana e arriva sabbiosa al mare, regala poi una costa interessante, con buone attrezzature e belle spiagge che attraggono ogni anno sempre più viaggiatori.

CHIESE RUPESTRI DELLA MURGIA TARANTINA

Arte, storia e natura s'intrecciano nella Murgia Tarantina, il cui antico paesaggio carsico, solcato da gravine e spettacolari gole rocciose, nasconde numerose chiese rupestri con le pareti impreziosite da affreschi. Questi suggestivi luoghi di culto scavati nella pietra forniscono un'affascinante testimonianza della misteriosa civiltà rupestre che fiorì in Puglia agli albori dell'età medievale. L'origine della civiltà rupestre della Murgia è avvolta nel mistero. Le più antiche tracce di insediamenti umani nella zona sono databili al Neolitico, ma la maggior parte delle chiese scavate nella pietra giunte fino a noi risale al Medioevo. Molti studiosi ritengono, infatti, che la civiltà rupestre si sia sviluppata a partire dal III o IV secolo, una teoria confermata dalla scoperta, nella gravina di Massafra, di un tesoretto di monete in uso presso i vandali nel V secolo. In un primo momento si pensava che le case-grotta scavate nella friabile roccia calcarea fossero opera dei monaci in fuga dalle persecuzioni di cui erano oggetto nell'Oriente bizantino. Teorie più recenti, invece, ne attribuiscono la realizzazione a contadini, pastori e artigiani, per i quali era più economico costruire nelle gravine. Anche dal punto di vista della sicurezza, inoltre, questi siti offrivano garanzie di gran lunga maggiori rispetto agli insediamenti urbani, periodicamente presi di mira da invasori e predoni. Con il tempo, gli insediamenti rupestri si trasformarono in veri e propri villaggi, dotati di strade di collegamento tra le abitazioni, pozzi per la raccolta delle acque piovane, ricoveri per gli animali, depositi e, appunto, chiese. Fra le tante chiese rupestri della Murgia Tarantina, le più belle si concentrano nei dintorni di Massafra, Mottola, Laterza e Ginosa.

Massafra e dintorni

POP. 32.168 / ALT. 110 M

Noto come 'terra dei masciari' (cioè di coloro che praticano la magia), è il più grande centro abitato dell'Arco Ionico, la porzione di provincia compresa fra la Murgia a nord e il Salento nord-occidentale a sud, e occupa una terrazza affacciata sulla costa e sulle montagne della Calabria, una ventina di chilometri a ovest di Taranto. Diviso in due dalla profonda Gravina di San Marco, nella quale si insediarono le prime popolazioni stanziali della zona, insieme a Mottola è uno dei comuni in cui sono più evidenti le testimonianze di una passata civiltà rupestre, che ha vissuto in vari periodi nelle cavità naturali tipiche di questo territorio e ha scavato nella tenera roccia di calcarenite abitazioni e suggestive chiesette ipogee.

Che cosa vedere

Per visitare alcune delle 35 chiese e degli insediamenti abitativi rupestri di Massafra è necessario prenotare uno dei tour guidati organizzati dall'Infopoint (p255). Vestite abiti comodi e calzate scarpe antiscivolo, perché i percorsi sono abbastanza accidentati.

Il primo itinerario proposto, che si snoda tra i vicoli del centro storico, comprende i tre luoghi di culto nei quali si sono conservati meglio gli affreschi originari. Generalmente la prima tappa è la **Chiesa Rupestre di San Leonardo** (Via Giordano Bruno), di rito greco-ortodosso, probabilmente realizzata a partire da una preesistente tomba a camera. L'aula di preghiera, preceduta da un nartece, guarda al presbiterio, separato da un muro (su cui si aprono tre arconi a tutto sesto) che funzionava da iconostasi, ossia una divisione tra lo spazio destinato al clero e quello per i fedeli, tipica delle chiese bizantine. L'apparato decorativo, che ricopre con figure di vari santi le pareti e i sottarchi, fu realizzato tra il XIII e il XIV secolo. Osservate il san Paolo Eremita dalla lunga barba bianca, vestito di un saio in foglie di palma intrecciate, poi concentratevi sul maestoso Cristo Pantocratore in trono, tra la Madonna e san Giovanni Battista, nel catino absidale: sono straordinari – tanto che, una volta 'riemersi', vi darà sollievo pensare che il cemento armato degli edifici che circondano questo luogo non li abbia inghiottiti. Da qui ci si sposta verso la **Gravina di San Marco** (che a Natale ospita un magnifico Presepe vivente), si scende una ripida scalinata e si raggiunge la **Chiesa della Candelora**, scavata nello spalto orientale della gravina. Larga 8,5 m e lunga 6, con una grande colonna che ne sostiene l'accesso e sovrastata da soffitti sempre diversi (a capanna, a crociera, a piramide, a dorso d'asino e a cupola), è movimentata da 13 arcate cieche che incorniciano altrettanti affreschi duecenteschi di chiara impronta bizantina. Purtroppo la maggior parte dei dipinti è molto deteriorata, ma quello con la Vergine che tiene per mano un Gesù bambino che cammina (un'iconografia molto rara) è quasi perfetto. La terza sosta dell'itinerario è la **Chiesa di Sant'Antonio Abate** (Via Vittorio Veneto), ubicata sotto l'ex Ospedale Civile Pagliari e utilizzata nel corso dei secoli per gli scopi più diversi, da legnaia a vasca per la calce. A dire il vero, secondo gli studiosi si tratta di due chiese unite probabilmente nel Settecento: una era di rito ortodosso, più antica, con l'altare appoggiato al muro (la messa veniva officiata dando le spalle ai fedeli); l'altra di rito latino, con l'altare al centro della sala circondata da stretti e alti archetti affrescati.

Il secondo itinerario, per il quale è necessario disporre di un mezzo proprio, va alla scoperta dei 4 km della **Gravina della Madonna della Scala**, nella periferia della città, dove secondo la leggenda alcune cerve furono trovate in adorazione di un'icona bizantina di Maria. A questo episodio risalirebbe la costruzione di una chiesa duecentesca, sulle cui fondamenta nel 1731 fu edificato il **Santuario della Madonna della Scala** (☎ 099 885 22 65; Via del Santuario 119; ⏲ chiuso al momento delle ricerche per questa guida), al quale si accede scendendo una scenografica scalinata di 125 gradini (ma c'è anche l'ascensore, nel caso). Se fosse accessibile visitate l'interno, impreziosito da numerose tele datate dal XVI al XIX secolo e soprattutto dall'affresco della *Vergine con Bambino e le cerve* collocato nel fondo dell'abside, unico elemento superstite della chiesa originaria. Dal sagrato del santuario, che regala un bel colpo d'occhio sulle decine di grotte scavate sui fianchi della gravina, si può entrare accompagnati (sempre che i lavori di consolidamento della struttura siano terminati) nella **Chiesa Rupestre della Madonna della Buona Nuova**; scavata tra il VI e il VII secolo, custodisce un grande affresco della *déesis*, ossia 'preghiera', un tema iconografico della tradizione bizantina che raffigura il Cristo Pantocratore tra la Madonna e il Battista. Chi se la sente può proseguire il tour risalendo il corso della gravina, lungo la quale si sviluppava un popoloso villaggio rupestre abitato dal Neolitico al Quattrocento. La parte più suggestiva è probabilmente il sistema di cavità chiamato la **Farmacia del Mago Greguro**, perché pare che nell'Alto Medioevo fosse abitato da un guaritore esperto nell'uso delle erbe officinali che crescevano (e crescono tuttora: circa 400 specie) sul fondo della gravina. Per arrivarci si sale una scala, lungo la quale s'incontra anche la **Grotta del Ciclope**, che un tempo era l'agorà, la piazza del luogo.

Il terzo itinerario (anch'esso parzialmente percorribile in autonomia) scivola lungo l'ampia Gravina di San Marco fino al **Villaggio Rupestre di Santa Marina**; abitato per circa 1000 anni, dall'VIII secolo al Settecento, è costituito da decine di abitazioni, stalle e laboratori scavati nel tufo, affacciati su ampi cortili in cui si svolgeva la vita comunitaria e collegati tra loro da rampe e scalinate. Una di esse conduce alla **Cripta di Santa Marina**, una chiesa ipogea nella quale sopravvivono, seppur sbiaditi, l'affresco della santa a cui è dedicata e quello di santa Margherita. Un buon punto di osservazione sul villaggio e sulla chiesa è il **Ponte Vecchio** (Via Caduti della Nave Roma), dal quale si scorge anche la **Casa dell'Igumeno**, al centro di un'area della gravina conosciuta, per la sua bellezza, come il 'Paradiso di Massafra'.

Dal ponte si inquadra perfettamente anche il **Castello Normanno**,sorto intorno all'anno Mille, passato prima agli Angioini, quindi agli Aragonesi e infine alla famiglia Imperiali, che alla fine del XVIII secolo gli donò la forma che conserva tuttora. Oltre

IL PARCO DELLE GRAVINE

Le gravine, formazioni carsiche spesso simili a canyon, scavate nei millenni da torrenti e acque piovane nella roccia calcarea, rendono unico il paesaggio della Murgia, dando luogo a panorami naturali impressionanti. In molti di questi valloni, a Ginosa, Massafra, Gravina in Puglia (provincia di Bari) e Laterza (dove c'è la gravina più grande d'Europa), gli uomini hanno nei secoli trovato rifugio, fondato insediamenti e costruito chiese rupestri, che si possono ammirare ancora oggi con escursioni e visite guidate. Dal 2005, la zona delle gravine è tutelata dal **Parco Naturale Regionale Terra delle Gravine** (www.parcogravine.com), una riserva naturale di 28.000 ettari nella provincia di Taranto.

DESTINAZIONI INSOLITE

A PASSO LENTO FRA LE 100 MASSERIE DI CRISPIANO

Quasi al confine con la Valle d'Itria e a una decina di minuti da Massafra, **Crispiano** è un piacevole borgo conosciuto come il 'paese delle 100 masserie'. Sul suo territorio, mosso da colline punteggiate di ulivi secolari che si alternano a campi coltivati, si trova infatti un'impressionante concentrazione di queste strutture agricole edificate tra il XV e il XIX secolo, molte delle quali tuttora in attività. Alcune sono semplici, quasi spartane, nella loro struttura architettonica, funzionale allo scopo per le quali furono costruite; altre assomigliano a veri e propri castelli, con grandi cortili, un sistema di mura difensive, saloni signorili e suggestive cappelle affrescate. Per visitare alcune delle più belle, assaggiare le specialità enogastronomiche che producono o trascorrere qualche notte fra le fresche mura imbiancate a calce, contattate l'**Infopoint** (☎335 820 29 70; www.crispianoturismo.it; Piazza Unità d'Italia; ⏲orario variabile), che organizza tour giornalieri e vi fornirà la lista di tutte le masserie della zona. Tra queste piacerà particolarmente ai bambini la **Masseria Lupoli** (☎339 681 03 62; www.masserialupoli.eu; Contrada Lupoli), che possiede anche due trulli e 2900 ulivi secolari. In nove sale della struttura i proprietari hanno allestito il **Museo della Civiltà Contadina** (⏲su prenotazione) FREE, con centinaia di attrezzi usati per secoli in campagna, la maggior parte dei quali proveniente dalla masseria stessa.

a ospitare la biblioteca civica, è la sede del **Civico Museo Storico Archeologico della Civiltà dell'Olio e del Vino** (inserito nella visita guidata), che dietro il nome wertmülleriano nasconde una piccola esposizione etnografica.

Pernottamento

Casa Camilla B&B €
(☎328 969 83 12; www.casacamilla.eu; Via Messapia 84; doppie €50-70; ❄📶) L'accoglienza è delle migliori in questo confortevole B&B in pieno centro storico, ricavato in un'antica casa dai muri esterni bianchissimi. Le quattro camere sono fresche e arredate in maniera impeccabile, e hanno letti comodi. E poi, nei sotterranei, si sviluppa una tipica residenza ipogea dal fascino suggestivo.

Santa Marina B&B €/€€
(☎366 667 15 28; www.bebsantamarina.it; Via Lo Pizzo 6; singole/doppie €60/70-90; ❄📶) Dalle parti del Castello Normanno, il Santa Marina è un moderno B&B che conta su sei camere spaziose (una dotata anche di cucina) e una bella terrazza sui tetti del centro storico: la colazione, quassù, ha tutto un altro sapore.

Masseria La Brunetta MASSERIA €€
(☎335427800, 330221614; www.masserialabrunetta.it; Via per Chiatona, SP35; singole/doppie €80-120/120-150; P❄📶) In questa grande e signorile masseria dalla corte in basolato e dalle pareti intonacate a calce, a qualche chilometro da Massafra, potrete passare momenti tra i più rilassanti del vostro soggiorno nella zona. L'interno è una fresca oasi di pietra calcarea liscia con volte a botte; le camere sono arredate con raffinatezza. Vicina alle spiagge della costa ionica, in estate la sistemazione è paradisiaca (anche grazie alla grande piscina e al campo da tennis), mentre in inverno può risultare un po' fredda.

Pasti

Massafra, che spicca nell'area del Tarantino per la sua tradizione dolciaria, ha due pasticcerie che offrono dolci particolarmente buoni e originali. Purtroppo non sono vicine al centro storico, ma valgono la deviazione.

Serio 1964 BAR, PASTICCERIA €
(☎099 880 16 85, 347 096 71 27; www.barserio.it; Via Giovanni Falcone 24-26; ⏲7-22) Assolutamente da provare sono le 'tette di Venere' (una variante delle 'tette di monaca' di Altamura), specialità di Massafra e di questa pasticceria: tondeggianti dolcetti di pan di spagna dalla forma evocativa, da cui il nome, ripieni di crema. Ma anche i gelati e gli altri dolci non vi deluderanno.

Pasticceria Zanframundo Tonigel PASTICCERIA €
(☎099 880 19 95; www.pasticceriazanframundo.it; Via Santa Caterina 1/G; ⏲9-13.30 e 17-21 mar-dom, chiuso gio pomeriggio) Questa pasticceria da oltre un secolo è la più rinomata di Massafra (e non solo) e i suoi dolci sono una gioia anche per gli occhi. Per chi se lo chiedesse, Tonigel è il nome di uno speciale gelato inventato da uno dei patriarchi della famiglia Zanframundo, Tonino, nel 1975.

Il Ritrovo degli Ostinati RISTORANTE €€
(☎388 359 5851; www.facebook.com/IlRitrovo degliOstinati; Vico I Santi Medici; pasti a partire da €30; ⌚20-23.30 mer-sab e lun, 13-15.30 dom) C'è un'atmosfera tranquilla in questo ristorante del centro, ricavato in una grotta e dotato di una splendida terrazza con vista. Ma c'è anche la buona cucina del territorio: se avete scarpinato da una chiesa all'altra, di certo le generose porzioni vi daranno soddisfazione. In ogni caso, il suggerimento è di iniziare con gli antipasti (vari, ricchi e abbondanti) e proseguire con la buona carne podolica cotta alla brace.

ℹ Informazioni

Per visitare le chiese rupestri di Massafra dovrete unirvi a un tour guidato, da prenotare preferibilmente con un giorno di anticipo all'**Infopoint** (☎099 880 46 95, 338 565 96 01; www.massafra turismo.it; Piazza Garibaldi; ⌚10-13 e 15.30-18.30, chiuso lun, orario prolungato in estate). Il costo di ciascuno degli itinerari proposti varia a seconda del numero dei partecipanti; la visita dura circa un'ora e mezzo.

ℹ Per/da Massafra

Massafra si trova nei pressi della SS7, 17 km a nord-ovest di Taranto. Per raggiungerla con i mezzi pubblici, la cosa migliore è prendere l'autobus di **Ferrovie del Sud Est** (☎800 07 90 90; www.fse online.it) da Piazza Castello a Taranto (€1,40, 25-35 min). Meno comodo è il treno (€1,50, 14 min): la stazione in cui si fermano i convogli di **Trenitalia** (www.trenitalia.com) da Taranto è ai piedi del paese, oltre la statale.

Mottola

POP. 15.545 / ALT. 386 M

Detta 'spia dello Ionio' o 'balcone della Puglia meridionale', la bianca Mottola si trova in una posizione spettacolare, da cui la vista abbraccia tutto quel che c'è tra il Golfo di Taranto e le montagne dell'Alta Sila. Non a caso, durante la seconda guerra mondiale la zona fu occupata dagli Alleati, che da qui potevano controllare sia il mare sia il territorio circostante. Per godere anche voi dello stesso panorama mozzafiato cercate **La Rotonda** nella parte più alta del paese, dalla quale si sviluppa il centro storico.

Che cosa vedere

Così come Massafra, anche Mottola è conosciuta in tutta la Puglia per le straordinarie chiese rupestri che si celano, un po' a macchia di leopardo, nel suo territorio. Anche in questo caso, per apprezzarle al meglio è consigliabile prenotare una visita guidata all'**Infopoint** (p256) all'ingresso del paese; tuttavia, se vi accontentate di vederle da dietro pesanti cancellate, potete fare anche da voi.

In ogni caso, sappiate che avrete bisogno di un mezzo di trasporto, perché i siti da visitare si trovano a qualche chilometro dall'abitato. Come la **Gravina di Petruscio** (SP28/Via Allende), che si può osservare da un balcone panoramico da cui si scorgono anche i resti dell'omonimo villaggio rupestre, abitato fin dal Neolitico e abbandonato nel Medioevo. Quando vi sarete fatti un'idea delle condizioni in cui si viveva all'interno della gravina, spostatevi verso quelle che da queste parti sono conosciute come le Grotte di Dio. Si tratta di alcune chiese rupestri che risalgono a un periodo compreso tra il IX e il XIV secolo. C'è la **Chiesa di Sant'Angelo** (SP28, nei pressi della Masseria Casalrotto), che ha una conformazione unica, a due piani, con il luogo di culto che insiste su una necropoli alla quale si accede dal centro dell'aula; c'è la **Chiesa di Santa Margherita** (chiusa per restauri al momento della stesura della guida), con un raro affresco raffigurante il miracolo di san Nicola di Myra, venerato in Italia come san Nicola di Bari; c'è la **Chiesa di San Gregorio** (Via Allende), dall'impressionante struttura architettonica a croce greca (con tanto di cupola e colonne), i cui muri verdi di muschio aggiungono suggestione a un ambiente basilicale di grande intensità; e infine, nascosta tra la macchia mediterranea e i campi coltivati, c'è l'impressionante **Chiesa di San Nicola**, considerata la 'Cappella Sistina della civiltà rupestre'. In effetti, il ciclo di 25 affreschi perfettamente conservati che ricopre le pareti, l'abside e i sottarchi con figure di santi (tra cui l'arcangelo Michele, san Nicola, san Giovanni Battista e san Giorgio), realizzato tra l'XI secolo e il Quattrocento, è ipnotico. A ridestarvi ci penseranno il Cristo Giudice, che spunta da un fondo blu cobalto nel catino absidale, e la bella santa Pelagia, pressoché sconosciuta in Italia ma molto venerata dai cristiani greco-ortodossi dei Balcani.

Nel caso in cui vi avanzasse un po' di tempo, non trascurate il centro storico di Mottola, in mezzo al quale sorge la rinascimentale **Chiesa di Santa Maria Assunta** (Via Mazzini 8; ⌚orario variabile). L'edificio si riconosce per l'insolita facciata curvilinea, per il portale decorato da festoni in bassorilievo, sostenuti da colonne poggiate su due leoni

PALAGIANELLO: TRA CHIESE RUPESTRI E BUONA CUCINA

Pochi chilometri tra le vigne collegano Mottola a **Palagianello**, il più piccolo comune del Parco delle Gravine. Dominato dall'imponente **Castello Stella Caracciolo** (☎099 843 42 15; contributo per la visita guidata; ⏲su prenotazione), costruito nel XVI secolo a pianta quadrangolare, il paese merita una breve sosta per visitare la sua gravina. Un sentiero che comincia alle spalle della rocca conduce fino alla spettacolare **Chiesa della Madonna delle Grazie** (☎099 849 50 10; Via Antico Santuario; ⏲orario variabile), dietro la cui facciata, ricostruita pochi anni fa, si cela un luogo di culto scavato nella roccia. Davanti alla chiesa si sviluppa inoltre un'area archeologica punteggiata di ulivi millenari, con i resti delle case di un villaggio trogloditico. Passeggiando tra le rovine ci si imbatte nella **Chiesa Rupestre di San Nicola**, con tracce di affreschi, e nella **Chiesa di San Girolamo**, anticipata da un pronao. Al termine del giretto fareste bene a tornare in paese e sedervi a un tavolo de **La Strega** (☎099 844 46 78; Via Fratelli Bandiera 61; pasti €45; ⏲19.30-23 mar, 12.30-14 e 19.30-23 mer-dom), un ristorante che serve piatti superlativi in un ambiente contemporaneo e minimal che non vi aspettereste di trovare da queste parti; gli gnocchi con ragù di vongole e pesto in salsa di pomodoro verde, le noci di filetto di maiale con cardoncelli e tomino grigliato e il gratin di fichi con gelato alla crema e mandorle tostate vi faranno venir voglia di tornare una e un'altra volta ancora.

stilofori, e per il bel rosone (1507). All'interno meritano attenzione il fonte battesimale dell'anno Mille, un bell'affresco della Vergine e le tombe a sedile sotto il presbiterio.

Pernottamento e pasti

Villaggio Vecchia Mottola HOTEL €
(☎099 886 64 24, 393 33 56 704; www.vecchiamottola.it; Corso Umberto I 78; doppie uso singola/doppie €40-60/60-100; ❄) Efficiente e bell'albergo diffuso, la cui reception funge anche da ufficio turistico per i clienti, da internet point, da hot spot (ma purtroppo il wi-fi non arriva in camera) e da negozio dove acquistare oli, vini e altri prodotti tipici del territorio. Gli appartamenti, a prezzi davvero equi, si trovano nel centro storico e sono accessoriati di tutto punto: begli arredi, TV, cucina, frigo. Un'ottima soluzione.

Sale e Pepe PIZZERIA €
(☎099 886 77 45; Via Torretta 15; pasti €10-20; ⏲12.30-15 su prenotazione e 19-24 mar-dom) In questa pizzeria-trattoria senza pretese potrete ordinare sostanziosi piatti rustici e una discreta pizza 'alla romana' (cioè con la crosta sottile). Calcolate poco più di €10 per una cena a base di pizza, birra Raffo, dolce e caffè.

La Cremeria GELATERIA €
(☎099 886 22 29; Via Palagianello 128; ⏲7-23, orario prolungato in estate) Sublimi i gelati e i semifreddi di questa gelateria-pasticceria artigianale poco fuori dal centro, prodotti nel laboratorio annesso alla rivendita. Eccezionale il gusto al latte di capra, servito con un filo di olio extravergine d'oliva (in estate).

Dal Centurione RISTORANTE, BRACERIA €€
(☎347 665 04 44; Largo Mater Domini 15; pasti €25-30; ⏲20-23.30 lun-sab, 12.30-15 dom) Il punto di forza di questa piccola braceria nel centro storico del paese è la carne, frutto del lavoro di generazioni di macellai che alla lavorazione delle carni hanno affiancato la capacità di cuocerle utilizzando il calore delle braci del forno a legna. Oltre alle classiche tagliate e costate di vitello, vi verranno proposte le ottime bombette preparate con una sezione sottile di capocollo di maiale avvolto nella pancetta, le polpettine, le salsicce tagliate a mano, la pecora e il gustosissimo agnellone.

Informazioni

L'**Infopoint** (☎099 886 76 40, 347 992 54 29; www.mottolaturismo.it; Viale Jonio/Via Lucania; ⏲9-13 e 15-18, orario prolungato in estate) si trova all'ingresso del paese. Da qui partono le visite guidate alla gravina e alle chiese rupestri. I prezzi dei tour variano in base al numero dei partecipanti e ai luoghi che si desidera visitare (€10 circa per persona, €15 se si vuole visitare anche la Chiesa di Sant'Angelo).

Per/da Mottola

Per raggiungere Mottola prendete l'autobus delle **Ferrovie del Sud Est** (☎800 07 90 90; www.fseonline.it) che parte da Piazza Castello a Taranto

(€2,20, 45 min circa). Chi viaggia con un mezzo proprio incontrerà Mottola 10 km a ovest di Massafra, sulla SS100.

Castellaneta

POP. 16.488 / ALT. 235 M

La città in cui nel 1895 nacque Rodolfo Valentino, probabilmente il primo divo del cinema muto, ha radici antiche e un centro storico abbarbicato sulla Gravina Grande, che scende a strapiombo per circa 145 m nel suo punto più alto. Con un centro storico d'impianto medievale fatto di stradine lastricate, vicoli ciechi, case bianche costruite una sull'altra e raccolti cortili rallegrati da piante fiorite, Castellaneta è un borgo delizioso, al quale dedicare almeno mezza giornata del vostro viaggio.

Che cosa vedere

Gravina Grande AREA NATURALE

La Gravina Grande è una delle ragioni per la quale molti viaggiatori includono Castellaneta nel loro itinerario. Nel caso in cui siate arrivati fin qui per vederla, sappiate che, sparsi lungo il fianco del centro storico, ci sono numerosi balconi dai quali ammirare il suo panorama maestoso. Uno dei più suggestivi si può ammirare alle spalle della **Chiesa di San Giovanni Battista** (Via Muricello 2), conosciuto come la terrazza dell'**ex Residence di San Giovanni** (Via Muricello). Per accedervi e scattare qualche foto memorabile contattate l'associazione **Amici delle Gravine** (☎339 888 89 33; www.amicidellegravinedicastellaneta.it), che ha qui la sua sede e con frequenza organizza spettacolari escursioni nella gravina, oltre che visite guidate alla **Castellaneta Sotterranea**, un sistema di cunicoli, grotte e ipogei che si sviluppa sotto l'abitato.

Un'altra visuale notevole sulla gravina è quella di cui si gode dai balconi dell'orientaleggiante **Palazzo Catalano** (Via Vittorio Emanuele II), che fa spesso da cornice a spettacoli teatrali e altri eventi.

Museo Rodolfo Valentino MUSEO

(☎099 849 31 92, 347 549 30 21; www.facebook.com/terradelmito; Via Vittorio Emanuele 119; ingresso €3,50; ⏲10-12.30 e 16-19.30 ven-dom ott-mag, 10-12.30 e 17-20.30 mar-sab, 17-20.30 dom giu-set) Ospitato nel settecentesco ex Convento di Santa Chiara, quasi nel punto più alto dell'abitato, questo piccolo museo è dedicato al grande 'Rudy' Valentino (v. lettura p257), nome d'arte che in realtà sintetizzava una lunga sequenza di nomi e cognomi. Nelle sale, tra locandine dei film e fotografie di scena, sono conservati la riproduzione fedele (con parti autentiche) della tenda usata ne *Il figlio dello sceicco* (1926), uscito poche settimane dopo la morte dell'attore, e il letto nel quale, ormai celebre, Rodolfo dormì una notte a Castellaneta durante un trionfale tour in Italia nel 1923.

Cattedrale di Santa Maria Assunta LUOGO DI CULTO

(☎099 849 10 62; Piazza Federico de Martino 2; ⏲orario variabile) Gli abitanti di Castellaneta sono orgogliosissimi della cattedrale cittadina, edificata a partire dall'anno Mille e in origine dedicata a san Nicola, ma che si presenta ai viaggiatori nella veste settecentesca, tardobarocca, che le fu data qualche secolo dopo essere stata riconsacrata alla Madonna assunta in cielo. La facciata sobria in pietra chiara, tripartita e ingentilita da due volute di raccordo tra il corpo centrale e quelli laterali, introduce a un ambiente ampio e solenne. Le tre navate divise da coppie di colonne marmorizzate, gli otto altari laterali e quello, molto scenografico, centrale non vi distraggano però dal vero capolavoro di questa chiesa: il bellissimo soffitto ligneo, completamente intagliato e affrescato a metà del XVIII secolo.

IL BEL RODOLFO VALENTINO, UN LATIN LOVER SENZA ETÀ

Fu una fulminante peritonite a portarsi via, a soli 31 anni (era il 23 agosto 1926), Rodolfo Valentino, eternandolo fra i primi miti 'belli e maledetti' di Hollywood e provocando crisi di pianto e persino suicidi fra le sue tantissime fan dell'epoca. Oggi forse in pochi avranno visto le pellicole 'd'amore e avventura' di questo latin lover, partito con la classica valigia di cartone da Castellaneta e diventato una star in America. Il fascino dell'uomo e della sua storia, però, è innegabile, e il suo nome è noto a ogni latitudine. Oltre che con il museo a lui dedicato, la sua città (che lo venera alla stregua di un santo) lo ricorda con un grande monumento in ceramica (1961) e, sulla stessa via, con un'epigrafe posta sulla facciata della sua **casa natale** (Via Roma 116).

Chiesa di Santa Maria della Luce LUOGO DI CULTO
(Via dell'Assunta; ⏲ su richiesta all'Infopoint) Solitaria e lineare nelle sue linee romaniche, questa chiesetta poco fuori dall'abitato sembra sempre lì lì per scivolare nella Gravina Grande, sul cui ciglio è costruita. Innalzata tra il XIII e il XIV secolo, dalla semplice facciata a capanna impreziosita da un rosone (affiancato da due deliziosi leoncini in altorilievo), custodisce interessanti lacerti di affreschi tardogotici, tra cui quello di una bella *Madonna con Bambino* lungo il fianco sinistro. Poco oltre il dipinto, una porticina conduce alla cripta, che in realtà altro non è che l'antica chiesa ipogea sopra la quale, nel Duecento, fu costruito il 'nuovo' luogo di culto.

ℹ Informazioni

Durante l'estate, l'**Infopoint** (☎ 099 849 72 78, 389 436 94 36; Piazza Principe di Napoli 3; ⏲ 9-12 e 16.30-19.30 lun-sab) organizza visite guidate e numerose attività nel centro storico.

ℹ Per/da Castellaneta

Castellaneta è raggiungibile da Taranto (37,5 km) in automobile con la SS7 e in autobus con **CTP Taranto** (☎ 800 23 00 83, 099 732 42 52; www.ctptaranto.com; €2,60, 50 min). La stazione, dove arrivano i regionali di **Trenitalia** (www.trenitalia.com; €3,10, 27 min), è un po' fuori mano.

Laterza

POP. 14.944 / ALT. 362 M

Laterza, arroccata su una delle gravine più imponenti d'Europa, è uno di quei luoghi che a prima vista sembrano meritevoli solo di una visita veloce. Invece, nascosto dietro una cortina di palazzi moderni, si apre un bel centro antico, ricco di storia, chiese e palazzi, che vale la pena di esplorare a fondo. Molti dei luoghi di culto rupestri, come la **Chiesa di San Vito**, recentemente riaperta, si trovano in un'area compresa tra la gravina e il centro storico: per visitarli tutti contattate con un po' di anticipo l'Infopoint (p260) a Palazzo Marchesale; contattatelo anche per visitare la Cantina Spagnola e fare un giro nella **gravina**.

Che cosa vedere

Palazzo Marchesale PALAZZO, MUSEO
(Piazza Plebiscito) Davvero affascinante questo castello che svetta al centro del paese, costruito dai Triggiano nel 1381 e poi trasformato in palazzo marchesale nel 1548 dai D'Azzi. Dell'antica struttura medievale conserva alcuni arconi ogivali nell'atrio e le belle stanze che ospitano il **MuMa – Museo della Maiolica** (☎ 333 572 61 38-099 829 67 93; www.mumalaterza.it, www.facebook.com/muma laterza; ingresso €2; ⏲ 10-13 e 16-19 mar-dom), un'occasione unica per conoscere una tradizione artigianale oggi quasi completamente scomparsa (in paese restano solo pochi ceramisti), ma che nei secoli XVII e XVIII rivaleggiò con quella di Grottaglie e dei centri più importanti del Sud Italia. Tutti i pezzi, alzate, alberelli, piatti e altri preziosi pezzi della maiolica laertina, sono organizzati in un'esposizione moderna e accattivante.

Museo della Civiltà Contadina MUSEO
(☎ 333 572 61 38; www.asscullagravina.altervista.org; Piazza Plebiscito; offerta libera; ⏲ orario variabile) Affacciato su una piazzetta tra i vicoli del rione antico di Laterza, questo piccolo museo custodisce una buona quantità di attrezzi agricoli e strumenti di lavoro rinvenuti nel corso degli anni nelle case e nelle masserie della zona. A dire il vero ci sono esemplari raccolti un po' ovunque, Romania compresa, ma il curatore di questo spazio assicura che sono identici a quelli che venivano usati da queste parti. Quando avrete finito il giro, date un'occhiata all'abside affrescata dell'ex Chiesa di San Carlo Borromeo, proprio accanto alla porta d'ingresso: è particolarmente suggestiva, così abbandonata e con il tetto scoperchiato.

Chiesa di San Lorenzo Martire LUOGO DI CULTO
(☎ 099 821 61 04; Via Chiesa 24; ⏲ orario variabile) Bell'esempio di stile romanico pugliese, con la facciata tondeggiante e tripartita, questa chiesa costruita sul finire del Quattrocento – che monopolizza lo skyline laertino – è un gioiellino restaurato di recente che piacerà un sacco agli appassionati d'arte e architettura. Il grande rosone a raggi sopra il portone centrale, scortato da due oculi che sovrastano gli accessi secondari, illumina le tre navate divise da bianche e semplici colonne. All'interno, più che dalle sei cappelle laterali e dall'altare maggiore, sarete ammaliati dagli affreschi bizantineggianti della controfacciata, che raffigurano santi della tradizione.

Fontana dei Mascheroni MONUMENTO
(Via Concerie) Nel mezzo della caratteristica e antica **Via Concerie**, che sebbene sia ai margini del centro storico merita da so-

la una passeggiata fin qua, campeggia questa grande fontana divisa in più vasche, con tanto di archi superstiti di un piccolo acquedotto romano, usata dalla gente del posto e dai pellegrini sin da tempi antichissimi sia come abbeveratoio sia come lavanderia. L'aspetto attuale risale al XVI secolo, epoca in cui furono aggiunte le bocche dell'acqua in bronzo dalle forme antropomorfe (i mascheroni, che prima erano in pietra). Il freschissimo fiotto che sgorga dalle cannelle vi salverà dall'insolazione nelle torride giornate estive.

Cantina Spagnola CRIPTA RUPESTRE
(333 572 61 38; Via Crispi 36; ingresso €3; chiusa al momento della stesura della guida) È uno dei luoghi più misteriosi e affascinanti del Tarantino e infatti genera nei visitatori un misto di stupore e soggezione, anche perché non è ancora ben chiaro quale fosse il suo reale utilizzo. Perciò informatevi presso l'ufficio turistico per sapere se ha riaperto al pubblico e in caso affermativo scendete nelle viscere di Laterza e avventuratevi in questa 'cantina' ricavata in una precedente chiesa rupestre da don Francesco Perez Navarrete, un nobile spagnolo che a partire dal 1664 la usò (almeno questo è ciò che si pensa) per incontri galanti e riunioni massoniche. Gli affreschi alle pareti (alcuni, come quelli della prima sala, risalenti all'originario luogo di culto) sono una sorta di *summa* dell'arte e della cultura locale del tempo. Ci sono santi, c'è una Natività e la Cacciata dei Progenitori; ma ci sono anche dame dai gonfi vestiti, uomini con grandi baffi che sfilano in abiti di gusto iberico, cavalli e cavalieri. Il tutto guardato a vista da un inquietante volto scolpito (ma non era l'unico: altri sono stati rubati): quali riti di iniziazione vi si svolgevano?

Chiesa della Madonna delle Grazie LUOGO DI CULTO
(Via per Santeramo; su richiesta all'Infopoint) A qualche chilometro dal paese, questa intima chiesetta di campagna un tempo era completamente ipogea. Poi, nel XV secolo, fu trasformata: il primitivo luogo di culto fu raccordato con una nuova aula e la struttura acquisì l'aspetto che ha ora. Detto ciò, fareste bene a non perdervela, perché al suo interno custodisce deliziosi affreschi cinquecenteschi, tra i quali un dittico con la Madonna del Latte (che si stringe i seni tra le mani) e la Madonna della Misericordia con in braccio Gesù Bambino.

Attività

Nella **Gravina di Laterza** ci sono vari sentieri da percorrere sia accompagnati sia in autonomia, a piedi o in mountain bike. Per prenotare un'escursione guidata contattate il **Centro Visite dell'Oasi LIPU** (339 331 19 47; www.lipu.it/oasi-gravina-di-laterza-taranto, www.facebook.com/OasiLipuGravinaDiLaterza; Contrada Selva San Vito; escursione interi/ridotti in media €2,50/1,50, minimo 8 persone; su prenotazione). Le uscite durano da due a quattro ore, quindi calcolate di trascorrere in zona almeno una mezza giornata con il binocolo incollato agli occhi per ammirare la cicogna nera e lo zigolo capinero, il capovaccaio e il biancone. Gli appassionati di arrampicata, infine, sappiano che all'interno del canyon sono presenti 23 vie attrezzate di vari livelli di difficoltà.

Pasti

Macelleria Rosticceria Rizzi FORNELLO €
(099 821 39 17; Via Giannone 45; pasti €15; 21-24, chiuso gio e dom) Altro fornello molto noto in paese, il Rizzi serve un affidabilissimo menu di bistecche grigliate, involtini e prelibatezze per carnivori.

Tamborrino FORNELLO €/€€
(099 821 61 92; www.facebook.com/macelleriatamborrino; Via Roma 58; pasti €18-22; 20-1 lun-sab) Celebre fornello, ossia retrobottega o locale attiguo a una macelleria in cui

IL PANE CON LA CROCE

In fatto di pane, Altamura non ha rivali o quasi. Fa però eccezione **Laterza**: anche qui si segue una ricetta antica, che prevede l'utilizzo di semola di grano duro rimacinata, una lievitazione lenta e naturale per più di cinque ore e una cottura in forni alimentati da legna aromatica. Il pane lo si riconosce dalla crosta spessa, dal colorito scuro, dalla forma tondeggiante, ma soprattutto dalla tipica croce sulla crosta. Lo trovate in molti panifici, ma il più celebre è quello del **Panificio Di Fonzo** (099 821 64 69; www.panificiodifonzo.it; all'angolo tra Via Col di Lana 26 e Via Puccini; 7.30-14 e 16.30-22 lun-sab, 16.30-22 dom), prodotto con farina di semola rimacinata di prima qualità e impastato con lievito madre.

si cuoce, alla brace, la carne appena acquistata: dall'agnello allo spiedo alla salsiccia di maiale o di vitello, dalle costate agli involtini di interiora di agnello (*njumiredd* e fegatelli).

Trattoria del Purgatorio RISTORANTE €€
(☎ 327 626 8692; www.facebook.com/pizzeriatrattoriapurgatorio; Via Concerie 38; pasti a partire da €20; ⏲ 12-15 e 19-24 mar-dom) L'allestimento nei locali sottostanti la vecchia sede, negli originali magazzini ottocenteschi, ha donato al Purgatorio un'ambientazione più suggestiva e uno spettacolare terrazzo sulla gravina. In più, i prodotti locali sono freschi, i piatti tipici si fanno apprezzare e anche la pizza non è niente male.

Il Vecchio Frantoio RISTORANTE €€
(☎ 099 829 74 49, 333 686 80 07; vecchiofrantoio.net; Via Concerie 108; pasti €20-25; ⏲ 18-24 mar-dom) Ottima cucina in una location caratteristica e singolare, come ricorda il nome. Buone le pizze di Davide, gli antipasti casereccі saporiti e sostanziosi e in particolare le fave e cicorie in crosta di pane, specialità della casa.

Informazioni

L'**Infopoint** (☎ 333 572 61 38, 347 673 04 41; www.laterzaturismo.com; Piazza Plebiscito; ⏲ 10-13 e 16-19 mar-dom) ha sede a Palazzo Marchesale. Contattatelo per visitare la Cantina Spagnola, le chiese rupestri e anche per fare un giro nella gravina (tour guidati a partire da €10 per persona, www.visitlaterza.com).

Per/da Laterza

Laterza è raggiungibile da Taranto (55 km) in automobile con la SS106 e la SS7, e in autobus con la linea n. 294 gestita da **CTP Taranto** (☎ 800 23 00 83, 099 732 42 52; www.ctptaranto.com; €5, 1 h 15 min).

Ginosa

POP. 21.926 / ALT. 240 M

A pochi chilometri da Laterza e ad ancora meno dalla Basilicata, Ginosa è un altro dei centri del Tarantino il cui territorio, che scivola fino al mare, è profondamente segnato da una **gravina**. Usata per secoli da contadini e pastori, che nelle sue grotte custodivano gli attrezzi e ricoveravano le greggi, l'incisione è un labirintico insieme di cavità, scale, camminatoi e rampe, costellato di case grotte e chiese rupestri. Secondo alcuni studiosi, fu abitata fin dai tempi dell'Uomo di Neanderthal, o almeno così lasciano supporre alcuni ritrovamenti paleontologici avvenuti nel corso di varie campagne di scavo. Tuttavia, la maggior parte delle abitazioni presenti sui fianchi del canyon è stata costruita (in realtà solo la facciata, perché il resto è scavato nella roccia) nel XIV secolo e abitata fino al Settecento. Poi, nella prima metà dell'Ottocento, complici anche i danni causati da un terremoto, la gravina si spopolò e la comunità che la abitava si ridusse a pochi nuclei familiari. E quasi abbandonata apparì anche a Pier Paolo Pasolini, che qui girò alcune scene de *Il vangelo secondo Matteo* (1964), uno dei suoi film più noti (pare che il regista abbia addirittura fatto saltare in aria una casa antica per esigenze di scena...).

Che cosa vedere

Poco fuori dal paese, in un ramo della gravina principale, merita una visita il suggestivo villaggio di **Rivolta**, un insediamento trogloditico (si parla di circa 20.000 anni fa) composto da 66 grotte, già usate come abitazioni e disposte su quattro livelli paralleli, collegati da gradini. Un buon momento per visitare il sito è durante la Settimana Santa, quando vi si tiene la **Passio Christi** (www.passiochristiginosa.it), una grandiosa ed emozionante rappresentazione della vita e della Passione di Cristo.

Considerato che probabilmente sarete da queste parti in estate, quando avrete finito di visitare il villaggio e i vostri polpacci cominceranno a chiedere pietà, rifugiatevi all'ombra del **Castello Normanno** (Corso Vittorio Emanuele II 5), che domina il canyon e l'abitato. Edificato intorno al 1080 per contrastare le incursioni saracene, nel Trecento fu fortificato da Manfredi, figlio di Federico II di Svevia. Attualmente è chiuso, in attesa di interventi di restauro che lo restituiscano alla collettività. Consolatevi visitando le **chiese rupestri di Santa Sofia e Santa Barbara**, che conservano tracce di affreschi medievali, e la panoramica **Chiesa Madre** (Via Geofali), costruita a metà del Cinquecento con tre navate barocche, che coniuga le velleità architettoniche gotiche dei committenti (la famiglia genovese dei Doria) con lo stile rinascimentale. Di solito è chiusa, ma Carmelo, il custode che abita lì accanto, è sempre disponibile a farla visitare.

Puntate quindi verso la **Piazza dell'Orologio**, splendido slargo ottocentesco sul quale si affacciano il **Palazzo Strada**, con i suoi medaglioni liberty a mosaico, e il **Palazzo Pupino** (XVIII secolo). Seguendo Corso Vittorio Emanuele II raggiungerete invece il Palazzo della Cultura, sede della biblioteca civica e del **MuPa – Museo Civico del Territorio Santa Parasceve** (Corso Vittorio Emanuele II 95; su richiesta a museo@comune.ginosa.ta.it) FREE, che raccoglie una collezione di reperti dalla preistoria al Medioevo. Più 'contemporanei' sono i pezzi esposti nel piccolo e interessante **Museo del Barbiere e del Parrucchiere** (340 125 60 07; Corso Vittorio Emanuele II 99; su richiesta) FREE, con forbici, bigodini, pettini e asciugacapelli di un tempo che fu.

Pernottamento e pasti

★ Borgo Valle Rita COUNTRY RESORT €€/€€€
(099 827 18 24, 335 810 77 04; www.vallerita.it; Contrada Girifalco; doppie €140-200, tripla €180-240, ville per 4 persone €170-220;) Circa 15 km a sud di Ginosa, l'agriturismo Borgo Valle Rita è una masseria che svolge l'attività di un'azienda agricola e ha sei camere doppie, sette appartamenti e due ville. La famiglia Lunati mette a disposizione degli ospiti anche piscina, ristorante, campo da tennis, sala lettura e tanta tranquillità. Per una settimana di assoluto relax.

★ Macelleria Franco Dragone MACELLERIA, ROSTICCERIA €
(099 824 57 08; Via Roma 117; pasti €15-20; 19.30-0.30 lun-sab) A Ginosa è d'obbligo fermarsi in questa macelleria-rosticceria a gustare carni cotte al fornello: salsiccia, costate, marretto, *njumiredd* (involtini di interiora), saltimbocca, trippa e altre prelibatezze, in genere di carne bovina e suina e più raramente di cavallo. Le *bombette* (involtini di carne di manzo ripieni di formaggio e prosciutto), sono irrinunciabili.

Panificio Piccolo PANIFICIO €
(099 829 18 07; www.facebook.com/panificiopiccolo1958 ; Via Redipuglia 22; 6-15 e 17-23 lun-sab) Non si può lasciare Ginosa senza aver assaggiato il pane cotto a legna, le focacce e gli altri prodotti di questo forno, molto rinomato per i *dormenti* (che gli anziani del paese chiamano 'taralli dormenti'): morbidi dolci tipici, profumati con cannella e limone, che si trovano solo qui.

Locali e vita notturna

Caffè del Borgo Antico CAFFÈ
(349 076 27 18; Piazza dell'Orologio 2; 6.30-2 mar-dom) Fatta eccezione per il mese di agosto, quando tutti si spostano verso il mare, la movida ginosina si concentra in questo caffè, che è il fulcro degli incontri serali e notturni. In effetti, sia di giorno sia di notte, è molto piacevole accomodarsi a uno dei tavolini all'aperto, sistemati nella splendida corte del Palazzo Pupino.

Shopping

G. Inglese Sartoria CAMICERIA
(099 829 25 72; store.g-inglese.com; Piazza Marconi 22; 9-13 e 17-21 lun-sab) Non sono pochi gli uomini che vengono a Ginosa solo per farsi fare una camicia. Questa sartoria storica, infatti, usa tessuti pregiati, cura i particolari e realizza camicie con 25 passaggi di cucitura a mano e cravatte a 10 pieghe.

Informazioni

Rivolgetevi all'**Infopoint** (099 829 03 32, 333 572 61 38; Corso Vittorio Emanuele II 97; 17-21) per visite guidate, dépliant e consigli su che cosa visitare in paese.

Per/da Ginosa

Ginosa è raggiungibile da Taranto (56 km) in auto con la SS106 e la SS580. I collegamenti in autobus sono effettuati dall'autolinea n. 294 gestita da **CTP Taranto** (800 23 00 83, 099 732 42 52; www.ctptaranto.com; €4,30, 1 h 30 min).

La costa da Ginosa Marina a Palagiano

L'itinerario che da Ginosa Marina conduce a Palagiano, una trentina di chilometri a ovest di Taranto, è perfetto per scoprire le bellezze di questo tratto di costa e concedersi qualche ora di mare dopo le impegnative escursioni alle gravine di Laterza e Ginosa. Lasciata Ginosa e imboccata la SS580 in direzione sud, dopo 20 km pressoché rettilinei si raggiunge l'arco costiero e la località balneare di **Ginosa Marina**, frazione del capoluogo collinare. Da qui comincia una distesa di 7 km di sabbia dorata, bagnata da un mare limpido e pulito, e molto apprezzata dalle famiglie, che arriva (più o meno senza interruzioni) fino a Taranto. Se volete rilassarvi su comode sdraio fornite di cuscini sotto un ombrellone in paglia in stile tropicale concedetevi una giornata al **Lido Zanzibar** (345 81 30 064; www.lidozanzibar.it; Via Mar dei Coralli), che offre un campo di beach volley, un buon ristorante e un ottimo servizio di animazione. I più golosi potrebbero poi fare merenda addentando un croissant con gelato dell'ottima **Gelateria Lucarelli** (☎099 221 88 58; Viale Jonio 31-33; ⊙solo mattino mer-lun inverno, 9-24 tutti i giorni estate). Quando ne avrete abbastanza di sole e lunghe nuotate, spostatevi verso il **Lago Salinella**, uno specchio d'acqua costiero, meta in primavera di numerose specie di uccelli migratori, o alla **Pineta Regina**, un bosco retrodunale di 530 ettari che costeggia la spiaggia.

A pochi minuti d'auto lungo la SS106, **Castellaneta Marina** segue più o meno lo stesso copione della sua vicina ginosina. Stretta fra la **Riserva Statale Stornara** e la foce del fiume Lato, è una località particolarmente piacevole, con le villette in gran parte nascoste da alti e rigogliosi pini d'Aleppo, dotata di ogni tipo di servizio (dalle pizzerie ai disco pub, dai supermercati alle scuole di vela) e con un lungomare molto ordinato. Corre infatti dritta lungo il mare una strada affiancata da una pista ciclabile, con vari parcheggi a spina di pesce tra le due corsie, e a lato una striscia di fitta vegetazione e infine la spiaggia, con gli stabilimenti dalle rigorose file di ombrelloni e sdraio sulla sabbia fine. Una buona opportunità per coniugare mare e buon cibo è il **Trocadero** (☎345 211 56 03; www.lidotrocadero.it; Lungomare degli Eroi del Mare 3), un piacevole lido che a pranzo offre gustose insalate e a cena un menu di mare in uno scenario romantico a due passi dal mare.

L'ultimo centro costiero che s'incontra prima di sbattere contro l'area industriale dell'Ilva di Taranto è quello di **Chiatona**, che è lo sbocco a mare di **Palagiano**, un bel centro dell'entroterra nel cui territorio sono stati trovati i resti di numerose ville romane, alcune necropoli e un **menhir** (Località San Marco dei Lupini). Fateci un salto e se decidete di fermarvi in spiaggia mettete le radici per un giorno al **Lido Onda Blu** (☎338 251 3811; www.facebook.com/LidoOndaBluChiatona; Lungomare Marinai d'Italia), frequentato dalla gente del posto anche per la deliziosa focaccia servita al bar-pizzeria. Insuperabile!

ℹ Informazioni

A Castellaneta Marina rivolgetevi all'**Infopoint** (☎099 843 31 24-3384450618, Piazza Kennedy; ⊙orario variabile), che organizza visite guidate a piedi e in barca presso la foce del fiume Lato ed escursioni naturalistiche.

ℹ Per/da Ginosa Marina e Palagiano

La SS106 corre lungo il mare dal confine con la Basilicata a Taranto. **Trenitalia** (www.trenitalia.com) garantisce corse via treno e autobus per Taranto che servono Castellaneta Marina (€2,30, 22 min) e Palagiano-Chiatona (€1,50, 14 min). In estate **CTP Taranto** (☎800 23 00 83, 099 732 42 52; www.ctptaranto.com) organizza corse dirette verso i lidi.

A EST DI TARANTO

A sud-est di Taranto il mare è aperto e pulito: fiancheggiato da alte dune coperte di fiori, lambisce lunghe distese di spiagge sabbiose inframmezzate da pittoresche insenature rocciose. Nell'entroterra si estende invece una pianura soleggiata, porzione centro-orientale della Murgia Tarantina, che obbliga a più di una sosta i viaggiatori che si avventurano in questo angolo di Puglia. Qui c'è Grottaglie, patria delle ceramiche, e c'è Manduria, elegante cittadina che con il suo vino Primitivo è diventata negli anni una delle capitali enologiche della regione.E ci sono panorami unici sulle gravine, chiese antichissime e sontuose architetture borboniche, testimonianza del passato regale di questa zona.

Grottaglie

POP. 30.993 / ALT. 65 M

Nonostante il nome la dica lunga circa la conformazione geografica del luogo, la maggior parte dei viaggiatori si spinge fino a Grottaglie, 25 km a est di Taranto, più per la tradizione ceramica, che qui si tramanda da generazioni, che per le grotte che punteggiano il territorio. Passeggiando nel Quartiere dei Ceramisti lungo via Crispi e via Caravaggio vedrete decine e decine di negozi specializzati in ceramica, la maggior parte dei quali è affiancata dai laboratori in cui i pezzi vengono modellati al tornio e dai forni in cui sono cotti. La buona notizia è che molti dei quasi 50 laboratori di maioliche sparsi per la cittadina sono ricavati in cavità naturali e ambienti ipogei, sicché potrete unire l''utile' al dilettevole.

Che cosa vedere

Casa Vestita MUSEO

(☎346 157 24 22; Via Francesco Crispi 63/A; ingresso €5; ⊙su prenotazione telefonando con un po' di anticipo) All'ingresso del Quartiere delle Ceramiche, Casa Vestita è un omaggio all'arte ceramica creato da Mimmo Vestita, un abile artigiano di lunga tradizione familiare, che nella sua casa di Via Crispi ha scovato i resti di una delle più belle chiese ipogee medievali del Tarantino. A una navata e con tre absidi che incorniciano altrettanti affreschi perfettamente conservati, la chiesa era stata dapprima usata come discarica e poi nascosta dietro (o meglio, sotto) un forno quattrocentesco. A partire dal rinvenimento, a metà degli anni Duemila, Mimmo ha allestito le stanze e il giardino ottocentesco dell'edificio soprastante, ombreggiato da melograni e colorato da grandi fichi d'India, con un'infinità di oggetti legati al mondo delle maioliche e della terracotta: giare, vasi, zuppiere, piatti di varie epoche e numerose lucerne a olio riemerse durante i lavori di ripulitura della chiesa. Se una volta terminato il giro sarete presi dalla voglia irrefrenabile di portarvi a casa un pezzo unico da usare come soprammobile, sappiate che la famiglia Vestita ha anche una bellissima **bottega** (☎346 157 24 22; Via Santa Sofia 23; ⏲9.30-14 e 16-20.30), dove merita davvero passare per vedere all'opera il fratello di Mimmo, Carmelo, maestro ceramista.

Museo della Ceramica MUSEO
(☎099 562 04 27; www.facebook.com/MuseodellaCeramica/; Largo Maria Immacolata; interi/ridotti €4/2; ⏲10.30-12.30 e 15.30-17.30 inverno, orario prolungato in estate) Ospitato nelle stalle del cinquecentesco **Castello Episcopio**, antica residenza degli arcivescovi di Taranto, espone in cinque sezioni oltre 400 pezzi in ceramica compresi tra la Preistoria e i giorni nostri. La parte più consistente della collezione, organizzata in ordine cronologico per permettere al visitatore di apprezzare l'evoluzione delle forme e dei colori tipici di quest'arte, è costituita da oggetti d'uso comune (dai vasi ai piatti), ma sono numerosi anche i pezzi d'arredo e le opere uni-

DA NON PERDERE

DUE PASSI TRA FORNI E STORIA NEL QUARTIERE DELLE CERAMICHE

Arroccato nella parte alta di Grottaglie, e ricavato quasi interamente in una gravina bucherellata da decine di grotte, il Quartiere delle Ceramiche – che qui chiamano *Li Camenn'ri* (camini, in dialetto) – è il posto perfetto per conoscere forme, colori, storia e personaggi dell'arte che, dal Medioevo, ha fatto grande il paese. Scoprirete allora che nei dintorni di Grottaglie si trovano numerose cave di argilla, indispensabili per estrarre la materia prima, e che la vicinanza del porto di Taranto fu la chiave del successo commerciale di questi prodotti. Tuttavia, ciò che fece fare il salto di qualità agli artigiani e agli oggetti da loro creati, fu – tra il XVII e il XVIII secolo – la definizione di uno stile regionale, allorché i manufatti si caratterizzarono prima per un bianco smagliante e poi per una monocromia turchina.

Al giorno d'oggi l'arte ceramica locale è però ben più diversificata, e vi si possono riconoscere numerosi orientamenti: la capasonara, specializzata nella produzione di recipienti per la conservazione degli alimenti; la faenzara, ispirata alle ceramiche di Faenza, la greca, a imitazione di quella ellenica; la moderna; e infine la tradizionale, la maiolica, spesso bianca e decorata con il tipico fiorellino blu e il galletto ruspante. Per vederle tutte, imbucatevi nelle circa 50 botteghe del rione, fatevi spiegare il significato degli onnipresenti **pumi** (pigne stilizzate portafortuna e simbolo di fertilità, poste spesso a decorazione dei balconi) e cercate qualcuno che vi racconti delle **pupe**, figurine femminili, a piedi o a cavallo, dalle ampie gonne, i seni prosperosi e… i baffi. Nel caso (improbabile) in cui non troviate nessuno, sappiate che l'origine di questi personaggi tipici è controversa. Pare che siano ispirate a un contadino che si travestì da donna per proteggere l'onore della moglie, destinata a passare la notte con il prepotente signorotto locale, che pretendeva lo *ius primae noctis*. Il beniamino dei grottagliesi si era mascherato perfettamente, ma si era evidentemente scordato di tagliarsi i baffi… Come andò a finire, non è dato saperlo.

Dal 1971 la **Mostra della Ceramica**, che dura tutta l'estate da giugno a settembre, porta in città alcune decine di opere in ceramica realizzate da artisti da tutto il mondo. È invece dal 2018 che la mostra ha trovato una nuova sede espositiva nell'**ex Convento dei Cappuccini** (☎099 562 38 66; Via XXV Luglio; ⏲orario variabile, chiedere all'Infopoint, p265), un antico complesso monastico ricco di fascino, poco fuori dall'abitato.

DA VEDERE

LA LAMA DEL FULLONESE E LA GRAVINA DI RIGGIO

La storia di Grottaglie è legata a doppio filo alle gravine, formazioni carsiche spesso simili a canyon. Appena fuori dal paese si trova la **Lama del Fullonese**, un'area rupestre usata prima come luogo di culto e poi come rifugio per una piccola comunità di ebrei provenienti da Oria, nel Brindisino, che vi impiantarono un'attività di conceria. I ragazzi di **Grott'Art** (☎342 312 51 96; www.facebook.com/grottart.grottaglie; Via Umberto I 45, Grottaglie) vi accompagneranno qui e in altri luoghi meno noti della città. Più a nord, invece, si trova la **Gravina di Riggio**, una delle più famose della Puglia: impressionante e aspra, incornicia una cascata e varie grotte con resti di pitture risalenti al X secolo d.C. Non si può visitare autonomamente, perciò contattate l'Infopoint (p265) per organizzare un'escursione guidata.

che. Gli appassionati non si perdano le sezioni dedicate ai presepi (ce ne sono di deliziosi) e all'arte contemporanea, con le più innovative sperimentazioni artistiche provenienti da varie parti del mondo.

Chiesa di San Francesco de Geronimo LUOGO DI CULTO
(Via San Francesco de Geronimo; ⏲orario variabile) Questa chiesa all'apparenza anonima nasconde una piccola sorpresa: al suo interno è infatti inglobata e perfettamente conservata la casa natale del santo a cui è intitolata, nato a Grottaglie nel 1642 e molto amato qui e a Napoli, città dove morì nel 1716. Devozione a parte, è un'occasione per ammirare un documento architettonico intatto, con tanto di suppellettili e reliquie. All'esterno, a impreziosire il tutto la bella cupola maiolicata con motivo a losanghe.

Chiesa della Madonna del Carmine LUOGO DI CULTO
(Via Mastropaolo 125; ⏲orario variabile) Prima di lasciare il paese potreste fare un salto in questa chiesa alle spalle della romanica Chiesa Matrice, la parrocchiale affacciata sulla piazza principale, per dare un'occhiata al presepe di Stefano da Putignano, in pietra dipinta, fra i più antichi d'Italia (1530).

Pasti

Bernardi PASTICCERIA €
(☎099 563 97 29; Via La Sorte 42; www.facebook.com/pasticceriabernardi; ⏲6-21) I più golosi non dovrebbero lasciare Grottaglie senza prima aver fatto tappa in questo bar, un'istituzione locale. In attività dal 1974, Bernardi è famoso per il suo irresistibile assortimento di brioche, cioccolatini, gelati, torte, cremosi pasticcini e biscotti.

La Luna nel Pozzo TRATTORIA €€
(☎373 784 22 89; www.facebook.com/lalunanelpozzotrattoria; Via Leonardo da Vinci 4; pasti a partire da €25; ⏲13-15.30 e 20-23) Tipica trattoria dall'atmosfera intima e accogliente, La Luna nel Pozzo serve sostanziosi piatti di cucina casereccia preparati con ingredienti stagionali a km0. Provate per esempio le salsicce di suino nero con le rape. Eccellente la carta dei vini e l'assortimento di birre artigianali.

Alfredo Laboratorio Gastronomico RISTORANTE €€€
(☎099 946 02 81, 329 223 21 86; Via Santa Sofia 37; pasti €40; ⏲12.15-14.45 e 19.30-22.30 mer-sab, 12.15-14.45 dom) La cucina creativa di questo ristorante elegante nel Quartiere delle Ceramiche esalta i prodotti stagionali pugliesi. Particolarmente degni di nota l'antipasto di capocollo stagionato per 280 giorni nel Primitivo e un primo di spaghettoni di grano arso con crema di burrata e tartare di gambero rosso.

Shopping

In giro per Grottaglie ci sono decine e decine di negozi specializzati in ceramica. La maggior parte è affiancata dai laboratori in cui i pezzi vengono modellati e dai forni in cui sono cotti. Ve ne segnaliamo alcuni.

Ceramiche d'Arte Carmelo Carriero CERAMICHE
(☎099 566 66 51; Via Crispi 24; ⏲9-13 e 17-20.30 lun-sab) Le spettacolari ceramiche di Carmelo Carriero sono esposte, e vendute, all'interno di una grotta divisa in vari ambienti, nella quale per secoli si sono alternati talentuosi *figuli* (ceramisti). Fateci un salto, oltre che per acquistare *pupe* e *pumi* (v. lettura p263), anche per ammirare questo luogo splendido dove è ancora conservato l'antico forno.

Enza Fasano CERAMICHE
(☎099 562 38 49; www.enzafasano.it; Via Caravaggio 31; ⏲9-13 e 17-20 lun-gio, 10-13 e 17-20 ven

e sab) Una delle poche ceramiste di Grottaglie, erede di una lunga tradizione familiare, Enza Fasano produce oggetti d'arredo per esterni, servizi di piatti e figure tradizionali. Il tutto con un tocco moderno.

La Ceramica Vincenzo Del Monaco CERAMICHE
(☎099 566 10 23; www.facebook.com/ceramicadelmonaco; Via Santa Sofia 2/4; ⌚9-13 e 16-20 lun-sab, 10-13 e 17.30-19 dom) Questa bottega artigiana specializzata in decorazioni con motivi a tema rustico è una delle più rinomate del paese.

Informazioni

Per informazioni e approfondimenti, l'**Infopoint** (☎099 562 04 27; www.facebook.com/infopoint Grottaglie; Largo Maria Immacolata; ⌚10.30-12.30 e 15.30-17.30 mar-dom inverno, orario prolungato in estate) all'interno del Castello Episcopio (p263) organizza visite guidate in città e alla Gravina di Riggio (v. lettura p264).

Per/da Grottaglie

Per raggiungere Grottaglie in auto prendete la SS7 da Taranto. Chi si muove con i mezzi pubblici si affidi agli autobus di **Ferrovie del Sud Est** (☎800 07 90 90; www.fseonline.it; €1,50, 15-20 min) o a **Trenitalia** (www.trenitalia.com; €1,50, 15-20 min).

Manduria e dintorni

POP. 30.147 / ALT. 79 M

I viaggiatori che si fermano a Manduria (35 km a sud-est di Taranto) per fare scorta di Primitivo (v. lettura p265) dovrebbero approfittarne per godersi anche qualche ora fra le antiche viuzze ricche di storia della cittadina.

Che cosa vedere

Centro storico QUARTIERE
Entrate in centro dall'imponente **Arco di Sant'Angelo**, in carparo, con un solo fornice e la fronte rivolta verso Taranto. Poi percorrete l'assolata via principale fino a **Piazza Vittorio Emanuele II**, dominata all'estremità orientale dalla struttura possente del settecentesco **Palazzo Imperiali-Filotico**. Infine, date un'occhiata al bizzarro **Calvario** (Piazza Vittorio Emanuele II), una rappresentazione della Passione di Cristo realizzata con frammenti di maioliche, sculture e pupazzi alla fine dell'Ottocento.

Chiesa Matrice della Santissima Trinità LUOGO DI CULTO
(☎099 971 36 63; Via Marco Gatti 8; ⌚6.30-12.30 e 16-20) Entrate nel Duomo cittadino, costruito nel XVI secolo sopra un edificio d'epoca normanna, per ammirare la facciata ornata da un altorilievo della Trinità e da un grande rosone traforato. All'interno osservate l'elaborato soffitto in legno e il secentesco pulpito con teste di uomini e donne a simboleggiare le età del mondo. Il protettore della città, San Gregorio Magno, è raffigurato nella statua in cartapesta realizzata nel 1786 dai napoletani fratelli Trilocco. L'arco che si apre sulla stradina dall'altro lato della chiesa segna l'accesso a quello che un tempo era il **ghetto ebraico**.

Museo della Civiltà del Vino Primitivo CANTINA VINICOLA, MUSEO
(☎099 973 53 32; www.museodelprimitivo.it; Via Fabio Massimo 19; ⌚9-13 e 16-19 lun-sab, 9-13 dom) FREE L'attrattiva più interessante di Manduria si presenta con un bicchiere di vino. Infatti, prima che in un museo, qui siete nella sede della **Cantina Produttori Vini di Manduria** (www.produttorivinimanduria.it), dove avrete anche l'occasione di degustare un calice di Primitivo accompagnato da prodotti locali (visita con diver-

IL PRIMITIVO DI MANDURIA, RE DELLA TAVOLA PUGLIESE

Strutturato e potente, nobile e avvolgente, con un bouquet dalle piacevoli note fruttate che lasciano spazio a sentori speziati nel finale, il Primitivo di Manduria è un vino che nasce vicino al mare e porta dentro di sé l'inconfondibile profumo della macchia mediterranea e delle acque salate del Mar Ionio. Come si evince dal suo nome, i grappoli dell'uva maturano precocemente e vengono raccolti per la vendemmia già dalla seconda metà di agosto. Richiede un affinamento di almeno 12 mesi in vasche di acciaio inox o in botti di un legno non troppo aggressivo e raggiunge una gradazione minima di 14 gradi. Provatelo con le carni alla griglia, gli arrosti o i formaggi stagionati: è un vino suadente che non stanca mai. Ma fate attenzione, un calice tira l'altro...

se proposte di degustazioni €15-30). La ricca esposizione ospitata sotto le ottocentesche volte a stella della struttura, inoltre, non è un semplice museo del vino, ma un 'museo della civiltà del vino'. Si comincia dagli umili *traìni* (i carretti usati per il trasporto dei contadini e delle botti durante la vendemmia) e dai più eleganti *sciarabà* (i calessi del proprietario) per passare poi alla raccolta di materiali e testimonianze che rendono questo spazio un vero e proprio museo antropologico ed etnografico: dai documenti al presepe permanente che ripropone gli antichi mestieri dell'epoca, dalla ricostruzione della casa del contadino povero a quella del contadino ricco, dagli attrezzi per la mietitura a quelli per la produzione dell'olio, dagli ambienti con le *barriques* alla zona del mediatore, cui era affidata la vendita delle eccedenze, che chiude il percorso.

Parco Archeologico PARCO ARCHEOLOGICO
(☎338 134 04 66, 333 487 50 23; www.parcoarcheologicomanduria.it; Piazza Scegnu 1; interi/ridotti con visita guidata €10/7; ⏲10-12) Poco fuori città, questo parco archeologico comprende alcune testimonianze imperdibili della storia del luogo. Come i resti delle **Mura Messapiche**, tre cerchi concentrici che vanno dal muro interno (V secolo a.C.), spesso 2 m, a quello esterno, di 5 m. All'interno del perimetro archeologico s'incontrano anche il **Fonte Pliniano** (così chiamato perché Plinio il Vecchio lo citò nella *Naturalis historia*), una polla d'acqua che sgorga in un antro sotterraneo usato nei secoli come necropoli e fossato, e la **Chiesa di San Pietro Mandurino** (VIII-X secolo), con tracce di affreschi e resti di una tomba ellenistica. Lungo il viale panoramico si possono vedere alcune delle 1200 tombe scavate nella roccia, nelle quali sono stati rinvenuti reperti oggi conservati al MArTA (p239) di Taranto.

Pernottamento

★ **Corte Borromeo** HOTEL €€/€€€
(☎099 974 25 11; www.corteborromeohotel.it; Vico Gatti 11; doppie €129-169; P ❄ 📶) Questo palazzo cinquecentesco ai margini dell'antico ghetto ebraico è il luogo ideale per una vacanza nel Salento tarantino a un tiro di schioppo da quello leccese. Camere splendide e ben rifinite, personale cortese, prima colazione abbondante. E il silenzio e la pace a pochi chilometri dal caos della costa.

Pasti

Trinacria PASTICCERIA €
(☎346 126 21 97; Piazza Vittorio Emanuele II 7; ⏲7-23 lun, mar, gio e ven, 7-24 sab, 7-14 e 16.30-23 dom) Quando sentirete la gente del posto tessere le lodi di questo bar pasticceria, capirete subito che vale la pena farci un salto. La sua fama è legata soprattutto alle strepitose specialità siciliane, quindi se vi piacciono i cannoli, i dolci di pasta di mandorle e il ge-

DA NON PERDERE

MARUGGIO, L'AFFASCINANTE BORGO DEI CAVALIERI DI MALTA

A soli 2 km dal mare di Campomarino, in un paesaggio bucolico disegnato da muretti a secco, trulli, ulivi secolari e filari di vigneti da cui sgorga la Malvasia Nera e l'elegante vino Primitivo, sorge il bellissimo borgo altomedievale di Maruggio, un labirinto di vicoli stretti e tortuosi (per questo la popolazione locale lo ha soprannominato 'Sciangài') su cui affacciano case imbiancate a calce e palazzi nobiliari ingentiliti da graziose logge rinascimentali. Al centro sorge la **Chiesa Madre SS. Natività di Maria Vergine**, edificata nel Quattrocento dai Cavalieri di Malta, utilizzando il carparo color giallo oro assai diffuso in Puglia. Dello stesso periodo è il **Palazzo del Commendatore** che prospetta sulla piazza principale del paese e accoglie al piano terra dei piccoli frantoi. Si deve sempre ai Cavalieri di Malta l'edificazione della **Chiesa di San Giovanni fuori le Mura**, dedicata al loro patrono, mentre un altro monumento di notevole valore architettonico è il **Convento dei Frati Minori Osservanti**, oggi sede del comune, che sfoggia all'interno un incantevole chiostro porticato impreziosito da lunette affrescate nel Seicento con la *Vita di san Francesco*. Tantissime le prelibatezze della cucina locale dai nomi curiosi che assomigliano a uno scioglilingua: le deliziose puddiche, i pezzuri, le pettole, i purcidduzzi, i pizzarieddi con pomodoro e cacioricotta. Per assaggiare sapori veraci del territorio sedetevi ai tavoli del **Fico d'India** (☎393 339 23 97; Via Umberto Primo; pasti €35; ⏲18-24), un ristorante d'antan dove Andrea e Lory vi delizieranno con spaghetti all'aragosta e crostata ai fichi fatta in casa.

LE RISERVE NATURALI DEL LITORALE TARANTINO ORIENTALE

Le Riserve Naturali del Litorale Tarantino Orientale, ai confini tra le province di Taranto e Lecce, offrono paesaggi terrestri e marini di grande bellezza. I boschi **Cuturi** (www.boscocuturi.it) e **Rosamarina**, a pochi chilometri da Manduria, sono l'habitat di orchidee selvatiche e querce solenni, e vi mostreranno il volto di questa parte della Puglia prima dell'introduzione della coltura dell'ulivo. I sentieri che vi si snodano sono ideali per l'escursionismo e il jogging, dotati di segnaletica chiara e regolarmente puliti. I pezzi forti dell'area naturale sono però sulla costa: a pochi minuti dalle lunghe spiagge di San Pietro in Bevagna c'è la **Foce del Chidro**, corso d'acqua generato da un profondo cratere subacqueo dove l'acqua ghiacciata si getta nel mare regalando bagni dolci-salati davvero guduriosi; alle spalle delle dune di Torre Colimena si estende la **Vecchia Salina dei Monaci**, nel Medioevo utilizzata per la raccolta del sale marino, dove è facile incontrare fenicotteri, cavalieri d'Italia e aironi; e infine, verso il Salento leccese, al confine con Punta Prosciutto, la **Palude del Conte** è un complesso sistema di canali di bonifica: un paradiso per gli amanti del birdwatching, della natura e del mare. Per informazioni, visite guidate ed escursioni a piedi, in barca o in bici, contattate il personale della **Masseria della Marina – Casa del Parco** (☎099 970 22 43, incrocio tra SP141 e SP137; ⏲8.30-12.30 lun-ven ott-mag, tutti i giorni giu-set).

lato al pistacchio – e, detto fra noi, a chi non piacciono? – questo è il posto che fa per voi.

★ All'Hostaria RISTORANTE €€/€€€
(☎099 400 49 88, 340 874 79 25; www.facebook.com/allhostaria/via Ferdinando Donno 27; pasti €40; ⏲20-24 lun-mar e gio-sab, 13-16 dom) In un'antica corte di un palazzo d'epoca nel centro del paese, un'esplosione di sapori di terra e di mare frutto della sapiente sinergia fra tecnica, innovazione e prodotti del territorio d'altissima qualità. Assolutamente da provare.

Masseria Potenti MASSERIA €€€
(☎099 973 54 08; www.masseriapotenti.it; Contrada Potenti; pasti a partire da €40) Questa masseria del XVI secolo in perfetto stile rural chic si trova in posizione defilata nella campagna di Manduria, circondata da distese di ulivi e vigneti orlate di fichi d'India e macchia aromatica. Il suo ristorante dall'atmosfera romantica vi conquisterà con i piatti regionali di cucina rustica rivisitata in chiave originale e moderna, tutti a base di ingredienti stagionali e locali (spesso provenienti dalla tenuta dell'azienda agricola).

Locali e vita notturna

La Sartoria BAR, CAFFÈ
(☎351 667 58 27; www.facebook.com/lasartoriamanduria; Corso XX Settembre 62; ⏲6.30-2) Grazie alla posizione centrale e al sofisticato design lineare dell'elegante sala in stile contemporaneo – caratterizzata da lucide superfici nere e arredi di legno chiaro – La Sartoria è una cornice perfetta per un pasto leggero, un aperitivo al tramonto o un cocktail miscelato ad arte.

Informazioni

Per informazioni e approfondimenti, l'**Infopoint** (☎099 979 66 00; www.facebook.com/prolocо.dimanduria; Via Maggi 7; ⏲10.30-12.30 e 18-20 lun-sab) organizza visite guidate nei luoghi d'interesse della città.

Per/da Manduria

Chi viene in auto da Taranto troverà Manduria lungo la SS7 Ter. Gli autobus di **Ferrovie del Sud Est** (☎800 07 90 90; www.fseonline.it; €2,90, 1 h-1 h, 30 min) e la linea n. 295 di **CTP Taranto** (☎800 23 00 83, 099 732 42 52; www.ctptaranto.com) sono le soluzioni più comode per chi si sposta con i mezzi pubblici.

Da Torre dell'Ovo a Torre Colimena

Il tratto di costa che da Taranto scende verso il Salento è uno dei più apprezzati dagli abitanti del capoluogo, e anche quello che offre maggiore diversità paesaggistica. Parliamoci chiaro, però, da queste parti si viene solo per andare al mare, perché, a parte spiagge, insenature rocciose e mare azzurrissimo, da vedere c'è ben poco. A circa 34 km da Taranto, appena dopo aver superato la quattrocentesca **Torre dell'Ovo**, vi aspetta la lunga spiaggia di morbida sabbia dorata di **Acquadolce Cirenaica**, chiamata anche

Piri Piri, caratterizzata dalla presenza di numerose sorgenti d'acqua dolce. Il mare qui è davvero bello, con fondali sabbiosi e digradanti, ideali per una nuotata tonificante. Poco più a sud s'incontra la **Pineta d'Ayala**, che bisogna costeggiare per raggiungere la bella **Spiaggia dei Conti d'Ayala**, dal mare caraibico, quasi sempre calmo, e la frazione di **Campomarino**, un piacevole e attrezzato porto turistico nel comune della bellissima Maruggio (obbligatoria l'escursione al borgo, v. lettura p266). Se vi piace osservare le infinite sfumature che può assumere l'acqua del mare nelle diverse ore del giorno spostatevi ancora fino al **Parco delle Dune di Campomarino**, attrezzato con passerelle in legno che conducono in riva a un mare dai sette colori e a spiagge libere solitarie e selvagge, delimitate da imponenti dune di sabbia alte fino a 12 m che profumano di timo, ginepro marino, mirto e lentisco. Anche gli stabilimenti balneari in questa zona sono tutti di buon livello e offrono panorami da sogno.

Circa 8 km più a sud, l'abitato di **San Pietro in Bevagna** è famoso per il santuario da cui ogni cinque anni parte la Processione degli Alberi, diretta alla Chiesa Madre di Manduria: i fedeli camminano per 10 km invocando la pioggia sulla campagna e portando sulle spalle, come segno di penitenza, grossi rami di ulivo. Il paese segna inoltre l'inizio del tratto di costa protetto in parte da alcune riserve naturali che faranno la felicità degli amanti della natura (v. lettura p267). Lunghe spiagge, affollatissime in agosto, si estendono dalla Foce del Chidro alla **Salina dei Monaci**, fino ad arrivare a **Torre Colimena**, costruita nella seconda metà del XVI secolo per intensificare la difesa della costa dalle incursioni dei pirati saraceni e caratterizzata da una scalinata esterna in muratura. Ai suoi piedi si fa il bagno tra gli scogli ammirando un grandioso panorama sul golfo.

Pasti

G. Cloud RISTORANTE €
(☎345 761 47 32; Lungomare Ionio, Torre Colimena; pasti €20; ⏲8-23.30 sab e dom inverno, 8-fino a tardi estate) Sul lungomare di Torre Colimena, un locale giovane e informale con i tavoli all'aperto per gustare un aperitivo o un'ottima pizza napoletana cotta in forno a legna.

Al Fresco Campomarino RISTORANTE €€
(☎348 418 88 29; www.alfrescocampomarino.it; Via Lungomare 2, Campomarino; pasti €30; ⏲9-24) Con i tavoli all'aperto su una terrazza affacciata sul mare, questo arioso ristorante nella popolare località balneare di Campomarino è la cornice perfetta per un aperitivo al tramonto e una cena a base di pesce in una sera d'estate. A completare l'atmosfera vacanziera, spesso ospita anche musica dal vivo.

Per/da Campomarino e Torre Colimena

Per raggiungere la costa si percorre la SP122, che corre lungo il mare offrendo scorci suggestivi. D'estate, **CTP Taranto** (☎800 23 00 83, 099 732 42 52; www.ctptaranto.com) organizza linee speciali verso le spiagge.

Brindisi e dintorni

Include ➡

Il meglio – Ristoranti e locali

- FAO37 (p279)
- Pantagruele (p279)
- Numero Primo (p280)

Il meglio – Spiagge e lidi

- Seaty Beach (p277)
- Guna Beach Club (p277)
- Oktàgona (p277)
- Lido di Torre Guaceto (p286)

Perché andare

Più che una città in cui arrivare, Brindisi è sempre stata considerata un luogo da cui partire per destinazioni più famose e invitanti. Nulla di più sbagliato, soprattutto in questo periodo in cui visitatori, nomadi digitali e smart worker sono alla ricerca di mete lontane dalle folle di turisti, in cui vivere esperienze a contatto ravvicinato con la natura in un equilibrio perfetto fra vita e lavoro, turismo e relax. E Brindisi, città vista mare, da sempre votata al benessere e all'accoglienza, con monumenti straordinari che abbracciano millenni di storia e un porto consacrato fin dall'antichità all'accoglienza di popoli e culture differenti, ha molto da offrire ai viaggiatori di nuova tendenza. Ci sono grandi spiagge sabbiose libere e private dotate di ogni genere di comfort con acque diamantine, la presenza costante di venti ideali per la pratica di sport acquatici (vela, surf, windsurf, kayak, kite, SUP), un Museo Archeologico ricchissimo, chiese dal fascino toscano e ruderi romani che fanno venire i brividi per la quantità di leggende che custodiscono. E poi c'è la frizzante vita notturna brindisina a far da piacevole corollario alla visita. Negli immediati dintorni i borghi di Mesagne, dove sembra di vivere ancora nel Quattrocento, o di Oria, aggrappato alle pendici di una collina coronata dall'enorme Castello Svevo.

A tratti ancora selvaggia è infine la costa nord, orlata di bianche dune sabbiose, lagune, torrenti e macchia mediterranea. Esploratela anche a piedi e in bicicletta, oltre che con la maschera e il boccaglio: in pochi chilometri si concentrano infatti l'Area Marina Protetta di Torre Guaceto, un ecosistema bellissimo e incontaminato, il Parco Naturale Regionale delle Dune Costiere e le suggestive rovine di Egnazia, vero paradiso per gli amanti dell'archeologia.

Quando andare

Giugno e settembre sono i mesi dei grandi eventi sportivi e del caldo meno opprimente, ideali per mare e sport. In primavera e in autunno dedicatevi alle escursioni. In inverno la città conserva il suo fascino anche se bisogna rinunciare ai bagni.

Il meglio di Brindisi e dintorni

1 Soffermatevi ai piedi delle **Colonne Romane** (p276) per godere della vista sul Porto Interno di Brindisi.

2 Riannodate i fili della storia dei crociati nel **Tempio di San Giovanni al Sepolcro** (p272).

3 Stupitevi alla vista degli affreschi della **Chiesa di Santa Maria del Casale** (p276).

4 Rabbrividite davanti alle salme della **Cripta delle Mummie** (p284) nella Cattedrale di Oria.

5 Ammirate (anche sott'acqua!) i resti della città greco-messapica di **Egnazia** (p287).

6 Esplorate le spiagge e i sentieri dell'**Area Marina Protetta di Torre Guaceto** (p285).

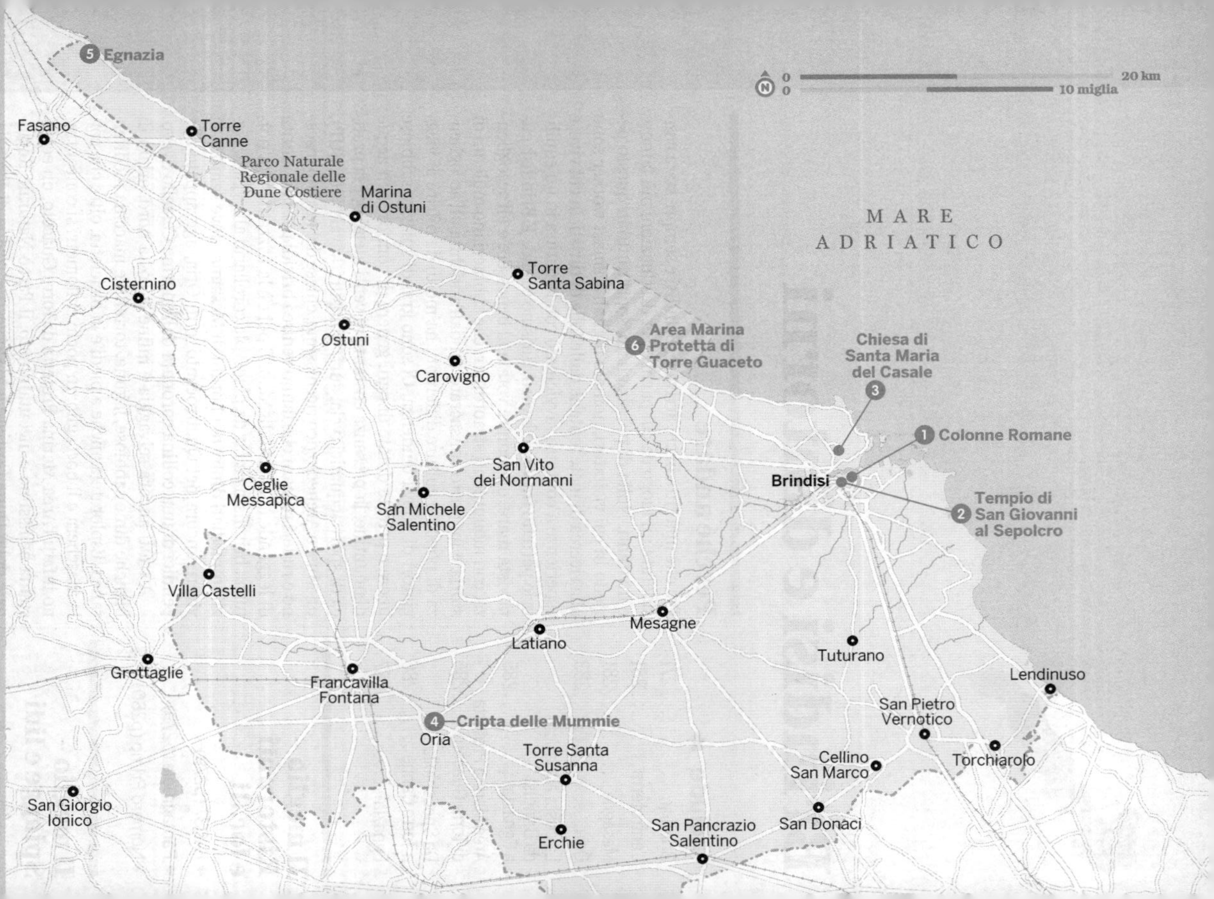

BRINDISI

POP. 88.302 / ALT. 15 M

Uno strano destino sembra abbia voluto che Brindisi, porta d'Oriente e porto naturale tra i più antichi e sicuri del Mediterraneo, sia stata considerata per secoli sempre e soltanto un luogo di passaggio da attraversare in fretta per andare altrove: nel Basso Salento, magari, o in Grecia, dall'altra parte dell'Adriatico. Negli ultimi anni, però, qualcosa è cambiato e questa tendenza ha cominciato a invertirsi. I visitatori che arrivano via mare o via terra scoprono una città vivace e innovativa, con un affascinante lungomare, spiagge e porticcioli turistici che propongono ogni genere di escursioni e attività, chiese, palazzi e musei riscoperti e valorizzati, spazi per lo smart working in cui lavorare agevolmente guardando il mare, e il **Bosco urbano del Tommaseo** affacciato sul Seno di Ponente del porto naturale della città, da poco recuperato e riaperto al pubblico. A completare l'offerta turistica di questa ex Cenerentola che sta per svelare la sua identità nascosta di principessa, tanti ristoranti, B&B e locali di tendenza che animano il centro storico.

Storia

Sosteneva Strabone che il nome Brindisi deriverebbe dalla lingua messapica, e più precisamente dalla parola *brunda*, che vuol dire 'corna di cervo'. E la forma del porto naturale cittadino è proprio questa: un promontorio sul quale sorge l'abitato, due bracci di mare interni che sono il Seno di Ponente e il Seno di Levante, e poi le due 'corna' di terra che proteggono il bacino dalle insidie del mare aperto. Già principale porto della Messapia – i messapi erano un popolo giunto qui dal Mediterraneo orientale nell'Età del Ferro (IX secolo a.C.) – il bacino fu trasformato in un'importante base commerciale prima dai greci e poi dai romani, che costruirono terme, templi, acquedotti, la Via Appia (che collegava Roma a Brindisi, cruciale porto di partenza per il Mediterraneo orientale) e la variante Traiana, che passava per Egnazia.

Caduto l'impero, Brindisi fu contesa tra goti, bizantini e longobardi, distrutta da questi ultimi nel 674, ma presto ricostruita per tornare a splendere sotto normanni e svevi nel periodo delle Crociate. Federico II aveva una particolare predilezione per Brindisi, da lui chiamata *Filia Solis*, e a lui si deve la costruzione del possente Castello Svevo. Con il susseguirsi dei domini angioino, aragonese e spagnolo, le sorti della città andarono precipitando, anche in seguito alle ripetute epidemie di peste (dal 1348 al 1656). Nel XIX secolo, con l'apertura del Canale di Suez (1869) e del traforo del Frejus (1870), Brindisi tornò nel giro degli itinerari internazionali grazie al passaggio della *Valigia delle Indie*: ogni settimana il più famoso treno postale del mondo partiva da Londra e, attraversando mezza Europa, giungeva alla Stazione Marittima della città, da dove salpava un piroscafo inglese alla volta di Port Said, Bombay e Calcutta.

Durante i conflitti mondiali Brindisi pagò con spaventosi bombardamenti la sua vocazione militare e fu persino capitale provvisoria del Regno del Sud per i cinque mesi seguenti l'occupazione degli Alleati nel settembre del 1943, ospitando la famiglia reale in fuga. In tempi recenti è stata avamposto delle organizzazioni internazionali per la gestione della crisi nei Balcani. Ed è ancora vivo nella memoria dei brindisini lo sbarco di 27.000 profughi albanesi il 7 marzo 1991. Quel giorno l'allora sindaco Giuseppe Marchionna registrò un messaggio che fece diffondere ogni 15 minuti alla radio e che diceva alla popolazione: "Hanno solo fame e freddo, aiutateli".

Orientamento

Il centro storico coincide con il promontorio del Porto Interno ed è delimitato, dal lato di terra, dalla ferrovia e dai viali (Cristoforo Colombo e Bastioni Carlo V/San Giacomo) che corrono parallelamente a essa, tra il Castello Svevo a nord e il Bastione San Giacomo a sud (con Porta Mesagne, dove sfocia l'Appia, a circa metà strada). L'arteria borbonica di Corso Roma (Garibaldi oltre Piazza della Vittoria) lo taglia diagonalmente dalla stazione ferroviaria a Piazza Vittorio Emanuele II, che si affaccia sul mare là dove un tempo sorgeva il porto (e la Stazione Marittima): proprio di fronte, oltre il braccio di mare, riconoscerete immediatamente il Monumento al Marinaio d'Italia e, all'imboccatura del porto, il Castello Alfonsino. A sinistra, Viale Regina Margherita segue il perimetro costiero, ed è in questo settore a nord-ovest che trascorrerete la maggior parte della vostra permanenza in città.

Che cosa vedere

Piazza della Vittoria
PIAZZA

Un buon punto di partenza per la visita della città è questa tranquilla piazza alberata che si allunga da nord a sud in posizione baricentrica rispetto ai principali luoghi di interesse. A dire il vero qui, a parte i brindisini seduti sulle panchine a prendere il fresco, non c'è granché. Però, pochi metri a est, si apre la vivace **Piazza Mercato**, con le due tettoie liberty in ferro battuto sotto le quali di giorno si concentrano i venditori di frutta e verdura mentre all'ora di cena viene allestito un salotto enogastronomico con tanti ristorantini dai menu sfiziosi. A nord, invece, **Piazza Sottile De Falco**, perfetta sintesi del carattere composito di Brindisi, vede fronteggiarsi, attorno a una piccola area verde con alcuni resti romani, il maestoso Palazzo Granafei Nervegna e il Nuovo Teatro Giuseppe Verdi.

Palazzo Granafei Nervegna PALAZZO

(☎0831 22 96 47; Via Duomo 20; ⏰9-21 estate, 7.30-20 inverno) FREE Edificato nel 1565 dalla ricca famiglia di commercianti di frumento Granafei che si era stabilita a Brindisi dopo essere fuggita da Costantinopoli, il sobrio edificio rinascimentale in pietra chiara è senza dubbio uno dei più eleganti della città. Sulla facciata lineare, movimentata da tre balconcini che negli elaborati intarsi delle balaustre tradiscono i primi indizi del barocco, si apre l'alto portale sovrastato dallo stemma del casato: un leone che abbraccia alcune spighe di grano rivolto verso una croce in segno di devozione alla Chiesa; questo simbolo probabilmente allude all'attività originaria dei Granafei. Attraversate il portone e infilatevi all'interno, dove troverete l'Infopoint (p280). Oltre a interessanti mostre temporanee, qui potrete ammirare il colossale **capitello** corinzio che coronava una delle due Colonne Romane (p276): girargli attorno e osservarlo ad altezza d'uomo è un'occasione per contemplare le 12 divinità marine scolpite quasi a tutto tondo tra il II e il III secolo d.C., tra cui si riconoscono Nettuno che rivolge lo sguardo verso il mare e i tritoni che suonano strumenti musicali costruiti con le conchiglie. Tra le testimonianze archeologiche, da notare le parti di una pavimentazione musiva.

Nuovo Teatro Verdi TEATRO

(☎teatro 0831 22 92 30, botteghino 0831 56 25 54; www.nuovoteatroverdi.com; Via Santi 1; ⏰visite guidate su prenotazione) Nonostante sia stato inaugurato nel 2006, il progetto dell'architetto romano Enrico Nespega risale al 1965. E si vede. Questo 'teatro sospeso', che fronteggia Palazzo Granafei Nervegna, è infatti un palazzone di 4500 mq in metallo e cemento armato che sembra appena essere stato paracadutato dagli alieni sull'**Area Archeologica di San Pietro degli Schiavoni** (Vicolo Schiavoni; ⏰9-19 lun-ven) FREE, il cui nome deriva dalla presenza in quest'area di una comunità di schiavoni, popolazioni provenienti dai Balcani, che insieme ai greci e agli albanesi contribuirono a ripopolare la città dopo il disastroso terremoto del 1456. Il sito accoglie ciò che rimane di un quartiere d'epoca tardorepubblicana diviso tra botteghe artigiane, abitazioni, l'impianto termale con il *calidarium* e il *frigidarium* e una strada basolata che attraversava l'intera area da nord a sud, oltre a resti di edifici medievali. Interessante e vario il cartellone del teatro, con concerti di musica classica, spettacoli d'opera e di prosa, musical e danza contemporanea.

★ Tempio di San Giovanni al Sepolcro LUOGO DI CULTO

(Via San Giovanni al Sepolcro 5; interi/ridotti per non residenti €3/1; ⏰8-20.30 mar-dom) Forse il più singolare e prezioso tra i monumenti cittadini, uno dei pochi sopravvissuti tra gli innumerevoli ospedali e residenze costruiti per ospitare i soldati e i pellegrini che transitavano in città prima di imbarcarsi o al ritorno dalla Terra Santa. Risale all'XI secolo e fu ideato dall'ordine cavalleresco dei Canonici Regolari del Santo Sepolcro ispirandosi al Santo Sepolcro di Gerusalemme. Era inoltre una sorta di pellegrinaggio 'virtuale' per chi non aveva la possibilità di visitare di persona i luoghi santi. Il portale, preceduto da un protiro cuspidato retto da leoni stilofori, è finemente lavorato. L'interno, a pianta circolare, è scandito da otto colonne con capitelli (alcuni di provenienza antica, altri recuperati da precedenti edificazioni di epoca imperiale) che delimitano l'ambulacro. I mosaici pavimentali della *domus* romana su cui fu edificato il tempio sono visibili attraverso un'apertura, mentre alle pareti – oltre ai lacerti di affreschi di tradizione bizantina – sono visibili misteriosi segni e incisioni lasciati nei secoli da quanti qui dentro trovarono un riparo. Chiedete ai preparatissimi custodi di mostrarveli e di aprirvi anche la porta posteriore dell'edificio: si affaccia su un adorabile giardino coltivato con piante da fiore e officinali, esattamente come doveva essere nel Medioevo.

Chiesa di San Benedetto LUOGO DI CULTO

(☎0831 52 11 57; Via Marconi 2; ⏰16.30-19.30 lun-sab) Questa chiesa dalla struttura piuttosto semplice e regolare è, in realtà, un interessante esempio di architettura sacra normanna che merita di essere esplorato. Edificata tra l'XI e il XII secolo sui resti della Chiesa di Santa Maria Veterana, modificata nel Settecento con la costruzione del monastero addossato, è dominata da un robusto campanile ingentilito da piccole trifore. L'elemento più prezioso è il **portale** del lato sud da cui si accede all'interno. Incorniciato da una fascia a intrecci di influenza bizantina che simula una trama di vimini, è sormontato da un elaborato architrave marmoreo scolpito con figure di uomini armati di lance che scacciano un drago alato e con leoni dalle lunghe lingue serpentine. Queste rappresentazioni cariche di significati allegorico-morali spronavano i fedeli che entravano in chiesa a indossare l'armatura del 'soldato di Cristo' per sconfiggere le tentazioni del maligno e conquistare così la vita eterna. L'interno a tre navate, di cui la centrale coperta da volte a crociera con grossi costoloni e le laterali a botte, è diviso da colonne sovrastate da capitelli, di cui uno con figure zoomorfe, e conserva lacerti di affreschi duecenteschi. Da una porticina che si apre a sinistra dell'ingresso, si accede al **chiostro** dell'attiguo convento, lastricato, con sottili e leggere colonnine a stampella che reggono le arcatelle a tutto sesto. Sono la raffigurazione architettonica del supporto celeste alle incombenze terrene e sfoggiano capitelli uno diverso dall'altro: divertitevi a passarli in rassegna tutti quanti. Nel locale adiacente alla chiesa soffermatevi ad ammirare la statua quattrocentesca della 'Madonna della Neve' o 'allattante' in pietra policroma, venerata dalle puerpere che temevano la perdita del latte.

Chiesa di San Paolo Eremita LUOGO DI CULTO
(☎ 0831 52 11 57; Vicolo Vavotici; ⏲ 9-20) La semplicità francescana della struttura architettonica gotica a navata unica e lo sfarzo barocco degli altari laterali in pietra locale convivono in questa chiesa donata nel 1284 ai frati minori di San Francesco da re Carlo I d'Angiò e conclusa nel 1322. Sulle pareti si conservano resti delle decorazioni pittoriche medievali, ma l'attenzione dei fedeli è tutta rivolta alla statua della **Madonna del Terremoto** raffigurata con le braccia aperte perché qui, sotto la sua protezione, si rifugiarono i brindisini per scampare al devastante terremoto del 20 febbraio 1743. Di eccezionale valore storico, artistico e religioso è anche l'**Arca di San Teodoro**, una cassa in legno ricoperta da lastre sbalzate d'argento del XIII seco-

LE DIFESE DI BRINDISI: I CASTELLI DI TERRA E DI MARE

In una città di mare a vocazione militare non potevano mancare castelli e fortificazioni, che concorrono a conferire fascino e suggestioni al suo skyline. In prossimità del centro storico, al confine nord-occidentale del Porto Interno, si erge severo il **Castello Svevo** (☎ informazioni 0831 64 32 42, 0831 64 32 41; Via dei Mille 4; ⏲ aperto alle visite in poche occasioni), oggi sede del Comando della Brigata Marina San Marco. A pianta trapezoidale con un maschio quadrato e torri angolari, il Castello di Terra fu eretto da Federico II come residenza fortificata nel 1227, quindi trasformato e ampliato prima da Carlo I d'Angiò (1272-83) e poi da Ferdinando I di Napoli (metà del XV secolo) che ne rafforzò le difese con l'aggiunta di una seconda cinta muraria, più adatta a respingere attacchi d'armi da fuoco. Trasformato in penitenziario da Murat (1831), il fortilizio accolse la famiglia reale in fuga da Roma tra il settembre 1943 e il febbraio 1944, periodo in cui Brindisi fu formalmente capitale d'Italia. Echi di battaglie e vita militare risuonano nel grande **cortile centrale** e nella **Sala Storica** del San Marco, dove è possibile ripercorrere le pagine di storia scritte dai valorosi Fucilieri di Marina italiani attraverso cimeli, divise e fotografie delle missioni di pace e di supporto alla popolazione in Italia e all'estero. Il secondo forte cittadino, il **Castello Alfonsino o di Mare** (☎ 379 265 32 44; Via Climene; ingresso €5; visite guidate di 50 min su prenotazione; ⏲ partenza visite alle 10, 11, 12, 17 e 18) sorge solitario sull'**Isola di Sant'Andrea** all'imboccatura del Porto Esterno. Detto anche Castello Aragonese, è l'erede di una preesistente torre angioina e fu iniziato da Alfonso d'Aragona nel 1481 per scongiurare la minaccia dei turchi e dei veneziani. Nel Cinquecento gli spagnoli gli affiancarono il formidabile **Forte a Mare**, ricavando inoltre un centinaio di alloggiamenti per le truppe, ampi spazi di deposito per armi e un'affascinante **darsena** che fa da porto interno. Il castello è stato da poco parzialmente riaperto al pubblico dopo lunghi lavori di restauro: il consiglio è di visitarlo al tramonto, quando le sue pareti esterne 's'infuocano' assumendo un colore rossastro e il monumentale portale a bugnato con arco a tutto sesto in stile manierista sembra ancora più imponente, così come il salone del castellano nobilitato da un grande camino e da un lavabo dalle ricche cornici ornamentali.

Brindisi

lo in cui sono rappresentate scene della vita del santo patrono e l'arrivo delle sue reliquie nel porto. Una sorta di 'fotografia' della Brindisi medievale, in cui è facile riconoscere anche le colonne romane e le mura turrite, oltre a San Giorgio che uccide il drago e alle immagini affiancate dei due santi vescovi Leucio e Pelino.

Piazza Duomo PIAZZA

La più bella e scenografica piazza della città si apre all'improvviso tra i candidi vicoli del centro. Anticipata dalla trecentesca **Loggia Balsamo**, una balconata sorretta da straordinarie mensole scolpite con motivi allegorici, è fiancheggiata dal **Palazzo del Seminario** (un edificio barocco costruito a metà del Settecento), dalla cattedrale e dal **Portico dei Cavalieri Gerosolimitani**, dietro il quale si sviluppa il Museo Archeologico Provinciale. Al centro, invece, vede stagliarsi una colonna sormontata dalla statua della Vergine. Considerata la concentrazione di attrattive, è bene trascorrere qui almeno un paio di ore.

Cattedrale LUOGO DI CULTO

(☎0831 52 11 57; www.cattedralebrindisi.it; Piazza Duomo 12; ⊙8-20) Di fondazione romanica, ma completamente ricostruita in seguito al terremoto del 1743 in stile barocco, la cattedrale, dedicata alla Visitazione, è stata testimone di vari eventi che hanno segnato la storia della regione. Fu qui, infatti, che nel 1191 Ruggero il Normanno venne incoronato re di Sicilia e che l'anno dopo si sposò con Irene, e fu ancora qui che si celebrarono le nozze tra Federico II di Svevia e la seconda moglie, Isabella di Brienne, regina di Gerusalemme. Per l'occasione furono fatte arrivare in città da Eutachia, in Ellesponto (Turchia), le spoglie del futuro patrono di Brindisi, san Teodoro d'Amasea, un soldato romano di origine orientale martirizzato nel IV secolo; i resti sono oggi custoditi in una teca di cristallo nel **Cappellone del Santissimo Sacramento**, al quale

Brindisi

Da non perdere

1 Chiesa di Santa Maria del Casale .... fuori cartina A1
2 Colonne Romane C2
3 Museo Archeologico Provinciale Francesco Ribezzo C2
4 Tempio di San Giovanni al Sepolcro B3

Che cosa vedere

5 Area Archeologica di San Pietro degli Schiavoni C2
6 Castello Alfonsino .... fuori cartina D1
7 Castello Svevo A2
8 Cattedrale C2
9 Chiesa di San Benedetto B3
10 Chiesa di San Paolo Eremita B2
11 Convento di Santa Teresa C2
12 Nuovo Teatro Verdi C2
13 Palazzo Granafei Nervegna C2
14 Piazza della Vittoria C3
15 Piazza Duomo C2
16 Piazza Mercato C3
17 Piazza Santa Teresa B2
18 Piazza Sottile De Falco C2

Spiagge

19 Conca .... fuori cartina D1
20 Seaty Beach o Cala Materdomini .... fuori cartina D1

Attività e tour

21 Lega Navale A1
22 Marina di Brindisi .... fuori cartina D1

Pernottamento

23 Boutique Hotel Executive Inn C3
24 Federico II .... fuori cartina C4
25 Maria Vittoria B&B and Apartments D2
26 Regina Margherita C2
27 Santo Stefano Luxury Rooms D3

Pasti

28 Brunda Pizzeria B2
29 FAO37 .... C3
30 La Sciabica B2
31 Locanda del Porto C2
32 Pantagruele C2
33 Romanelli C3
34 Semeraro C3
35 Windsurf C2

Locali e vita notturna

36 Barrique C3
37 Betty Cafe D2
38 Numero Primo C1
39 Spillo – The Right Beer C3
40 Spirito – The Right One C3

Shopping

41 Azienda Tenute Lu Spada .... fuori cartina A4
42 Mercato del Quartiere Sant'Elia .... fuori cartina A4
43 Tenute Rubino .... fuori cartina C4

si accede dalla navata destra. Dirigendovi verso il fondo della navata sinistra potrete invece ammirare quel che resta del **pavimento a mosaico** della cattedrale romanica, con animali fantastici e alcune immagini tratte dall'epica della *Chanson de Roland*, celebre poema cavalleresco francese. L'elaborato **coro ligneo** dietro l'altare maggiore, con intarsi dei santi patroni e scorci della città, è invece rinascimentale. Di rilievo anche il **fonte battesimale** in pietra leccese del XVI secolo in cui si riconosce il motivo del delfino, simbolo di Cristo; e la statua ottocentesca della *Visitazione*.

★ Museo Archeologico Provinciale Francesco Ribezzo

MUSEO

(☎0831 54 42 57; Piazza Duomo 6; ⏲8-19 mar-dom inverno, 9-20 mar-dom estate) FREE Dal duecentesco **Portico dei Templari**, disegnato da due arcate gotiche di carparo con volte a crociera, si accede a questo stimolante museo che ricostruisce le varie fasi della storia della provincia. Nelle sale spiccano selci preistoriche, un'esaustiva collezione di vasi greci a figure rosse, ceramiche messapiche, reperti rinvenuti a Egnazia, vasi in vetro d'età romana, monete d'epoca repubblicana, capitelli figurati. Non mancano alcuni effetti speciali: dall'acquario marino che ripropone uno spaccato di fondale brindisino alla ricostruzione in scala di una prua di nave carica di anfore. Le star dell'esposizione sono però inequivocabilmente la statua in candido marmo dell'**Ercole Brindisino** e i **Bronzi di Punta del Serrone**, scoperti nel 1992 nel corso di un'immersione a 16 m di profondità, poco lontano dal porto, miracoli degli abissi come i Bronzi di Riace. Datati tra l'epoca ellenistica e l'età imperiale (III secolo a.C.-III secolo d.C.), facevano parte del carico di una nave affondata di cui non si sa nulla, ma presumibilmente diretta dalla Grecia in Italia, sulla quale era stipata una gran quantità di opere d'arte di cui restano centinaia di frammenti: mani che stringevano giavellotti, piedi nudi e calzati, teste di filosofi, oltre ai due **busti** raffiguranti **Lucio Emilio Paolo**, il console romano vincitore della battaglia di Pidna in Macedonia, e **Polydeukion**, un giovane del II secolo d.C. scomparso a soli 15 anni.

★Colonne Romane SITO ARCHEOLOGICO

(Via Colonne Romane) Passando sotto l'arco del campanile della cattedrale si raggiunge il punto più alto e panoramico della città, in cui si innalza un'enorme colonna di 19 m, vanto e orgoglio di ogni brindisino. In realtà, in origine di colonne ce n'erano due, qui posizionate per celebrare una vittoria via mare all'inizio del III secolo d.C., ma nel 1528 una di esse crollò e i rocchi (le parti di cui era composta) rimasero abbandonati per oltre un secolo. Donati a Lecce nel 1659, furono utilizzati per realizzare un monumento in onore di sant'Oronzo, che aveva scongiurato un'epidemia di peste. Il capitello che sovrasta la colonna superstite è una replica dell'originale custodito a Palazzo Granafei Nervegna (p272). Prima di scattare la foto di rito e scendere la ripida **Scalinata Virgilio** fino al **Porto Interno**, date un'occhiata alla lapide sul palazzo che fiancheggia le colonne: ricorda il poeta Virgilio, che morì a Brindisi nel 19 a.C.

Piazza Santa Teresa PIAZZA

Quasi alla fine del Lungomare Regina Margherita, due rampe di scale che incastonano una fontana di stile fascista dedicata a Vittorio Emanuele II conducono fino a questa piazza alla cui estremità si innalza il Monumento ai Caduti. Sul lato ovest si sviluppa il **Convento di Santa Teresa**, edificato nella seconda metà del XVII secolo e ora sede dell'Archivio di Stato: entrate a dare una sbirciata al chiostro con quadriportico e pozzo centrale. Sfortunatamente non è ancora chiaro quando riaprirà il **Museo Diocesano** che ha sede nella chiesa del convento: oltre a una ricca collezione di oggetti liturgici, custodisce la duecentesca **arca d'argento** con cui vennero trasportate in città le spoglie di san Teodoro d'Amasea e una delle *hydrie* (anfore) secondo la tradizione utilizzate da Gesù per il suo primo miracolo durante le nozze di Cana.

Chiesa di Santa Lucia LUOGO DI CULTO

(Via Santa Lucia, Via Lata; ⏲17-19 lun-sab e 8.30-10 dom) Guardando la semplice facciata di questa chiesetta romanica edificata tra il XII e il XIII secolo con l'annesso monastero femminile delle penitenti (tra le monache vi erano donne abbandonate dai mariti o vittime di violenze o ancora ex prostitute), nulla lascerebbe presagire la ricchezza della decorazione pittorica dell'interno. Leitmotiv degli affreschi nella chiesa superiore, databili tra la fine del XII secolo e gli inizi del successivo, è la fluttuazione fra le istanze della pittura bizantina e i nuovi modelli occidentali, oltre al frequente richiamo alle Crociate, come nell'episodio di *San Demetrio che trafigge con la spada un soldato islamico* riconoscibile per l'elmo conico e lo scudo a rotella. Più moderni sono il *Martirio di Santa Lucia* dipinto nel Settecento dal brindisino Giovanni Scatigno e il polittico cinquecentesco della *Madonna del dolce canto*. Ancor più sorprendente è la **cripta**, divisa in tre navate da colonne con elaborati capitelli cui è stata riconosciuta la mano della Bottega del Tempio di Gerusalemme, un gruppo di pittori attivi in Terrasanta. Qui le monache si raccoglievano in silenzio davanti alle immagini duecentesche della *Vergine in trono col Bambino*, della *Maria Maddalena Mirrifora*, simbolo delle penitenti, di *Santa Caterina* in abiti regali e del più grande e imponente affresco di *San Nicola* presente nel Meridione d'Italia.

★Chiesa di Santa Maria del Casale LUOGO DI CULTO

(☎0831 52 30 72; Via De Simone 1; ⏲8-20) Questa chiesa straordinaria si trova 4 km a nord del centro, inglobata nel perimetro dell'aeroporto. Monumento-manifesto della famiglia reale angioina, è un misto di romanico pugliese e pisano e di influenze gotiche e bizantine; sulla facciata bicroma (quasi psichedelica) si apre un portale sovrastato da un aggraziato protiro pensile. Spettacolare è l'affresco bizantineggiante del *Giudizio universale* di Rinaldo da Taranto, sulla parete dell'ingresso: notate gli angeli e gli apostoli, il fiume di fuoco, i demoni con la testa di maiale e i Leviatani, le cui bocche vomitano i peccatori. Lungo la navata sinistra cercate anche l'elaborato *Albero della Croce* e l'insolita *Madonna con i cavalieri*, rimando al passato crociato di Brindisi. A tale proposito, nei primi anni del Trecento, a seguito delle accuse mosse ai Templari dal re di Francia Federico il Bello, che agiva con la vera intenzione di appropriarsi del loro immenso patrimonio, tra queste mura si insediarono gli inquisitori per pronunciare la sentenza contro i Templari del Regno di Sicilia, detenuti e torturati nel Castello di Barletta.

Spiagge

Fuori dal Porto Interno, il litorale sabbioso di Brindisi si allunga per 10 km verso nord-ovest alternando lidi privati a spiagge libere.

Proprio vicino all'aeroporto è stata da poco inaugurata la bellissima **Seaty Beach o Cala Materdomini**, raggiungibile con la linea n. 5, libera e gratuita, dotata di docce, bar, connessione wi-fi per il sea-working e di un efficiente centro informazioni per la pratica degli sport d'acqua (vela, kayak, windsurf, SUP, kite ecc.). Molto frequentate dai brindisini sono poi la grande spiaggia sabbiosa di **Punta Penne**, una decina di chilometri a nord del centro, e, poco oltre, la spiaggia dell'**ex Lido Poste e Telegrafi**, anche se hanno quasi tutti imparato a nuotare e a tuffarsi tra gli scogli della mitica **Conca**, la più vicina al centro, nei pressi del porticciolo turistico. Più a nord ci si può fermare per un bagno degno di questo nome alla spiaggia libera di **Apani** a poca distanza dalla bellissima spiaggia (sia libera sia privata) dell'**Area Marina Protetta di Torre Guaceto** (p285). Tra le spiagge private, da 10 e 15 km a nord del centro, meritano una menzione speciale gli esclusivi stabilimenti di **Guna Beach Club** (www.gunabeach.com) con una terrazza naturale in prato inglese e un padiglione riservato al benessere, **Mare 128** (www.mare128.it) e **Oktàgona** (www.oktagona.it) premiato come uno dei migliori stabilimenti balneari d'Italia anche per il suo ottimo ristorante vista mare.

Attività e tour

La **Lega Navale** (☎0831 41 21 14; www.circolovelabrindisi.it; Via Amerigo Vespucci 2) di Brindisi organizza per i soci corsi di vela, diving, canottaggio e pesca sportiva; mentre chi approda con la propria imbarcazione nel porto turistico **Marina di Brindisi**, base naturale sulle rotte che portano in Croazia, Grecia e Albania, può rivolgersi al **Servizio Concierge** (☎377 3288 2275; www.marinadibrindisi.it), che propone tour guidati in città e nel territorio e uscite in kayak. Dalla Marina di Brindisi partono inoltre le escursioni del **Circolo Remiero Brindisi** (☎366 251 92 67, 327 450 53 11; www.circoloremierobrindisi.it), che insegna a guidare le imbarcazioni tipiche, gli 'schifarieddi', vogando in piedi come perfetti equilibristi. Per le **visite guidate** tematiche alla città, rivolgetevi invece all'Infopoint (p280).

Feste ed eventi

Regata internazionale Brindisi–Corfù GIUGNO
(www.brindisi-corfu.com) Tra le regate più spettacolari del Mediterraneo, con più di 100 imbarcazioni in rappresentanza dei popoli che si affacciano sull'Adriatico e sullo Ionio.

DA PROVARE

LA FRITTA BRINDISINA

Per calarvi nella cultura gastronomica brindisina non potere non assaggiare la fritta: una sorta di calzone fritto ripieno di mozzarella filante, pomodoro fresco e una spruzzata di vino bianco, da gustare in compagnia degli amici per un pasto veloce. Celeberrima la fritta fumante di **Romanelli** (☎0831 59 04 96; http://pizzeriaromanelli.com; Via Santa Lucia 3; ⏲17-24), che propone una variante gourmet ripiena di mozzarelline, mortadella, salsa e granella di pistacchio. La fine del mondo!

Processione a Mare dei Santi Protettori SETTEMBRE
Processione in mare (dal Castello Alfonsino fino alle banchine centrali) che commemora san Teodoro d'Amasea e san Lorenzo da Brindisi, santi patroni della città. Tra le celebrazioni assai spettacolare è il **Palio dell'Arca**, che prende spunto dal recupero in mare dell'arca in argento contenente le spoglie del Santo da parte dei pescatori nel XIII secolo. La prima settimana del mese.

SNIM OTTOBRE
(www.snimpuglia.it) In occasione del Salone Nautico di Puglia sfila nella Marina di Brindisi l'eccellenza della nautica da diporto tra yacht, motoscafi, catamarani e gommoni.

Pernottamento

Federico II B&B €
(☎328 927 77 35; www.bbfederico2.it; Via Federico II di Svevia 27; singole/doppie €35-40/60-65; 📶) Sono spaziosi e dotati di ingresso indipendente (da un cortiletto verdeggiante) i due appartamenti della signora Mina: un'ottima soluzione per alloggiare in una zona centrale, vicino al porto, ma tranquilla.

Regina Margherita B&B €€
(☎389 929 13 82; www.reginamargheritabb.it; Lungomare Regina Margherita 16; singole/doppie/suite fino a 4 persone €60-75/80/90-120; ❄📶) Ricavato in una casa antica rinnovata e ben curata, offre camere con una vista mozzafiato sul porto e sul Castello Alfonsino. In zona, parcheggi liberi e a pagamento.

Santo Stefano Luxury Rooms B&B €€
(☎0831 52 43 44; santostefanoluxury.it; Via Scrasce 54; singole/doppie €90/100; 📶❄🅿) Appartamenti nuovissimi con arredi di design, camera

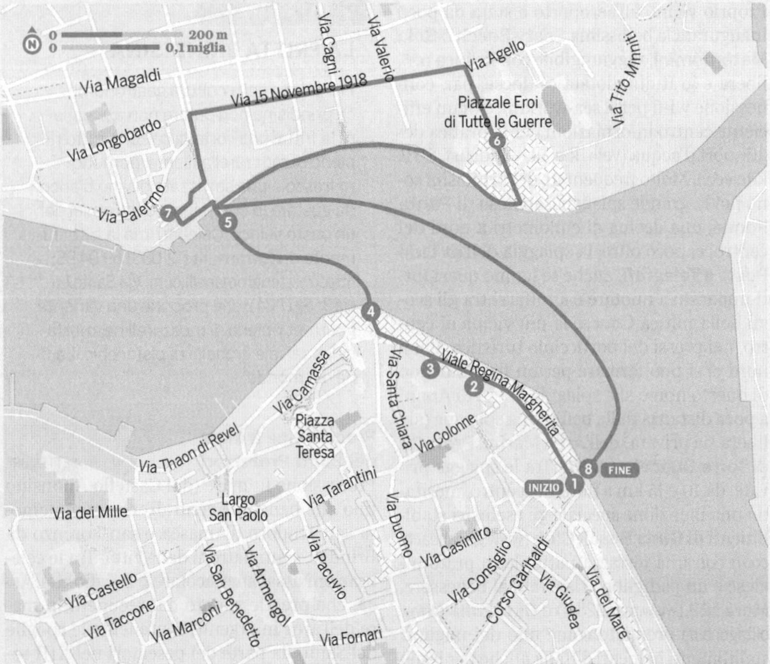

Itinerario a piedi e in barca
Alla scoperta del Porto Interno

INIZIO PIAZZA VITTORIO EMANUELE II
FINE STAZIONE MARITTIMA
LUNGHEZZA 2,2 KM; 2 H

Per scoprire il volto marittimo della città esplorate il Porto Interno. Partite da 1 **Piazza Vittorio Emanuele II**, all'estremità orientale. Qui, dove oggi sbocca l'elegante Corso Garibaldi, una delle strade dello struscio, c'è un piccolo giardino con il monumento a Virgilio (1985). Proseguite verso ovest seguendo il Lungomare Regina Margherita, fiancheggiato dalle palme e animatissimo a ogni ora del giorno e della notte. Servono pochi minuti per arrivare alla graziosa 2 **Palazzina Belvedere**, che ospita l'interessante **Collezione Archeologica Faldetta** (☎0831 56 28 00; Viale Regina Margherita 11-12; ⏰9-13 e 15.30-19.30 mar-sab, 10-13 e 17-20 dom) FREE, ricca di ceramiche di produzione micenea, corinzia, attica, italiota e messapica, e qualcuno in più per ritrovarsi davanti alla 3 **Casa del Turista** (Viale Regina Margherita 44; ⏰14-18 lun, 9-13 sab, 9-13 e 16-20 dom) FREE, un tempo arsenale dei Templari, che custodisce una piccola area archeologica. È giunto quindi il momento di navigare: dalla 4 **Banchina Montenegro** prendete il battello (il biglietto si fa a bordo) di SPT (p281) e sbarcate alla 5 **Banchina Ammiraglio Millo**. Appena scesi, svoltate a sinistra fiancheggiando alcune barchette e raggiungete, dopo circa 500 m, il 6 **Monumento al Marinaio d'Italia** (☎0831 22 91 11; Via Millo; ⏰10-18 estate, 8-16 inverno, chiuso mer) FREE, fatto erigere nel 1933 da Mussolini per commemorare i 6000 marinai caduti nella prima guerra mondiale. Alto 53 m, a forma di timone, dalla terrazza offre una vista spettacolare. A questo punto potete tornare sui vostri passi oppure passare accanto alle ville che sorgono su questo versante fino a entrare nel 7 **Villaggio dei Pescatori**, un placido rione di poche case sorto nel 1938 con un porto dove approdano le caratteristiche imbarcazioni per la pesca locale, gli 'schifarieddi'. Dal molo ai suoi piedi, riprendete il battello che vi riporterà alla 8 **Stazione Marittima**.

da letto, salotto con angolo cottura e una piscina sul tetto, a 1 km dalla stazione ferroviaria e a 6 km dall'aeroporto. Terrazza panoramica.

Maria Vittoria B&B and Apartments B&B €€
(☎349 880 69 93; www.bbmariavittoriabrindisi.it; Corso Garibaldi 100; singole/doppie €65-85/75-95; 📶) Ampie stanze o appartamenti in un palazzo di fine Ottocento sul viale principale di Brindisi; accoglienza dei proprietari e colazione entrambe squisite. Parcheggio convenzionato.

★ **Masseria Incantalupi** AGRITURISMO €€
(☎0831 555 99, 334 352 72 92; https://incantalupi.it; Strada Provinciale 37 bis 30; singole/doppie €80-120/100-200; ❄📶🅿🏊) Se preferite una vacanza in campagna, questa masseria settecentesca a 20 km dalla città, circondata da ulivi e alberi da frutto, vi introdurrà ai paesaggi e ai sapori autentici del Brindisino. Non manca proprio nulla: stanze enormi con soffitti a volte, pavimenti in pietra locale, grandi camini, letti in ferro battuto, colazioni e pranzi con prodotti bio coltivati in loco, compresi olio e vino, piscina all'aperto, area relax con hammam e sauna, passeggiate a cavallo e in bici.

★ **Boutique Hotel Executive Inn** HOTEL €€€
(☎0831 52 78 44; www.hotelexecutiveinn.it; Via Pozzo Traiano 24; singole/doppie €75-83/100-110📶❄🅿) Un quattro stelle di charme innovativo e funzionale, con arredi moderni valorizzati da pezzi di artigianato locale. A pochi passi dal lungomare. Spazioso garage privato.

Pasti

★ **FAO37** FISH BAR €
(☎347 729 72 60; https://fao37.business.site; Piazza Mercato 6; pasti €8-15; ⏲12-24) Sulla popolosa e popolare Piazza Mercato, locale semplice e carino, famoso per i suoi panini gourmet a base di pesce (quelli con il polpo o con il tonno sono spaziali), i fritti, le tartare e le polpette di pesce. Servizio efficiente e prezzi adeguati.

Semeraro BRACERIA €
(☎0831 52 15 24; Piazza Mercato 30; pasti €20-25; ⏲19-23) Frequentatissima braceria di Piazza Mercato, con carne di primissima qualità (polpette, bombette, *turcinieddri* e tanto altro) da scegliere direttamente al banco, prima di sedersi in estate intorno agli allegri tavoli all'aperto. Insomma, perfetto. Sempre che non siate vegetariani, s'intende.

Windsurf RISTORANTE, PIZZERIA €
(☎0831 52 31 66; Viale Regina Margherita 18; pasti €25-30; ⏲10.30-15.30 e 18-1, chiuso gio e ven a pranzo) Location privilegiata sul lungomare del Porto, dove si gustano pizze e bruschette di qualità così come gli antipasti di mare, i moscardini fritti e le polpette calde di polpo.

Brunda Pizzeria PIZZERIA, BIRRERIA €
☎320 891 88 21; www.brundapizzeria.it; Piazza Dante 8; ⏲19-24 mer-lun) Ben 70 ore di lievitazione per una miscela di tre tipologie di farina macinate a pietra: da qui parte il giovane staff per creare focacce e pizze speciali nel gusto e negli ingredienti, dalle classiche Margherita e Napoletana alle più sfiziose come la Metropolitan e la Porta d'Oriente. Da provare.

Locanda del Porto RISTORANTE €€
(☎0831 56 81 81; www.locandadelporto.it; Via Montenegro 20; pasti €25-30; ⏲12.30-15 e 19.30-24 mer-lun) Propone ottima cucina di pesce a prezzi davvero accessibili Adolfo Polifemo, patron di questa trattoria a pochi passi dal lungomare. Arredi rustici con tocco marinaro, dehors ombreggiato e, tra le specialità, antipasti crudi, troccoli, cappellacci, gnocchetti e pesce al forno e alla brace. Ampia carta di vini locali.

La Sciabica RISTORANTE €€/€€€
(☎0831 56 28 70; Via Paolo Thaon di Revel 29; pasti €30-50; ⏲12-14.45 e 19-23 gio-mar) La sciabica è una rete a strascico, nonché il nome del rione alla fine del lungomare di ponente, parzialmente demolito tra Otto e Novecento, dove si trova questo suggestivo locale su tre livelli: rustico e con le volte in tufo a piano terra, più elegante al piano nobile, panoramico sul terrazzo estivo. Anzitutto pesce, ma anche deliziose pizze.

★ **Pantagruele** RISTORANTE €€€
(☎0831 56 06 05; Salita di Ripalta 1-3; pasti €35; ⏲12.30-14.30 e 20-23.45 lun-ven, 20-23.45 sab) Una delle più note (e migliori) mete gastronomiche cittadine. Il pesce servito viene consegnato qualche ora prima dai pescatori nelle mani di Armando Brenda e subito cucinato da Ada Romano – i due proprietari lavorano fianco a fianco da più di 20 anni in sintonia perfetta. Non vi resta che affidarvi alle battute, alle citazioni, al dialetto verace e soprattutto ai consigli del padrone di casa.

Locali e vita notturna

Betty Cafe BAR, RISTORANTE, PASTICCERIA
(☎0831 56 34 65; www.facebook.com/bettycafebrindisi; Lungomare Regina Margherita 6; ⏲6-2) Nato nel 1981 come gelateria, è diventato

DA PROVARE

ESPERIENZE DA VIVERE IN CANTINA

Grandi estensioni di vigneti, stabilimenti enologici (ai primi del Novecento ne erano presenti in città ben 121), industria delle botti, porto sempre gremito di 'bastimenti' carichi di vini da taglio diretti nel Nord Italia e in Francia. La vocazione agricola e vitivinicola del territorio brindisino ha una storia lunghissima e negli ultimi anni è tornata alla ribalta con la promozione e valorizzazione di vitigni autoctoni come la **DOC Brindisi** o il **Susumaniello**, il cui curioso nome deriva dall'asinello che passava tra i filari di vite trasportando grandi ceste cariche d'uva. Potrete approfondire la conoscenza dei vini più pregiati dell'Alto Salentino visitando le cantine delle **Tenute Rubino** (☎377 371 30 39; www.tenuterubino.com/enoturismo; Via Enrico Fermi 50), che ai *wine lovers* di tutto il mondo propone anche degustazioni presso il **Numero Primo** (p280), la vinoteca dell'azienda sul lungomare di Brindisi, oppure partecipando a rilassanti tour naturalistico-gastronomici a bordo di una barca a vela privata. Gode di un'ottima fama anche l'**Azienda Tenute Lu Spada** (☎393 826 36 51; www.tenuteLuSpada.it; Strada Comunale 14 per lo Spada 13, Contrada Cillarese-Scalella), a 2 km dal mare e a 350 m dall'oasi faunistica del lago del Cillarese, specializzata in vini biologici e assai attenta alla salvaguardia dell'ambiente e della biodiversità che circonda le vigne. Sulle etichette di rossi, bianchi e rosati ricavati da vitigni Susamaniello, Primitivo, Negroamaro, Vermentino e Minutolo leggerete nomi legati alla storia o alle molte specie di volatili che nidificano proprio nella riserva.

un'istituzione a Brindisi anche per il popolo della notte che prima di rincasare si concede il piacere di un cappuccino con la brioche.

★ Numero Primo VINERIA
(☎0831 179 55 37; www.vinotecanumeroprimo.it; Lungomare Regina Margherita 46; ⏲10.30-15 e 18.30-3 gio-mar set-mag, 10.30-3 giu-agosto) Elegante enoteca proprio davanti al mare che lambisce la città: ad accompagnare le etichette della maison, sfiziose frise, crostoni, insalate e piatti mediterranei con le eccellenze del territorio.

Barrique PUB
(☎340 803 46 39; www.facebook.com/barriquebrindisi; Via Rubini 7; ⏲18.30-2) Vicino a Piazza della Vittoria, un locale accogliente con tavoli all'aperto dove si tira tardi bevendo fantastici cocktail e buone etichette di birra o vino. Vasta scelta di salumi, formaggi, schiacciate e focaccine. Consigliatissimo!

★ Spirito – The Right One PUB
(☎392 399 02 86; www.facebook.com/spiritobrindisi; Via Santi 16B; ⏲19-2 mar-dom) L'arte della mixologia trova in questo pub tre bravissimi interpreti, Chicco, Francesco e Mattia, maghi dei cocktail dagli ingredienti ricercati che raccontano la Puglia, come il 'Guaceto', il drink ispirato alla vicina riserva naturale e al sole estivo. Per ritrovare 'lo spirito giusto'.

Spillo – The Right Beer BIRRERIA
(☎347 873 33 25; www.facebook.com/spillobrindisi; Piazzetta Giustino Durano 5; ⏲19-2 mar-dom) Non sembra un locale brindisino ma londinese questa birreria nel cuore del centro storico con tanti tavoli all'aperto e un'interminabile selezione di birre artigianali alla spina, bottiglie e lattine accompagnate da selezioni di salumi e formaggi, panini e pinse romane.

Shopping

Nel Quartiere Sant'Elia, il giovedì mattina dalle 7 alle 12.30, centinaia di bancarelle sovraccariche di vestiti, scarpe, fiori, oggetti per la casa, frutta e verdura compongono il coloratissimo **mercato del giovedì**, un suq imperdibile per trovare merce di qualità a prezzi competitivi.

Informazioni

ASSISTENZA SANITARIA

Farmacia Rubino (☎0831 26 03 73, Via Appia 178; ⏲24 h)
Guardia medica (☎0831 52 00 89; Piazza A. Di Summa 6; ⏲20-8 lun-ven, 24 h sab e dom)
Ospedale Perrino (☎0831 53 71 11; SS7 per Mesagne)

EMERGENZE

Polizia locale (☎0831 22 95 22/3)
Questura (☎083 154 31 11; Via Perrino 1)

INFORMAZIONI TURISTICHE

L'**Infopoint Puglia Promozione** ha sede a Palazzo Granafei Nervegna (p272); ☎0831 22 97 84.

POSTA

Posta centrale (☎0831 22 55 07; Piazza della Vittoria 10; ⏰8.25-19.05 lun-ven, 8.25-12.35 sab)

Per/da Brindisi

AEREO

Soprattutto in estate, l'**Aeroporto di Brindisi Casale** (BDS; ☎informazioni 080 580 02 02; www.aeroportipuglia.it), detto anche 'del Salento', ha molti collegamenti con numerose destinazioni italiane ed europee. I Pugliairbus per l'aeroporto di Bari e le città di Lecce e Taranto sono gestiti da autolinee diverse, quindi consultate preventivamente la sezione 'Bus' sul sito dell'aeroporto o rivolgetevi al desk informativo che si trova a destra dell'area Arrivi; i biglietti si possono acquistare presso il bar Sandrino, che si trova nella stessa area.

AUTOBUS

I mezzi **STP Brindisi** (☎800 23 20 42, 0831 54 91; www.stpbrindisi.it; informazioni e vendita biglietti in Via Capellini 18; ⏰7.30-14 e 16-20) sono utili soprattutto per le località della Valle d'Itria, come Ostuni (€3,30, 45 min) e Cisternino (€4,30, 1 h 10 min). Altri collegamenti sono operativi sulla linea per Taranto, quali Mesagne (€1,10) e Oria (€2,50, 45 min); meno pratici quelli per Lecce e il Salento. Dalla stazione ferroviaria partono anche alcuni autobus di **Ferrovie del Sud Est** (☎800 07 90 90; www.fseonline.it), che viaggiano verso altre località della zona, tra cui Manduria (1 h 30 min).

AUTOMOBILE E MOTOCICLETTA

Oltre a servire la città, la Via Appia (SS7/E90) resta la strada principale che collega Brindisi a Taranto. D'estate, la SS379 che si dirige verso nord fino a Bari è molto trafficata: un'alternativa è la SS16, che attraversa la Valle d'Itria. Un comodo parcheggio gratuito, a 700 metri dal centro storico, si trova in Via Spalato, collegato a Piazza Cairoli da una navetta (linea N; ogni 15 min).

IMBARCAZIONI

Nel periodo estivo dal porto salpano traghetti per la Grecia (**Grimaldi Lines**; ☎081 49 64 44; www.grimaldi-lines.com) e l'Albania (**Red Star Ferries**; ☎0831 57 52 89; www.albaniaferries.it). Nella tabella più avanti sono indicate alcune destinazioni; la frequenza varia a seconda del periodo dell'anno. Tutte le compagnie hanno uffici al porto nuovo (l'indicazione da seguire in auto è Costa Morena), ma le più importanti dispongono anche di uffici in città.

TRENO

Brindisi si trova sulla linea ferroviaria principale di **Trenitalia** (www.trenitalia.com). La stazione di **Brindisi Centrale** (cartina p274, A4) è in Piazza Crispi 1. Vi sono treni regolari per Bari (a partire da €9, 1 h 14 min), Lecce (a partire da €3, 30 min) e Taranto (€5,30, da 56 min a 1 h 24 min).

Trasporti urbani

STP Brindisi (biglietto di corsa semplice acquistato a terra/a bordo €1/1,50) gestisce il trasporto pubblico nell'area urbana via gomma e il trasbordo marittimo nel Porto Interno, ed effettua collegamenti tra l'aeroporto, la città e la zona di Costa Morena. Le fermate sono nei pressi della stazione e di Piazza Vittorio Emanuele II. In **taxi** (☎0831 59 79 01) i tempi sono dimezzati e il costo dall'aeroporto è di €20.

TRAGHETTI IN PARTENZA

DESTINAZIONE	TARIFFA (€)	DURATA (H)
Valona, Albania	79/92	4, 5-6
Corfù, Grecia	83/64	8
Igoumenitsa, Grecia	83/64	9,5

Il prezzo del biglietto si riferisce al viaggio di sola andata in poltrona/auto al seguito, tasse e diritti di prenotazione inclusi.

L'ENTROTERRA

Fertile e luminosa, la campagna tra Brindisi e Lecce (conosciuta come la **Valle della Cupa**) è un susseguirsi senza fine di vigne e uliveti, mentre un tempo era la zona residenziale della nobiltà leccese, come testimonia tuttora la presenza di numerose ville padronali, cascine, masserie fortificate e delle tipiche *pagghiare* (o *pajare*), costruzioni in pietra usate dai contadini per ricoverare gli attrezzi o ripararsi dalle intemperie. Tuttavia, è in direzione di Taranto, ossia decisamente a ovest nell'entroterra, che è possibile imbattersi in un paio di piccole gemme.

Mesagne

POP. 25.878 / ALT. 72 M

Questa graziosa cittadina circa 15 km a sud-ovest di Brindisi raccoglie in un guscio di noce (anche se sarebbe meglio dire in un cuore, giacché è questa la forma del centro storico) gli elementi caratteristici degli insediamenti pugliesi: le vestigia archeologiche, l'imponente castello, il palazzo signorile, la piazza pittoresca e le sontuose chiese. Non c'è molto da camminare, ed è una buona notizia soprattutto d'estate, perché tali punti di interesse sono concentrati in uno spicchio di paese al quale si accede attraverso **Porta Grande**, ultima traccia dell'antica fortificazione, l'accesso nord al centro storico che si apre dalla vasta piazza trapezoidale intitolata a Vittorio Emanuele II. Il fortuito ritrovamento di diverse sepolture nel cuore del borgo, negli ultimi decenni, ha confermato l'importanza della città già in epoca japigia e messapica. Villaggio in epoca romana e medievale, Mesagne fiorì tra il Cinquecento e il Seicento come feudo degli Orsini del Balzo e a questo periodo deve la sua inconfondibile personalità barocca.

Che cosa vedere

Castello Normanno Svevo
CASTELLO

(☎0831 73 22 85; Via Castello 5; interi/ridotti €3/2; ⏲17-22 lun, 9-13 e 17-22 mar-dom estate, ⏲16-20 lun, 9-13 e 16-20 mar-dom inverno) Uno dei castelli più grandi dell'entroterra brindisino è questo elegante maniero in carparo che luccica all'ingresso del centro storico cittadino. Costruito una prima volta nell'XI secolo su ordine del condottiero normanno Roberto il Guiscardo, fu rimodellato nella prima metà del Quattrocento da Giovanni Antonio Orsini del Balzo, il quale fece erigere il grande torrione e la cinta muraria che correva attorno al nucleo antico di Mesagne. Successive modifiche lo hanno trasformato in una via di mezzo tra una fortezza e una dimora gentilizia, con tanto di loggia rinascimentale e ornati barocchi alle finestre. Gli interni, spogliati di tutti gli arredi, ospitano mostre temporanee di ottimo livello e nei sotterranei si possono osservare ancora le antiche cisterne olearie. Alcune sale accolgono il **Museo del Territorio Ugo Granafei** che vanta una vasta collezione di reperti dalla preistoria all'età romana, molti dei quali portati alla luce nel complesso archeologico di Via del Castello.

Museo di Arte Sacra Cavaliere-Argentiero
MUSEO

(☎347 381 78 45; www.museoartesacramesagne.it; Piazza Orsini del Balzo; ingresso €3; ⏲orario variabile, consultare il sito) Alle spalle del castello, nella raccolta **Piazza Orsini del Balzo**, si affaccia il **Palazzo Cavaliere**, che si fa notare per il decoratissimo portale in pietra bianca locale e per la fila di tre archi ciechi a tutto sesto che lo sovrastano. Nei suoi stupendi saloni è allestito il **Museo d'Arte Sacra**, con una ricca collezione di oggetti provenienti da chiese e monasteri del territorio; la sezione più interessante e scenografica è quella degli argenti (Sala 2). Accanto sorge la **Chiesa di Sant'Anna**, completata nel 1699 (la data è sul medaglione), considerata uno dei massimi esempi del barocco locale che ha acquisito dal barocco leccese i tratti più leggeri, anche in considerazione del coincidente apporto dei Maestri Donato e Giovanni Cino.

Complesso Archeologico di Via Castello
AREA ARCHEOLOGICA

(Via Castello) Incastonata nel dedalo di stradine del centro storico, quest'area archeologica, protetta da una tettoia e corredata da numerosi pannelli esplicativi, mostra i resti di un insediamento abitato continuativamente dall'Età del Ferro al tardo Medioevo. Si segnalano l'importante stele messapica, il cui originale è esposto presso il Museo Nazionale di Egnazia, e i reperti custoditi all'interno del Museo Archeologico.

Chiesa Madre
LUOGO DI CULTO

(☎0831 77 16 54; www.chiesamadredimesagne.it; Piazza IV Novembre; ⏲8-12 e 16-20) Questa chiesa barocca dall'alta facciata divisa in tre ordini, che si staglia sulla scenografica Piazza IV Novembre, è il risultato di un migliaio di anni di modifiche architettoniche: fu fondata intorno al X secolo, rimodellata nel Cinquecento e infine trasformata nella sua veste attuale di gusto sei-settecentesco, con le 12 statue degli Apostoli a ornarne il prospetto. L'interno a croce latina, il presbiterio rialzato e la cripta raccolta ospitano alcune interessanti opere d'arte, come il Cristo ligneo policromo del XVII secolo, un insolito fonte battesimale in marmo e il busto argentato di sant'Oronzo, settecentesco.

Frantoio Ipogeo
FRANTOIO

(☎0831 73 88 98; Via Santacesaria 17; ⏲visite su prenotazione) FREE Nei sotterranei del cinquecentesco Palazzo Guarini trova posto un suggestivo frantoio usato per secoli per la molitura delle olive: oltre alla grande macina, notate le canalette e il grande forno, che veniva acceso per non far solidificare l'olio. Oggi ospita una mostra permanente di presepi.

Feste ed eventi

Festa della Madonna del Carmine
16 LUGLIO

Chi ama le luminarie non si perda la festa patronale di Mesagne, quando il simulacro della Vergine viene traslato in processione solenne dalla Basilica del Carmine alla Chiesa Madre dove rimane per tre giorni.

Pernottamento e pasti

Tobacco Suite
HOTEL, B&B €€

(☎0831 179 21 98; www.hotelmesagne.com; Via Capozza 3; singole/doppie/appartamenti €40/60/70-110; ❄📶) Cinque appartamenti e due camere al margine del centro storico, ristrutturati in modo meraviglioso. Eccellenti i dolci serviti nella prima colazione.

★ Grand Hotel Tenuta Moreno HOTEL €€€

(☎0831 77 49 60; www.tenutamoreno.it; Contrada Moreno; singole/doppie €120-200/140-250; P ❄ 📶) Se vi piace l'idea di soggiornare tra lecci e ulivi secolari, e magari al risveglio fare un tuffo in una piscina scavata nella roccia, prendete l'uscita Latiano Est della SS7 in Contrada Moreno e raggiungete questo complesso architettonico costruito con eleganza intorno a una masseria settecentesca e dotato di ogni comfort, compresi spa e ristorante.

Osteria del Vicoletto RISTORANTE €€

(☎0831 172 06 78; Vico Quercia 1; pasti €30-35; ⏲12-14.30 e 19.30-22.30 mer-lun) Questo genuino ristorante specializzato in primi e piatti a base di pesce in estate dispone i tavolini all'esterno, affacciati sul Complesso Archeologico di Via Castello. Ottimo rapporto qualità-prezzo.

La Forchetta Salentina RISTORANTE €€

(☎0831 162 21 74; Piazza Vittorio Emanuele II 50; pasti €25-35; ⏲12-14.30 e 19-23.30 gio-mar) Cucina salentina di qualità: antipasti abbondanti, polpettine, fave con cicoria, cozze panate, tagliatelle al Primitivo e altre incredibili squisitezze. Buona anche la pizza.

ℹ Informazioni

Infopoint (☎0831 73 88 98; www.facebook.com/iatmesagne; presso il Castello Normanno Svevo; ⏲v. orari del Castello).

ℹ Per/da Mesagne

Mesagne è sulla principale direttrice tra Brindisi e Taranto, ossia l'Appia SS7/E90, e lungo la linea ferroviaria di **Trenitalia**, con numerose partenze giornaliere tranne la domenica (Brindisi €1,10, 16 min; Taranto €4,50, 50 min).

Oria

POP. 14 840 / ALT. 166 M

Oria è un luogo magico, arroccato su un colle che spunta come un miraggio in mezzo alla piatta campagna brindisina. Disposta a semicerchio attorno a un impressionante castello a pianta triangolare e con una cattedrale degna di una città santa, questa cittadina al confine tra le Murge e la Piana del Salento è il risultato di millenni di storia (e leggenda). Stando a Erodoto, la fondazione di Hyria risalirebbe a naufraghi cretesi che si stabilirono qui per controllare dall'alto il territorio circostante. E per secoli Oria dominò i dintorni: capitale dell'antica Messapia, municipio romano lungo la Via Appia, quindi perennemente contesa dai potenti del momento, è sempre stata al centro di vicende sanguinose di cui restano echi anche nel folklore popolare (fatevi raccontare la leggenda di 'Oria fumosa', ovvero avvolta dalle nebbie in seguito a una maledizione). Tra l'VIII e il X secolo ospitò una fiorente comunità ebraica, che annoverava mistici del calibro di Shabbetai Donnolo e Amittai il Vecchio, poi decimata dalle ripetute incursioni saracene (924 e 977). Federico II lasciò la sua impronta in città con l'edificazione del castello e i celebri festeggiamenti delle nozze con Isabella di Brienne.

FRANCAVILLA FONTANA, UN'ELEGANTE CITTÀ D'ARTE

Questa bella cittadina fondata da Filippo d'Angiò agli inizi del Trecento lungo il Canale Reale, uno dei pochi corsi d'acqua stabili delle Murge, sorge poco più di 5 km a nord-ovest di Oria e deve il suo nome ai privilegi fiscali di cui godeva e all'icona bizantina della Madonna che sarebbe stata rinvenuta nei pressi di una fonte. Il suo secolo di splendore fu il Seicento, come feudo della famiglia di origine genovese degli Imperiali. Raggiungete il cuore del centro storico dalla barocca **Porta del Carmine** percorrendo Via Roma, fiancheggiata da eleganti edifici, come Palazzo Carissimo, dalla leggiadra balconata, fino alla pedonale **Piazza Umberto I**, con la fontana, la Torre dell'Orologio e i tranquilli dehors. Poco più a nord troverete gli edifici più importanti: il **Castello Imperiale**, sede dell'**Infopoint** (☎0831 81 12 62; www.facebook.com/Ufficio-IAT-Francavilla-Fontana; ⏲orario variabile) e aperto alle **visite guidate** (⏲partenza visite alle 9.30, 10.45 e 12 lun-ven, alle 10.30, 11.45, 17.30 e 18.45 sab e dom) FREE, il loggiato di **Palazzo Argentina** e la **Chiesa Matrice o Basilica del Santissimo Rosario**, ricostruita dopo il terremoto del 1743 con la cupola più alta del Salento. La campagna nei dintorni è ricca di grotte, chiesette e *specchie* (costruzioni a secco) messapiche.

Che cosa vedere

Piazza del Sedile PIAZZA

Per farsi travolgere già ai primi passi dalla bellezza di Oria, non c'è accesso migliore al centro storico che quello da **Porta Manfredi**, edificata nel 1727. Appena superato lo scenografico arco sormontato dallo stemma civico, si accede a questo slargo, sempre trafficato, in fondo al quale spicca il bell'edificio settecentesco del **Sedile**, che dà il nome alla piazza. Simile a una torre, ornato da un orologio e statue di santi, nacque per ospitare le riunioni dei nobili che amministravano la città.

Museo Archeologico di Oria e dei Messapi MUSEO

(☎0831 81 71 58; Via Martini 5; ⏲10-13 e 17-20 estate, orario variabile in inverno) FREE L'austero Palazzo Martini è la prestigiosa sede del Museo archeologico cittadino disposto in 10 labirintiche sale che accolgono migliaia di reperti rinvenuti nel corso di numerosi scavi sul territorio, quasi tutti d'epoca messapica, come vasi, fibule, monili e ampolle in vetro.

★ **Cattedrale** LUOGO DI CULTO

(Piazza Cattedrale; visite guidate cattedrale/solo cripta €3/2; ⏲8.30-12 e 16-19 estate, su appuntamento in inverno) Per arrivare fin quassù, al cospetto della facciata rococò della cattedrale cittadina, ricostruita nella seconda metà del Settecento dopo che la precedente basilica romanica era stata demolita, servono scarpe comode e buoni polmoni. Ma la sudata, soprattutto nei mesi estivi, è ampiamente ripagata. E non solo perché dalla spianata che si apre davanti all'edificio si gode di una magnifica vista sui dintorni. Il vero spettacolo, infatti, è all'interno, fra le tre maestose navate impreziosite da brillanti decorazioni policrome in marmo e stucchi, da quattro preziosi candelabri settecenteschi in bronzo e dalla statua del protettore san Barsanofio (un eremita patrono degli oritani) di scuola napoletana; nei sotterranei, custodi di veneratissime reliquie, tra cui il braccio di san Barsanofio; e nella Torre Carnara, testimonianza dell'antica cattedrale romanica e a lungo usata come ossario. Tuttavia, molti viaggiatori salgono alla cattedrale per scivolare in silenzio nella **Cripta delle Mummie**, popolata da un paio di secoli dai corpi di 11 membri laici della Confraternita della Morte: fatevi raccontare la loro storia mentre, seduti tra i banchi in cui si riuniva la congregazione, potrete ammirare anche alcuni carri processionali in cartapesta. Una volta terminata la visita della chiesa, fate un giretto al **Museo Diocesano** (☎0831 84 03 56; Piazza Giustino De Jacobis 4; è gradita un'offerta; ⏲9.30-12.30 e 16.30-18.30 lun, mer e ven ott-apr, 17.30-19.30 mag-set), allestito nel Seminario Vescovile.

Castello Svevo CASTELLO

(⏲chiuso al pubblico) È un vero peccato che contenziosi giudiziari abbiano reso da anni inaccessibile (se non in occasioni straordinarie) questo magnifico maniero che però anche così, dalla vetta del colle, eserciterà il suo fascino su di voi, comparendo a ogni scorcio e sbarrandovi il passo. Progettato o ampliato da Federico II, conserva dell'epoca normanno-sveva mastio e torre quadrangolare, mentre le torri cilindriche gemelle sono (come d'abitudine) angioine. Secondo una leggenda, da quella detta 'Del Salto' si sarebbe gettata una dama per sfuggire a un matrimonio indesiderato; il suo fantasma, certe notti, si scorgerebbe ancora dalle finestre.

Parco Montalbano PARCO

(☎0831 84 65 39; ingresso da Via Renato Lombardi e Via D'Oria; ⏲10-21 estate, 10-18 sab e dom inverno) Il bel mosaico di aree verdi che occupa parte del ripido declivio a nord del castello si compone di aiuole, un laghetto, terrazze e sentieri panoramici. L'accesso più comodo è dal chiostro di fianco alla Chiesa di San Giovanni Battista, a 200 m dalla cattedrale.

Rione Giudea RIONE

Vagabondate per le tortuose viuzze del centro seguendo i cartelli che indirizzano al rione ebraico. Qui, le tracce del passato sono esigue: un'iscrizione in caratteri ebraici in una piazzetta cieca e la **Porta degli Ebrei**, conosciuta anche come Porta Taranto.

Attività

La **Cooperativa Nuova Hyria** (☎338 265 53 60) organizza tour guidati in città e nella cattedrale.

Feste ed eventi

Corteo Storico di Federico II AGOSTO

(www.torneodeirionioria.it) I fastosi festeggiamenti per le nozze di Federico II vengono rievocati ogni secondo fine settimana di agosto con un torneo e una spettacolare sfilata di figuranti in costume d'epoca.

Pernottamento e pasti

B&B Messapia B&B €

(☎339 609 61 58, 329 324 31 18; Via Tito Speri; appartamento €65-70; P ❄ 📶) A 10 minuti a piedi dal centro, un accogliente B&B a gestione familiare con stanze valorizzate da mobili d'epoca o un bell'appartamento con terrazza. A disposizione degli ospiti alcune biciclette gratuite per esplorare i dintorni.

Da Corrado RISTORANTE, PIZZERIA €€
(☎ 366 952 42 49; www.trattoriacorrado.it; Via Russo 22, nei pressi di Piazza Manfredi; pasti €25; ⌚ 12.30-15 gio-dom, 19.30-23.30 mer-lun) Dedicato all'insigne cuoco filosofo Vincenzo Corrado (1736-1836), nativo di Oria, questo ristorante ricavato in un antico frantoio ipogeo ha il dehors che si espande leggiadro nei vicoli intorno. La cucina è incentrata sulle eccellenze pugliesi.

Shopping

Caseificio Pipino SPECIALITÀ ALIMENTARI
(☎ 0831 84 55 50; www.facebook.com/caseificio pipino; Via Gualberto de Marzo 78; ⌚ 8-14 e 17-20.30, chiuso gio pomeriggio e dom) Un tempo Nino alla guida del suo camioncino carico di mozzarelle, scamorze e ricotte freschissime girava per le vie di Oria richiamando i clienti con la sua voce squillante; oggi la famiglia Pipino vi accoglierà al banco di un bel laboratorio artigianale con una sinfonia di prodotti caseari freschissimi. Non perdetevi l'assaggio di formaggi accompagnato da ottimo vino locale.

Informazioni

Infopoint (☎ 0831 81 71 58; Palazzo Martini; ⌚ orario variabile).

Per/da Oria

Oria si trova circa a metà strada fra Brindisi e Taranto sulla SS7/E90 e sulla linea ferroviaria servita da **Trenitalia**. Dalla stazione ferroviaria partono tutti i giorni tranne la domenica treni per Brindisi (€2,60, 30 min) e Taranto (€3, 38 min).

LA COSTA ADRIATICA DA BRINDISI A EGNAZIA

Il basso litorale frastagliato che da Brindisi sale fino a Egnazia, fiancheggiato da una sottile striscia di sabbia chiara, è una gradita sorpresa che farà felici gli amanti delle spiagge tranquille e della natura. A dispetto del fatto che lungo la linea di costa sorgono numerose località, infatti, in realtà gli unici punti di interesse (a eccezione delle aree sotto tutela ambientale) sono rappresentati dal rosario di torri di avvistamento saracene che si susseguono quasi senza sosta. Discorso a parte, naturalmente, merita Egnazia, con il suo grande parco archeologico.

Area Marina Protetta di Torre Guaceto

Il tratto forse più affascinante e incontaminato della costa brindisina si trova a meno di 15 km dal capoluogo, intorno alla cinquecentesca **Torre Guaceto** che dà il nome all'area marina protetta in cui rientra la zona. Percorsa da sentieri e strade sterrate chiuse al traffico privato, la riserva concentra in sé deliziose calette dall'acqua azzurrissima che attirano bagnanti, tartarughe marine e delfini, fiancheggiate da dune alte fino a 10 m ricoperte di macchia mediterranea. Oltre che per le piacevoli nuotate, vale la pena di trascorrere qui attorno uno o più giorni per esplorare con tutta calma questo fragile ecosistema, che si completa di una vasta zona lagunare (in effetti Guaceto deriverebbe dall'arabo *al Gawsit*, che significa luogo d'acqua dolce) punteggiata di canneti, popolati dall'autunno in poi da una ricca varietà di uccelli mi-

LE TORRI SARACENE DELLA COSTA BRINDISINA

Lungo tutta la costa pugliese, abbondano le località che si chiamano 'Torre qualcosa'. A volte della torre rimane solo il nome, ma spesso la struttura (o quel che ne resta) si scorge ancora. Costruite a partire dall'XI secolo, benché la forma attuale risalga per lo più al XV e XVI secolo, le torri costituivano una catena ininterrotta di punti di avvistamento che finì con il contornare tutto il meridione d'Italia, dalla Puglia alla Campania. Sono dette saracene perché la prima minaccia che dovettero fronteggiare era costituita da pirati ed eserciti saraceni: bastino l'occupazione di Bari o i saccheggi di Oria a rammentarlo. Poi i nemici furono i turchi (enorme impressione fece il massacro di Otranto nel 1480), ma in verità qualsiasi stato europeo dotato di una flotta era una potenziale minaccia. Cadute in disuso dal punto di vista militare dal XVIII secolo, ebbero i destini più diversi. Alcune hanno addensato intorno a sé piccoli borghi, come **Torre Canne**; altre sono state restaurate e ospitano piccoli musei, come **Torre Guaceto**; altre ancora sopravvivono in rovina, come **Torre Pozzelle**, ormai tornate a far parte del paesaggio.

gratori. Il modo migliore per farlo è partecipare a una delle frequenti escursioni a piedi e in bicicletta (oltre che, sott'acqua, con maschera e boccaglio) organizzate dal **Centro Visite Al Gawsit** (☎ 0831 98 99 76, 347 840 88 60; www.riservaditorreguaceto.it; Frazione Serranova di Carovigno, SS379, uscita Serranova; escursioni a piedi di 3 h interi/bambini €9,50-12/6-8, di 5-6 h interi/bambini a partire da €15/11, escursioni in bicicletta di 3,5 h interi/bambini a partire da €18/15 noleggio incluso, prenotazione obbligatoria; ⌚ orario variabile in base alla stagione). Qui, oltre alle guide della **Cooperativa Thalassia** (☎ 331 927 75 79; www.cooperativathalassia.it), con cui si svolgono tutte le attività del centro, troverete anche il **Museo della Riserva** (adulti/under 6 €3,50/gratuito; ⌚ stessi orari del Centro Visite, attualmente in ristrutturazione), dove si possono visitare virtualmente gli habitat del parco. È consigliabile contattare il centro anche se si è deciso di muoversi in autonomia, per avere un'idea più chiara degli accessi al parco. Sono presenti infatti due aree di parcheggio: la prima, quella meridionale, al **Lido Boa Gialla** (☎ 347 177 47 18; www.boagialla.it; SS379 uscita Apani; parcheggio giornaliero €5); la seconda, l'Area di Parcheggio Nord Torre Guaceto (parcheggio giornaliero €5, prenotabile online), in prossimità dell'incantevole **Lido di Torre Guaceto** (lettini e ombrellone intera giornata €25-30, mezza giornata €15). Chi dovesse essere interessato solo alla tintarella sappia che, oltre quest'ultimo, c'è la celebre **Spiaggia delle Conchiglie**, dove al posto della sabbia ci sono frammenti di conchiglie e gusci interi. Un paradiso in terra, a poche centinaia di metri a nord-ovest della **Torre Aragonese** (⌚ visite guidate su prenotazione con la Cooperativa Thalassia), collegata da una navetta con il Lido Boa Gialla. Infine, sempre all'interno dell'Area Marina Protetta, è possibile fare snorkelling e immersioni con l'**Aquademia Dive Center** (☎ 0831 52 56 50, 338 353 72 86; www.aquademiaweb.it) o attività veliche, per lo più corsi di una settimana, presso il **Centro Velico Torre Guaceto** (☎ 011 819 30 93, 340 225 65 71; www.centrovelicotorreguaceto.it; SS379, Km 40, Località Monterosso di Apani).

Da Specchiolla a Torre Canne

Lasciandosi alle spalle Torre Guaceto, il primo centro che si incontra risalendo verso nord è **Specchiolla**, un'urbanizzazione abbastanza disordinata che conta un buon numero di stabilimenti balneari e la comoda **Spiaggia di Morgicchio**, seguita dopo poche centinaia di metri da **Torre Santa Sabina**, assai frequentata grazie alla **Spiaggia dell'Isoletta** e a quella della **Gola**. Da questo punto e fino a Marina di Ostuni si sviluppa un tratto di litorale chiamato **Costa Merlata**: decine di microcalette che si susseguono senza sosta, con un bel mare pulito ma spiagge microscopiche (quando non addirittura inesistenti). Il discorso cambia poco più avanti, non appena si supera **Torre San Leonardo**: lungo gli 8 km compresi tra qui e **Torre Canne**, una piacevole frazione di Fasano, si sviluppa una stretta spiaggia alle cui spalle corre un sistema dunale coperto di vegetazione. La zona, molto frequentata, da diversi anni guida le classifiche dei mari più puliti e ricade all'interno del **Parco Naturale Regionale delle Dune Costiere** (www.parcodunecostiere.org; noleggio bici €10 al giorno), che si occupa della tutela dell'area e organizza escursioni a pagamento a piedi e in bicicletta e percorsi di speleotrekking. La **Casa del Parco** presso l'ex stazione ferroviaria di Fon-

AREA MARINA DI TORRE GUACETO: ANIMALI DA SALVARE

L'Area Marina Protetta e Riserva Naturale dello Stato di Torre Guaceto non smette mai d'incantare, non solo per i paesaggi marini da perlustrare con missioni speciali di sea-watching, per le ampie spiagge selvagge dove sollazzarsi al sole, per la macchia mediterranea e il fascino tranquillo degli ambienti palustri, ma anche per la presenza di oltre 250 specie di uccelli, tra cui molte specie migratorie: fenicotteri, gru, spatole e persino due anatre marmorizzate, animali in via di estinzione i cui avvistamenti sono assai difficili e rari, ma che qui hanno trovato un ecosistema protetto. Il mare della riserva è frequentato invece da colonie di giocosi delfini e dalle tartarughe *Caretta caretta* e 'liuto'. Il Centro Recupero Tartarughe Marine di Torre Guaceto si occupa proprio della tutela e della conservazione delle tartarughe marine, attraverso il soccorso, la cura e la riabilitazione degli esemplari rinvenuti in difficoltà, che vengono curati in vasche di 1000-10.000 litri d'acqua prima del rientro in mare.

tevecchia funziona come centro visite e spazio per eventi, e poco distante l'ex Casa Cantoniera dell'ANAS lungo la SS16 Ostuni–Fasano è stata trasformata in un **Albergabici**, da cui partono quotidianamente visite guidate nel parco e tour specifici, come quelli dell'olio e delle masserie, e dove è possibile anche noleggiare biciclette per pedalare in autonomia. Informatevi quindi in anticipo per organizzare escursioni nell'entroterra, che svela oltre alle bellezze naturali anche piccoli siti archeologici (come la chiesetta di San Pietro e il dolmen di Montalbano) di grande suggestione. Per farlo potete contattare **Madera Bike** (☎ 327 578 51 85; www.maderabike.com), che si spinge fino alla Valle d'Itria.

Per quanto riguarda invece il litorale, di fatto l'accesso è un po' complicato. In linea di massima, il parcheggio è consentito solo a pagamento (a partire da €5 al giorno) nelle aree di sosta degli stabilimenti balneari. Solo a Torre San Leonardo, all'estremità meridionale del parco, l'accesso sembrerebbe libero, ma la segnaletica è poco chiara. Un'alternativa è esplorare il parco dal mare, partecipando a una gita in barca di mezza giornata (o noleggiando l'imbarcazione) con **MC Yachting Service** (☎ 0831 36 40 96; www.marcocaraninautica.it; Via Petrolla 54, Porto Turistico di Villanova di Ostuni) che dispone, nella sua flotta, anche di un battello attrezzato per i disabili.

LE LINEE STAGIONALI STP

In estate **STP** (☎ 800 23 20 42; www.stpbrindisi.it) attiva linee stagionali da Brindisi e alcune località dell'interno (Ostuni, Carovigno, Cisternino, Mesagne, Oria, Fasano) per le principali località marine limitrofe, tra cui Apani e Penna Grossa nell'Area Marina Protetta di Torre Guaceto, Torre Pozzelle (solo da Ostuni), Torre Canne, Torre Rinalda (in provincia di Lecce) e Torre Lapillo sulla costa tarantina. Purtroppo, la scarsa frequenza delle corse tende a favorire l'affollamento, pur restando comunque una risorsa preziosa per chi non viaggia in auto. Consultate il sito per i dettagli (ubicazione delle fermate, orari) e verificate telefonicamente.

Egnazia

Pochi minuti a nord della bella spiaggia e del suggestivo porticciolo di **Savelletri**, l'ultimo guizzo di meraviglia prima di approdare a Monopoli il litorale brindisino lo regala non solo grazie al mare, ma al suo antichissimo passato. Qui si apre infatti la grande area archeologica di Egnazia, complesso che abbraccia le rovine della città di Gnathia, la cui storia è scandita dalle fasi comuni a tutta l'area salentina: primo insediamento nel XVI secolo a.C. (Età del Bronzo); invasione di popolazioni balcaniche nell'XI secolo a.C. (Età del Ferro); fase messapica dall'VIII al III secolo a.C., di cui rimangono le imponenti mura e la necropoli; fase romana dal II secolo a.C. al III secolo d.C.; fase tardoantica dall'VIII al X secolo d.C., quando la città cominciò a contrarsi con l'arrivo dei goti.

Ai romani, che fecero passare da qui la Via Traiana, si deve la massima prosperità della città. I tre ettari dell'insediamento indigeno, sviluppati su un promontorio affacciato sul mare, si estesero fino a ricoprirne quasi 40, prima che in epoca medievale cominciasse lo smantellamento delle strutture edilizie per riciclare il materiale di costruzione.

Benché i resti non siano monumentali (non aspettatevi cose grandiose, quindi, ma tante piccole meraviglie), il **parco archeologico** (☎ 080 482 90 56; www.egnazia.eu; SP90 Fasano-Savelletri; interi/ridotti parco+museo €6/3, solo parco o solo museo €4; ⌚ 8.30-13.30) è piacevole da esplorare perché gode della vicinanza del mare ed è ben illustrato da pannelli che aiutano a distinguere planimetria e funzione degli edifici (basilica, anfiteatro, terme ecc.). Un tratto della formidabile Via Traiana, pavimentato a blocchi di calcare bianco, scintilla ancora al sole: provate a immaginare Orazio che lo percorre, scherzando con gli amici Virgilio e Mecenate, come narra l'*Iter Brundisinum* (Satira V). Da non perdere il **museo** ubicato nell'area della necropoli messapica, con i reperti ordinati cronologicamente in 13 luminose sale corredate da un ricco apparato documentale (tra di essi spiccano, a fine percorso, il *Mosaico delle Tre Grazie* e la straordinaria *Testa di Attis*). Infine, non lasciate Egnazia senza aver fatto snorkelling sulle rovine del porto, che giacciono sommerse intorno all'**acropoli**: potrete immergervi dalla spiaggetta di fronte allo chic **Archeolido Penna Grande** (☎ 349 559 73 50, 347 993 28 38; www.archeolido.com; parcheggio custodito €5, 2 lettini e ombrellone €40), sul lato sinistro, o da quella libera (ma un po' desolata) sul lato destro.

Lecce e il Salento leccese

Include ➡

Il meglio – Ristoranti

- Alex (p306)
- Ristorante Il Mignano (p314)
- LaltroBaffo (p338)
- Anime Sante Ittiturismo (p345)
- Baghetteria De Pace (p357)

Il meglio – Agriturismi

- La Corte (p312)
- Masseria Sant'Angelo (p324)
- Terre Amare (p360)

Perché andare

Se si potesse percorrere tutto in volo si avrebbe la migliore visione d'insieme del magnifico Salento, terra abbracciata da due mari e protesa verso Oriente, dove i tramonti d'estate hanno colori infuocati, le spiagge il candore dei Caraibi e il mare ha le sfumature cangianti di turchesi, smeraldi e lapislazzuli. Si vedrebbero le miriadi di scogliere e grotte marine in cui rimangono i segni lasciati dall'uomo al tempo della pietra e del bronzo; e una in fila all'altra le solitarie e affascinanti torri costiere costruite per volontà di Carlo V durante la dominazione spagnola per difendersi dall'assalto dei saraceni. Spiccherebbero i meravigliosi merletti in pietra delle chiese e dei palazzi di Lecce e Nardò, di un barocco struggente, l'incantevole Otranto, la mondana Gallipoli; ma anche l'entroterra fatto di piccoli borghi in pietra che si alzano tra uliveti sconfinati e nei quali si mescolano popoli, lingue e tradizioni venuti da lontano. E splenderebbero le danze sfrenate della pizzica e della taranta e l'arte delle luminarie nelle feste patronali, capaci di trasformare i centri storici di città e paesi in luoghi magici e surreali. Non a caso, per la sua sfilata di moda 2020, Christian Dior ha scelto Piazza del Duomo a Lecce addobbata da fantasmagoriche luminarie, accostando lo chic francese alla bellezza salentina.

Quando andare

Per la maggior parte dei viaggiatori Salento è sinonimo d'estate. Tuttavia, i mesi di luglio e agosto sono piuttosto caotici, le spiagge sono prese d'assalto e i prezzi di hotel e B&B rischiano di rivelarsi proibitivi. È meglio dunque orientarsi verso giugno e settembre, quando il clima più mite rende piacevole anche l'esplorazione dei borghi dell'entroterra e lungo la costa si gode di una privilegiata solitudine. La primavera e l'autunno sono ideali per un viaggio di qualche giorno a Lecce, Gallipoli e Otranto, o per affrontare senza un caldo eccessivo il panoramico Cammino del Salento (v. lettura p348). In inverno invece può essere difficoltoso visitare alcuni luoghi d'interesse che o sono chiusi o rispettano orari ridotti.

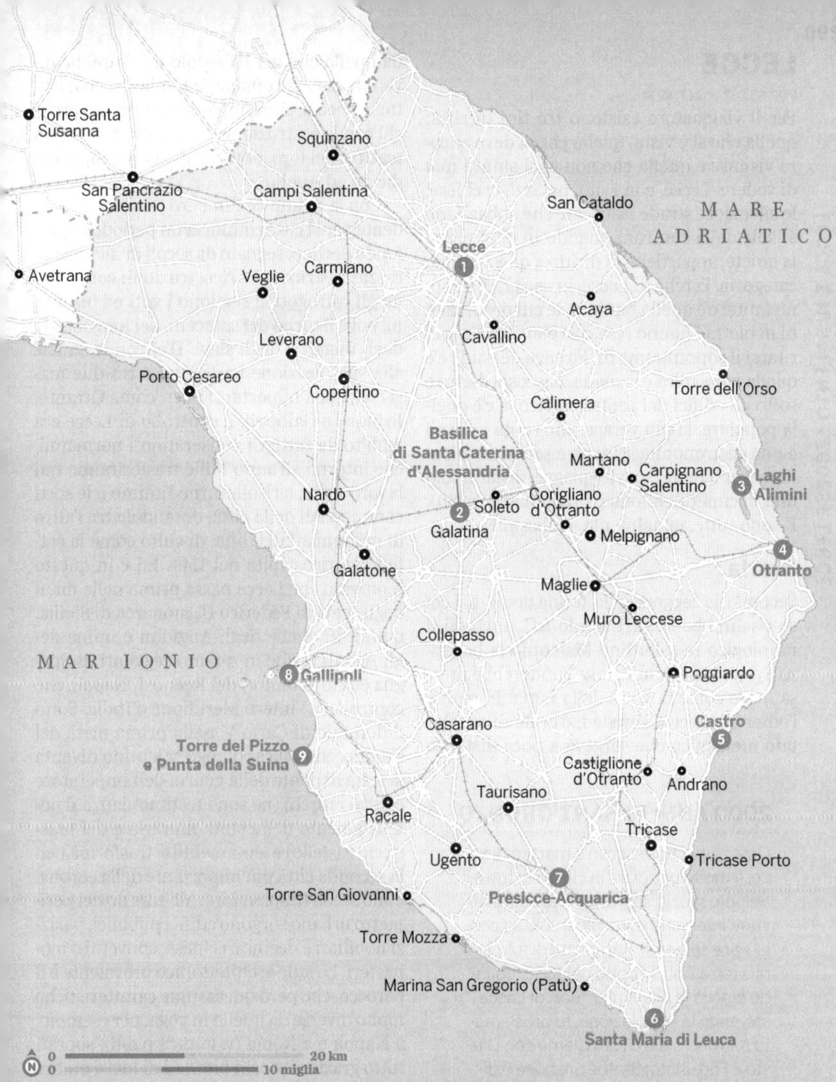

Il meglio di Lecce e il Salento leccese

1 Immergetevi nell'esuberante barocco di **Lecce** (p290).

2 Fatevi rapire dalle storie affrescate nella **Basilica di Santa Caterina d'Alessandria** (p316) a Galatina.

3 Fate un giro in canoa nei **Laghi Alimini** (p333), ancor meglio se in primavera.

4 A **Otranto** (p333), sgranate gli occhi davanti al mosaico pavimentale della cattedrale.

5 Visitate le grotte di **Castro** (p342) e fatevi rapire da *zinzuli* e giochi di luce.

6 Arrivate a piedi a **Santa Maria di Leuca** (p347), lungo il sentiero del Pellegrino.

7 Scoprite il borgo di **Presicce-Acquarica** (p350) e i suoi frantoi ipogei.

8 Lasciatevi incantare da **Gallipoli** (p351), che sembra galleggiare sull'acqua

9 Godetevi il mare tra **Torre del Pizzo** e **Punta della Suina** (p356).

LECCE

POP. 95.037 / ALT. 49 M

Per il viaggiatore esistono tre tipi di città: quella che si è vista, quella che si deve ancora visitare e quella che non ci si stanca mai di vedere. Lecce, con i suoi palazzi, le chiese, le silenziose strade lastricate che abbagliano al sole della controra quando in città regna la quiete, appartiene di diritto a quest'ultima categoria. Perché di Lecce, in verità, ce ne sono tante: c'è quella barocca, le cui decorazioni in pietra l'hanno resa così elegante da meritarsi il soprannome di 'Firenze del sud'; c'è quella messapica e romana, nascosta dietro e sotto gli edifici del centro storico; e c'è quella popolare, la più verace, che ruota intorno a una gastronomia schietta e saporita e all'amore per il mare e per le spiagge, distanti solo una decina di chilometri dalla città (p330). E sono tutte, ugualmente, bellissime.

Storia

Secondo la leggenda, la fondazione di Lecce risalirebbe al XIII secolo a.C., quando il mitologico re salentino Malennio la battezzò Sybar, la cui traduzione suonerebbe pressappoco come la 'Città della Lupa'. In realtà, l'odierna Lecce è l'erede naturale di un abitato messapico che sorgeva a poca distanza da quella che nel III secolo a.C. sarebbe divenuta la città romana di Lupiae (da cui l'attuale Lecce), che l'imperatore Adriano arricchì con la costruzione di un anfiteatro, di un teatro e del foro, dove sorgeva un tempio dedicato ad Apollo.

Con la caduta dell'Impero Romano d'Occidente per la città comincia un periodo di profondo declino, segnato da secoli di incursioni, razzie, distruzioni e ricostruzioni: cominciano gli ostrogoti, li seguono i goti e i bizantini, poi è il turno dei saraceni, dei longobardi, degli ungari e degli slavi. D'altronde, grazie alla sua posizione baricentrica tra due mari e vicina a importanti porti come Otranto, Brindisi e Gallipoli, il controllo di Lecce era ambito da tutti. Ci penseranno i normanni, che intorno all'anno Mille trasferiranno qui la loro corte, a risollevarne l'animo e le sorti commerciali della città, dotandola tra l'altro di monumentali edifici di culto come la cattedrale, ricostruita nel 1144. Ed è in questo momento che Lecce passa prima nelle mani degli svevi di Federico II, monarca di Sicilia, quindi in quelle degli Angioini e infine degli Asburgo, che in quanto reggenti di Spagna erano detentori del Regno di Napoli, che controllava l'intero Meridione d'Italia. Sotto il dominio di Carlo V, nella prima metà del Cinquecento, il capoluogo salentino diventa la testa di ponte della guerra dell'imperatore contro i turchi (ne sono testimonianza il potenziamento della cinta muraria e del massiccio castello) e lentamente si trasforma nella seconda città più importante della corona. Sono secoli di splendore: all'interno del perimetro urbano sorgono edifici pubblici, palazzi nobiliari e decine di chiese, conventi e monasteri. Lo stile architettonico prevalente è il barocco, che però qui assume caratteristiche molto diverse da quello in voga, per esempio, a Napoli e a Roma (v. lettura p296), soprattutto grazie ai giochi bitonali di luci e ombre ottenuti da architetti e scultori attraverso la lavorazione della pietra leccese (una roccia calcarea molto chiara, facile da lavorare), dal colore caldo e dorato. Ai leccesi, però, non basta. E a due riprese (nel 1647 e nel 1734) si ribellano contro l'autarchia asburgica, attenta più a compiacere la nobiltà e il clero che non ad ascoltare le richieste dei cittadini. Una situazione che non cambia granché nemmeno con l'avvento del dominio borbonico, scandito da proteste che termineranno solo dopo i moti carbonari e l'Unità d'Italia, la quale segnerà inoltre l'espansione della città al di fuori delle mura cinquecentesche.

2000 ANNI DI SANT'ORONZO

Oronzo, primo vescovo e martire di Lecce, è molto popolare in città e in tutto il Salento grazie soprattutto ai suoi presunti interventi miracolosi volti a scongiurare epidemie, tempeste di fulmini e terremoti. Proprio nel 1656, quando bloccò la peste al di fuori di Lecce salvando la popolazione, fu proclamato patrono della città insieme con Giusto e Fortunato. Statue preziose e dipinti che ritraggono il santo sono distribuiti un po' in tutta la città, che ogni anno lo festeggia dal 24 al 26 agosto con un'austera processione, una cavalcata in costume e una grande festa abbellita da una fiera, luminarie e fuochi d'artificio. Ancora più imponenti e solenni sono state le celebrazioni civili e religiose organizzate in occasione dell'anno giubilare proclamato per celebrare i 2000 anni dalla nascita, nel 2022. La nascita di Oronzo è infatti attestata, secondo gli studi più accreditati, nel 22 d.C.

Che cosa vedere

★ Piazza Sant'Oronzo — PIAZZA

Febbrile e animata a ogni ora del giorno e della notte grazie al rosario di caffè, ristoranti e negozi che la circondano, questa scenografica piazza pedonale che sorge al centro della città è l'orgoglio dei leccesi, che in un modo o nell'altro trovano sempre una buona scusa per farci una capatina. Il punto migliore per osservarla nella sua complessità è di fronte al palazzetto in stile razionalista che ne occupa l'angolo settentrionale, e che è anche l'accesso privilegiato dalla maggior parte dei viaggiatori. Al centro della spianata, la secentesca **Colonna di Sant'Oronzo** altro non è che una delle due Colonne Romane di Brindisi (p276), regalata a Lecce come segno di ringraziamento nei confronti del santo per aver salvato la città dalla peste del 1656; sulla cima si stagliava la statua del patrono della città, realizzata in lastre di rame, da poco restaurata e custodita all'interno del Palazzo Comunale. I due edifici dietro la colonna sono rispettivamente la **Chiesa di San Marco** (a destra), costruita nel 1543 dalla nutrita comunità di commercianti veneziani che risiedeva in pianta stabile in città, e che nella lunetta del portale esibisce un elaborato Leone Marciano simbolo della Serenissima; e il **Palazzo del Seggio**, addossato alla sinistra della chiesa. Si tratta di un bizzarro edificio bianco a forma di parallelepipedo diviso in due piani, coronato da una loggia rotondamente rinascimentale, i cui fianchi orientale e meridionale sono occupati da enormi finestroni ogivali. Il **Sedile** (nome con cui è più facile che vi venga indicato) fu progettato nel 1592 dall'architetto Alessandro Saponaro, e dopo essere stato destinato a magazzino d'artiglieria, sede del consiglio comunale (fino al 1851) e museo, attualmente ospita l'Infopoint (p308) turistico, perciò sarà assai facile entrarci e dare un'occhiata al suo interno. Se doveste trovarlo chiuso, potrete consolarvi concentrando l'attenzione sulla decorazione della facciata: un florilegio di spade, pugnali, alabarde e armature che ne tradisce la funzione iniziale.

★ Anfiteatro Romano — SITO ARCHEOLOGICO

Accanto al Palazzo del Seggio, a un paio di metri sotto il livello della piazza, si trovano i monumentali resti dell'anfiteatro di età augustea (I-II secolo d.C., attualmente in restauro) nel quale gli abitanti della romana Lupiae erano soliti sollazzarsi assistendo a sanguinose battaglie tra gladiatori e bestie feroci. Furono scoperti per caso, all'inizio del XX secolo, dagli operai impegnati a gettare le fondamenta della nuova sede della Banca d'Italia, che dopo la demolizione di svariati edifici storici sarebbe dovuta sorgere proprio in quel punto. Non se ne fece niente, e durante i successivi 30 anni numerose campagne di scavi permisero di riportare alla luce gli ordini dei palchi inferiori, la galleria dell'accesso occidentale all'arena e due corridoi, di cui uno esterno porticato e uno coperto, sul quale si sviluppavano le gradinate superiori. Quello che tuttora è visibile è circa la metà della struttura originaria, che misurava 100 x 83 m e poteva contenere tra i 20.000 e i 25.000 spettatori: la parte restante si trova ancora sepolta sotto la piazza. La **Chiesa di Santa Maria della Grazia** (☎0832 24 01 59; ⌚su richiesta), che le sorge di fronte, progettata nel 1585, custodisce un piccolo affresco trecentesco della Madonna con Bambino. Non è possibile visitare l'interno dell'anfiteatro, ma dall'esterno si possono vedere i fregi che ornavano i parapetti della struttura. Rappresentano scene di lotta tra schiavi pressoché indifesi e tori, elefanti e feroci leoni. I felini che oggi corrono tra queste pietre o dormono con le code penzolanti sono decisamente più mansueti dei loro predecessori e rendono lo spettacolo di questo circo decisamente meno cruento.

> **IL PROGETTO LECCECCLESIAE**
>
> Grazie al progetto **LeccEcclesiae**, promosso dalla cooperativa sociale **ArtWork** (artworklecce.it) per volontà dell'Arcidiocesi di Lecce, le principali chiese barocche della città sono visitabili tutti i giorni con un solo biglietto che permette l'accesso a Duomo e cripta, Basilica di Santa Croce, Chiesa di Santa Chiara, Chiesa di San Matteo, MuDAS – Museo Diocesano di Arte Sacra e Antico Seminario. Il **ticket** (interi/ridotti €9/8; ⌚9-21 apr-set, 8-18 ott-marzo), acquistabile online sul sito https://chieselecce.it/it/biglietteria-online o presso la biglietteria centrale all'interno dell'Antico Seminario in Piazza del Duomo 5, è valido per 15 giorni, con la possibilità di visitare i singoli siti anche in giornate diverse. Non è prevista la prenotazione.

Castello di Carlo V — CASTELLO

(☎0832 24 65 17; www.castellocarlov.it; Viale XXV Luglio; interi/ridotti €8/6; ⌚10-20 con variazioni sta-

Lecce centro

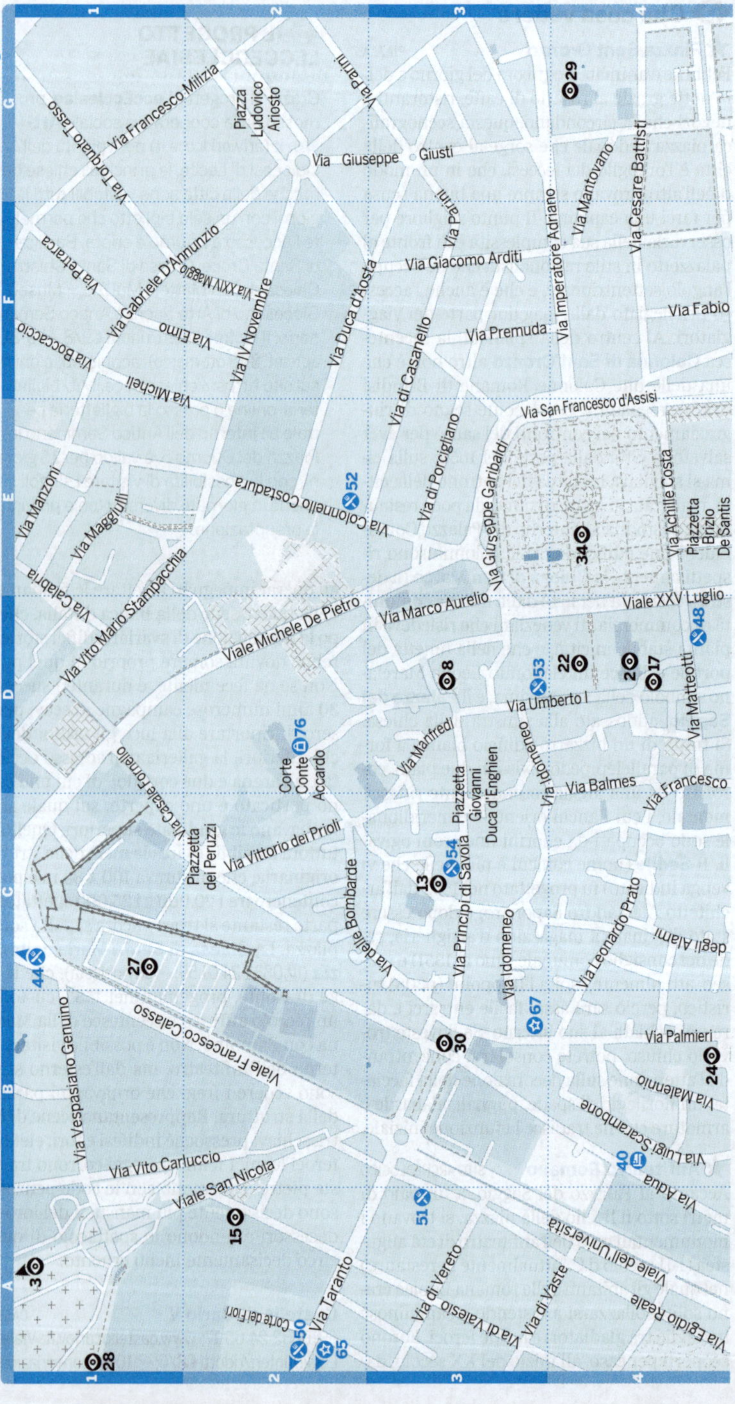

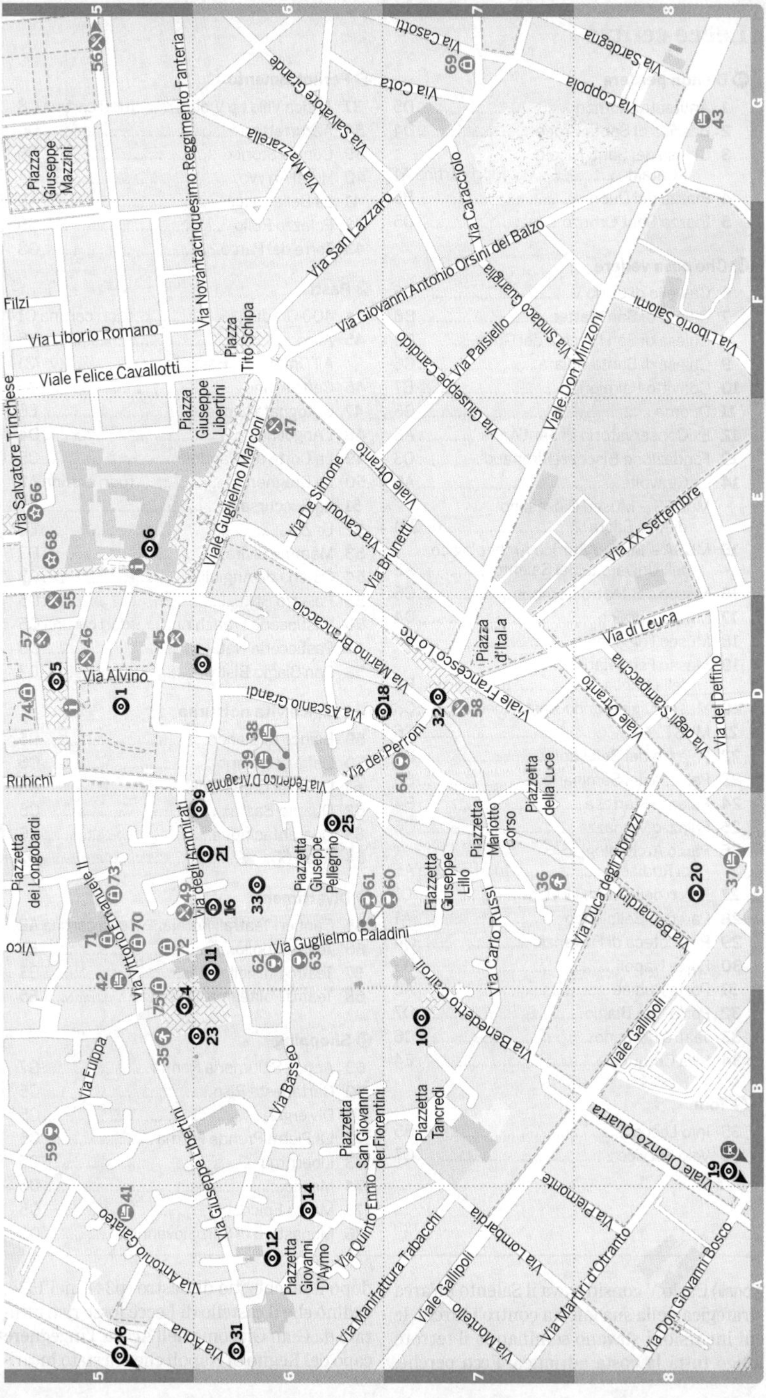
Via Casotti
Via Sardegna
Via Cota
Via Coppola
Via Salvatore Grande
Via Mazzarella
Piazza Giuseppe Mazzini
Via Novantacinquesimo Reggimento Fanteria
Via San Lazzaro
Via Caracciolo
Via Giovanni Antonio Orsini del Balzo
Via Sindaco Guariglia
Via Liborio Salomi
Filzi
Via Liborio Romano
Viale Felice Cavallotti
Piazza Tito Schipa
Via Paisiello
Via Giuseppe Candido
Viale Don Minzoni
Via Salvatore Trinchese
Piazza Giuseppe Libertini
Viale Guglielmo Marconi
Viale Otranto
Via De Simone
Via Cavour
Via Brunetti
Via XX Settembre
Via Marino Brancaccio
Viale Francesco Lo Re
Piazza d'Italia
Via di Leuca
Via Alvino
Via Ascanio Grandi
Via Stampacchia
Viale Otranto
Via del Delfino
Via degli Stampacchia
Rubichi
Via Federico D'Aragona
Via dei Perroni
Piazzetta della Luce
Piazzetta dei Longobardi
Via degli Ammirati
Piazzetta Giuseppe Pellegrino
Piazzetta Mariotto Corso
Piazzetta Giuseppe Lillo
Via Duca degli Abruzzi
Via Vittorio Emanuele II
Via Guglielmo Paladini
Via Carlo Russi
Via Bernardini
Vico
Via Euippa
Via Basseo
Via Benedetto Cairoli
Viale Gallipoli
Via Giuseppe Libertini
Piazzetta San Giovanni dei Fiorentini
Piazzetta Tancredi
Viale Oronzo Quarta
Via Antonio Galateo
Via Piemonte
Via Quinto Ennio
Piazzetta Giovanni D'Aymo
Via Manifattura Tabacchi
Via Lombardia
Via Martiri d'Otranto
Via Don Giovanni Bosco
Via Adua
Viale Gallipoli
Via Montello
5
6
7
8
A
B
C
D
E
F
G

Lecce centro

Da non perdere

1 Anfiteatro Romano ... D5
2 Basilica di Santa Croce ... D4
3 Chiesa dei Santi Nicolò e Cataldo ... fuori cartina A1
4 Piazza del Duomo ... B5
5 Piazza Sant'Oronzo ... D5

Che cosa vedere

6 Castello di Carlo V ... E5
7 Chiesa di San Matteo ... D6
8 Chiesa di San Niccolò dei Greci ... D3
9 Chiesa di Santa Chiara ... C6
10 Convitto Palmieri ... B7
11 Duomo ... C6
12 Ex Conservatorio di Sant'Anna ... A6
13 Fondazione Biscozzi Rimbaud ... C3
14 Le Giravolte ... A6
MuDAS – Museo Diocesano di Arte Sacra ... (v. 23)
15 MUSA – Museo Storico Archeologico dell'Università del Salento ... A2
16 Museo del Teatro Romano ... C6
17 Museo Ebraico ... D4
18 Museo Faggiano ... D7
19 Museo Ferroviario della Puglia ... fuori cartina B8
20 Museo Sigismondo Castromediano ... C8
21 MUST ... C6
22 Palazzo dei Celestini ... D4
23 Palazzo del Seminario ... B6
24 Palazzo Marrese ... B4
25 Palazzo Vernazza ... C6
26 Parco Archeologico di Rudiae ... fuori cartina A5
27 Parco delle Mura Urbiche ... C1
28 Parco di Belloluogo ... A1
29 Pinacoteca di Fulgenzio ... G4
30 Porta Napoli ... B3
31 Porta Rudiae ... A6
32 Porta San Biagio ... D7
33 Teatro Romano ... C6
34 Villa Comunale ... E4

Tour

35 Info Lecce ... B5
36 Velo Service ... C7

Pernottamento

37 Antica Villa La Viola ... fuori cartina C8
38 Azzurretta ... D6
39 Centro Storico ... D6
40 Hotel Arryvo ... B4
41 La Bella Lecce ... A5
42 Palazzo Rollo ... C5
43 Torre del Parco ... G8

Pasti

44 400 Gradi ... fuori cartina C1
45 Alex ... D5
All'Ombra del Barocco ... (v. 73)
46 Caffè Alvino ... D5
47 Cotognata Leccese ... E6
48 L'Angolino ... D4
49 La Corte dei Pandolfi ... C5
50 La Drogheria ... fuori cartina A2
51 La Succursale ... A3
52 Le Zie ... E2
53 Mamma Elvira ... D3
54 Osteria da Angiulino ... C3
55 Palazzo BN ... D5
56 Pasticceria Franchini ... fuori cartina G5
57 Pasticceria Natale ... D5
58 San Biagio Bistrot ... D7

Locali e vita notturna

59 Bianco di Bianco ... B5
60 Caffè Letterario ... C6
61 Colonial Cafe Drink ... C6
62 Quanto Basta ... C6
63 Quarantacinque ... C6
64 Road 66 ... D7

Divertimenti

65 Cantieri Teatrali Koreja ... fuori cartina A2
66 Teatro Apollo ... E5
67 Teatro Paisiello ... B3
68 Teatro Politeama Greco ... E5

Shopping

69 Antica Salumeria Renna ... G7
70 Cartapesta Riso ... C5
71 Div.ergo ... C5
72 La Pietra Prende Forma ... C5
73 Liberrima ... C5
74 Maglio ... D5
75 Marco Epicochi ... C5
76 Monastero di San Giovanni ... D2

gionali) Carlo V considerava il Salento un'area strategica nella sua guerra contro i turchi, le cui incursioni stavano seminando il terrore lungo tutta la costa adriatica. Ecco perché, dopo il saccheggio di Castro (p341) nel 1534, ordinò che il castello di Lecce fosse ristrutturato da Gian Giacomo dell'Acaya, l'ingegnere capo del Regno di Napoli che era stato incaricato anche di fortificare l'antica cinta muraria della città. Dell'Acaya realizzò quindi due strutture concentriche trapezoidali e un'enorme fortificazione esterna dotata di terrapieni e mura inclinate, che con 1 km di circonferenza rende questo castello più grande di quello di Bari (p57).

Solitamente, al suo interno sono organizzate mostre temporanee di alto livello, mentre nell'eventualità che non ce ne sia nemmeno una in programma è comunque possibile visitare i cortili (ingresso gratuito), la cinquecentesca **Sala del Trono di Maria d'Enghien**, coperta da un enorme voltone a botte e così grande che vien voglia di correrci all'impazzata, e alcune salette nelle quali è illustrata la storia del castello, con una piccola collezione di ceramiche medievali e rinascimentali. L'ambiente più interessante, tuttavia, è probabilmente la **Torre Mozza**, di età medievale.

Il progetto Attraverso il Castello organizza la **visita guidata** (335 700 96 14; www.facebook.com/attraversoilcastello; Piazza d'Armi; interi/ridotti €8/4; 10.30-11.30-12.30 e 16-17-18 mer-dom) ad altri ambienti del maniero, che comprendono Le **Prigioni** sotterranee, con i graffiti incisi dai prigionieri alle pareti, i **Camminamenti di Ronda**, la **Cappella di Santa Barbara** e il **Museo della Cartapesta**. Qui sono esposte statue a tema religioso realizzate con la tecnica che dal Settecento all'Ottocento ha reso celebre Lecce: gli scheletri impagliati, le mani e le teste in cartapesta o in terracotta, la carta modellata da ferri arroventati. La passione per la cartapesta ha contagiato anche diversi artisti contemporanei, come dimostra la sezione a loro dedicata.

All'Infopoint del castello (p308) si possono prenotare **visite guidate** (€15 per persona; alle 11 e 16 su prenotazione, durata 1 h 45 min circa) del centro storico di Lecce. Nel biglietto è incluso l'ingresso al Museo Faggiano (p301).

★ Basilica di Santa Croce — LUOGO DI CULTO

(0832 182 72 89; https://chieselecce.it; Via Umberto I; ingresso singolo €6, ticket completo LeccEcclesiae interi/ridotti €9/8; 9-21 apr-set, 8-18 ott-marzo) È un misto di stupore e vertigine quello che assale i viaggiatori quando si trovano davanti all'improvviso, tra i vicoli del centro storico, questa candida basilica celebrata come il capolavoro del barocco leccese (v. lettura p296), costruita per volere della Congregazione dei Celestini. I lavori, che cominciarono nel 1549, si protrassero per oltre un secolo e mezzo e videro la partecipazione di alcuni dei migliori architetti e artigiani dell'epoca, che realizzarono una chiesa in cinque navate, con pianta a croce latina anticipata da una solenne **facciata** riccamente decorata. Ed è proprio quest'ultima, scandita da tre sezioni sovrapposte e sovraccarica di simboli e richiami allegorici che rimandano alla battaglia di Lepanto del 1571 e al trionfo della cristianità sull'eresia musulmana e del Bene sul Male, qui rappresentato dalle armate turche sconfitte, a strappare più di un sospiro di meraviglia agli amanti dell'arte. L'ordine inferiore, che fu il primo a essere terminato, venne progettato da Gabriele Riccardi seguendo ancora gli stilemi dell'architettura rinascimentale: ritmato da sei colonne sormontate da capitelli corinzi (che al posto delle foglie d'acanto espongono una folla di putti, angeli e altre figure antropomorfe), accoglie il portale principale di accesso al tempio, realizzato da Francesco Antonio Zimbalo (1606) e coronato dallo stemma di Filippo III di Spagna. Al di sopra della prima fascia, e divisa da questa da una trabeazione scolpita con leoni e figure femminili a seno nudo, si colloca una lunga balconata sostenuta da 13 telamoni umani e di creature fantastiche (grifoni, arpie, sirene), su cui poggiano le allegorie del potere papale e temporale, rappresentati dai putti che reggono rispettivamente una tiara e una corona. Al centro del secondo ordine si apre l'elemento più scenografico della facciata, il grande **rosone** intagliato da Zimbalo e Cesare Penna, del 1646. Circondato da una ghirlanda e da grottesche che celano i volti dei cinque progettisti del tempio (provate a scovarli), è incorniciato da due file di angeli vagamente raffaelliti e melograni. Le due statue che lo scortano, e che guidano

DA NON PERDERE

LUCI E SUONI A SANTA CROCE

Sul far della sera, le atmosfere si fanno ovattate e il silenzio assume dimensioni planetarie. Questo è il momento migliore per entrare in punta di piedi nella Basilica di Santa Croce e scoprirne i misteri attraverso il **percorso immersivo** (https://chieselecce.it/it/misteri-di-santa-croce; ingresso €15; 21.15 lug-set, su richiesta negli altri mesi; durata 45 min) di voci, luce, musica, arte e architettura ideato dal regista Alessandro Valenti. Vi saranno inoltre svelati particolari nascosti della vita del famoso Celestino V, che a parere di Dante "fece per viltà il gran rifiuto", e notizie particolareggiate sulla tavola della Trinità e sulla reliquia della Vera Croce.

lo sguardo verso il **timpano** che conclude la terza fascia, sono infine quelle di *San Celestino* (a sinistra) e *San Benedetto* (a destra), rispettivamente fondatore dell'ordine titolare della chiesa e dei benedettini, cui quest'ultimo apparteneva.

All'interno dell'edificio prosegue l'esuberante apparato ornamentale scultoreo. Delle cinque navate originarie, nel Settecento ne furono eliminate due, trasformandole in **cappelle laterali**, sette per ciascun lato. Vale la pena di dare un'occhiata a tutte, anche se la più ricca di decorazioni è quella del transetto sinistro, dominata dall'**Altare di San Francesco da Paola**, una sorta di grande pala d'altare in pietra leccese con sei colonne intagliate, intervallate da pannelli con rilievi raffiguranti episodi miracolosi della vita del santo visionario, scolpiti dal solito Zimbalo nel 1614 con ogni sorta di dettagli; tra questi, la predizione dell'assalto e delle efferatezze che i turchi avrebbero commesso contro la città e gli abitanti di Otranto nel 1480.

Il maestoso edificio che sorge a sinistra della facciata è il **Palazzo dei Celestini**, che come suggerisce il nome è l'antico convento dei frati che officiavano la chiesa. Fu progettato da Ricciardi insieme con la basilica, mentre il prospetto illuminato da 19 grandi finestre spiccatamente barocche è frutto dell'abilità di Giuseppe Zimbalo (che dell'omonimo era il nipote) e Giuseppe Cino. Quando il portone è aperto è possibile accedere al chiostro, attraversando il quale si accede alla Villa Comunale.

Museo Ebraico MUSEO

(☎0832 24 70 16, 328 948 20 91, www.palazzotaurino.com; Via Umberto I 9; interi/ridotti €6/5; ⏲10-17 lun-sab, 10.30-13.30 dom, visite guidate su prenotazione) Come spesso accade in Salento, scavando sotto gli edifici barocchi si riportano alla luce stratificazioni assai più antiche. Così, nei sotterranei dell'antico Palazzo Personè-Taurino, che sorge addossato alla Basilica di Santa Croce, l'ultimo proprietario ha ritrovato i resti di un'antica sinagoga in uso per tutto il Medioevo: poche tracce, però di grande fascino soprattutto per gli appassionati di storia, che potranno ripercorrere le vicissitudini della comunità ebraica vissuta a Lecce nel periodo che va dal IX secolo fino alle cacciate (*Gherush*) del 1495, 1510, 1541. L'interessante allestimento mostra le vasche utilizzate dagli ebrei per le abluzioni rituali (*mikwa'ot*), il vano dello stipite di una porta in cui era alloggiata una *mezuzah* (pergamena sacra), oltre a un'epigrafe funeraria dell'VIII-IX secolo rinvenuta a Oria e alcuni costumi d'epoca. Con frequenza vengono organizzati laboratori di ceramica e cartapesta per bambini e tour nelle vie del quartiere ebraico, i cui nomi (Via della Saponera, Via della Sinagoga) sono piuttosto evocativi.

I MERLETTI IN PIETRA DEL BAROCCO LECCESE

È un inseguirsi infinito di decori, frutta, fiori, volute, animali fantastici, arpie, sirene e putti danzanti: il barocco leccese è un trionfo di forme cangianti, di giochi di luci e ombre che animano la scena. Introdotto in città per adattare le antiche e nuove chiese ai dettami della Controriforma, e influenzato dal plateresco spagnolo, fu dapprima utilizzato per gli edifici di culto e poi applicato ai palazzi nobiliari e al decoro urbano. Squadre di artigiani si sbizzarrirono nelle decorazioni più audaci, di cui sono testimonianza i fregi, i merletti in pietra, le statue e i disorientanti altari delle chiese cittadine. Dietro le magie dell'artigianato, però, c'era anche la sapienza di architetti come Gabriele Riccardi, Francesco Antonio Zimbalo e Giuseppe Zimbalo (detto Lo Zingarello), l'interprete forse più creativo, a cui si deve tra le altre cose parte dei decori della facciata della straordinaria Basilica di Santa Croce (p295) e di quella del Duomo (p299). Tutto ciò fu possibile grazie all'abbondanza della materia prima, la **pietra leccese**, una pietra calcarea molto tenera e duttile, dal caldo colore dorato, adattissima a essere scolpita, lavorata, intagliata e traforata. Proviene per lo più dalle **cave di Cursi**, 'città della pietra' ubicata nel cuore del Salento, nei pressi di Melpignano (p322), dove all'interno dell'affascinante frantoio ipogeo dell'ottocentesco Palazzo De Donno è stata allestita la mostra permanente **"Stone Stories". Le pietre di Puglia nell'architettura, nel design e nel paesaggio** (☎327 163 16 56; Piazza Papa Pio XII; ⏲su prenotazione), che racconta, anche attraverso oggetti progettati da famosi architetti contemporanei, la versatilità della pietra leccese nell'architettura e nella scultura, e propone inoltre istruttive visite alle cave ancora attive e in quelle abbandonate, dove la natura si sta man mano riappropriando dei propri spazi.

Villa Comunale GIARDINO PUBBLICO

(Via XXV Luglio; ⌚9-21) Nelle calde giornate estive questo giardino che si sviluppa per 34 ettari alle spalle del Palazzo dei Celestini è un sicuro riparo contro il solleone, dove fare un riposino o un picnic all'ombra di frondosi alberi. Realizzato nella prima metà dell'Ottocento su progetto del naturalista Gaetano Stella, attraversato da ampi viali e con al centro un tempietto neoclassico con una vivace copertura in maioliche verdi, dispone di due aree giochi per bambini e – all'estremità nord-orientale – di una grande fontana rettangolare attraversata da un ponticello. Il basso edificio che la fiancheggia è **La Flora**, un padiglione costruito nel 1840 come dimora del custode. Gli appassionati di storia locale farebbero bene a percorrere in lungo e in largo il parco per scoprire a chi sono dedicati tutti e 22 i busti sparsi tra le aiuole: solo uno non è di un salentino, quello di Giuseppe Garibaldi, a cui il giardino è intitolato.

Pinacoteca di Fulgenzio MUSEO

(☎0832 182 65 34, 327 016 30 07; www.pinacotecacaracciolo.it; Via Imperatore Adriano 79; interi/ridotti €3/2, visite guidate €5; ⌚8.30-12.30 mar, mer e ven, 17.30-20 dom) Nell'area moderna della città, tra palazzi anni '70, è un'enclave di cultura francescana con una pinacoteca che accoglie opere raccolte nei vari conventi del Salento, in cui il focus espositivo si concentra sull'arte barocca e della Controriforma. Se la visita alla città vi avrà sedotto per le esuberanze architettoniche del Sei-Settecento leccese, qui troverete le migliori trasposizioni del barocco nella pittura devozionale realizzate da autori locali come Gianserio Strafella, Oronzo Tiso e Serafino Elmo, o da autori napoletani e romani permeati di caravaggismo, tra cui spiccano le tele della scuola di Jusepe de Ribera – lo Spagnoletto – e di Luca Giordano. Nella cappella cinquecentesca vi aspetta poi un'assoluta rarità: un **Crocifisso anatomico in ceroplastica** di scuola napoletana, del Settecento, che permette di entrare con gli occhi 'dentro' la statua per visionare gli organi del corpo umano. Tra le opere del Novecento catalizzano l'attenzione quelle visionarie dell'artista outsider Ezechiele Leandro, qui presente con una sorta di polittico dedicato ai *Fioretti di san Francesco*.

Chiesa di San Niccolò dei Greci LUOGO DI CULTO

(☎0832 24 10 16; Piazzetta Chiesa dei Greci; ⌚sab pomeriggio, dom mattina) Affacciata su una raccolta piazzetta che dopo il tramonto si riempie di tavolini e chiacchiere, la chiesa della comunità ortodossa locale è un sobrio edificio neoclassico eretto nel 1765 sulle rovine di un precedente tempio romanico risalente al IX secolo. La finanziarono, affidando la realizzazione a quattro architetti leccesi, i mercanti albanesi che vivevano in città, ma poiché il rito bizantino si celebra in greco, ecco che per tutti la chiesa è quella dei greci. Incomprensioni linguistiche a parte, dietro la facciata con quattro paraste sormontate da capitelli ionici, si apre un ampio salone di preghiera coperto da un voltone a botte e diviso dall'iconostasi, la parete che separa gli officianti dai fedeli. Le icone incassate in quest'ultima, che raffigurano una Madonna con Bambino e alcuni santi cari alla tradizione orientale, risalgono al XVIII secolo.

MUSA – Museo Storico Archeologico dell'Università del Salento MUSEO

(☎0832 29 42 53; www.musa.unisalento.it; Via di Valesio/Via San Nicola; ⌚9-10.30 e 11.30-12.30 lun, mer e ven, 15.30-16.30 mar e gio) FREE Subito fuori da Porta Napoli (v. lettura p298) si trova la sede centrale dell'Università del Salento, al cui interno è ospitato un prezioso museo archeologico. Custodisce una gran quantità di reperti preistorici, vasi, ciotole e urne d'epoca messapica e greca, alcune statue e altri elementi architettonici di edifici ormai scomparsi. Grandi pannelli e diorami posizionati nelle cinque sale dell'esposizione permettono di comprendere in maniera immediata il contesto storico dei pezzi, oltre che lo sviluppo antropologico del bacino del Mediterraneo.

Parco di Belloluogo PARCO

(www.facebook.com/parcodibelloluogo.lecce; Via Vecchia Surbo; ⌚9-20, fino alle 21 estate) Appassionati di jogging, universitari appena usciti da lezione e famigliole con bambini popolano questo ampio parco poco fuori dal centro, nel quale durante l'estate si organizzano concerti e altri eventi all'aperto. Tra i muretti a secco, gli ulivi e gli alberi di melograno svetta la candida **Torre di Belloluogo**, un baluardo trecentesco circondato da un fossato che fu la residenza di Maria d'Enghien, contessa di Lecce. Purtroppo è in stato d'abbandono, però ciclicamente si parla di un suo restauro e della sua valorizzazione.

★ Chiesa dei Santi Nicolò e Cataldo LUOGO DI CULTO

(☎339 841 16 69; Via San Nicola; ⌚9.30-12.30 lun, gio e sab) Una delle più belle chiese cittadine si erge all'interno del cimitero comunale, poco distante da Porta Napoli ed è gestita dal FAI. L'edificio è frutto di un connubio di elementi romanici, bizantini e barocchi in grado di

LE MURA URBICHE E LE TRE PORTE: NAPOLI, RUDIAE E SAN BIAGIO

Per quasi 2000 anni Lecce è stata circondata da un'alta cortina muraria difensiva di 3 km di lunghezza, costruita dai messapi e rinforzata a più riprese nel corso dei secoli, fino all'intervento dell'architetto militare Gian Giacomo dell'Acaya (lo stesso del Castello di Carlo V), chiamato nel XVI secolo dal re di Napoli per rendere inespugnabile il capoluogo salentino. Dopo l'Unità d'Italia, e in concomitanza con l'espansione della città al di fuori del suo tradizionale perimetro, il sistema di cinta è stato quasi interamente smantellato. Restano in piedi, all'estremità settentrionale del centro, solo alcune centinaia di metri, visitabili sia nei sotterranei sia all'esterno, lungo i camminamenti di ronda, e che ricadono nel **Parco delle Mura Urbiche** (Via Leo Leonardo; ⌚8.30-23).

Hanno resistito al tempo, senza troppi traumi, le tre porte che si aprivano sulle mura. La più trafficata, poiché mette in comunicazione il centro storico con la zona universitaria, è **Porta Napoli**: progettata nel 1548 da Dell'Acaya in vista di una visita in città di Carlo V, che veniva proprio da Napoli, è una sorta di grande arco trionfale di 20 m di altezza, d'aspetto piuttosto marziale, impreziosito da un timpano con l'effige dell'Impero austro-ungarico. Sono invece di sant'Oronzo e dei mitici fondatori di Lecce (Malennio, Dauno, Euippa e Idomeneo) le statue che, meno di 1 km più a sud, ornano **Porta Rudiae**, orientata verso l'omonima urbe romana e ricostruita nel Settecento dopo che la precedente, del XV secolo, era crollata. Si trova infine sul lato opposto della città l'elegante **Porta San Biagio**, con le due coppie di colonne ai lati del fornice, lo stemma di Ferdinando IV di Borbone fiancheggiato da quelli municipali e una lunga epigrafe in latino sulla quale veglia la statua di san Biagio.

disorientare il visitatore, che rivelano in parte le vicende che l'hanno interessata. Fondata nel 1180 da Tancredi d'Altavilla, l'ultimo re dei normanni, fu donata dapprima ai benedettini, quindi nel 1494 passò ai frati olivetani, che nel XVIII secolo intervennero in maniera piuttosto decisa sulla struttura originaria. L'incaricato di trasformare il tempio romanico con la cupola di ispirazione bizantina in una 'moderna' chiesa barocca fu Giuseppe Cino, che rimaneggiò l'edificio a partire dal 1716. L'architetto fu abbastanza assennato da non toccare né il **portale**, scolpito con un'intricata decorazione esotica fatta di motivi floreali (di chiara influenza siciliana), né il **rosone**. Questo però non gli impedì di sbizzarrirsi con il resto della facciata, che ora è piena di statue di santi benedettini (sono 10), non del tutto coerenti con il complesso, e nel punto più alto espone lo stemma degli olivetani.

Sebbene gli affreschi che ornavano le colonne siano stati coperti, l'interno mantiene una sobria integrità. L'alta navata centrale (con volta a botte) e le strette laterali (sovrastate da crociere ogivali) danno la sensazione di un'altezza vertiginosa. A far rimanere con i piedi per terra ci pensano però la decorazione scultorea (ci sono sirene, coccodrilli, fanciulle nude che fuggono...), gli affreschi originali con scene della vita di Gesù e di Maria e quelli in stile pompeiano sul soffitto, realizzati tra il XVI e il XVIII secolo. Se questi ultimi vi sono piaciuti, aspettate di entrare nella **sagrestia**, alla quale si accede dal fondo della navata destra: vi lascerà senza fiato. Per prendere una boccata d'aria affacciatevi al **chiostro** cinquecentesco, i cui ingressi si aprono nella sagrestia e a destra della facciata: è uno spazio semplice e molto ampio, progettato da Gabriele Riccardi (lo stesso della Basilica di Santa Croce), nel cui centro si alza un magnifico **baldacchino** barocco, sorretto da eleganti colonne tortili, che un tempo faceva ombra al pozzo del **monastero**, attualmente occupato dagli uffici dell'università.

★ Piazza del Duomo PIAZZA

Una piazza chiusa a cui si accede da un'unica entrata, incorniciata da due propilei con i Padri della Chiesa; una piazza di una bellezza struggente, di giorno e di notte. Se potesse raccontarci la sua storia, ci ricondurrebbe all'antico insediamento dei messapi, tre secoli prima di Cristo, e poi all'epoca della città romana di Lupiae, quando in questo grande spazio si ergeva probabilmente il foro cittadino. Ci proietterebbe poi nell'età normanna, periodo in cui fu innalzata la prima cattedrale e la piazza assunse il ruolo di polo geografico e spirituale della città, per divenire nel XV secolo anche spazio occupato da botteghe e dall'intenso chiacchiericcio dei mercanti. Si soffermerebbe però soprattutto sulla seconda metà del XVIII secolo e sulla teatralità dell'architettura barocca leccese, che diede un nuovo aspetto all'emiciclo grazie soprattutto all'intervento degli architetti e scultori Giuseppe Zimbalo (1617-1710) e Giuseppe Cino (1644-1722), maestri nel modellare la tenera pietra leccese delle architetture religiose con motivi decorativi floreali e vegetali, festoni di fiori e frutta, animali reali e mitologici, stemmi, angioletti e figure fantastiche, capaci, nell'esuberanza di forme e accostamenti, di creare stupore e abbagliare la vista.

Palazzo del Seminario PALAZZO, MUSEO

(☎0832 182 72 89; https://chieselecce.it; Piazza Duomo 5; ingresso singolo €6, ticket completo LeccEcclesiae interi/ridotti €9/8; ⏲9-21 apr-set, 8-18 ott-marzo) Sul lato destro di Piazza del Duomo, sobrio e lineare nella struttura architettonica a bugnato liscio, esuberante di decorazioni nelle cornici delle finestre e nel fastoso portale, il Palazzo del Seminario fu costruito per volontà del vescovo Michele Pignatelli, che ne affidò il progetto, ultimato nel 1709, al grande architetto e scultore leccese Giuseppe Cino. All'interno, incastonato in un suggestivo cortile quadrangolare, si apre il **chiostro** secentesco con al centro un piccolo **pozzo** in pietra leccese, reso prezioso da un intreccio di angeli, frutti e germogli vegetali che portano in trionfo la statua di sant'Irene, antica patrona della città prima di sant'Oronzo. A **san Gregorio Taumaturgo**, protettore del Seminario, è invece dedicata la piccola **cappella** barocca che sorge appartata su un braccio del chiostro, così come la tela del suo altare maggiore dipinta dal pittore napoletano Paolo De Matteis nel 1696 e incorniciata da colonne tortili di una bellezza solo apparentemente statuaria: se aguzzate la vista, riconoscerete nella profusione di decorazioni che le ricoprono un sovrapporsi gioioso di simbologie religiose, uva, spighe, uccelli del paradiso, putti e angioletti. L'edificio ospita inoltre, al primo piano, la ricca collezione del **MuDAS – Museo Diocesano di Arte Sacra**, composta da sculture in legno e in cartapesta (più leggere da portare in processione), da argenti e paramenti sacri, oltre che da numerosi dipinti provenienti dalle chiese cittadine. Fra questi la tenera raffigurazione secentesca della *Sacra Famiglia del cucito* del napoletano Paolo Finoglio, che mostra la Madonna illuminata da un fascio di luce caravaggesca, intenta a cucire con accanto san Giuseppe che dondola con un piede il Bambino nella culla. L'artista leccese Serafino Elmo è l'autore del dipinto *Sant'Oronzo riceve da Cristo il mandato di proteggere la città dalla peste*, in cui è presente un'antica veduta di Lecce circondata dalle mura del XVI secolo, mentre la drammatica *Crocifissione di san Pietro*, dal potente chiaroscuro, è stata attribuita a Luca Giordano. Curiosa la storia della piccola cicatrice fra le sopracciglia della **statua di sant'Oronzo**, di fine Seicento, che lo scultore Domenico Gigante non riuscì mai a eliminare nonostante i molteplici rifacimenti: si tramanda che Oronzo, apparso in sogno a un religioso, raccontò di essersi procurato quella piccola cicatrice non più cancellabile quando era ragazzo, in seguito a una caduta. Spettacolari la **statua lignea dell'Assunta** (1689) tra gli angioletti di Nicola Fumo e quella in cartapesta di *Giuditta con in mano la testa di Oloferne* (1698) firmata da Raffaele Caretta.

Duomo LUOGO DI CULTO

(☎0832 182 72 89; https://chieselecce.it; Piazza del Duomo; ingresso singolo €6, ticket completo LeccEcclesiae interi/ridotti €9/8; ⏲9-21 apr-set, 8-18 ott-marzo) I primi documenti storici attestano che la Cattedrale dell'Assunta fu edificata in età normanna, nel 1114; fu poi ricostruita in stile romanico nel 1230 e trasformata nella superba cattedrale barocca che è oggi a partire dal 1659, quando il vescovo Luigi Pappacoda affidò i lavori a Giuseppe Zimbalo. Fu costui che, per rendere ancora più grande lo stupore di quanti accedevano al sagrato, decise di decorare con colonne, paraste, una balconata e un timpano, dentro al qua-

LE ELEGANTI CARIATIDI DI PALAZZO MARRESE

Di palazzi barocchi dal grande fascino ce ne sono a bizzeffe a Lecce. Basta girare con il naso per aria e si scoprono elaborati portali, fregi in pietra leccese che sembrano cesellati, statue che meriterebbero forse di stare in un museo. E poi c'è **Palazzo Marrese** (Piazzetta Ignazio Falconieri 2-6; ⏲non visitabile), affacciato in una piazzetta che dà su Corso Vittorio Emanuele, uno dei più belli e celebrati della città proprio grazie al suo portale e al suo balcone. Lo progettò un architetto locale, Mauro Manieri, nel Settecento, che forse per 'mascherare' le modeste proporzioni dell'edificio (è solo di due piani) disegnò un'entrata trionfale, con un portone incorniciato da quattro elegantissime cariatidi, che, pur sopportando il peso della struttura, dei putti, dei cartigli e delle allegorie che le sormontano, non perdono il sorriso.

DA NON PERDERE

SEGRETI DI PALAZZO

Nel cuore del centro storico di Lecce, pagine e pagine di storia antica e tecnologia digitale all'avanguardia s'incontrano a **Palazzo Vernazza** (☎0832 40 70 11; www.palazzovernazza.it; Vico Vernazza 8; interi/ridotti Phygital Experience Ticket €10/8, interi/ridotti normali €6/3; ⏲10-16 ven-dom), capolavoro di architettura rinascimentale da poco aperto al pubblico. Con il tablet alla mano (con cui potrete accedere a contenuti informativi extra, approfondimenti, ricostruzioni in 3D e video), i visitatori scopriranno straordinarie testimonianze del lontano passato della città, dai resti di un **santuario** di epoca romano imperiale dedicato a Iside, divinità dell'antico Egitto, a resti di strutture di età messapica, romana e cinquecentesca, tra cui alcune cisterne olearie utilizzate per lo stoccaggio dell'olio da lampada, da cui Lecce ricavò ingenti ricchezze dal XVI al XIX secolo. Il curioso e stravagante **Giardino di Pietre Narranti** compone la raccolta del **Lapidarium**, mentre la **Sala della Torre** costituisce il nucleo più antico di questa residenza fortificata, abitata nel secoli da famiglie aristocratiche di varia provenienza, dai Castromediano, di origine tedesca, al genovese Andrea Vernazza duca di Castrì, da cui il palazzo prende il nome.

le sant'Oronzo galleggia sulle nuvole, come in una sorta di arco di trionfo, la facciata laterale del tempio su cui si affaccia l'ingresso alla piazza. In compenso, la facciata principale del Duomo è molto sobria, lineare, plastica. Irrinunciabile la salita con il nuovissimo ascensore in cima al **campanile** alto 70 m, la balconata più spettacolare della città, coronato in cima da una cupola in maiolica con la statua di sant'Oronzo che benedice la città.

Una volta che vi sarete ripresi dallo stupore, sarà tempo di accedere alla maestosa sacralità dell'interno a croce latina, scandito da tre navate. A parte l'insolita profusione d'oro nei capitelli, nei sottarchi e negli stucchi della base del timpano che regge la cupola, la decorazione è tutto sommato composta, salvo farsi scoppiettante nei 12 **altari laterali**. Tra le meraviglie da osservare con attenzione ci sono senz'altro il **controsoffitto** secentesco in legno e oro, con al centro gli episodi della vita di sant'Oronzo (*La predicazione*, *La protezione della città dalla peste*, *Il martirio*) attribuiti a Giuseppe da Brindisi, le tele di Oronzo Tiso nell'abside alle spalle dell'altare maggiore e soprattutto lo spettacolare **presepe** cinquecentesco scolpito dal leccese Gabriele Riccardi in cima al secondo altare di sinistra, quello della Natività. Merita infine una visita la **cripta**, utilizzata come area sepolcrale, che occupa gran parte del transetto e dell'aula. Ha uno stupendo pavimento in maioliche ed è sorretta da 94 colonnine i cui capitelli sono decorati con sirene, animali e angeli dai tratti tipicamente gotici.

Teatro Romano SITO ARCHEOLOGICO

(Via del Teatro Romano) Grazie a un felice impianto di illuminazione, il momento migliore per fotografare questo teatro vecchio di oltre 2000 anni, dove venivano rappresentate commedie e tragedie, incastrato tra i palazzi del centro storico, è la notte. D'accordo, districarsi tra gli aggrovigliati vicoli con le tenebre non è facilissimo, però l'effetto sorpresa quando all'improvviso ve lo trovate davanti è assicurato. Secondo gli archeologi – che dal 1929, quando fu scoperto, si sono impegnati a studiarlo e restaurarlo – sarebbe stato costruito tra il I e il II secolo d.C., poteva contenere oltre 5000 spettatori e disponeva di un fondale decorato con colonne e statue, di cui si sono perse le tracce. Quello che invece è ancora qui, dietro una cancellata, è la cavea di forma semicircolare, con le sue gradinate, e il palcoscenico, rivestito di lastre di calcare. Per sapere un po' di più della struttura e della sua storia, vale la pena di visitare (questa volta di mattina) il **Museo del Teatro Romano** (☎0832 27 91 96; Via degli Ammirati 5; ingresso €3; ⏲10-14), che si trova a ridosso della struttura, visibile anche dal balcone interno. Custodisce oggetti rinvenuti durante i lavori di scavo, oltre alla ricostruzione dell'antica Lupiae e a pannelli informativi. Di grande impatto visivo la serie delle nove maschere teatrali provenienti dalla Villa Adriana a Tivoli.

MUST MUSEO

(☎0832 24 10 67, 333 363 43 26; www.mustlecce.it; Via degli Ammirati 11; interi/ridotti €5/3,50; ⏲10-19 mar-dom) Allestito nell'antico Monastero di Santa Chiara, il Museo Storico Città di Lecce raccoglie la memoria artistica collettiva di personalità legate al territorio ionico-salentino e attive dal XVIII secolo all'età contemporanea. Si parte con i dipinti del leccese Oronzo Tiso (1726-1800), pittore tardobarocco di scuola napoletana dal forte impatto scenografico, per proseguire con Gioacchino Toma (1836-1891), protagonista della pittura italiana del secondo Ottocento, con i paesaggisti Stanislao Sidoti (1837-1924) e Giuseppe Casciaro (1863-1941), con lo scultore Antonio Bortone (1844-1938), e con le opere di artisti solo da poco scomparsi. Tra questi Cosimo Carlucci (1919-1987), che con le sue opere astratte in legno, rame o metallo ha indagato il rapporto forma-spazio-luce, e Giancarlo Moscara (1955-2019), personalità poliedrica e visionaria capace di esprimersi attraverso una molteplicità di linguaggi diversissima tra loro, dalla pittura alla grafica, dall'illustrazione alla poesia. Numerose e di un certo spessore nel corso dell'anno anche le mostre temporanee.

Chiesa di Santa Chiara LUOGO DI CULTO

(☎0832 182 72 89; https://chieselecce.it; Piazza Vittorio Emanuele II; ingresso singolo €6, ticket completo LeccEcclesiae interi/ridotti €9/8; ⏲9-21 apr-set, 8-18 ott-marzo) Innalzata nel 1429 e rimodellata completamente (senza però essere mai terminata) a partire dal 1687 su progetto di Giuseppe Cino, questa chiesa barocca dall'esuberante facciata in pietra leccese è tra le più note della città. L'interno, a pianta ottagonale, ospita interessanti altari dorati sopra i quali si possono ancora vedere le grate dietro cui le monache di clausura ascoltavano la messa. Meritano una menzione speciale sia la tela di *Sant'Agnese* dipinta nel Settecento da Francesco Solimena (un pittore napoletano che lavorò in tutta Europa), sia l'imponente **controsoffitto** a cassettoni di 300 mq ultimato nel 1738. Sembra in legno, e pure bruciato: è invece in cartapesta, e fu realizzato nelle botteghe specializzate della vicina via che oggi porta il nome di 'Via Arte della Cartapesta' A celebrare quest'elaborata arte leccese realizzata da artigiani esperti con una pazienza certosina rimane anche, sul lato sinistro della chiesa, la statua in cartapesta di san Biagio, opera degli inizi del Novecento di Giuseppe Manzo.

Chiesa di San Matteo LUOGO DI CULTO

(☎0832 182 72 89; https://chieselecce.it; Via dei Perroni 29; ingresso singolo €6, ticket completo LeccEcclesiae interi/ridotti €9/8; ⏲9-21 apr-set, 8-18 ott-marzo) È la costruzione barocca più audace della città, tanto da essersi guadagnata il titolo di 'Pantheon del barocco leccese'. A differenza della maggior parte delle altre chiese locali, di struttura essenzialmente rinascimentale e poi rivestite da decorazioni barocche, San Matteo presenta infatti una facciata davvero particolare: la metà inferiore è convessa, mentre il secondo livello è concavo; singolare anche il rivestimento, a squame e bugnato nel primo ordine, liscio nel secondo. La chiesa è attribuita ad Achille Larducci, che si pensa si sia ispirato alla Chiesa di San Carlo alle Quattro Fontane a Roma, opera di Borromini. Curiosa la leggenda legata alla colonna a destra del portale, decorata con un raffinato motivo a spirale solo nella parte bassa e soprannominata 'la **colonna del diavolo**' perché, secondo la leggenda, Satana, invidioso del lavoro superlativo iniziato dallo scultore intento ad abbellire la chiesa, decise di togliergli la vita. Ricco anche l'interno ellittico, ornato da una serie di nicchie scandite da colonne tortili scolpite con plinti e putti, e da pilastri che sorreggono le statue dei 12 apostoli. Da notare, all'interno della cornice barocca dell'**altare della Madonna della Luce**, il delicato e intimo affresco quattrocentesco raffigurante *Maria in trono mentre allatta Gesù Bambino*, con una piccola rondine in mano e un corallo al collo, simboli che preannunciano la Passione e Resurrezione.

DA PROVARE

PERDERSI TRA LE GIRAVOLTE

C'è un labirinto nel cuore di Lecce, lontano dai palazzi barocchi ma all'ombra del campanile del Duomo. È fatto di vicoli tutti uguali, di piazzette che si aprono all'improvviso, di gatti che sbadigliano al sole e di muri scalcinati. E di storie. Si dice che fu costruito apposta, nel Medioevo, per disorientare i nemici. E che nella città liberata dai fascisti vi cercassero consolazione i soldati americani da troppo tempo lontani da casa. Ma fino a poco tempo fa, per lo stesso motivo, ci venivano anche molti leccesi, che ce l'avevano a due passi da qui. Oggi è tutto molto più pulito e sicuro di prima, e ci sono pure tanti locali e B&B. Ma come allora è impossibile non perdersi alla fine di ogni stradina, un bivio dopo l'altro, un altro ancora e così all'infinito. Non è un caso che le chiamino **Le Giravolte**.

Museo Faggiano MUSEO

(☎0832 30 05 28; www.museofaggiano.it; Via Ascanio Grandi 56-58; interi/ridotti €5/3; ⏲9-13 e 14.30-20) Quando nel 2001 Luciano Faggiano, proprietario di questa casa-museo che sorge nella centrale Via Grandi, ruppe il pavimento della cucina per aggiustare alcuni tubi che perdevano, mai avrebbe pensato di trovarsi davanti a oltre 2000 anni di storia della città. E invece fu così: dopo i ritrovamenti di alcuni reperti di epoca medievale, continuò cocciutamente a scavare, sbancare, ripulire e sistemare tutto da cima a fondo fino a trasformare il suo palazzetto in un'esposizione archeologica che lascia senza fiato. Resti di mura messapiche, essiccatoi per le sepolture, tombe scavate nel banco di roccia su cui è costruito l'edificio, una enorme cisterna del XV secolo, un pozzo e molti altri interessanti ambienti (occupati in passato anche da un convento di suore) sono affiancati da una collezione di ceramiche e altri oggetti rinvenuti nel corso dei lavori.

Museo Sigismondo Castromediano MUSEO

(☎0832 68 35 03; Viale Gallipoli 28; ⊙16-22 mar-dom, solo su prenotazione) FREE È dedicato al duca Sigismondo Castromediano, un patriota locale appassionato d'archeologia, questo grande museo fuori dal perimetro delle antiche mura che vanta una collezione di reperti, provenienti da tutta la Puglia, realmente straordinaria. Nella struttura, fresca di restauri, salite la rampa elicoidale che porta al primo piano del museo e cominciate a curiosare tra gli oggetti custoditi, che abbracciano oltre 10.000 anni di storia. Esposti in ordine cronologico si possono ammirare la ricostruzione virtuale della Grotta dei Cervi di Porto Badisco, con le sue meravigliose pitture rupestri, ceramiche dell'antica città di Gnathia (che oggi si conosce come Egnazia, p287), tra cui il Cratere con Menade danzante, monete greche e romane, gioielli, vasi attici rossi e neri, armi e ornamenti. I pezzi forti della collezione, comunque, sono quelli realizzati dai messapi, che producevano brocche e ciotole già secoli prima che arrivassero i greci a dare loro lezioni di ceramica. Cercate, per esempio, le eleganti *trozzelle*, dei vasi caratterizzati da un paio di piccole 'ruote' (dette *trozze*) alla base dei manici, dai moderni decori monocromatici. Ci sono anche interessanti *tintinnabula*, giocattoli per bambini a forma di animali che un tempo contenevano una campanellina tintinnante. Il museo ospita inoltre statue, rilievi e sculture provenienti dal Teatro Romano e dall'Anfiteatro, e una piccola sezione dedicata all'arte medievale dove si fronteggiano il polittico della bottega di Lorenzo Veneziano e quello attribuibile ad Alvise Vivarini, che documentano gli intensi scambi culturali tra la terra pugliese e la laguna veneta tra il XIV e il XV secolo.

Convitto Palmieri EDIFICIO DI RILIEVO

(Via Cairoli 15) Un tempo convento dei gesuiti, poi collegio, recentemente ristrutturato e adibito a biblioteca provinciale, il Convitto Palmieri si apre un po' a sorpresa su Via Cairoli, annunciato dal busto del poeta Giosuè Carducci che controlla la piazzetta antistante. Il suo imponente colonnato neoclassico e le scalinate sono un ritrovo della gioventù locale praticamente in ogni momento della giornata. Fate una passeggiata fra le sale studio, arredate con design moderno, ma piene di memorie artistiche e letterarie, e cercate di affacciarvi alla **Chiesa di San Francesco della Scarpa**, antico luogo di culto del convento, dove la leggenda vuole che il santo di Assisi abbia soggiornato dopo il suo viaggio in Terra Santa. Verità o no, vale la pena di cercare di entrarci perché all'interno conserva dei begli altari barocchi in pietra leccese.

Ex Conservatorio di Sant'Anna CENTRO CULTURALE

(☎0832 68 21 05; Via G. Libertini 15; ⊙7.30-14.30 e 16-20.30) FREE Questo sobrio edificio secentesco oggi ospita mostre ed eventi culturali, mentre un tempo accoglieva le nobildonne leccesi rimaste sole, che vivevano in comunità dedicandosi a opere di bene e a pratiche religiose, pur rimanendo laiche. Assai scenografica la scalinata che dalla piazza porta al primo piano, a cui si accede attraversando un sontuoso portale con epigrafi, stemmi e figure simboliche che ricordano fondatori e progettisti del palazzo.

Fondazione Biscozzi Rimbaud MUSEO

(☎0832 199 47 43; www.fondazionebiscozzirimbaud.it/it; Piazzetta Giorgio Baglivi 4; interi/ridotti €5/3; ⊙16-19 mar-ven, 10-13 e 16-19 sab e dom) Una meta consigliata agli appassionati d'arte contemporanea, che qui potranno ripercorrere, attraverso 200 opere di pittura, scultura e grafica, i momenti salienti dell'arte italiana e internazionale del Novecento, in particolar modo del periodo 1950-1980: informale, astrattismo, pittura cinetica, analitica ecc.

Parco Archeologico di Rudiae SITO ARCHEOLOGICO

(☎349 118 66 67, 349 590 76 85; www.parcoarcheologicorudiae.it; Via San Pietro in Lama, traversa Via A. Mazzotta; interi/ridotti €5/4; ⊙visite guidate alle15 sab, 11 dom) A 3 km dal centro cittadino in direzione sud-ovest, inserito nel pacifico paesaggio rurale della Valle della Cupa, questo sito archeologico è una tappa fondamentale per scoprire la Lecce messapica e romana, ricco di storia e aneddoti che vi saranno raccontati con dovizia di particolari dalle valide guide. L'insediamento dove nacque il poeta Quinto Ennio conserva tombe ipogee, resti delle monumentali fortificazioni messapiche, oltre a strade basolate ed edifici pubblici di età romana. Al centro, nell'anfiteatro costruito durante il regno di Traiano, spettacoli teatrali intrattengono ancora, in estate, un vasto pubblico, che si lascia incantare da parole, miti, musica e suoni.

Museo Ferroviario della Puglia MUSEO
(☎0832 22 88 21-3356397167; http://ferromuseopuglia.altervista.org; Via Codacci Pisanelli 3; interi/ridotti €5/2; ⏲9.30-12.30 mar, gio (su prenotazione) e sab, 9.30-12.30 e 16-19 dom) I bambini e gli appassionati di treni provano un brivido di emozione quando entrano nei capannoni delle ex officine ferroviarie leccesi, che oggi ospitano questo ricco museo. I pezzi forti sono i mezzi rotabili, vale a dire locomotive dagli improbabili nomi (la più antica è del 1911), tra cui alcune a vapore, locomotori elettrici e diesel, vagoni passeggeri e merci, ma ci sono anche attrezzi e carrelli per la manutenzione dei binari, segnali e cose del genere. Vecchie foto e un bookshop con libri a tema ferroviario completano l'offerta.

Tour

Velo Service IN BICICLETTA
(☎320 931 62 85; www.veloservice.org; Vico De Argenteris 16A; ⏲orario variabile, sempre aperto su prenotazione) Dopo il successo ottenuto a Bari, Velo Service ha replicato anche a Lecce, dove oltre a noleggiare biciclette per uno o più giorni organizza tour guidati a piedi, in sella a una city bike o in risciò: durata e prezzi variano in base agli itinerari.

InfoLecce A PIEDI, IN BARCA, IN VAN
(☎0832 52 18 77; www.infolecce.it; Piazza Duomo 2; ⏲9.30-13.30 e 15.30-19.30) Questa agenzia organizza tour classici di due o tre ore in città o itinerari tematici dedicati allo street food, al barocco, alla cartapesta, ad arte, sapori e tradizioni. Propone inoltre tour nel Salento in barca o in van da nove posti.

Feste ed eventi

Maggio Musicale Salentino MAGGIO
(www.maggiomusicalesalentino.it) Jazz, pop, musica classica, pianoforte, perfino il rock trovano spazio nel cartellone di questo festival che dal 2009 fa risuonare note e parole tra i palchi del Teatro Paisiello.

Cortili Aperti FINE MAGGIO
È da una ventina d'anni, ormai, che 30 dimore storiche di Lecce, nell'ultima domenica di maggio, aprono i battenti e trasformano i loro segreti e silenziosi cortili in palcoscenici per concerti di musica classica, reading poetici e installazioni d'arte contemporanea.

Lecce in Scena ESTATE
(www.lecceinscena.it) Variegato e coinvolgente cartellone di appuntamenti estivi organizzati dal Comune, con spettacoli dal vivo, proiezioni cinematografiche, teatro, danza, rassegne letterarie e musicali nei palazzi, nelle piazze e nei quartieri cittadini: ogni sera potrete scegliere il vostro palco preferito.

Pernottamento

La Bella Lecce B&B €
(☎333 422 26 10; www.labellalecce.it; Via Galateo 43; doppie €85; ❄📶) L'affaccio sulla strada potrebbe distogliervi dal cercare riposo in questo B&B; invece la via è pedonale e silenziosa, i muri sono spessi e il fresco d'estate è garantito. Inoltre fa molto 'Sud': tre camere spaziose, ciascuna con bagno privato, disposte intorno a un vano d'ingresso che funge da reception e da saletta per la prima colazione dolce e salata.

Azzurretta B&B €
(☎0832 24 22 11, 338 258 59 58; www.hostelecce.com; Via Andrea Vignes 2/B; doppie €80-90; ❄📶) Il suo proprietario, Tullio, in passato era un piccolo editore, e in un certo senso lo è ancora, visto che regala a ogni ospite una guida autoprodotta con i punti imperdibili di Lecce. Il B&B, ospitato nel cinquecentesco Palazzo Astore, è stato ristrutturato di recente, le sue tre stanze sono arredate con sobria eleganza e gli ospiti hanno la possibilità di accedere alla terrazza/solarium, con vista sul campanile del duomo e i tetti della città.

Centro Storico B&B €/€€
(☎0832 24 27 27, 328 835 12 94; www.centrostoricolecce.it; Via Andrea Vignes 2; doppie uso singola/doppie €40-50/60-110; ❄📶) Ospitato anch'esso nel Palazzo Astore, vicino all'Anfiteatro Romano, questo B&B ha un ottimo rapporto qualità-prezzo. Le camere (due suite e due doppie) hanno bagni spaziosi e attrezzati con docce con la cromoterapia, mentre la magnifica terrazza panoramica da 200 mq accoglie una goduriosa vasca con idromassaggio nella quale immergersi in attesa del tramonto.

★ **Hotel Arryvo** HOTEL €/€€
(☎0832 183 05 06; www.arryvo.com; Via Adua 24; singole/doppie €90-130; ❄📶P) Un format innovativo, vivace e dinamico, nel centro storico della città, ispirato al Nord Europa. Al primo piano camere perfettamente insonorizzate e arredate in stile minimal-industrial, con tanto ferro e colori e un monkey garden per il relax; al secondo piano magico il rooftop per eventi e aperitivi con panorama sulla città. Al piano

terra, aperto anche agli esterni, un **ristorante** (pasti €35) che privilegia la cucina locale, un piano bar con DJ/musicisti e artisti, aree giochi e spazi per il coworking. Parcheggio privato su prenotazione, €15 al giorno.

Antica Villa La Viola B&B €€
(☎0832 346 51, 338 656 44 84; www.bbanticavillalaviola.com; Viale Marche 19, singole/doppie/suite €75-90-160; ❄📶🏊P) A pochi minuti a piedi dal centro storico e dalla stazione ferroviaria, un incantevole giardino con piscina all'aperto vi introdurrà nell'elegante ricercatezza di una villa liberty, dove le camere con le antiche volte salentine a forma di stella renderanno uniche le vostre notti. Noleggio gratuito delle biciclette.

Palazzo Rollo B&B €€
(☎0832 30 71 52, 328 954 05 85; www.palazzorollo.it; Via Vittorio Emanuele II 14; doppie uso singola/doppie €110-140; ❄P📶) Abbracciato da una rigogliosa vite americana e con un cortile interno a disposizione degli ospiti, questo stiloso B&B nel cuore della città vecchia dispone di due appartamenti con angolo cottura e quattro camere doppie, silenziosissime e arredate con eleganza. Nella bella stagione, all'imbrunire, viene servito ai clienti un gustoso aperitivo sulla terrazza. In più, noleggio automobili, Vespe, moto e biciclette.

Torre del Parco HOTEL €€
(☎0832 34 76 94; www.torredelparco.com; Viale Torre del Parco 1; doppie a partire da €140; ❄📶P) Dominato dalla torre quattrocentesca da cui prende il nome, che nel corso dei secoli fu zecca, prigione e dimora dei viceré spagnoli, questo hotel di charme coccola i suoi ospiti con un servizio impeccabile, un rilassante giardino e una grande terrazza con i sedili in pietra leccese, dove viene servita la colazione.

Pasti

Pasticceria Franchini PASTICCERIA €
(☎0832 34 38 82; www.pasticceriafranchini.com; Via Oberdan 25; ⏲7.30-21, chiuso dom pomeriggio) Il tempio cittadino delle dolcezze è questa pasticceria poco fuori dal centro storico in attività dal 1963, celebre per le ricette di pasticciotti (v. lettura p304), cotognate, perate e del fruttone gigante (chi, legittimamente, non sa che cosa sia può venire a scoprirlo). Gli amanti del genere sappiano che la cassata di Franchini è considerata leggendaria.

Cotognata Leccese BAR €
(☎0832 30 28 00; www.cotognataleccese.com; Viale Marconi 51; ⏲6-21.30) Sebbene il mare di biscotti, paste e pasticciotti, torte e mignon che fa l'occhiolino ai clienti da dietro il bancone sia una tentazione quasi irresistibile, di solito si entra in questo profumatissimo bar-pasticceria per provare la cotognata leccese, la tipica e rinomata confettura di mele cotogne che da qui pare sia stata esportata e fatta apprezzare in tutto il mondo.

★ **400 Gradi** PIZZERIA €
(☎391 331 83 59; Viale Porta d'Europa 65; pasti €10-15; ⏲19-23.30) Ghiotto assortimento di pizze napoletane preparate con ingredienti d'altissima qualità. Le bianche e quelle a forma di stella, con il cornicione ripieno, vanno per la

RUSTICO, PUCCIA E PASTICCIOTTO: LO STREET FOOD LECCESE

Rustico, pasticciotto e puccia sono i tipici prodotti da forno dello street food leccese: se ancora non li conoscete, sarà d'uopo assaggiarli ovunque andiate nel Salento (e non solo). Il **rustico** è formato da due dischi di pasta sfoglia con ripieno di mozzarella, besciamella, pomodoro, a volte condito con pepe e noce moscata. Il **pasticciotto**, invece, è composto da pasta frolla farcita di crema pasticcera, e pare sia stato inventato nella pasticceria Ascalone (p317) di Galatina. Insomma, un'accoppiata perfetta per un pranzo veloce. Il posto migliore dove gustarli in città è oggetto di acceso dibattito: tra i top citiamo sicuramente il **Caffè Alvino** (☎0832 24 67 48; Piazza Sant'Oronzo 30; ⏲7-24 mer-lun), dove dolce e salato sono entrambi deliziosi, e a poca distanza la **Pasticceria Natale** (☎0832 25 60 60; www.natalepasticceria.com; Via Trinchese 7A; ⏲8.30-24 mar-dom), che sforna pasticciotti capaci di rimanere a lungo impressi nella memoria, così come la **Pasticceria Franchini** (p304). Infine c'è la **puccia**, una sorta di pagnotta senza mollica, croccante e ripiena di tante bontà da scegliere secondo i propri gusti. Assaggiatela all'**Angolino** (☎0832 159 59 57; Via Matteotti 31; ⏲11.30-15 e 18.30-23.45 mar-dom), locale piccolo e nuovo, che prepara una puccia secondo tradizione, farcita con tante golosissime combinazioni di prodotti locali, come salumi, formaggi e ortaggi sott'olio, oppure verdure del territorio come cime di rapa e lampascioni, ma con variazioni nell'impasto, per esempio al Negramaro, al kamut o ai cereali.

LA SECONDA VITA DELL'EX BANCO DI NAPOLI

Negli anni '30 era la sede centrale del Banco di Napoli a Lecce. Oggi è una struttura extralusso chiamata **Palazzo BN** (☎0832 40 87 21; www.palazzobn.com; Via XXV Luglio 13A), con appartamenti per gli ospiti, un bar aperto giorno e notte, un giardino pensile sul tetto per aperitivi ed eventi, una palestra nel seminterrato dove un tempo c'erano i caveau e al piano terra una raffinata 'food court' dove potrete scegliere la formula migliore per la vostra sosta gourmet. All'**Ammos Fish Bar** protagonisti sono le ostriche, i ricci e i frutti di mare, la **Salsamenteria** valorizza invece le eccellenze di terra del territorio (frise, pucce, salumi e formaggi e confetture), mentre il **Red Restaurant** propone una ricercata cucina contemporanea, attenta alle nuove tecniche di cottura. E il restauro non ha intaccato la memoria storica dell'edificio, che conserva il bancone della cassa, ora inglobato nel bar, le casseforti, i pavimenti e i rivestimenti in marmo originali. Un progetto visionario, che si spera possa fare scuola nel dare nuova vita a nobili architetture del passato in attesa di nuove destinazioni d'uso.

maggiore tra chi osa sperimentare, mentre i tradizionalisti si rifugiano nei grandi classici. Mettete in conto di aspettare un bel po' prima di avere un tavolo.

Osteria da Angiulino OSTERIA €
☎0832 24 51 46; Via Principi di Savoia 24; pasti €15-20; ⏲13-15 e 20-23 lun-sab) È un po' il tempio del cibo popolare leccese e nonostante il boom del turismo ha mantenuto quell'aria spartana da trattoria anni '50. Per un antipasto come la parmigiana di melanzane, per un primo come le *sagne 'ncannulate* e per un secondo come i 'pezzetti' di cavallo, si spendono circa €20. Alla fine, molto meglio dei tanti localini patinati davanti ai quali passeggerete per ore nel tentativo di smaltire il pasto.

La Succursale OSTERIA €
(☎391 497 77 49; Viale dell'Università 15; pasti €10-15; ⏲18-24 mar-dom) Sebbene un po' rumorosa, questa spartana osteria dall'atmosfera vivace, frequentata da un gran numero di giovani, è uno di quei locali da non perdere per chi cerca una cucina schietta e sostanziosa a un prezzo onesto. Il menu comprende, oltre alle pizze cotte nel forno a legna, spaghetti con le polpette, tegame di legumi o di verdure e parmigiana di melanzane.

La Drogheria RISTORANTE, BIRRERIA €/€€
(☎347 327 57 54; www.ladrogherialecce.it; Via Taranto 52E; pasti €20-25; ⏲18-1.30) Immaginate una vera e propria bottega dove si trova un po' di tutto: forno, pasticceria, un bar e un ristorante con un ricco e vario menu che valorizza le materie prime del territorio, trasformandole in sfiziosi piatti di pesce, carne, paste fatte in casa, sushi e dolci preparati ad arte. È ciò che vi aspetta in questo locale, ricco di effetti speciali anche nel suo retrobottega adibito a birreria, vineria e cocktail bar.

Mamma Elvira WINE BAR €/€€
(☎331 579 51 27; www.mammaelvira.com; Via Maremonti 33; pasti €20-30; ⏲12.30-24) Un menu tutto pugliese che propone piatti a base di straordinarie paste fresche, polpette, spezzatino di cavallo, crudi di pesce e un semifreddo al pistacchio salato con biscotto al cioccolato da leccarsi letteralmente i baffi.

Le Zie TRATTORIA €€
(☎0832 24 51 78; Viale Costadura 19; pasti €30; ⏲12.30-14.30 e 20-22.30 mar-sab, 20-22.30 dom) Prenotate un tavolo in questa rusticissima trattoria e mettetevi con fiducia nelle mani di Carmela Perrone e famiglia. L'assortimento di piatti salentini è da non credere: dalle orecchiette all'eccezionale *taieddhra* (una sorta di sformato di riso, patate, cozze, zucchine e carciofi o cardi cotto al forno), dai totani ripieni alle polpette di vitello con formaggio, dalle *pittule* – sferette di pasta fritte – al pasticciotto. L'ambiente è così genuino da essere piaciuto a Francis Ford Coppola, che qui pare essere un habitué.

★ **San Biagio Bistrot** BISTRÒ €€
(☎0832 152 51 42; www.sanbiagiobistrot.it; Piazza d'Italia 30; pasti €30; ⏲7-2) Locale invitante, di fronte all'omonima porta cittadina, con appetitose proposte di una cucina fusion romano-salentina. Un plauso particolare alla carbonara, alla trippa alla romana e ai carciofi alla giudia.

La Corte dei Pandolfi RISTORANTE €€
(☎0832 33 23 09; www.cortedeipandolfi.com; Corte dei Pandolfi 3-4; pasti €40; ⏲13-15 e 19.15-24) Nel cuore della movida leccese, ma abbastanza appartato grazie alla corte (quasi) esclusiva che permette di accaparrarsi qualche tavolo un po' defilato, questo ristorante propone un'ampia carta dei vini attenta ai prodotti biologici

e piatti di mare che si fanno particolarmente apprezzare: tartare di tonno, ricciole, gamberi. D'estate, è normale fare le ore piccole scegliendo qualcosa dalla ricca selezione di distillati.

★ **Alex** RISTORANTE €€€
(☎0832 09 86 85, 320 803 42 58; www.alexristorantelecce.it; Via Vito Fazzi 15/23; pasti €70, menu 5-8 portate €100-120; ⏱12-16 e 19.30-23) La giovane e talentuosa chef salentina Alessandra Civilla vi incanterà con i suoi piatti di pesce che contengono tradizione, studio e sperimentazione, oltre a materie prime di eccezionale qualità. Incredibili i crudi di mare e il risotto acquerello alle vongole, tè nero affumicato e gamberi di Gallipoli.

Locali e vita notturna

Quarantacinque COCKTAIL BAR
(☎329 036 31 37; Via Marco Basseo 45; ⏱21-2 mer-lun) Locale piccolo, ma accogliente, dove i cocktail classici o molecolari sono un'esperienza multisensoriale. A farla da padrone l'arte della miscelazione e l'eccezionale qualità delle materie prime, spezie, erbe, agrumi.

Colonial Cafe Drink COCKTAIL BAR
(☎328 658 35 59; Via Paladini 44; ⏱18.30-3) Lounge bar dall'atmosfera avvolgente, dove ogni cocktail ha una storia che viene raccontata con simpatia e passione da Oronzo, capace di trasportare i suoi clienti nell'incanto di Cuba, tra tesori, pirati e angoli unici. Ottima varietà di rum, abbinati, per chi non si è ancora tolto il vizio, ai sigari cubani.

Bianco di Bianco CAFFÈ E BISTRÒ
(☎347 42 91 731; www.biancodibianco.it; Via Corte dei Genovesi 1; ⏱18-24 mar-dom) In una piazzetta appartata vicino al Duomo, è un locale informale e rilassante, ideale per un aperitivo originale, una **cena** (pasti €25) sfiziosa, panini e piatti gourmet accompagnati da un'accurata selezione di vini e drink. Tra i must, acciughe del Cantabrico, zuppetta fredda di passata di pomodoro fresco con stracciatella e olive taggiasche e tataki di tonno rosso.

Caffè Letterario CAFFÈ
(☎340 359 97 43, 376 083 85 14; https://caffeletterariolecce.business.site; Via Paladini 46; ⏱18.30-2 mar-sab) Un po' caffetteria, un po' biblioteca e un altro po' circolo culturale, questo animato locale solletica il palato dei suoi clienti con cocktail, grog, distillati e con gli amari dell'Ammazzacaffè. Per rimanere aggiornati, date un'occhiata alla sua pagina web e controllate il calendario degli eventi, che comprendono DJ-set, serate jazz o rock, presentazioni di libri, mostre e performance teatrali.

Quanto Basta PUB
(☎347 008 31 76; www.facebook.com/quantobastalecce; Via Paladini 17; ⏱18-2) Tra i locali più in voga della città, Quanto Basta è un pub vagamente ispirato alla moda della Chicago anni '20 e propone una scelta vastissima di alcolici e bevande. Sono però i due 'master cocktail' (veri funamboli con shaker e bicchiere) a dare spettacolo. Cercate di arrivare presto (o molto tardi) per evitare la ressa.

Road 66 BIRRERIA
(☎0832 24 65 68; www.road66.lecce.it; Via dei Perroni 8; ⏱19.30-2) Spicca tra tutti i locali di Via dei Perroni lo storico Road 66, esplosivo epicentro della movida cittadina, che fece da apripista agli altri soprattutto per la musica dal vivo (fu qui, per esempio, che fecero le loro prime esibizioni i Negramaro). Oggi è una ruspante birreria dove si viene a bere o a mangiare una bistecca, un hamburger o una semplice bruschetta. Notevole anche la lista dei cocktail.

☆ Divertimenti

Cantieri Teatrali Koreja TEATRO
(☎0832 24 20 00; www.teatrokoreja.it; Via Dorso 48/50) In un'ex fabbrica di mattoni ripensata per ospitare spettacoli e laboratori di teatro, danza, musica, cinema, video e arti figurative, opera una compagnia che ha saputo ritagliarsi una sua notorietà e credibilità, in Italia e all'estero, e che – tra le altre iniziative – organizza tre seguitissime rassegne teatrali: Strade Maestre, La Stagione dei Ragazzi e, per i più piccoli, Teatro in Tasca.

Teatro Apollo TEATRO
(☎0832 24 65 17; Via Trinchese 13A; www.teatropubblicopugliese.it) Inaugurato nel 1912, con il suo alto e scenografico colonnato neoclassico che lo fa sembrare un tempio greco, insieme con il Teatro Paisiello fa parte del circuito del Teatro Pubblico Pugliese e propone uno stimolante cartellone di concerti di musica pop, musical, danza e cabaret.

Teatro Paisiello TEATRO
(☎0832 24 54 99, 0832 68 21 04; www.teatropubblicopugliese.it; Via Palmieri 83) Questo antico teatro di gusto neoclassico è dedicato al compositore tarantino Giovanni Paisiello (del quale c'è un busto firmato da Achille Bortone in una nicchia del foyer) e fu inaugurato nel 1870 con *Un ballo in maschera* di Verdi. Ha 320 posti a sedere che nel mese di mag-

gio vengono occupati dal pubblico del Maggio Musicale Salentino (p303).

Teatro Politeama Greco TEATRO
(☎0832 24 14 68; www.politeamagreco.it; Via XXV Luglio 30) È il più grande teatro del Salento (ospita quasi 1000 spettatori) e ogni anno il suo cartellone contempla sia una stagione lirica di tutto rispetto sia una stagione teatrale, che riguarda anche i temi legati alla cultura e alle tradizioni pugliesi e salentine.

Shopping

Antica Salumeria Renna SALUMERIA
(☎0832347573; Piazzetta Congedo 15; ⏲8-14 e 17-21 lun-sab) In oltre 80 anni di attività, più generazioni si sono succedute nel proporre ai clienti prodotti salentini di alta qualità (prosciutti, burrate, ricotte, caciocavalli ecc.) e piatti già pronti da portare a casa o da assaggiare in negozio nell'angolo degustazione.

Liberrima LIBRERIA
(☎0832 24 26 26; www.liberrima.it; Corte dei Cicala 1; ⏲9.30-21 mar-ven, 10-24 sab, 10-22.30 dom set-giu, 10-24 tutti i giorni lug e agosto) Ci voleva proprio un superlativo per dare il nome a questa libreria indipendente sparsa in alcuni palazzi storici del centro che racconta il Salento coniugando la cultura letteraria con quella del cibo. Accanto al punto vendita principale, pieno zeppo di volumi di tutti i generi, c'è **All'Ombra del Barocco** (☎0832 24 55 24, 392 943 58 93; Corte dei Cicala 9; pasti €35-40; ⏲8-24), un caffè-ristorante-enoteca con i tavoli sistemati tra la sala interna, sotto i voltoni in pietra leccese, e la bellissima Corte dei Cicala. Dall'altro lato della strada (più o meno) c'è invece **Gusto Liberrima**, dove acquistare libri di narrativa e di cucina da abbinare a golosità del territorio, vini in testa.

Maglio CIOCCOLATERIA
(☎0832 24 38 16; www.cioccolatomaglio.it; Via Templari 1; ⏲9.30-13 e 16.30-20 lun-sab) Da oltre un secolo, la famiglia Maglio guida questa impresa artigiana specializzata nella produzione di un cioccolato di altissima qualità, apprezzato in tutto il mondo. Il quartier generale è a Maglie (p324), ma anche nel piccolo punto vendita leccese avrete l'opportunità di scegliere le vostre tavolette preferite.

Div.ergo LABORATORIO CREATIVO
(☎338 349 42 74; www.divergo.org; Via Vittorio Emanuele II 36-38; ⏲9-13 e 17-20 mar, 9-13 e 17-21.30 mer-sab, 11-13 e 17-20 dom) È una creatività genuina e spontanea, oltre che allegrissima e colorata, quella dei ragazzi speciali che partecipano ai laboratori artistici di Div.ergo, un progetto di inclusione sociale nato nel 2003 e che si mostra alla città nella sua sede in pieno centro storico. Gli orologi da muro, i giocattoli, i pupazzi di cartapesta, le bambole e tutti gli altri deliziosi oggetti esposti sono molto più di quel che sembrano: sono storie che vale la pena di ascoltare.

DA NON PERDERE

LA PIETRA PRENDE FORMA

Se siete alla ricerca di lampade, centritavola o bijoux scolpiti nell'antichissima pietra leccese, risalente al Miocene e simbolo del barocco locale, fareste bene a visitare lo showroom **La Pietra Prende Forma** (☎0832 52 06 83, 328 555 30 79; Via Arcivescovo Petronelli 16; ⏲10.30-13 e 17.30-20), dove Massimiliano e Ilaria realizzano oggetti interamente scolpiti a mano, coniugando antiche tecniche e linee innovative. Vedrete come questa pietra, facilmente malleabile, possa assumere diverse sfumature, dal bianco al grigio e al giallo paglierino, illuminandosi ancor di più se abbinata a pietre dure come agate, onici e ametiste. Il gioiello di maggior successo è la 'tarantata', ispirato alla donna salentina che balla la pizzica per dimenticare i suoi dolori.

Cartapesta Riso LABORATORIO DELLA CARTAPESTA
(☎0832 24 34 10; www.cartapestariso.it; Via Vittorio Emanuele II 27; ⏲8.30-20 inverno, 9-23.30 estate) Sembrano pronte a prender vita da un momento all'altro le figure in cartapesta realizzate dai fratelli Riso nel loro piccolo regno pieno di ferri, colla, carta e modellini, nel quale lavorano come tre secoli fa, quando questa tecnica proprio in città è diventata una vera e propria forma d'arte. I prezzi per le statuine del presepe, nel quale sono campioni, sono abbastanza elevati, però vi potrete portar via anche una semplice rosa per pochi euro.

Marco Epicochi LABORATORIO DELLA CARTAPESTA
(☎327 2824185; Piazza del Duomo 18; ⏲9-13 e 16-20, chiuso dom pomeriggio) Le statue sacre, di tutte le dimensioni e dalla commovente espressività, sono il soggetto preferito di questo famosissimo maestro della cartapesta, che tra i tanti capolavori ha realizzato la maestosa statua di santa Caterina d'Alessandria a Betlemme.

Monastero di San Giovanni PASTA DI MANDORLE
(☎0832 30 50 27; Via delle Benedettine; ⏲9-12 e 14-18) In questo silenzioso monastero medievale, le monache benedettine producono le loro celebri paste di mandorla: i pesci a Natale, gli agnelli a Pasqua e i classici dolcetti negli altri giorni. Mettetevi in coda (la richiesta è notevole), abbiate pazienza e aspettate il vostro turno, quando ciò che avete ordinato vi sarà servito attraverso una ruota che impedisce il contatto tra i compratori e le religiose di clausura.

Informazioni

ASSISTENZA SANITARIA

Ambulanza (☎118)

Guardia medica (☎0832 66 58 11)

Ospedale Vito Fazzi (☎0832 66 11 11; Piazza Filippo Muratore) Si trova 2 km a sud del centro, sulla strada per Gallipoli.

EMERGENZE

Polizia municipale (☎0832 30 10 14)

INFORMAZIONI TURISTICHE

In città sono presenti due **Infopoint**: uno presso il Sedile in Piazza Sant'Oronzo (cartina p292, D5; ☎0832 24 20 99; ⏲9-21 lun-ven, 9.30-21 sab e dom set-giu, 9-23 lun-ven, 9.30-23 sab e dom lug e agosto), l'altro al Castello di Carlo V in Via XXV Luglio (cartina p292, E5; ☎0832 24 65 17; ⏲10-20 con variazioni stagionali). Entrambi dispongono di materiale informativo e di mappe.

Per/da Lecce

AUTOBUS

STP (☎0832 22 84 41, 800 44 74 72; ⏲8-13 lun-ven; www.stplecce.it) Gestisce un servizio di autobus che collegano Lecce con tante altre località del Salento, fra cui Santa Maria di Leuca (€6,50, da 2 h a 2 h 30 min) e Galatina (€1,80, 30 min circa).

Ferrovie del Sud Est (FSE; ☎800 07 90 90; www.fseonline.it) Effettua collegamenti in autobus verso varie cittadine, tra cui Gallipoli (€2,90, 1 h 5 min) e Taranto (€8,40, 1 h 40 min circa). Il capolinea è in Largo Vittime del Terrorismo.

AUTOMOBILE E MOTOCICLETTA

Lecce non è raggiunta dalla rete autostradale. Con la A14 Bologna–Taranto si arriva fino a Bari, da cui si prosegue con le statali SS16, SS379 e SS613, e Taranto, che è collegata con Lecce dalle statali SS7 e SS613. Canosa di Puglia, connessa a Bari dalla A14, è raggiungibile tramite la A16 Napoli–Canosa. Da Lecce, la via più rapida per raggiungere il basso Salento, fino a Santa Maria di Leuca, è la SS16; la via più panoramica, invece, è la strada costiera a sud di Otranto, poco trafficata.

TRENO

I collegamenti tra Lecce e le altre località del Salento sono gestiti da **Trenitalia** (www.trenitalia.com) e **Ferrovie del Sud Est** (☎800 07 90 90; www.fseonline.it). Trenitalia ha treni diretti da Lecce a diverse città pugliesi tra cui Bari (a partire da €11,50, da 1 h 40 min), Brindisi (a partire da €3,10, 27 min) e Foggia (tariffe variabili; da 2 h 36 min a 3 h 15 min). Diversi convogli Alta Velocità Frecciarossa e numerosi Frecciabianca, Frecciargento e

VALE IL VIAGGIO

L'ABBAZIA DI SANTA MARIA DI CERRATE, UN TESORO RITROVATO

Circa 15 km a nord di Lecce, immerso nella campagna salentina, si innalza uno dei luoghi di culto più straordinari di tutta la provincia, l'**Abbazia di Santa Maria di Cerrate** (☎0832 36 11 76; www.fondoambiente.it; SP100; interi/ridotti €7/3; ⏲10-18 mer-dom). Sebbene la leggenda la voglia fondata da Tancredi d'Altavilla dopo un'apparizione della Madonna, in realtà fu costruita a cavallo tra l'XI e il XII secolo per ospitare un gruppo di monaci basiliani scappati dalla Grecia per sfuggire alle persecuzioni bizantine. Nel corso del tempo la struttura originaria fu ampliata e fortificata e in breve divenne uno dei monasteri più potenti dell'Italia meridionale, fino a quando nel 1711 fu depredata dai pirati turchi. Seguirono secoli di abbandono, fino a quando nel 2012 il complesso fu affidato al FAI e riportato pian piano all'antico splendore. Ed è una bellezza che lascia di stucco: la chiesa, con le linee tipiche del romanico pugliese, che si esaltano nella **facciata** tripartita, mossa da archetti ciechi e con un portale istoriato, custodisce al suo interno dei cicli di **affreschi** due-trecenteschi di stile bizantino di grande fascino. Guardate il *Cristo in Gloria* nell'abside, i santi schiacciati nei sottarchi tra le colonne delle tre navate, la *Vergine con Bambino* e poi quell'assurdo patchwork di mattoni affrescati sul fianco destro, che sembra opera di un muratore un po' distratto. Nel Quattrocento tutte le pitture furono coperte con un nuovo ciclo di opere, più affini al gusto del tempo, che nel 1975 vennero staccate e sono oggi esposte in una sala del complesso che si sviluppa attorno al frutteto. Prima di andarvene scendete nei **frantoi ipogei**, dove sono custoditi alcuni dei reperti trovati nel corso dei restauri, e date un'occhiata al **pozzo** e al **portico** addossato alla chiesa: sono cinquecenteschi.

InterCity Notte collegano il capoluogo salentino con varie città come Milano (8 h 35 min AV), Bologna (7 h 9 min) e Roma (5 h 40 min). I treni di Ferrovie del Sud Est collegano Lecce con molte località del Salento, tra cui Otranto (€2,90-3,60, 1 h 30-35 min), Galatina (€1,80, 30 min circa), Gallipoli (€4,30, 1 h 38 min) e Martina Franca (€7,90, 2 h 45 min). I biglietti si possono acquistare presso l'ufficio di Ferrovie del Sud Est (binario 1) o all'edicola fuori dalla **stazione** (cartina p292, B8).

Trasporti urbani

PER/DALL'AEROPORTO

L'aeroporto più vicino a Lecce è quello di Brindisi, 40 km a nord-ovest, servito dagli autobus **STP** (800 232 042; www.stpbrindisi.it) che collegano l'aeroporto con il centro di Brindisi, da cui si può raggiungere Lecce con un'altra linea. In alternativa è possibile raggiungerlo con **Air Shuttle** (0832 30 55 22; www.airshuttle.it; a partire da €20) o con **Leccetaxi & Salento** (€60, di seguito).

AUTOBUS

Fra gli autobus **SGM** (0832 399171; www.sgmlecce.it; €1) che servono la città, le linee n. 24, 25 e 27 collegano la stazione ferroviaria con Viale Felice Cavallotti, la n. 35 con Viale XXV Luglio.

AUTOMOBILE E MOTOCICLETTA

Tutto il centro storico è Zona a Traffico Limitato (ZTL), il che significa che non è consentito transitare in automobile o parcheggiare entro le mura, a meno che non si disponga di un apposito permesso. La maggior parte dei B&B può procurarvi il tagliando, nel caso in cui vogliate parcheggiare vicino a dove soggiornate: informatevi prima, però.

TAXI

Oltre a **Taxi Salento Lecce** (331 241 06 13; www.taxisalentolecce.it), per spostamenti non solo urbani ma anche extraurbani potete rivolgervi a **Leccetaxi & Salento** (320 773 02 31; www.taxisalentolecce.it).

IL SALENTO LECCESE

Con un'inedita mescolanza di stile, culture, lingue e tradizioni che nel corso dei millenni si sono sedimentate in questo territorio pianeggiante a sud del capoluogo provinciale, il Salento leccese è capace di stupire anche i viaggiatori più navigati. Basta mettersi al volante, guidare senza una meta precisa, e lungo il cammino addolcito da sterminati uliveti si incontrano candidi borghi fortificati, villaggi punteggiati da eleganti palazzi nobiliari, chiese affrescate in stile giottesco e misteriose cripte d'epoca bizantina. Un rigenerante tuffo nella storia che anticipa, seppur di poco, quello rinfrescante nel mare salentino.

Acaya

POP. 450 / ALT. 34 M

A una decina di chilometri da Lecce e dal mare di San Foca (p331), Acaya è un piccolo gioiello che gli amanti delle architetture militari non possono lasciarsi alle spalle nel loro itinerario salentino. Si tratta, infatti, di una **cittadella fortificata** che venne rifondata tra il 1521 e il 1535 da Gian Giacomo dell'Acaya, feudatario del luogo e architetto di fiducia di Carlo V, a cui era stato affidato il potenziamento delle mura difensive leccesi e del suo castello. E lo stesso fece anche qui, trasformando quello che fino ad allora era un borgo agricolo in una sorta di fortezza tipicamente rinascimentale.

Che cosa vedere

Il punto migliore per accedere al centro storico è la stretta **porta** (Largo San Paolo) in pietra leccese, sormontata dalla statua di sant'Oronzo e abbellita dagli stemmi degli Acaya, che si apriva nell'antico muro di cinta, di cui restano alcuni tratti anticipati da un fossato. Una volta lasciata l'auto, vale la pena di addentrarsi nel geometrico e ordinato reticolo di stradine che conducono fino alla **Chiesa di Santa Maria della Neve** (0832 86 10 45; Piazza Gian Giacomo; orario variabile), fondata nel XIII secolo e ricostruita 600 anni dopo. Se si escludono delle interessanti statue di cartapesta che ornano alcuni degli altari laterali, l'interno non è granché, perciò non è il caso di disperarsi nel caso in cui la si trovasse chiusa. Merita invece un'attenta visita il **Castello** (0832 68 35 85, 347 253 52 35; Piazza Castello; interi/ridotti €5/3; 9.30-12.30 e 15.30-17.30 sab e dom inverno, 9.30-12.30 e 18-22 tutti i giorni lug e agosto, orario ridotto nel resto dell'anno), che con la sua pianta trapezoidale, i bastioni a forma di freccia e i due torrioni circolari difendeva lo spigolo sud-orientale del borgo. Fu costruito nel 1506, sulle fondamenta di un antico fortilizio, da Alfonso, il padre di Gian Giacomo, il quale un trentennio dopo lo rimodellò, rendendolo sostanzialmente inattaccabile (per la cronaca, venne conquistato per la prima e unica volta dai pirati saraceni nel 1714). Attualmente al primo piano, che in passato ospitava l'abitazione dei signori, è allestita una ricca mostra archeologica permanente con centinaia di reperti d'epoca messapica, greca e romana rinvenuti a Roca Vecchia (p331). Dopo aver dato un'occhiata alla insolita **sala ennagonale** (il cui perimetro è interamente coperto da un fregio) e allo straordinario **affresco** tre-

IN BUS PER IL SALENTO

Chi viaggia affidandosi solo ai mezzi pubblici e non vuole rinunciare a visitare ogni angolo della provincia farebbe bene a dare un'occhiata alle linee e agli orari di **Salento in Bus** (☎ 800 24 28 15; www.cotrap.it/pagina/salentoinbus), un servizio attivo nei mesi estivi che unisce tutti i principali centri salentini. Le linee a lunga percorrenza verso Gallipoli (p351), Otranto (p333) e Santa Maria di Leuca (p347) partono dal terminal degli autobus di Lecce (p309), mentre per raggiungere località come Castro (p341), Santa Cesarea Terme (p340) o Tricase (p343) è necessario cambiare in una delle destinazioni servite da Lecce. Per ulteriori informazioni consultate il sito o rivolgetevi agli Infopoint del capoluogo.

centesco della *Dormitio Virginis* nel cortile, scoperto per caso dietro un muro nel 2001 e probabile resto di un'antica cappella del castello, affacciatevi alla terrazza da cui si gode di una bella vista sui dintorni.

Per/da Acaya

Per raggiungere Acaya provenendo da nord (E55/SS613) potete imboccare indifferentemente la tangenziale est o quella ovest di Lecce, per poi proseguire fino all'uscita 9B in direzione Vernole, Merine. Da qui, passando per Strudà, si giunge ad Acaya dopo 10 km.

Copertino

POP. 23.227 / ALT. 34 M

Il quarto comune più popolato di tutta la provincia è questa cittadina agricola a sud-ovest di Lecce che per secoli rivestì un ruolo centrale nella geopolitica del Salento. Fondata intorno all'anno Mille da gruppi di cittadini senza terre, nel Quattrocento divenne il capoluogo della contea amministrata dalla famiglia D'Enghien prima di convertirsi, nei secoli successivi, in uno dei centri di riferimento per la produzione dell'olio, controllata da famiglie nobili e borghesi che avevano spostato qui la loro residenza. Circondato da un sistema di mura su cui si innalzavano 23 torri di guardia, difeso dal castello di epoca angioina, conserva ancora nel centro storico, al quale si accede attraverso la monumentale **Porta di San Giuseppe** (1754), un gran numero di chiese e raffinati palazzi nobiliari che vale la pena di scoprire.

Che cosa vedere

Castello Angioino CASTELLO

(☎ 0832 93 16 12; Piazza Castello; interi/ridotti €5/2; ⏲ 8.30-13.30 mar-sab) Circondato da un profondo fossato e con una pianta a quadrilatero tipica delle fortezze rinascimentali, questo grande castello fu costruito a partire dalla prima metà del Cinquecento intorno a un possente mastio di qualche secolo precedente. A commissionarlo all'architetto Evangelista Menga fu Alfonso Granai Castriota, un militare al servizio di Carlo V che teneva le redini della contea, creata dagli Angioini nel 1266. Dotato di quattro bastioni angolari, stupisce sia per le dimensioni (è tra i più grandi della regione) sia per l'elaboratissimo **portale** di accesso in carparo, fiancheggiato da due colonnine e con una rigida cornice che inquadra una decorazione esuberante fatta di motivi vegetali, fiori, rosoni con i volti di personaggi legati alla storia di Copertino e i pezzi di un'armatura. Dal cortile interno, su cui si affacciano diversi corpi di fabbrica di epoche differenti, si accede a quello che è l'ambiente di maggiore interesse dell'edificio, la raccolta **Cappella di San Marco**. Ospita i sarcofagi di due marchesi e venne interamente affrescata intorno al 1560, su incarico dei nuovi padroni del luogo, la famiglia Squarciafico, da Gianserio Strafella (un pittore locale che lavorerà anche in varie chiese cittadine) con scene del Vecchio e del Nuovo Testamento.

Basilica della Madonna della Neve LUOGO DI CULTO

(☎ 0832 94 70 74; Via Margherita di Savoia; ⏲ 7.30-12 e 15.30-20.30 lun-sab) Ha una storia millenaria e affascinante la chiesa matrice della città, che si alza con linee maestose e con il possente campanile tardorinascimentale nel cuore del centro storico. Eretta nel 1088 da Goffredo il Normanno, che rase al suolo la precedente struttura bizantina nel processo di eradicazione del culto greco dal Salento, e ricostruita nel 1235, fu modificata a più riprese a partire dal 1563 (quando vennero aggiunte le navate laterali) e per tutto il Settecento. Del tempio medievale non resta quasi nulla, sebbene un occhio attento possa riconoscere gli stilemi del romanico nella facciata a capanna, su cui si apre il portale principale, fuso in bronzo negli anni '80. L'accesso privilegiato alla chiesa, tuttavia, è sul fianco settentrionale, dalla porta che prende il nome dai due leoni stilofori duecenteschi che le fanno la guardia. Nel luminoso interno sono degni di nota sia alcune tele firmate da Gianserio Strafella (1554) sia l'incredibile altare della **Vergine della Neve**: scolpito da Donato Chiarello nel 1630, e riccamente dorato, incornicia un piccolo affresco tardogotico della Madonna con Bambino incoronata dagli angeli.

Santuario di San Giuseppe da Copertino
LUOGO DI CULTO

(☎0832 94 70 11; Via Piave 7; ⏲6.45-12 e 16.45-20) Ogni anno migliaia di persone arrivano in pellegrinaggio da tutto il mondo per venerare la memoria e le reliquie del più noto abitante del luogo, san Giuseppe da Copertino, un frate vissuto nel Seicento che nei momenti di estasi levitava, e che perciò è diventato il patrono degli aviatori cattolici statunitensi (la famosa Cupertino in California prende il nome dal santo pugliese). Un secolo dopo la sua morte, l'architetto Adriano Preite disegnò questo piccolo santuario dalla facciata concava che ingloba la stalla (con camino, tetto di paglia e muri scrostati) dove il futuro santo nacque nel 1603. In uno degli ambienti della chiesa sono custoditi alcuni oggetti appartenuti al frate e un reliquiario che contiene il suo cuore.

Santuario della Grottella
LUOGO DI CULTO

(☎0832 93 47 16; Via Caputo; ⏲6.45-12 e 16.45-20) Racconta l'agiografia che molti dei voli estatici del santo avvennero in questa grande basilica dalla facciata a capanna che sorge all'ingresso di Copertino, e alla quale si accede scendendo una ripida scalinata. Ad aula unica e con quattro altari laterali per ciascun fianco, fu costruita a metà del Cinquecento per ospitare una piccola immagine bizantina della Madonna col Bambino che un pastorello trovò affrescata in una grotta poco lontana dal santuario. Se la doveste trovare aperta, affacciatevi alla sagrestia: attraverso il pavimento di cristallo è possibile vedere le fondamenta di un preesistente edificio di culto dalle pareti affrescate. I colori sono ancora vivissimi.

Pernottamento e pasti

La Ulía
B&B €/€€

(☎324 898 92 23; www.laulia.it; Via Margherita di Savoia 94; doppia €70-80; ❄📶) Le due suite de La Ulía, che in salentino significa l'oliva, sono perfette per rinfrancare un po' le membra dopo una giornata di viaggio. Realizzate in un edificio che sorge a pochi passi dalla Basilica della Madonna della Neve, dispongo-

DA PROVARE

FIORI, ORTAGGI, VINO E ARTE NELLA TERRA D'ARNEO

Arneo è il nome dei territori agricoli che si estendono nel nord del Salento intorno a **Leverano**, teatro negli anni '50 del Novecento delle lotte contadine per l'assegnazione delle terre incolte, da cui nacque la piccola proprietà agricola. Qui si coltivano ortaggi e fiori (strepitoso lo spettacolo delle composizioni floricole che arricchiscono tutti i vicoli del paese in occasione della manifestazione **Leverano in Fiore**, a maggio), ma si produce anche ottimo vino: in particolare il Vermentino, il cui vitigno gode della vicinanza del mare, la Malvasia bianca e nera e, tra i rossi, il Negroamaro e il Primitivo. Li potrete degustare e acquistare presso la **Cantina Sociale Vecchia Torre** (☎0832 92 50 53; www.cantinavecchiatorre.it; Via Marche 1; ⏲9.30-12 e 16-18 lun-ven), attiva dal 1959, che su prenotazione organizza anche visite guidate con degustazione di 3/5 vini al costo di € 5/7 e nell'ultima settimana di luglio una grande festa in vigna aperta a tutti. Oppure alla storica **Cantina dei Conti Zecca** (☎0832 92 56 13, 388 820 96 43; www.contizecca.it; Via Cesarea; ⏲8.30-13 e 15.30-20 lun-sab, 9.30-12.30 dom, tour in cantina con degustazione alle 10 lun-sab su prenotazione), di nobile famiglia radicata da oltre cinque secoli nel Salento, che con la sua attività imprenditoriale ha contribuito a trasformare Leverano in uno dei centri agricoli più attivi della zona. Spostandosi 15 km a sud-est, nel comune di **Guagnano**, epicentro della DOP Salice Salentino, la piccolissima **Cantina Moros** (☎0832 179 75 37, 349 679 26 42; https://claudioquarta.it; Via Provinciale 222; ⏲9-13 e 14-18 lun-sab, wine tour e degustazione con cucina su prenotazione) di Claudio Quarta, nata nel 2012 dall'esemplare restauro conservativo di un ex opificio e tutta dedicata alla produzione di un unico cru, il Moros Salice Salentino DOP Riserva, è anche museo del vino e galleria d'arte contemporanea. Camminando tra le botti di legno e gli spazi di produzione e degustazione, sarete sedotti dai sentori del vino ma anche dai dipinti e dal magnifico murale *Germinazioni3* del grande maestro salentino Ercole Pignatelli, capaci di esprimere al meglio l'intima essenza e l'inesauribile fertilità del territorio leccese.

no di comodi letti posizionati sotto alte volte in pietra leccese, pulitissimi bagni con doccia e di una sala colazione nella quale, ogni mattina, vengono servite dolcezze del luogo, dalla frutta alle crostate.

★ **La Corte** AGRITURISMO €€
(☎351 122 78 03; www.lacortenelsalento.it; Strada dell'Olmo 5; pasti a partire da €25; ⏲10-13 e 15-24 mar-dom) Capace di far innamorare anche i più brontoloni e puntigliosi, questo ristorante aperto da una decina d'anni in quella che un tempo fu una villa nobiliare a 2 km dal centro, propone un menu stagionale costruito intorno ai prodotti coltivati nei terreni che circondano la proprietà. Considerato che il mare è vicino non stupiscono i piatti a base di pesce, sempre freschissimo e preparato in maniera impeccabile. I tramonti che si godono dal giardino sono emozionanti.

Informazioni

Pro Loco (☎0832 94 90 10; www.prolococopertino.it; Via Margherita di Savoia 65; ⏲9.30-13 e 16.30-20.30 lun-sab)

Per/da Copertino

Copertino è raggiungibile in auto da Lecce (20 km) con la SS101 e la SP20. I collegamenti in autobus sono effettuati da **STP Lecce** (☎0832 22 8441, 800 44 74 72; ⏲8-13; www.stplecce.it; €1,80, 30 min).

Nardò

POP. 30.775 / ALT. 45 M

Con una signorile eleganza d'altri tempi, piena zeppa di affascinanti palazzi barocchi e chiese ricche di opere d'arte, Nardò è una vitale cittadina dell'entroterra salentino, 11 km a sud-est di Copertino, che mostra il meglio di sé dopo il tramonto, quando si accendono le luci e torna a brulicare la vita dopo le lunghe giornate estive trascorse al mare. Secondo la leggenda, fu fondata intorno al terzo millennio a.C. nel punto in cui un toro, zampando sul terreno, fece scaturire dell'acqua. Più probabilmente, invece, furono i messapi nel VII secolo a.C. i primi a insediarsi in questo territorio, sostituiti 400 anni dopo dai romani, quindi dai longobardi, dai bizantini, dai normanni e dagli svevi, fino a che – dopo altri passaggi di popoli e dominazioni – nel 1497 la città fu ceduta ai duchi Acquaviva di Conversano, che la trasformarono in un florido centro dei commerci. Un'anima che ancora oggi fa di questa cittadina una tappa da cerchiare in rosso sulla cartina, anche perché all'interno dei suoi confini ricadono sia il Parco Naturale Regionale di Porto Selvaggio (p359) sia altre incantevoli località costiere, come Santa Caterina (p358).

Che cosa vedere

★ **Piazza Salandra** PIAZZA
Molti viaggiatori arrivano a Nardò solo per vedere questa bellissima piazza che costituisce lo spazio pubblico cittadino per eccellenza, dove ci si incontra, a volte ci si scontra, si chiacchiera, si beve un caffè o semplicemente si aspetta, seduti sulle panchine, che il sole scompaia all'orizzonte. Ed è una bella attesa, considerato che qui si raccolgono quasi tutti i principali monumenti neretini. Al centro della piazza, come l'ago di una meridiana, si erge la **Guglia dell'Immacolata Concezione**, eretta nel 1769, alta 19 m e ripartita in cinque ordini sovrapposti, divisi da eleganti cornici. È un elemento di arredo urbano abbastanza comune nel Salento e nel Napoletano, ma questa si contraddistingue per la statua della Vergine collocata sopra una sfera di marmo che sembra la luna, e una bicromia – il carparo giallo della struttura e il bianco delle statue che la ornano, in pietra leccese – che la rende quasi un unicum. A nord-est della guglia si alza invece il **Sedile**, l'elemento più antico della piazza, un palazzetto illuminato da grandi finestroni ad arco nel quale dalla fine del Cinquecento si tenevano le (trasparenti) riunioni del governo cittadino. Attualmente ospita l'Infopoint turistico. A dominare il fianco opposto della spianata con l'inconfondibile porticato ritmato da sette grandi colonne lisce c'è poi il **Palazzo di Città**, antica sede del Municipio: ricostruito in stile rococò nel 1772 dopo che un terremoto ebbe raso al suolo il precedente edificio, ospita nella parte destra della facciata un orologio del 1882 tuttora funzionante. Infine, accanto al palazzo, l'ultima chicca della piazza: la **Fontana del Toro**, fresca di restauro, omaggio littorio (è del 1930) alla mitica fondazione della città. È addossata al muro, si compone di tre fonti e un tondo accanto alla vasca mette in guardia, in latino, chi vi beve: "È un toro, non un bue".

Chiesa di San Domenico LUOGO DI CULTO
(Piazza San Domenico; ⏲orario variabile) Se doveste trovar chiuso il portone di questa chiesa che porge il fianco settentrionale a Piazza Salandra, non è grave: la sua meraviglia infatti sta principalmente nella facciata barocca, realizzata tra il 1580 e il 1610, prima che il terremoto del 1743 facesse completamente crollare l'edificio risparmiando soltan-

to il prospetto. Che, diviso in due ordini, stupisce per la selva di telamoni, colonne doriche, strane figure umane e animali, cartigli, rosoni e vari altri escamotage decorativi scolpiti in carparo grigio, che con l'illuminazione notturna sembrano animarsi.

All'interno, tra i diversi altari spicca per preziosità quello della *Madonna del Rosario con i quindici misteri* (1603), opera del pittore neretino Antonio Donato D'Orlando, nel transetto sinistro.

Basilica Cattedrale di Santa Maria Assunta LUOGO DI CULTO
(☎0833 56 18 97; www.cattedralenardo.it; Piazza Pio XI; ⏲7-22 dom-ven, fino alle 23 sab) Dall'XI secolo il quartier generale dei cattolici neretini è questo grande tempio d'impianto romanico che s'innalza a pochi passi da Piazza Salandra. A dire il vero, di romanico è rimasto ben poco, poiché la facciata fu rivisitata da Ferdinando Sanfelice a cavallo tra il Sei e il Settecento in uno stile tardobarocco, quasi rococò, mentre la navata nord era crollata già nel XIII secolo, e fu ricostruita seguendo i nuovi modelli architettonici del gotico (creando fra l'altro una curiosa asimmetria tra gli archi delle due file di pilastri che scortano la navata centrale). Ciò che invece non è cambiato è lo spettacolo che regala questa chiesa, impreziosita da eleganti **altari laterali** tipici della migliore tradizione del barocco leccese e con svariati lacerti di **affreschi** tre-quattrocenteschi che colorano le basi dei pilastri e i fianchi dell'aula. Non perdetevi, in una teca sopra un altarino addossato alla navata sinistra, il *Cristo nero*, un crocifisso del XII secolo così chiamato per la tonalità del legno di cedro particolarmente scura.

Museo Diocesano MUSEO
(☎0833 57 15 14; www.museodiocesanonardo.it; Piazza Pio XI; interi/ridotti €3/1,50; ⏲10.30-13 e 17.30-21 lun-ven giu-set, 9.30-13 lun-mer e 16-20 ven-dom ott-mag) Le sette sale che ospitano il Museo Diocesano, inaugurato nel 2017 al primo piano dell'antico seminario, raccolgono un interessante campionario di opere d'arte provenienti da tutto il territorio di Nardò. Si parte con la storia della diocesi nella prima stanza e si arriva all'ottocentesca cappella del collegio ecclesiastico, che espone alcuni candelieri e un paliotto d'argento. In mezzo, tele e tavole del Tre-Quattrocento, argenteria liturgica e sculture del XVI secolo, grandi pale d'altare tardobarocche (come i *Santi in Gloria* di Francesco Solimena) e paramenti sacri otto e novecenteschi.

DA VEDERE

VILLE ECLETTICHE, MASSERIE FORTIFICATE E IL MARE

Avete mai sentito parlare delle masserie fortificate o delle ville eclettiche di questa parte del Salento? Fatte edificare dalla nobiltà locale tra la fine dell'Ottocento e l'inizio del Novecento per ostentare il proprio status sociale, si scoprono partecipando a un'escursione organizzata dalla **Società Cooperativa Fluxsus** (☎380 473 92 85; www.fluxsuscooperativa.com; Via Cairoli 42; ⏲9.30-13.30 lun-ven). Lungo le strade di campagna intorno a Nardò vi imbatterete così in antiche e preziose ville in stile moresco o in stile liberty, ricche di motivi orientali, nascoste da alberi monumentali, o in gigantesche masserie circondate da mura. O ancora vi capiterà di visitare, con le guide, gli antichi frantoi ipogei condotti un tempo dai 'nachiri', l'equivalente dei nocchieri di mare. Affittando una bici o partecipando a un'escursione cicloturistica con gli accompagnatori di **Salentobici** (☎347 095 76 56; www.salentobici.bike), potrete invece spingervi verso Gallipoli, Santa Maria di Leuca o, rimanendo più vicini, al Parco Naturale di Porto Selvaggio (p359) e alla Palude del Capitano, per fare un tuffo in un mare trasparente dove l'acqua freschissima è alimentata da sorgenti dolci.

Castello Acquaviva CASTELLO
(Piazza Cesare Battisti) A vederlo oggi, con l'elegante facciata neoclassica e il balcone centrale decorato con due danzatrici dall'aspetto vagamente liberty, non si direbbe mai che questa massiccia struttura di carparo, a pianta quadrangolare, fosse un castello. E ancor meno che per secoli – dal XV, per la precisione, quando fu progettato da un allievo di Francesco di Giorgio Martini, sceso in Puglia per lavorare a Taranto (p232) – abbia difeso la città. In effetti, dopo essere stato costruito per volere della famiglia dei duchi Acquaviva, nell'Ottocento fu trasformato in residenza signorile dal barone Personè, e dell'antica struttura militare restano solo le quattro torri angolari e pochi altri dettagli. All'interno, oltre agli uffici comunali, ha sede il **Museo della Città e del Territorio** (☎320 945 90 27; www.facebook.com/museocittaterritorio; interi/ridotti €5/3; ⏲18-21 ven-dom). È piccolo, però racconta la storia di Nardò dalla dominazione romana all'età

contemporanea, con l'ausilio di alcuni reperti e di svariati pannelli.

Villa Comunale GIARDINO BOTANICO

(Piazza Cesare Battisti; ⌚9-13 e 15-20, fino alle 22 estate) Con la sua trasformazione in dimora nobiliare e la perdita della funzione militare, alla fine del XIX secolo il fossato del castello venne colmato. L'unico tratto rimasto 'vuoto' fu quello attorno allo spigolo sud-est della fortezza, trasformato però in un rigoglioso orto botanico, nel quale alberi, arbusti e fiori vennero piantati seguendo l'impostazione del giardino all'italiana, con vialetti e aiuole. Sebbene siano passati oltre 100 anni, questo parco comunale continua a incantare tanto per la varietà di specie presenti, quanto per la pace, il silenzio e l'ombra che regala a chi vi trova rifugio.

Museo della Preistoria MUSEO

(☎349 679 97 90; Piazza Sant'Antonio; www.museodellapreistoria.com; interi/ridotti €5/3,50; ⌚9-12.30 e 16-20 gio-mar ott-15 mag, 9-12.30 e 17-21.30 giomar 16 mag-set) Fa emozionare i bambini e incuriosisce anche i grandi questo museo recentemente inaugurato nel bel Convento di Sant'Antonio, che ripercorre l'evoluzione umana e animale del territorio salentino riavvolgendo il nastro fino a 75 milioni di anni fa. Ad allora (era il periodo Cretacico) risalgono infatti i reperti più antichi esposti nelle sale affacciate sul chiostro: pesci fossili, una tartaruga, crostacei e molluschi rimasti incastrati tra i sedimenti marini e arrivati fino a noi. E poi, di questo 'noi', c'è appunto lo sviluppo. Dall'Uomo di Neanderthal all'Homo Sapiens, vissuti entrambi – con i loro semplici arnesi – nell'area del Parco Naturale Regionale di Porto Selvaggio (p359), uno dei primi luoghi che abitarono dopo la loro migrazione dal continente africano.

Pernottamento e pasti

La Cattedrale B&B €/€€

(☎328 092 69 88; Via Anime 2; doppia €60-80; ❄📶) Un monocale con terrazzo e un bilocale con due balconcini (entrambi dotati di angolo cottura), ricavati in un palazzo di fine Ottocento che affaccia proprio sulla splendida cattedrale barocca. Gli arredi sono essenziali, ma il restauro degli ambienti è stato fatto ad arte, mantenendo le cementine originali. Parcheggio libero a 50 m dalla struttura.

★ **Relais Il Mignano** RELAIS €/€€

(☎0833 57 25 06; Via Lata 29; camere standard €60-110; ❄Ⓟ) Questo storico palazzo nobiliare del centro di Nardò prende il nome dal balcone barocco ('mignano') sopra il portale principale, che permetteva alle donne di corte di osservare la vita fuori dalle mura e assistere alle processioni senza essere viste. Il che non è troppo dissimile dalla sensazione che si ha ancora oggi tra queste stanze: quel piacevolissimo sentirsi al riparo. E se per mangiare vi piacciono l'eleganza e la raffinatezza della location e della presentazione, fidatevi dei piatti e degli abbinamenti originali del **Ristorante Il Mignano** (www.facebook.com/ristorantemignano; pasti €40; ⌚19-23.30), con il giovane e talentuoso chef che alla fine della cena viene al tavolo a salutare e raccontare le sue creazioni. Per una cena speciale, prenotate un tavolo nella terrazza con vista sul castello: è suggestiva e alquanto romantica.

Mangia e Fuci GASTRONOMIA €

(☎339 221 02 52, 338 814 09 46; Viale De Gasperi 21; ⌚8.30-15 e 18.30-20.30 lun-sab) Nei pressi della stazione, è una gastronomia che prepara con passione e simpatia i piatti della tradizione salentina, da asporto o a buffet. Provate i totani gratinati al forno o il polpo alla pignata: i sapori del mare e della terra neretini vi rimarranno impressi nella mente a lungo.

La Dispensa dei Raccomandati TRATTORIA €€

(☎377 042 44 36; Via Lata 91; pasti €35-40; ⌚19.30-23.30 mar-dom) Locale incantevole nel centro cittadino, dove il pesce la fa da padrone. Servizio attento e curato, atmosfera intima, superlative la burrata su tartare di gambero e le crocchette di patate con alici.

Hostaria Corte Santa Lucia TRATTORIA €€

(☎0833 83 52 75; Via Santa Lucia 46; pasti €35-40; ⌚12-15 e 19-23 mar-dom) Trattoria di lusso nel centro storico, in cui si respira l'essenza della cultura salentina e non solo gastronomica: al lunedì e al giovedì, la cena estiva in giardino è animata dallo spettacolo della pizzica, antica e vivace danza popolare del Salento accompagnata da musica e canti.

Shopping

Terra Rossa CERAMICHE

(☎0833 57 26 85; www.terrarossasalento.it; Piazza Salandra 28; ⌚9-13 e 16-20, chiuso lun pomeriggio e dom) La produzione di ceramiche di Nardò non è tra le più affermate del Salento, ma da un ventennio questo negozio vende le migliori della regione, tutte rigorosamente plasmate, cotte e decorate da artigiani; e insieme a queste un'ampia selezione di creazioni artigianali salentine: ricami e tessuti, oggetti in ferro battuto, giunco e canna o in cartapesta.

Vini Bonsegna CANTINA
(☎0833 56 14 83; http://vinibonsegna.it; Via Volta 17; ⏲8.30-13 e 17-20.30) In una cantina d'inizio Novecento nel centro storico, con le caratteristiche volte a ogiva leccesi e la sala per le degustazioni guidate, capirete quanto il territorio neretino sia vocato alla produzione di vini di qualità. Assaggerete produzioni particolari da monovitigno, Primitivo, Sangiovese e Cabernet Sauvignon, e la linea top dell'azienda, la Danze della Contessa, dedicata ai vini DOC (anche barricati) prodotti con vitigni di Negroamaro e Malvasia nera.

☆ Divertimenti

Teatro Comunale TEATRO
(☎0833 57 18 71; Corso Vittorio Emanuele II 22) Piccolo teatro neoclassico, prezioso come una miniatura di un grande teatro all'italiana, con sala a ferro di cavallo articolata in tre ordini di palchetti e loggione, dove prenotare una delle 223 poltroncine donate insieme ai sipari dal Teatro alla Scala di Milano.

ⓘ Informazioni

L'**Infopoint** (☎0833 83 69 28; http://infoturismonardo.wordpress.com; Piazza Salandra; ⏲9.30-13.30 e 17-19 estate) ha sede all'interno del Sedile (p308); organizza visite guidate e dispone di una connessione internet wi-fi.

ⓘ Per/da Nardò

Nardò è raggiungibile in automobile da Lecce (32 km) con la SS101 e la SS174. I collegamenti in autobus sono effettuati da **STP Lecce** (☎0832 22 84 41, 800 44 74 72; ⏲8-19; www.stplecce.it) e da **Ferrovie del Sud Est** (☎800 07 90 90; www.fseonline.it). Ricordatevi di scendere a Nardò centrale.

Galatina

POP. 25.944 / ALT. 75 M

È bella, Galatina. Bianca, raffinata, in qualche modo regale. Ed è pure al centro del Salento, equidistante tanto dal Mar Adriatico quanto dal Mar Ionio, circa 20 km. Dunque non stupisce che la Bella Athina (questa la traduzione dal greco del toponimo) sia conosciuta come l'ombelico salentino, e nemmeno che in ogni stagione dell'anno da queste parti arrivino migliaia di turisti pronti a disorientarsi tra i vicoli del centro storico. Perché tanto, alla fine, la strada si trova, e nel frattempo si sono scoperte così tante chiese e palazzi da perdere il conto.

Che cosa vedere

Chiesa dei Santi Pietro e Paolo LUOGO DI CULTO
(Piazza San Pietro; www.chiesamadregalatina.it; ⏲9-12.30 e 16-18.30) Primo assaggio di architettura sacra offerto dalla città, fu ricostruita con le sue voluttuose linee barocche tra il 1633 e il 1664; alla creazione della sontuosa facciata lavorò anche Giuseppe Zimbalo, uno dei più affermati architetti del barocco leccese (v. lettura p296). Una volta all'interno, fra le tre alte navate scandite da pilastri formati da semicolonne, spingetevi fino alla cappella di testa della navata sinistra, che ospita una preziosa statua della Vergine Addolorata scolpita dal napoletano Giuseppe Sanmartino, uno dei massimi scultori del Settecento, e cercate il masso sul quale, secondo la leggenda, san Pietro si sedette a riposare mentre viaggiava tra Otranto e Taranto nella sua opera di evangelizzazione.

Cappella di San Paolo LUOGO DI CULTO
(☎368 752 54 41; Via Garibaldi 7; ⏲visita su richiesta) FREE Questa piccola cappella settecente-

SI DICE SUL POSTO

LE ORIGINI DEL TARANTISMO TRA LEGGENDA E VERITÀ STORICA

Sebbene al giorno d'oggi pizzica e taranta siano considerate solo due varietà piuttosto simili di un ballo tradizionale pugliese da esibire in concerti e festival, in realtà hanno un'origine antichissima, che secondo alcuni studiosi va ricercata addirittura nella preistoria. Senza scomodare i millenni, in passato la taranta (e tutti i riti a essa collegati) era una terapia usata per curare il **tarantismo**, una malattia causata alle donne dal morso di un ragno velenoso. Accusavano nausea, mal di testa, scoppi incontrollabili di riso o pianto, paranoia o uno stato di totale apatia. Sintomi che, appunto, venivano curati attraverso un complicato rito musicale e coreutico che portava l'ammalata a urlare e a danzare in modo sfrenato per ore, accompagnata dal ritmo dei tamburelli. La tarantata veniva quindi accompagnata nella Cappella di San Paolo (p315), a Galatina, e lì benedetta fino a essere sanata.

sca inglobata nel barocco **Palazzo Tondi** all'inizio di Via Garibaldi, che è il corso cittadino per eccellenza, ha una storia abbastanza... agitata. Oltre a Pietro, infatti, pare che in città sia passato pure san Paolo, che trovò accoglienza nella casa di un religioso locale. Per ringraziare l'anfitrione, il santo chiese a Gesù di concedere all'uomo la facoltà di curare coloro i quali fossero stati morsi da animali velenosi, benedicendoli e facendo bere loro l'acqua raccolta da una fonte che si trova sotto la cappella. Il desiderio, a quanto pare, fu esaudito, e da allora questo raccolto oratorio, nel quale è ancora presente il pozzo, è diventato il luogo simbolo del culto della taranta (v. lettura p315). Siccome le credenze sono dure a morire, soprattutto durante le torride giornate estive, un cartello affisso dalla famiglia proprietaria dell'immobile ricorda che è vietato ballare e arrampicarsi sull'altare.

★ Basilica di Santa Caterina d'Alessandria

LUOGO DI CULTO

(☎ 0836 56 84 94; www.basilicaorsiniana.it; Piazzetta Orsini; ⏲ 8.30-12.30 e 15.30-17.15 ora solare, 8.30-12.30 e 16-18.30-19 ora legale lun-sab, 15.30-17.15/18.15 dom) Non appena si mette piede dentro questa basilica romanica dalle sobrie linee esterne, si è scossi da un fremito. E il tarantismo, questa volta, non c'entra. La colpa, o il merito, è dell'impressionante apparato pittorico che ricopre ogni centimetro quadrato dell'interno, dominato dal blu cobalto degli sfondi su cui si muovono, giacciono, pregano, osservano o muoiono centinaia di personaggi presi dalle storie del Vecchio e del Nuovo Testamento.

L'edificazione della chiesa si deve per tradizione a Raimondello Orsini Del Balzo, il signore locale, che alla fine del Trecento, stanco di cercare di capire le preghiere che gli officianti celebravano in greco (la lingua che qui, allora, si parlava), decise di edificare una chiesa di rito latino, d'accordo con papa Urbano VI che aveva tutta l'intenzione di sradicare l'influenza bizantina sul cattolicesimo salentino. Un'altra ricostruzione narra invece che il suddetto, durante un viaggio in Terra Santa, andò a pregare sul corpo mummificato della martire alessandrina, e con la scusa di baciarle la mano le strappò via un dito con un morso. Per conservare il prezioso souvenir, al ritorno, costruì il tempio. E non pago, o forse per espiare il furto, pure un **ospedale** che curasse poveri e pellegrini, e un **convento**, addossato alla chiesa. Quale che sia la verità, se verità c'è, ciò che più importa sono gli **affreschi** commissionati all'inizio del Quattrocento dalla moglie di Raimondello, la contessa Maria d'Enghien, che per realizzarli chiamò a Galatina pittori di scuola giottesca e senese, artefici di questa spettacolare Bibbia illustrata, il più esaltante esempio d'arte gotica di tutto il Salento.

Gli affreschi rispondevano a un duplice obiettivo: marcare visivamente il potere e le novità anche artistiche portate della Chiesa di Roma e raccontare senza troppi giri di parole ai fedeli le sacre scritture e la liturgia vaticana. Ecco allora nella controfacciata e lungo le pareti della prima campata le scene dell'*Apocalisse di san Giovanni*, da leggere in senso orario e dall'alto in basso. E qualche metro più avanti le storie della *Genesi*, con Dio che crea prima le stelle, poi gli animali e infine Adamo ed Eva. I quali, subito dopo, combinano il patatrac, e, quando vengono cacciati dall'Eden, con la faccia basita cercano di giustificarsi davanti al Signore dicendo che, insomma, la colpa non è loro ma del Diavolo, e lo indicano, quel serpente con volto di donna che sogghigna dietro l'albero. È una narrazione straordinaria, che continua con il *Sacrificio di Isacco* e si chiude con il *Diluvio universale*, che tutto spazza via eccetto Noè con la sua arca. Il modo per salvarsi, comunque, c'è, ed è sufficiente alzare lo sguardo alle volte della seconda campata della navata centrale per scoprirlo: seguire i dettami della Chiesa. Sono qui, infatti, i *Sette sacramenti* (il battesimo, il sacerdozio, il matrimonio, l'unzione degli infermi e così via), somministrati dal papa che con la tiara sul capo controlla tutto, scortato da san Paolo e san Pietro. La *Gerarchia degli angeli* (moltissimi e doratissimi) è illustrata nella terza campata centrale, sostenuta dalle pareti che narrano scene della *Vita di Cristo*, dalla nascita alla crocifissione. Prima di scivolare fino al presbiterio, che ospita il ciclo di 17 pannelli sulla *Vita di santa Caterina*, conviene spostarsi sulla navata destra, interamente dedicata alle *Storie di Maria*.

Considerato che per descrivere in dettaglio tutti gli affreschi non basterebbe un'enciclopedia, fareste bene a chiedere ai preparatissimi volontari che presidiano la chiesa di raccontarvi qualcos'altro sui cicli che più vi intrigano, oppure prenotare con qualche giorno di anticipo una **visita guidata** (☎ 340 189 03 66; www.basilicaorsiniana.it/prenotazione-visite). Basta invece molto meno per terminare la visita al complesso, che si compone oltre che della basilica anche del **chiostro**, impreziosito da affreschi settecenteschi sulla storia dei francescani nelle lunette, e di un piccolo **museo** (ingresso su offerta), che custodisce alcuni curiosi reliquiari (uno con la mammella di sant'Agata) ed espone gli originali stalli (1721) in legno con storie francescane, un tempo collocati dietro l'altare della chiesa. Ah, e pure il dito della santa.

Museo Civico d'Arte Pietro Cavoti MUSEO
(☎0836 56 15 68; www.museopietrocavoti.it; Piazza Alighieri 51; ⏲9-13 mar-gio, 10-13 e 16-19 ven e sab, 10-13 dom) FREE Nelle ampie sale del museo dedicato a un illustratore locale, e del quale sono esposti bozzetti, studi e appunti, trovano spazio le opere scultoree di Gaetano Martinez (plasmate tra il 1915 e il 1947) e 20 tele del pittore leccese Luigi Caiuli che rappresentano diversi momenti e fasi del tarantismo.

Feste ed eventi

Festa dei Santi Pietro e Paolo GIUGNO
Le celebrazioni dei santi protettori cominciano il 28 giugno con la processione e con la 'cura' dei tarantati davanti alla Cappella di San Paolo, proseguono il 29 con l'esibizione delle bande cittadine e il 30, infine, si chiudono con un concerto di musica leggera. Tra le bancarelle non dimenticate di comprare la *zagarreddha*, un nastro di raso che le donne legano ai polsi per ballare la pizzica, e un *mantaju*, un ventaglio di carta con immagini dei santi.

I Concerti del Chiostro AGOSTO-OTTOBRE
(www.iconcertidelchiostro.it) Una delle stagioni concertistiche più qualificate del Salento che coinvolge Galatina e Soleto (p318) in un'estate tra musica classica e jazz con la direzione artistica del maestro Luigi Fracasso.

Pasti

Ascalone PASTICCERIA €
(☎0836 56 60 09; Via Vittorio Emanuele II 17; pasticciotti €1,40; ⏲9-13 mar-dom) Mentre decidete se scegliere il pasticciotto alla crema o quello con ripieno di mandorle steso su un sottile strato di marmellata, osservate il diploma incorniciato appeso alla parete: è la prova del fatto che il pasticciotto non è nato a Lecce bensì in questa pasticceria nel 1745. Sfatare un falso mito era la prima cosa da fare. Ora che l'avete fatto, gustatevi il premio.

Il Fienile RISTORANTE €€
(☎392 037 86 04, 0836 21 16 63; www.ilfienilerestaurant.it; Piazza Raimondello Orsini 6; pasti €35-40; ⏲12.30-15 e 19.30-23 mar-dom) Di fronte alla Basilica di Santa Caterina, in un antico frantoio ristrutturato con eleganza, è un ristorante di charme in cui lo chef Paolo Adamo, ritornato nella sua terra natia dopo tanti anni di esperienze e successi all'estero e in Trentino, incanta i suoi ospiti con piatti creativi dai sapori autentici. Un mix originalissimo tra la cucina trentina e quella salentina tradizionale.

Anima e Cuore RISTORANTE €€
(☎0836 56 43 01; www.animaecuore.it; menu vegano o vegetariano €30, menu degustazione €45; Corso Garibaldi 7; ⏲12.30-15 e 19.30-24; 🖉) L'occasione unica è quella di mangiare negli eleganti locali del Palazzo Tondi, nei luoghi dove la leggenda vuole sia nata la taranta. E mangiare anche bene, perché questo bel ristorante al piano nobile offre un ottimo menu a km0, con pasta fatta in casa e accostamenti assolutamente da provare, come i maccheroncini al pesto di pistacchio di Bronte e gamberetti viola di Gallipoli.

Locali e vita notturna

La Staffa BAR
(Piazzetta Pietro Cavoti 9; ⏲20-2 mer-lun) A dispetto dell'aria sonnacchiosa, Galatina ha una movida notturna concentrata intorno a questa deliziosa piazzetta nel centro storico, dietro la Basilica di Santa Caterina. La Staffa è il ritrovo prediletto dei giovani del posto, ottimo per una birra o un cocktail in un'atmosfera antica e suggestiva.

Vanesio TAPAS BAR
(☎388 857 23 56; Piazza San Pietro 21; ⏲17.30-2 gio-mar) Tabas bar con cucina, inaugurato nel 2021, che tra i cavalli di battaglia propone pokè bowl, tacos e guao bao, da abbinare a un vino o a un cocktail di qualità.

Shopping

Libreria Fiordilibro LIBRERIA
(☎380 379 70 92; Via Vittorio Emanuele II 31; ⏲9.30-13.30 e 16.30-20.30/17-21 lun-sab inverno/estate, 10.30-13.30 dom) Durante il vostro viaggio in Salento vi è forse germogliata qualche curiosità rispetto a un sito archeologico, un monumento, un'usanza, una festa, una località? Se sì, siete nel posto giusto per coltivarla: la gentilissima signora Emilia ha aperto questa libreria per dare un seguito ai suoi studi universitari in archeologia classica. E così gli scaffali sono pieni di testi sul territorio.

Cose Preziose BIGIOTTERIA
(☎392 020 11 56; Via Vittorio Emanuele II 7; ⏲9-13 e 16.30-20.30 lun-sab) Se volete donare un bijou

a una persona speciale, qui troverete un'ampia scelta di gioielli in argento e pietre dure, importati da Asia e Sud America, che possono anche essere personalizzati e rifiniti secondo le vostre preferenze.

Informazioni

L'**Infopoint** (0836 56 99 84; Via Umberto I 36; 9-12.30 e 16-19.30) si trova accanto al Comune.

Per/da Galatina

Galatina è raggiungibile in auto da Lecce (28 km) con la SS16. Le corse in autobus sono effettuate da **STP Lecce** (0832 22 84 41, 800 44 74 72; www.stplecce.it; da Lecce €2,20, da 40 min a 1 h).

Servizi regolari di **Ferrovie del Sud Est** (800 07 90 90; www.fseonline.it) collegano Galatina con Lecce (€1,80-2,20, da 40 min a 1 h).

Soleto

POP. 5254 / ALT. 90 M

In questa cittadina dalla lunghissima storia che inizia nel Neolitico e finisce con il Regno di Napoli, passando per la mitica Contea di Soleto creata nell'XI secolo, si viene per visitare due gioielli e per farsi tagliare i capelli. La prima e imperdibile gemma (ma è necessario prenotare la visita) è quella alla piccolissima **Chiesa di Santo Stefano** (333 845 12 18; Via Ospedale Carrozzini; visite guidate su prenotazione €3/5; 9-12 e 16-18), che si innalza nell'intricatissimo reticolo di stradine del centro storico. Eretta nel 1347 in uno stile tardoromanico, con una deliziosa decorazione ad archetti ciechi sulla facciata a vela, e con quel che resta del portale e del rosone traforati, custodisce un inaspettato ciclo di **affreschi orientaleggianti** realizzati tra il XIV e il XV secolo. Sono praticamente intatti, con i colori ancora vivi, e testimoniano tanto nell'iconografia, quanto nei cartigli in lingua greca – il passato bizantino di questa terra, e la mescolanza di usi, costumi e liturgie fra la tradizione ortodossa e quella romana.

Il secondo gioiello del luogo, in posizione un po' defilata rispetto al centro, è la **Guglia di Raimondello** (Piazza Cattedrale 1). Alta 40 m e innalzata come simbolo del potere della famiglia Orsini che controllava il territorio, fu progettata dall'architetto Francesco Sulaci da Surbo e completata nel 1397. I primi due livelli del torrione, al quale quattro secoli più tardi fu addossata la barocca **Chiesa Matrice** (0836 66 36 87; 9-12 e 16-19), sono piuttosto spogli, eccezion fatta per un leggiadro cornicione marcapiano. Inglobano una struttura precedente, sulla quale l'architetto incastonò successivamente gli ultimi tre ordini, dei quali due decorati con quattro bifore scandite da colonnine tortili, e l'ultimo, una sorta di tiburio, di forma ottagonale e con una colorata cupoletta (aggiunta settecentesca). Nel caso in cui abbiate con voi un binocolo riuscirete ad apprezzare per bene sia i raffinati ghirigori scultorei delle balaustre del livello superiore, sia la gran varietà di figure antropomorfe e zoomorfe che movimentano i cornicioni superiori. Una leggenda locale racconta che la guglia fu costruita in una sola notte dai diavoli, chiamati da Matteo Tafuri, il 'Socrate di Soleto', uomo dall'ingegno versatile, matematico e filosofo. Ad aiutare i diavoletti ci avrebbero pensato anche quattro grifoni, che allo spuntare dell'alba sarebbero rimasti intrappolati nella pietra e tuttora svettano ai quattro angoli del terzo piano. La storia ci dice invece che Matteo nacque ed ebbe fama (fu professore a Salamanca e a Parigi) un secolo dopo la conclusione della torre. C'è poi un'ultima ragione per la quale venire a Soleto ed è che in una pittoresca botteguccia nascosta nel dedalo di vicoli lavora Elio Toma, un parrucchiere estroso che si vanta di aver inventato delle forbici rivoluzionarie. Se per caso avete bisogno di una spuntatina, fateci un salto: il suo **salone** (Via Umberto 22; 9-13 e 16-20 mar-sab) è pieno zeppo di quadri, graffiti e sculture in pietra e ferro.

Pasti

Sole Griko RISTORANTE €€
(328 721 07 71; SP Soleto–Sternatia; pasti €25-30; 12.30-15 e 19-23.45 mar-ven, 12.30-23.45 sab e dom) Location e menu tipicamente salentini, con ottime proposte di carne e pesce, rese ancora più gradite dalle porzioni generose. Tra gli antipasti vi consigliamo i fritti; buona anche la pizza napoletana.

Per/da Soleto

Soleto è raggiungibile in auto da Lecce (25,5 km) con la SS16. I collegamenti in treno sono effettuati da **Ferrovie del Sud Est** (800 07 90 90; www.fseonline.it; da Lecce €1,80, 40 min).

Calimera

POP. 6794 / ALT. 56 M

Una manciata di chilometri a nord di Soleto Calimera è uno dei comuni più importanti della Grecìa Salentina (v. lettura p319), e il suo nome – che in lingua ellenica significa

LA PICCOLA 'REPUBBLICA ELLENICA' DEL SALENTO: LA GRECÌA

Tra le sorprese che riserva il Salento ce n'è una che non è né paesaggistica né architettonica, bensì culturale e linguistica: la **Grecìa Salentina**. Si tratta, in buona sostanza, di un'area a sud di Lecce, nel cuore dell'entroterra, composta da 12 comuni tutti molto vicini tra loro – Calimera, Carpignano Salentino, Castrignano dei Greci, Corigliano d'Otranto, Cutrofiano, Martano, Martignano, Melpignano, Sogliano Cavour, Soleto, Sternatia e Zollino – nei quali sopravvive una cultura ereditata dalla dominazione bizantina e in cui si parla un dialetto neogreco noto come grecanico o griko. La nascita di questa bizzarria si fa risalire all'influenza che ebbero sul luogo i monaci basiliani che sfuggivano alle politiche iconoclaste dell'imperatore Leone III (717-41): furono essi a fondare qui chiese e monasteri ortodossi, il più grande dei quali era quello di San Nicola di Casole (p339), a Otranto. Il greco diventò così la lingua dell'insegnamento, mentre il rito ortodosso era quello delle celebrazioni religiose. Un ulteriore tassello al radicamento della cultura ellenica lo misero inoltre i tanti greci e albanesi che nel 1453 emigrarono in Puglia dopo la caduta di Costantinopoli. Le cose cominciarono a cambiare qualche secolo dopo, quando la Chiesa di Roma – per soppiantare quella ortodossa – cominciò a edificare luoghi di culto di rito latino, o costruendoli da zero o demolendo e riedificando quelli che erano stati bizantini. Una mescolanza di stili e di tradizioni che resiste tuttora, e che rende la Grecìa una delle zone più varie e interessanti del Salento. La **Rete Turistica della Grecìa Salentina** (☎333 845 12 18, 347 463 47 49; www.greciasalentina.info; Via R. Elena 12, Soleto) organizza escursioni a piedi e in bicicletta attraverso itinerari cicloturistici e toccando tutti gli elementi che caratterizzano il territorio: dalle cave per l'estrazione della pietra leccese alle masserie fortificate, dagli ulivi secolari ai villaggi bizantini abbandonati, dalle pozzelle ai menhir e agli affascinanti centri storici dell'area grecanica.

'bel luogo' oltre che 'buongiorno' – tradisce più di qualsiasi altra distinzione geografica la sua storia e le sue peculiarità. Per conoscere le sue tradizioni, la sua parlata e familiarizzare con i simboli di questo affascinante pezzo di mondo non c'è altro modo che farci un salto e passarci un paio d'ore.

Che cosa vedere

Casa Museo della Civiltà Contadina e della Cultura Grika MUSEO
(☎0832 87 35 57, 339 489 41 20; www.ghetonia.it; Via Costantini 52; ⏲10-13 e 16-19 lun-ven ott-apr, 10-13 e 17-20 mag-set) FREE In una tipica casa di corte salentina nei pressi della centrale **Piazza del Sole**, dove si svolge gran parte della vita cittadina, nel 2003 l'associazione Ghetonia ha allestito questa bella collezione di testimonianze della cultura locale che conta anche su reperti archeologici di varie epoche. Grazie a un percorso forse un po' disordinato ma di grande fascino è possibile muovere i primi passi all'interno dei riti e della vita nella comunità grika nell'arco dei secoli. La raccolta fotografica è straordinariamente interessante, così come gli utensili, i vestiti e i giochi esposti. Lungo il percorso, vi accompagneranno la musica e i canti della Grecìa Salentina.

Chiesa di San Vito LUOGO DI CULTO
(☎339 489 41 20; Strada Vicinale di San Vito; ⏲su richiesta) Sperduta in mezzo a un bosco alle spalle del cimitero, ma ben segnalata da alcuni cartelli che indicano la strada, si trova questa chiesetta cinquecentesca nel cui pavimento è ancorato un curioso masso calcareo con un foro, largo su per giù una quarantina di centimetri. Lo chiamano la 'pietra della fertilità' (o anche la Sacra Roccia di San Vito) e ogni lunedì di Pasqua le aspiranti mamme fanno a gara per passarci dentro senza restare incastrate. Si dice che chi ci riesce avrà un figlio per ogni volta che l'ha attraversata.

Museo Civico di Storia Naturale del Salento MUSEO
(☎389 132 61 02, 324 889 07 90; www.msns.it; SP Calimera–Borgagne, Km 1; interi/ridotti a partire da €5/3 fino a 10/7 secondo i percorsi; ⏲9-14 mar-ven, ultimo ingresso alle 13, 10-17 sab e dom, ultimo ingresso alle 16, servizio guida su prenotazione) Il sogno di ogni bambino a cui piacciono gli animali e la natura ha più o meno la forma e le dimensioni di questo grande museo di storia naturale che si trova fuori dall'abitato di Calimera, lungo la SP275. A dire il vero, chiamarlo museo è un po' riduttivo, perché oltre all'esposizione, divisa in varie sezioni (Astronomia, Mineralogia, Paleontologia, Botanica

DA NON PERDERE

I CANTI DELLA PASSIONE

Nei comuni della Grecìa Salentina i Canti della Passione hanno resistito al tempo e alle mode: durante la Settimana Santa, sui sagrati delle chiese si assiste a vere e proprie rappresentazioni sacre, che vedono i più talentuosi cantori di musica religiosa dell'Italia Meridionale confrontarsi con i maggiori interpreti salentini e griki dei canti pasquali, in esibizioni di profonda fede e cultura popolare.

ecc.), c'è un parco faunistico con un gran numero di rapaci, un planetario, un vivarium, un orto botanico, una casa delle farfalle e tre centri per la cura della fauna selvatica, esotica e delle tartarughe marine. Insomma, un posto dove trascorrere un'intera giornata.

Tour

Ghetonia VISITE GUIDATE
(339 489 41 20; www.ghetonia.it) Questo circolo culturale che ha creato e gestisce la Casa Museo, da anni è tra i principali animatori della vita del paese. Contattatelo per organizzare visite guidate nel territorio, per consigli o per conoscere la programmazione di spettacoli, feste popolari ed eventi sportivi.

Feste ed eventi

Festa dei Lampioni 21 GIUGNO
La notte del solstizio d'estate le strade di Calimera si illuminano di migliaia di poetiche lanterne fatte di carta velina, fil di ferro, tralci d'edera e canne, dalle forme e dai colori più diversi: stelle, navi, aerei, animali e tutto quello che la fantasia e abili mani riescono a costruire. Uno spettacolo emozionante, oltre che una delle feste più poetiche del Salento.

Per/da Calimera

Calimera è raggiungibile in automobile da Lecce (20 km) con la SS16.

Martano

POP. 8693 / ALT. 92 M

Negli assolati pomeriggi estivi della controra, quando in giro non c'è giustamente anima viva, Martano (che da qualche tempo si è autoproclamata capitale mondiale dell'aloe vera) si presenta ai viaggiatori come un luogo rimasto immobile da secoli. Per scoprire gli angoli più pittoreschi del borgo, il cui centro storico viene chiamato 'terra' perché è circondato da mura con fossato, torri e castello, infilatevi tra le basse case del centro, con i muri gialli di carparo, cercate un po' d'ombra sbirciando dentro le case a corte tipiche della Grecìa, intorno alle quali si disponevano tutte le abitazioni della grande famiglia, quindi alzate il naso per osservare i palazzetti aristocratici che nobilitano il paese con i loro stemmi e i sontuosi portali. Date un'occhiata anche a **Palazzo Pino**, su Via Marconi, nella zona fuori le mura, o a **Palazzo Andrichi-Moschettini**, sulla strada per Otranto. E, se sarete buoni esploratori, troverete, piantato in un marciapiede, anche un antichissimo menhir (v. lettura p321).

Che cosa vedere

Palazzo Baronale EDIFICIO DI RILIEVO
(Via Marconi 5) Sebbene dell'antica struttura quattrocentesca si sia salvato ben poco, in origine questo monumentale edificio che si innalza nel centro del paese era un castello difensivo aragonese, con le torri cilindriche e i muri scarpati. Nella seconda metà del XVII secolo, quando si pensava che il pericolo di invasioni saracene fosse ormai scampato, fu trasformato nella residenza del barone Trani, che ordinò di modificarne la facciata e ingentilirne la struttura interna, oggi utilizzata per manifestazioni ed eventi.

Chiesa Matrice LUOGO DI CULTO
(0836 57 13 85; Via Chiesa 16; orario variabile) Intitolata alla Vergine Assunta in Cielo, il principale luogo di culto di Martano è una bella chiesa, costruita a partire dal 1596, che mescola influenze rinascimentali e barocche. La facciata divisa in due ordini espone un elaborato portale fiancheggiato da colonne che poggiano su due leoni stilofori, recuperati dalla chiesa di rito bizantino che sorgeva al suo posto. E del vecchio tempio è anche la statua della Vergine collocata in una nicchia sopra la mensola. All'interno, sotto lo spettacolare soffitto in legno a cassettoni del Settecento, vale la pena di cercare la pala d'altare firmata da Oronzo Tiso, uno dei grandi esponenti della pittura tardobarocca del Meridione, che rappresenta *Maria Assunta*.

Monastero di Santa Maria della Consolazione MONASTERO
(0836 57 52 14, 339 305 04 35; www.cistercensimartano.com; Via Borgagne; 8.30-12 e 16-20 lun-sab, 10-12 e 16-18 dom inverno, fino alle 20 estate) Una buona scusa per fare un salto in que-

sto grande monastero cistercense, che venne edificato a partire del 1686 e che custodisce un piccolo **museo-pinacoteca** e una biblioteca, è la bottega di prodotti artigianali preparati dai frati: tisane, cosmetici naturali, miele, pappa reale e il rinomato Amaro di San Bernardo, ottenuto dall'infuso di erbe aromatiche seguendo una ricetta del Settecento.

Nella foresteria ci sono 17 camere, con servizi per gli ospiti in cerca di pace e serenità.

Parco di Apigliano SITO ARCHEOLOGICO
(Strada Vicinale Apigliano) Circa 1 km a est del centro, al confine con il territorio di Zollino, si trovano i resti di un villaggio medievale bizantino che, fondato probabilmente nel Trecento, fu abbandonato due secoli dopo dalla popolazione, che si inurbò a Martano. Dell'antico insediamento, esteso per oltre un ettaro, sono state finora riportate alla luce le piante delle abitazioni (probabilmente capanne con la base in pietra), numerose sepolture e il perimetro della Chiesa di San Nicola, riedificata utilizzando le tecniche costruttive del passato. Una serie di pannelli illustra le varie zone del villaggio e le relative funzioni. A poche centinaia di metri si erge la **Chiesa di San Lorenzo**, dalla facciata sostenuta da due contrafforti ai lati, che sull'architrave della porta conserva un'iscrizione in greco che ne attesta la data di costruzione, il 1582. All'interno sono presenti tracce di affreschi e dell'altare, dedicato alla Madonna. Un buon momento per venire a visitarla è quando, intorno all'11 agosto, qui si celebra **Aspettando San Lorenzo sotto il cielo di Apigliano**, con visite guidate al parco, osservazione delle stelle e un concerto.

Pernottamento e pasti

Naturalis Bio Resort RESORT €€€
(☎349 825 13 63; www.naturalisbioresort.com; Via Traglia, Contrada Ulive Grandi; doppie €230-410-780; P ❄ ᯤ) Se Martano è la capitale mondiale dell'aloe, il merito è di Domenico Scordari, che qualche lustro fa ha deciso di impiantare qui delle estese coltivazioni di questa pianta per utilizzarla nella produzione di cosmetici naturali. Accanto, ha creato questo strepitoso resort che ha sede in un borgo diffuso del Settecento, con camere e suite (una a tre piani ricavata nell'antico granaio, con spa privata in una grotta) che affacciano su coltivazioni biologiche e ampi prati, una piscina e una spa esclusive.

Caffè Stella PASTICCERIA, GELATERIA €
(☎348 932 13 10; Piazza Caduti 1; ⏲7-24 gio-mar) Le dolci creazioni (i mostaccioli, i dolcetti di pasta reale, le cassate, i fichi con le mandorle, il croccante) di questa pasticceria che si trova a due passi dal Palazzo Baronale e dispone di una bella terrazza per gli aperitivi, sono rinomate in tutta la zona. Si viene qui

VALE IL VIAGGIO

IL SALENTO MEGALITICO: DOLMEN E MENHIR

Che il Salento sia terra antica e piena di sorprese è cosa nota. Un po' meno, invece, è il fatto che l'intera regione sia disseminata di monumenti megalitici. Per scoprire i più significativi, gli appassionati possono mettersi in contatto con **Gli Amici dei Menhir** (☎348 517 53 69; www.amicideimenhir.it), un'associazione che si occupa della loro valorizzazione e organizza escursioni guidate. In caso vogliate fare da soli, oltre che fino al **Menhir di Santu Totaru** (Via Teofilo) di Martano (p320), che con i suoi 5 m è il più alto d'Italia, vale la pena di spostarsi nel vicino borgo di **Zollino** (5,7 km), sprofondato fra gli ulivi, per ammirare i suoi menhir, tra cui quello di **Sant'Anna**, cristianizzato con i segni di croce sulle facciate più larghe. Si prosegue con i tre – il **Lama** (Piazzetta Asilo), il **Candelora** (Via Vore) e il **Minonna** (Via IV Novembre) – che si trovano nel territorio di Melpignano (p322), per poi dirigersi verso **Minervino di Lecce**, circa 10 km a sud-ovest di Otranto. Qui, in aperta campagna, si erge il **Dolmen Li Scusi** (Fondo Scusi), che prende il nome da un'antica leggenda secondo cui questo luogo fungeva da nascondiglio di mitici tesori. Si tratta di una lastra di calcare non lavorata, di 3,80 x 2,50 m, poggiata a 1 m dal suolo su otto pilastri, dei quali solo uno è monolitico, mentre gli altri sono costituiti da pietre sovrapposte. Il lastrone presenta un foro del diametro di 20 cm, che lo attraversa da parte a parte. Per informazioni potete rivolgervi alla **Pro Loco di Minervino di Lecce** (☎328 143 14 21; www.prolocominerva.it; Piazzale Convento). Infine a **Giurdignano**, vicino a Otranto, c'è un vero **Giardino Megalitico**: un percorso guidato ben segnalato che porta alla scoperta di ben cinque menhir e due dolmen.

DA NON PERDERE

DAL CENTRO DEL CONTEMPORANEO ALLA CRIPTA BIZANTINA

Una sfida affascinante quella di trasformare un castello medievale in un centro della cultura contemporanea, adatto a ospitare mostre temporanee e permanenti, proiezioni, performance musicali e molto altro ancora. È ciò che è accaduto al **Palazzo de Gualtieris** (☎366 319 95 32; www.k-ora.it; Via Vittorio Emanuele 19; ⏲16-20 ven-dom) di **Castrignano de' Greci**, a 2,4 km da Melpignano, ex castello divenuto palazzo baronale che da luogo simbolo del paese è diventato uno spazio multidisciplinare (chiamato KORA) votato alle arti visive, al design e all'architettura contemporanea, in un dialogo sempre aperto con il territorio (all'interno ci sono anche il Museo del Ricamo, una biblioteca, un bookshop e un'area per i bambini). Si torna invece indietro nel tempo a **Carpignano Salentino**, un piccolo comune di antichissima origine, a meno di 5,6 km da Castrignano de' Greci, che accoglie al centro di esso la **Cripta di Santa Cristina** (☎339 440 25 79; www.criptabizantina.com; Via Giudeca 8B; ⏲su prenotazione), un piccolo tesoro di culto bizantino e di rito ortodosso, risalente al IX secolo, che custodisce un notevole ciclo di affreschi, ciascuno dei quali riporta la data del mese e dell'anno in cui è stato terminato. Nella grande sala a pianta irregolare si trovano una bellissima *Annunciazione* e un *Cristo Pantocratore* del pittore Teofilatto (maggio 959), gli affreschi di una tomba ad arcosolio (1055-75), con lo struggente epitaffio di un padre al figlio morto troppo giovane, e i ritratti di santa Marina e santa Cristina.

anche per assaggiare la cupeta di mandorle, dolce di origine araba divenuto patrimonio della memoria del paese.

Ego's Reastaurant RISTORANTE €€
(☎331 312 26 80; Via Otranto; pasti €40; ⏲18-2) Un'oasi per cene gourmet e aperitivi di classe, immersi nell'atmosfera mediterranea dei giardini di un'antica masseria. Il menu profuma di mare e di pesce freschissimo, cucinato con genialità dall'estro creativo degli chef Luca Calabro e Fabrizio Capasa. Un sottofondo musicale completa l'incanto.

Shopping

Sant'Angelo il Caseificio FORMAGGI
(☎388 890 67 47; Via Otranto 14; ⏲7-14 e 17-20/21) Piccolo caseificio artigianale con formaggi freschissimi e dal sapore intenso. C'è solo l'imbarazzo della scelta: mozzarelle di tutti i formati, dai nodini alle bombe di latte, burrate, ricotta, scamorze, stracciatelle, primo sale.

Informazioni

Per informazioni e visite ad Apigliano potete contattare la **Pro Loco** (☎0836 57 17 50; www.facebook.com/promartano; Via Nizza 13).

Per/da Martano

Martano è raggiungibile in automobile da Lecce (25 km) con la SS16. I collegamenti in autobus sono effettuati da **Ferrovie del Sud Est** (FSE; ☎800 07 90 90; www.fseonline.it; da Lecce €1,40, 35 min).

Melpignano

POP. 2134 / ALT. 89 M

Nota ai più per il concertone finale della Notte della Taranta che non per il valore delle testimonianze dell'Età del Bronzo e delle architetture religiose e civili che custodisce, Lipignana (questo il toponimo in griko) è più dolce e densa del miele ricavato dal favo su cui, nel suo stemma con drappo azzurro, poggia un albero di pino.

Che cosa vedere

La prima tappa della visita al centro di Melpignano, in passato circondato da mura difensive cinquecentesche, è **Piazza San Giorgio**, la più bella di tutta la Grecìa Salentina, dove un tempo si svolgeva il mercato. Una piazza peraltro abbastanza insolita, non solo per la presenza del bel porticato rinascimentale che la fiancheggia sul lato nord-ovest, ma anche per il fatto che sotto è vuota: ci sono infatti, o meglio c'erano, due frantoi ipogei andati distrutti con la costruzione dell'acquedotto. Sulla piazza si staglia la **Chiesa di San Giorgio** (☎0836 33 10 67; ⏲orario variabile), che sulla bella facciata rifatta alla fine del Settecento conserva il portale del precedente luogo di culto, con un san Giorgio a cavallo che uccide il drago della prima metà del XVI secolo. A breve distanza da qui si trova un altro degli edifici simbolo del paese, il **Palazzo Marchesale De Luca** (☎375 604 11 84; Via Roma; ⏲15-19 sab, 9.30-12.30 e 15-19 dom), solo da pochi anni riaperto al pubblico dopo un lungo restauro. Nato come struttura difensiva, come lasciano intuire le imponenti mura, i camminamenti di ronda e le torrette di avvistamento agli angoli, fu trasformato nel 1636 per volere di Giorgio Castriota-Scanderbeg, che ne adibì il piano superiore ad appartamenti e quello inferiore alla corte baronale. La parte più affascinante del palazzo è il suo meraviglioso **giardino all'italiana**, valorizzato da un lungo pergolato con panche, da balaustre e dai portici in pietra leccese.

Quando avrete finito di girovagare per il centro cercando gli **aforismi** incisi sui cornicioni di molte delle antiche case, e dopo una pausa al piacevole **caffè** del **Parco della Pace** (☎328 18 63 84; Via Roma 10; ⏱8-1/3), spostatevi verso il bellissimo **Convento degli Agostiniani** (Via Garibaldi; ⏱su richiesta all'Infopoint), con un superbo chiostro fiancheggiato da un balcone con nove archi. Fu edificato a partire da 1573 su progetto del leccese Giuseppe Zimbalo attorno alla preesistente Chiesa della Madonna del Carmine, la cui facciata in pietra chiara, coperta da licheni che le donano una tonalità grigia, è un superbo esempio di barocco locale. Le elaborate colonne ai lati del portale sovrastato da una mensola, le nicchie, i fregi e un cornicione finemente elaborato sono ipnotici.

Feste ed eventi

★ La Notte della Taranta AGOSTO
(www.lanottedellataranta.it) La manifestazione più importante del Salento è questo evento nato nel 1998 come omaggio alla pizzica, il ballo un tempo usato per curare le donne che si riteneva fossero state avvelenate dal morso di un ragno (v. lettura p315). La manifestazione si articola in un festival itinerante che prevede una serie di concerti in vari paesi della Grecia Salentina e si conclude con un grande evento cui fa da sfondo il Convento degli Agostiniani. Da programmare in anticipo.

Informazioni

Infopoint (☎375 604 11 84; www.facebook.com/InfoPointMelpignano; Via Roma 16; ⏱orario variabile)

Per/da Melpignano

Melpignano è raggiungibile in automobile da Lecce (27,5 km) con la SS16. I collegamenti in autobus durante la stagione estiva sono effettuati da **SalentoinBus** (v. lettura p310). Quelli in treno sono invece garantiti da **Ferrovie del Sud Est** (☎800 07 90 90; www.fseonline.it; da Lecce €2,10, da 35 a 50 min).

Corigliano d'Otranto

POP. 5678 / ALT. 97 M

Se vi innamorerete di Choriàna o Koriàna (in griko), non sarà perché c'è un cuore rosso nel suo stemma civico (derivato da un'interpretazione erronea del suo nome), ma perché è un borgo di raffinata eleganza, con i palazzi scolpiti e decorati come merletti.

Che cosa vedere

La visita del paese comincia dal **Castello de' Monti** (☎351 913 79 72; www.ilcastellovolante.it; il biglietto d'ingresso di €7 dà diritto alla card del castello, con cui si può entrare liberamente per 1 anno, visite guidate interi/ridotti €10/5; ⏱10-13 e 16-20 giu-set, solo visite guidate su prenotazione nel resto dell'anno), secondo il critico d'arte ottocentesco Bacile di Castiglione "il più bel monumento di architettura militare e feudale del principio del Cinquecento in Terra d'Otranto". Oggi trasformato in un laboratorio culturale multidisciplinare, dove s'incontrano e dialogano storia, architettura, cinema, musica, fotografia, teatro e danza, è soprannominato 'il castello volante' inteso come un immenso contenitore di pensieri che volano. A pianta quadrangolare, circondato da un profondo fossato e dalle alte mura leggermente scarpate, il maniero fu eretto a protezione dell'abitato tra il 1514 e il 1519 su un precedente fortilizio medievale e dotato di un profondo fossato e di torri angolari più adatte a difendersi dagli attacchi delle armi da fuoco. La sfarzosa facciata barocca, dotata di un balcone fregiato e di una selva di statue delle Virtù e di personaggi dell'epoca (tra cui pure Cristoforo Colombo), si deve al duca Francesco Trane, che nel 1667 decise di trasformare l'edificio nella sua elegante dimora. Se volete sapere che faccia avesse costui, guardate bene la statua nella nicchia che si erge sopra il portale: è proprio il duca, 'sorretto' dalle allegorie della Giustizia e della Carità. Dopo aver perlustrato la Torre circolare, la Sala della Cavallerizza, gli attraversamenti di ronda e i lugubri sotterranei, salite all'ultimo piano, dove si trova il panoramico **Bar Ristorante Le Nuvole** (☎334 342 92 68; https://ilcastellovolante.it/ospitalita/ristoro; pasti €15/20; ⏱19-1), per gustare al tramonto un gustoso piatto di carne o pesce o un aperitivo dello chef; nel bookshop, potrete invece acquistare libri su storia e tradizioni locali e oggetti creati da artisti che s'ispirano all'antico maniero e all'immaginario del territorio.

Tutt'intorno al castello si diramano le stradine che conducono al centro del borgo. Poco distante dal castello si trovano sia i **Giardini Pubblici** – che gli abitanti chiamano 'u laku tu pascià' da una leggenda secondo cui all'epoca delle scorribande dei turchi (che per sei mesi assediarono il castello senza mai riuscire a espugnarlo) il corpo senza vita di un pascià fu gettato in un pozzo artesiano – sia la **Caporta**, l'unica rimasta delle due porte che costituivano gli accessi al borgo nelle mura cinquecentesche. Poco più a nord, nei pressi della raccolta **Piazza San Nicola**, su cui svetta la **Torre dell'Orologio** che si potrebbe confondere per la strettissima facciata di una chiesa, s'incontra l'**Arco Lucchetti** (Vico Freddo), un arco in pietra che pare ricamato, realizzato nel 1497 con chiare influenze arabe e bizantine. Infine spingetevi fino alla cinquecentesca **Chiesa Madre** (Via Chiesa), nel cui interno a croce latina diviso in tre navate sono collocati 13 altari barocchi, e passate poi a salutare la **Quercia Vallonea** (Via Moncenisio 67), un maestoso albero vecchio di oltre 600 anni, alto 15 m e con una frondosa chioma.

Feste ed eventi

Festa di Cinema del Reale LUGLIO

(www.cinemadelreale.it) Nella terza settimana del mese, è un festival dedicato al cinema documentario d'autore e alle arti audiovisive e performative, che si tiene tra i fossati e le terrazze del castello, rendendo così Corigliano una delle destinazioni più apprezzate dell'estate pugliese.

Pernottamento e pasti

★ **Masseria Sant'Angelo** AGRITURISMO €€

(☎0836 32 05 75, 338 979 33 29; www.masseriasantangelo.it; Località Case Sparse; doppie/triple/quadruple €65-90/85-110/100-125; P 📶) È un posto magico questa masseria poco distante dal paese, trasformata da Rocco Avantaggiato e da sua moglie Ursula in un luogo in cui si fa cultura, oltre che accoglienza: cultura musicale, ambientale (grazie ai cavalli e agli altri animali di fattoria che sono al centro di varie attività per i bambini) e anche del territorio, con un bel Parco della Pietra che racconta quante cose sono state fatte con questo materiale. Poi, certo, ci sono le camere e le casette, un po' spartane ma pulite, ampie e funzionali.

Sinòdia RISTORANTE €€

(☎334 154 61 62; Via Capiterra 5; pasti €25-30; ⏲12-15 lun, 19-24 mar-sab, 12-15 e 19-24 dom) Un'esplosione di gusti e profumi: eppure c'è ricercatezza ed eleganza nel menu e negli accostamenti delle materie prime (soprattutto pesce), presentati dal giovane e appassionato chef con un impiattamento impeccabile. Bella la location del ristorante anche all'esterno.

Informazioni

Infopoint (☎388 362 07 51, Castello de' Monti; Piazza Castello 1; ⏲9-13 e 16-20 estate)

Per/da Corigliano d'Otranto

Corigliano è raggiungibile in auto da Lecce (25,5 km) con la SS16. I collegamenti in treno sono gestiti da **Ferrovie del Sud Est** (☎800 07 90 90; www.fseonline.it; da Lecce €1,80, 43 min)

Maglie

POP. 13 752 / ALT. 81 M

Tranquilla, borghese ed elegante, a un tiro di schioppo dal mare di Otranto e non lontana da quello di Gallipoli, la cittadina che diede i natali ad Aldo Moro ed è famosa in Puglia anche per la rinomata industria del merletto a 'punta d'ago' sta diventando anno dopo anno una base strategica per chi voglia esplorare in modo approfondito il Salento anche in bici (p325).

Che cosa vedere

I principali punti d'interesse di Maglie sono sparsi qua e là a macchia di leopardo, mentre ristoranti e negozi si concentrano nei pressi di **Piazza Aldo Moro**, su cui si affaccia il Municipio. La statua collocata al centro della piazza è l'omaggio della città a Francesca Capece, l'ultima feudataria del luogo che alla sua morte donò gran parte del patrimonio, con il quale fu costruito il **Convitto** che si trova a nord del Comune. Seguendo Via San Giuseppe, sul lato opposto del palazzo civico, s'incontra invece il monumento allo statista democristiano assassinato dalle Brigate Rosse, eretta proprio di fronte alla sua **casa natale**.

Duomo LUOGO DI CULTO

(☎0836 48 38 60; Via Roma 74; ⏲orario variabile) Il principale luogo di culto cittadino, che si trova a nord-est di Piazza Aldo Moro, è questa sontuosa chiesa innalzata nel XVIII secolo con un'elegante facciata barocca, piena di ghirigori sopra i portali e nei capitelli delle paraste che la dividono in tre parti. E triplice è anche la divisione dell'interno, a croce latina, fastosamente barocco, al quale lavorarono numerosi artisti napoletani; tra loro anche Domenico d'Aloia, un marmoraro cui fu commissionata la decorazione della **Cappella del Sacramento**, nel braccio destro del transetto: un trionfo di marmi policromi che non smette mai di creare stupore in chi l'ammira. Cercate, mentre date un'occhiata ai numerosi altari laterali, i due tondi con san Francesco e la Vergine dipinti da Oronzo Tiso nella seconda metà del Settecento. Il bellissimo organo, decorato con vasi di fiori e recentemente restaurato, fu realizzato nel 1755 da Carlo Sanarica. Alle spalle della chiesa si staglia l'altissimo campanile secentesco, secondo solo a quello del Duomo di Lecce (p299): raggiunge i 48 m, è costruito in pietra leccese ed è diviso in cinque ordini.

Chiesa della Madonna delle Grazie LUOGO DI CULTO

(Via Roma 123) A pochi passi dal duomo, annunciata dalla monumentale colonna (1687) dedicata alla Vergine, alta 15 m e ornata con le statue dei santi protettori della città, la Chiesa della Madonna delle Grazie vanta una semplice facciata lineare, sovrastata da un timpano, sulla quale brilla per raffinatezza il portale scortato da un protiro con colonnine tortili sovrastato da una scultura di Maria. Nel caso la doveste trovare aperta, fate caso sia al soffitto affrescato sia al bel confessionale in legno, finemente intagliato, opera nel Settecento di un ebanista locale.

Villa Tamborino PARCO

(Piazza Tamborino; orario variabile) Dall'altro lato della città, a ovest di Piazza Aldo Moro, questo delizioso giardino all'inglese, al quale si accede da un padiglione neoclassico scolpito con ghirlande e cornucopie, è il luogo ideale dove fare un po' di sport o cercare il fresco nei caldi pomeriggi salentini. Fu progettato nel 1874 come parco del **Palazzo Tamborino** e, tra ponticelli, aiuole, gazebo e grotte rivestite con pietre naturali, conchiglie, stalattiti e stalagmiti, termina in un belvedere su cui si erge un tempietto orientaleggiante.

Complesso Culturale dell'Alca MUSEO, BIBLIOTECA

(0836 48 94 00; Via Vittorio Emanuele 117; www.alcamaglie.it; interi/ridotti €3,50/3; 9-13 e 15.30-18.30 lun-ven, 16-19 sab e dom inverno, 9-13 e 17.30-20.30 lun-ven, 18-21 sab e dom estate) Questo complesso culturale ospitato nel sobrio Palazzo Sticchi è adatto soprattutto ai bambini. La biblioteca comunale, che occupa gran parte dell'edificio, dispone infatti di una corposa sezione di libri per l'infanzia; ma i vostri figli saranno più contenti se entrerete nel **Museo Civico di Paleontologia** che si trova al piano terra. Nell'ottimo allestimento, che dispone di pannelli e schermi interattivi, sono esposti reperti preistorici del Salento: dalle ossa ai fossili, dagli utensili quotidiani alle punte di freccia dei primi abitanti dell'area.

Attività

Un itinerario ad anello di 186 km proposto dalla guida *Puglia in bici*, pubblicata dalla Regione e distribuita negli Infopoint, propone la partenza da Maglie per assaporare il cuore rurale e marinaro del Salento. Le tappe principali del percorso sono Otranto, Santa Cesarea Terme, Santa Maria di Leuca, Ugento, Gallipoli, Nardò e Galatina.

Feste ed eventi

Mercatino del Gusto AGOSTO

(www.mercatinodelgusto.it) Una prestigiosa kermesse gastronomica di cinque giorni per assaggiare i prodotti più gustosi della Puglia, dal caciocavallo podolico al pane di Altamura, dalla cipolla rossa di Acquaviva al capocollo di Martina Franca.

Pernottamento e pasti

Hotel Corte dei Francesi HOTEL IN DIMORA STORICA €€

(0836 42 42 82; www.cortedeifrancesi.it; Via Roma 138; doppie €80-180;) Uno dei luoghi più affascinanti dove pernottare in Salento è questa corte del XVI secolo in cui i fratelli Lamarque si trasferirono nel 1832 per impiantarci una conceria. La vecchia fabbrica è stata recuperata a regola d'arte e una parte del palazzo è stata trasformata in un museo visitabile su prenotazione, anche se non si è ospiti della struttura. Vale la pena, tuttavia, di fermarsi a dormire in una delle raffinate e comode camere.

BelAmi HOTEL IN DIMORA STORICA €€

(0836 31 29 30; www.hotelbelami.it; Via Roma 86; doppie €80-120; P) Le camere di questo hotel 4 stelle ricavato in un palazzo storico di Via Roma sono tutte nuovissime e arredate con molta attenzione al design. Ma forse più che per questo varrebbe la pena di passare qualche notte qui per svegliarsi e fare colazione nel meraviglioso giardino pergolato della struttura. Che è aperto anche ai non ospiti, sia come bar sia come **ristorante** (pasti 40-50; ⏲ 13-15 e 20-23) specializzato in cucina di pesce (i crudi sono una bomba).

Il Fusticino RISTORANTE, PIZZERIA **€€**
(☎ 0836 31 11 22; Via Egidio la Noce 146; pasti €25-35; ⏲ 19.30-23.30 gio-mar) Piccolo locale fuori dal centro, dove si può gustare una pizza leggera, croccante e farcita a dovere; anche il pesce è freschissimo e ben cucinato. Buon rapporto qualità-prezzo.

Locanda dei Semplici RISTORANTE **€€**
(☎ 328 227 09 18; Via Lama 5; pasti €30-35; ⏲ 12.30-15.30 e 19.30-23.30) Sebbene il mare non sia esattamente dietro l'angolo, il pesce che si serve alla Locanda dei Semplici, un piacevolissimo ristorantino un po' defilato dal trambusto del centro, non ha nulla da invidiare alle cucine della costa. E così, tra un polpo alla griglia e un cartoccio di pescato, vi dimenticherete facilmente di essere nel cuore dell'entroterra salentino. Anche perché poi ci sono i dolci, strepitosi.

Shopping

Maglio CIOCCOLATERIA
(☎ 0836 42 46 09; www.cioccolatomaglio.it; Via San Giuseppe 48; ⏲ 9.15-13 e 16.30-20 inverno, 9.15-13 e 17.30-21 estate, chiuso lun mattina e dom) Tra tutte le goloserie di questa 'boutique' non riuscite a scegliere tra una delle storiche accoppiate di cioccolato e frutta (mandorle, fichi, arance, ciliegie ecc.) o la galantina (crema di mandorla, pan di Spagna e confettura di pere, il tutto avvolto da cioccolato extra amaro)? Tranquilli, non c'è fretta: vengono prodotte ininterrottamente dal 1875.

Antico Pastificio Benedetto Cavalieri PASTIFICIO
(☎ 0836 48 41 44; Via Garibaldi 64; ⏲ 8-13 e 16-19.30 lun-ven, 8-13 sab) Sarebbe una buona idea creare un museo della pasta dentro questa maestosa e antica sede di inizio Novecento, dove ancora la pasta Cavalieri viene prodotta e impacchettata. Per ora vi basti la sopraffina qualità del prodotto e la cordialità dei titolari che portano avanti la tradizione di nonno e bisnonno. Trovate tutto nel video che vi accoglie e nelle parole degli abili ciceroni.

Azienda Agricola Tamborino Frisari OLEIFICIO
(☎ 0836 48 44 36; www.cortedEdroso.it; Via Verdi 4; ⏲ 8.30-13 e 16-19) La sua produzione di olio extravergine ha una storia alle spalle di circa 300 anni, quindi andate sul sicuro. E se siete in vena di altre ghiottonerie, portatevi a casa anche le ottime creme di olive e il condimento al profumo di limone.

Informazioni

Infopoint (☎ 0836 48 92 03; Piazza Aldo Moro 1; ⏲ orario variabile)

Per/da Maglie

Maglie è raggiungibile in automobile da Lecce (30 km) con la SS16. I collegamenti in autobus sono effettuati da **STP Lecce** (☎ 0832 22 84 41, 800 44 74 72; ⏲ 8-13; www.stplecce.it; da Lecce €2,50, 40 min).

Muro Leccese

POP. 4799 / ALT. 82 M

Il delizioso nucleo storico di Muro Leccese (4 km a sud-est di Maglie) fu uno dei più importanti centri messapici della penisola salentina, secondo per estensione solo a Ugento (p329). Fino a poco più di un secolo fa l'a-

A SCORRANO PER SCOPRIRE L'ARTE DELLE LUMINARIE

Durante il vostro viaggio attraverso l'estate salentina vi capiterà di imbattervi in grandi e leggere architetture bianche, dalle forme ardite e bizzarre, installate nei pressi della chiesa del luogo. Bene, non sono altro che le luminarie con cui i paesi si fanno belli in occasione della festa del santo patrono, trasformando i centri storici in luoghi dall'atmosfera magica e surreale. Il merito di tanta meraviglia è dei **luminaristi**, veri e propri artisti della luce che – tramandandosi il mestiere di padre in figlio – sono in grado di creare archi trionfali, gallerie, rosoni, uccelli, fiori, greche e tante altre figure, che al tramonto prendono vita grazie a milioni di piccole lampadine colorate. Per ammirare quelle che sono considerate le più belle e trasognanti di tutte dovete spingervi fino a **Scorrano**, una decina di chilometri a sud di Maglie (p324), dove dal 6 all'8 luglio si celebra la **Festa di Santa Domenica** (www.santadomenicascorrano.it), che non a caso è chiamata la 'festa della luce'.

bitato era ancora largamente circondato dalle mura (come suggerisce il nome) erette intorno al VI secolo a.C. per difendere la città. Fortunatamente non tutte sono state smantellate, così è possibile vederne ancora ampi tratti nei dintorni: il più lungo misura 800 m.

Che cosa vedere

I viaggiatori che hanno poco tempo a disposizione non ringrazieranno mai abbastanza le varie famiglie che si alternarono nel controllo di Muro Leccese: costruirono infatti tutto (chiese, monumenti, palazzi nobiliari) sulla piacevole **Piazza del Popolo**, dove un tempo si celebravano fiere e mercati. Al centro della spianata si alza, dal 1607, una **colonna** celebrativa dedicata ai quattro evangelisti, mentre a farle da corona ci sono la **Chiesa Madre**, che, con il portale settecentesco e un interno arricchito da un prezioso ciclo di tele dedicato a sant'Oronzo, è intitolata alla Madonna Annunziata; la **Chiesa dell'Immacolata** (1778-87) dall'insolita facciata barocca che incornicia due passaggi pedonali; e il **Palazzo del Principe**, un edificio che dal XV secolo svolse una funzione difensiva e che un paio di secoli dopo divenne un'elegante dimora signorile. Per visitare l'interno, con il cortile, la scalinata monumentale che conduce al piano nobile e gli ambienti destinati alla servitù, oltre che le stalle e i magazzini del piano inferiore, dovete fare un salto al **Museo di Borgo Terra** (☎0836 34 38 24; www.museomuro.it; Palazzo del Principe; adulti €4; ⏰9-30-12.30 e 16.30-19.30 sab e dom inverno, 9-13 e 16.30-20.30 estate), una collezione archeologica che ricostruisce il lontano passato del luogo. Gli amanti dell'arte, prima di rimettersi in viaggio, contattino la Pro Loco per visitare la **Chiesa di Santa Marina** (Via Corsica 259), una cappella di epoca bizantina, edificata con i massi delle mura messapiche, che custodisce il più antico ciclo di affreschi dedicato a san Nicola, anteriore al 1087.

Informazioni

Per informazioni è possibile rivolgersi sia al Museo di Borgo Terra sia alla **Pro Loco** (☎339 773 80 48; www.facebook.com/proloco.muroleccese).

Per/da Muro Leccese

Muro Leccese è raggiungibile in automobile da Lecce (35 km) con la SS16. I collegamenti in autobus sono effettuati da **STP Lecce** (☎0832 22 84 41, 800 44 74 72; ⏰8-13; www.stplecce.it; da Lecce €2,90, 43 min).

Poggiardo

POP. 5845 / ALT. 87 M

Non sono molti i luoghi pregni di cultura e storia come Poggiardo, una cittadina che oggi ha poco meno di 6000 abitanti, ma che ne ha avuti così tanti in passato che la sensazione è ancora oggi quella di un crocevia di popoli e di culture. Lo testimoniano le preziose tracce archeologiche e storiche sparse per il territorio, in particolar modo nella vicina frazione di Vaste, alle propaggini sud-orientali dell'abitato, sulla SP363.

Che cosa vedere

La rete dei musei e monumenti del paese è gestita dal Comune (p328). Chiamate prima della partenza per avere conferma dell'apertura dei singoli siti.

Museo degli Affreschi della Cripta di Santa Maria degli Angeli MUSEO

(Piazza Episcopio; ⏰visite momentaneamente sospese) In questo affascinante museo che si trova all'interno dei giardini pubblici di Piazza Episcopio sono conservati i meravigliosi affreschi bizantini provenienti dalla **Cripta di Santa Maria degli Angeli** della Chiesa Matrice (che sorge a un centinaio di metri da qui). Portati alla luce nel 1929, i dipinti furono restaurati nel 1955 e infine, dopo esser stati esposti in giro per l'Europa, sistemati qui. Le pitture, risalenti all'XI-XV secolo e raffiguranti una *Madonna con bambino e vari santi*, ricoprivano quasi interamente la cripta, e la loro disposizione all'interno del museo riflette quella originaria.

Museo Archeologico MUSEO

(Piazza Dante, Frazione Vaste; ⏰visite momentaneamente sospese) In una delle piazze più belle del Salento, nelle stanze del cinquecentesco Palazzo Baronale di Vaste, questo museo ospita reperti datati dal VI secolo a.C. fino al Medioevo, che consistono principalmente in corredi funerari. Tra le suppellettili degne di nota vanno menzionati lo strigile, ossia il raschietto con cui l'atleta rimuoveva olio, sabbia e sudore dopo le competizioni, e la trozzella, un tipico vaso la cui forma sinuosa e ornata sui manici indica che veniva usato dalle donne. Ma il pezzo forte sono le ricostruzioni di sepolture messapiche, quella del cavaliere e quella dell'atleta.

Parco dei Guerrieri SITO ARCHEOLOGICO

(SP363/Via Grandi; ⏰visite momentaneamente sospese) Le antichissime vestigia della cit-

VALE IL VIAGGIO

IL GIARDINO SEGRETO DI GIUGGIANELLO

Sotto il cielo azzurro del Salento c'è una favola verde. Si chiama **La Cutura** (335 826 24 77; www.lacutura.it; Contrada Cutura, Giuggianello; interi/ridotti €8/5; 10-13 e su prenotazione pomeriggio lun-sab, si consiglia comunque di telefonare) ed è un giardino botanico con piante grasse provenienti da ogni angolo del mondo, la cui star è un cactus originario dell'Argentina, alto ben 10 m, che nel periodo della fioritura sfoggia circa 200 bellissimi fiori bianchi. E così, passeggiando in quest'antica tenuta di campagna di 35 ettari che appartenne al collezionista e viaggiatore Salvatore Cezzi, vi imbatterete in un giardino all'italiana, in una serra con 2000 piante grasse e tropicali, in un giardino roccioso, in un tranquillo laghetto naturale dove crescono papiri, ninfee, giacinti e iris che sembra uscito da un quadro impressionista, in un giardino dei semplici e in uno mediterraneo, in un ombroso bosco di lecci dove cercare frescura e in un roseto con più di 100 varietà. In estate, nella masseria che risale in parte al Settecento, si fanno degustazioni, cene romantiche e serate danzanti: consultate il calendario sul sito web. Si trova 5 km a sud di Muro Leccese (p326).

tà messapica si trovano all'interno di questo parco archeologico alla periferia di Vaste. A dire il vero, da vedere non c'è molto (un tratto di mura alto circa 1,50 m), ma gli studiosi sostengono che in origine il tracciato fosse lungo circa 3380 m e alto 5 m, e che i blocchi con cui era costruito avessero una larghezza di 60-70 cm.

Cripta dei Santi Stefani LUOGO DI CULTO
(Via Comunale Santo Stefano; visite momentaneamente sospese) Così chiamata perché l'immagine di santo Stefano vi è riprodotta varie volte, è una delle più grandi chiese rupestri del Salento e si trova in aperta campagna alle spalle del Parco dei Guerrieri. Nonostante sia in attesa di restauri, è davvero incantevole, con le sue tre navate a doppia croce greca e le numerose pitture parietali, le più antiche risalenti all'XI secolo. Notate l'affresco palinsesto (realizzato sopra un affresco preesistente) della visione di Giovanni nell'abside centrale, quella citata nell'Apocalisse in cui il santo vede la Vergine con il pancione: la combinazione cromatica tra il giallo, il rosa e il blu (che ora vedete come bianco) è davvero particolare. Nell'abside di destra si nota invece il Cristo Pantocratore tra gli angeli, datato 1032. Le pitture un tempo ricoprivano l'intera parete: la fascia che oggi corre sotto di esse testimonia l'abbassamento del pavimento da parte dei contadini, che usavano la cripta come magazzino.

Pernottamento e pasti

Hotel Tesoretto HOTEL, RISTORANTE €€
(0836 90 43 53; www.tesoretto.org; SP Maglie–Castro; singole/doppie €120;) Un quattro stelle di classe, il cui nome ricorda che qui ci troviamo in una delle zone archeologiche più importanti del Salento: a ogni camera, arredata in stile classico ed elegante, è stato dato il nome di un'anfora greca, mentre le suite si chiamano come gli eroi della mitologia greca. Chi non vuole raggiungere il mare, a pochi chilometri, può sollazzarsi in piscina e nel centro benessere, prima di gustare la cucina raffinata del **ristorante** (pasti €30) o quella più giovane e alternativa della steak house.

La Piazza RISTORANTE €€
(0836 90 19 25; Piazza Umberto I 12; pasti €35; 19.30-23, orario prolungato in estate) Quando nella piazza del paese aleggia un buon profumino, vuol dire che il talentuoso chef Stefano Nuzzo e la moglie Kleyda, diplomata sommelier, sono indaffarati tra i fornelli per preparare la parmigiana di mare o i tubettini al sugo di pesci di scoglio, o la mitica frittura La Piazza, piatti golosi e ben calibrati. Atmosfera calda e tranquilla sia nella sala interna del palazzo ottocentesco, con il grande camino e il soffitto a volte, sia nell'incantevole dehors della corte esterna.

Informazioni

Comune di Poggiardo (0836 90 98 11; www.poggiardo.net; Via A. Moro 1; orario variabile)

Per/da Poggiardo

Poggiardo è raggiungibile in automobile da Lecce (40 km) con la SS16. I collegamenti in autobus sono effettuati da **STP Lecce** (0832 22 84 41, 800 44 74 72; 8-13; www.stplecce.it; da Lecce €3,30, 53 min).

Ugento

POP. 12.006 / ALT. 108 M

Immersa tra gli uliveti, ma con una propaggine costiera tutelata da un parco naturale (p351), Ugento è una tranquilla cittadina che non può mancare nel diario di viaggio di chi visita il Salento. Non solo per il suo pittoresco centro storico, su cui svetta la novecentesca **Torre dell'Orologio**, ma anche per la **Cattedrale dell'Assunta** (www.cattedraleugento.it; Salita Brancia), ricostruita nel 1745 e ultimata con l'insolito prospetto neoclassico nel 1855. La chiesa accoglie nei sotterranei il **Museo Diocesano** (328 678 09 76, 342 051 29 61; www.museodiocesanougento.it; su prenotazione ven-dom inverno, 10-13 e 17-21 tutti i giorni estate) FREE, un ricchissimo 'libro' d'arte sacra e pietà popolare. Sfogliando le sue pagine troverete sculture di epoca medievale, ricchissimi argenti lavorati e cesellati a Napoli nel Settecento dal celebre artista Carlo Schisano, tessuti e vesti sacre, oltre a dipinti sei-settecenteschi.

Che cosa vedere

Per informazioni aggiornate sulle aperture dei siti d'interesse è meglio contattare per tempo l'Infopoint (p330).

Collezione Archeologica Adolfo Colosso MUSEO

(Via Messapica 22; visite momentaneamente sospese) Questa collezione privata conta 794 pezzi rinvenuti nel territorio di Ugento durante tutto l'Ottocento. I primi reperti sono datati VII secolo a.C., ma la parte più consistente della raccolta è di qualche centinaio di anni successiva, proveniente dagli insediamenti messapici: piatti a vernice scura, anfore e parti di sculture che abbracciano un arco temporale che va dal VI secolo a.C. all'età ellenistica.

Nuovo Museo Archeologico MUSEO

(Largo Sant'Antonio 1; visite momentaneamente sospese) Chi volesse completare la conoscenza del passato di Ugento deve per forza aggiungere alla visita questo museo che ha sede nei due piani dell'ex Convento di Santa Maria della Pietà. Un plastico dell'antica città messapica introduce il viaggiatore in un'esposizione in cui abbondano sepolture e corredi funebri. Degne di nota sono la Tomba dell'Atleta (VI secolo a.C.), la collezione di ceramiche e monete medievali e la copia della celebre statua bronzea di Zeus rinvenuta nel 1961.

CHIESETTE BIZANTINE E CRIPTE AFFRESCATE

In questo angolo del Salento è possibile visitare altri antichissimi luoghi di culto, scavati nella roccia nei primi secoli dell'era cristiana. Si tratta delle cripte, strutture ipogee ben più semplici da costruire di una chiesa e che offrivano anche riparo a religiosi e fedeli in caso di persecuzioni. Oltre a quelle di Poggiardo (p327) e di Ugento (p329), gli appassionati del genere non devono perdersi, a **Ortelle**, circa 3 km a sud di Poggiardo, la **Cripta della Madonna della Grotta** (0836 95 80 14; Via Santa Marina; su richiesta), una sorta di basilica sotterranea in tre navate e con altrettante absidi dalle lunette affrescate. Altrettanto magica è la **chiesetta bizantina di San Nicola** (10-13.30 e 15-18) all'interno della Cappella Madonna dell'Idri a **Nociglia**, a 8 km da Ortelle, ricoperta da sei fasi decorative di affreschi realizzati con stili assai eterogenei tra l'XI e il XVIII secolo: una cavalcata artistica attraverso sette secoli di arte pittorica.

Cripta del Crocifisso LUOGO DI CULTO

(SP206; visite momentaneamente sospese) A circa 1 km dall'abitato, scavata in profondità in un banco di tufo, si apre una delle cripte più interessanti del Salento, risalente al Medioevo (tra il XIII e il XV secolo). Sceso un buon numero di scalini si accede alla sala di preghiera, il cui soffitto è interamente coperto da affreschi di scudi crociati rossi e neri e animali fantastici e anche un po' inquietanti, come il grifone e l'idra. Lungo le pareti sono rimaste pressoché inalterate le pitture murarie di un inconfondibile stile bizantino.

Chiesa della Madonna di Costantinopoli LUOGO DI CULTO

(SP206; visite momentaneamente sospese) Poco distante dalla Cripta del Crocifisso, questa cappelletta del XVII secolo sorgeva lungo il tracciato della Via Traiana Salentina, percorsa da pellegrini diretti al Santuario di Santa Maria di Finibus Terrae a Leuca (p347). È un luogo bizzarro, composto da un unico ambiente coperto da una volta a botte e interamente affrescato nel 1619: ci sono santi, profeti dagli esotici copricapo, la Madonna in Trono e un Gesù che trascina la sua croce in una brulla campagna.

DA PROVARE

SOGGIORNI DA RE IN CASTELLI O RESORT SULLA SPIAGGIA

Viaggiare alla ricerca di dimore storiche intrise di passate e moderne bellezze è di certo un'esperienza che reca notevoli benefici al corpo e alla mente. Ecco perché vi consigliamo di trascorrere almeno una notte di magia nella splendida cornice del **Castello di Ugento** (☎0833 185 07 20; castellodiugento.com/it; Via Castello 13; doppie €440; ❄ P 📶), da pochi anni trasformato in un moderno boutique hotel cinque stelle di lusso, con campo da tennis, racchiuso tra mura settecentesche in pietra dorata. Le nove camere e suite che si aprono sulla corte interna o su piccoli patio privati sono state tutte accuratamente arredate con pezzi di design, accostati a mobili antichi e vintage e valorizzati da volte a stella e da magnifici scorci sui tetti di Ugento. Il connubio tra antico e avanguardia continua nell'ala del **museo**, dove affreschi secenteschi di tema mitologico fanno da cornice a mostre d'arte contemporanea, e nel **ristorante Il Tempo Nuovo** (menu degustazione €90), che propone un menu fresco e raffinato, ricavato dai prodotti bio della terra salentina. Se non vi basta avere un mare caraibico a soli 4 km di distanza, ma lo volete proprio toccare con mano, potete invece soggiornare nel moderno **Vivosa Apulia Resort** (☎0833 93 10 02; www.vivosaresort.com/it; Via Vicinale Fontanelle, Marina di Ugento; singole/doppie a partire da €350; ❄ P 📶 🏊), un lussuoso ecoresort che include tutto ciò che si possa desiderare per una vacanza da sogno: quattro piscine, spiaggia privata, una luxury spa concepita secondo i moderni principi del wellness, musica live e spettacoli tutte le sere, oltre a una miriade di proposte sportive dentro e fuori dalla struttura. Per una vera vacanza da re.

Parco Archeologico delle Mura SITO ARCHEOLOGICO
(☎349 6130 379; Via Tasso; ⏲10.30-13 e 18.30-20.30 metà apr-fine set, 10.30-18 ott-metà apr) In zona Mandorle, è un parco creato per valorizzare una parte della fortificazione urbana, risalente al IV secolo a.C., che circondava l'abitato messapico.

ℹ Informazioni

L'**Infopoint** (☎0833 55 54 76; Piazza Colosso; ⏲10-13 e 16-19 lun-ven inverno, 10-13 e 17.30-23 estate) si trova nella Torre dell'Orologio.

ℹ Per/da Ugento

Ugento è raggiungibile in automobile da Lecce (48 km) con la SS101 (verso Gallipoli) e la SS274. I collegamenti in autobus sono effettuati da **STP Lecce** (☎0832 22 84 41, 800 44 74 72; ⏲8-13; www.stplecce.it; da Lecce €5,10, 1 h 45 min circa).

LA COSTA ADRIATICA DA SAN CATALDO A SANTA MARIA DI LEUCA

Il tratto di litorale salentino che si affaccia sul Mare Adriatico è caratterizzato da scogliere ricoperte di rigogliosa macchia mediterranea che scendono a picco sul mare e da cittadine costiere che sembrano costruite in posizione precaria. Che si tratti delle spiagge sabbiose a nord di Otranto (p333) o di quelle rocciose a sud, la costa qui è bellissima e fortunatamente ancora intatta: i visitatori non devono fare i conti con il selvaggio sviluppo edilizio che si è verificato altrove e sopravvivono incantevoli paesaggi, con le colline da un lato e il mare dall'altro. In tutti i casi, è un territorio da esplorare con calma, e possibilmente all'inizio o alla fine dell'estate, quando su questi lidi sarete praticamente solo voi e la natura.

San Cataldo e dintorni

Lasciandosi alle spalle Lecce, la prima località balneare che s'incontra lungo la costa a soli 10 km a est dalla città è **San Cataldo**, fornita di un faro e di un porto turistico, molto frequentata dai leccesi per divertirsi e stare a crogiolarsi al sole della marina. Fu l'imperatore Adriano, nel II secolo d.C., a costruire il primo porto di San Cataldo, di cui ancora oggi è possibile vedere i resti. Sulla spiaggia, fiancheggiata da un piacevole lungomare, si alternano numerosi stabilimenti balneari (tra gli storici, il **Lido Turrisi** in Via Caboto, con bar e beach volley, e il **Lido York**, in Via Amerigo Vespucci, valorizzato da un ottimo ristorante di pesce quasi dentro il mare) e piacevoli baretti e ristoranti dove bere un aperitivo o mangiare qualcosa. Un nuovo locale già diventato un placetobe dell'estate leccese è **MaKossa 2021** (☎329 638 65 15; Via Marco Polo 39; pasti €15; ⏲17-2), che conquista il folto pubblico dei vacanzieri con fantastici taglieri estivi, buona musica, serate a tema, cabaret e ottimi drink.

Un po' più a nord di San Cataldo vale la pena di fare un salto alla diroccata **Torre Chianca** (da non confondere con l'omonima località sulla costa ionica, vicino a Porto Cesareo). Qui, allo sbocco del fiume Idume, si trova una spiaggia sabbiosa che oggi è parte integrante del **Parco Naturale Regionale Bosco e Paludi di Rauccio**, un'area che racchiude alcuni paesaggi incontaminati fra boschi di lecci, canneti e aree palustri dove l'acqua salata si mischia a quella dolce; l'area è gestita dal **WWF Salento** (339 274 27 42; www.wwfsalento.it/parcorauccio.htm). Mare limpido e acqua diamantina anche nelle spiagge di **Frigole** (se cercate uno stabilimento balneare, lo **Star Beach**, con una sola fila di ombrelloni e una sabbia bianchissima, vi conquisterà) e **Torre Rinalda**; quest'ultima, bellissima, deve il suo nome alla torre costiera che gli spagnoli edificarono per difendersi dai turchi.

Se invece da San Cataldo vi dirigerete verso sud arriverete, una volta superata la Riserva Naturale dello Stato Le Cesine (v. lettura p332), a **San Foca**, antico borgo di pescatori modernizzatosi nel tempo, con una torre cinquecentesca sulla costa dove sventola la bandiera blu che premia le acque turchesi spesso 'pettinate' dal vento di tramontana molto apprezzato da tutti coloro che amano praticare surf e kitesurf. Durante l'estate, la località è affollatissima e animata da locali trendy e chioschi distribuiti anche nella banchina del **porto turistico** (in cui si cucina e si serve il pesce appena pescato) che divide la lunga lingua sabbiosa delle due ampie spiagge di **Marangi e Fontanelle**, entrambe con lidi attrezzati e grandi spazi liberi. Lo **scoglio dell'Otto**, raggiungibile a nuoto, è una meta consigliata per gli appassionati di snorkelling, mentre gli amanti del pesce e della buona cucina possono dedicarsi alle scorpacciate di ricci nascosti tra gli scogli e alle battute di pescaturismo.

ℹ Per/da San Cataldo

San Cataldo si trova a 14 km a est di Lecce lungo la SP364 e si può raggiungere anche con l'autobus n. 32. Da qui, per raggiungere San Foca si segue la SP366 in direzione sud per 16 km.

Da Roca Vecchia a Torre dell'Orso

Solo 2 km di strada provinciale separano San Foca da quella che è, probabilmente, la prima vera gemma della costa adriatica salentina: **Roca Vecchia**. L'abitato, meglio dirlo subito, è quello che è: case basse e ordinate che guardano al mare. Però qui, su un lembo di carparo che si protende sull'acqua, si sviluppa un'interessantissima **area archeologica** (327 561 37 62; interi/ridotti €3/2; orario variabile, solo estate). Estesa per circa 30 ettari, abbraccia testimonianze di varie epoche, dall'Età del Bronzo (un'area per i sacrifici e i resti della porta monumentale al villaggio, alta 10 m e spessa 25, risalenti al II millennio a.C.) fino al Medioevo. C'è anche, natural-

DESTINAZIONI INSOLITE

UNA SOSTA A RUFFANO TRA ETNOGRAFIA, BUON CIBO E DANZA

A 15 km da Ugento, in cima a un colle, si staglia **Ruffano**, un piacevole borgo che vale la pena di raggiungere almeno per due motivi. Il primo è l'interessante **Museo della Civiltà Contadina** (329 437 87 74; Via Torricella 27; su richiesta), ricco di materiale e testimonianze sugli usi, i costumi e le credenze delle comunità agrarie del Salento. Il secondo è che nella piazza centrale si trova la **Farmacia dei Sani** (339 833 25 14; www.farmaciadeisani.eu; Piazza del Popolo 14; pasti €50, menu €50-70; 19.30-23 mar-sab, 12.30-15 dom), ristorante e liquorificio dove la giovane e talentuosa chef Valentina Rizzo ai fornelli con il fratello Roberto in sala propongono una cucina di ricerca, intrisa di sapori e passione. Se siete da queste parti il 16 agosto, raggiungete **Torrepaduli**, che di Ruffano è una frazione, perché qui si tiene la **Festa di San Rocco** (www.nottedisanrocco.it), nel corso della quale potrete assistere alla danza delle spade, una travolgente variante della pizzica con due uomini che simulano un combattimento di coltelli, con le mani al posto delle lame, al ritmo dei tamburelli delle 'ronde' che delimitano il campo di gara. A fine agosto, il **festival MARU** (www.facebook.com/maruilpeperoncinoinfesta) celebra il peperoncino in tutte le versioni, anche nel dolce, con degustazioni, esposizioni di piante, gare di resistenza, luminarie a tema, teatro e musica.

A PIEDI O IN BICICLETTA NELLA RISERVA DELLE CESINE

Un tempo, gran parte della costa adriatica era coperta da paludi malsane, che a partire dall'Ottocento vennero largamente bonificate. In questo modo si ottennero nuovi terreni da coltivare, si debellò la malaria, ma sparì anche un ecosistema che era l'habitat di migliaia di animali e piante. Per fortuna, non tutte le paludi sono sparite e quelle che restano sono generalmente protette da ampie riserve naturali, come **Le Cesine** (☎329 831 57 14; www.riservalecesine.it; visite guidate €8; ⏲10 dom e festivi ott-apr, su prenotazione), che si sviluppano per 348 ettari pochi chilometri a sud di San Cataldo (p330). Le visite nella zona sono strettamente regolate per non disturbare la fauna e non danneggiare la delicata flora, perciò, per accedervi, bisogna rivolgersi al WWF, che gestisce la riserva dai primi anni '80 e propone diversi **trekking con le guide del parco** (biglietto € 10), nel corso dei quali si cammina per gli ombrosi boschi di pini d'Aleppo e di lecci, tra i cespugli di macchia mediterranea e i canneti delle paludi. I tour sono praticabili in ogni stagione, ma sappiate che in primavera alle Cesine fioriscono coloratissime orchidee selvatiche, mentre l'estate è la stagione giusta per godersi la spiaggia: 8 km di distesa sabbiosa pressoché deserta.

mente, l'insediamento messapico, le cui mura difensive sono ancora pressoché intatte.

A sud dell'area archeologica si trova quella che è considerata una delle 10 piscine naturali più belle del mondo: la **Grotta della Poesia**, di fatto una grande cavità di una trentina di metri di diametro che si apre nella scogliera di carparo, e che ogni estate attira migliaia di persone di tutte le età che sfoggiano le loro doti di tuffatori lanciandosi, da 4-5 m di altezza, nelle sue acque turchesi e limpidissime. I patiti dell'archeologia sappiano che sulle pareti della grotta e sotto il livello del mare sono state trovate numerose incisioni votive in onore del dio Thator Andirahas, che testimoniano come questa cavità sia stata abitata dall'uomo per migliaia di anni.

Seguendo la SP366 che serpeggia assecondando la costa rocciosa (piuttosto alta e inadatta per accedere al mare) si arriva a **Torre dell'Orso**, un movimentato centro di villeggiatura molto popoloso che nei mesi di luglio e agosto farà venire l'orticaria a chi apprezza silenzio e tranquillità. La ragione è che qui, compresa tra due alti promontori, c'è una comodissima spiaggia a forma di mezzaluna, lunga poco meno di 1 km, che calamita migliaia di bagnanti. Una buona idea per fuggire dalla folla è noleggiare una canoa in uno dei cinque stabilimenti balneari della spiaggia e pagaiare fino alle **Due Sorelle**, i faraglioni che secondo la leggenda sorsero dal mare nello stesso momento in cui annegarono due sorelle. In paese, potrete rifocillarvi con uno strepitoso panino al polpo o una frittura di pesce da **Modo Bar & Kitchen** (☎366 193 53 35; Piazza Salvo D'Acquisto 1; pasti €15-20; ⏲12-24), per poi recarvi in cerca del dessert perfetto nella famosa **Gelateria Pasticceria Dentoni** (☎0832 84 14 85; www.pasticceriadentoni.com; Lungomare Matteotti 23; ⏲7-19 mer-lun nov, gen e feb escluso festivi, 6-2 tutti i giorni estate): qui potrete scegliere se peccare con la mitica torta Crepes, che si scioglie in bocca, o con un irresistibile dolcino di pasta di mandorle.

ℹ Per/da Roca Vecchia e Torre dell'Orso

Roca Vecchia e Torre dell'Orso distano pochi km l'una dall'altra e si trovano entrambe lungo la SP366. A Torre dell'Orso, inoltre, si ferma una linea del servizio SalentoinBus (v. lettura p310).

Da Torre Sant'Andrea ai Laghi Alimini

Al mattino presto e all'ora del tramonto, quando i raggi del sole incendiano il Salento, è facile trovare dei fotografi amatoriali che si appostano lungo gli scogli del raccolto borgo marinaro di **Torre Sant'Andrea**. La costa, in questo punto, si sbizzarrisce tra grandi archi di roccia, calette dalle acque placide e minuscole insenature che sembrano scavate col cucchiaio. La meta più conosciuta e famosa sono gli spettacolari **faraglioni**, un'insenatura dove il mare ha scavato nella scogliera vertiginose cavità e rientranze a picco sulla superficie dell'acqua, come il meraviglioso arco degli innamorati che è possibile attraversare a nuoto. La spiaggia della località è molto piccola ed è dominata dal **Tafarulu**, un grande scoglio a pochi metri dalla battigia che di profilo somiglia a una sfinge. La vicina **Frassanito** è la spiaggia preferita da chi pratica kite e windsurf, per il vento sempre presente e costante, dai campeggiatori e da chi vuole divertirsi al ritmo del reggae e del rap, partecipando a una delle tante feste all'aperto. Da Sant'Andrea e quasi fino a Otranto (p333) la costa cambia: al posto delle località balneari si estende una fitta pineta marittima pressoché vergine, nella quale di tanto in tanto sono incastonati piccoli villaggi turistici, per lo più lontani dal mare. Percorrendo la strada provinciale si raggiungono i pittoreschi **Laghi Alimini**: prima l'Alimini Grande, pieno di insenature verdeggianti e con lo sbocco a mare nei pressi del Lido Sirena; e subito dopo l'Alimini Piccolo, collegato all'altro da un canale e piacevolissimo per una passeggiata. Il momento migliore per visitarli è la primavera, soprattutto per chi, munito di binocolo, punta lo sguardo tra cirlo e arbusti per inquadrare l'incredibile quantità di uccelli acquatici (germani reali, vari tipi di anatridi, aironi, moriglioni e folaghe) che si rifugiano qui per nidificare. D'estate, invece, potrete stare comodamente sdraiati a prendere il sole sulla lunga spiaggia sabbiosa che costeggia i due specchi d'acqua: quella vicino al lago grande è quasi completamente libera, mentre l'altra è occupata da numerosi stabilimenti.

Sappiate, comunque, che la spiaggia più celebrata della zona è la **Baia dei Turchi**, che prende il nome dalla spedizione turca del 1480 contro Otranto. Il luogo è incantevole – acqua trasparente, bassa per un lungo tratto, calda, celeste, e sabbia finissima, circondata da scogli con piccole calette, tratti liberi e tratti privati –, ma d'estate è preso d'assalto dai turisti, tanto che può essere persino complicato raggiungere il mare.

Attività

Lungo tutto il litorale, in particolar modo sui Laghi Alimini, sono infinite le occasioni di fare attività all'aperto: quasi tutti i lidi dispongono di kayak, pedalò e windsurf a noleggio e in alcuni si organizzano anche movimentati tornei di beach volley e beach tennis. Se però siete alla ricerca di qualcosa di più tranquillo, magari ai laghi e non sulla spiaggia, potete rivolgervi a **Colori in Canoa** (☎331 931 66 31; SP151, Località Pagliarone; ⏲metà giu-set), che affitta canoe e organizza escursioni sul lago grande lungo due percorsi (di circa 1 km), o al **Maneggio di Lucio** (☎368 777 38 71; http://maneggiodilucio.wordpress.com; Via Pagliarone 66; passeggiate tutto l'anno): esplorare i dintorni e magari fare un mezzo bagno in sella ai suoi cavalli è un'esperienza consigliata tanto ai grandi quanto ai bambini.

Cocobay Beach STABILIMENTO BALNEARE
(☎0836 197 51 52; www.cocobay.it; SP366, Laghi Alimini; ⏲fine mag-set; parcheggio con servizio navetta a 200 m dal mare) Se vi piace usufruire di una spiaggia attrezzata e gestita da uno staff accogliente e simpatico, dove è garantito uno spazio 'umano' tra un ombrellone in paglia e l'altro, questo lido fa per voi. Le comodità sono tante: i grandi lettoni per prendere il sole, la cucina gourmet del ristorante, il servizio navetta gratuito dal posteggio. Ogni sera, dopo le 17, ottimi aperitivi in riva al mare.

☆ Divertimenti

Giro di Boa Beach STABILIMENTO BALNEARE E DRINK BAR
(☎0836 197 51 56; www.girodiboabeach.it; Località Frassanito; ⏲tutto l'anno) Il primato del lido più 'alternativo' (così è stato definito) della costa salentina spetta al Giro di Boa Beach, che mescolando al meglio la musica dei DJ con il legno, le palme e i cocktail tropicali, pare abbia saputo creare un'atmosfera esotica dal glamour irresistibile. Tra le 18 e le 21 c'è l'happy hour. Il ristorante è aperto tutto l'anno e si raggiunge con una stradina sterrata.

ℹ Per/da Torre Sant'Andrea e i Laghi Alimini

Così come le altre località costiere, anche Torre Sant'Andrea e i Laghi Alimini si trovano lungo la SP366.

Otranto

POP. 5707 / ALT. 15 M

È molto suggestiva l'antica città dei martiri, crogiolo di etnie e culture, con il borgo medievale ancora serrato tra le mura e i bastioni che racchiudono 1000 anni di storia. Lo è in inverno, quando è silenziosa e quieta, si sentono riecheggiare i propri passi tra i vicoli e si passano ore indisturbati a decifrare i simboli del mosaico della cattedrale. E lo è in estate, quando fiumane di turisti si aggirano per il centro storico con i piedi imbiancati di sabbia, i dehors dei ristoranti pullulano di avventori e la cittadina più a oriente d'Italia diventa una delle mete predilette del turismo balneare.

Storia

Nell'antichità era chiamata Hydruntum, per via del fiume Idro che l'attraversava; poi fu per 1000 anni il principale porto italiano verso Oriente, durante l'impero romano e poi

Otranto

sotto la dominazione bizantina e normanna, perché fungeva da polo di collegamento tra Venezia, i Balcani e il Levante. Di tali epoche sopravvivono molte leggende: da quella sul re Minosse, che pare abbia trascorso del tempo in città, a quella su san Pietro, che si dice abbia celebrato in cima alla collina la prima messa della storia dell'Occidente. E poi c'è la leggenda 'inventata' da Horace Walpole, che in un Medioevo fantastico e tenebroso qui ambienta, nel 1724, quello che è forse il primo romanzo gotico di sempre, *Il Castello d'Otranto*.

Vero e drammatico è invece il capitolo sul XV secolo, periodo difficile e sanguinoso che vide Otranto oggetto d'invidie da parte delle località vicine e vittima delle scorribande dei turchi, che in combutta con Venezia contro il Regno di Napoli attaccarono la città nel 1480, trucidando 800 fedeli idruntini che si erano rifiutati di convertirsi all'islam, anche dopo essere stati minacciati di morte. Furono giustiziati sulla vicina collina di Minerva, un posto tranquillo e misterioso, sul quale sorge la Chiesa dei Martiri.

Che cosa vedere

Castello Aragonese CASTELLO
(☎ 0836 87 13 08; www.comune.otranto.le.it; Piazza Castello; interi/ridotti €3/2, sotterranei €3; ⏲ 10-13 con variazioni stagionali) Proteso verso il mare, ma con il corpo centrale rivolto verso terra, questo maestoso castello quattrocentesco era una vera e propria macchina da guerra, aggressiva e inespugnabile. Fatto costruire tra il 1485 e il 1498 da Alfonso d'Aragona con pianta pentagonale e modificato nel corso del secolo successivo con un bastione a forma di punta di freccia, è un susseguirsi di saloni, gallerie, cunicoli e grandi terrazze che dominano il mare. I suoi ambienti ospitano esposizioni e mostre temporanee di alto livello, e la mostra permanente 'Luoghi della preistoria', in cui, attraverso spettacolari video e

Otranto

Da non perdere

1 Cattedrale B2
2 Chiesa di San Pietro C2

Che cosa vedere

3 Bastioni dei Pelasgi C2
4 Castello Aragonese C3
5 Ex Chiesa dell'Immacolata C3
6 Lungomare Kennedy fuori cartina A1
7 Torre Alfonsina e mura B3
8 Torre Matta C2

Spiagge

9 Spiaggia degli Scaloni fuori cartina A1
10 Spiaggia del Molo A1

Attività e tour

11 Capitani Coraggiosi fuori cartina A1
12 Carlo Lanzillotto D2
13 Hydra Escursioni in Barca fuori cartina D2
14 Scuba Diving Otranto D3

Pernottamento

15 Balconcino d'Oriente B3
16 Corte di Nettuno D4
17 Hotel Albània A2
18 Hotel Palazzo Papaleo B2

Pasti

19 ArborVitae B2
20 LaltroBaffo C2
21 Merola B2
22 SoFish Pani e Pesci C2
23 ViaPunta7 fuori cartina A1

Locali e vita notturna

24 Cafè Sud Est A2
25 Giro di Boa D2
26 Scalo 74 A1

Shopping

27 Officina del Mosaico C2
28 Tessitura Giaquinto B3

filmati, si valorizzano la Grotta dei Cervi di Porto Badisco e il suo incredibile patrimonio pittorico, risalente al Neolitico. Se viaggiate con i bambini, muniti di lampada e caschetto, scendete nei sotterranei alla scoperta degli angoli più bui e misteriosi, dove si dice che aleggi lo spirito di una nobildonna la cui morte fu tutt'altro che naturale...

Ex Chiesa dell'Immacolata — ROVINE

(Via Immacolata) Nell'attraversarla per scendere verso il porto, non ci si rende conto subito che in passato queste scenografiche rovine erano una chiesa. E invece è proprio così: intitolata alla Vergine Immacolata, fu edificata nel XVIII secolo e, tra l'umidità del mare e le infiltrazioni d'acqua, non ha mai avuto vita facile. Fino a che, appunto, non è caduta in rovina; oggi di essa restano gli altari laterali, quello maggiore e le pareti. Un tempo al suo posto c'era la **Porta di Mare**, l'ingresso più importante della città, da cui passarono i prigionieri condotti al martirio nel 1480.

Torre Matta — TORRE

(Via Immacolata; interi/ridotti variabile a seconda delle mostre, ingresso libero in assenza di esposizioni; ⏲10-24 giu-agosto, 10-13 e 16-21 mag e set) Proprio accanto all'ex Chiesa dell'Immacolata, questa robusta torre circolare di fine Quattrocento, inglobata nel bastione pentagonale cinquecentesco, è stata restaurata da pochi anni. Il suo nome bizzarro deriva dal fatto che essa avrebbe dovuto *matar el conquistador*, 'uccidere il conquistatore' in spagnolo. Al suo interno si tengono interessanti mostre d'arte (e in questo caso si paga il biglietto), però vale la pena di scendere con l'ascensore fino alla sua base e ammirarne i dettagli costruttivi.

★ Chiesa di San Pietro — LUOGO DI CULTO

(☎0836 80 27 20; Via San Pietro; ⏲10-12 e 16-20 giu-set, su prenotazione tramite la cattedrale ott-mag) È quasi un miracolo che questa minuscola chiesetta con pianta a croce greca, dagli esterni in carparo e pietra leccese graffiati dal tempo e dalla salsedine, sia sopravvissuta per oltre 1000 anni e abbia superato indenne conquiste, distruzioni, guerre e ricostruzioni. Secondo alcuni storici, che datano

OTRANTO CARD

Chiunque pernotti a Otranto e abbia versato l'imposta di soggiorno, riceverà la Otranto Card, che consente di usufruire a prezzi scontati o gratuitamente di alcuni servizi pubblici e di beneficiare anche di uno sconto pari al 10% in alcuni esercizi commerciali convenzionati, comprese le visite guidate alla città o quelle naturalistiche nei dintorni.

DA PROVARE

GITE IN BARCA E IMMERSIONI TRA GROTTE, SPIAGGE E CALETTE

Le bellezze di Otranto non sono tutte concentrate nei tesori artistici racchiusi tra le mura del borgo antico: la cittadina d'Italia più vicina all'Oriente è anche l'eden per chi apprezza l'impareggiabile mare color cobalto, le gite in barca e gli sport acquatici. Se volete salpare dal porto per esplorare la costa adriatica a nord e a sud di Otranto, potete contattare **Hydra Escursioni in Barca** (☎347 547 49 38, 389 780 70 73; https://hydraescursioni.it; Via del Porto; interi/ridotti €30/20 per 3 h, interi/ridotti €60/40 per 6 h, gratuito under 5), un'impresa a conduzione familiare, con uno staff qualificato, che durante il tour propone diverse soste per il bagno in splendide calette e l'aperitivo a bordo. Chi vuole invece spingersi più lontano, facendosi ammaliare dalla magia di un'isola greca, può partire in un gommone otto posti con lo skipper **Carlo Lanzilotto** (☎333 585 39 32; www.escursioniotranto.com; Via del Porto, Nuovo Approdo Turistico Posto C22; escursione di 1 giorno €150 per persona, preferibile in gruppo di 7/8 persone) alla volta di Fanò, in greco Othoni, l'isola greca più occidentale dell'arcipelago delle Diapontie, che dista dall'Italia solo 80 km. Se amate la barca a vela, i vostri migliori compagni di viaggio saranno i **Capitani Coraggiosi** (☎329 234 24 88, 349 577 27 05; www.capitanicoraggiosi.it; Via del Porto, Pontile Assonautica; interi/ridotti €50-25 per 4 h, interi/ridotti €80-90/40-45 per 1 giorno) del *Red Fox*, un 12 m a vela con cui Silvia e Marco organizzano minicrociere di mezza giornata o un giorno lungo la costa a nord o a sud (a seconda del vento) di Otranto, ma anche weekend e settimane dall'altra parte dell'Adriatico, deliziando i partecipanti con squisiti pranzetti a bordo a km0. Se invece, come le sirene, vi piace calarvi negli abissi, contattate **Scuba Diving Otranto** (☎0836 80 27 40; www.scubadiving.it; Via del Porto 1), un diving center che vi farà esplorare secche favolose, relitti affascinanti o grandi grotte che nascondono tutto il campionario di meraviglie sottomarine salentine.

la sua edificazione in un periodo compreso tra il IX e l'XI secolo, fu la prima cattedrale tarantina. Guardandola da fuori, è difficile immaginare che al suo interno custodisca uno dei cicli di affreschi bizantini più stupefacenti che potrete incontrare nel Salento e in gran parte ancora perfettamente leggibili. Guardate l'*Ultima cena*, con Giuda (l'unico senza aureola) dall'altra parte del tavolo rispetto a Cristo e agli apostoli, disposti in ordine d'importanza e di grandezza; poi spostate lo sguardo sulla *Lavanda dei piedi*, sulla *Pentecoste* e infine, nella folla di santi e altre figure, cercate il ritratto di Maria: è accompagnata da una scritta in arabo.

Torre Alfonsina e mura TORRE E MURA

Ai piedi della collina su cui sorge il centro storico si apre la scenografica **Porta di Terra**, una delle due attraverso le quali un tempo si accedeva alla città. A spalleggiarla c'è questo torrione che, come il castello, venne fatto erigere nel 1481 da Alfonso d'Aragona. Da qui si possono ammirare le **mura**, che ricalcano il primo impianto risalente all'età messapica e romana. Nonostante ciò, nel corso dei secoli vennero ricostruite varie volte, prima dai bizantini, quindi da Roberto il Guiscardo nel 1081, da Federico II nel 1228, dagli Angioini alla fine del Quattrocento e infine dai viceré spagnoli, che ne fecero un efficiente modello di architettura militare. La parte forse più suggestiva è quella che volge a levante, sopra il porto turistico, e prende il nome di **Bastioni dei Pelasgi**, su cui sorgono numerosi palazzi un tempo residenze dei nobili del luogo.

★ Cattedrale LUOGO DI CULTO

(☎0836 80 27 20; Piazza Duomo; ⏲8-12 e 15-19.45 giu-set, 7-12 e 15-17 ott-mag) Costruita dai normanni nell'XI secolo, e in seguito rimaneggiata un paio di volte, la magnifica cattedrale è costituita da una selva di sottili colonne con capitelli intagliati che poggiano sulla principale attrattiva di Otranto: l'ardito **mosaico pavimentale**, opera del giovane monaco Pantaleone (XII secolo), che ricopre tutta la superficie dell'edificio con il suo Paradiso, il suo Inferno e il suo bizzarro sincretismo di religione e superstizione. Più che la rappresentazione dei due mondi celesti, quel che sorprende di più è il carattere assolutamente naïf dei soggetti, che con i loro grandi occhi bianchi e le proporzioni creative sembrano dei cartoni animati. Lo schema che Pantaleone (che evidentemente tutto era tranne che un mosaicista) usò per la sua opera è quello dell'Albero della vita, i cui rami sinuosi fanno da sostegno a scene tratte dalle sacre scritture, animate da mostri, animali, personaggi biblici, storici e mitologici con in cima la cacciata di Adamo ed Eva dall'Eden. È divertente individuare gli elementi riconoscibili come la Torre di Babele, Noè e la sua arca, re Artù e perfino Alessandro Magno. Uno dei grandi misteri che custodisce è il motivo per cui è rimasto intatto fino ai giorni nostri, considerato che i turchi usarono la cattedrale come stalla, mentre erano impegnati a decapitare gli 813 martiri otrantini, rei di aver rinnegato la fede islamica, su una pietra che ora è conservata nell'altare della cappella al fondo della navata destra, dove, in sette grandi teche in vetro, sono custoditi i resti dei malcapitati.

Una volta passata l'inquietudine, imboccate le due rampe di scale che scendono alla splendida **cripta** (XI secolo), purtroppo un po' deturpata da un pavimento moderno: non guardatelo e perdetevi tra le 72 colonne con capitelli in marmo tutti diversi tra loro.

Di fronte alla chiesa, nel cinquecentesco Palazzo Lopez, si trova il piccolo **Museo Diocesano**, chiuso per restauri da così tanto tempo che non sono pochi quelli che si chiedono se mai riaprirà.

Spiagge

Gli ombrelloni e i lettini degli stabilimenti balneari occupano quasi ogni metro quadrato del litorale cittadino. Però, poco lontano dal centro, accessibile percorrendo il piacevole **Lungomare Kennedy**, si apre la **Spiaggia degli Scaloni**, dove è possibile stendere l'asciugamano senza dover pagare. In alternativa c'è la **Spiaggia del Molo**, comoda e adatta alle famiglie, oppure bisogna accontentarsi della bassa scogliera che si sviluppa sia a nord sia a sud del golfo. Ma è meglio attrezzarsi con un materassino su cui sdraiarsi.

Feste ed eventi

Luminarie
Otranto Festival DICEMBRE/GENNAIO
(www.luminarieotrantofestival.it) In occasione del Natale, una spettacolare esposizione di luminarie salentine (led, luci architetturali, proiezioni, installazioni artistiche) colora di luci i fossati del castello, illuminando l'inverno con un'allegria contagiosa insieme a un mercatino enogastronomico, teatro e spettacoli dal vivo.

Festa dei Beati Martiri Idruntini AGOSTO
È la festa più importante di Otranto perché commemora gli oltre 800 martiri della città uccisi dai turchi. Il 12 del mese una folla si reca a piedi fino alla **Chiesa dei Martiri** (un tempio tardosecentesco che si trova alla periferia di Otranto, lungo la provinciale per Santa Cesarea Terme) per assistere a un discorso commemorativo. Il giorno successivo, messa solenne in chiesa, processione e, per chiudere la festa, un esplosivo spettacolo pirotecnico.

Pernottamento

Balconcino d'Oriente B&B €/€€
(☎0836 80 15 29-338 213 4700; www.balconcinodoriente.com; Via San Francesco da Paola 71; doppie/triple €70-120/90-150; ❄📶) 'Balconcino' perché le camere, al secondo piano di un'abitazione salentina nei pressi del castello, sono dotate di un rilassante terrazzino indipendente. 'D'Oriente' perché orientale è lo stile che è stato scelto per conferire a questo B&B un'atmosfera particolarmente accogliente. E piacevolmente buoni sono i piatti della cucina tradizionale salentina che si servono nel **ristorante** (pasti €30) al piano terra.

Hotel Albània HOTEL €€/€€€
(☎0836 80 18 77; www.hotelalbania.com; Via San Francesco da Paola 10; singole/doppie €60-110/85-200; ❄📶) Le 28 camere di questo tre stelle sono pulite, sobrie e moderne. E, a compensare il fatto di non essere nella parte più bella del centro, c'è la terrazza dove si fa colazione d'estate, che gode di una bella vista sul castello e sulla spiaggia. Per scoprire i dintorni su due ruote l'hotel mette a disposizione alcune bici. Parcheggio convenzionato a pagamento.

Corte di Nettuno HOTEL €€/€€€
(☎0832 35 13 21; www.cdshotels.it/corte-di-nettuno; Via Madonna del Passo; singole/doppie €80-190/130-240; ⏲fine marzo-ott; P❄📶) Questo quattro stelle in stile vecchia marina è stato ricavato da un antico casolare agricolo arredato e ornato di elementi in legno, dipinti di velieri, timoni e altri oggetti che omaggiano il dio del mare, al quale è dedicata anche la statua al centro della corte.

★ **Hotel Palazzo Papaleo** HOTEL €€/€€€
(☎0832 80 21 08; www.hotelpalazzopapaleo.com; Via Rondachi 1; doppie a partire da €220; ❄📶) Cinque stelle di charme tra la cattedrale e il mare, ricavato dalla nobile dimora dei Papaleo, superbamente restaurata, e con splendide camere (alcune con il soffitto affrescato) arredate con mobili antichi. E se non basta, c'è il centro benessere, per un relax giornaliero tra suoni ovattati e vapori aromatici, e un romantico ristorante in terrazza, dove potrete deliziarvi con l'autentica cucina salentina. Parcheggio convenzionato.

Pasti

Merola PASTICCERIA €
(☎ 327 794 87 91; Via Vittorio Emanuele II 14; Via Scupoli 6; ⌚ 8-22 mer-lun) Non lasciatevi ingannare dall'aspetto dimesso di questa pasticceria sotto il portico dell'affollata Via Vittorio Emanuele. Qui troverete infatti pasticciotti e fruttoni fra i migliori di tutta la provincia, sfornati sotto i vostri occhi.

★ **Sofish Pani e Pesci** FISH BAR €
(☎ 331 986 73 87; Corso Garibaldi 39; pasti €10-20; ⌚ 12-4) Ci si ferma in questo piccolo locale in un vicoletto per provare qualche piatto di mare verace: la puccia con il polpo, davvero superlativa, la frisa con tartare di tonno rosso e stracciatella, i panini con il pesce, tutti accompagnati da ottime birre artigianali.

ViaPunta7 TAPAS RASTAURANT €/€€
(☎ 320 532 59 66; Via Punta 7; pasti €20-25; ⌚ 9-23 mar-dom) Sebbene il pezzo forte di questo simpatico locale con spazio esterno e vista mare siano sicuramente le tapas (ne assaggi una e le vorresti ordinare tutte), il menu propone anche qualche appetitoso piatto a base soprattutto di pesce. Si mangia bene e si beve persino meglio!

La Cala dei Normanni RISTORANTE, PIZZERIA €/€€
(☎ 320 629 96 20; www.facebook.com/caladeinormanni; Lungomare Terra d'Otranto 51; pasti €25; ⌚ 12-2.30 tutti i giorni) La pasta fresca fatta in casa, anche ripiena in tante declinazioni, le focacce e la pizza preparata con farine biologiche di pregio sono i piatti forti di questa pizzeria storica della città idruntina, con splendida vetrata panoramica sul mare.

ArborVitae RISTORANTE €€/€€€
(☎ 0836 80 68 16; www.arborvitaeotranto.it; Via Laggetto 38; pasti €40-45; ⌚ 12-15 e 19-24) È da tenere d'occhio questo ristorante poco distante dalla Cattedrale, e che del suo mosaico è debitore nel nome. Innanzitutto perché il cortile in cui si mangia, d'estate, è poesia pura, circondato dalle bianche mura in pietra della città. E poi perché Sirio, che spignatta tra i fornelli, sa davvero il fatto suo quando prepara le *sagne 'ncannulate* con crema di melanzane o gli involtini di pesce spada con ricotta, cime di rape e acciuga. Non per niente, è figlio di un pescatore.

★ **LaltroBaffo** RISTORANTE €€€
(☎ 0836 801636; www.laltrobaffo.com; Via Basiliano 23; menu €55-75; ⌚ 12.30-14.30 e 19.30-23 mar-dom, anche 19.30-23 lun estate) Degustazione di pesce crudo con salse locali, carbonara ai ricci di mare, ombrina con foie gras, funghi cardoncelli e verza arrostita: in cucina, Cristina dimostra la sua esuberanza preparando piatti eccellenti, creativi e originali. E gli ospiti sono ben felici di sedere a uno dei suoi tavoli (meglio se nell'ambito dehors a due passi dal castello).

Locali e vita notturna

Cafè Sud Est BAR
(Lungomare Terra d'Otranto; ⌚ 11-1 ott-mag, 11-fino a tardi giu-set) Appena fuori dal centro storico, è un locale piccolo ma caldo, gettonatissimo e con un'offerta molto ampia e a prezzi bassi rispetto al centro. Il caffè fa parte dell'ex **Mercato Coperto**, che sta faticosamente tentando di trasformarsi in piazza per lo street food. Buono per una sosta veloce a pranzo o cena.

Scalo 74 COCKTAIL BAR
(☎ 329 423 85 86; https://scalo74otranto.it; Parcheggio Idro; pasti €25; ⌚ 10-4) Locale molto carino, in centro, consigliato per una merenda a base di infusi, cioccolata e pasticcini, un aperitivo, una cena leggera o un drink dopo cena. Piacevole la musica di sottofondo.

Giro di Boa BAR
(☎ 0836 80 12 92; Bastioni; ⌚ 11-2 Pasqua-set) Dal mattino fino a tarda notte è uno dei più piacevoli locali che animano i bastioni, ed è una buona tappa per una birra o un cocktail di qualità con vista mozzafiato sul porto.

Shopping

Officina del Mosaico BOTTEGA ARTIGIANA
(☎ 347 175 34 47; www.officina-mosaico.it; Piazza Basilica 12; ⌚ 10-13 e 15-20 inverno, 10-22 estate) Una bottega del mosaico a Otranto può sembrare la classica trappola per turisti. Se però si osservano Antonio e Chiara al lavoro, si capisce perché valga comunque la pena passare di qui. Oltre ai lavori più impegnativi, si possono trovare tanti piccoli oggetti da regalo fatti con i tasselli dei mosaici.

Informazioni

ASSISTENZA SANITARIA

Guardia medica (☎ 0836 80 16 76)

EMERGENZE

Polizia (☎ 0836 80 55 11; Viale Pioppi 23)

INFORMAZIONI TURISTICHE

Ci sono due **Infopoint**: uno al porto (cartina p334, D3; ☎ 0836 80 49 54; Via del Porto; ⌚ 9-13 e 15-18 lun-ven, 10-12 sab inverno; 9-13 e 16-20 lun-sab estate) e uno presso il castello (cartina p334, C3; ☎0836 21 00 94; ⏲10-19, orario prolungato in estate).

ℹ Per/da Otranto

Otranto è raggiungibile da Lecce (50 km) in auto tramite la SS16 e con gli autobus di **Ferrovie del Sud Est** (☎800 07 90 90; www.fseonline.it; €2,90, 1 h 20 min) e **SalentoinBus** (v. lettura p310). I biglietti di autobus e treni si possono acquistare anche presso l'agenzia **Ellade Viaggi** (cartina p334, D3; ☎0836 80 15 78; www.elladeviaggi.it; Via Guglielmotto d'Otranto 32; ⏲9-20 lun-ven, 9-13 e 16-20 sab, orario prolungato in estate), che si trova al porto e vende anche biglietti aerei e per i traghetti diretti in Grecia, Albania, Montenegro, Corsica, Spagna, Croazia, Tunisia, Turchia e le isole italiane.

Dintorni di Otranto

Sebbene spesso i viaggiatori lo saltino a pie' pari, il tratto di costa che scivola verso sud da Otranto fino a Santa Cesarea Terme (p340) nasconde deliziosi angoli che vale la pena di andare a scoprire. Poco fuori dalla città idruntina, per esempio, si trova la scenografica **ex cava di bauxite**, una voragine di terra rossa dentro la quale, fino al 1976, si estraeva il minerale di base dell'alluminio e che oggi accoglie uno specchio d'acqua color verde smeraldo circondato da alti costoni di roccia dai colori infuocati. Si raggiunge seguendo le indicazioni per la Chiesa dei Martiri imboccando poi la strada che passa alle sue spalle. Le auto che d'estate utilizzano il parcheggio a pagamento (€3) poco prima del laghetto sono quelle degli amanti della tintarella che scendono nella splendida **Baia dell'Orte**, un posto paradisiaco con una spiaggetta tra le rocce e una scogliera ricca di fondali scrigno di biodiversità. Se vi piace guidare, sappiate che la SP87 che passa di qua è probabilmente una delle strade più pittoresche della zona, fiancheggiata da fichi d'india, torri di avvistamento, casematte e altre strutture risalenti alla seconda guerra mondiale.

Con una piccola deviazione verso ovest (ben segnalata da cartelli) si raggiungono le rovine – inglobate in una vecchia masseria – del **Monastero di San Nicola di Casole**, che secondo la tradizione fu fondato da Boemondo I d'Antiochia nel 1098 e poi donato ai monaci basiliani. Di quello che è stato un tempio della cultura salentina (in cui pare essersi formato anche Pantaleone, l'artista del mosaico della Cattedrale di Otranto), distrutto dalla devastazione turca del 1480, restano solo alcuni suggestivi resti. Tornati sulla strada principale si arriva al faro di **Punta Palascia** (più comunemente **Capo d'Otranto**), l'estrema propaggine orientale dello Stivale, sede del **Museo su Ecologia degli Ecosistemi Mediterranei** (⏲chiuso per lavori di ristrutturazione al momento della stesura della guida). Nelle giornate terse, oltre l'immenso blu del mare, si vedono all'orizzonte le montagne dell'Albania, che dista da qui appena 70 km. È un luogo di grande impatto, dove ufficialmente finisce il Mare Adriatico e inizia lo Ionio, anche se quando giungerete a Santa Maria di Leuca (p347) vi diranno che è lì che i due mari si uniscono. Ai piedi del Capo c'è un'incantevole spiaggetta rocciosa dalla quale se non c'è troppo vento potrete regalarvi un tuffo rinfrescante.

Ancora più a sud (a meno di 11 km da Otranto) c'è infine la deliziosa località balneare di **Porto Badisco**. Oltre che per la spettacolare insenatura, che sembra un profondo fiordo e in estate si trasforma in una sorta di trampolino per tuffatori audaci, ci sono due buoni motivi per fermarsi: i ricci, che quan-

DA NON PERDERE

L'ARTE DELLA TESSITURA

L'arte della tessitura su telai di tappeti e arazzi salentini ha origine a **Casamassella**, un paesino di 1000 abitanti, vicinissimo a Otranto, dove alla fine dell'Ottocento Carolina DeViti De Marco decise di fondare una scuola e di lanciare e commercializzare i ricami tradizionali delle donne salentine in America, Russia e in altri paesi del mondo. Il compito di trasmettere quel sapere antico e di rinnovarlo di continuo con nuove idee spetta oggi alla **Fondazione Le Costantine** (☎0836 81 21 10; www.lecostantine.it; Via Costantine, Uggiano La Chiesa), che nel laboratorio a 5 km da Otranto continua la produzione di splendidi arazzi, tovaglie e manufatti di altissima qualità, intrecciando fibre naturali con antichi telai in legno a quattro licci. A Otranto, invece, potrete acquistare tessuti artigianali di alta qualità nel piccolo laboratorio della **Tessitura Giaquinto** (☎328 352 40 88; www.tessituragiaquinto.com; Via Basiliano 25; ⏲10-14 e 16-22 estate) della famiglia omonima, in attività dal 1923: tovaglie, copricuscini, asciugamani, tappeti e altre meraviglie per la casa saranno un ultimo (anche se non per tutte le tasche) ricordo del vostro viaggio idruntino.

do non c'è il fermo biologico condiscono sontuose spaghettate sui tavoli delle due trattorie del luogo; e un sentiero di circa 8 km che parte da qui e serpeggia lungo la costa. Fate attenzione a percorrerlo, però, perché non è facile e se ne perde facilmente la traccia. A poca distanza da qui, nel 1970, gli archeologi hanno trovato una meraviglia che risale al Neolitico: si tratta della **Grotta dei Cervi**, una cavità carsica il cui interno è costellato di oltre 3000 pitture rupestri. Purtroppo non è visitabile, ma, se volete provare l'emozione di assistere a un virtual tour all'interno della cavità, potete visitare l'esposizione 'I luoghi della preistoria: Porto Badisco e la Grotta dei Cervi' nel castello di Otranto (p334).

Pasti

Da Carlo RISTORANTE, BAR, ALIMENTARI €
(☎0836 81 16 08; SP87, Porto Badisco; pasti €10-20; ⏲8-24) Difficilmente un salentino non conosce Carlo a Porto Badisco, perché questo locale che sembra un caffè d'altri tempi, con il porticato sulla SP87, che è anche un'edicola, un'osteria rustica e un piccolo spaccio di prodotti locali, è soprattutto il posto migliore dove mangiare i ricci: aperti di fronte a voi e frugalmente consumati su un tavolino da bar, sono una tappa culinaria immancabile.

Santa Cesarea Terme

POP. 2877 / ALT. 56 M

È incantevole, Santa Cesarea Terme. Punteggiata da impressionanti ville novecentesche in stile eclettico, con i faraglioni gialli che emergono dal mare turchese e con il rosario di spiagge, spiaggette, insenature e lidi attrezzati che la circondano, questa raccolta località balneare è stata sin da fine Ottocento la meta di villeggiatura prediletta dalla nobiltà salentina. E non è certo strano che sia così, soprattutto perché – come si intuisce dal nome – le acque che la bagnano non sono solo quelle dell'Adriatico (o è già Ionio?), bensì anche quelle termali che sgorgano dal sottosuolo. Uno dei luoghi che dovrete andare a vedere prima che il mare vi rapisca è **Villa Sticchi** (Via Roma 159), che dal 1900 domina il profilo dell'abitato. Quando ve la troverete davanti, con la sua stravagante architettura moresca fatta di portici, colonnine tortili, lunette, merli e ghirigori vari, penserete di essere sul Bosforo e non in Puglia, e la sua cupola appuntita vi sembrerà immancabilmente quella di una moschea. Una sensazione simile a quella che si prova quando si scorge **Villa Raffaella**, voluta dalla baronessa Lubelli e fatta progettare dall'ingegnere milanese Emilio Corti a metà dell'Ottocento, e il **Palazzo Tamborino**, che sebbene sia decisamente più sobrio e dai volumi lineari, stupisce per le monofore e le bifore che illuminano gli interni. Chi ama viaggiare con la fantasia non avrà difficoltà a immaginare come doveva apparire Santa Cesarea in quegli anni, con il viavai di ricconi e nobili che venivano qui a passare le acque. Oggi però non c'è niente di esotico, niente hammam o bagni turchi: andare alle terme è una cosa seria, e infatti le **Terme di Santa Cesarea** (☎0836 94 43 14; www.termesantacesarea.it; Via Roma 40) sono ospitate in un antico ospedale, dove si respira costantemente l'odore dello zolfo. Oltre alle cure, potrete al massimo concedervi massaggi benessere: ayurvedici, al bambù, shiatsu o californiani, tutti rivolti a farvi ritrovare l'equilibrio mente-corpo. Se volete coniugare acque dolci e salate, è una buona idea concedersi una mezza giornata di relax (ma non in piena estate) nel bel **Bagno Piscina Sulfurea** (☎349 825 26 39; ingresso €5, ombrellone €6-7, sdraio €5-6, lettino €6-7; ⏲9-19), la cui vasca viene alimentata continuamente con la fonte che sgorga dalla **Grotta Fetida**, proprio lì sotto: la temperatura all'origine è di circa 27°C, ma qualche grado si perde nel tragitto fino alla piscina. Chi non vuole rinunciare a un altrettanto benefico tuffo in mare può utilizzare la scala scavata nella roccia.

Spiagge

Affacciata com'è su un tratto di costa roccioso e frastagliato, Santa Cesarea non è forse il posto più comodo per fare il bagno. Tuttavia, le decine di deliziose insenature che si aprono inaspettate sono una delizia per chi non ha troppe pretese. Per tutti gli altri ci sono comunque gli stabilimenti balneari, nei quali abbandonarsi a tutti i comfort: si segnalano **Bagno Urbano Caicco**, di fronte al Piazzale delle Terme, il **Bagno Marino Archi** e le **Fontanelle**. Poco fuori dall'abitato si trova invece la spiaggetta di **Porto Miggiano**, con un'acqua color smeraldo all'ombra della torre, ma se non arrivate di mattina presto scordatevi di trovare posto.

Informazioni

All'**Infopoint** (☎0836 94 40 43; www.facebook.com/iatsantacesareaterme.it; Via Roma 209, c/o Municipio; ⏲orario variabile) troverete utile materiale informativo e una cartina delle spiagge.

Per/da Santa Cesarea Terme

Santa Cesarea Terme è raggiungibile in auto da Lecce (49 km) percorrendo la SS16, la SS275 e la SP363. I collegamenti in autobus sono gestiti da **STP Lecce** (0832 22 84 41, 800 44 74 72; 8-13; www.stplecce.it). Da Lecce è necessario un cambio a Maglie o a Poggiardo. È servita in estate da SalentoinBus (v. lettura p310).

Castro

POP. 2.331 / ALT. 98 M

Con il suo alveare di case bianche che copre il crinale di una collina a strapiombo sul mare, Castro è un borgo-presepe composto dalla città vecchia, **Castro di Sopra**, abbarbicata tra torri e castello, e dal lungomare pieno di bar e bancarelle di **Castro Marina**, la frazione balneare formatasi attorno al porto e al borgo di pescatori di origini assai remote, come testimoniano i resti archeologici e le grotte marine già abitate nella preistoria.

Che cosa vedere

Castello Aragonese CASTELLO, MUSEO

(0836 190 32 06; www.museoarcheologicocastro.it; interi/ridotti €5/3, biglietto cumulativo con Museo Archeologico e Grotta Zinzulusa €8/5; 9.30-12.30 e 15-18 inverno, 10-22 lug e agosto) Nel Salento gli appassionati di castelli non possono proprio lamentarsi. Alla lista dei tanti, tutti straordinariamente ben conservati, c'è da aggiungere anche questo, alle porte del centro storico, che controlla la costa dal XII secolo, quando fu edificato sfruttando le fondamenta di una rocca bizantina. I turchi che nel 1480 invasero Otranto non risparmiarono nemmeno Castro: la fortezza fu rasa al suolo e fu compito dei Gattinara, che allora governavano il feudo, ricostruirla, prima che gli spagnoli contattassero un architetto senese per renderla una volta per tutte inespugnabile. Attualmente nelle sale del castello è ospitato il ricco **Museo Archeologico**, il cui pezzo forte è il grande **busto della dea Atena** in pietra leccese, che secondo gli archeologi svettava per oltre 3 m nel santuario a lei dedicato in cima all'acropoli dell'insediamento. La dea, con l'elmo frigio sul capo che la identifica come divinità troiana, è anche raffigurata nel **bronzetto** di 12,5 cm esposto nella sala della Torre Circolare. Il suo culto nel paese confermerebbe le tradizioni letterarie che collegano Castro al primo sbarco in Italia degli eroi troiani; fu proprio qui, infatti, che Virgilio fece attraccare Enea (v. lettura p341).

SI DICE SUL POSTO

IL MITICO APPRODO DI ENEA

È quasi l'alba. Enea, in fuga da Troia, è sul ponte della nave insieme a suo padre Anchise. Chiedono agli dèi aiuto e vento per gonfiare le vele e arrivare in Italia, dove sperano di trovare la pace: *Le brezze bramate crescono e ormai più vicino si apre/ il porto, e sulla rocca appare il tempio di Minerva*. In questi due versi scritti da Virgilio, che compaiono nel III libro dell'Eneide (29-19 a.C.), ci sono anni e anni di speculazioni: dove approdò il mitologico eroe che sarebbe divenuto il progenitore di Roma? Per lungo tempo si pensò che quel luogo fosse Porto Badisco; poi nel 2015 a Castro, che aveva un porto molto simile a quello descritto dal poeta e il cui antico nome era Castrum Minervae, venne ritrovato il busto di una statua che fu attribuito appunto alla dea. Castro è stata quindi riconosciuta come prima tappa in Italia del mitico viaggio dell'eroe in fuga da Troia attraverso il Mediterraneo, viaggio entrato ufficialmente, nel gennaio 2022, nel gotha degli itinerari culturali certificati dal Consiglio d'Europa.

Chiesa dell'Annunziata LUOGO DI CULTO

(Piazza della Vittoria; orario variabile) Affacciata sulla luminosa Piazza della Vittoria, nel cuore del centro storico, questa chiesa eretta nel 1171 è stata per secoli la cattedrale della diocesi di Castro, soppressa nel 1818. Sebbene gli esterni romanici, restaurati, riflettano lo stile di costruzione originario, gli interni mostrano più che altro i segni del barocco, sia nell'**altare maggiore**, scolpito nell'arco di 15 anni a partire dal 1670, sia nel **pulpito**, anch'esso secentesco. All'esterno, lungo il fianco settentrionale, si trovano le rovine della precedente **basilica bizantina**, che secondo gli studiosi era stata edificata nel IX-X secolo sopra un tempio ellenistico: restano, nei sottarchi e nella volta a botte della cappella laterale, tracce di affreschi di sant'Onofrio, del Battista e del Cristo Redentore.

Torre Capanne BELVEDERE

All'estremità orientale di Castro, Torre Capanne è un'antica torre che si ergeva lungo il perimetro murario che un tempo abbracciava l'abitato. Oggi è uno stupendo belvedere al quale affacciarsi per osservare il mare e per scoprire un po' di più del passato messapico del luogo. Ai suoi piedi, in-

VALE IL VIAGGIO

LE GROTTE MARINE DI CASTRO: ZINZULI E GIOCHI DI LUCE

Per la tipologia delle rocce, il territorio costiero salentino è soggetto a frequenti fenomeni carsici che nei millenni hanno comportato la creazione di numerose e magnifiche grotte, la maggior parte delle quali visitabili solo via mare, salvo qualche eccezione. È questo il caso della **Grotta Zinzulusa** (0836 94 38 12; https://grotta-zinzulusa.business.site; Castro Marina; interi/ridotti €6/3; 10-16 ott-marzo, 10-17 apr-mag, 10-18 giu e set, 9.30-19 lug e agosto) ai piedi di Castro, visitata ogni estate da un fiume ininterrotto di visitatori in particolare per le sue stalattiti che pendono dal soffitto come fossero stracci (*zinzuli* in salentino) appesi. Divisa in tre ambienti – l'ingresso, la cripta e il fondo – e accessibile solo via terra percorrendo una passerella sull'acqua, stupisce adulti e bambini per le sue tante stalattiti e le stalagmiti dai nomi fantasiosi: le Sentinelle, la Torre di Pisa e il Duomo, oltre naturalmente agli *zinzuli*. L'ultima sala, la più grande, fino agli anni '40 era interamente coperta da millenni di guano di pipistrello, estratto e usato come concime. Davanti alla grotta o al porto troverete diverse imbarcazioni (p342) che conducono i turisti a visitare le altre meravigliose cavità naturali del mare di Castro, tra cui la **Grotta degli Innamorati**, la **Palombara**, che deve il suo nome ai colombi che vi nidificano, e infine la **Grotta Azzurra**, la cui acqua dai meravigliosi riflessi blu cobalto sembra stata creata da un'incantesimo della fata Turchina.

fatti, si sviluppa una piccola **area archeologica** (visita guidata €2; rivolgersi all'Infopoit c/o il castello), ben illustrata con pannelli, che custodisce i resti delle mura messapiche del IV secolo a.C. e di una delle porte di accesso al paese.

Spiagge

Nei dintorni di Castro non ci sono spiagge sabbiose, ma le insenature e gli scogli sono innumerevoli. Due calette tranquille e nascoste, con accesso libero, dove è piacevole fare il bagno sono **Punta Correnti** e l'**Argentiera**, che regalano acqua e panorama da sogno; un altro luogo imperdibile per gli amanti del mare si trova pochi chilometri a sud di Castro, a Marina di Marittima: si tratta di **Cala Acquaviva**, una sorta di profonda ferita della terra in cui si insinua il mare, e con uno scivolo per le barche molto ampio in cui sdraiarsi. Il golfetto, immerso nella vegetazione, si chiama così perché dal fondale sgorga acqua dolce, che è anche freddissima.

Attività

Dai giardinetti del Belvedere in Via Sant'Antonio, una bella **passeggiata** su scalinate tra magnifici panorami d'acqua porta sulla litoranea e all'ingresso della Grotta Zinzulusa.

Al Porto Vecchio di Castro Marina sono invece presenti numerose agenzie che in estate propongono escursioni in barca alle grotte (di seguito) e nei dintorni, immersioni e noleggio di natanti. Ricordate però che la Grotta Zinzulusa è accessibile solo via terra, perciò con la barca la vedrete solo da fuori.

Durlindana GITE IN BARCA, NOLEGGIO
(338 897 99 96, 360 74 06 48; www.noleggiobarchecastro.com; Via Scalo delle Barche; giu-set) Rocco e Cristiana sono due grandi amanti del mare che noleggiano pedalò, motoscafi e barche a vela e organizzano uscite giornaliere con aperitivo a bordo dei caratteristici gozzi.

Fortunato Noleggio GITE IN BARCA, NOLEGGIO
(360 37 41 37, 338 577 32 34; www.fortunatonoleggio.it; Piazza Dante; giu-set) Noleggiare un'imbarcazione è il modo migliore per conoscere a fondo la costa di Castro: questa agenzia, oltre all'affitto di lance, gommoni, scafi da diporto e canoe, organizza anche **gite in barca** di durata variabile ed escursioni di **pescaturismo** (€40 per 2 persone) con partenza all'alba.

Feste ed eventi

Castro Wine Fest GIUGNO/LUGLIO
(www.castrowinefest.it) Per tre giorni a cavallo tra giugno e luglio Castro si anima grazie agli stand di una trentina di produttori di vino salentini e di centinaia di appassionati che, bicchiere alla mano, degustano e assaggiano le deliziose creazioni degli chef invitati alla kermesse.

Pernottamento

B&B Belvedere B&B **€/€€**
(333 671 40 66; Via Belvedere 18; doppie €50-80,) A pochi passi dal centro storico, con vista mozzafiato sulla piscina della Zinzulusa e su Santa Cesarea, è un B&B con camere moderne, un piccolo giardino e le tante attenzioni della signora Lucia, che nel grazioso terrazzino vi offrirà una colazione a base

di prelibati prodotti locali salati e dolci, comprensivi di torte, pasticciotti e focaccia. Parcheggio pubblico.

L'Incanto B&B €€
(☎320 455 94 30; www.lincantocastro.it; Via Santa Dorotea 8; singole/doppie/triple €50-75/60-90/70-130) Lontano dalla frenesia di Castro Marina (siamo nel centro storico, in cima al colle), le tre moderne camere dell'Incanto sono pulite, luminose e arredate con allegria, che è più o meno tutto quello che serve per stare divinamente. In più c'è la ricchissima colazione, servita sulla terrazza da cui vi sembrerà di toccare il mare con un dito.

★ **Hotel Panoramico** HOTEL €€
(☎0836 94 30 07, 0836 94 31 23, 0836 94 32 92; www.hotelpanoramico.net; Via Panoramica 100; doppie €100-160; P❄🛜) Le camere sono accoglienti (molte con vista mare), le piscine sono un'ottima alternativa al mare, i gradoni rigogliosi di vegetazione intorno all'albergo rinfrescano solo a guardarli e soprattutto da qui si può godere della vista più bella su Castro: insomma, se venite in vacanza a Castro sapete dove prenotare. Però a luglio e agosto è sempre pieno: muovetevi con anticipo.

Pasti

La Pesceria FRIGGITORIA €
(☎0836 94 77 31, 339 342 46 42; www.facebook.com/lapesceria; Piazza della Vittoria; pasti a partire da €15; ⏲18-24, dom a pranzo) Con i tavolini sistemati su Piazza della Vittoria, questa friggitoria ha conquistato i palati di chi passa dalle parti di Castro. Funziona così: si sceglie, si paga, si ordina al bancone e si aspetta il proprio turno. Sebbene l'attesa in alta stagione rischi di essere lunga, vale la pena di pazientare perché poi arrivano cartocci di fritto misto, gamberi e cozze crude, scampi, tartare di salmone e varie altre indescrivibili prelibatezze.

Ristorante Da Amedeo RISTORANTE €
(☎347 781 54 50; www.daamedeoristorante.it; Via Sant'Antonio 46; pasti €35; ⏲12.30-14 e 19-23) Pesce freschissimo, cucinato in modo semplice per esaltarne i sapori, come vuole la tradizione. Da Amedeo, seduti nel romantico agrumeto stracolmo di profumi, degusterete un ricco menu con svariati antipasti e tanti frutti di mare, e poi linguine nere con battuto di gamberi e ravioli al ripieno di cernia. E per dessert non lasciatevi sfuggire l'arancia caramellata, un must del locale.

Locali e vita notturna

Castro vanta numerosi locali notturni che in estate danno il loro meglio: le serate e le notti d'agosto sono una festa senza fine. Per un aperitivo o un cocktail dopo cena con sottofondo musicale, il **Mirò Lounge Bar** (☎320 222 27 71; Piazza Dante) offre una vista incantevole e una buona selezione di cocktail. La discoteca migliore, secondo gli esperti nottambuli, è invece la **BluBay** (☎392 000 03 92; www.blubaydiscoteca.it; Via Sant'Antonio 1), spettacolare e unica, tra le più frequentate del Salento.

Shopping

Artefatto TERRACOTTA
(☎0836 94 75 44; www.artefattolab.it; Piazza Vescovado 2; ⏲9-13 mar-sab ott-mag, 9.30-13.30 e 16.30-20.30 mar-sab giu-lug e set, sempre aperto agosto) Dal 2001, con grande passione, Angelo e i suoi realizzano completamente a mano terrecotte e maioliche divertenti e colorate, e realizzano sotto i vostri occhi composizioni su tela con l'utilizzo di pezzi in ceramica, tutti originali e belli. Una sosta obbligata.

Informazioni

L'**Infopoint** (☎0836 190 32 06; c/o Castello Aragonese; ⏲9.30-12.30 e 15-18 inverno, 10-22 lug e agosto) fornisce informazioni e organizza visite guidate al paese e alla zona archeologica; attivissima è anche la **Pro Loco** (☎0836 94 33 17; www.prolococastro.it; Via Fratelli Bandiera 59; ⏲orario variabile) nel borgo medievale.

Per/da Castro

Castro è raggiungibile in auto da Lecce (48 km) percorrendo la SS16, la SS275, la SP363 e la SP358. I collegamenti in autobus sono gestiti da **STP Lecce** (☎0832 22 84 41, 800 44 74 72; ⏲8-13; www.stplecce.it; da Lecce €4,30, 1 h 40 min).

Tricase

POP. 17.129 / ALT. 98 M

A Tricase, uno degli epicentri commerciali e produttivi dell'estremo sud del Salento con un passato legato alla manifattura di tabacchi per tutto il secolo scorso, si può dedicare anche solo una mezza giornata a girovagare nel suo piccolo centro storico, prelevare al bancomat e fare la spesa. A **Tricase Porto** invece no, perché, in questo poetico borgo affacciato su uno dei mari più belli mai visti, troverete solo una spiaggetta minuscola, il villaggio dei pescatori e il porticciolo con una decina di barche che dondolano mosse dal vento.

Che cosa vedere

Palazzo Gallone PALAZZO

(☎0833 54 40 34; Piazza G. Pisanelli 1) C'è una storia che si racconta da queste parti: quella di Stefano II Gallone, il primo principe del luogo. Quando nella prima metà del Seicento ottenne il controllo sul territorio, il castello di Tricase – che risaliva a tre secoli prima – era poco più che un cumulo di macerie, di cui restavano in piedi soltanto la torre e un torrione. E siccome ricostruirlo non era nelle corde del principe, decise di trasformarlo in un palazzo che avesse tante camere quanti erano i giorni dell'anno. I lavori cominciarono nel 1661 e si protrassero a lungo, ma alla fine Stefano II ebbe quel che voleva, compresa una grande sala del trono capace di contenere più di 1000 persone. Attualmente il suo sontuoso palazzo, le cui prigioni conservano ancora i suggestivi graffiti dei prigionieri, è la sede del Comune. Fateci un salto in orario d'ufficio per sbirciarci dentro, oppure per visitarlo approfittate delle frequenti mostre d'arte allestite nei suoi immensi saloni, delle visite guidate organizzate dall'Infopoint (p346) o del **Salento International Film Festival** (www.salentofilmfestival.com), un'interessante rassegna cinematografica che si svolge a settembre e le cui proiezioni si tengono qui, tra le manie di grandezza del principe.

Chiesa Matrice LUOGO DI CULTO

(☎0833 182 65 27; www.parrocchianativitatricase.it; Piazza Don Tonino Bello; ⏲orario variabile) Alle spalle di Piazza Pisanelli, questa chiesa, progettata nel 1736 e intitolata alla Natività della Beata Vergine Maria, dall'esterno non dice granché. Il portale in stile tardobarocco, fiancheggiato da due coppie di colonne in pietra leccese, dà accesso agli interni, che meritano invece di essere esplorati con calma giacché custodiscono una collezione di pitture tra le più interessanti del basso Salento: ci sono un *San Carlo Borromeo* di Giandomenico Catalano, un rinascimentale *Battesimo di Giovanni* di Gian Antonio Fasolo e una *Vergine in Gloria* di Paolo Finoglio (XVI secolo). Gli assi nella manica sono in fondo all'aula: nella cappella del transetto sinistro fa bella mostra di sé una *Madonna col Bambino e i santi* firmata dal Veronese, tra i più alti pittori del Cinquecento veneto, mentre ai lati dell'altare maggiore si trovano una *Deposizione* e un'*Immacolata concezione* di Palma il Giovane, altro importante pittore veneziano del Rinascimento.

Chiesa della Madonna di Costantinopoli LUOGO DI CULTO

(☎328 422 46 66; Via Madonna di Loreto, Tricase; ⏲su richiesta) Pochi chilometri a est dal centro c'è una chiesa assai strana che si merita almeno un paio di post su Instagram. Bianchissima in mezzo alla campagna, costruita in pietra leccese nel 1685 e conosciuta anche come la Chiesa dei Diavoli per via di una storia un po' tenebrosa che non faticherete a farvi raccontare, ha un'inusuale pianta ottagonale, otto finestre alla sommità, un piccolo campanile a vela che da lontano sembra la piuma di un indiano e un elegante portale che non si sa bene se sia rinascimentale o neoclassico. Nel caso in cui riusciste a farvi aprire il portale, vedrete all'interno quel che resta dei suoi cinque altari e una gran quantità di paraste coronate da capitelli corinzi, su cui poggiano eleganti archi a sesto acuto.

Quercia vallonea PUNTO DI RIFERIMENTO

(Via Marina Porto, SP78, Tricase) Di storie, s'è detto, è piena Tricase. E tra esse c'è pure quella dei 100 cavalieri che, più o meno 1000 anni fa, prima di una battaglia che andavano a perdere, piantarono tutti insieme una ghianda che il loro condottiero aveva dato a ciascuno come portafortuna. Evidentemente non tornarono, però da quei semi nacque questa quercia vallonea che, insieme con quella di Corigliano d'Otranto (p323), è uno dei pochi esemplari rimasti di questa specie importata dai monaci basiliani: ha una circonferenza del tronco di 4,2 m, una splendida chioma di 25 m (pare che persino Federico II di Svevia si sia fermato sotto la sua ombra) e un'età stimata dai biologi, che non si lasciano condizionare dalle leggende, di circa 700 anni.

Porto Museo di Tricase MUSEO DIFFUSO

(☎347 781 06 05, 333 894 61 39; www.portomuseotricase.org; Tricase Porto; ⏲tutto l'anno) FREE Il nome già lo suggerisce, ma probabilmente è meglio sottolinearlo: qui non si tratta del museo di Tricase Porto, bensì del suo porto, che è un **museo diffuso**, capace di creare un collante fra porto, mare, popolazione e territorio: con la darsena dove beccheggiano i vecchi **gozzi dei pescatori** in legno restaurati, utilizzati per i corsi di avviamento alla navigazione a vela latina, e il magnifico **veliero Portus Veneris**, un caicco centenario approdato sulle coste italiane con a bordo 98 curdi in fuga dall'Iraq di Saddam Hussein e, dopo un periodo di abbandono, trasformato nella nave ammiraglia del Porto di Tricase, utilizzata anche per prestigiosi eventi culturali. A ciò si aggiunge l'antica casa del capitano che ospita una **bibliomediateca del Mare**, una **cucina** nella quale si tengono corsi e degustazioni di piatti marinari, una sala per le lezioni sulle antiche tecniche di pesca del passato e con un sacco di oggetti legati all'arte marinara; e infine con la **grotta** dove i pescatori scaricavano quel che il mare dava loro e custodivano reti, palamiti e gli altri attrezzi di lavoro. Insomma, è un'esperienza totalizzante quella che hanno creato i membri dell'Associazione Magna Grecia, che da anni si batte per la valorizzazione del borgo e per ricreare quelle connessioni tra uomini e luoghi che si affacciano sul Mediterraneo. Andateli a trovare, chiedete di vedere le videoconferenze durante le quali pescatori pugliesi, albanesi e tunisini discutono di come è meglio pescare le spigole a settembre, fatevi raccontare un po' dei loro progetti e, quando avrete finito, vedrete questo luogo, e il suo mare, con altri occhi.

Feste ed eventi

Festa di San Nicola 13 AGOSTO

La processione in mare è dedicata al santo, lo spettacolo pirotecnico a tutti coloro che vogliono godere del brivido che procura la baia incandescente di luci multicolori. I piatti tipici preparati dai pescatori sono invece dedicati alla tradizione e a tutti i turisti che prendono d'assalto il borgo.

Spiagge

La **spiaggia di Tricase Porto** è piccolissima ma molto suggestiva. Si trova davanti alle grotte che fungevano da magazzini dei pescatori e in estate si riempie immediatamente. Perciò, se non doveste trovare nemmeno mezzo metro quadrato libero, è meglio che vi spostiate a **Marina Serra**, un'altra delle frazioni di Tricase. Non aspettatevi distese di sabbia, però: sono insenature rocciose abbastanza scomode – ma con acque limpidissime, come quella che si trova subito dopo **Torre Pàlane**, una sorta di piscina 'naturale' dalla quale non vorrete mai più uscire. Se avete maschera, pinne e boccaglio, non perdetevi la **Grotta dei Monaci** e la **Grotta Matrona**, che si trovano a poche bracciate da qui. Decisamente più agevole, invece, **Marina di Andrano**, a nord di Tricase Porto: un tratto di costa bassa e rocciosa, lunga circa 3 km, che grazie alla presenza di lidi attrezzati è divenuta negli ultimi anni una delle più battute della zona. In località La Botte merita una visita la **Grotta Verde**, raggiungibile facilmente a nuoto, illuminata solo da piccole fessure che regalano splendide rifrazioni verdastre.

Pasti e locali

Farmacia Balboa ENOTECA €/€€

(☎0833 77 25 85, 389 837 61 37; www.farmaciabalboabar.com; Piazza Pisanelli 24; ⏲18-2, anche a pranzo lug e agosto) Nella piazza centrale questo localino trendy e sfizioso, ricavato dalla vecchia farmacia del paese, è un buon posto per una sosta veloce e scenografica. Serve taglieri di salumi, formaggi, bruschette e cose così, ottimi vini e buoni cocktail per terminare bene la serata. Se il bianco, il rosso e il rosato vi sono piaciuti, potreste andare a visitare la **Cantina Castel di Salve** (☎0833 77 10 41; www.casteldisalve.com; Via Salvemini 32, Depressa di Tricase), dove vengono prodotti e che è di proprietà di uno dei soci del locale.

Locanda del Levante TRATTORIA €€

(☎0833 54 66 78; Piazza Antonio dell'Abate; pasti €30; ⏲19.30-23) Un'antica casa ristrutturata con gusto in pieno centro storico, con grandi camini accesi nelle sale interne per l'inverno e d'estate i tavoli disposti su un'incantevole piazzetta. Lo chef propone una cucina di mare e di terra dai piatti ricercati, come gli spaghettoni Cavalieri con gamberi rossi di Gallipoli e i fagottini di rapa rossa. Memorabile la focaccia ai cereali.

★ **Anime Sante Ittiturismo** RISTORANTE €€

(☎339 798 42 91; via Borgo Pescatori, Tricase Porto; pasti €35-40; ⏲19-22.30 mer-lun, anche 12.30-14.30 dom) Bisogna sempre prenotare con qualche settimana di anticipo in questo ittiturismo che per primo, in Italia, ha proposto questa formula, che ricalca quella degli agriturismi. Lì si mangia quel che s'è coltivato o allevato, qui invece ciò che è rimasto intrappolato nelle reti. Il pescato dunque è freschissimo, i proprietari sono pescatori locali e dietro c'è una lunga storia, quella di un pescatore che aderisce al progetto del Porto Museo di Tricase, di un padre che convince i figli ad andare a pesca con lui, e di un marito che persuade la moglie a mettersi ai fornelli. Ed ecco che il successo è arrivato.

Lemì RISTORANTE €€

(☎347 541 91 08; www.ristorantelemi.it; Via Vittorio Emanuele II 16, Tricase; pasti €40; ⏲chiuso dom a cena e mer, sempre aperto estate) Quante belle sorprese da Ippazio Turco! La prima è senza dubbio il finger food a km0 di benvenuto in un ristorante essenzialmente d'autore: paninetti, puccette e focaccine che racchiudono la crème de la crème della gastronomia locale. La seconda è la capacità dello chef di unire la tradizione contadina a quella marinara. La terza è il camino acceso nella luminosa sala interna. La quarta la veranda immacolata. La quinta il locale.

Caffè d'Oltremare COCKTAIL BAR
(☎351 526 9162; Lungomare Cristoforo Colombo; ⏲9-23 mer-dom) In una palazzina un po' moresca, tutta rosa e con una terrazza da sogno, c'è questo caffè in cui si rifugiano gli amanti dei velieri in legno, dei dipinti di barche, di un buon libro di viaggio, delle chiacchiere al porto, di un cocktail o un aperitivo in compagnia del rumore e degli spruzzi del mare in terrazza.

Informazioni

Nel centro storico di Tricase c'è l'**Infopoint** (☎328 422 46 66; Piazza Pisanelli; ⏲9-20 estate, orario variabile in inverno), che organizza visite guidate a Palazzo Gallone e al paese (biglietto €5). A Tricase Porto, invece, ci si può rivolgere alla sede del Porto Museo (p344).

Per/da Tricase

Tricase è raggiungibile in automobile da Lecce (53 km) percorrendo la SS16 e la SS275. I collegamenti in autobus sono effettuati da **STP Lecce** (☎0832 22 84 41, 800 44 74 72; ⏲8-13; www.stplecce.it; da Lecce €5,10, da 1 h a 1 h 30 min).

Specchia

POP. 4560 / ALT. 131 M

Con un centro storico così, pieno di saliscendi a gradini che collegano le contorte stradine coperte da archi, con le tante chiese che sorgono sul suo territorio, le bianche case a corte e la luminosa campagna salentina che lo circonda, è quasi naturale che Specchia, 6 km a ovest di Tricase, faccia parte del club dei Borghi più Belli d'Italia.

Che cosa vedere

Prima di mettervi in viaggio contattate l'Infopoint locale, poiché tutto ciò che si può vedere nel borgo solitamente è chiuso, e avrete bisogno di una guida che vi accompagni. Quando l'avrete trovata, potete cominciare l'esplorazione dall'incantevole Piazza del Popolo, con il massiccio **Castello Risolo** che fa da spettacolare quinta teatrale. Il suo aspetto attuale, con una balaustra che attraversa tutta la facciata, è il risultato di una serie di interventi compiuti fra il XV e il XVIII secolo, ma la struttura preesistente era quella di un castello medievale. Lo stemma nobiliare e i busti che sovrastano il portale a bugnato sono quelli della famiglia Protonobilissimo-Trani, che nel Settecento diventarono feudatari del luogo. Da qui potete spostarvi alla **Chiesa Madre**, dall'altro lato della piazza. A croce latina, edificata nel Quattrocento e modificata più volte, cela all'interno preziosi altari barocchi in pietra leccese, risalenti ai primi anni del XVII secolo. Quando avrete finito di visitare la Specchia superiore, sarà arrivato il momento di scendere nelle sue viscere, dove si trovano quattro **frantoi ipogei** cinquecenteschi con tanto di macine e vasche per la sansa e per l'olio, considerati tra i più grandi di tutta la regione. E già che sotto terra fa fresco, fareste bene a concludere la visita del borgo nella **cripta** del **Convento dei Francescani Neri**, scavata nella roccia: puntellata da 36 sottili colonnine, conserva interessanti lacerti di affreschi bizantini.

Feste ed eventi

Festival del Cinema LUGLIO
(www.cinemadelreale.it) Tra aperitivi musicali, installazioni, workshop, brunch con i 'minuti contati' in compagnia dei registi e proiezioni, a fine luglio Specchia dedica quattro giornate a questo interessante laboratorio diffuso della settima arte. In quell'occasione il Castello Risolo è aperto, anche perché alcune delle proiezioni si tengono lì: è una buona occasione per dare una sbirciatina.

Pasti

Martinucci Specchia GELATERIA, PASTICCERIA €
(☎0833 53 54 29; Via Umberto I; ⏲6.30-24) Da Martinucci, per i dolci (superbi la torta Crepes e il tiramisù) e i gelati si va sempre sul sicuro; ma a Specchia di speciale c'è anche la location: le magnifiche sale a volta e l'ampio cortile interno dove vale la pena di sedersi anche solo per bere un caffè 'leccese'.

La Bettola di Pericle RISTORANTE €€
(☎329 566 81 08; Via Umberto I 15; pasti €25-30; ⏲12-14.30 e 18-24 gio-mar, tutti i giorni estate) È un po' il locale storico del paese, dove da anni Pericle propone sana cucina salentina a un passo dalla macelleria di famiglia. Eccellente quindi la carne, soprattutto le grigliate, ma notevoli sono anche le verdure tipiche della zona, come le cicorine selvatiche, le paparine (la pianta del papavero rosso che non fiorisce) e tante altre: chiedete a Pericle di descrivervele. Il locale è piccolino: in estate conviene prenotare con largo anticipo.

Ristorante La Ficarigna RISTORANTE €€
(☎0833 53 53 98; www.laficarigna.it; Via Grazia Deledda 2; pasti €35; ⏲19.30-23 mer-lun set-giu, fino alle 23.30 tutti i giorni lug e agosto) Appena fuori dal paese, è un locale accogliente, con un giardino pieno di fichi d'India dove si mangia d'estate. Lo chef propone una cucina mediterranea creativa di carne e di pesce, con protagonista la pasta ripiena e fresca fatta in casa. Il cavallo di battaglia rimane la pasta flambata davanti ai clienti in una ruota di grana padano. Delicata musica di sottofondo.

Informazioni

L'**Infopoint** (☎0833 183 17 22; www.facebook.com/infopointspecchia; Piazza del Popolo 8; ⏲9-23 estate, orario ridotto in inverno) organizza visite guidate gratuite (anche se è gradito un contributo libero) di 60 minuti che da ottobre a maggio bisogna prenotare. I principali luoghi d'interesse sono anch'essi gratuiti.

Per/da Specchia

Specchia è raggiungibile in auto da Lecce (54 km) con la SS16. I collegamenti in autobus sono gestiti da **STP Lecce** (☎0832 22 84 41, 800 44 74 72; ⏲8-13; www.stplecce.it; da Lecce €5,10, 1 h 20 min).

PALAZZO COMI: UNA CASA-MUSEO DELLA CULTURA

A **Lucugnano**, a soli 2 km da Specchia, un luogo insolito e denso di cultura è la casa-museo del barone Girolamo Comi (1890-1968), poeta e intellettuale fondatore dell'Accademia Salentina. Prenotando una **visita guidata** (☎0832 37 35 53, 0832 37 35 53; www.facebook.com/palazzocomi; ingresso €5), potrete visitarne gli interni, con gli arredi di gusto novecentesco, gli arazzi realizzati su disegni del poeta dalle celebri Costantine di Casamassella (v. lettura p339), stampe, quadri e una ricchissima biblioteca che custodisce il patrimonio librario e gli scritti del barone.

Santa Maria di Leuca e dintorni

POP. 1062 / ALT. 17 M

Siete arrivati alla fine: non c'è più terra oltre Santa Maria di Leuca, non Salento, non Italia. Il punto più a sud della penisola salentina è questa autentica perla posizionata tra Punta Meliso e Punta Ristola che guarda al mare da un'alta scogliera, lì dove l'Adriatico e lo Ionio s'incontrano e si fondono con i loro colori e le loro diverse densità (il primo è più dolce e bruno, il secondo salato e cobalto). C'è da chiudere gli occhi, prendere fiato ed emozionarsi; sapendo che questa terra è anche un simbolo dell'incontro fra i popoli, un ponte sul Mediterraneo, punto di contatto fra l'Oriente e l'Occidente, e che ancora oggi siamo chiamati al dovere dell'accoglienza.

Che cosa vedere

A causa della sua conformazione stretta e scoscesa, l'abitato di Santa Maria di Leuca è piuttosto disordinato. Formato da basse case intonacate a calce, che rende il tutto bianchissimo, è punteggiato da alcune belle ville eclettiche in stile moresco, liberty, dorico, cinese, pompeiano (a maggio, la manifestazione **Ville in Festa** dà l'opportunità di visitarne i giardini), che raccontano le tracce di un passato ancora ben radicato sul territorio, come **Villa Episcopio** (non visitabile) e **Villa Fuortes** (oggi sede della Pro Loco). Il paese dispone inoltre di un piacevole **lungomare** pieno di stabilimenti balneari e ristoranti di pesce, che dal **porto turistico** a est arriva a Punta Ristola (v. lettura p348) a ovest. In alcuni giorni dell'anno, inoltre, è possibile assistere alle aperture programmate dell'acquedotto pugliese, che quando si gira il rubinetto crea una lunga **cascata monumentale** che termina vicino al porto. La notte è illuminata ed è uno spettacolo curioso: chiedete notizie sulle date all'Infopoint.

Tuttavia, il principale punto di interesse del luogo è la **Basilica Santuario di Santa Maria de Finibus Terrae** (☎0833 75 86 36; www.basilicaleuca.it; Piazza Giovanni XIII; ⏲7-18.30 inverno, fino alle 22 estate), che sorge nel punto più alto di Punta Meliso. Da secoli importante meta di pellegrinaggio, fu costruita sopra un tempio romano dedicato alla dea Minerva, come testimonia l'ara su cui si celebravano i sacrifici alla divinità che si trova all'interno della chiesa. L'edificio attuale, che è una via di mezzo tra una fortezza capace di resistere alle incursioni dei turchi e un luogo di culto, è della prima metà del Settecento e molti viaggiatori restano un po' delusi quando se la trovano davanti, perché in effetti all'esterno non è nulla di speciale. Custodisce però alcuni dipinti di pregio, tra cui la piccola tela di *Maria de Finibus Terrae* incastonata nell'altare maggiore barocco. È opera di Palma il Giovane, ma tradizione vuole che prima di essa nella basilica venisse venerato niente-

VALE IL VIAGGIO

PELLEGRINI SUL CAMMINO DEL SALENTO

Il **Cammino del Salento** (www.camminodelsalento.it) è un trekking di 135 o 115 km a piedi da Lecce a quella che per i romani era Finis Terrae, la fine del mondo, all'estremo lembo orientale d'Italia, dove oggi sorge la Basilica Santuario di Santa Maria de Finibus Terrae (p347) e nei secoli sono giunti pontefici, santi, uomini illustri e tantissimi pellegrini, a rendere omaggio alla Madonna de Finibus Terrae. Ricalcando le loro orme e muniti del Passaporto del Pellegrino (chiedete all'Infopoint di Lecce, p308; dà diritto a sconti sulle strutture ricettive convenzionate), oltrepassate Porta Napoli nel capoluogo salentino e dirigetevi in Piazza Sant'Oronzo. Da qui sono due gli itinerari possibili: scegliete quello che vi è più congeniale. La **Via del Mare**, 115 km in cinque tappe, si svolge quasi interamente lungo la costa, tra paesaggi strepitosi di acqua e rocce; la **Via dei Borghi**, 135 km in sei tappe, più stimolante dal punto di vista storico-artistico, nei primi tre giorni si addentra nella campagna tra muretti a secco e ulivi. Da Otranto in giù, nelle ultime tre tappe, le due vie si ricongiungono e camminerete principalmente lungo sentieri a mezza costa, tra torri costiere, piscine naturali, grotte e piccole baie. Entrambe le vie sono percorribili in tutte le stagioni dell'anno e sono indicate con frecce color arancio. Arrivati alla meta, esibite il passaporto con i timbri ricevuti durante il cammino: vi sarà consegnato il Testimonium, l'attestato del pellegrinaggio. C'è ancora un ultimo sforzo che vale la pena di fare prima del ritorno: camminate per 2 km fino a **Punta Ristola**, un grande scoglio proteso sull'acqua a indicare l'Africa. Questo è l'unico punto in cui è possibile vedere il sole che nasce in un mare e che muore nell'altro. Veniteci, all'alba o al tramonto, e ve ne innamorerete perdutamente.

meno che il ritratto di Maria, che le fece san Luca a Malta e di cui non s'è mai avuta certezza storica. In compenso, quello che certamente vi incanterà è l'enorme **terrazza-sagrato** (il panorama sul mare è impressionante, sia d'estate sia d'inverno con le mareggiate) e il vertiginoso **faro** che dal 1866 avvisa i naviganti che proprio lì, al **Capo di Leuca**, dove finisce il mare, inizia l'Italia.

Attività

Piccola Nautica GITE IN BARCA

(☎338 300 35 29; www.piccolanautica.it; Via Doppia Croce 54, Porto Vecchio di Leuca; ⏲Pasqua-metà ott o su prenotazione) Attorno al Capo di Leuca si aprono numerose cavità marine raggiungibili solo via mare, come la **Grotta del Diavolo**, la **Grotta di Porto Vecchio** e la **Grotta Grande del Ciolo**. Per visitarle potete contattare questa agenzia, che organizza escursioni e noleggia motoscafi, gommoni e gozzi.

Smarè VELA

(☎0833 75 81 10, 342 513 94 35; www.smare.it; Via Doppia Croce; ⏲tutto l'anno) Volete sentirvi dei perfetti lupi di mare che già dalla prima uscita in barca possono affermare di aver solcato due mari? Affacciatevi da Smarè e iscrivetevi a uno dei suoi corsi, sia per adulti sia per bambini: cinque giorni, con uscite di quattro ore, costano circa €250. In alternativa, potete fare gite in giornata con lo skipper o imparare le manovre di base.

Spiagge

Lungo la scogliera della baia di Santa Maria di Leuca, dove un tempo si allineavano i 'capanni' in legno a proteggere la privacy delle ricche signore in villeggiatura, oggi si susseguono invece gli stabilimenti attrezzati. Percorrete il lungomare e scegliete quello che più vi attira. Il **Samarinda Fine Beach** (☎392 195 04 65; Lungomare Cristoforo Colombo), per esempio, ha un'estesa piattaforma e un'agevole discesa al mare. Chi cerca un luogo indimenticabile, però, farebbe bene a spostarsi di qualche chilometro verso nord-est e raggiungere il **Ciolo**, una caletta dall'acqua azzurrissima incastonata tra le alte pareti della gravina che si allarga da Gagliano del Capo e giunge fino al mare. Vi si accede da una ripida scalinata che parte dal ponte in cemento armato che passa sopra la gola e che in alcune ore della giornata sarà la salvezza di chi s'è scordato l'ombrellone a casa. Sporadicamente vi potrà capitare di incontrare qualche gruppo di spericolati del posto appollaiati sulla ringhiera (è per questo che li chiamano i corvi), pronti a tuffarsi da 36 m d'altezza. Voi, magari, non fatelo, ma lasciate l'auto nel parcheggio subito dopo il ponte e percorrete lo splendido **Sentiero delle Cipolliane** (45 min), che lungo un panoramico percorso profumato di mare e di lentisco conduce fino all'omonima grotta.

Pernottamento

Camping Santa Maria di Leuca CAMPEGGIO €
(0833 54 81 57; www.campingsmleuca.com; SS275, Km 35,7, Gagliano del Capo; camper o tenda o caravan con auto e luce elettrica per 2-3 persone €200-260 a settimana; casa mobile o miniappartamento per 2 persone €320 circa a settimana; ; tutto l'anno) Se siete in viaggio in bici, moto o auto e gli spostamenti non sono un problema, provate a soggiornare in questo campeggio tre stelle a circa 3 km dal mare, che costituisce una soluzione low cost e insieme quasi lussuosa (ci sono piscine, animazione e anche la possibilità di cimentarsi in corsi di nuoto, tennis, vela, climbing e immersioni).

Albergo del Santuario ALBERGO €
(0833 75 86 96; www.albergodelsantuario.it; Via Don Luigi Sturzo; singole/doppie €50-70;) Albergo semplice, come si conviene a una struttura religiosa, ma in una posizione fantastica, proprio sulla piazza della basilica santuario, con un panorama strepitoso e un comodo parcheggio. Camere essenziali, ma pulite e confortevoli.

L'Altra Metà B&B €€
(340 780 40 28; via Don Luigi Sturzo, Arigliano, Gagliano del Capo; doppie €80-110; apr-ott;) Ad Arigliano, frazione di Gagliano del Capo, un paesino a pochi chilometri da Leuca, una porticina vi condurrà a un giardino incantato, riadattamento dell'antica azienda agricola di famiglia, che per metà (da cui il nome) è diventata struttura ricettiva, conservando mobilio e fascino di un antico palazzo nobiliare. La famiglia De Blasi si fa in quattro per consigliarvi i luoghi più belli e per rendervi indimenticabile il soggiorno (un plauso alla prima colazione con le torte fatte in casa).

Hotel Montirò HOTEL €€/€€€
(0833 75 87 38; www.montirohotel.com/il; Via Montiro; doppie €200;) Pietra, natura, mare e ulivi, ritorno alla terra e alle origini: questa è la mission dell'hotel quattro stelle Montirò. Le sue camere raffinate, dal design contemporaneo, sono inserite in un piccolo borgo di case in pietra e riprendono l'architettura delle antiche *pajare*, le tipiche costruzioni salentine, rifugio di contadini. Ristorante, piscina, terrazzi panoramici e giardini che profumano di piante mediterranee ed erbe aromatiche fanno da cornice.

Pasti

Boccaccio CHIOSCO GASTRONOMICO €
(377 345 90 14; Via Panoramica; www.facebook.com/lapoesiainunbarattolo; pasti a partire da €15; 19-24) A scanso di equivoci sappiate che il boccaccio, in Puglia, è un barattolo usato per fare le conserve. La poesia, piuttosto, c'entra perché questo localino all'aperto ne è intriso, con i tavoloni sparsi in mezzo a una pineta tra le rocce bianche e l'illuminazione che sembra affidata alle lucciole. Erbette spontanee ripassate in padella, frittini, pezzetti di cavallo, salumi, formaggi, frise e poi, ovviamente, loro, i boccacci, con tutto quello che c'è dentro: olive, pomodori, peperonata e così via.

Fedele RISTORANTE €€
(0833 75 87 32; Via Doppia Croce 55; pasti a partire da €35; 12.15-14.30 e 19-22) Provate a chiedere agli abitanti di Santa Maria di Leuca un consiglio su dove mangiare pesce fresco tutto l'anno, in un ambiente piacevole né troppo raffinato né dimesso, con un buon rapporto qualità-prezzo e serviti da personale attento e competente, e nove volte su 10 vi consiglieranno questo ristorante sul porto. Il decimo era un turista.

Bacio di Puglia TRATTORIA €€
(349 359 26 80; Via Panoramica; www.baciodipuglia.it; pasti €25-30; 12.30-14.30 e 19.30-24) A pochi passi dal mare, con un grande giardino esterno adatto ai bambini, tutti i sapori della cucina verace salentina e una pizza lievitata a dovere. Cavatelli cozze e vongole e orecchiette alle cime di rapa solo per intenditori.

Sant'Elia TRATTORIA €€
(348 721 98 03; www.santeliatrattoria.com; SP274 Patù–San Gregorio, Patù; pasti €35; 19.30-22 mar-sab, 12.30-14 dom) Per gli amanti della buona cucina di terra e di mare, questa accogliente trattoria dall'atmosfera bucolica è ormai un faro che brilla sulla punta del Tacco. Fra tradizione e innovazione, crudi e cotti, pasta fatta in casa, carne e pesce affumicati al legno di quercia e formaggi DOP, i piatti sono un trionfo di colori e di sapori.

Locali e vita notturna

Gibò DISCOTECA, RISTORANTE
(0833 54 89 79, 335 634 16 56; www.gibo.it; Località Ciolo; SS173, Litoranea Santa Maria di Leuca) Se vi verrà voglia di accostare l'auto lungo la litoranea di Santa Maria di Leuca, allungate lo sguardo sulle strutture in pietra abbarbicate sui pendii della baia, per poi farlo scivolare verso la linea di costa: scoprirete dov'è e

VALE IL VIAGGIO

DUE BORGHI GIOIELLO DELL'ENTROTERRA: PATÙ E PRESICCE

Se volete lasciare per qualche ora la costa ed esplorare un po' l'entroterra salentino da Santa Maria di Leuca o da Gallipoli, troverete due destinazioni stimolanti che distano una decina di chilometri l'una dall'altra. A **Patù**, alla periferia del paese e di fronte alla Chiesa di San Giovanni Battista, si trova il **Centopietre** (Piazza Pedone), uno strano monumento sepolcrale edificato nel IX secolo per un generale cristiano, costruito, come suggerisce il nome, con 100 pietre recuperate dalla vicina città messapica di Vereto. Di tutt'altro genere il fascino di **Presicce-Acquarica**, un bel borgo barocco (che fa parte della lista dei più Belli d'Italia) raccolto intorno a Piazza del Popolo, su cui svetta la Colonna di Sant'Andrea e prospetta il Palazzo Ducale, con il suo giardino pensile all'italiana e all'interno il **Museo della Civiltà Contadina** (☎340 650 64 21; ⏲su prenotazione) FREE. Non perdetevi poi il mosaico di chiese e palazzi signorili sparsi per il paese, insieme alle case a corte di origine cinquecentesca, dove uomini e animali vivevano in simbiosi. Tanti, infine, i **frantoi ipogei** che si nascondono nel sottosuolo del borgo, utilizzati un tempo per la frangitura delle olive: per visitarli bisogna contattare l'**Infopoint** (☎340 650 64 21; www.prolocopresicce.it; Piazza Villani; ⏲orario variabile tutti i giorni metà lug-agosto). Appena fuori dal centro, si fanno notare le masserie rinascimentali, alcune fortificate in seguito alle invasioni saracene e turche, che si alternano alle casine settecentesche, le ville di campagna dei proprietari terrieri. Dal 2019, Presicce si è unita ad **Acquarica del Capo**, centro medievale sorvegliato dal grande Castello Sforzesco che ospita il **Museo del Giunco** (☎351 053 88 85; Piazza San Carlo 11; ingresso €3; ⏲10-12 e 18-21 estate o su prenotazione, visite guidate ogni giovedì e sabato alle 18.30); da secoli, infatti, ad Acquarica del Capo gli artigiani lavorano le fibre vegetali raccolte nelle vicine paludi, dando forma a una miriade di bellissimi oggetti: cesti, bambole, vassoi, tappeti, pupazzi, presepi e molto altro ancora.

com'è fatto il celeberrimo Gibò, ovvero uno dei locali più famosi d'Italia, e ci tornerete per una serata danzante come si deve.

ℹ Informazioni

Nella parte alta del paese, nei mesi estivi è attivo l'**Infopoint** (☎0833 75 81 11; Piazza Savoia 3; ⏲orario variabile), mentre Villa Fuortes, davanti al mare, ospita la **Pro Loco** (☎347 404 37 38; www.prolocoleuca.it; Lungomare Cristoforo Colombo 53; ⏲9-13 e 16-20 inverno, 9-13 e 18-23 estate).

ℹ Per/da Santa Maria di Leuca

Santa Maria di Leuca è raggiungibile in auto da Lecce (70 km) percorrendo la SS16 e la SS275. I collegamenti in autobus sono gestiti da **STP Lecce** (☎0832 22 84 41, 800 44 74 72; ⏲8-13; www.stplecce.it; da Lecce €6,50, 1 h 50 min). Corse aggiuntive da metà giugno a metà settembre con SalentoinBus (v. lettura p310).

LA COSTA IONICA DA SANTA MARIA DI LEUCA A PORTO CESAREO

Simile nella morfologia alla costa Adriatica, quella che comincia a Santa Maria di Leuca e sale fino a Porto Cesareo è un susseguirsi di incantevoli calette dal mare calmo e dai bassi fondali sabbiosi su cui si affacciano raccolte località di villeggiatura. Qui, a differenza del versante orientale, si aprono anche lunghissime spiagge adatte soprattutto ai bambini. L'invitante Gallipoli, con la sua movida notturna, e incantevoli aree protette come quella di Porto Selvaggio completano l'offerta e spiegano perché la costa ionica sia capace di calamitare ogni estate migliaia di viaggiatori.

Da Marina di Patù a Torre San Giovanni

Al confine occidentale di Santa Maria di Leuca (p347), lungo la SP214, dopo qualche minuto d'auto si attraversa **Marina di San Gregorio**. È un posto assai gettonato grazie a una spiaggia fiancheggiata da un comodo parcheggio e alla caratteristica **Baia di San Gregorio**. Questa caletta rocciosa è frequentata da molti abitanti della zona, che amano venirci per una nuotata al tramonto e perché alle sue spalle si trova il **Bar del Moro** (☎0833 76 78 42; Via del Mare 2; pasti €20-30; ⏲8-3 estate), che è anche un ristorantino alla buona dove fare l'aperitivo o una scorpacciata di frutti di mare. Nel caso in cui da queste parti non troviate posto dove fermarvi, proseguite fino a **Torre Vado**: il porticciolo turistico è attrezzato di tutto punto per i diportisti. La **Spiaggia di Posto Vecchio**, con un arenile di sabbia finissima color deserto, molto largo e quasi tutto libero, segna l'inizio del tratto di costa forse più bello della zona, con un mare piatto che sfuma dal turchese al blu cobalto: non è un caso che i successivi 2 km di litorale siano conosciuti come le 'Maldive del Salento'. La nota dolente è che parcheggiare sarà un incubo, e per giunta un po' costoso, perché le uniche aree di sosta presenti sono quelle degli stabilimenti balneari. Sarete arrivati, a questo punto, a **Marina di Pescoluse**, dove lo stabilimento balneare **Le Cinque Vele** (☎ 391 484 8711; www.lecinquevele.com; ⏰ 8-20), forse il più esclusivo del Salento, ha da poco inaugurato la prima Natural Sea Spa d'Italia, con vasche con idromassaggio sulla spiaggia e trattamenti a base di sabbia, sale o erbe aromatiche del luogo, dal fico d'India al lentisco, dalla lavanda alla menta selvatica. Poco oltre c'è **Torre Pali**, che spezzata in due resiste da secoli con i piedi a mollo alla forza del mare. Qui, nella vicina **Lido Marini**, a **Torre Mozza** e fino a **Torre San Giovanni**, tutte frazioni costiere della pittoresca Ugento (p329), si trovano grandi **bacini** artificiali che hanno avuto un ruolo fondamentale nella bonifica di questo territorio, fino a poco più di un secolo fa completamente paludoso. Dategli un'occhiata e se siete in bicicletta seguite i canali che li collegano e si addentrano nel **Parco Naturale Regionale Litorale di Ugento**, che tutela questa zona. Considerato che qui il parcheggio è l'ultimo dei problemi, che sull'arenile che si estende per oltre 10 km si alternano tratti liberi e altri attrezzati, e che il fondale è molto basso, se viaggiate con bambini probabilmente questo è il posto che fa per voi.

ℹ Informazioni

Lungo il litorale sono presenti numerosi infopoint stagionali. Tra gli altri, potete rivolgervi a quello di **Torre Mozza** (☎ 388 802 38 63; www.prolocobeachgemini.it; Parcheggi Gemini; ⏰ orario variabile), che organizza visite guidate e noleggia biciclette, e a quello di **Torre San Giovanni** (☎ 0833 55 73 55; Via Giano Bifronte 12; ⏰ orario variabile).

Gallipoli

POP. 19 679 / ALT. 12 M

Vocata tanto alla pesca quanto al turismo, Gallipoli oggi ha decisamente virato verso quest'ultimo, e soprattutto d'estate diventa una meta del divertimento per migliaia di giovani in cerca di notti brave sulla spiaggia. La città antica guarda quasi sonnacchiosa alle follie estive come da un mondo a parte, e i suoi residenti – quelli che tra queste case costruite sull'acqua come un'antica Dubai ci vivono tutto l'anno – contano i giorni che mancano alla fine della stagione, quando anche l'ultimo dei turisti chiuderà il bagagliaio dell'auto e questi vicoli torneranno a essere silenziosi, percorsi solo dal vento.

Storia

Come tutte le città nate sul mare (in questo caso nel X secolo a.C., quando qui si insedia una piccola tribù messapica), Gallipoli ha avuto una storia abbastanza complicata. Annessa alla Magna Grecia, passata sotto il dominio di Roma nel 265 a.C., e nell'Alto Medioevo saccheggiata a più riprese prima dai vandali e poi dai goti, viene ricostruita e controllata dai bizantini fino a quando nell'XI secolo arrivano i normanni. Altro giro di giostra, e di spargimento di sangue, ed ecco gli Angioini trionfanti prendere possesso della città (1268), seguiti da una breve parentesi veneziana (1484) fino a quando finalmente entra nell'orbita dei Borbone, sotto il Regno di Napoli. E meno male, perché grazie al denaro che dal Cinquecento investono per la costruzione del porto, Gallipoli comincia a prender fiato e in breve tempo si converte in un febbrile e trafficato snodo mercantile: gli intensi commerci del sale, del tabacco, del sapone e soprattutto dell'olio per lucerne, che all'epoca illuminava persino Londra, Parigi e Berlino, la trasformano nell'emporio della Puglia, oltre che in un luogo di scambio di lingue e di tradizioni. Seguirà così aumentando di importanza nello scacchiere salentino fino all'Unità d'Italia.

👁 Che cosa vedere

Porto Antico PORTO

Al mattino presto e al tramonto, quando uno alla volta i piccoli pescherecci tornano agli ormeggi avvolti in una nuvola di gabbiani, l'antico porto gallipolino offre uno spettacolo indimenticabile. Raccolto tra il secentesco **Santuario della Madonna del Canneto**, il Rivellino (fortificazione del XVI secolo) e il Castello Angioino (p352), a dispetto del nome venne costruito solo nell'Ottocento, quasi tre secoli dopo che il porto commerciale, che si trova dall'altra parte della città, era diventato uno degli scali più importanti dell'area ionica. Mentre lo costeggerete per prendere il vostro posto alla fine del molo sud, che è il punto migliore per ammirare il carosello di barche, fermate-

Gallipoli

vi qualche minuto a osservare la **Fontana Greca**, un grande lastrone di carparo scolpito ad altorilievo con miti marini, difficilmente leggibili. Secondo alcuni risalirebbe al III secolo a.C., e quindi sarebbe greca per davvero; per altri invece è databile intorno al Cinquecento. Decidete pure di credere alla versione che preferite; l'importante è che poi facciate un salto al **mercato ittico** (⏲6-13 lun-sab), che si svolge ogni mattina a due passi da qui, in Piazza Dogana: dalle 6 alle 9 del mattino dà il meglio di sé, mentre durante le ore del tramonto, si trasforma in una magica location per l'aperitivo a base di molluschi e pesce azzurro.

★ Castello Angioino — CASTELLO

(☎0833 26 27 75; Rampa Castello; www.castellogallipoli.it; interi/ridotti €2-7/1-5 a seconda della mostra in corso; ⏲10-24 lug e agosto, 10-20 giu e set, 10-13 e 15-17 ott-marzo, 10-13 e 15-18 apr-mag, chiuso lun ott-marzo) Non disperatevi se non lo trovate subito: l'ingresso a questo castello si trova dentro l'ex mercato del pesce della città, costruito nel XIX secolo nel fossato della fortezza. Oggi ospita bar e negozietti, oltre all'accesso all'antico baluardo di Kalepolis, un gioiello di architettura militare che risale ai tempi della Magna Grecia e dei romani, poi ampliato e rinnovato in prima battuta dal famoso architetto, ingegnere e pittore toscano Francesco di Giorgio Martini (1439-1501), autore di uno dei più importanti trattati di architettura civile e militare del Rinascimento, e poi dagli spagnoli. I torrioni, i corridoi, la Piazza delle Armi, i panoramici camminamenti, la cappella, le sale esagonali e i tanti ambienti che si aprono a raggiera attorno al cortile centrale, allestiti magistralmente, ospitano con frequenza accattivanti esposizioni temporanee, molte delle quali di arte e fotografia contemporanea. L'ambiente più straordinario della fortezza si trova sot-

Gallipoli

Da non perdere

1 Castello Angioino D2
2 Cattedrale di Sant'Agata C3
3 Chiesa della Purità B2

Che cosa vedere

4 Chiesa di San Domenico B4
5 Chiesa di San Francesco di Paola A3
6 Frantoio Ipogeo di Palazzo Granafei B3
7 Le Riviere B3
8 MAREA – Centro di Cultura del Mare B4
9 Museo Civico B3
10 Museo del Mare B3
11 Museo Diocesano C3
12 Porto Antico D3
13 Sala 'Collezione Coppola' B3

Spiagge

14 Spiaggia della Purità B2

Pernottamento

15 I Bastioni di San Domenico B4
16 La Finestra sul Mare C4
17 La Riviera B2
18 Palazzo Vallebona .... fuori cartina F2

Pasti

19 Al Pescatore C2
20 Baguetteria De Pace B3
21 Da Clara C3
22 Osteria Briganti B3
23 Santa Monaca B3
24 Scafùd C3

Locali e vita notturna

25 Blanc Cafè C2
26 La Spingula B4
27 Officine Brewer C2

Shopping

28 Salentum C3

to i vostri piedi ed è l'immensa **Sala Ennagonale**, un gioiello di architettura militare, con un diametro di 20 m e un'altezza di 10, in cui viene proiettato un emozionante e immersivo videomapping a 360° che racconta l'epoca d'oro di Gallipoli e il 'mare di storie' di cui la città è stata testimone.

★ **Cattedrale di Sant'Agata** LUOGO DI CULTO
(☎0833 26 19 87; www.cattedralegallipoli.it; Via Duomo 1; ⏲7.30-12.30 e 15.45-21 estate, orario ridotto in inverno) Spunta un po' a sorpresa nel punto più alto della città vecchia la solenne cattedrale barocca gallipolina, edificata a partire dal 1629 sulle rovine della precedente duecentesca, abbattuta a colpi di piccone per fare spazio al nuovo tempio. E chi si aspetta la sobrietà del barocco leccese farebbe meglio a cambiare subito idea. Questa cattedrale, in quanto a sfarzo, è capace di far impallidire persino le chiese siciliane e partenopee. Guardate la facciata (e se non ci riuscite provate a spostarvi nella stradina alla sua sinistra): divisa in due ordini, con quello inferiore scandito da paraste, esplode nella decorazione lapidea in carparo nel secondo livello, progettato da Giuseppe Zimbalo: una selva di statue, cornici floreali, elaborate trabeazioni e ghirigori vari da togliere il fiato. Lo stupore continua una volta entrati fra le tre navate, divise da 12 colonne di stile dorico che scandiscono gli spazi dei cinque altari laterali dei fianchi e dei due del transetto, tutti barocchi

DA VEDERE

OLI E FRANTOI IPOGEI

In giro per il Salento sarete senz'altro inciampati in qualche frantoio ipogeo, quelli che qui si chiamano *trappìti*, veri e propri torchi sotterranei scavati a mano nel carparo. Se non avete avuto l'occasione di visitarne nemmeno uno, a Gallipoli potrete rimediare. Il più celebre tra quelli presenti in città è il **Frantoio Ipogeo di Palazzo Granafei** (☎0833 26 42 42, 348 895 61 09; www.gallipolinostra.it; Via de Pace 87; ingresso €1,50; ⏲10-24 sab e dom lug e agosto, 10-13 e 16-21 sab e dom giu e set, 10-13 e 16-19 sab e dom mag, 10-12 sab e dom ott-apr), ma se volete l'associazione che lo gestisce potrà accompagnarvi anche a quello sotto Palazzo Briganti.

in marmi policromi, che completano la croce latina. La quasi totalità dei dipinti che li impreziosiscono sono del pittore locale Giovanni Andrea Coppola, che impiegò gli ultimi anni della sua vita per dipingere i santi, le vergini e altre figure bibliche che vi osserveranno mentre lentamente arriverete fino all'altare maggiore, dietro il quale si cela un bel coro ligneo settecentesco su cui troneggia il *Martirio di sant'Agata* del napoletano Nicola Malinconico, un olio su tela che copre la volta del presbiterio. Due chiose: per gli amanti dei numeri, le tele della chiesa si estendono su oltre 700 mq; per quelli dell'arte, il *Sant'Isidoro* del primo altare a sinistra è attribuito a Luca Giordano.

Museo Diocesano — MUSEO

(☎0833 26 41 10; www.museodiocesanogallipoli.it; Via de Pace 51; interi/ridotti €4/2,50; visita guidata mer mattina €7; ⏲17.30-23 giu-set; 9-12.30 mar-ven e 9-12.30 e 15.30-18.30 sab e dom) Adiacente alla cattedrale, nei locali dell'antico seminario, si sviluppa questo ricco museo che su tre piani espone un consistente patrimonio di tele dei secoli XVI-XVIII, arredi liturgici, reliquiari e altri oggetti d'argenteria sacra, paramenti e statue in cartapesta. Se la cosa non vi interessa, approfittatene almeno per vedere le cucine, il refettorio e le belle terrazze dell'antico collegio diocesano.

Museo Civico — MUSEO

(☎0833 26 42 24; Via de Pace 108; biglietti €3/1; ⏲10-13 e 17-24 tutti i giorni lug e agosto, 10-13 e 17-21 mar-dom set-giu) Piccolo ma sfizioso, ricavato nei locali di un'ex biblioteca (al primo piano c'è la collezione di volumi, sostanzialmente di teologia), ospita l'eccentrica raccolta donata alla città dal filosofo e naturalista ottocentesco Emanuele Barba: abiti d'epoca e accessori, armi da fuoco e bianche, minerali, ossi di delfino e fossili di balena. Tutto raccolto un po' alla rinfusa, come si faceva nelle camere delle meraviglie. Se ve la sentite, potete visitare anche la **sezione di patologia fetale e animale**, con una decina di barattoli di vetro contenenti in formalina feti umani afflitti da deformità, un agnello a sei zampe, un uccello a tre artigli. Per stomaci forti!

Museo del Mare — MUSEO

(☎0833 26 42 24, 368 702 82 34; Via Sant'Angelo; interi/under 6 €1/gratuito; ⏲10-13 tutto l'anno, 17-21 giu e set, 17-24 lug e agosto) I pezzi forti di questo museo che piacerà un sacco ai bambini sono i grandi scheletri interi di due esemplari di zifio, una via di mezzo tra un delfino e una balena con due dentoni sul muso. L'esposizione conserva anche granchi, crostacei, conchiglie, uccelli marini e altri animali che, da vivi, popolano i mari salentini.

Sala 'Collezione Coppola' — MUSEO

(☎0833 26 42 24, 324 557 46 19; Via Sant'Angelo; ingresso €1; ⏲10-13 e 17-24 tutti i giorni lug e agosto, 10-13 e 17-21 tutti i giorni giu e set, 10-13 e 15.30-18 mar-dom, chiuso mer e ven pomeriggio, ott-mag) Un omaggio della città al medico-pittore gallipolino Giovanni Andrea Coppola (1597-1659), che nella sua piccola produzione pittorica (circa 20 opere) di carattere religioso esposta nella sala mostra le influenze del periodo trascorso a Roma e Napoli, e in particolare l'influsso del grande classicista bolognese Guido Reni.

Le Riviere — BASTIONI LUNGOMARE

I bastioni delle antiche mura quattro-cinquecentesche della città, che abbracciano il centro storico, sono senza dubbio il miglior belvedere che Gallipoli regala sul suo mare. Trafficatissimi in ogni momento della giornata, sono divisi in tre tronconi che vi converrà imparare per non perdere mai l'orientamento: a nord-ovest c'è la **Riviera Colombo**, che guarda al porto; a sud la **Riviera Diaz**, sulla quale si apre la bella terrazza ricavata in cima alla **Torre del Governatore**; tra queste due, orientata a est, c'è la **Riviera Nazario Sauro**, la più scenografica delle tre, fiancheggiata da chiese ed eleganti palazzi e sotto cui si estende la **Spiaggia della Puritate**, mentre all'orizzonte si staglia la sagoma dell'Isola di Sant'Andrea (v. lettura p355).

★ **Chiesa della Purità** LUOGO DI CULTO
(☎ 0833 26 16 99; Riviera Nazario Sauro; ⏲ 10-12 e 17-19.30) Dietro l'anonima facciata di questa chiesetta che si apre sulla Riviera Nazario Sauro, proprio di fronte alla Spiaggia della Purità, si cela uno scintillante scrigno d'arte. La costruirono nel 1664 i membri della corporazione degli scaricatori di porto (i bastasi, o bastagi) come proprio oratorio: non potendo contare su grandi risorse, dedicarono tutti i loro sforzi e denari a impreziosirne gli interni. E il risultato, figlio anche di un ampliamento datato 1750, è stupefacente: ogni centimetro quadrato della piccola aula, con un pavimento in maioliche colorate e dal soffitto a volte affrescato, è coperto da enormi tele sei-settecentesche dai toni cupi, incorniciate da stucchi dorati, che raccontano scene della Bibbia. Il capolavoro è la pala dell'altare maggiore, una *Madonna della Purità* con san Francesco e san Giuseppe terminata nel 1663 dal pittore napoletano Luca Giordano.

Chiesa di San Francesco di Paola LUOGO DI CULTO
(Riviera Nazario Sauro; ⏲ 19-22 lug-set, orario variabile nel resto dell'anno) La ragione per la quale vale la pena di entrare in questa chiesa di fronte al porto, che secondo la tradizione venne fondata da san Francesco in persona nel 1217, ma che pur essendo la più antica della città sfoggia un interno tardobarocco, sono le due statue policrome e vestite dello scultore gallipolino Vespasiano Genuino collocate a destra dell'entrata. Furono realizzate nella seconda metà del Cinquecento per la Cappella degli Spagnoli e rappresentano i ladroni che vennero crocifissi con Cristo: il buon Disma e il cattivo Misma, che ben lontano dall'essersi pentito per le sue malefatte vi scruterà con lo sguardo torvo e beffardo da lassù. Di rilievo anche il quadro bizantino della Madonna del Cassopo dipinto su tavola.

Chiesa di San Domenico LUOGO DI CULTO
(Riviera Nazario Sauro, vicino all'incrocio con Via Rosario) A pochi passi da quella di San Francesco, è una chiesa austera e misteriosa, con una facciata in carparo convessa edificata nel Seicento, pare sui resti di un tempio pagano. All'interno ci sono tele del pittore gallipolino Giovanni Domenico Catalano, pittore secentesco, e una statua lignea di San Domenico. Nel chiostro (al quale si accede dalla strada) è ospitato **MAREA – Centro di Cultura del Mare** (☎ 347 703 90 82; www.mareagallipoli.it; Riviera Nazario Sauro 131; interi/ridotti €7.50/6; ⏲ 10-13.30 e 18-21 in estate, su richiesta nel resto dell'anno), un museo multimediale pieno di video, suoni, giochi interattivi e visori per la realtà virtuale che vi porteranno negli abissi marini senza farvi bagnare nemmeno la punta dei piedi.

Spiagge

Il litorale cittadino per eccellenza è quello che si estende a est del centro: la **Spiaggia della Purità**, la spiaggia libera dei gallipolini, con acque limpide e un basso fondale sabbioso che rasserena i genitori apprensivi, è molto riparata nei giorni di ponente e di libeccio. Per questi motivi è sempre affollata e in alta stagione potete scordarvi di avere dello spazio vitale intorno a voi. Una buona alternativa, soprattutto se si dispone di un mezzo proprio (e tra luglio e agosto di una bici o un motorino), è spostarsi di qualche chilometro. Verso sud, dopo un primo tratto non particolarmente allettante per via degli scogli, comincia una lunghissima e incantevole spiaggia sabbiosa fiancheggiata da una strada ciclo-pedonale. Dirigetevi, per esempio, a **Baia Verde**, perla del litorale gallipolino, dove in estate si installano alcuni stabilimenti bal-

L'ISOLA DI SANT'ANDREA, CASA DEL GABBIANO CORSO

Dalla città vecchia si vede laggiù, a un miglio marino di distanza dalla costa, piatta, con un faro ottocentesco, quella che per i messapi era Achotus, ribattezzata nel 1591 Isola di Sant'Andrea: 48 ettari di terra selvaggia e disabitata, un tempo (stiamo parlando dei secoli XV e XVI) riserva del sale dei gallipolini, che erano autorizzati a raccoglierlo solo per uso domestico, e attualmente **area naturale protetta** dove non si può né ormeggiare né sbarcare per non disturbare il gabbiano corso, un uccello in via di estinzione che in tutto il Mediterraneo ha scelto di nidificare proprio qui. A occuparsi dell'isola è Legambiente, i cui volontari organizzano da maggio a settembre, circa una volta al mese, le **visite guidate** (consultate il calendario sul sito www.comune.gallipoli.le.it/vivere-il-comune/territorio/da-visitare/item/parco-naturale-regionale-isola-di-s-andrea-e-litorale-di-punta-pizzo).

neari (lasciando comunque ampie zone libere), ma che a maggio e a settembre vi apparirà in tutta la sua 'nuda' bellezza. Proseguendo oltre verso sud si incontrano due delle spiagge più belle e bianche del Salento: la prima è quella di **Punta della Suina**, conosciuta come i 'Caraibi dello Ionio', che si raggiunge attraverso una profumata pineta oltre la quale si apre l'arenile, con piccole insenature da esplorare con maschera e boccaglio. L'omonimo **lido** (☎348 742 70 00; www.puntadellasuina.it) di legno e paglia fornirà ombrellone di canne, sdraio e lettini a chi li ha dimenticati a casa, oltre a rinfrescanti bibite e qualcosa da sgranocchiare. La seconda, all'estremità del golfo, è infine quella di **Torre del Pizzo**, che prende il nome dalla bianca torre cinquecentesca che la controlla.

Muovendosi da Gallipoli verso nord, invece, il paesaggio si fa un po' meno esotico, ma non meno piacevole. Superato il Porto Gaio, si raggiunge in breve **Rivabella**, frequentata per le sue spiagge riparate dal vento di tramontana. Si prosegue di qualche chilometro fino al lungo e stretto arenile della **Spiaggia di Lido Conchiglie**, spalleggiata da una pineta che nasconde alla vista le tante case di villeggiatura. Se l'infinità di stabilimenti balneari vi annoia, piuttosto che aprire l'ombrellone vi converrà aprire i frutti di mare all'economico **La Maruzzella** (☎0833 20 89 00; Lungomare Cristoforo Colombo, Lido Conchiglie; pasti €25; ⌚12-24): una rustica trattoria abbarbicata sugli scogli arcinota ai gallipolini, che ci vengono quando hanno voglia di una scorpacciata di ricci e cozze; si mangia divinamente, si spende poco e la vista è mozzafiato.

Feste ed eventi

Settimana Santa PASQUA

Le processioni gallipoline della Settimana Santa sono famose quanto quelle tarantine. I penitenti incappucciati, membri delle varie confraternite cittadine, che portano le statue della Madonna e di Cristo lungo le stradine, sono vestiti del colore della propria confraternita e portano sul capo una corona di spine; ma la Settimana Santa è ancora più nota per le *caremme*, fantocci dalle sembianze di vecchiette con vestiti e fazzoletto in testa neri, che dopo essersi insinuati per tutta la Quaresima tra i balconi e le tettoie finiscono arsi sul rogo la domenica di Pasqua.

Festa di Santa Cristina 23-25 LUGLIO

A Gallipoli si festeggia con grandi onori la santa protettrice dei pescatori, la cui statua è portata in processione per le vie e poi in mare a bordo di un peschereccio. Centinaia le bancarelle che rallegrano la festa con i cibi della tradizione, tra cui non può mancare la scapece (v. lettura p357), un tempo il piatto del popolo.

Pernottamento

La Riviera B&B €/€€

(☎0833 26 10 96, 347 291 44 34; www.bedandbreakfastlariviera.com; Riviera Nazario Sauro 7; doppie €85-100; P ❄ wifi) Se siete in cerca di una sistemazione nel pieno centro cittadino, fermatevi in questo accogliente B&B ricavato nell'antico Palazzo d'Elia e decorato con *trompe l'œil* di gusto pompeiano, che dispone di camere doppie, triple e quadruple. Le finestre incorniciano la vista più bella di Gallipoli, ai vostri piedi c'è la Spiaggia della Puritate e vi sentirete i padroni del mondo.

La Finestra sul Mare B&B €/€€

(☎0833 26 18 16, 340 75 83 005; www.finestrasulmare.it; Via Stradiotti 8/10; doppie/triple/quadruple €65-150/90-194/130-240; ⌚reception: 8-13 e 15-20; apr-metà nov; ❄ wifi) Sei camere indipendenti con pareti immacolate, lenzuola bianche, copriletto color crema, un po' di legno e qualche pietra qua e là: solo arredi minimal che non distraggano dalla finestra sulla Riviera di Scirocco. La prima colazione è servita nel terrazzo con solarium, a cui i clienti hanno sempre libero accesso.

Palazzo Vallebona B&B €€/€€€

(☎349 725 78 48, 338 195 81 56; www.palazzovallebona.it; Via Bovio 24; singole/doppie €110-180; ❄ wifi) A 80 m dalla stazione ferroviaria, un elegante palazzo del 1930, con la facciata ingentilita da affreschi, ampie camere vista mare arredate in stile liberty, una graziosa torretta belvedere e una terrazza di 200 mq a disposizione degli ospiti. Colazione ottima e abbondante; disponibili le biciclette.

I Bastioni di San Domenico HOTEL €€€

(☎0833 26 3607; www.ibastionisandomenico.com; Riviera Nazario Sauro 133; doppie €120; ❄ wifi) Boutique hotel ospitato in un antico palazzo che fu convento, caserma, ambulatorio, scuola e infine carcere. Le camere al piano terra conservano le antiche volte a botte delle celle monacali e i materiali di un tempo, valorizzati dalle linee pulite ed eleganti degli arredi. Aprite le finestre e godetevi la vista e il profumo del mare. Se ne volete gustare anche i sapori, sedetevi ai tavoli del **Ristorante il Bastione** (pasti €40-45; ⌚12-14.20 e 19-24 mar-dom), specializzato in piatti di pesce appena pescato presentati in eleganti ed esclusive mise en place, con una terrazza quasi dentro le acque dello Ionio e un grande spazio prospiciente gli scogli.

Pasti

Scafùd PANINI GOURMET €
(☎0833 26 13 65; www.scafud.it; Via Muzio 23; pasti a partire da €10; ⏲12-15 e 18-24) Siete più orientati verso il mare o verso la terra? In altre parole, nel panino preferite due fette di prosciutto e di formaggio oppure vi piace osare e siete disposti a provare quello con salsiccia di tonno e caciocavallo, con calamari fritti e patate, gamberi crudi, burrata e crema di peperoni? Niente paura: questa paninoteca gourmet che prepara anche fritti, insalate e altri piatti veloci vi accontenterà in entrambi i casi. Ha due punti vendita a poca distanza uno dall'altro, specializzati in pesce, carni e sapori tradizionali: scopriteli tutti.

★ **Baghetteria De Pace** BAGUETTE, PUCCE €
(☎329 837 08 46; www.facebook.com/baguetteria depace; Via Sant'Angelo 8; pasti a partire da €10; ⏲11.30-14.45 e 19-23.30) Un nome, una garanzia: la Baghetteria De Pace a Gallipoli è sinonimo di pucce e di baguette strepitose, che potrete farvi imbottire anche con ingredienti a vostro piacimento, tutti sfiziosi e freschissimi. La gentilezza del personale, le ottime birre artigianali e gli arredi alla francese aggiungono una nota di merito.

Santa Monaca RISTORANTE €€
(☎083 3204289, 329 5963258; www.santamonaca.it; Piazza De Amicis 13; pasti a partire da €30; ⏲12-15 e 19-24, chiuso mar a pranzo) In una raccolta piazzetta del centro storico, Silvia e Jonathan vi delizieranno con un'ampia varietà di piatti di pesce, pescato poche ore prima nel porto di Gallipoli. Assai appetitosi la carbonara di tonno e i tagliolini della Monaca, piatti tipici rivisitati con un tocco d'inventiva.

★ **Osteria Briganti** RISTORANTE €€
(☎0833 26 11 66; www.facebook.com/osteriabrigantigallipoli; Via De Pace 107; pasti €35; ⏲12-24 mar-dom, 9-15 lun) "Il mare lo mettiamo nel piatto. Siamo capaci di far mangiare il pesce anche a chi non lo gusta". Questa è la missione dello chef Mino, che apre le danze con l'antipasto Briganti, una sfilata di portate fredde e calde di pesce, per poi proseguire con i ravioli ripieni di cernia o con le linguine ai ricci di mare. Le altre delizie le scoprirete da soli, seduti ai tavoli sotto le arcate in pietra leccese.

Da Clara RISTORANTE €€
(☎0833 21 91 86; https://da-clara.business.site; Via De Pace 15; pasti €35-40; ⏲12.30-14.30 e 19-23) Da Clara, proverbialmente uno dei migliori ristoranti di Gallipoli, si sta veramente bene: con eleganza e professionalità, vi porteranno in tavola piatti curati nel dettaglio, a base di pesce fresco e pietanze di carne e funghi dell'antica tradizione, il tutto innaffiato da un'ampia e selezionata offerta di vini.

★ **Al Pescatore** RISTORANTE €€€
(☎0833 26 36 56; www.alpescatoregallipoli.com; Riviera Cristoforo Colombo 39; menu €40-55; ⏲11-24) Lungo le antiche mura che si affacciano sul mare, è uno storico (ha circa 40 anni) ristorante di charme ospitato all'interno di un ex convento del Seicento, oggi trasformato in hotel. Il padrone di casa, lo chef Luciano Corciulo, segue fedelmente la stagionalità del pescato di giornata, declinandolo in sfiziose ricette come lo spaghettone biologico Senatore Cappelli con tartare di tonno, aglio, capperi e spolverata di bottarga artigianale, scelto come specialità top dall'Unione Ristoranti del Buon Ricordo (buonricordo.com).

Locali e vita notturna

Officine Brewer BIRRERIA
(☎328 264 41 35; www.facebook.com/birroteca Salentina; Via De Pace 50; ⏲giu-set) Se mentre

DA PROVARE

LA SCAPECE GALLIPOLINA

Di sicuro la vedrete in qualche festa salentina, nei mastelli in castagno degli *scapeciari*, considerato che il colore e il profumo dello zafferano la rendono inconfondibile. O, se proprio non vi capiterà di vederla, della scapece gallipolina ne sentirete parlare, visto che non si finisce mai di discutere delle origini di questo piatto tipico: l'hanno inventato gli arabi o il grande gastronomo e scrittore romano Apicio? Quel che è certo, invece, è che nacque per scongiurare la fame durante i lunghi assedi degli stranieri. I pesci che meglio si prestano alla sua preparazione sono lo zerro e il garizzo, che vengono infarinati, fritti, disposti nelle *calette* (i mastelli) alternandoli a strati di pan grattato e pezzi di pane. Dopodiché si allaga il tutto nell'aceto mescolato con farina e zafferano, e lo si lascia marinare per qualche giorno.

passeggiate per il corso principale di Gallipoli doveste sentire musica dal vivo provenire da un balconcino, state sicuri che è quello delle Officine Brewer, una birroteca con ottime birre artigianali 'made in Salento' e un'atmosfera allegra e internazionale che si spegne solo a tarda notte.

Blanc Cafè LOUNGE BAR
(☎0833 26 34 99; www.facebook.com/blancgallipoli; Via XXIV Maggio 19; ⊙18-2) Lounge bar con cucina, ma anche negozio di arredi di design, moda e artigianato. Vale a dire un locale raffinato ed eclettico, con una vasta scelta di drink originali, studiati in ogni sfumatura di gusto dai bartender e mixologist, a cui si affiancano distillati di pregio. In estate, ci si siede nel romantico cortile interno con gli ulivi per tirare tardi ascoltando la musica.

La Spingula WINE BAR
(☎083 391 26 79, 340 109 21 12; Riviera Armando Diaz 35; ⊙18-3 mer-lun) Tra le migliori location per l'aperitivo a Gallipoli, proprio di fronte al mare, con le botti che fungono da tavolini, gli sgabelli e un'atmosfera un po' esotica. Seduti a guardare l'infinito orizzonte blu, ordinate un cocktail o del vino con crudité di mare, e fate amicizia con uno dei tanti gatti della colonia che abita gli scogli.

Shopping

Salentum PROFUMI
(☎0833 34 14 49; www.salentumiprofumi.com; Via De Pace 59; ⊙10.30-18.30 inverno, 10-24 estate) Un profumo è un viaggio, una scia di ricordi piacevoli che rimangono attaccati alla pelle. Se volete portare a casa con voi la memoria del Salento, degli ulivi e dell'olio di oliva, dei fichi d'india, delle erbe e dei fiori che accendono di colori le campagne leccesi, entrate nell'antica ex farmacia Provenzano e testate i tanti elisir creati dal dottor Massimo Sindaco. Sicuramente troverete quello che fa per voi.

Informazioni

L'**Infopoint** (cartina p352, C3; ☎0833 26 25 29; Via de Pace; ⊙orario variabile, solo estate) e la **Pro Loco** (☎0833 26 42 83; www.prolocogallipoli.it; Via Kennedy; ⊙9-13.30 e 15.30-19.30 inverno, orario prolungato in estate) forniscono materiale e informazioni su Gallipoli e dintorni.

Per/da Gallipoli

Gallipoli si raggiunge da Lecce percorrendo la SS101. Dal capoluogo si può arrivare anche con i treni (€4,30, 1 h 40 min) e gli autobus (€2,90, 1 h 5 min) di **Ferrovie del Sud Est** (☎800 07 90 90; www.fseonline.it), così come con gli autobus **STP Lecce** (☎0832 22 84 41, 800 44 74 72; ⊙8-13; www.stplecce.it, €4,30, 1 h 5 min). SalentoinBus (v. lettura p310) garantisce corse supplementari tra giugno e settembre. Esiste un servizio taxi transfer per l'aeroporto e per Lecce (☎391 352 94 74, 348 557 83 73; www.gallipolitransfer.it).

Trasporti locali

Data la conformazione della città, che si trova su un'isoletta collegata alla terraferma da uno stretto ponte secentesco, la cosa migliore da fare a Gallipoli è non usare l'auto, o quantomeno parcheggiarla lontana dal centro. In estate gli ingorghi notturni sono proverbiali e rischiate di restare imbottigliati per ore. Per raggiungere le spiagge potete usare gli autobus comunali: le fermate sono quasi ovunque e il viaggio dura circa 15 minuti.

Da Santa Maria al Bagno a Porto Selvaggio

La prima località di una certa importanza che si incontra a nord di Gallipoli, superata la Spiaggia delle Conchiglie, è **Santa Maria al Bagno**, una delle frazioni costiere di Nardò (p312), dove la borghesia locale di fine Ottocento si era costruita ville e palazzetti eclettici per la villeggiatura, oggi trasformati in ristoranti. Oltre che per una minuscola insenatura sabbiosa (tutto il resto del litorale è roccioso, con i tipici scogli bassi del Salento), vale la pena di fermarsi per dare un'occhiata alla **Torre del Fiume di Galatena**, che fu eretta da Carlo V con le fattezze di un minicastello, e per visitare il **Museo della Memoria e dell'Accoglienza** (☎327 059 85 91; museodellamemoriaedellaccoglienza.business.site; Lungomare Lamarmora; interi/ridotti €6/4; ⊙9-13 e 15.30-19 lun-sab, 15.30-19 dom), che raccoglie fotografie e testimonianze di quando, tra il 1943 e il 1947, le truppe alleate ospitarono migliaia di ebrei scampati ai campi di concentramento e in viaggio verso il nascente stato d'Israele. Una tappa ben più allegra, soprattutto per i bambini, è quella all'**Acquario del Salento** (☎334 300 09 33; www.acquariodelsalento.it; Via Augusto 7; interi/ridotti €6/4; ⊙10.30-12.30 sab, 16.30-19.30 dom o su prenotazione), che si trova nei pressi e che in 17 vasche ospita tutti gli inquilini del Mar Ionio.

Seguendo la SP108 in un paio di minuti si arriva a **Santa Caterina**, un villaggio sul mare dall'aria particolarmente aristocratica con un litorale pieno di calette celestiali dove le rocce si alternano a piccole spiagge. Per esplorarle tutte, anche quelle inaccessibili da terra della costa, partecipate alle escursioni 'ecologiche' in canoa o kayak organizzate da **Canoa Kayak Club Salento** (☎338 156 96 65; Via Lungomare Verne 44), che si spingono fino al **Parco Naturale Regionale di Porto Selvaggio**, un'area di 300 ettari di pineta e circa 7 km di costa rocciosa e incontaminata, dove ci si può rinfrescare con spettacolari nuotate in calette deserte un po' complicate da raggiungere, perciò frequentate anche da amanti del naturismo. Gli accessi (pedonali) all'area sono due: il primo, venendo da sud, si trova a **Villa Tafuri**; il secondo, qualche chilometro più avanti, lungo la strada poco prima della solitaria e affascinante **Torre Uluzzo** (parcheggio €3 tutto il giorno). Da qui in estate è attivo un **servizio navetta** (€2; ⏲10-19, partenze ogni 20 min) che scende fino alla **Baia di Porto Selvaggio**, l'unica spiaggia del parco, molto comoda grazie alla pineta che si sviluppa alle sue spalle. Nel caso in cui non usiate la navetta dovete calcolare, per entrambi gli accessi, almeno 20 minuti di camminata. Tra un bagno e l'altro, comunque, è una buona idea esplorare l'area, sempre che si disponga di scarpe chiuse: la rete dei sentieri è molto varia. Se invece non volete rinunciare alle comodità di una spiaggia attrezzata, a soli 4 km dall'ingresso del parco di Porto Selvaggio proseguendo in direzione Sant'Isidoro, al Km 5, c'è l'esclusivo stabilimento balneare **Litos** (☎327 777 94 21; www.litosportoselvaggio.it), una pedana in legno poggiata sugli scogli come un palco sul mare, da non abbandonare mai prima di essersi goduti i fantastici colori degli infuocati tramonti estivi, sorseggiando una birra o un aperitivo. Per la cena potete invece fermarvi, 1 km più in là, a **Sant'Isidoro**, alla **Masseria Bellimento** (☎327 692 93 76; Via Cucchiara, SP286; pasti €25; ⏲20-23.50 mar-dom), dove le orecchiette con le polpette e i formaggi di produzione propria sono davvero spaziali.

Porto Cesareo

POP. 6232 / ALT. 3 M

Piattissima e adagiata lungo un litorale di sabbia fine e bianchissima tra i più piacevoli del Salento settentrionale, Porto Cesareo è un ex villaggio di pescatori che negli anni '70 ha appeso le reti al chiodo e si è reinventata come località turistica. Oggi è piena di stabilimenti balneari, ristoranti, hotel e locali, che nei mesi estivi la trasformano in una destinazione sovraffollata sia dalle famiglie sia da chi vuole avere tutte le comodità a portata di mano.

Che cosa vedere

Non è che ci sia proprio qualcosa da vedere a Porto Cesareo, a parte la discutibile statua dedicata alla conduttrice televisiva Manuela Arcuri in veste di dea del mare, che infinite diatribe ha provocato. Una volta che si è visitato il **Museo di Biologia Marina 'Pietro Parenzan'** (☎0833 56 95 02, 0832 29 88 54; www.museobiologiamarina.unisalento.it; Via Vespucci 13/17; ⏲9-13 15 set-15 giu, 18-22 16 giu-14 set) FREE, che espone in un moderno allestimento circa 900 tra pesci, crostacei, conchiglie, spugne, coralli e stelle marine, e ha una sezione dedicata alla pesca tradizionale nel Salento, il resto è dato dallo spettacolo del passeggio ininterrotto sul **lungomare**, dalla sagoma dell'**Isola dei Conigli** che chiude e protegge la baia, e dalla **Torre Cesarea**, un baluardo di avvistamento alto 16 m costruito nel 1568. A dirla tutta c'è anche un'altra cosa, che però è sott'acqua: si trova più o meno 3 km a nord del centro, davanti alla **Torre Chianca** (sorella della Cesarea) e si tratta del carico di una nave romana affondata, costituito da cinque **colonne** di marmo della lunghezza di 9 m e datate II secolo d.C.

Attività

CEA di Porto Cesareo ESCURSIONI, GITE IN BARCA

(☎334 300 89 41; www.ceaportocesareo.it; via A. Piccinni) Da giugno a settembre il Centro di Educazione Ambientale di Porto Cesareo organizza bellissime escursioni a piedi o in barca nelle diverse aree protette della zona, come il parco di Porto Selvaggio, la **Palude del Conte** o le **Dune Costiere**. Chi ama perlustrare gli abissi può partecipare all'archeo-snorkelling alle Colonne Romane.

Porto Cesareo Diving IMMERSIONI

(☎338 822 80 56; www.sasasub.it; Piazza Nazario Sauro; ⏲tutto l'anno) Lo specchio di mare che da Torre Inserraglio (a sud) sale fino a Punta Prosciutto (p360) ricade dal 1997 all'interno di un'**Area Marina Protetta** (www.ampportocesareo.it). Naturale, quindi, che i suoi fondali siano ricchissimi e perfetti per immersioni. Contattate Sasà, al secolo Salvatore Gubello, e chiedetegli quali spot sono i migliori in base al meteo.

Circolo Nautico l'Approdo VELA

(☎335 751 61 12; www.cnapprodo.it) Affacciato sulla Spiaggia di Torre Chianca, questo circolo nautico organizza corsi settimanali su optimist e trident per bambini, ragazzi e adulti (prezzi a partire da €150-200), oltre che lezioni di kitesurf.

Spiagge

A nord e a sud di Porto Cesareo si sviluppano numerose spiagge sabbiose, tutte di lunghezza considerevole e con acque limpidissime, fondali bassi perfetti per i bambini e tratti di arenile libero che si alternano agli stabilimenti balneari. La spiaggia 'urbana' è quella della laguna, chiusa a est dalla **Penisola della Strea**, che nel suo tratto meridionale è molto stretta. Ma il litorale più bello è quello intorno a **Torre Chianca**: la **Spiaggia delle Dune** (il nome dice tutto) è sempre molto frequentata, mentre sono un po' più tranquille le insenature quasi gemelle ai due lati della torre. Il litorale che da qui risale verso nord è una sottilissima striscia di sabbia che in estate si riempie all'inverosimile, per cui se cercate qualcosa di più comodo dovete raggiungere **Torre Lapillo** (☎334 300 89 41; ingresso €1; ⏲10.30-12.30 e 18-23 circa lug e agosto, 10.30-21 giu e set), una delle pochissime torri di guardia che è possibile visitare e sulla cui terrazza si svolgono spesso eventi e conferenze. L'ultima spiaggia, questa sì imperdibile, è **Punta Prosciutto**, al confine con la provincia di Taranto. La sabbia qui è quasi impalpabile e l'acqua cristallina è talmente bassa da poter camminare per decine di metri senza quasi bagnarsi le caviglie. A giugno e settembre è una favola, mentre ad agosto sarà difficile districarvi fra la gente e il fascino delle dune che la proteggono si perderà un po'.

Pernottamento

★ **Terre Amare** AGRITURISMO €€
(☎388 832 43 00; www.terreamare.it; Località Santa Chiara; doppie €120-150; P ❄ ᯤ) Difficile credere come a soli 3 km da Torre Lapillo si possa trovare tanta quiete. Immerso negli ulivi, questo agriturismo garantisce camere molto pulite e spaziose, ricavate da quelle che erano le case coloniche dei contadini, con le testate del letto che accolgono nelle nicchie i 'pumi' o 'pigne' a forma di bocciolo di rosa selvatica, simbolo di fortuna e prosperità. Il **ristorante** (pasti €40) offre piatti regionali innaffiati da olio e vino a km0.

Hotel Vespucci HOTEL €€€
(☎083 385 62 10; ww.vespuccihotel.it; Via Vespucci 137; doppie €140-250; ⏲tutto l'anno; P ❄ ᯤ) Nuovo e modernissimo quattro stelle, con arredi di design e ampie camere dotate di terrazza o balcone, ottimo ristorante interno, ricca colazione con pasticceria fresca ogni mattina, giardino, piscina accogliente e uno staff estremamente competente e attento ai clienti. A 10 minuti a piedi dal centro, nei pressi di Torre Lapillo. Biciclette a disposizione degli ospiti.

Pasti e locali

Dolci Tramonti PASTICCERIA, GELATERIA €
(☎348 413 03 70; www.dolcitramonti.com; Via Muratori 12; ⏲6-21, fino a tardi in estate) Dolci dolcissimi e golosissimi: cassate, mignon, pasticciotti, spumoni, micro mustaccioli e altri dolcini al cioccolato, poi gelati e semifreddi irresistibili… A ogni ora del giorno e della notte.

Cosimino RISTORANTE €€
(☎0833 56 90 76; www.cosimino.com; Via Albano 16; pasti €40; ⏲12.30-15 e 20-23) Da oltre 40 anni il ristorante dell'Hotel Falli è sempre lì, in una classica sala a vetrate con vista sul porto e sull'Isola dei Conigli. Accettate i consigli su quale pesce farvi sfilettare e anche sul resto.

Grecale RISTORANTE €€
(☎0833 56 01 51; Via Albano 1; pasti €35-40; ⏲12.30-15 e 20-23.30) Sulla Riviera di Ponente sorge il Grecale, un ristorante che fa dei sapori del mare e della cucina mediterranea i suoi cavalli di battaglia. Una lode particolare va ai tagliolini all'astice e ai ravioli Grecale con gamberi e salmone, davvero squisiti. Bella la grande terrazza per le cene estive.

Mojito Bar COCKTAIL BAR
(☎392 452 46 39; www.facebook.com/BeYoungBeMojito; Via Monti 91; cocktail €6-7; ⏲12-24) Vale la pena di venirci anche se non è proprio centralissimo, soprattutto se vi piace il mojito, proposto in tantissime varietà: cocco, zenzero, liquirizia, mela verde e così via.

Informazioni

L'ufficio turistico della **Pro Loco** (☎0833 56 90 86; www.prolocoportocesareo.it; Via Silvio Pellico 60; ⏲estate) si trova sul lungomare.

Per/da Porto Cesareo

Porto Cesareo si raggiunge da Lecce (30 km) con la SP119. I collegamenti in autobus sono gestiti da **STP Lecce** (☎0832 22 84 41, 800 44 74 72; ⏲8-13; www.stplecce.it; €2,50, 1 h 10 min). SalentoinBus (v. lettura p310) collega Porto Cesareo a Torre Lapillo.

Conoscere la Puglia

Storia

Protesa nel cuore del Mediterraneo quando il Mediterraneo corrispondeva alla totalità del mondo conosciuto, la Puglia è sempre stata fatalmente al centro delle mire dei potenti che si contendevano il controllo dell'Europa. Romani, bizantini, svevi, Angioini, Aragonesi si sono succeduti al comando di queste terre, e ciascuno di essi ha lasciato tracce importanti e influenzato il carattere della regione. Annessa all'Italia unita nel 1861, duramente colpita dalle guerre mondiali, la Puglia affronta le sfide della contemporaneità e le minacce della crisi consapevole del proprio passato ma proiettata verso il futuro.

L'uomo di Altamura

La presenza umana durante il Paleolitico nel territorio dell'attuale Puglia è testimoniata da un reperto di straordinario valore, lo scheletro rinvenuto nella grotta di Lamalunga, presso Altamura, nel 1993. Risale a un periodo compreso tra 200.000 e 150.000 anni fa ed è il più antico scheletro integralmente conservato di cui si abbia notizia.

Se volete saperne di più sull'uomo di Altamura e sui dinosauri della località Pontrelli (tristemente abbandonata) collegatevi a www.altamuraweb.it/turismo.asp.

Nel Neolitico, a partire dal VII millennio a.C., l'introduzione dell'agricoltura e dell'allevamento del bestiame favorì gli insediamenti stabili, che in Puglia si concentrarono sulla fascia costiera e sulle colline dell'entroterra. A partire dal 1600 a.C. circa iniziarono i contatti fra gli abitanti della costa e i mercanti micenei, proficui per lo sviluppo della società locale ma interrotti prima del 1000 a.C. in seguito alla crisi della civiltà micenea. Nell'Età del Ferro si radicarono in Puglia gli iapigi, suddivisi in tre sottogruppi: i dauni, i peucezi e i messapi, che occupavano rispettivamente la parte settentrionale, centrale e meridionale della regione.

A partire dal IX secolo i navigatori greci si riaffacciarono a Occidente e trovarono nell'Italia meridionale un luogo ideale per stabilire colonie, dando vita a quella che sarà definita Magna Grecia. La Puglia, in posizione strategica con il Salento proteso verso la Grecia, dovette essere certamente interessata da questa circolazione di uomini e merci, ma i coloni mostrarono di non amarla: il solo insediamento greco, Taranto, venne fondato dagli spartani nel 700 a.C. circa; tra l'altro, per quanto ne sappiamo, è l'unica colonia di fondazione spartana. La posizione straordinariamente felice favorì lo sviluppo della città, che stabilì buone re-

CRONOLOGIA

700.000 ca. a.C.

Genti del Paleolitico, come l'uomo di Altamura, vivono nelle grotte dell'Italia meridionale.

7000-4000 a.C.

Insediamenti neolitici nella zona di Foggia sono accertati da ritrovamenti archeologici presso Passo di Corvo e in altre località del Foggiano.

lazioni con i messapi. Con il tempo, tuttavia, i rapporti si deteriorarono e si arrivò a una vera e propria guerra, in cui furono i tarantini ad avere la peggio (473 a.C.). Dopo un secolo di sostanziale isolamento si verificò una massiccia ondata di ellenizzazione che coinvolse tutta la Puglia, compresa la lontana Daunia.

L'epoca romana

A portare la regione sotto l'influenza di Roma fu, paradossalmente, il desiderio dei dauni di sottrarsi a un'altra presenza invadente, quella dei vicini sanniti, in guerra contro i romani. Roma sfruttò l'alleanza richiesta dalla città dauna di Apri per stabilire una testa di ponte nell'Italia sudorientale. Nel 314 venne fondata la colonia latina di Luceria, e nel 304 i romani si spinsero nelle terre dei peucezi per assediare e sottomettere Silvium, corrispondente all'odierna Gravina. Si faceva inevitabile, a questo punto, lo scontro con Taranto. La minaccia indusse i tarantini a coalizzarsi con i messapi, loro tradizionali nemici, e a chiedere l'aiuto di Pirro, re dell'Epiro (corrispondente alla zona di confine tra l'Albania meridionale e la Grecia settentrionale) che inflisse due sonore sconfitte ai romani, ad Eraclea nel 280 e ad Ausculum l'anno successivo. Non riuscì a sfruttare questi successi e fu messo in rotta nel 275 a Maleventum, località dal nome sfortunato che si riscattò nella circostanza tanto da meritare la nuova denominazione di Benevento. Uscito di scena Pirro, Taranto non aveva scampo: nel 272 accettò un'alleanza con Roma che somigliava molto a una sottomissione. Nel 266 si arresero anche i messapi, che avevano continuato coraggiosamente la guerra da soli. Tutta la Puglia era romana.

Sul finire del III secolo a.C., dopo alcuni decenni di prosperità, la regione divenne il teatro dello scontro tra Roma e Cartagine, le potenze che da cinquant'anni si contendevano il controllo del Mediterraneo. Guidati da Annibale Barca, infatti, i cartaginesi avevano valicato le Alpi nel 219 a.C. e, di vittoria in vittoria, dilagato in Italia fino alla Puglia. A Canne, tra le odierne città di Barletta e Canosa, si combatté nel 216 a.C. una delle più importanti battaglie della storia: la vinsero i cartaginesi grazie a un capolavoro tattico di Annibale, meritatamente annoverato tra i più geniali comandanti militari di tutti i tempi. Il tracollo di Canne, potenzialmente fatale, non segnò tuttavia il destino di Roma, che grazie anche alle indecisioni di Annibale riuscì a riorganizzarsi e anzi a portare la guerra sul suolo africano, costringendo il generale cartaginese ad abbandonare in tutta fretta l'Italia. Dopo la battaglia di Canne, Taranto era passata comprensibilmente dalla parte di Cartagine, ma nel 209 venne riconquistata da Quinto Fabio Massimo, chiamato a gestire l'emergenza, e trattata come una città ostile: saccheggi sistematici, distruzione delle mura, riduzione in schiavitù di oltre 30.000 persone furono il prezzo pagato dai tarantini per il tradimento. La guerra contro Annibale lasciò pe-

La Magna Grecia di Lorenzo Braccesi e Flavio Raviola (Il Mulino, 2008) racconta lo sviluppo, la crescita e i tratti essenziali di questa grande e prospera civiltà fra l'VIII secolo a.C. e la conquista romana nel III secolo a.C.

800-700 a.C.

I messapi, un popolo di lingua illirica proveniente dai Balcani, si stanziano nel Salento e nella zona di Foggia.

V secolo a.C.

Il pitagorico Archita ricopre più volte la carica di stratego di Taranto. Filosofo, matematico e teorico della musica, Archita è considerato l'inventore della puleggia e della vite.

I secolo a.C.

Importanti avvenimenti riguardano la città di Brindisi: Cicerone, Orazio e Virgilio vi transitano o vi risiedono (Virgilio morirà proprio qui); Cesare assedia la città, in cui è asserragliato Pompeo; Ottaviano e Antonio si riconciliano (Pace di Brindisi).

santi strascichi nelle zone coinvolte, l'agricoltura venne abbandonata a se stessa a causa dell'impiego sotto le armi delle popolazioni rurali e le terre di chi aveva parteggiato per i cartaginesi vennero confiscate e finirono nelle mani dell'oligarchia vicina a Roma, impoverendo genti già povere.

Con il ritorno della pace la Puglia cominciò a risollevarsi, nonostante la guerra sociale che oppose gli italici ai romani all'inizio del I secolo a.C. La riorganizzazione territoriale dell'Italia voluta da Ottaviano Augusto all'inizio del I secolo d.C. incluse poi la Puglia sotto la denominazione di Regio Apulia et Calabria. In età augustea la regione attraversò un periodo di grande prosperità, favorita dalla posizione privilegiata di cui godeva l'Italia dopo le riforme di Augusto e soprattutto dalla posizione geografica che faceva dei porti pugliesi la porta d'accesso all'Oriente.

La Regio Apulia et Calabria comprendeva la Daunia e la Peucezia, oltre alle Murge, alla Valle d'Itria e al Salento. La Calabria attuale non ne faceva parte: con il nome di Bruttium era infatti incorporata nella Regio Lucania et Bruttii.

Longobardi, franchi, normanni

All'inizio del V secolo l'Impero Romano d'Occidente entrò in una crisi dalla quale non si sarebbe più risollevato. Nel 476 Odoacre, generale dell'esercito romano di origine germanica, fu riconosciuto dall'imperatore d'Oriente Zenone e dallo stesso senato di Roma come governatore dell'Italia. Nel 493 fu però sconfitto e assassinato dagli ostrogoti di Teodorico, insediato nella penisola balcanica e dirottato in Italia da Zenone, che ne temeva la prossimità a Bisanzio.

Nel 526 Teodorico morì e l'anno successivo Giustiniano divenne imperatore d'Oriente. La situazione in Italia stava per cambiare. L'obiettivo politico di Giustiniano era la riconquista dell'impero d'Occidente. Recuperata l'Africa, si volse all'Italia, che a partire dal 535 fu devastata dalla guerra tra bizantini e goti (questi ultimi avevano a Taranto un agguerrito presidio). Il territorio pugliese fu coinvolto direttamente soltanto nella fase finale del conflitto, ma venne costantemente attraversato dalle truppe bizantine che sbarcavano a Otranto e si dirigevano poi nei vari teatri bellici. Nel 561 le truppe di Giustiniano controllavano l'intera penisola, che tuttavia era prostrata da distruzioni, epidemie e carestie.

Nei decenni successivi la Puglia passò più volte di mano tra i vari effimeri signori dell'Italia, dai longobardi, affacciatisi al di là delle Alpi nel 568, ai franchi, chiamati da papa Stefano II, che li sconfissero una prima volta nel 756. Nel 774 il re Carlo, non ancora conosciuto come Magno, chiuse il conto e accorpò l'Italia al proprio regno.

I longobardi, e prima ancora i bizantini, avevano sfruttato la posizione strategica della regione detta Capitanata, tra gli Appennini, la Puglia settentrionale e il Gargano, chiamata così dal nome dei funzionari bizantini, i catapani, che la amministravano per conto dell'impero. Nei secoli successivi questo territorio sarebbe stato quasi sempre irrequieto e ostile all'autorità, che fosse quella dei normanni, degli svevi o degli Angioini, chiamati a fronteggiare agitazioni e rivolte.

Federico II visse l'insolita esperienza di liberare Gerusalemme guidando una Crociata e di vedersene bandire una contro da papa Gregorio IX, il quale arrivò persino a scomunicarlo. La Pace di Ceprano (1230) cancellò la scomunica e permise a Federico di dedicarsi al consolidamento del suo potere.

827

Nell'827 un esercito saraceno sbarca a Mazara del Vallo in Sicilia e procede alla conquista dell'isola, per poi passare alla terraferma occupando Brindisi, Taranto e Bari.

1004

I saraceni assediano Bari. Per la liberazione della città si rende necessario l'intervento di una flotta veneziana guidata dal doge Pietro Orseolo.

1059

Papa Niccolò II e Roberto il Guiscardo firmano a Melfi un concordato che investe Roberto del titolo di duca di Apulia e Calabria.

FEDERICO II, PUER APULIAE

Stupor mundi, *Puer Apuliae*: gli appellativi con cui è ricordato dicono tutto o quasi della magnificenza che Federico II di Svevia evocò tra i contemporanei, e dei suoi legami con la Puglia. Nato il 26 dicembre 1194 a Jesi, Federico discendeva da due delle più potenti dinastie dell'Europa dell'epoca, quella imperiale degli Svevi e quella normanna degli Altavilla. A quattro anni era già re di Sicilia e aveva perso entrambi i genitori, così fu il papa Innocenzo III a fargli da tutore, a regolare la reggenza e ad assicurarsi che ricevesse un'educazione adeguata a un giovanissimo sovrano. Nel 1209, autorizzato dal papa a sedere effettivamente sul trono, diede prova di grande personalità e fermezza sedando varie agitazioni dei feudatari di Sicilia e di Calabria. Il suo atteggiamento remissivo verso il papato cambiò radicalmente dopo la morte di Innocenzo, che si era illuso di farne una pedina nelle sue mani. Dopo alcuni anni di complicati giochi politici e dinastici, Federico ottenne la corona imperiale dal nuovo pontefice Onorio III il 22 novembre 1220. Per due volte scomunicato negli anni successivi, un concilio indetto a Lione arrivò addirittura a deporlo dal trono nel 1245. Federico naturalmente ignorò l'ordine e per questo venne addirittura definito 'l'anticristo'.

Federico morì a Castel Fiorentino, presso l'odierna Torremaggiore, nel Foggiano, il 13 dicembre 1250. Personaggio titanico, di straordinaria cultura e geniale intelligenza, accese entusiasmi travolgenti e innescò odii implacabili. Il legame di Federico con la Puglia si mantenne sempre strettissimo. Nel 1223 egli dispose il trasferimento della capitale del Regno di Sicilia da Palermo a Foggia. In quegli anni la città cambiò volto grazie alla costruzione di nuovi imponenti palazzi e alla vivacità della corte. Anche Bari, Brindisi, Lucera e Andria trassero grandi benefici dal governo degli svevi. Proprio vicino ad Andria Federico fece costruire Castel del Monte, dichiarato Patrimonio dell'Umanità dall'UNESCO. Un capolavoro dell'architettura medievale, torreggiante su una collina a oltre 500 m sul livello del mare, poderoso nella struttura e ricercatissimo nelle rifiniture: il lascito perpetuo di Federico alla civiltà del mondo.

Il IX secolo vide la comparsa in Puglia dei saraceni, che contendevano la regione ai bizantini. Nell'838 una flotta saracena saccheggiò Brindisi, due anni dopo la stessa sorte toccò a Taranto, e nell'847 cadde Bari. La città sarà riconquistata nell'876 dai bizantini, che ne faranno il principale centro imperiale in Italia.

Dopo l'anno Mille gli assetti dell'Europa furono scossi dalle fondamenta dalla comparsa sulla scena dei normanni. L'espansione di questo popolo si diramò contemporaneamente verso l'Inghilterra, occupata nel 1066, e verso l'Italia meridionale, dove all'inizio del secolo comparvero i primi normanni, pellegrini, avventurieri e mercenari, attratti dalle difficoltà via via crescenti dei bizantini a mantenere il controllo del territorio. Nel giro di pochi decenni essi riuscirono a costituire piccoli domini indipen-

1098

Il papa Urbano II indice a Bari un concilio per appianare le divergenze teologiche tra il clero latino e quello bizantino. I risultati del concilio non sono decisivi, ma il prestigio di Bari risulta notevolmente accresciuto.

1259

Manfredi, figlio di Federico II e re di Sicilia, sceglie Trani per celebrare il matrimonio con Elena Ducas. Il suo successore Carlo I d'Angiò sposerà, sempre a Trani, Margherita di Provenza.

1442

Tutta l'Italia meridionale, Sicilia compresa, si trova riunita in un solo regno governato dagli Aragonesi.

denti, come la Contea di Aversa, appartenente dal 1030 alla casata Drengot, e la Contea di Melfi, controllata dagli Altavilla. Nel 1047 l'imperatore Enrico III li riconobbe come vassalli dell'impero, e nel 1059 l'accordo di Melfi mise fine alle ostilità fra normanni e papato: Roberto il Guiscardo ricevette dal papa il titolo di duca di Puglia e Calabria e si avviò a consolidare la posizione normanna nel Sud Italia. Nel 1130 Ruggero II d'Altavilla riunì tutti i possedimenti normanni in un nuovo stato, il Regno di Sicilia, che esisterà tra alterne vicende fino al Congresso di Vienna.

A consolidare e fare grande il regno furono gli svevi, in particolare l'imperatore Federico II, incoronato nel 1220. Dopo una serie di azioni volte a indebolire i potenti feudatari locali, a contenere l'invadenza dei mercanti genovesi e pisani e a soffocare le ultime presenze saracene in Puglia, Federico emanò nel 1231 la Costituzione di Melfi, una raccolta di leggi e norme che costituirà la base dell'ordinamento legislativo dell'Italia meridionale per tutta l'età moderna.

All'inizio del Cinquecento si colloca un celebre episodio cavalleresco, passato alla storia come la Disfida di Barletta, che il 13 febbraio 1503 vide opporsi 13 cavalieri italiani, capitanati da Ettore Fieramosca e appoggiati dagli spagnoli, e altrettanti francesi. Il duello, condotto secondo le regole cavalleresche dell'epoca, vide prevalere gli italiani. Si trattò di un episodio che, pur sostanzialmente privo di effetti duraturi, accese la fantasia dei contemporanei e venne ripreso nei secoli successivi dalla letteratura e dal cinema, che ci videro risvolti patriottici (decisamente forzati).

Alla morte di Federico la corona passò al figlio naturale di questi, Manfredi, i cui iniziali successi attirarono l'ostilità del papa. Nel 1263 la Sicilia venne concessa in feudo dal papa Clemente IV a Carlo d'Angiò, signore di Provenza e fratello del re di Francia, che nel 1266 colse a Benevento una vittoria decisiva su Manfredi.

Il Mezzogiorno diventa spagnolo

Nel periodo angioino la regione mostrò segni di debolezza legati soprattutto alle difficoltà dell'economia, allo strapotere dei nobili e alla mancanza di un ceto urbano forte sul territorio. Tra i più potenti feudatari pugliesi erano gli Orsini Del Balzo, signori di Taranto, che avrebbero controllato la città fino a metà del Quattrocento.

Il Mezzogiorno continentale visse un periodo florido sotto Roberto d'Angiò, ma alla sua morte (1343) si aprì una fase di turbolenze e lotte per la successione. Nel 1434 il re Alfonso d'Aragona, sovrano di una dinastia che dal 1302 governava anche la Sicilia, rovesciò gli Angioini e riunì i territori del vecchio regno normanno-svevo. Le pretese angioine sul trono di Napoli vennero rilanciate dal re di Francia Carlo VIII, che invase l'Italia ed entrò in città nel febbraio del 1495. La formazione di una potentissima lega antifrancese costrinse però Carlo a tornare in patria.

La spedizione di Carlo VIII non aveva avuto successo, ma aveva dimostrato come la debolezza e la frammentazione degli stati italiani rendesse la penisola conquistabile per monarchie solide e strutturate come quella francese e quella spagnola. Francia e Spagna si disputarono così il controllo della penisola, tra guerre e trattative diplomatiche. Dopo l'armistizio di Lione (1504) il Regno di Napoli toccò interamente alla Spagna, situazione confermata dalla successiva Pace di Noyon (1516). Per tutto il Cinquecento la Spagna rafforzò la propria presenza nella penisola, il

1480

Ottocento abitanti di Otranto, appena espugnata dai turchi, vengono trucidati dai vincitori. L'anno successivo la città viene riconquistata dagli Aragonesi.

1724

Viene eletto papa Benedetto III, al secolo Pietro Francesco Orsini, discendente di una nobile famiglia di Gravina. È l'ultimo pontefice nato in Puglia: prima di lui era toccato a Bonifacio IX, di Casarano, e a Innocenzo XII, di Spinazzola.

1808

Gioacchino Murat, cognato di Napoleone, diventa re di Napoli e inizia lo smantellamento dell'Ancien Régime nel Mezzogiorno: viene introdotto il moderno Codice napoleonico, abolita la feudalità, migliorata l'istruzione.

che accese comprensibilmente la preoccupazione della Francia. Furono decenni di incremento demografico e di sviluppo, con la Puglia in prima fila in questo processo.

Il secolo successivo, il Seicento, fu invece un'epoca di conflitti e di crisi. La Guerra dei Trent'anni, che devastò l'Europa tra il 1618 e il 1648, ebbe fortissime ripercussioni sociali in quanto la Spagna, strenuamente impegnata nel conflitto, sfruttò fino a sfinirle le risorse umane e agricole del Regno di Napoli e della Puglia. Nel 1647 le tensioni sociali sfociarono in una rivolta che scoppiò a Napoli e si estese alle campagne. Dopo l'assassinio di Masaniello, il capopopolo che l'aveva guidata, e un timido tentativo di fondare una repubblica, la rivolta vene repressa nel sangue. In Puglia si ricorda l'insurrezione di Taranto, guidata da Gianantonio Altamura e sconfitta dal duca Francesco Caracciolo, leale agli spagnoli.

L'assetto dell'Italia, tuttavia, stava per subire nuovi sconvolgimenti. Il Regno di Napoli sarebbe stato infatti conteso tra due delle grandi dinastie d'Europa, i Borbone di Spagna, insediatisi a Madrid dopo la guerra di successione spagnola (1702-13), e gli Asburgo d'Austria. All'inizio prevalsero gli austriaci, che acquisirono Napoli nel 1713. La riscossa spagnola arrivò in occasione della guerra di successione polacca, un episodio importante della quale si svolse proprio in Puglia. A Bitonto, il 25 maggio 1734, austriaci e spagnoli si affrontarono per il controllo definitivo del Regno. La netta vittoria di questi ultimi permise a Carlo di Borbone di sedere sul trono di Napoli e di aggiungere ai propri possedimenti la Sicilia.

Dai Borbone all'Unità d'Italia

Dalla fine del Settecento all'Unità d'Italia i Borbone persero più volte il controllo del Regno di Napoli, a causa di rivoluzioni, invasioni straniere o sollevazioni popolari, e lo riconquistarono grazie a interventi militari stranieri, fino alla vittoria delle camicie rosse di Giuseppe Garibaldi che posero fine alla monarchia. La rivoluzione a Napoli scoppiò nel 1799, instaurò la repubblica e si estese al resto del regno prima della risposta delle forze reazionarie. In Puglia la città di Altamura, controllata dai repubblicani, venne espugnata e saccheggiata nel maggio 1799 dai filoborbonici rinforzati da milizie popolari. La stessa sorte subirono Andria, Gravina, Trani e altri centri.

Dopo il decennio napoleonico la Restaurazione ricollocò i Borbone sul trono, ma la situazione nel regno, ribattezzato delle Due Sicilie, non si rasserenò. I moti liberali del 1820 indussero il re Ferdinando a concedere una Costituzione che tuttavia fu abrogata l'anno successivo per l'intervento delle forze della Santa Alleanza, chiamata in aiuto dallo stesso sovrano, pentito delle concessioni accordate pochi mesi prima. Lo schema si ripeté quasi identico nel 1848, l'anno delle rivoluzioni in Europa. A Bari venne messo in atto un interessante esperimento rappresentati-

1863

La Legge Pica assegna ai tribunali militari la competenza per i reati connessi al brigantaggio nelle province interessate dal fenomeno, tra cui la Capitanata.

1914

Salpa dal porto di Brindisi il contingente italiano che andrà a occupare la città albanese di Valona: sono i prodromi dell'intervento dell'Italia nella prima guerra mondiale.

1925

Viene fondata l'Università di Bari, la prima della regione. Nel 2008 l'ateneo verrà intitolato ad Aldo Moro, studente e poi docente alla facoltà di Giurisprudenza.

vo, una sorta di Camera composta da delegati dei comuni pugliesi, ma i risultati furono modesti, sia per le divergenze di posizione dei deputati, sia per la repressione ordinata da re Ferdinando.

La fine del regno borbonico, tuttavia, era soltanto rimandata. Nel 1859, allo scoppio della Seconda Guerra d'Indipendenza italiana, Ferdinando scelse la neutralità. Fu una delle sue ultime decisioni: morì infatti il 22 maggio. Nel 1860 i garibaldini sbarcarono in Sicilia (nei ranghi dei Mille figuravano otto pugliesi, per nascita o per residenza) e risalirono lo Stivale superando la resistenza dei borbonici fino a incontrarsi con l'esercito del Regno di Sardegna che proveniva da nord.

Nel marzo 1861 il Regno delle Due Sicilie cessò di esistere. L'annessione dei suoi territori al Regno d'Italia era stata sancita a maggioranza schiacciante da un plebiscito tenutosi nell'ottobre dell'anno precedente. La situazione in Puglia e in tutto il regno borbonico soppresso si mantenne a lungo molto delicata sia per le difficoltà incontrate dal nuovissimo apparato di governo italiano, sia per le gravissime tensioni sociali. Su queste basi raggiunse proporzioni molto serie il fenomeno del brigantaggio. In Puglia agirono per anni numerose bande di briganti, soprattutto nella Capitanata e nella zona di Taranto. Della questione meridionale, come venne definito l'insieme delle problematiche legate all'unificazione, si occupò tra gli altri Gaetano Salvemini, nativo di Molfetta, socialista e poi antifascista: fu lui a denunciare la complicità dei grandi proprietari terrieri e della piccola borghesia del Sud nello sfruttamento delle risorse del Mezzogiorno a opera del capitale del Nord.

All'inizio del Novecento il governo di Giovanni Giolitti stanziò ingenti risorse per risolvere il problema dell'approvigionamento idrico, che da sempre affliggeva la regione: l'Acquedotto Pugliese, gigantesca opera pubblica, portò l'acqua a Bari nell'aprile 1915, mentre per l'estensione della rete alle altre province si dovette attendere la fine del decennio (e certe zone sarebbero state raggiunte soltanto nel 1939).

Le guerre mondiali

L'Italia intervenne nella prima guerra mondiale il 24 maggio 1915. La Puglia, tuttavia, conobbe gli effetti del conflitto fin dall'estate 1914, quando i suoi porti cominciarono ad accogliere i profughi in fuga dalla regione balcanica devastata.

Al momento dell'entrata in guerra il presidente del consiglio era Antonio Salandra, nato a Troia, in provincia di Foggia, il primo pugliese a ricoprire questa carica.

Con l'entrata in guerra dell'Italia, la Puglia si trovò coinvolta direttamente nelle operazioni benché il fronte di terra, tra Trentino e Friuli, fosse molto lontano. Già il 24 maggio Manfredonia fu bombardata da navi austriache, a Foggia si verificò un atto di sabotaggio che portò all'esplosione della santabarbara e Barletta fu bersagliata da un incrociatore che ebbe anche ragione di un cacciatorpediniere uscito ad affrontarlo. Nello stesso anno furono bombardate anche Bari, Mola di Bari e Molfetta.

1928

Il 26 febbraio esce il primo numero della *Gazzetta del Mezzogiorno*, fondata nel 1887 con il nome di *Corriere delle Puglie*.

1943-4

Per cinque mesi Brindisi è la capitale provvisoria del Regno d'Italia, che comprende le terre del Mezzogiorno controllate dagli Alleati.

1968

Il 23 settembre muore a San Giovanni Rotondo padre Pio da Pietrelcina, al secolo Francesco Forgione, uno dei santi più venerati della Chiesa cattolica.

Uno dei paradossali effetti della guerra fu il deciso miglioramento delle infrastrutture pugliesi, dal momento che la regione doveva, come detto, fare fronte all'emergenza profughi e sostenere un gravoso sforzo bellico di retrovia attraverso i propri porti e i cantieri navali, in particolare quelli di Taranto. Il rovescio della medaglia fu la crisi del settore agricolo, compromesso dal dirigismo di guerra e dal crollo delle esportazioni, che in tempo di pace erano destinate soprattutto agli imperi centrali.

Nel maggio 1917 la flotta austriaca cercò con successo di forzare il blocco dell'Adriatico nel Canale di Otranto, in quella che rimase la principale battaglia navale nell'Adriatico nel corso dell'intero conflitto. La guerra si concluse vittoriosamente per l'Italia il 4 novembre 1918, quando l'Austria-Ungheria chiese l'armistizio. I caduti pugliesi furono oltre 28.000.

Dopo la guerra lo stato liberale precipitò in una crisi da cui non si sarebbe più ripreso e l'Italia passò in appena due anni da una situazione apparentemente prerivoluzionaria, con agitazioni operaie e fabbriche occupate, ai prodromi della dittatura mussoliniana. Come nel resto d'Italia, in Puglia i primi nuclei fascisti si formarono a opera di piccoli borghesi nelle città e di agrari e proprietari di terre nelle campagne, e guadagnarono terreno con intimidazioni e violenze diffuse.

Il fascismo al potere fece scivolare l'Italia verso la guerra. Il 10 giugno 1940 l'Italia ruppe la propria neutralità e scese in campo a fianco della Germania. La Regia Marina aveva nel porto di Taranto la sua base più protetta e munita, e proprio lì la Mediterranean Fleet inglese diede una dimostrazione di forza in linea con le sue illustri tradizioni. L'11 novembre 1940, intorno alle 23, i bombardieri e gli aerosiluranti comparvero da sud e sud-est, vanamente contrastati dalle batterie di Capo San Vito. L'azione inglese, magistralmente preparata ed eseguita, recò danni gravi a tre navi da battaglia italiane e costò la vita a oltre cinquanta marinai.

La guerra volse rapidamente al peggio per l'Italia. Tra maggio e agosto 1943 Foggia venne ripetutamente bombardata dagli Alleati e pagò un tributo altissimo, circa 20.000 morti sui poco più di 60.000 totali. Il 9 settembre, giorno successivo all'armistizio, la famiglia reale con Vittorio Emanuele III in testa, il capo del governo Pietro Badoglio e i vertici delle forze armate abbandonarono Roma e fuggirono verso sud. Il giorno successivo si imbarcarono sulle coste abruzzesi e raggiunsero senza incidenti Brindisi, dove sul finire del mese li raggiunsero due emissari alleati che fecero firmare al re il testo definitivo della resa e presero di fatto il controllo del nuovo stato, che rappresentava la continuità istituzionale con il Regno d'Italia, ma era limitato alla Puglia e a pochi territori limitrofi. L'indecorosa fuga salvò la vita dei Savoia, ma non la dinastia, che venne scalzata dal referendum del 2 giugno 1946: in questa occasione la Puglia, come la quasi totalità delle regioni del Sud, votò in netta maggioranza (67,3%) per la monarchia.

L'8 settembre 1943 in Puglia e Basilicata di Vito Leuzzi e Giulio Esposito (Edizioni Dal Sud, Bari 2003) racconta le conseguenze della breve ma violenta occupazione tedesca e i drammatici avvenimenti conseguenti l'armistizio.

1980

Il barlettano Pietro Mennea (1952-2013) vince la medaglia d'oro nei 200 metri piani alle Olimpiadi di Mosca. Mennea deterrà per 17 anni il primato mondiale nei 200; ciò fa di lui uno dei più grandi campioni dell'atletica di ogni tempo.

2002

Tra ottobre e novembre una serie di scosse di terremoto si abbatte sulla Daunia, con epicentro in Molise. Tra i comuni pugliesi colpiti figurano Casalnuovo Monterotaro, Celenza e Carlantino.

2007

Nasce l'Apulia Film Commission, che nel giro di sette anni porta nella regione Puglia circa 150 produzioni, tra televisive e cinematografiche.

Il dopoguerra e i giorni nostri

Alla fine della guerra la Puglia si trovava in ginocchio. Nel marzo 1946 scoppiò una rivolta popolare che interessò la zona di Andria e dovette essere sedata dall'esercito. Riprese il fenomeno migratorio, soprattutto verso le grandi città del nord. Nel tentativo di contrastare la povertà diffusa venne istituita nel 1950 la Cassa per il Mezzogiorno, e nello stesso anno fu emanata una legge agraria che interessava diverse regioni d'Italia, Puglia compresa, e disponeva scorpori e riforme di vasta portata.

Nel corso degli anni '60 si formarono alcuni importanti poli industriali: su tutti va ricordato il IV Centro Siderurgico Italsider di Taranto, entrato in funzione nel 1964. In tempi più recenti è emerso che i lavoratori degli stabilimenti tarantini sono stati esposti per anni ad amianto e altri agenti cancerogeni. L'iter processuale è in corso: nel maggio 2016, 27 ex dirigenti sono stati condannati a pene tra i quattro e i nove anni e mezzo di carcere per omicidio colposo plurimo, disastro e omissione di cautele contro gli infortuni sul lavoro.

Sul versante politico, la Democrazia Cristiana stabilì un nuovo corso di chiusura verso la destra e di progressiva apertura verso l'area socialista e socialdemocratica: a dirigere l'operazione fu il segretario del partito Aldo Moro, pugliese di Maglie. Il tragico epilogo della vita e della carriera di Moro è purtroppo noto: rapito a Roma da un commando delle Brigate Rosse il 16 marzo 1978, lo statista venne fatto ritrovare morto il 9 maggio.

Provvedimenti e aiuti di stato non riuscirono a colmare gli squilibri sociali ed economici del Sud, e l'eccezionale sviluppo delle aree industriali del Nord incise massicciamente sull'esodo che nel giro di 20 anni avrebbe visto quattro milioni di lavoratori abbandonare le proprie case in cerca di una vita migliore. A partire dal 1990 la Puglia divenne invece terra di immigrazione, soprattutto dall'Albania, dove la dittatura di Enver Hoxha era da poco collassata. L'episodio più conosciuto, ripreso e trasmesso dalle televisioni di tutto il mondo, è quello della nave *Vlora*, un mercantile che il 7 agosto 1991 comparve davanti al porto di Bari carica di oltre 20.000 albanesi in fuga dalla miseria. Molti baresi fecero quello che poterono per fronteggiare questa emergenza e aiutare gli sbarcati, mentre le risposte delle istituzioni governative furono confuse e poco efficaci. Gran parte degli albanesi furono rimpatriati nei giorni successivi.

Sotto il profilo politico e amministrativo, la Puglia è articolata in sei province: alle cinque già esistenti (Bari, Brindisi, Foggia, Taranto, Lecce) si è aggiunta nel 2004 quella di Barletta-Andria-Trani. La carica di presidente della Regione, dopo un mandato di Raffaele Fitto (2000-2005) e due di Nichi Vendola (2005-2015), è attualmente ricoperto da Michele Emiliano, in precedenza sindaco di Bari.

2009

Il Castello di Lecce, costruito nel Cinquecento per volontà di Carlo V, ospita il G8, forum politico-economico tra i leader delle otto maggiori potenze industriali del mondo.

2017

Il discusso passaggio del Gasdotto Trans-Adriatico (TAP) attraverso la provincia di Lecce (Melendugno) accende le proteste di ambientalisti ed enti locali. Si verificano incidenti tra dimostranti e forza pubblica.

2022

Viene inaugurato a Taranto il primo parco eolico offshore del Mediterraneo. Costato 80 milioni di euro, l'impianto, che comprende 10 pale per una capacità complessiva di 30 MW, dovrebbe assicurare una produzione di oltre 58 mila MWh, pari al fabbisogno annuo di 60.000 persone.

Cultura

Il grande fermento che da anni anima la scena culturale pugliese è sotto gli occhi di tutti: la Notte della Taranta ha fatto conoscere la pizzica ben oltre i confini del Salento, eventi come unomaggiotaranto hanno puntato i riflettori sulla capacità di riscatto di una città che non vuole essere sui giornali solo per i fumi dell'Ilva, l'intera regione è un set cinematografico che richiama registi italiani e stranieri, mentre autori e case editrici sono protagonisti di un 'rinascimento letterario pugliese'. A tanta vitalità fa da contraltare la malinconia di una terra che richiama turisti tutto l'anno, ma al termine delle vacanze saluta molti dei suoi figli e giovani talenti, ancora in fuga dalla disoccupazione.

Religione, folklore e festività

Molte tradizioni cristiane sono riadattamenti di riti pagani: è il caso del Carnevale, che per i cattolici è diventato la celebrazione dell'inizio della Quaresima – l'unica eccezione è quello di Putignano, che pare esser nato da un rito cristiano per poi diventare una tradizione secolare in un secondo momento. La stessa tradizione della taranta e della pizzica (v. lettura p315) sembra avere radici remote che possono essere ricollegate al culto di Asclepio nell'antica Grecia.

La festa cristiana celebrata con maggiore pompa in Puglia è la Pasqua, in occasione della quale molte cittadine ospitano riti e manifestazioni che si protraggono per tutta la Settimana Santa. C'è gente che paga profumatamente per avere il privilegio e l'onore di portare sulle spalle in giro per la città le pesantissime statue che rappresentano i personaggi del racconto della Passione, in processioni solenni e lunghissime. A Taranto, per esempio, sede di uno dei riti più celebri della Settimana Santa, la Processione dei Misteri parte a mezzanotte dalla Chiesa di San Domenico, nella città vecchia, dove termina 15 ore dopo. Ogni cittadina, inoltre, celebra il suo santo patrono con concerti, spettacoli, grandi mangiate e bevute, incorniciati dalle lingue dei falò, dalle fontane dei fuochi d'artificio e dalle scenografiche luminarie.

Nel 1959 Ernesto Martino giunse nel Salento per conoscere e studiare il fenomeno del tarantismo, che poi ha raccontato nel libro *Terra del Rimorso* (Il Saggiatore, Milano 1961).

E infine, ma non ultima, la fede nei miracoli, che sopravvive tra gli anziani come tra i giovani. Un vecchio film di Edoardo Winspeare, *Il miracolo* (2003), indaga proprio su questo profondo, ancora attuale, bisogno di credere in un mondo magico soprannaturale, per quanto incorporato nel cristianesimo. Basti pensare che il Santuario di Padre Pio, il santo del Gargano a cui sono attribuite numerose guarigioni miracolose, ogni anno è meta di pellegrinaggio per milioni di fedeli o che migliaia di pellegrini la sera del 9 maggio si assiepano nella cripta di San Nicola di Bari per richiedere la 'manna' miracolosa.

Arti

Musica e danza

Il sud è terra di musica, che insieme alla danza testimonia fedelmente l'esuberanza e la passionalità della Puglia, esprimendosi al meglio in occasione delle feste popolari e dei moltissimi festival che affollano in particolare la stagione estiva. A fare da colonna sonora ai vari eventi che scandiscono il calendario musicale pugliese sono soprattutto le cadenze ipnotiche e ossessive della 'taranta' (un termine commerciale entrato in uso per definire alcune musiche da ballo di origine popolare: il termine più corretto sarebbe 'pizzica'), le marce solenni e cariche di malinconia delle bande municipali, oppure i ritmi esplosivi del reggae locale – anche detto 'tarantamuffin'. Molta musica pop pugliese, anch'essa caratterizzata da forti legami con il territorio, è spesso legata a doppio filo e mescolata con la musica della tradizione, e non è sempre facile capire dove finisca una e cominci l'altra.

Taranta, pizzica e world music

Le fotografie in bianco e nero dei riti di tarantismo mostrano donne stese a terra, con le gonne svolazzanti e i corpi tesi in pose innaturali, come in preda a una crisi convulsiva. Spettacoli di questo genere non si vedono più, ma la pizzica (da 'pizzico', 'morso') si suona ancora in moltissime feste popolari: un ritmo vigoroso e ipnotico che fa venir voglia di alzarsi e ballare.

Molte musiche da ballo diffuse oggi in Salento e in Puglia sono legate alla cura rituale del tarantismo – ballando si pensava di annullare l'effetto del morso velenoso del ragno – e inoltre accompagnavano le celebrazioni religiose. Può darsi che questo tipo di danza derivi da alcune pratiche in vigore già nell'antica Grecia, ma le sue origini rimangono non chiarite. Al presentarsi di certi sintomi si riteneva che i contadini che lavoravano nei campi (in particolare le donne, che tagliavano il grano) fossero stati morsi da un ragno, mentre è possibile che soffrissero di crisi convulsive o disturbi di natura psicologica: la danza aveva comunque una funzione catartica. Il rito venne poi inglobato dal cristianesimo e san Paolo (secondo la leggenda, egli stesso sopravvissuto al morso di un serpente) fu scelto come suo patrono. Per maggiori informazioni sul tarantismo e le sue origini v. lettura p315.

Nel secondo dopoguerra la pizzica era considerata un rito profondamente obsoleto, associato all'ignoranza e alla superstizione. Recuperata dalla gente del posto negli anni '70 e '80 come forma di revival, oggi è straordinariamente popolare tra i giovani anche al di fuori della Puglia. La pizzica è la musica tipica del Salento, ma altre forme di tarantella compaiono anche in altre zone del Mezzogiorno come la Murgia, il Gargano, la Basilicata, Napoli e la Calabria.

Oggi la Puglia è una delle regioni italiane con la più alta percentuale di progetti e gruppi di world music, per cui la 'tradizione' rappresenta un ricco bacino cui attingere per inventare e reinventare una nuova musica pugliese. Difficile orientarsi, ma un'esplorazione potrebbe cominciare dai lavori del **Canzoniere Grecanico Salentino**, uno dei gruppi pionieri del folk revival regionale (esiste dal 1975) e oggi uno dei più attivi all'estero, rinnovato con musicisti tutti giovani capitanati da Mauro Durante, erede dei fondatori: nel 2018 il CGS ha vinto il prestigioso Songlines Music Award come miglior gruppo di world music al mondo; oppure dai **Cantori di Carpino**, depositari di una lunga tradizione musicale; da **Officina Zoè**, anche collaboratori del regista Edoardo Winspeare, o ancora da **Uaragniaun**, **Arakne Mediterranea**, **Aramirè** o dai **Ghetonìa** (fra i maggiori interpreti del repertorio in lingua grecanica) e – fra le proposte più giovani – da **Antonio Castrignanò**. Fra le molte voci femminili spiccano quelle di **Anna Cinzia Villani**, **Enza Pagliara**, **Alessia Tondo**, **Maria Mazzotta** (da scoprire il suo progetto con il violoncellista Redi Hasa), **Rosapaeda**, **Faraualla**, **Raffaella Aprile**, **Ninfa Giannuzzi**. Cercate i bei dischi dell'etichetta di Otranto AnimaMundi, 'casa' di molte di queste produzioni.

Molti sono anche i gruppi che inseriscono i ritmi della pizzica in un contesto elettrico o elettronico: fra questi, i pionieri **Mascarimirì** di Claudio 'Cavallo' Giagnotti, i **Nidi d'Arac**, i **Kalàscima**, gli **Insintesi**, o alcuni progetti del trombettista **Cesare Dell'Anna** (cercate i dischi dell'etichetta 11/8). Sempre in ambito world, da segnalare anche i baresi **Radiodervish**, progetto attivo dagli anni '90, e i **Radicanto**.

Durante tutta l'estate si tengono decine e decine di festival di musiche tradizionali (e dintorni). La manifestazione più importante è la **Notte della Taranta**, che si celebra a Melpignano in Puglia verso la fine di agosto. Memorabile l'edizione del 2003, il cui maestro concertatore è stato Stewart Copeland, ex-batterista dei Police, ma in passato hanno condotto le danze anche artisti del calibro di Joe Zawinul e Daniele Sepe. Dal 2004 al 2006 il maestro concertatore è stato Ambrogio Sparagna e dal 2007 al 2009 Mauro Pagani. Le edizioni del 2010 e del 2011 sono state dirette dal compositore Ludovico Einaudi, nel 2012 il maestro concertatore è stato Goran Bregovic, e poi nel 2013 e nel 2014 Giovanni Sollima, virtuoso del violoncello, seguito da Phil Manzanera nel 2015 (con ospite Luciano Ligabue!) e da Carmen Consoli nel 2016. Nel 2017 è toccato a Raphael Gualazzi, nel 2018 ad Andrea Mirò, nel 2019 al direttore d'orchestra Fabio Mastrangelo, nel 2020 a Paolo Buonvino e nel 2021 a Enrico Melozzi e Madame. Per il calendario degli spettacoli musicali consultate la rivista *quiSalento* (www.quisalento.it), in vendita nelle edicole, o rivolgetevi agli uffici turistici.

Bande e musica popolare

È dall'Ottocento, o forse già dal Settecento (c'è chi dice addirittura dalla fine del Seicento), che i braccianti, i contadini e i muratori pugliesi si di-

PUGLIA SOUNDS

La Puglia, grazie alle sue politiche culturali all'avanguardia, si è da tempo aggiudicata lo scettro di regione più musicale d'Italia. E non solo per l'ormai famigerata 'taranta': la regione offre un ventaglio di proposte inusuale per quantità, qualità e varietà, tanto sul suo territorio quanto da esportazione. Buon gioco lo fa sicuramente il parco di musicisti, percentualmente altissimo e in genere di buon livello, che spesso esce dal solco della tradizione. Ma, soprattutto, la regione è stata teatro di una delle sperimentazioni di polica culturale 'radicale' più coraggiose della storia italiana recente. Intorno al 2010 la giunta di Nichi Vendola, dedicatasi dapprima al teatro e al cinema (con l'Apulia Film Commission), ha posto le basi per il rilancio del settore musicale attraverso un programma pluriennale, chiamato Puglia Sounds. Impiegando i soldi del FESR – Fondo Europeo di Sviluppo Regionale – la Puglia ha così creato un sistema virtuoso di 'industria culturale', atto a sostenere (con contributi erogati attraverso bandi) produzioni discografiche di artisti pugliesi di ogni genere di musica, tournée nel mondo per 'esportare' la musica pugliese e altri progetti. Un modello non particolarmente originale, mutuato dalle politiche culturali già messe in atto dalla Catalogna, dalla Bretagna, dalla Corea del Sud, ma tuttavia efficace (per quanto, come è ovvio, non siano mancate le critiche). Dopo una fase di transizione e di riorganizzazione in cui lo stesso destino di Puglia Sounds era incerto, il progetto sembra destinato a essere rinnovato anche per i prossimi anni.

Il rilancio di Puglia Sounds coincide anche con la resurrezione di una delle sue creature, il **Medimex**, fiera musicale ospitata dal 2011 alla Fiera del Levante di Bari e chiusa nel 2016. Nella nuova versione, a partire dal 2017, la fiera ha cambiato formula diventando più 'festival': per il 2021 e il 2022 si è trasferita a Taranto, nel mese di giugno, portando sul suo palco grandi nomi del pop internazionale.

La crisi economica e le difficoltà del settore spettacolo dal vivo, ovviamente, non sono dimenticate. L'estate rimane la stagione di punta dell'attività live e la parte del leone la fa la penisola salentina. Eppure, soprattutto per quanto riguarda l'export culturale, la Puglia resta all'avanguardia: ogni fiera o festival internazionale, dal **Womex** – la più prestigiosa fiera internazionale dedicata alla world music – allo **Sziget Festival** di Budapest, sembra avere il suo manipolo di pugliesi a occupare un palco. Controindicazioni? La sovraesposizione, probabilmente, che trasmette all'estero la diffusa immagine che la musica italiana sia – soprattutto – pugliese, mettendo in ombra altre regioni e altri musicisti. La crisi, per ora, sembra aver allargato il divario a svantaggio di tutti gli altri ma, tra alti e bassi, il modello pugliese è ancora quello da imitare.

I FESTIVAL PUGLIESI

Parallelamente ai progetti di Puglia Sounds, in regione potrete farvi una delle più colossali scorpacciate di eventi musicali che possiate immaginare: in questa fase di finanziamenti incerti alla cultura, nuovi festival appaiono come funghi in estate e colossi storici spariscono nel giro di una notte. Dunque, tenete d'occhio internet e visitate gli uffici del turismo per le ultime novità. La **Notte della Taranta** è il grande traino pubblicitario a cui molti si agganciano: turisticamente sposta decine di migliaia di persone nell'area del Salento, offrendo per una settimana sfiziosi eventi in luoghi caratteristici, fino alla chiusura di Melpignano, ad alta concentrazione di superstar morse per una sera dalla tarantola.

Chi non si accontentasse di zampettare imitando passi di danza di cui non conosce il significato, può approfondire lo studio di pizzica e taranta nei corsi tenuti dall'associazione Taranta (www.taranta.it), attiva in diverse località italiane: non mancheranno certo occasioni per imparare a ruotare vorticosamente nelle corrette modalità.

La tradizione musicale pugliese, vista la conformazione stessa del territorio, ovviamente non si riduce ai balli salentini: la tarantella garganica ad esempio è un'altra eccellenza musicale caratteristica della provincia di Foggia. La sua celebrazione definitiva avviene ad agosto, durante il **Carpino Folk Festival**: imperdibile, se vi trovate in loco. A carattere 'itinerante', nel senso che ogni anno si installa in differenti paesi delle province pugliesi, è **La Ghironda** (http://www.laghironda.it): si accende a fine agosto (e in inverno per gli eventi 'Winter') e porta nomi inusuali ed esotici, insieme a stelle del panorama nazionale. Invernale è il **Fòcara Festival** (https://focarafestival.org), che si svolge a gennaio in concomitanza con il famoso falò, e che ospita grossi nomi della world music internazionale.

E se ne avete abbastanza di tutto questo folk e world, niente paura: potrete iniziare la decontaminazione buttandovi su festival musicalmente promiscui, molti dei quali ormai marchi consolidati. **Time Zones**, a novembre a Bari, è il decano delle rassegne di questo tipo, ha superato i 30 anni ma non li dimostra. L'ultima novità, più pop e danzereccia, è invece il **Viva! Festival** della Valle d'Itria, organizzato in collaborazione con il festival di elettronica e nuova musica torinese Club to Club; si tiene in luglio.

Se infine siete cultori del buon jazz, c'è solo l'imbarazzo della scelta (pur con molti festival cancellati o a rischio di sparizione, ad esempio lo storico Orsara Jazz). Fra chi resiste, la varietà non manca: **Bari in Jazz**, il **Multiculturita Summer Jazz Festival** di Capurso (luglio) o il redivivo **Talos Festival** di Ruvo di Puglia diretto da Pino Minafra. Occhio anche agli eventi organizzati dall'etichetta **Auand** a Bisceglie e al **Locus Festival** di Locorotondo (agosto), specializzato nelle ultime tendenze della black music e del jazz – e non solo!

Se invece siete cultori della classica, in particolare di quella del Novecento, il **Festival della Valle d'Itria**, in estate, a Martina Franca, offre un calendario di qualità e quantità.

lettano con gli strumenti musicali, chi con un trombone e chi con un tamburo, un po' per amore dell'arte e un po' della musica, e per il piacere di suonare insieme ai propri compaesani. Il fatto che si dilettino, però, non significa che siano dilettanti: sono professionisti, hanno alle spalle anni e anni di musica (molti anche il conservatorio) e se fanno altri mestieri è solo per tirare a campare. La tradizione delle bande è ancora oggi viva in molti paesi della regione, in cui – soprattutto in occasione delle feste religiose – risuonano arrangiamenti strumentali di celebri arie della lirica, o temi popolareschi, in cui ottoni e percussioni sono protagonisti.

Come è successo per altre forme di musica popolare locale, anche la musica bandistica è stata rivalutata e riproposta al pubblico moderno, in particolare dalla **Banda di Ruvo Di Puglia** capitanata dal trombettista Pino Minafra, che ne ha dato una rilettura originale virandola in chiave jazz: cercate il CD *La Banda: Traditional Italian Banda & Jazz*. Ascoltandolo vi sentirete immediatamente trascinati nella piazza di un villaggio in un'afosa notte d'estate. Altro piccolo capolavoro è il doppio album *Giro di Banda*, curato e diretto dal trombettista **Cesare Dell'Anna**; suonato da una banda da giro di più di 30 elementi, il CD ospita anche grandi interpreti della musica salentina come Enza Pagliara, Emanuele Licci e Claudio 'Cavallo' dei Mascarimirì. Fra i gruppi 'world' più su questa linea, spesso mescolata con profitto con le fanfare balcaniche, da non perdere sono i fantastici **Opa Cupa** (sempre di Dell'Anna), la **Municipale Balcanica** e la **Bandadriatica** dell'organettista Claudio Prima.

Pop e jazz

Se in passato la Puglia ha dato i natali a cantanti melodici autori di grandi successi sanremesi, su tutti **Albano** e **Nicola di Bari** (oltre al 'padre spirituale' dei cantautori **Domenico Modugno**), ora sono le donne a dominare la scena pop: dalla sempreverde **Anna Oxa** a **Dolcenera**, **Alessandra Amoroso** ed **Emma Marrone**. Accanto a loro ci sono molti altri cantanti e musicisti meno mediatici, e tra questi il garganico **Gegè Telesforo**.

Musicista molto amato (e discusso) non solo in Italia è Michele Salvemini, rapper di Molfetta noto con lo pseudonimo di **Caparezza**. Testi fortemente politici e dissacranti, uniti ad arrangiamenti spesso geniali, ne hanno fatto un punto di riferimento del pop nazionale più culturalmente consapevole. Uno dei suoi maggiori successi è dedicato alla sua regione e al forte appeal turistico che ne sta svilendo le tradizioni: *Vieni a ballare in Puglia*.

Sempre in ambito pop, ultimamente ha ottenuto non poca considerazione anche **Erica Mou**, una giovanissima cantante di Bisceglie, una bella località della Terra di Bari che le fa da base per i suoi tour internazionali. Dove è la Puglia nelle sue canzoni? "È nei testi dove c'è molta acqua, forse perché non so nuotare!", ha detto.

In ambito rock infine spopolano da diversi anni i **Negramaro**, band dal sound energico che prende il nome dal caratteristico vino salentino. La loro forza sta soprattutto nei virtuosismi vocali del cantante, Giuliano Sangiorgi, e nell'appeal delle melodie facilmente orecchiabili; dopo una pausa che sembrava preludere allo scioglimento del gruppo, nel 2017 i Negramaro hanno pubblicato *Amore che torni* e ripreso a fare tour.

La Puglia rivela anche un panorama soprendentemente vivace e originale di reggae e raggamuffin, spesso cantato in dialetto e definito con il termine di 'tarantamuffin', a evidenziarne l'ispirazione. Ne sono signori indiscussi i popolarissimi **Sud Sound System**, gruppo del Salento fortemente legato alla propria terra d'origine, che si esibisce in tutta Italia e all'estero e che spesso ha mescolato i ritmi della Giamaica con quelli della pizzica. Molti testi delle loro canzoni raccontano, con intelligenza e umorismo, le gioie e i dolori del sud. Pugliese è anche una delle stelle del reggae italiano al femminile, Maria Germinario, meglio nota come **Mama Marjas**.

Anche il jazz pugliese gode di ottima salute: fra le etichette locali più attive, la **Dodicilune** e la **Auand** (di Bisceglie), quest'ultima punto di riferimento in Italia per il 'nuovo' jazz nazionale più avventuroso.

Architettura

Sono due gli stili che connotano fortemente il patrimonio artistico della Puglia: il romanico e il barocco.

Il **romanico** derivò direttamente da una fervida e intensa stagione culturale che maturò in Puglia fin dalla metà dell'XI secolo, ma che si affermò pienamente solo nel 1200. All'indomani del Grande Scisma del 1054, infatti, i vescovi latini si diedero un grandioso obiettivo: rompere definitivamente con la supremazia della chiesa greca per aderire a quella romana. Per raggiungere questo obiettivo, non bastava adeguarsi ai nuovi motivi liturgici: occorreva erigere chiese molto più grandi delle piccole chiese bizantine per esprimere il potere di una classe dirigente (rappresentata dal vescovo) che ambiva a un'indipendenza non soltanto religiosa, ma anche politica e sociale. Fu così che in Puglia sorsero imponenti cattedrali, per la cui costruzione si rendevano necessarie ingenti quantità di materiali e manodopera, fortunatamente sempre reperibili in loco:

Emblemi dell'edilizia pugliese tradizionale, oggi i trulli e le masserie indossano una veste contemporanea grazie agli interventi di grandi nomi dell'architettura nazionale e mondiale, che riportano in vita queste strutture potenziandone la loro principale peculiarità: il rapporto armonioso con l'ambiente naturale in cui si inseriscono.

il territorio forniva infatti il calcare compatto in Terra di Bari e in Capitanata e il tufo nel Salento e in parte della Capitanata, e le maestranze a cui venivano affidati i lavori erano sempre locali.

Le tecniche di costruzione adottate erano prevalentemente due: l'utilizzo di scaglie di pietra, così come emergevano dal terreno, e il taglio dei blocchetti regolari che venivano poi disposti in filari. Per quanto riguarda gli influssi, invece, il discorso si fa più sfaccettato: non è rara per esempio la compresenza di motivi decorativi orientali e occidentali (come le maschere leonine e le foglie nei capitelli), mentre sul piano strutturale si possono riconoscere influenze dell'architettura normanna, dell'architettura borgognona o di quella bizantina – tutte influenze che si innestano però sempre nella grande maturità delle maestranze locali.

Nacque così il cosiddetto 'romanico normanno-pugliese', che derivava le sue caratteristiche principali dall'architettura normanna: un esempio significativo è la Basilica di San Nicola (iniziata nel 1087, anno dell'arrivo delle spoglie del santo, nonché periodo in cui la città divenne punto di imbarco verso la Terra Santa per la prima Crociata), con le sue strutture dall'aspetto così massiccio (quasi più simile a una fortezza che a un edificio religioso) e con i suoi doppi campanili a forma di torri che rimandano, insieme alle sculture decorative, alla Borgogna francese. A questo stile appartengono non solo le cattedrali di Trani, Bitonto, Bisceglie, Ruvo di Puglia, Giovinazzo, ma anche quelle di Taranto, Canosa di Puglia, Lucera, Foggia, Troia, Santa Maria Maggiore di Siponto, a dimostrazione del fatto che lo stile romanico si era espanso anche al di fuori del territorio di Bari.

Il secondo stile è invece il **barocco**, che fece la sua prima comparsa all'inizio del 1600, al termine di tre secoli decisamente poco significativi dal punto di vista artistico, per fiorire alcuni decenni più tardi e restare lo stile dominante fino alla seconda metà del 1700. Fu verso la metà del XVII secolo, infatti, che in tutta la Terra d'Otranto, in piccole cittadine come Martina Franca, Francavilla Fontana e Nardò, ma a Lecce soprattutto (v. lettura p296), si diede avvio, per lo più a opera dei vescovi, alla costruzione di chiese, conventi, residenze e palazzi monumentali, che con le loro esuberanze finirono per contagiare anche l'architettura privata. E nella ricorrenza dei motivi floreali, delle figure, degli animali mitologici, dei fregi e degli stemmi, si riconoscono non tanto motivi del Seicento romano o napoletano,

MASSERIE E MURETTI A SECCO: ALLE ORIGINI DELLA BIOEDILIZIA

Protagoniste dell'architettura rurale di tutta la Puglia, le masserie sono esito di un secolare processo di interazione armoniosa fra uomo e natura e in un certo senso sono pioniere della bioedilizia: tutte nascono dall'esigenza primaria di dare ricovero al massaro (il mezzadro o fattore) e al suo bestiame, ma evolvono in modi diversi a seconda delle caratteristiche del territorio. In un'epoca antecedente all'invenzione dei sistemi di termoventilazione elettrica, si sfruttano le correnti d'aria naturale attraverso un'adeguata distribuzione degli spazi chiusi e aperti: noterete così che i complessi masserizi nelle terre più aride comprendono diverse corti interne, mentre appaiono più compatti dove il clima è temperato. Anche il tipo di tetto ci dà un indizio sul clima – lo vedrete a spiovente a quote maggiori, come l'Alta Murgia (dove in inverno può nevicare), e a terrazza sulla costa. Il materiale privilegiato per la costruzione delle masserie è il tufo, una pietra calcarea dall'alto potere termoisolante, abbondante in Puglia.

Peculiare è anche la presenza di muretti a secco, ossia costruiti con blocchi di pietra sovrapposti e incastrati senza l'impiego di cemento (al limite usando la terra secca): persino l'UNESCO ne ha riconosciuto l'importanza, inserendo l'arte dei muretti a secco nella Lista del Patrimonio Culturale Immateriale con la motivazione che questa tecnica di costruzione, tramandatasi nei contesti rurali di generazione in generazione dalla più antica preistoria, testimonia di una relazione armoniosa fra l'uomo e la natura.

ARCHITETTURA E FUNZIONE DELLE TORRI COSTIERE

Erette in punti strategici del territorio per fronteggiare dapprima la minaccia saracena, poi i nemici turchi e qualsiasi potenza europea dotata di una flotta, le torri costiere erano vere sentinelle del mare, appostate in cima alle rupi per avvistare le navi all'arrembaggio. A base quadrangolare, con la sagoma geometrica di un tronco di piramide (misurano circa 11 m per lato e hanno un'altezza di 12 m), all'interno erano disposte su due piani: il piano terra fungeva da magazzino, quello superiore da abitazione. L'accesso avveniva dal lato rivolto verso i monti per mezzo di scale retrattili in legno, poi sostituite da rampe fisse in muratura. Le feritoie, invece, utilizzate anche come finestre, erano aperte nelle pareti laterali. Ogni torre doveva essere visibile almeno da altre due torri gemelle: l'avviso dell'imminente sbarco dei pirati avveniva di giorno per mezzo di segnali di fumo, di notte con segnali di fuoco, a cui talvolta si aggiungeva il fragoroso suono di corni e campane; infine, messaggeri a cavallo raggiungevano i vari paesi del regno per mettere al riparo famiglie e tesori.

ma piuttosto elementi dello stile plateresco spagnolo e del barocco siciliano, combinati in un'originale e particolare espressione che differenzia così il 'barocco pugliese' dal medesimo stile presente in altre regioni italiane.

Per quanto riguarda l'architettura civile, a dominare è senza dubbio il **sistema castellare**, dovuto quasi interamente alla dinastia normanna, che cominciò a fortificare il territorio fin dall'XI secolo, consolidando strutture preesistenti o, nella maggior parte dei casi, costruendo nuovi edifici. A disseminare numerosi altri castelli nel regno ci pensò poi Federico II, il quale, accortosi dopo la morte di Guglielmo II di quanti baroni disobbedivano alla autorità regia, si decise a mettere ordine nello stato. E cominciò a farlo definendo un sistema di castelli (primo fra tutti l'ottagonale Castel del Monte, in cui lo stile gotico delle finestre bifore si armonizza con la robustezza delle torri difensive e con certe decorazioni tipicamente francesi) che in breve tempo ne incamerò ben 200, e che regolamentò con l'emanazione nel 1239 dello Statuto sulla riparazione dei castelli, allo scopo di renderli sempre più efficienti. Ombra della sua magnificenza, emanazione del suo potere, specchio della sua protezione, questi castelli sono in gran parte ancora in piedi, e anche se in molti casi hanno subìto modifiche e adattamenti alle esigenze e ai gusti delle epoche successive, conservano in genere il 'timbro della casa sveva'.

Scultura

Il romanico produsse capolavori nell'ambito della scultura, la quale ebbe fin dai primi decenni dell'XI secolo uno sviluppo eccezionale. E se tutti gli scultori dell'epoca, tra i quali ricordiamo Barisano da Trani, da un lato imitavano l'antico (ne sono esempi i capitelli del Duomo di Taranto o quelli della Cripta di Otranto e le grandi colonne di marmi pregiati come quelle della Cattedrale di Canosa), dall'altra erano autori di una produzione originale e fresca le cui fonti possono essere rintracciate piuttosto nelle cosiddette arti minori, ovvero in quei piccoli oggetti preziosi in legno, avorio, oro e tessuto, che erano purtroppo estremamente deperibili e sono scomparsi in molti casi senza lasciare traccia. Sembra quindi che all'origine del romanico (e questo sarebbe valido non solo per la Puglia ma per tutta l'area europea) si possano collocare sia la volontà di rendere maggiormente fruibili le opere, sia la riscoperta del valore della pietra, che era stata degradata nell'Alto Medioevo e che va ora riaffermandosi di pari passo con l'avvento di una classe media borghese e mercantile e con la rinascita delle città. Senza dimenticare naturalmente che la scultura si afferma in questo periodo anche grazie alla necessità di produrre tutte quelle suppellettili, quali pulpiti, troni vescovili e cattedre, che doveva soddisfare un preciso programma ideologico.

Meno noto, ma riportato alla luce da numerosi studi recenti, è il contributo degli scultori pugliesi all'arte del Rinascimento. Protagonista indiscusso è in questa fase Stefano da Putignano, che si firmava STEPHANUS APULIAE POTINIANI, e ha lasciato opere nelle chiese di Mola di Bari e di Turi, di Martina Franca, di Cisternino e di Miglionico. Sono inoltre numerosi i suoi presepi, che potrete ammirare in viaggio per la Puglia, a cominciare da quello della sua città natale, Putignano, conservato nella Chiesa Madre (p213).

Pittura

Nascosti in solitari rifugi scavati nella roccia, gli affreschi bizantini e medievali che fra il X e XI secolo decorarono le pareti di cappelle spesso remote ispirarono e definirono il culto cristiano. Ce ne sono per esempio a Massafra e a Mottola, dove si può ammirare la cosiddetta 'Cappella Sistina della civiltà rupestre', ossia la Chiesa di San Nicola (p255), ma anche nelle cripte nascoste nel Salento leccese, e in particolare a Poggiardo e a Ortelle (p329).

Varcando la soglia della favolosa Basilica di Santa Caterina d'Alessandria a Galatina (p316) ci si ritrova invece circondati da suggestivi affreschi quattrocenteschi. Non si è stabilito con certezza se gli autori fossero artigiani itineranti provenienti dal nord oppure artisti locali che avevano viaggiato molto, ma il loro stile ricorda quello di Giotto, e le figure sono curate fin nei minimi dettagli, sfoggiano colori sfavillanti e colpiscono per le proporzioni spettacolari.

Conversano ospita inoltre le splendide tele del ciclo ispirato alla *Gerusalemme liberata* di Torquato Tasso e nello stile dell'artista, il pittore Paolo Finoglio (1590-1645), è evidente l'influenza caravaggesca.

Barletta è celebre, oltre che per il Colosso, anche per aver dato i natali a Giuseppe De Nittis (1846-84), l'unico rilevante pittore impressionista italiano. Dopo gli studi condotti a Barletta e a Napoli, nel 1867 De Nittis si trasferì a Parigi, dove in seguito venne invitato da Degas a prendere parte alla prima mostra dedicata all'impressionismo. Tra le opere mature figurano anche i ritratti di Zola e di Manet. La sua cittadina natale custodisce la principale collezione di tele dell'artista, esposte nella magnifica cornice barocca della Pinacoteca Giuseppe De Nittis (p72).

Arte contemporanea

Nella Fondazione Museo Pino Pascali di Polignano a Mare (p90) si possono ammirare le opere del barese Pino Pascali (1936-68), morto in un incidente stradale a soli 33 anni. Geniale talento creativo, di certo l'artista pugliese più celebre a livello internazionale, Pascali amava la sperimentazione ludica a partire da materiali come lattine, pelliccia finta, paglia e fango, e la sua vicinanza al movimento dell'Arte povera era una diretta espressione delle sue radici meridionali.

Oggi sono numerosi gli artisti locali che propongono una rivisitazione di soggetti e tecniche del territorio in chiave contemporanea. Tra gli altri Italo Rucci e Lucia Torelli, che reinterpretano i paesaggi pugliesi con uno stile naif e con colori brillanti, e Michele Circiello (www.michelecirciello.it), che si ispira all'era paleolitica e all'arte rupestre per ritrarre antichi guerrieri, cavalieri e animali con materiali e tecniche miste (sabbia, olio, tessere di mosaico, colle, argilla e bronzo, bulloni e lastre di pietra locale). Nel 2009 tre sue stele intitolate *Dal passato al futuro* sono state scenograficamente collocate all'interno del Castello di Monte Sant'Angelo (p163); altre sue opere sono sparse in numerosi locali e ristoranti della zona. Ritrattista e pittore barese di gusto più internazionale è invece Michele Volpicella, che nel 2014 ha esposto in una personale al MAM di Cosenza, dal titolo Neo Metafisica.

Anche la street art ha i suoi artisti pugliesi: Millo (Francesco Camillo Giorgino), i cui bambini giganti si arrampicano e giocano sui muri, rianimando così pareti prima anonime di diverse città italiane; e Agostino

Iacurci, i cui disegni dalle forme sintetiche e dai colori vivaci sono ormai conosciuti anche in Oriente e in Sudamerica.

Artigianato

Si pensa che gli antichi greci abbiano diffuso le loro tecniche di lavorazione di vasi e anfore circa 2800 anni fa, ai tempi della Magna Grecia, ma nel Museo Provinciale di Lecce sono esposte ceramiche messapiche che testimoniano come quest'arte fosse praticata prima del loro arrivo. Prima dell'avvento di altri materiali, infatti, la ceramica era impiegata per ogni necessità: vasi da notte, orci per il vino, pentole, catini da bucato.

I motivi rustici ed elegantemente sobri tipici delle ceramiche pugliesi sono immediatamente riconoscibili. La decorazione più diffusa consiste in uno sfondo color crema con un motivo molto semplice a righe blu e un elemento ricorrente di sei puntini anch'essi blu. A questo spesso si aggiunge l'immagine tradizionale di un galletto, simbolo della fertilità, rappresentato nell'atto di aprire le ali, visto che di solito i poveri volatili avevano le zampe legate a un bastoncino.

Grottaglie è famosa per le sue ceramiche coloratissime e molto elaborate, tra le quali i caratteristici capasoni (tipici orci molto grandi usati per conservare l'olio e il vino). Nel XVIII secolo, con l'introduzione della tecnica della smaltatura, la produzione locale si specializzò nella realizzazione di ceramiche decorative (v. lettura p263). Un altro centro importante per la produzione delle ceramiche è Cutrofiano, dove hanno sede due grandi aziende derivate da uno stesso storico ceppo: si chiamano Colì e Nuova Colì. Non farete fatica a trovare le ceramiche Colì, che vi consigliamo però di comprare in fabbrica, sia perché si può assistere alla produzione, sia perché potreste strappare un autografo al maestro vasaio salentino Giuseppe Colì, che nel settembre 2013 a Faenza è stato insignito del titolo di 'campione del mondo dei tornianti'. Sono infine centri di lavorazione della ceramica anche San Pietro in Lama, Laterza, Martina Franca, Canosa, Lucera e Lucugnano. A San Marco in Lamis, vicino a Foggia, la ceramica invece è più povera e semplice in quanto viene usata soprattutto la terracotta.

Lecce è invece celebre per la lavorazione della cartapesta e della pietra leccese. La prima è un'espressione popolare che risale al 1600 ed è rimasta immutata attraverso i secoli. In tutta la città si possono acquistare figurine sacre fatte di carta straccia, colla d'amido, gesso, colori, paglia e fil di ferro per la struttura interna; ce n'è un assortimento straordinario di ogni tipo e misura (volendo potrete persino portarvi a casa una sagoma del Cristo a grandezza naturale). Per quanto riguarda la pietra leccese, la cui lavorazione risale ancor più indietro nel tempo (v. lettura p296), si può dire invece che dagli scultori di un tempo si è passati agli artigiani di oggi, anche se questo non esclude che nei laboratori creativi del capoluogo salentino si esprima sempre e comunque una pregevole qualità artistica.

Il centro pugliese della lavorazione di pizzi e merletti, copriletto, tende e lenzuola ricamate, un tempo diffusa in tutta Italia, è Locorotondo (centro anche della lavorazione del ferro battuto), ma importanti in tal senso sono anche Alberobello in Valle d'Itria, Maglie, Galatina e Nardò nel Salento, Triggiano e Capurso nel barese e Tiggiano nel leccese.

Non può inoltre essere tralasciata la lavorazione del giunco e dei rami d'ulivo per la realizzazione di cestini, oppure manichini o vere e proprie opere d'arte, diffusa soprattutto a San Severo in provincia di Foggia e a Cassano, Alberobello e Trani in provincia di Bari.

Nell'aprile 2019 l'amena cittadina di Ruvo di Puglia (p103) è stata teatro del primo festival di arte contemporanea e nuove tecnologie ospitato in Puglia: Linea Festival. Grazie anche al sostegno della Fondazione Museo Pino Pascali, la manifestazione ha portato nel cuore del territorio murgiano una tre giorni di mostre, dibattiti e concerti.

Letteratura

La Puglia ha ispirato celebri opere letterarie, prima tra tutte *Il castello di Otranto* (1764; BUR Rizzoli, 2007) dello scrittore inglese Horace Walpole (1717-97) che, ambientato nel Duecento nella cittadina del Salento, è considerato il primo romanzo di genere gotico, destinato a produrre un gran numero di imitazioni (ma l'ambientazione a Otranto è di pura fantasia). Tra gli autori del Novecento si distingue invece Giacinto Spagnoletti (Taranto, 1920 – Roma, 2003), che non solo fu un sensibile e raffinato studioso e critico della storia letteraria italiana e francese dal Settecento ai giorni nostri, contribuendo per esempio a consacrare le giovani voci di Pasolini e Alda Merini e a diffondere la conoscenza della 'poesia nuova' e della stagione ermetica, ma fu anche autore di romanzi 'psicologici' e di poesie. Disponibili in libreria *Poesia italiana contemporanea* (Spirali, 2003); *Il teatro della memoria. Riflessioni agrodolci di fine secolo* (Edizioni dell'Altana, 1999); *Inventare la letteratura* (Spirali, 1993); *La letteratura in Italia. Saggi e ritratti* (Spirali, 1984).

Occorre poi ricordare anche Giuseppe Cassieri (Rodi Garganico, 1926 – Roma, 2008), uno scrittore e commediografo italiano, finalista al premio Campiello nel 1979 con il romanzo *Ingannare l'attesa*. Fu finalista al premio Città di Bari nel 2005 e al premio Rhegium Julii sempre nel 2005 nella sezione Narrativa con il romanzo *La strada del ritorno* (Manni, 2005). Tra le altre sue opere meritano una menzione *Scommesse e altri racconti* (Manni, 2006), *Homo felix* (Marsilio, 2002), *Regime di brezza* (Dedalo, 1990), *Poetica di un infelice* (Manni, 2008) ed *Esame di coscienza di un candidato* (Lampi di Stampa, 2009).

Giancarlo De Cataldo (Taranto, 1956), scrittore, magistrato, giornalista, traduttore, autore di testi teatrali e sceneggiature televisive, ha pubblicato diversi libri, per lo più gialli. Nel 2002 è uscito il suo libro più famoso, *Romanzo criminale* (Einaudi, 2011), ispirato alla vera storia della banda della Magliana. Il suo *I traditori* (Einaudi, 2010) è un romanzo che racconta, alla vigilia del 150° anniversario dell'Unità d'Italia, un Risorgimento vivo, combattente e appassionato, ben lontano da quello grigio e pietrificato che vediamo nelle statue delle piazze o leggiamo nei libri di scuola. Tarantino di nascita, ma romano d'adozione, è Carlo D'Amicis (1964), autore del romanzo *La guerra dei cafoni* (Minimum Fax, 2008), da cui è stato tratto l'omonimo film: lo scenario è un villaggio salentino in estate, i protagonisti due gruppi di ragazzi opposti per estrazione sociale.

Classe 1961, Gianrico Carofiglio (Bari) è magistrato, autore di romanzi noir di enorme successo e vincitore di numerosi premi, tra cui il premio Bancarella 2005 con *Il passato è una terra straniera* (Rizzoli, 2006). I libri degli ultimi anni sono *Né qui né altrove. Una notte a Bari* (Laterza, 2008), *Il paradosso del poliziotto* (Nottetempo, 2009), *Le perfezioni provvisorie* (Sellerio, 2010) e *Non esiste saggezza* (Rizzoli, 2010), con il quale ha vinto il premio letterario Piero Chiara. Stimolante per un turista in vacanza, o anche solo di passaggio, nel capoluogo pugliese, *Né qui né altrove – Una notte a Bari* è un libro agile e di facile lettura che è per metà un romanzo e per metà una guida alla città. Nella trama dei ricordi e delle invenzioni di tre amici di vecchia data che si ritrovano a passare una serata e una nottata insieme a Bari, l'autore infatti dissemina una serie di informazioni e di suggestioni che ben si prestano a guidare un viaggiatore curioso alla scoperta del capoluogo pugliese.

Letteratura del Novecento in Puglia. 1970-2008 (Progedit, Bari 2010) è un saggio corale, che vede il contributo di 21 studiosi, fra critici e docenti, uniti nello sforzo di creare un quadro d'insieme della letteratura contemporanea in Puglia, prendendo in considerazione un altissimo numero di autori.

Bari è la città natale anche di Nicola Lagioia, nato nel 1973. Dopo l'esordio con *Tre sistemi per sbarazzarsi di Tolstoj (senza risparmiare se stessi)* pubblicato da minimum fax nel 2001, ha raccolto consensi e critiche con *Occidente per principianti* (Einaudi, 2004). Numerosi inoltre i suoi racconti e poi i libri firmati con il nome collettivo di Babette Factory: *2005 dopo Cristo* (Einaudi Stile Libero, 2005) e *Babbo Natale*, dove si racconta come la Coca-Cola abbia plasmato il nostro immaginario (Fazi, 2005). Nel 2010 invece ha vinto il premio Viareggio con *Riportando tutto a casa* (Einaudi, 2009): un romanzo d'iniziazione e di corruzione, più che di formazione, che segue le avventure di tre ragazzini nella Bari degli anni Ottanta, per riflettere su quel che della nostra attualità affonda le radici esattamente in quel periodo così pieno di luci, così pieno di fantasmi.

Un altro scrittore e sceneggiatore barese (anche se di origine salernitana) è Andrea Piva (fratello di Alessandro Piva, p382), il quale ha debuttato nella narrativa con *Apocalisse da camera* (Einaudi, 2006): un romanzo che attraverso la vita di Ugo, 'ragazzo' un po' cresciuto di buona famiglia barese, descrive una generazione viziata, pavida, inconsapevole e del tutto priva di ideali, che si colloca non tanto però tra la gente di Bari bensì in una dimensione più aperta e cosmopolita.

Interessante è la produzione del giovane Mario Desiati (Locorotondo, 1977), poeta e giornalista, autore di *Ternitti* (Mondadori, 2011), parola che in versione dialettale pugliese ha il duplice significato di 'eternit' e di 'tetto', e di *Il libro dell'Amore proibito* (Mondadori, 2013), un romanzo che conferma l'appartenenza dell'autore a una sorta di nuovo realismo italiano della narrativa, che tuttavia non rinuncia alla favola, alla magia e al mistero. Tra gli altri suoi libri citiamo *Foto di classe. U uagnon se n'asciot* (Laterza, 2009), *Il paese delle spose infelici* (Mondadori, 2008; vincitore di numerosi premi) e *Vita precaria e amore eterno* (stesso editore, 2006).

Del 1999 è l'esordio alla scrittura di Cosimo Argentina, autore tarantino che da anni vive in Brianza ma ha ambientato molti dei suoi romanzi nella sua terra d'origine. Ricordiamo *Vicolo dell'Acciaio* (Fandango, 2010), il cui titolo fa riferimento al soprannome di Via Calabria, la strada tarantina in cui abitano gli operai dell'Italsider, e *Per sempre carnivori* (minimum fax, 2013), un lucido e per nulla idealizzato spaccato di vita nella provincia tarantina.

E concludiamo con Antonella Lattanzi, nata a Bari nel 1979, che ha esordito con il romanzo *Devozione* (Einaudi, 2010), sulla dipendenza dalla droga, e ha pubblicato *Prima che tu mi tradisca* (Einaudi, 2013), *Una storia nera* (Mondadori, 2017) e *Questo giorno che incombe* (HarperCollins, 2021).

Notturno salentino (Mondadori, 2018) è un coinvolgente giallo ambientato quasi interamente in una masseria. Frutto della penna di Federica de Paolis, romana di nascita ma legata al Salento, il romanzo ritrae una terra assolata e oscura al tempo stesso, cornice sanguigna perfetta per un thriller dai risvolti psicologici.

Cinema

La Puglia è fonte di ispirazione per i cineasti e stuzzica la creatività di chi voglia portare sul grande schermo la bellezza e la complessità della vita nel Sud, ma è anche un grande set, dove i registi trovano varietà paesaggistica e studi cinematografici attrezzati, grazie anche al sostegno di

TRE VIAGGIATORI CANTORI DELLE BELLEZZE PUGLIESI

➡ *Viaggio in Italia* (Baldini Castoldi Dalai, 2007) Una vera e propria dichiarazione d'amore del grande scrittore e giornalista vicentino **Guido Piovene** che era arrivato in Puglia nel 1957 con la sua pipa di radica in bocca, il doppiopetto grigio e la valigia di cuoio, ancora ignaro del fatto che di lì a poco si sarebbe perdutamente innamorato di Lecce: per il suo barocco, per l'indole gentile velata di ironia e per il distacco intellettuale dei suoi abitanti, per la pietra leccese così simile all'argilla e così diversa dal marmo, per le chiese e i palazzi, e per tutta quella armonia con cui la città incanta.

➡ *Pellegrino di Puglia* (Bompiani, 2010) In questo libro pubblicato nel 1960, il senese **Cesare Brandi**, storico e critico d'arte, si fa pellegrino nella luce delle strade assolate di Trani così come nel buio delle cripte romaniche, tra i monti brulli arsi dallo Scirocco e la ridente Valle d'Itria, e ci rivela, seguendo le orme di Orazio, il volto più antico dell'umanità di questa regione, della sua fioritura artistica, dei suoi dialetti, delle sue tradizioni.

➡ *Viaggio in Puglia* (Laterza, 2009) Questo volume dello scrittore e giornalista melfitano **Raffaele Nigro** più che un libro è uno speciale taccuino di viaggio. Dopo avere attraversato la Puglia in lungo e in largo, per diletto e per lavoro, l'autore ritrae con la penna e con il cuore l'anima della regione più invisibile agli occhi, quella che si nasconde tra le pietre e nei monumenti, quella che sopravvive nelle tradizioni della gente, quella che pulsa nelle biografie degli uomini e delle donne che l'amarono e vi trascorsero parte della loro vita, quella che fa bianche le spiagge, quella che si ascolta nel fragore della risacca lungo le coste.

fondazioni come l'Apulia Film Commission, che attraggono produzioni cinematografiche italiane e internazionali.

L'appassionata storia d'amore tra il cinema e la Puglia nasce all'insegna della leggerezza tra gli anni '70 e '80, con la cospicua produzione di commedie sexy all'italiana che, attraverso una ricostruzione caricaturale affidata a personaggi macchiettistici, ci raccontano oggi di un mondo di sogni erotici ambientati fra trulli spersi nelle campagne pugliesi, viuzze di cittadine ancora attraversate da greggi di pecore e città dagli scenari anni '70. In molti di quei film ha recitato Lino Banfi (Andria, 1936), che tra meriti e demeriti di una lunga carriera che lo ha visto ricoprire i ruoli più svariati, si è distinto sicuramente per essere stato tra i primi attori a sfruttare le potenzialità del dialetto, legando la sua verve comica a modi di dire, esclamazioni e doppi sensi spesso piccanti tipici del barese.

Da allora l'amore fra la Puglia e il cinema è cresciuto evolvendosi in una storia sempre più intensa, e lo stesso uso del dialetto nei film ha assunto un nuovo valore, perdendo la funzione caricaturale per farsi strumento di una narrazione realistica. Sono in dialetto i film del regista Edoardo Winspeare (di padre scozzese e madre austriaca, ma da sempre residente nel Salento, a Depressa), omaggi alla sua regione d'elezione. Grazie all'esperienza di documentarista, il regista si accosta alla realtà con sguardo penetrante, spesso prediligendo attori locali non professionisti. *Pizzicata* (1996) è una storia d'amore ambientata nel Salento durante la seconda guerra mondiale, ma la vera protagonista della pellicola è la campagna salentina. *Sangue vivo* (2000) indaga sulla tradizione della pizzica raccontando i dissapori tra due fratelli salentini, dei quali uno diventa tossicodipendente, mentre *Il miracolo* (2003) narra la storia di Tonio, un introverso dodicenne ricoverato in ospedale che, per una coincidenza, viene considerato dotato di miracolosi poteri terapeutici – un film interessante sulla necessità di credere e sullo sfruttamento della credulità, che ha riscosso particolare successo. Più recente è invece *Galantuomini* (2008), ambientato ancora nel Salento, che racconta le vicende di un gruppo di giovani dagli anni Settanta fino agli anni '90, ma anche la tormentata storia d'amore tra un magistrato leccese e una donna che la vita ha portato a diventare boss della Sacra Corona Unita. E infine *In grazia di Dio* (2014), con quattro donne protagoniste a raccontare una famiglia tutta al femminile, che reagisce alla povertà trasferendosi in campagna, e *La vita in comune* (2017), ambientato nel comune immaginario di Disperata.

Figura tra le più geniali e controverse cui la Puglia ha dato i natali, l'attore, poeta, drammaturgo e regista Carmelo Bene (Campi Salentina, 1937 – Roma, 2002) ha sempre mantenuto un forte legame con la sua terra d'origine, il Salento, che definì 'il Sud del Sud dei santi'.

Un altro regista che ha saputo usare magistralmente il dialetto è Alessandro Piva (salernitano d'origine, ma legato a Bari per la sua biografia): *LaCapaGira* (1999; David di Donatello e Nastro d'Argento per miglior regista esordiente) è un film autoprodotto con la collaborazione di una piccola società, con un copione dello sceneggiatore e scrittore Andrea Piva (fratello del regista), girato in barese stretto, sottotitolato in italiano, ambientato in una Bari colpita da una straordinaria ondata di freddo, che rivela il suo lato più squallido e malfamato. Al centro della trama ci sono storie di traffici illeciti, bische clandestine e macchinette mangiasoldi. Dello stesso regista, e quasi interamente girato a Bari, è *Mio cognato* (2003), in cui il ruolo del cognato è affidato a un pluripremiato attore e regista pugliese: Sergio Rubini. Rubini ha ambientato in Puglia diverse pellicole, tra cui *Il grande spirito* (2019), una commedia noir che si svolge in gran parte sui tetti di Taranto e che vede il regista anche di fronte alle telecamere, affiancato da Rocco Papaleo; significativa la scelta di aprire con le immagini dell'Ilva e delle sue ciminiere fumanti. È invece del 2009 *L'uomo nero*, notevole per la grande lucidità con cui il regista descrive uno squallido provincialismo; la sua terra natale (è originario di Grumo Appula, in provincia di Bari) diviene una sorta di set della memoria in cui i personaggi portano allo scoperto emozioni, passioni, ambizioni, risentimenti e difficoltà. Altre pellicole legate alla Puglia sono *La stazione* (1989), *Tutto l'amore che c'è* (2000), *La terra* (2005; girato tra Mesagne e Francavilla Fontana, nel brindisino, e Nardò, nel leccese).

Barese è la coppia Checco Zalone-Gennaro Nunziante, rispettivamente interprete e regista dei film *Quo Vado* (2016), *Cado dalle nubi* (2009), *Che bella giornata* (2011), dove tra i trulli di Alberobello e la chiesa di Santa Maria di Barsento fa capolino anche Caparezza, e *Sole a catinelle* (2013).

Classe 1980, invece, per Pippo Mezzapesa, un giovanissimo pugliese di Giovinazzo, che è il suo rifugio perfetto in quei periodi in cui deve pensare e scrivere al meglio. Dopo una lunga catena di cortometraggi ha realizzato il suo primo lungometraggio, *Il paese delle spose infelici* (2011), traendolo dall'omonimo romanzo di Mario Desiati.

Innamorato del Salento, Ferzan Ozpetek si è guadagnato il titolo di cittadino onorario di Lecce, che ha celebrato in *Mine vaganti* (2009) e *Allacciate le cinture* (2014). Bari è invece la location di *Il passato è una terra straniera* (2008), un film di Daniele Vicari tratto dal romanzo di Gianrico Carofiglio, il cui cast vantava la presenza del bravissimo Elio Germano. A Taranto è ambientato *Le acrobate* (1997) di Silvio Soldini. Le campagne pugliesi invece erano state lo scenario di *La seconda notte di nozze* (2005) di Pupi Avati e di *Io non ho paura* (2003) di Gabriele Salvatores, anche se in questo caso insieme a quelle della Basilicata.

Altri film girati nella regione: *Ci vediamo domani* di Andrea Zaccariello, simpatica commedia girata nella Masseria Lupoli (v. lettura p254); *Senza arte né parte* (2011) di Giovanni Albanese, peraltro insignito della cittadinanza onoraria di Palmariggi, annunciato come un'opera surreale con protagonista "un Salento atipico, dalle radici profonde di tradizione, dalla gente semplice" e diventato una commedia surreale sul precariato e l'arte di arrangiarsi; *Il villaggio di cartone* di Ermanno Olmi (che scelse la Puglia come buen retiro), che fa della Puglia, e più precisamente di una chiesa di Monopoli che sarà ricostruita come uno studio di posa, lo sfondo di una coraggiosa storia d'immigrazione e d'integrazione; *Sei mai stata sulla Luna* (2015) di Genovese, ambientata in una masseria e girata fra Nardò, Galatina, Crispiano, Martina Franca e Brindisi. E persino Bollywood è rimasta ammaliata dalle bellezze della regione, precisamente con *Bacha ae haseeno* (2008) di Siddharth Anand per i trulli di Alberobello e *Housefull* (2010) di Sajid Khan per il Gargano.

E poi ci sono i film ufficialmente ambientati altrove ma in verità girati qui. L'appeal della Puglia come set non è un fenomeno recente e già negli anni '60 Monicelli aveva preferito Polignano a Mare per le scene ambientate in Sicilia de *La ragazza con la pistola* (1968), storia di una giovane siciliana magistralmente interpretata da Monica Vitti. Il sodalizio cinematografico fra Puglia e Sicilia si è confermato in anni più recenti nel film *È stato il figlio* (2012) di Daniele Ciprì, che ha trasformato i quartieri popolari di Brindisi nella Kalsa di Palermo. La località di Manfredonia ha invece indossato i panni di una città calabrese in *La terra dei santi* (2015), lungometraggio di esordio di Fernando Muraca che ha trovato in Puglia e non in Calabria il sostegno per raccontare una storia di 'ndrangheta tutta al femminile. Le strade di Foggia sono invece lo sfondo di *Mio fratello è figlio unico* (2007) di Daniele Luchetti, che si svolge in una cittadina laziale. E se guardando *Point break* (2016), l'action movie remake dell'omonimo film, tra le cascate del Venezuela, la foresta amazzonica e le spiagge di Tahiti, vi sembra di riconoscere qualche ambiente familiare, sappiate che alcune scene sono state girate nel Salento! Ma non è tutto: il legame fra la Puglia e gli action movie americani si è rinsaldato grazie a *6 Underground* (2019), diretto da Michael Bay (il regista di *Transformers*, per intenderci) e interpretato da Ryan Reynolds, in parte girato a Taranto, e *No Time to Die* (2021), con alcune scene filmate a Gravina in Puglia.

Il mio diario privato di Rodolfo Valentino (Lindau, Torino 2004) è il resoconto autobiografico di un viaggio a ritroso. Il 23 luglio del 1923, non ancora trentenne, Rodolfo Valentino, uno dei divi più acclamati a Hollywood, salpa da New York alla volta dell'Europa e soprattutto dell'Italia, che non vede da quando, appena diciottenne, era partito da Castellaneta, in Puglia, 'solo e senza un soldo', inseguendo il destino che lo avrebbe reso un'icona eterna di fascino e seduzione.

La Puglia a tavola

La Puglia è lunghissima e a ogni chilometro, o quasi, corrisponde una specialità gastronomica di cui ogni pugliese custodisce la ricetta – a suo dire – migliore. Non occorre, però, fare irruzione in case private per provare la vera cucina di questi luoghi, perché la cultura del buon cibo e del buon vino, aiutata dalla qualità delle materie prime, si potrà gustare in tantissimi ristoranti, trattorie, fornelli e feste in piazza. Perciò, non abbiate paura di rimanere a pancia vuota: aprite il menu e fatevi trasportare dalla curiosità. Provate più piatti che potete e non ve ne pentirete.

La vera dieta mediterranea

'Mangiare pugliese, mangiare sano': dovrebbe essere lo slogan di questa cucina, con una tradizione che affonda le radici in tutto il Mediterraneo. Non a caso, lo stile di vita che i pugliesi seguono quotidianamente prevede un elevato consumo di cereali, legumi e verdure condite con olio extravergine di oliva, prodotto principe della dieta mediterranea, che dal 2010 è tutelato dall'UNESCO come Patrimonio Culturale Immateriale dell'Umanità. La varietà è un altro ingrediente fondamentale di questa dieta, resa possibile dal magistrale alternarsi dei prodotti di mare e di terra. Dal Gargano al Salento si trovano piatti saporiti, colorati, ricchi di profumi e aromi, che addobbano tavole e rivitalizzano mente e corpo. Inoltre, l'affaccio verso oriente della regione ha senza alcun dubbio influenzato la preparazione di molte specialità impreziosendone il sapore, nonostante una storia fatta di povertà, che obbligava ogni massaia a ingegnarsi per rendere gustose anche le pietanze più semplici.

'La Dieta Mediterranea è molto più che un semplice modo di alimentarsi: promuove l'interazione sociale, poiché il pasto in comune è alla base dei costumi sociali e delle festività, ed è cultura e conoscenza, perché ha ispirato canzoni, massime, racconti e leggende'. È con queste motivazioni che la Dieta Mediterranea è stata riconosciuta Patrimonio UNESCO.

Festa tutto l'anno

In Puglia ogni occasione, religiosa o laica, è buona per far festa nelle diverse piazze dei paesi, dove i prodotti locali sono accompagnati da musica allegra, balli e bancarelle. Oggi si chiama street food, ma per i pugliesi non è una novità. Le sagre, infatti, sono da sempre un'ottima occasione per provare i piatti tipici. Soprattutto in estate, dato il grande successo di questi eventi, avrete bisogno di un'agenda per appuntarle tutte. Il modo migliore per scovarle rimane comunque quello di far caso ai cartelloni colorati affissi ovunque per strada: è impossibile non notarli.

Gli elementi essenziali: pane, olio e vino

Probabilmente originati dal caos primordiale, pane, olio e vino in Puglia non hanno niente da invidiare agli altri elementi naturali a cui sono strettamente legati: il pane di Altamura che cuoce al calore del forno a legna, l'aria che passa tra le foglie degli ulivi e crea un'armonia che si ritroverà nel pregiato olio extravergine pugliese, la terra dalla quale la vite prende tutte le sostanze nutritive e le restituisce al bicchiere di vino, che gli anziani amano allungare con l'ultimo elemento: l'acqua, anche se i vini pugliesi delle nuove generazioni non meritano questa 'correzione'. Pane, olio e vino, in Puglia, sono alla base dell'ordine delle cose.

Della valorizzazione e della promozione del tipico prodotto altamurano si occupa dal 1979 il Consorzio per la Tutela del Pane di Altamura (www.panealtamuradop.it).

A forma di anelli fatti di farina, sale, olio e vino bianco, i **taralli** sono il biglietto da visita della Puglia. Quelli baresi sono semplici, a Taranto vengono cosparsi di semi di finocchio, la tradizione leccese li vuole leg-

UN TOUR PER FRANTOI

Conosciuto anche come oro verde di Puglia, l'olio ha qui una valenza ancora più forte dell'oro: è un culto. Sono 5 le DOP prodotte sul territorio. Il Collina di Brindisi si può usare per accompagnare moltissime ricette, da quelle vegetariane a piatti a base di pesce o di carne. Il Terra di Bari è quello prodotto in maggiore quantità ed è l'emblema dell'olio extravergine pugliese piccante e dal finale leggermente amarognolo, perfetto per arricchire i piatti più semplici o leggeri come le insalate, verdure, legumi e zuppe, così come il Terra d'Otranto. In un territorio dove l'ulivo è presente da millenni, con le varietà di olive Leccino, Coratina, Ogliarola e Frantoio viene prodotto il Terre Tarantine che ben accompagna tutti i piatti della tradizione regionale. Infine, il Dauno deriva da coltivazioni che risalgono ai tempi dei romani: se ne distinguono quattro varietà legate alle diverse zone di produzione, ovvero il Basso Tavoliere, il Gargano, l'Alto Tavoliere e il Sub Appennino. Per meglio orientarsi di fronte a tanta varietà e bontà, vi consigliamo un tour per frantoi, dove in autunno potrete assaggiare l'olio nuovo. Per informazioni visitate il sito del Movimento Turismo del Vino Puglia (www.mtvpuglia.it), una guida alle cantine e ai frantoi aperti della regione. I frantoi ipogei, conosciuti anche come trappeti, sono la testimonianza dell'antica arte di produrre olio. Sono strutture scavate nella roccia e riscoperte da pochissimo: se ne trovano per tutta la regione, anche se è il Salento la zona di massima concentrazione.

germente piccanti e le più moderne versioni li propongono ai funghi, alla cipolla, al rosmarino, al formaggio, anche dolci e glassati; in ogni caso, i taralli sono perfetti per spezzare la fame. Le **frise** o **friselle** (ma possono chiamarsi in vari modi) sono delle ciambelle di pane secco; un tempo erano l'ideale pranzo al sacco per i braccianti al lavoro nei campi, oggi spopolano all'ora dell'aperitivo: vengono fatte rinvenire immergendole per alcuni (pochi) secondi in una scodella d'acqua e poi si innaffiano d'olio, si cospargono di sale e si addobbano con pomodorini freschi.

DOP (Denominazione di Origine Protetta) dal 2003, il **pane di Altamura** ha un primato: è stato il primo prodotto da forno a ottenere questo marchio ed è, non a caso, il più famoso pane italiano. Viene preparato con un impasto a tripla lievitazione naturale, cotto in forno facendo attenzione che si formi una crosta croccante e bruna, e si mantiene morbido e fragrante per giorni. Simile è il pane di Laterza, anch'esso prodotto con la semola rimacinata di grano duro e lievito madre, ma in forme più grandi. Lavorato secondo antiche ricette contadine è anche il pane di Monte Sant'Angelo. Il pane pugliese, inoltre, è spesso arricchito con olive, noci, verdure e vari cereali.

> Federico II di Svevia adottò la Puglia come terra madre e da questa si fece coccolare anche sotto l'aspetto culinario. Si narra di banchetti di corte così sontuosi da far impallidire qualsiasi nonna pugliese del XXI secolo. Eppure, ogni nipote sa quanto la premurosa cucina delle nonne sia più vicina a un banchetto nuziale che a una semplice tavola imbandita.

La **puddica** è una focaccia farcita con pomodoro, olive e cipolle, le **pucce** salentine sono pagnottelle basse di grano duro con una crosta sottile e croccante e sono molto simili alle **uliate** che, però, contengono olive nere nell'impasto. All'interno delle **scéblasti** non si trovano solo olive, ma anche capperi, cipolla, zucca, zucchine e peperoncino: è un pane condito e dalla forma poco definita (da cui il nome, che tradotto dal griko significa 'senza forma') tipico di Zollino, ma che potrete trovare in tutto il Salento.

Fate dunque attenzione a non riempirvi la pancia subito, perché da un momento all'altro potreste ritrovarvi nel piatto i famosi **calzoni** a base di pasta di pane, farciti a piacimento, poi fritti. Anche in spiaggia in piena estate, la merenda salentina è a base di **rustico** (v. lettura p304): tiepida pasta sfoglia rotonda ripiena di besciamella e pomodoro, anche nella variante ricotta e spinaci.

> Secondo la tradizione le *scéblasti* erano i primi prodotti a essere sfornati all'alba, in segno di augurio ai contadini per una gioiosa giornata.

Del pane, come del salame, non si butta via niente, e quando diventa raffermo può essere usato per alcune tipiche pietanze, quali il **pancotto**, una zuppa di pane, patate, cime di rapa, rucola, spinaci e altre verdure dell'orto; e la **cialledda**, a base di pane di Altamura, pomodori, cipolle, olio e prezzemolo.

Ma che pane sarebbe senza un filo d'olio extravergine di oliva che lo attraversa, che prima lo bagna e poi lo impregna? Buona parte dell'olio extravergine italiano arriva dalla Puglia. Soprattutto in provincia di Bari si trovano regolari e argentee distese di ulivi secolari interrotte solo dai bianchi muretti a secco che delimitano le diverse tenute. L'**olio** pugliese è forte e deciso, ma è al contempo anche versatile, così da sposarsi con qualsiasi pietanza, accompagnandone ed esaltandone il sapore.

Il tacco dello stivale ha sorretto per anni l'enologia italiana e straniera grazie alla grande quantità, alla ricchezza del colore e all'elevato grado zuccherino delle uve qui prodotte, che venivano usate per il taglio di altri vini più esili del nord. Questa era un tempo una consuetudine, poi interrotta a partire dalla seconda metà del secolo scorso, quando la Puglia riuscì finalmente a ritagliarsi un posto d'onore tra le regioni vitivinicole italiane, anche grazie al progressivo calo della produzione in quantità a vantaggio della qualità. Ogni zona ha qui il suo vitigno di riferimento, in particolare a bacca rossa: nel nord dominano il **Nero di Troia** (v. lettura p143), o Uva di Troia, e il **Bombino nero**, alla base della DOCG (Denominazione di Origine Controllata e Garantita) Castel del Monte, ma anche **Sangiovese** e **Montepulciano**, giunti fin qui dal centro Italia, e l'**Aglianico** nei territori delle Murge. Nel brindisino e nell'area di Manduria trionfa il **Primitivo**. Questo vitigno, che secondo una scoperta recente sarebbe uno stretto parente dello Zinfandel californiano, è ricco di profumi che diventano sempre più complessi con il passare del tempo. La versione Dolce Naturale DOCG colpisce per la dolcezza sempre misurata, ideale per chiudere il pasto, o come vino da meditazione; c'è anche la versione secca. Oltre a **Malvasia nera** e **Susumaniello**, scendendo verso il Salento si incontra il **Negroamaro**, il vitigno più diffuso in Puglia, in particolare nelle province di Brindisi e Lecce. Il nome di questa varietà di vite, che ha ispirato anche una famosa band italiana dalle radici salentine, deriverebbe dalla voce dialettale *niuru maru*, per il colore scuro degli acini e il finale amarognolo del vino.

La città vecchia di Bari è l'ideale per un tour gastronomico tra i vicoli del centro storico a stretto contatto con la vera anima pugliese.

In tutta la regione potrete assaggiare il vellutato **Aleatico di Puglia DOC**, da abbinare alle paste di mandorla e al cioccolato. Una particolarità è, invece, il **Moscato di Trani**, un vino dolce e intenso, ottimo se accostato a tutta la pasticceria pugliese. Tra i bianchi, meno diffusi, si possono annoverare, partendo da nord: il **Bombino bianco**, da cui si ottengono anche eleganti spumanti, **Trebbiano**, **Verdeca** e **Bianco d'Alessano**, ma anche **Fiano** come nella vicina Campania e l'internazionale **Chardonnay**. Ma il colore del vino, in Puglia, è principalmente rosa: i rosati si possono bere in tutte le stagioni e non stancano mai. Dal Salento i vini rosati si sono diffusi in tutte le province pugliesi e stanno facendo scuola in tutta Italia.

I formaggi pugliesi creano dipendenza

Altro degno compare di pane e vino è il formaggio. Questa regione d'Italia è famosa per la sua fresca, sapida e gustosa produzione casearia nata dalla necessità dei pastori di consumare il latte anche dopo alcuni giorni dalla mungitura. Il sapore tipico dei formaggi della Puglia è dato dal lentisco e da altre piante selvatiche di cui si nutrono vacche, capre e pecore, ma anche dalla stagionatura per mezzo di erbe aromatiche come timo e maggiorana.

Il celebre *Liber de coquina*, antichissimo ricettario risalente al tardo Medioevo e considerato oggi una delle basi della cucina italiana, nacque – così pare – per volontà di Federico II di Svevia, grande cultore della cucina pugliese.

Si parte con la **ricotta**: fresca o stagionata, salata e affumicata. Con questo latticino si impreziosiscono numerosi piatti, tra cui la **farrata** del Gargano, con farro, ricotta, maggiorana e cannella. La ricotta forte, ottenuta facendo fermentare la comune ricotta, ha un sapore decisamente piccante e un'inconfondibile consistenza cremosa. A Gioia del Colle la **mozzarella** si mangia fresca, ovvero tiepida perché appena fatta, e scoprirete qual è il vero gusto della mozzarella in forma classica, oppure a nodini o trecce. La **mozzarella di bufala** va forte nel Foggiano, ma è la **burrata** la vera regina di questa regione, un formaggio fresco di latte vaccino a pasta filata ripieno di mozzarella sfilacciata e panna; dal gusto delicato e da assaporare freschissima, è una goduria per il palato (la burrata di Andria è IGP); così come la **stracciatella**, una riuscita unione di mozzarella sfilacciata a mano con soffice e cremosa panna: la sua patria è senza dubbio Andria. Uno dei formaggi più antichi della regione è la **giuncata**: morbida e spalmabile, è prodotta in tutta la Puglia da latte misto. Più particolare è il **pallone di Gravina**, presidio Slow Food, che viene prodotto nel territorio dell'Alta Murgia ed è un formaggio semiduro a pasta cruda filata di latte bovino e dalla caratteristica forma sferica. Il **caciocavallo silano DOP** si produce nelle Murge con latte di vacca, a dispetto del nome, che deriva dall'usanza di legare le forme a coppie e appenderle a stagionare a cavallo di una trave; dolce quando è poco stagionato, questo formaggio assume un sapore piccante dopo la stagionatura ed è disponibile anche nella variante affumicata. Tra le varietà più apprezzate vi è il **caciocavallo podolico**: pregiato e ricercato, viene prodotto in piccole quantità con il latte delle poche vacche Podoliche che pascolano allo stato brado tra i prati del Gargano. Non dal Gargano, ma dal Tavoliere, viene invece il **canestrato pugliese** che si produce da latte di pecora nel periodo della transumanza delle greggi dall'Abruzzo alle piane del Tavoliere delle Puglie, ovvero da dicembre a maggio. Il nome deriva dai canestri di giunco nei quali avviene la prima fase della stagionatura. A pasta dura, compatta e friabile, piccante se invecchiato, è un formaggio DOP. A Foggia, infine, è tipico il **pecorino**, ottimo se grattugiato sui sughi.

Med Cooking School nasce a Ceglie Messapica (Brindisi) nel 2013 e ha come missione la promozione della cucina dell'intero bacino mediterraneo nel mondo. La scuola è figlia della prestigiosa ALMA di Colorno (Parma), accademia che forma ogni anno numerose figure professionali nel settore della ristorazione. Per informazioni: www.medcooking school.it

Pasta, primo amore

L'impronta digitale del vero pugliese si vede nelle **orecchiette**. Chiamate *coppitelli* nella zona delle Murge, le orecchiette sono un tipo di pasta di grano duro, preparata con farina e acqua (l'uso dell'uovo è sempre stato prerogativa delle popolazioni più ricche), della grandezza dell'impronta del pollice di una mano, usato per definirne la forma. La produzione di questa pasta è un'arte sublime che si tramanda di generazione in generazione. Vedere all'opera le massaie induce all'ipnosi: il lavoro procede velocissimo e regolare a forza di piccoli, rapidi e decisi colpi di indici e pollici con i quali si scava l'impasto. La lieve rugosità dell'orecchietta data dall'impronta digitale fa sì che il sugo si aggrappi alla pasta formando un armonico tutt'uno. Il condimento principale delle orecchiette sono le cime di rapa con aglio, olio e acciughe e con l'eventuale aggiunta, alla fine, di ricotta dura grattugiata, ma si possono provare anche ai funghi cardoncelli e salsiccia, o al sugo di pomodoro, con la ricotta forte che rende il piatto cremoso e piccante. Chi ama i sapori forti, provi le orecchiette al ragù, cotto per ore e ore sul fuoco, preparato con tre diverse specie di carne (agnello, maiale e capretto) e aromatizzato con erbe, oppure, a Foggia e dintorni, con il sugo di braciole o *brasciole*, involtini di carne cotti nel pomodoro.

Il Tavoliere delle Puglie è il principale serbatoio di grano per le numerose specialità di pasta. Così, alle famose orecchiette si affiancano gli **strascinati** (o le *strascinate*) dalla forma simile alle prime, ma più grosse e allungate: per *strascinat ca' rucl* si intende la pasta lessata insieme alla rucola, e poi condita con olio e pomodoro. Le **chiancaredde**, invece, sono

L'INFLUSSO SPAGNOLO IN PUGLIA: LA TIELLA

La pasta è sicuramente la regina dei primi piatti pugliesi, tranne quando si parla di *tielle*, strati su strati dei più diversi ingredienti con un unico legame: il riso. In questo piatto è chiaro l'influsso spagnolo della paella. La *tiella* classica è il piatto di patate, riso e cozze tipico della zona di Bari, mentre a Taranto si aggiunge il pecorino, anche se ogni famiglia mette un tocco di personalità a questo piatto unico, in tutti i sensi, perché basta a riempire la pancia come un pasto completo. Esiste anche nella versione per carnivori con agnello, patate, funghi cardoncelli e lampascioni. Il tutto viene poi cotto in forno per formare una leggera e croccante crosticina.

tipiche di Taranto e sono molto simili alle orecchiette, ma più larghe: vengono chiamate così perché ricordano la pietra chiara e calcarea dei trulli. Anche ai **cavatelli**, altro tipo di pasta fatta a mano, si presta l'accompagnamento con rucola e acciughe, ma essendo molto diffusi in tutto il Sud Italia, li potrete assaggiare con i più diversi sughi, di terra o di mare, anche in versione vegetariana con le fave e la ricotta salata, o nella versione con farina di grano arso, cioè tostato e poi macinato (dal lieve e piacevole retrogusto affumicato), con i fagioli o, in estate, con il pomodoro fresco e l'immancabile ricotta. La farina di grano arso viene usata anche per alcuni prodotti da forno, come taralli e focacce. I **troccoli** sono diffusi nella Daunia e sono simili a grossi ma corti spaghetti a sezione quadrata e vengono preparati immergendoli dopo la cottura in un composto a base di uova fresche, pecorino e asparagi e, successivamente, versandovi sopra una salsa di pomodoro. A Lecce e nel Salento troverete **ciceri e tria**, una ricetta molto antica menzionata anche dal poeta latino Orazio, che prevede l'accostamento di una pasta secca detta *tria* che si preparava tradizionalmente per la festa di San Giuseppe, il 19 marzo, con i *ciceri*, ovvero i ceci. È un piatto molto calorico perché una parte della pasta viene fritta.

La carne in Puglia

Circondata su tre lati dal mare, la Puglia ha una tradizione culinaria che include anche la carne in diverse preparazioni, dagli antipasti alle seconde portate. Comprata e cucinata: è la carne dei **fornelli** (v. lettura p202), macellerie aperte anche oltre l'orario di negozio con il forno a legna costantemente acceso e la brace pronta per una grigliata istantanea. Quelle storiche si trovano a Cisternino e non hanno niente da invidiare a un ristorante.

Martina Franca è invece la capitale della norcineria pugliese e da qui arriva il **capocollo**: è questo il nome con cui nel Sud Italia viene chiamata la coppa, la parte del maiale tra collo e costata. La carne viene marinata nel vincotto e aromatizzata con erbe locali, poi viene leggermente affumicata al naturale con essenze e corteccia di quercia. Dopo l'affumicatura inizia la fase di stagionatura, che può durare anche 90 giorni. Il risultato di questo processo di conservazione è un'esplosione di sapori. Altro salume tipico è la **soppressata** a base di carne suina tritata e stagionata. Le **zampine** sono salsicce che arrostiscono sulla brace. La **terrina di carne** (o *brasciole* alla barese) sono quegli involtini di carne di cavallo o di manzo conditi con lardo, sedano, prezzemolo, carote, cipolle, pomodoro, pecorino e vino rosso, che si possono trovare nello stesso piatto con le orecchiette, oppure da soli. La **salsiccia leccese** è ottenuta con carni di suino e di vitello speziate

SCIOGLILINGUA D'AGNELLO

L'agnello in Puglia può essere cucinato in una miriade di modi diversi e a ogni ricetta corrisponde un nome praticamente impronunciabile per qualunque altro al di fuori degli autoctoni, e che troverete scritto in molti modi differenti: basterà mangiarlo, non servirà pronunciarlo. Gli *gnumareddi* (la parola viene dal latino 'glomu' e dall'antico 'gnomerru', cioè gomitolo) sono interiora di agnello condite con lardo, pecorino, prezzemolo e limone, poi avvolte in retine in modo da formare fagottini che vengono cotti sulla brace. Quando questi involtini sono più grandi si chiamano *marretti*, e sono tipici di Ostuni. Simili sono i *turcinieddrhi* (italianizzati in torcinelli). Per *cutturidde* o *cutturiello* si intendono, invece, pezzi di agnello cotti per ore in casseruola con pomodoro, cipolle, prezzemolo e pecorino; è una ricetta tipica di Puglia e Basilicata. L'agnello, poi, lo troverete anche cotto al cartoccio e avvolto in un foglio di carta oleata e accompagnato da olive e lampascioni. A base di interiora è di nuovo il *cazzmarr* o *cazzamarro*, costituito da un grosso involtino di budella di agnello avvolte nell'omento (la rete intestinale), insaporite anche con pecorino grattugiato, aglio e peperoncino; il tutto viene cotto sulla brace.

e aromatizzate da buccia di limone e cannella. Ma è di nuovo da Martina Franca che arriva un altro must dello street food pugliese: le **bombette**, involtini di carne di maiale ripieni solitamente di formaggio, salati e pepati.

Nella zona del Gargano, dove si trovano gli allevamenti di un'antica razza autoctona di capra, si produce la **musciska**, dall'origine araba sin dal nome: è carne condita con sale, semi di finocchio, peperoncino e aglio, poi essiccata all'aria in modo naturale.

Preparato solitamente per Carnevale, il **cappello del gendarme** è una torta rustica tipica del Salento farcita con più o meno tutto ciò che si può pensare: prosciutto, carne di maiale, uova, petto di tacchino, formaggi e verdure varie.

Molto diffusa in regione è la **carne di cavallo**: è molto amata in Salento, dove si mangia in umido, oppure alla pignata (tipico contenitore in terracotta), o ancora a braciolette, con lardo, prosciutto e pecorino e a pezzetti, come uno spezzatino al sugo.

Infine, anche gli amanti delle **lumache** non rimarranno delusi: ordinate i *moniceddri*, detti anche *uddratieddri*, cucinati con cipolle e pomodori e serviti con fette di pane abbrustolito.

Una tradizione tipicamente pugliese è quella della carne cotta al fornello, con numerose ghiotte specialità come *gnumareddi* e *bombette*, salsiccia a punta di coltello e zampina, perfetti con un Primitivo di Manduria o un Salice Salentino rosso.

Puglia o Giappone? Il pesce qui si mangia anche crudo

Non c'è sashimi che tenga, il **pesce crudo** a Bari è una tradizione che non ha a che fare con nessuna moda. Nelle vicinanze del porto si trovano **ostriche** e **cozze** (v. lettura p248) – famose quelle di Taranto, presidio Slow Food – gli allievi, cioè seppie di piccole dimensioni, o **ricci di mare** tipici della Forcatella (Fasano). Ottima scelta per accompagnare una passeggiata sul lungomare sono i **panini di pesce**, farciti con polpo, gamberi e totani. Le **ostriche alla tarantina** sono preparate con olio, pane grattugiato e prezzemolo. Il **tarantello** è insaccato di ventresca di tonno conservato sott'olio, tipico della zona di Taranto. Ma i prodotti del mare si prestano a numerosissime e gustosissime pietanze come le seppie ripiene, fritture e preparazioni alla griglia, ma anche intingoli con pesce azzurro e zuppe varie, come il famoso **ciambotto** cucinato con piccoli pesci dall'inconfondibile sapore, crostacei e molluschi in umido conditi con olio extravergine d'oliva, vino bianco, pomodorini e prezzemolo, servito su fette di pane abbrustolito. La **zuppa di Gallipoli e quella brindisina** differiscono per preparazione e pesci usati. Sul lungomare barese potrete gustare, inoltre, le **orate di San Nicola**, preparate nel quartiere omonimo e arrostite sulla brace. Provate il **polpo alla pignata** – uno dei piatti più saporiti e vigorosi che possiate immaginare – viene cotto nel caratteristico contenitore con aglio, cipolla, pomodori, prezzemolo, olio d'oliva, pepe nero e foglie d'alloro. Le **cozze alla marinara** sono semplici e gustose, preparate con aglio, prezzemolo, olio e limone, mentre le **cozze arracanate** o *arraganate* sono gratinate in forno. Anche le alici possono essere *arracanate*: disposte a strati nella teglia con trito di aglio, capperi, menta, olio e limone. Tra i pesci che più frequentemente compaiono nei menu pugliesi c'è la **palamita**: un pesce saporito, ricco di omega 3 e considerato particolarmente duttile in cucina.

Per conoscere gli appuntamenti gastronomici del Salento procuratevi una copia del mensile di eventi, cultura, tradizioni e attualità 'quiSalento' (www.quisalento.it); sempre aggiornata è anche la pagina Facebook quiSalento.it

Evidente è l'antichissima origine e la commistione di culture diversissime della **scapece** (v. lettura p357), piatto formato da piccoli pesci fritti e marinati in aceto e zafferano, una consuetudine che sopravvive oggi in Salento, dove lo zafferano è ancora un prodotto tipico che si usa per insaporire e colorare anche liquori, paste e risotti.

Con un litorale di 800 km e i porti traboccanti di pesce fresco, la popolarità del **baccalà** colpisce come un fatto curioso, ma in realtà questa specialità permette di mangiare pesce anche quando le condizioni atmosferiche sono avverse alla pesca e soprattutto anche nell'entroterra; le **pettole** (o *pittule*), per esempio, sono pastelle tonde fritte a base di farina, che possono essere farcite con baccalà. Non c'è da dimenticare, infine, anche se riguarda un territorio circoscritto, la presenza del pesce lacustre: la zona è quella del Lago di Lesina e l'**anguilla** (v. lettura p189) è la protagonista della tavola, soprattutto se femmina (il cosiddetto capitone), che si può gustare arrosto o in minestra.

Verdure, legumi e frutta

Seguendo il ritmo delle stagioni, un piatto di legumi come alternativa alla carne, un contorno di verdure arricchite dai profumi invitanti delle erbe aromatiche e spesso accompagnate dal pungente sapore dei capperi e, per finire, un vassoio di frutta, non mancano mai in un pasto pugliese.

Le melanzane ripiene, o una teglia di verdure alla pugliese, con pomodori, patate, cipolle, pecorino e origano, cotti in forno fino alla formazione di una crosticina dorata in superficie, sono sufficienti per un pasto completo.

La scapece gallipolina è una ricetta che nasce da vari incontri e scontri di culture e dalla necessità di conservare il pesce più a lungo possibile, in particolare nei periodi in cui la città era sotto assedio. Oggi è una specialità tipica di tutto il Salento, dove ne vengono proposte numerose varianti.

I **pomodori** di Puglia sono invidiati da tutto il mondo; ne esistono molte varietà, tra le quali due presidi Slow Food: i **pomodori fiaschetto di Torre Guaceto**, da cui si ricava un'ottima passata, e i **pomodori Regina di Torre Canne**, che per maturare vengono legati a grappoli con un filo di cotone e appesi alle volte delle masserie. I pomodori si mangiano freschi d'estate, sott'olio o nella passata nelle altre stagioni. Perché qui sott'olio finisce tutto: lampascioni, carciofi, pomodori secchi, melanzane, funghi.

In Salento, meritano un cenno anche i **carciofi**, che fino a un passato recente costituivano un cibo stagionale raro e pregiato, perché venivano raccolti solo in primavera. Oggi, invece, si trovano sui banchi dei mercati fin dall'autunno e sono diventati una prelibatezza che frequentemente arriva in tavola, in particolare in veste di **grattonier**, un raffinato sformatino gratinato. Esiste poi una variante della parmigiana con i carciofi.

Ancora più frequenti sono le **cicorie** e cicorielle selvatiche che crescono in abbondanza in tutto il Salento, e che vengono servite sia in accompagnamento ad altri cibi, sia *a minescia* (con cipolla, pomodori, pecorino e peperoncino), sia più semplicemente bollite o saltate in padella, perché come si suol dire *cu ueiu e sale ogni erba ale* (con olio e sale ogni verdura ha il suo sapore). Le **fave** insieme alle cicorie creano la **capriata pugliese**, o puré di fave, che è uno dei piatti più antichi di cui si hanno notizie: è preparato ancora oggi allo stesso modo anche in Egitto. Il sapore dolce delle fave, con il pungente dell'olio e l'amaro della cicoria in un piatto così semplice e povero creano un'armonia complessa. Se condito con l'olio santo, ovvero olio nel quale si sono tenuti in infusione peperoncini piccanti, il piatto si fa ancora più complesso.

CAFFÈ D'INVERNO E D'ESTATE

Non sarà necessaria una lunga permanenza in Salento per capire in quanti modi qui si beve il caffè, che ciononostante sarà sempre e soltanto una stessa miscela, ovvero il Quarta Caffè (www.quartacaffe.com), molto amato dai pugliesi che quando si spostano in giro per il mondo ne portano intere confezioni in valigia. Il primo insolito caffè che vi capiterà di bere in questa parte della Puglia è il caffè in ghiaccio, nato a Lecce negli anni '50 da un'intuizione di Antonio Quarta, che per tonificare e per attenuare la sete delle assolate giornate estive aveva sostituito il caffè raffreddato in frigorifero con quello appena fatto e raffreddato con cubetti di ghiaccio. Se poi per dolcificarlo si aggiunge il latte di mandorla si ottiene una deliziosa leccornia, che in certi bar viene nobilitata con qualche cucchiaiata di soffice, gradevole e pannosa crema di caffè. Questa crema di caffè, conosciuta anche come 'espressino freddo', è comunque squisita anche gustata da sola, ed è in voga soprattutto in estate. Non manca poi chi produce la crema liquorosa al caffè, come per esempio Villantica (www.villanticaonline.com): un'azienda nata a Tuglie nel 2000, che delizia i palati con grappe, amari e liquori derivati da antiche ricette.

A distinguersi per l'eccellente qualità dei legumi coltivati nel suo territorio è Zollino, perché ne ha ben tre che si sono guadagnati un posto negli elenchi speciali dei prodotti agroalimentari tradizionali. Uno è proprio la **fava di forma schiacciata**, con un baccello di non più di cinque semi, che rimane integra durante la cottura. Un altro è il **pisello nano**, che matura in baccelli di modeste dimensioni e che viene usato, come le fave, per le minestre e per alcuni piatti tipici locali. E il terzo è il **cece nero**, seminato tra febbraio e marzo e raccolto in estate: il periodo giusto per trasformarlo in una mousse vellutata con la quale accompagnare vari cibi, in particolare i crostacei.

Dalle **olive** non si ricava solo l'olio, ma si mangiano anche a tavola; tra le qualità autoctone, la **Bella della Daunia** DOP viene condita con finocchietto e peperoncino. Le **cime di rapa** non mancano quasi mai nelle case pugliesi, sempre pronte per accompagnare a nozze le orecchiette, tranne quando sono fuori stagione, ovvero in piena estate.

Coltivati dai sempre più rari *pampasciunari*, ossia i contadini che come veri segugi battono palmo a palmo il terreno per portare a casa gli ambiti bottini, sono i **lampascioni**, piccole e tonde cipolle selvatiche dal sapore amarognolo, dal colore bianco e viola, dorate oppure bollite e condite con olio, sale e pepe. Insieme ai **funghi cardoncelli**, che crescono spontanei vicino ai cardi selvatici nei terreni poveri delle Murge, i lampascioni si possono trovare solo qui. Infine, il sottosuolo della foresta di lecci nella zona tra Lecce e Otranto custodisce un prodotto prezioso: il **tartufo**.

In pochi si sono avventurati per i sentieri del Salento alla ricerca del tartufo, ma Giuseppe Lolli, con passione e caparbietà, ha diffuso e fatto conoscere un'altra ricchezza salentina: il tartufo del Salento (www.salentotartufi.com)

Tra la frutta, oltre a pesche, mandarini, mandorle, pere, ciliegie, albicocche, fichi, uva da tavola e cocomeri (segnaliamo anche il cocomero barattiere – v. lettura p217 – che rinfresca i pasti estivi), e gli agrumi del Gargano (v. lettura p184), si devono menzionare le **ciliegie Ferrovia**, che tra Conversano e Turi regalano grandi soddisfazioni. Lo strano nome della varietà si deve al fatto che intorno al 1935, vicino a un casello delle Ferrovie del Sud Est alla periferia di Sammichele di Bari, nacque un ciliegio che produceva dei frutti così buoni e così grossi che qualcuno decise di coltivarlo, senza sapere di avere tra le mani quella che di lì in poi sarebbe divenuta una delle più note varietà di tutta la penisola.

Se avanza un po' di spazio: i dolci

Oltre agli ulivi, altre piante secolari abitano ancora la Puglia: sono i mandorli, che in primavera nella Valle d'Itria sono carichi di frutti. Le mandorle sono usate nella preparazione di molti dolci e pasticcini. Tipici dolci leccesi sono il **pesce** e l'**agnello di pasta di mandorla**, specialità delle festività natalizie e pasquali, ripiene di confettura o morbida crema. Le **mandorle turrate** sono preparate con lo zucchero e si devono provare con un bicchiere di Aleatico. Anche i **mustazzueli** sono dolcetti di mandorle, farina e zucchero; famosi sono poi i **marzapani bianchi** di Gioia del Colle e le **sfogliate** o rose di Canosa, con mandorle e uva.

Dolcetti di pasta di mandorle e fichi secchi mandorlati (nascondono una mandorla all'interno) chiudono il pasto con grande dolcezza, accompagnati da un delizioso sorso di Moscato di Trani o di Primitivo di Manduria Dolce Naturale.

Le **cartellate** o *carteddate* sono dolci natalizi di semola a forma di coroncine di pasta arricchiti con miele o mosto cotto. Per Pasqua si preparano le **scarcelle**, pane dolce decorato con uova.

In comune ad altre regioni del Sud Italia si trovano la **cicerchiata**, formata da piccoli gnocchi fritti ottenuti da un impasto di farina, uova, zucchero, miele, scaglie di cioccolato, mandorle e cannella, e la **cassata di ricotta**. Simili a dolci campani sono le **zeppole di san Giuseppe**, specialità di Bari, fritte e farcite con crema pasticcera. Un'altra specialità barese è la **pizza di ricotta dolce**, mentre in Salento si trovano gli **spumoni estivi**, un semifreddo di gelato misto (spesso cioccolato e nocciola), e i **pasticciotti** (v. lettura p304), pasta frolla farcita di crema pasticcera, da consumare preferibilmente per colazione appena sfornati. Infine mancano all'appello gli **sporcamusi**, piccoli pasticcini ripieni di crema pasticcera e spolverati di zucchero a velo. Indovinate perché si chiamano così.

Ambiente

Il Tacco d'Italia, da Foggia fino a Lecce, è la regione italiana che presenta la maggior porzione di superficie pianeggiante. Tale caratteristica ha favorito fin dall'antichità lo sfruttamento da parte dell'uomo di un territorio che, tra l'altro, è fortemente influenzato dalla presenza dei mari Ionio e Adriatico, oltre a vantare una grande varietà di specie di flora, di fauna e di paesaggi naturali.

Territorio

La Puglia è costituita da montagna solo per l'1,5% della sua superficie complessiva: la vetta più alta è il Monte Cornacchia, che si trova nel gruppo dei Monti Dauni e raggiunge appena 1151 m di quota. Le colline coprono il 43,5% della superficie regionale, la pianura occupa il 53,2%.

Le componenti naturali sono fortemente influenzate dalla presenza del Mediterraneo. Distribuendosi in posizione centrale rispetto a questo vasto bacino, le specie animali e vegetali realizzano un ponte tra la zona orientale del Mediterraneo e quella occidentale. Un esempio è fornito dalla distribuzione della quercia vallonea, che ha in Puglia il suo limite di distribuzione massimo verso ovest, e da quella della quercia da sughero, che ha in questa regione il suo limite di espansione verso est.

Vaste aree pianeggianti estese a bassa quota hanno indotto l'uomo fin dall'antichità a utilizzarle per sfruttare le grandi potenzialità offerte dalla terra. Oggi la superficie agricola lavorata è pari a circa i due terzi dell'intero territorio regionale. Sommando a questa la superficie coperta dalle zone urbanizzate e dalle infrastrutture si ottiene una ridotta disponibilità di spazi naturali, ulteriormente scorporabile in quelli occupati dalla macchia mediterranea e dal bosco (8,3%), da prati e pascoli (5,7%) e dalle zone umide (1,2%).

Non va tuttavia sottovalutata la notevole funzione svolta da alcune porzioni di aree agricole per il mantenimento di condizioni di naturalità, e allo stesso tempo anche per la conservazione della biodiversità, con particolare riferimento a quella animale. Tra queste zone spiccano in particolare i seminativi non irrigui e gli oliveti: è pari a circa 50 milioni il numero di piante di olivo attualmente presenti sul territorio pugliese.

In provincia di Lecce, fra Tricase e Tricase Porto, in località Finocchiaro, c'è l'imponente quercia 'Vallonea dei Cento Cavalieri'. La leggenda racconta che Federico II e i suoi 100 cavalieri, alla fine del XII secolo, trovarono ricovero sotto la sua chioma durante un forte temporale.

I principali ambienti naturali

Le analisi svolte per la compilazione dall'Atlante del Patrimonio Ambientale, Territoriale e Paesaggistico della Regione Puglia possono contribuire a fare comprendere la varietà e l'importanza delle espressioni della natura in questa regione. Sono infatti presenti:

- 2500 specie di piante (il 42% sul totale di quelle presenti in Italia);
- 62 specie di mammiferi (su 102 presenti nell'Italia peninsulare);
- 179 specie di uccelli nidificanti (su 250 presenti in Italia);
- 10 specie di anfibi (su 37 presenti nell'Italia peninsulare);
- 21 specie di rettili (su 49 presenti nell'Italia peninsulare);
- 47 habitat della regione mediterranea (su 110 in Italia).

Accanto a numerose specie ampiamente diffuse, è interessante rilevare anche la presenza di alcuni animali di grande rilievo ecologico, e contemporaneamente di notevole significato conservazionistico. Si tratta di specie meritevoli di particolare interesse e di adozione di misure di salvaguardia anche da parte dell'Unione Europea, che ha deciso di inserirle tra le specie prioritarie dell'intero continente.

In questo gruppo rientrano tra gli altri la lontra, il lupo, il lanario, il tarabuso, la moretta tabaccata, il gobbo rugginoso, il gabbiano corso, il grillaio e la gallina prataiola. A queste specie si aggiungevano fino a non molto tempo addietro anche quelle che oggi risultano purtroppo estinte della foca monaca, del pollo sultano e del falco della regina.

Particolare rilevanza rivestono i prati e i pascoli (5,7% della superficie regionale), soprattutto quelli delle zone del Gargano e della Murgia, e in forma più frammentata anche quelli del Salento. All'interno di alcuni prati si può riscontrare una notevole diffusione di orchidee, spettacolari nelle loro fioriture, e anche di uccelli legati agli ambienti aridi aperti, come il calandro, la calandra e la calandrella.

In questi stessi contesti si possono osservare con un pizzico di fortuna anche alcune specie di uccelli rari e protetti quali il lanario, la gallina prataiola e il grillaio. Di quest'ultima specie di rapace va sottolineato che la Puglia accoglie una delle più importanti popolazioni a livello planetario.

Non meno importante risulta la componente floristica di questa regione, della quale fanno parte specie endemiche quali l'ofride di Taranto, la serapide pugliese e la cerere con una resta.

Il paesaggio naturale della Puglia tuttavia accoglie non soltanto zone aride, ma anche steppe salate, lagune e aree umide, coincidenti con il Golfo di Manfredonia e con porzioni della provincia di Foggia. Qui tro vano accoglienza oltre 30 specie nidificanti, tra le quali alcune di grande rilevanza conservazionistica. È il caso di due uccelli della famiglia degli ardeidi come la sgarza ciuffetto e il tarabuso, e poi ancora del mignattaio (ciconiforme), della moretta tabaccata (anatra tuffatrice dal colore bruno e rossiccio di modeste dimensioni), dell'avocetta, della sterna zampe nere, del fenicottero, del gabbiano corallino, del gabbiano roseo e della pernice di mare.

Anche nella zona del Salento le zone umide costiere offrono ambienti idonei ad alcuni uccelli di importanza conservazionistica. Tra questi si segnala in particolare il gabbiano corso (specie endemica del bacino mediterraneo), la cui presenza merita particolare considerazione in quanto compone l'unica colonia esistente di tutta l'area in cui avviene l'abbraccio tra il mare Adriatico e il mare Ionio.

Nella stessa terra del Salento va inoltre sottolineata anche la presenza di ben cinque diverse specie di rettili, tra le quali il geco di Kotschy, il colubro leopardino e, sulle coste ioniche, la tartaruga marina comune. Quest'ultima rappresenta una specie a rischio d'estinzione; tuttavia, i monitoraggi più recenti effettuati da alcune associazioni ambientaliste sulle coste salentine, nei siti utilizzati per la nidificazione (che avviene tramite deposizione di uova sulle coste sabbiose), sono confortanti. Si tratta indubbiamente di un segnale positivo, testimonianza della realizza-

Secondo alcuni studiosi, la presenza in Puglia del fragno, una quercia con le foglie di forma appuntita, dimostrerebbe l'unione, in un remoto passato, tra l'attuale regione (unica area in cui è presente di tutta la parte occidentale del continente europeo) e la costa meridionale di quella balcanica.

COMPRENSORI MARINI A CINQUE VELE

Nel 2021 la Guida Blu di Legambiente ha inserito tra le zone balneari migliori d'Italia per la qualità ambientale, premiandole con le 5 Vele, anche tre della Puglia. Si tratta dell'Alto Salento Ionico (Nardò, Gallipoli, Porto Cesareo e Racale), delle Isole Tremiti e dell'Alto Salento Adriatico (Melendugno, Otranto e Vernole). V. www.legambiente.it.

zione di buone pratiche che affermano anche in questa regione la possibilità di attuare forme di turismo responsabile.

I turisti che decidono di frequentare, oltre alle zone costiere, anche quelle più interne del Salento possono inoltrarsi in particolari contesti boschivi, nei quali sono ben distribuiti il leccio e alcune querce come la spinosa e la Vallonea. Anche la componente floristica offre accoglienza in questa zona a specie interessanti, quali il delicato garofano salentino, la periploca maggiore (il cui nome allude alla capacità dei fusti della pianta di attorcigliarsi su se stessi componendo delle liane) e, sulle rupi costiere, la Kummel di Grecia.

Allontanandosi dalle zone litoranee, e volendo approfondire la conoscenza di altri ambienti forestali pugliesi, è doveroso soffermarsi sui boschi del Gargano, nei quali trovano diffusione alcuni particolari habitat. È il caso per esempio delle foreste di versanti, ghiaioni e valloni di tiglio, acero e olmo montano, delle faggete degli Appennini con tasso e agrifoglio, di pinete mediterranee, delle foreste di duna con pino domestico, pino marittimo e pino d'Aleppo. In queste foreste si possono osservare tra gli uccelli il tordo bottaccio, il frosone, la balia dal collare, il falco pecchiaiolo e anche due picchi, quello dal dorso bianco e quello rosso mezzano.

La vegetazione si può suddividere nei seguenti principali tipi forestali: querceti con leccio; querceti con leccio e quercia spinosa; querceti con fragno e quercia virgiliana; pinete a pino d'Aleppo e leccio; querceti con cerro, roverella e altre latifoglie; querceti con roverella e quercia virgiliana; faggete.

Lungo i litorali del Mar Ionio va segnalata anche la presenza della formazione forestale della pineta su duna a pino d'Aleppo, particolare habitat di interesse continentale.

La provincia di Taranto accoglie habitat idonei anche per numerose specie di uccelli. Di particolare interesse sono quelli che frequentano gli ambienti delle gravine, incisioni di varia profondità che caratterizzano il paesaggio roccioso carsico. Tra questi meritano di essere citati il gufo reale, il capovaccaio, il lanario, la ghiandaia marina e la monachella. La componente faunistica si completa con la presenza di altre specie di interesse di rettili e anfibi, come il colubro leopardino, il geco di Kotschy e l'ululone appenninico.

Nel quadro delle specie animali di rilevanza ecologica e conservazionistica presenti in Puglia risaltano anche il nibbio reale e il nibbio bruno sui monti dell'Appennino Dauno in provincia di Foggia. In qualche zona umida costiera del territorio brindisino (Stagni e costiere di Punta della Contessa e Torre Guaceto) trovano invece ambienti idonei per la loro nidificazione alcune rare specie quali l'alzavola, il tarabusino, il fratino, la pernice di mare e il cavaliere d'Italia.

Sulla provincia di Brindisi va inoltre sottolineata nella componente arborea anche la quercia da sughero, che si presta a essere decorticata più volte (senza subire danni) per ottenere il prezioso materiale.

Aree naturali protette

Allo stato attuale, sul territorio regionale della Puglia si riscontra la presenza di un sistema articolato di aree naturali protette del quale fanno parte due parchi nazionali, 11 parchi naturali regionali, sette riserve naturali regionali orientate, 16 riserve naturali statali e tre aree marine protette. La superficie complessiva sottoposta a tutela è pari a circa il 14% del territorio regionale (per maggiori informazioni: www.paesaggiopuglia.it/aree-protette-in-puglia-footer.html).

Parco Nazionale del Gargano

(www.parcogargano.it; superficie: 121.118 ettari; province: Foggia; comuni: Apricena, Cagnano Varano, Carpino, Ischitella, Isole Tremiti, Lesina, Manfredonia, Mattinata, Monte Sant'Angelo, Peschici, Rignano Garganico, Rodi Garganico, San Giovanni Rotondo, San Marco in Lamis, San Nicandro Garganico, Serracapriola, Vico del Gargano, Vieste) Il promontorio garganico, che si eleva quasi improvvisamente dal Tavoliere di Puglia, costituisce da sempre un territorio fonte di ispirazione e di stupore. I suoi diversificati paesaggi costruiscono un quadro colorato e ricco di contrasti, del quale fanno parte foreste misteriose e paludi solari, grotte e profonde doline, steppe aride e dune, vaste zone rocciose, le Isole Tremiti, archi di pietra, il faraglione Pizzomunno, con il suo inconfondibile profilo, e altre curiosità di interesse geologico.

I principali accessi per i visitatori avvengono da Lesina, Vieste, Peschici, San Giovanni Rotondo e Monte Sant'Angelo. L'ingresso nel parco spalanca un vasto ambito estremamente ricco di biodiversità: le specie vegetali censite totalizzano per esempio circa il 35% del totale di tutta la flora italiana, mentre sale a circa 70 il valore percentuale dei mammiferi presenti rispetto a quello complessivo nazionale. La componente animale si arricchisce con preziosi elementi della fauna marina, tra i quali per esempio l'anguilla europea, spugne, coralli, madrepore, astici, aragoste e stelle marine.

Il cuore di questo parco nazionale è rappresentato dalla Foresta Umbra, che si sviluppa fin sopra la quota di 800 m sul livello del mare e rappresenta una tra le più estese foreste di latifoglie italiane.

Parco Nazionale Alta Murgia

(www.parcoaltamurgia.gov.it; superficie: 68.077 ettari; province: Bari, Barletta-Andria-Trani; comuni: Altamura, Andria, Bitonto, Cassano delle Murge, Corato, Gravina in Puglia, Grumo Appula, Minervino Murge, Poggiorsini, Ruvo di Puglia, Santeramo in Colle, Spinazzola, Toritto) Il territorio di questo parco, modellato nel corso dei secoli dall'azione costruttiva di contadini, pastori e boscaioli, compone un paesaggio di orizzonti aperti lievemente ondulato su rocce calcaree fratturate, che mostrano abbondanza di doline e inghiottitoi. Ogni stagione propone suggestioni diverse, che uniscono alle espressioni naturali quelle dell'uomo, che a loro volta si esprimono in particolare nei sapori e nella forma di prodotti gastronomici e di edifici storici.

Tra le specie animali presenti si citano gli uccelli rapaci lanario e grillaio, il passero solitario, l'occhione comune, lo zigolo capinero, la calandra e la calandrella.

Va inoltre ricordato che nella zona delle Murge Alte, nel Pulo di Altamura, è avvenuto nel 1993 il ritrovamento di un importante tesoro paleontologico. Si tratta dei resti compatti dello scheletro di un esemplare di uomo adulto, vissuto circa 150.000 anni fa, al quale è stato dato il nome di 'uomo di Altamura', riferimento scientifico a livello internazionale.

Parco Naturale Regionale Bosco Incoronata

(http://boscoincoronata.it/territorio/; superficie: 1060 ettari; province: Foggia; comuni: Foggia) È collocato a 12 km da Foggia e accoglie una piccola area di vegetazione naturale all'interno di un territorio intensamente coltivato nel cuore del Tavoliere delle Puglie.

Parco Naturale Regionale Costa Otranto-Santa Maria di Leuca-Bosco Tricase

(www.parcootrantoleuca.it; superficie: 3227 ettari; province: Lecce; comuni: Alessano, Andrano, Castrignano del Capo, Castro, Corsano, Diso, Gagliano del Capo, Ortelle, Otranto, Santa Cesarea Terme, Tiggiano, Tricase) La superficie principale dell'area protetta ospita, lungo il suo confine costiero, boschi di leccio e pinete, macchia mediterranea, rupi, falesie a picco sul mare e vecchi pascoli.

Parco Naturale Regionale delle Dune Costiere da Torre Canne a Torre San Leonardo

(www.parcodunecostiere.org; superficie: 1069 ettari; province: Brindisi; comuni: Fasano e Ostuni) Alle zone umide costiere con habitat di interesse europeo si aggiungono altri particolari habitat, ambienti di duna, uliveti secolari e insediamenti rupestri.

Le riserve naturali regionali orientate sono sette: Bosco delle Pianelle; Litorale Tarantino Orientale; Palude del Conte e Duna Costiera-Porto Cesareo; Palude La Vela; Boschi di Santa Teresa e dei Lucci; Bosco di Cerano; Laghi di Conversano e Gravina di Monsignore.

Le riserve naturali statali sono 16: Salina di Margherita di Savoia; Torre Guaceto; Oasi Le Cesine; Murge Orientali; Stornara; San Cataldo; Falascone; Foresta Umbra; Il Monte; Ischitella e Carpino; Isola di Varano; Lago di Lesina; Masseria Combattenti; Monte Barone; Palude di Frattarolo; Sfilzi.

Parco Naturale Fiume Ofanto

(www.lungolofanto.it; superficie: 24.883 ettari; province: Barletta-Andria-Trani e Foggia; comuni: Ascoli Satriano, Barletta, Candela, Canosa di Puglia, Cerignola, Margherita di Savoia, Minervino Murge, Rocchetta Sant'Antonio, San Ferdinando di Puglia, Spinazzola, Trinitapoli) L'area protetta tutela il corso e gli ambienti che si affacciano su uno dei più importanti corsi d'acqua dell'Italia Meridionale.

Parco Naturale Regionale Lama Balice

(www.parcolamabalice.it; superficie: 502 ettari; province: Bari; comuni: Bari) Tipica lama espressione del paesaggio carsico della Puglia. Elementi di interesse naturale si sommano ad alcune preziose espressioni dell'attività dell'uomo, come per esempio le masserie.

La *Xylella fastidiosa* è un batterio che ha un'ampia diffusione nel mondo e si localizza nei vasi legnosi delle piante ospiti. Causa gravi malattie di molte colture, soprattutto arboree, e in Puglia ha provocato e sta tuttora provocando il 'dissecamento rapido' dell'olivo. Si tratta di un'emergenza straordinaria, che sta causando gravi danni all'olivicoltura e al paesaggio pugliese, per combattere la quale sono state messe in atto misure contenitive.

Parco Naturale Regionale Litorale di Punta Pizzo e Isola di Sant'Andrea

(www.comune.gallipoli.le.it/parco-regionale.html; superficie: 685 ettari; province: Lecce; comuni: Gallipoli) Accoglie uno dei più imponenti sistemi di dune dello Ionio. Lungo le sue coste è presente una colonia nidificante di gabbiano corso, specie endemica del bacino mediterraneo.

Parco Naturale Regionale Litorale di Ugento

(www.parks.it/parco.litorale.ugento/; superficie: 1600 ettari; province: Lecce; comuni: Ugento) Costituisce una delle zone più preziose della penisola salentina. Dal mare verso l'interno si riconoscono la fascia dei litorali sabbiosi e rocciosi, ambienti di retroduna umidi, zone palustri, aree boscate e ambienti di macchia mediterranea.

Parco Naturale Regionale Palude e Bosco di Rauccio

(www.wwfsalento.it/parcorauccio.htm; superficie: 1.593 ettari; province: Lecce; comuni: Lecce) La zona di Rauccio offre una grande ricchezza di ambienti naturali e paesaggi rurali tipici della penisola salentina: bosco, macchia mediterranea, aree palustri e lacustri, praterie, pascoli, pinete e coltivi.

Parco Naturale Regionale di Porto Selvaggio e Palude del Capitano

(www.parks.it/parco.porto.selvaggio/; superficie: 1122 ettari; province: Lecce; comuni: Nardò) Oltre a 7 km di costa alta che accolgono ambienti di grande naturalità, in questo parco si possono osservare anche pinete, paludi e fenomeni carsici.

Parco Naturale Salina di Punta Contessa

(www.parks.it/parco.salina.punta.contessa/; superficie: 1697 ettari; province: Brindisi; comuni: Brindisi) L'area protetta si sviluppa tra Capo di Torre Cavallo e Punta della Contessa, e accoglie una zona umida di notevole interesse paesaggistico, oltre che per la fauna ornitologica che qui trova rifugio.

Parco Naturale Regionale Terra delle Gravine

(http://parcodellegravine.provincia.ta.it/; superficie: 19.775 ettari; province: Taranto; comuni: Castellaneta, Crispiano, Ginosa, Grottaglie, Laterza, Martina Franca, Massafra, Montemesola, Mottola, Palagianello, Palagiano, San Marzano di San Giuseppe, Villa Castelli) La particolarità di quest'area protetta è data dalla presenza contemporanea di elementi di grande interesse naturalistico (biodiversità vegetale, animale e habitat), assieme a insediamenti archeologici e siti rupestri.

Guida pratica

Informazioni

Alloggio

In Puglia le possibilità di sistemazione sono innumerevoli e diversificate. Potete selezionare quella che fa per voi confrontando agriturismi, B&B, alberghi tradizionali o diffusi, pensioni, masserie (grandi fattorie o tenute agricole costituite da diverse costruzioni, anche recenti), ostelli, campeggi, trulli (che non sono solo suggestivi ma anche molto freschi, tanto da poter fare a meno del condizionatore) e resort da mille e una notte, molto amati da facoltosi personaggi stranieri, attori, sceicchi.

I siti turistici ufficiali delle singole località sono sempre un buon punto di partenza per orientarsi nella ricerca e nella scelta. Gli uffici del turismo sono sempre il riferimento migliore per avere consigli sulle strutture ricettive disponibili in zona.

In questa guida all'interno delle sezioni Pernottamento gli alloggi sono elencati in ordine crescente di prezzo, mentre per ciascuna struttura si indica la tariffa più elevata di alta stagione. A questo proposito, considerate alta stagione non soltanto luglio, agosto, Pasqua e Natale, ma anche le feste patronali e gli eventi di maggior richiamo, come la Notte della Taranta in Salento e la Fiera del Levante a Bari.

Siti utili

www.viaggiareinpuglia.it: al link 'Info Utili'/'Dove Dormire'.

Agriturismi e B&B: www.agriturismo.it o www.agriturismo.net; www.bed-and-breakfast.it.

Alberghi diffusi: www.alberghidiffusi.it.

Campeggi: www.camping.it, www.touringclub.it.

Ostelli: www.hihostels.com/it.

Rifugi: www.cai.it.

Assistenza sanitaria

Ricordate di portare sempre con voi la tessera sanitaria, indispensabile per ricevere assistenza medica in caso di necessità.

Sul portale www.farmaciediturno.org è possibile consultare un elenco delle farmacie di turno attraverso una ricerca per comune.

Emergenze

Al momento delle nostre ricerche in Puglia non era ancora attivo il Numero Unico per le Emergenze (NUE) ☎112. In caso di necessità, ecco i numeri da chiamare:

Ambulanza ☎118

Carabinieri ☎112

Corpo Forestale dello Stato (Emergenza incendi) ☎1515

Guardia Costiera ☎1530

Polizia ☎113

Soccorso Alpino e Speleologico (Emergenza in montagna) ☎118

Vigili del Fuoco ☎115

Informazioni turistiche

Il **Portale Ufficiale del Turismo della Regione Puglia** (www.viaggiareinpuglia.it) è un ottimo punto di partenza per raccogliere informazioni sull'offerta turistica e organizzare il soggiorno anche in base alle attività e alle manifestazioni in calendario. Ci troverete informazioni a tutto campo su itinerari, arte e cultura, riti e tradizioni da scopri-

GUIDA AI PREZZI

Pernottamento

I prezzi indicati di seguito si riferiscono alle tre fasce di prezzo in cui rientrano la categoria economica, quella media e quella elevata.

€ Economici fino a €70

€€ Medi €71-160

€€€ Elevati a partire da €161

Pasti

Le seguenti categorie di prezzo sono riferite al costo di un pasto completo (primo, secondo e dolce, bevande escluse).

€ Economici fino a €20

€€ Medi €21-40

€€€ Elevati a partire da €41

re, benessere, sport e natura, mare e molto, molto altro.

Durante il viaggio fate degli uffici turistici, la cui diffusione è capillare, il vostro punto di riferimento. Per l'elenco completo e aggiornato collegatevi al sito www.viaggiareinpuglia.it, al link 'Info Utili' 'Operatori e Servizi', e cliccate su 'Infopoint'. Nelle località di questa guida abbiamo indicato i contatti dei singoli uffici.

Il Tacco di Bacco (iltaccodibacco.it/puglia) è un ottimo sito per conoscere tutti i principali eventi in corso nella regione.

LIBRERIE DI VIAGGIO

Per informazioni su cartine, guide e narrativa di viaggio potete visitare una delle numerose librerie specializzate; ne segnaliamo alcune situate nelle principali città italiane.

Diari di bordo (☎349 782 41 61; https://diaridibordo.jimdofree.com; Parma)

Geocart (☎011 749 33 69; @LibreriaGeocartTorino su Facebook; Torino)

Gulliver (☎045 800 72 34; www.gullivertravelbooks.it; Verona)

Il Giramondo (☎011 473 28 15; www.ilgiramondo.it; Torino)

L'angolo dell'avventura (☎06 5728 9275; www.libreriaangoloavventurenelmondo.it; Roma)

Libreria Editrice Odòs (☎0432 20 43 07; www.libreria-odos.it; Udine)

Libreria On the road (☎055 47 14 61; www.ontheroadlibreria.it; Firenze)

Libreria Stella Alpina (www.stella-alpina.com; libreria online con sede a Firenze)

Libreria Viaggeria (☎0461 23 33 37; www.libreriaviaggeria.it; Trento)

Pangea (☎0498 76 40 22; www.libreriapangea.com; Padova)

Priamar Viaggi (☎019 82 09 01; www.priamarviaggi.com; Savona)

Travel Bookshop (☎338 452 68 96; Monza)

VEL – La Libreria del Viaggiatore (☎0342 21 89 52; www.vel.it; Sondrio)

Pasti

La ricca tradizione gastronomica pugliese farà sì che i vostri pasti o spuntini siano golosi e di qualità: avrete solo l'imbarazzo della scelta.

All'interno delle singole sezioni 'Pasti' della guida, i locali sono elencati in ordine crescente di prezzo e, a parità di prezzi, in ordine di preferenza dell'autore.

Siti utili

Associazione Italiana Celiachia (www.celiachia.it)
Ristoranti per celiaci (www.ristorantiperceliaci.net)
Ristoranti vegetariani e vegani (www.iomangioveg.it; www.ristorantiveg.com; www.veganhome.it)

Stampa locale

La Gazzetta del Mezzogiorno (www.lagazzettadelmezzogiorno.it) ha edizioni locali dedicate a tutte le province.

Il *Corriere del Mezzogiorno* (corrieredelmezzogiorno.corriere.it), dorso del *Corriere della Sera*, ha edizioni dedicate a Bari, Foggia e Lecce.

la Repubblica (www.repubblica.it) ha un'edizione dedicata a Bari (bari.repubblica.it).

Il Nuovo Quotidiano di Puglia (www.quotidianodipuglia.it) ha una sezione dedicata a ciascuna provincia.

Altri quotidiani sono il *Quotidiano di Bari* (www.quotidianodibari.it), *Il Mattino di Foggia e provincia* (www.ilmattinodifoggia.it), *Taranto Buonasera* (www.tarantobuonasera.it) e *Corriere di Taranto* (www.corrieireditaranto.it). *quiSalento* (www.quisalento.it) è un mensile (anche se a giugno, luglio, agosto e dicembre diventa quindicinale) aggiornatissimo su tutti gli appuntamenti (spettacoli, concerti, sagre, ricorrenze, mostre, corsi) delle province di Lecce, Brindisi e Taranto. Si acquista in edicola. *Salento in tasca* (www.salentointasca.it) è un settimanale pocket in distribuzione gratuita a Lecce, che presenta le principali iniziative previste in città e provincia.

Per l'informazione online segnaliamo www.ilcorrieredelgiorno.it; www.baritoday.it; www.brindisireport.it; www.foggiatoday.it; www.giornaleditaranto.com; www.valleditrianews.it.

Viaggiatori LGBTIQ+

A Gallipoli e nei centri turistici della costa troverete numerosi locali gay-friendly, così come nel centro a Bari. Sempre a Gallipoli, inoltre, dal 2016 si tiene un 'pride' salentino (www.facebook.com/salentopride).

Storica associazione di riferimento è l'**ArciGay Salento** (https://salento.arcigay.it/). La pagina Facebook di Salento Gay Club segnala locali ed eventi nella regione.

Tra i siti web utili segnaliamo **Arcigay** (www.arcigay.it), **Gay.it** (www.gay.it) e **Quiiky** (www.quiiky.com).

TESSERE SCONTO

TESSERA SCONTO	CONTATTI	TARIFFE
Camping Card International	www.campingcard international.com; ☎055 88 23 91; www.federcampeggio.it	€40/43/45 tessera digitale capofamiglia con coniuge o convivente/cartacea solo capofamiglia/cartacea capofamiglia con coniuge o convivente; valida fino al 31 dicembre dell'anno di emissione
Carta Giovani Nazionale	https://giovani2030.it/iniziativa/carta-giovani-nazionale/	tessera digitale disponibile tramite l'App IO; per ragazzi tra i 18 e i 35 anni residenti in Italia; accesso agevolato (fino a 35 anni sul circuito nazionale, fino a 30 sul circuito EYCA – www.eyca.org) a beni, servizi, esperienze e opportunità
Hostelling International	www.hihostels.com	€20 tessera digitale valida un anno dalla data di emissione
International Student/Youth/ Teacher Identity Card	www.isic.org	€13 tessera digitale valida un anno dalla data di emissione
IoStudio – La Carta dello Studente	http://iostudio.pubblica.istruzione.it	distribuita gratuitamente dalle segreterie scolastiche a tutti gli studenti delle scuole superiori e valida fino al completamento dell'iter scolastico

Viaggio accessibile

La conformazione dei centri storici con strade pavimentate a ciottoli, talvolta in pendenza, così come i marciapiedi ingombri e gli ascensori troppo piccoli costituiscono un ostacolo per chi si muove in sedia a rotelle. Le amministrazioni pubbliche e i privati si stanno impegnando per agevolare l'accessibilità dei viaggiatori con disabilità attraverso la realizzazione di infrastrutture appropriate, sia nei luoghi dell'arte (nelle aree rupestri e ipogee le visite risultano ancora difficili) sia nelle strutture ricettive e della ristorazione. Tuttavia, le barriere architettoniche sono ancora molte, soprattutto nei piccoli centri storici dei comuni della provincia.

Viaggiare senza barriere di Lonely Planet è un PDF scaricabile gratuitamente dal sito https://shop.lonelyplanetitalia.it/prodotto/guida-di-viaggio-accessible-travel che raccoglie numerose fonti online, utili per pianificare e organizzare il vostro viaggio in tutto il mondo.

Siti utili

AccessiblEurope (accessibleurope.com)

Disabili.com (www.disabili.com)

LP Tour (www.lptour.it)

Luoghi della Cultura Per informazioni: www.accessibilitamusei.beniculturali.it/luoghi-cultura/index?categoriald=&denominazione=

Parcheggi Per informazioni: www.aci.it/i-servizi/per-la-mobilita/aci-per-il-sociale/contrassegno-disabili.html

Viaggi in treno Contattate Trenitalia al **Numero verde gratuito** (☎800 906 060, attivo tutti i giorni ⏲6.45-21.30), solo da rete fissa, oppure al **Numero unico nazionale RFI** (☎02 32 32 32; attivo tutti i giorni ⏲6.45-21.30, tariffazione ordinaria), servizio riservato ai passeggeri con disabilità e a ridotta mobilità, raggiungibile sia da rete fissa sia da rete mobile; per altre informazioni, v. il sito www.trenitalia.com, seguendo il percorso 'Info e assistenza'/'Assistenza e contatti'/'Per le persone a mobilità ridotta'. Chi viaggia con i convogli **Italo** (www.italotreno.it) troverà le indicazioni al link 'Viaggiare con Italo' e a seguire 'Assistenza Persone a Mobilità Ridotta'.

LA CONTRORA

In Puglia è fortemente radicata la tradizione della controra, una forma 'estrema' di siesta pomeridiana. I negozi, tutti, e spesso anche i musei (specie se privati e comunque non statali) chiudono intorno alle 12.30-13 per riaprire non prima delle 17 in estate e delle 16 in inverno. Di contro l'apertura si prolunga ben oltre le 20, arrivando in estate e nelle zone turistiche alle 21-21.30. Nel caso di negozi che si trovano in località a forte vocazione turistica la chiusura può essere rimandata fino alla mezzanotte.

Trasporti

IL VIAGGIO

Aereo

Aeroporti

Dei quattro scali aerei presenti in Puglia (Bari, Brindisi, Foggia e Taranto-Grottaglie) al momento delle nostre ricerche soltanto i primi due risultavano operativi per i viaggiatori. Per aggiornamenti collegatevi al sito di **Aeroporti di Puglia** (www.aeroportidipuglia.it).

L'**Aeroporto internazionale Karol Wojtyla** di **Bari** (☎080 580 0200, 080 580 0202; www.aeroportidipuglia.it) dista circa 15 km dal centro città e serve principalmente la Puglia centro-settentrionale.

L'**Aeroporto del Salento** di **Brindisi** (☎080 580 0200, 080 580 0202; www.aeroportidipuglia.it) dista circa 6 km dal centro città ed è lo scalo consigliato per la Valle d'Itria e il Salento.

Per l'elenco aggiornato dei voli e delle compagnie aeree collegatevi al sito www.aeroportidipuglia.it e selezionate l'aeroporto di vostro interesse.

Via mare

Traghetti per il trasporto di auto e passeggeri collegano Bari e Brindisi con l'Albania, la Croazia, la Grecia e il Montenegro. Qui di seguito indichiamo le destinazioni servite dalle compagnie di navigazione, a cui rimandiamo per informazioni specifiche sui collegamenti, alcuni dei quali sono stagionali.

Adria Ferries (☎071 5021 1621; www.adriaferries.com) Collega Bari e Durazzo (Albania).

Grandi Navi Veloci (☎010 209 45 91; www.gnv.it) Collega Bari e Durazzo (Albania).

Jadrolinija (☎385 51 66 61 11; www.jadrolinija.hr) Collega Bari con Dubrovnik (Croazia) e con Bar (Montenegro).

Anek Superfast (☎071 207 23 46; www.anekitalia.com) Collega Bari con Igoumenitsa, Patrasso e Corfù (Grecia).

Grimaldi Lines (www.grimaldi-lines.com/it; ☎081 49 64 44) Collega Brindisi con Igoumenitsa, Patrasso e Corfù (Grecia).

Ventouris Ferries (☎800 63 22 16; 080 578 98 11; http://ventourisferries.com/it) Collega Bari sia con Igoumenitsa, Patrasso, Corfù e Cefalonia in Grecia, sia con Durazzo (Albania).

Via terra

Autobus

Le principali destinazioni pugliesi e molte località minori sono collegate alle altre regioni italiane da numerose autolinee private. Collegandosi al sito del **Consorzio Trasporti Aziende Pugliesi COTRAP** (www.cotrap.it) è possibile consultare gli orari e acquistare i biglietti delle varie compagnie che effettuano corse interregionali. Qui di seguito sono elencate le aziende principali, che nel complesso servono in maggior misura l'area del centro-sud, ma che operano anche collegamenti con diverse città del nord e della Sicilia.

Marino Bus (☎080 311 23 35; www.marinobus.it)

Marozzi-SITA (☎080 579 02 11; www.marozzivt.it)

Miccolis (☎080 5315334; www.miccolis-spa.it)

FlixBus Italia (☎02 9475 9208; www.flixbus.it)

Ferrovie del Gargano (☎0882 22 89 60; https://booking.ferroviedelgargano.com).

LE COSE CAMBIANO...

Tariffe, orari e offerte speciali cambiano con una certa frequenza; le informazioni fornite in questo capitolo vanno quindi prese come indicazioni di massima da verificare con un'accurata ricerca personale presso gli uffici delle compagnie di trasporto o affidandosi a un'agenzia di viaggi di fiducia.

Automobile e motocicletta

Ecco alcuni siti utili per organizzare il viaggio:

ACI – Automobile Club d'Italia (☎06 499 81, soccorso stradale ☎803 116; www.aci.it).

Autostrade per l'Italia (www.autostrade.it) Traffico in tempo reale e calcolo del pedaggio.

Google Maps (maps.google.it) e **ViaMichelin** (www.viamichelin.it/web/Itinerari) Per programmare il percorso.

CCISS Viaggiare Informati (☎1518, gratuito anche da cellulare, 24 h; www.cciss.it) Aggiornamenti sul traffico e diffusione di segnalazioni da parte degli automobilisti.

Isoradio (FM 103.3; www.raiplaysound.it/isoradio) Canale di pubblica utilità dedicato alle informazioni sulla mobilità.

Bicicletta

Se siete appassionati di cicloturismo e pensate di utilizzare questo mezzo per esplorare la regione, sui siti della **FIAB – Federazione Italiana Ambiente e Bicicletta** (fiabitalia.it e www.bicitalia.org) troverete consigli su come organizzare il viaggio.

Se desiderate viaggiare con la formula 'treno+bici', consultate: **Trenitalia** (www.trenitalia.com) – dal menu 'Offerte e servizi', sotto la voce 'Servizi a bordo', cliccate su 'Bici al seguito'; e **Italo** (www.italotreno.it).

Treno

La Puglia è raggiungibile con molti treni diretti da parecchie città della penisola. Foggia, Barletta, Bari, Brindisi, Lecce e Taranto sono raggiunte dai treni ad alta velocità **Frecciarossa** di **Trenitalia** con collegamenti diretti anche da Torino, Milano e Roma. Sempre di Trenitalia sono i treni **Frecciargento** che da Roma raggiungono Foggia, Barletta, Bari, Brindisi e Lecce; gli **InterCity** da Milano e Bologna lungo la costa adriatica fino a Bari, Lecce eTaranto; e gli **InterCity Notte** per Lecce (via Foggia, Barletta, Bari, Monopoli, Fasano, Ostuni, Brindisi) da Torino, Milano e Roma.

Per informazioni sui collegamenti e per l'acquisto dei biglietti contattate **Trenitalia** (☎89 20 21 h 24 per acquisti, informazioni e assistenza CartaFRECCIA, ☎06 30 00 per informazioni e cambio prenotazione; www.trenitalia.com, selezionate la maschera di ricerca 'Principali soluzioni').

Per seguire l'andamento dei treni di vostro interesse e per avere informazioni in tempo reale su possibili interruzioni di linea, soppressioni o l'istituzione di eventuali servizi sostitutivi, consultate il sito **Viaggiatreno Trenitalia** (www.viaggiatreno.it).

I treni ad alta velocità di **Italo** (☎89 20 21 per acquisto biglietti, ☎89 20 20 per informazioni e assistenza; www.italotreno.it) raggiungono Foggia, Barletta, Trani, Bisceglie, Molfetta e Bari collegandole direttamente a diverse città tra cui Torino, Milano e Roma.

STAZIONI FERROVIARIE

Generalmente tutte le stazioni sono servite da una rete di mezzi pubblici che garantisce i collegamenti con il centro città e con i paesi circostanti. Nelle sezioni per/da dedicate alle singole località vengono riportati i riferimenti delle compagnie di autobus che le servono, sui cui siti troverete informazioni su collegamenti e orari.

TRASPORTI LOCALI

Sul **Portale Ufficiale del Turismo della Regione Puglia** (www.viaggiareinpuglia.it) è possibile visualizzare la panoramica dei mezzi pubblici e privati per spostarsi nel territorio e i dati di contatto delle compagnie che li gestiscono. Dal menu 'Info utili' selezionate 'Muoversi in Puglia'.

Per/dall'aeroporto

I collegamenti per/dall'aeroporto Internazionale Karol Wojtyla di Bari e dell'aeroporto del Salento di Brindisi sono forniti nei capitoli dedicati a Bari (p68) e Brindisi (p281).

Autobus

Con gli autobus locali è possibile raggiungere praticamente qualunque località, ma i tempi di percorrenza possono essere molto lunghi e le corse poco frequenti (o addirittura assenti) al di fuo-

CARTE FERROVIARIE

Trenitalia (www.trenitalia.com) mette a disposizione dei suoi clienti tariffe agevolate, promozioni e offerte di varia natura. Per usufruirne in maniera ottimale può essere utile procurarsi – a seconda delle proprie esigenze – una delle carte rilasciate da Trenitalia. Tra queste citiamo la **Carta Verde** (per chi ha tra i 12 e i 26 anni non compiuti) e la **Carta Argento** (per chi ha più di 60 anni), che permettono di godere di sconti su biglietti nazionali e internazionali; e la **CartaFRECCIA**, che permette di accumulare punti e usufruire di servizi e agevolazioni sul territorio nazionale.

Per conoscere l'offerta completa di Trenitalia collegatevi al sito www.trenitalia.com, cliccate su 'Offerte e servizi' dove troverete la voce 'Carta Verde e Carta Argento'.

ri dell'alta stagione o nei giorni festivi. Di solito gli orari sono consultabili presso gli uffici turistici locali. Nelle città, quasi tutte le società che offrono servizi di autobus intercity operano tramite agenzie di viaggi, il che può disorientare chi non lo sapesse. In alcuni centri più piccoli, i biglietti sono in vendita nei bar o direttamente sugli autobus.

Il **Salentoinbus** (www.provincia.le.it/salentoinbus), attivo tra giugno e settembre, è un servizio di autobus che collega Lecce alle principali località turistiche e balneari del Salento.

Il **Consorzio Trasporti Aziende Pugliesi COTRAP** (www.cotrap.it) ha attivato un portale per la consultazione degli orari e l'acquisto dei titoli di viaggio delle varie compagnie che gestiscono i trasporti e i collegamenti sul territorio. Indichiamo qui di seguito le principali, unitamente alla zona servita, rimandando alla navigazione dei siti web per destinazioni, orari e tariffe. Nelle sezioni 'Per/da' di questa guida dedicate alle singole località troverete ulteriori informazioni.

CTP Taranto (☎800 230 083; www.ctptaranto.com) Provincia di Taranto.

Ferrotramviaria – Ferrovie del Nord Barese (☎080 529 91 11; www.ferrovienordbarese.it) Collegamenti tra Bari e i centri del nord Barese sia con treni sia con autobus, arrivando fino a Barletta.

Bus Ferrovie Appulo Lucane (☎800 050 500, 080 572 54 21; ferrovieappulolucane.it) Opera tra Puglia e Basilicata sia con autobus sia con treni.

Autolinee Ferrovie del Gargano (☎0882 22 89 60; www.ferroviedelgargano.com) Le autolinee coprono la provincia di Foggia e il territorio di Barletta, Andria e Trani.

Autolinee Ferrovie del Sud Est (FSE; ☎800 079 090; www.fseonline.it) Collegano Bari, Taranto, Lecce e Brindisi con i comuni delle rispettive province.

Sita (☎080 579 01 11; www.sitasudtrasporti.it) La linea 'Foggia' copre parte del nord barese e i maggiori centri del Gargano; la linea 'Bari' serve la provincia di Bari fino a Taranto e i maggiori centri del Salento.

STP Bari (contattaci@stpspa.it; www.stpspa.it) Serve la provincia di Bari e parte delle province di Foggia e Taranto.

STP Brindisi (☎800 23 20 42; www.stpbrindisi.it) Brindisi e provincia.

STP Lecce (☎0832 22 84 41, 800 44 74 72; www.stplecce.it) Trasporto pubblico a Lecce e in tl Salento.

Automobile e motocicletta

Le strade statali generalmente sono in buone condizioni. Nei tratti fra Bari e Taranto, Bari e Brindisi, Brindisi e Lecce il traffico può essere molto intenso, soprattutto in estate, essendo queste le strade che portano al mare.

Le strade provinciali a volte sono poco più che strade di campagna, ma permettono di raggiungere alcune località più suggestive e molti centri e paesi più piccoli.

Noleggio

L'introduzione dei pacchetti fly & drive ha espanso l'offerta delle auto a noleggio. Tutte le principali agenzie hanno uffici negli aeroporti di Bari e Brindisi. È consigliabile scegliere una copertura assicurativa totale per qualsiasi danno oltre che per il furto. Ai neopatentati consigliamo di informarsi in anticipo rispetto ai requisiti richiesti (età e data di rilascio della patente).

Avis (☎06 452 108 391; www.avisautonoleggio.it)

Budget (☎199 30 73 73; www.budgetautonoleggio.it)

Europcar (☎199 30 70 30; www.europcar.it)

Hertz (☎02 696 82 445; www.hertz.it)

Maggiore (☎199 15 11 20; www.maggiore.it).

Bicicletta e mountain bike

Sul **Portale Ufficiale del Turismo della Regione Puglia** (www.viaggiareinpuglia.it) nel menù 'Lasciati ispirare' cliccate su 'Cicloturismo in Puglia' per accedere alla descrizione di percorsi facili, medi e difficili suddivisibili in più tappe.

Si può salire con la bici al seguito su tutti i treni regionali Trenitalia che sull'orario ferroviario sono contraddistinti dall'apposita icona e sui treni Intercity diurni Trenitalia, che prevedono questo servizio. Il supplemento per la bicicletta sui treni Intercity diurni costa €3,50 ed è valido per 24 ore; in alternativa si può acquistare un biglietto di seconda classe valido per lo stesso percorso, che dev'essere convalidato prima di salire in treno. Le biciclette smontate e sistemate nella sacca portabici, oppure quelle pieghevoli, possono invece essere trasportate gratuitamente sui convogli di Trenitalia (una bicicletta a perso-

LE COMPLANARI

Le complanari, o viabilità di servizio, sono strade che consentono di raggiungere siti industriali, campi coltivati o, cosa più interessante per un turista, zone costiere e strutture ricettive (soprattutto agriturismi e campeggi) che non sarebbero raggiungibili diversamente. Scorrono spesso parallelamente alle superstrade, sono a due corsie, sono l'ideale per chi voglia procedere a ritmo più lento e sono diffuse in Puglia.

na; dimensioni non superiori a cm 80x110x45) e su quelli di Italo. Sui treni regionali le condizioni variano di regione in regione: in Puglia sui treni regionali di Trenitalia, Ferrovie del Sud Est, Ferrovie del Gargano, Ferrovie Appulo Lucane e Ferrotramviaria, se contrassegnati nell'orario dall'apposita icona, le biciclette possano viaggiare gratuitamente; il personale a bordo rilascia il tagliando gratuito al momento del controllo e non è necessario acquistarlo in biglietteria o alla macchinetta.

Per quanto riguarda il trasporto delle biciclette sui mezzi di trasporto pubblico locale, vi invitiamo a verificare la normativa vigente presso le compagnie che lo gestiscono, poiché ogni gestore applica le proprie regole.

Per raccogliere informazioni utili per la pianificazione del vostro itinerario in bici potete anche contattare la **FIAB – Federazione Italiana Ambiente e Bicicletta** (fiabitalia.it) e **Albergabici** (www.albergabici.it), motore di ricerca consultabile anche da smartphone, utile a trovare alloggio lungo il percorso filtrando i risultati in base al tipo di struttura ricettiva, al servizio offerto e alla tipologia di ciclista (viaggiatore turista, sportivo con bici da corsa o mountain biker).

Elicottero

Tutto l'anno, festivi compresi, **Alidaunia** (☎0881 61 96 96; www.alidaunia.it) collega con voli giornalieri in elicottero Foggia e le Isole Tremiti, e con due voli settimanali (quattro in estate) Foggia, Vieste, Peschici e le Isole Tremiti.

Imbarcazioni

Potrete raggiungere le Isole Tremiti dai porti garganici di Peschici, Vieste e Rodi Garganico e da quello molisano di Termoli con due compagnie: **Navigazione Libera del Golfo** (☎081 552 07 63; 0875 70 48 59 a Termoli, 0884 70 74 89, 347 7673084 a Vieste; www.navlib.it) e **Navigazione Libera Adriatica** (☎0884 96 27 32; www.navitremiti.com) Tenete conto che alcuni servizi sono esclusivamente estivi. I biglietti si possono acquistare presso le agenzie di viaggio locali.

Treno

Viaggiando in treno si riesce a raggiungere la maggior parte delle località turistiche. Per conoscere la panoramica dei collegamenti ferroviari contattate **Trenitalia**, **Ferrovie del Nord Barese, Ferrovie Appulo Lucane, Ferrovie del Gargano, Ferrovie del Sud Est**, i cui dati di contatto sono indicati nella sezione Autobus.

TRASPORTI URBANI

Nel corso della guida, nelle varie sezioni 'Per/da' vengono fornite le informazioni relative a ogni singola località.

Dietro le quinte

SCRIVETECI!

Le notizie che ci inviate sono per noi molto importanti e ci aiutano a rendere migliori le nostre guide. Ogni segnalazione (positiva o negativa) viene letta, valutata dalla Redazione e comunicata agli autori.

Mandate i vostri suggerimenti a **lettere@edt.it** e visitate periodicamente **lonelyplanetitalia.it** per leggere i consigli degli altri viaggiatori. Sul sito troverete anche spunti di viaggio degli autori e tutte le novità del catalogo.

N.B.: Se desiderate che le vostre informazioni restino esclusivamente in Redazione e non vengano utilizzate nei nostri prodotti – cartacei, digitali o web – ricordatevi di comunicarcelo. Per leggere la nostra politica sulla privacy, visitate il sito www.lonelyplanetitalia.it/legal/privacy.

I LETTORI

Ringraziamo i viaggiatori che hanno utilizzato la precedente edizione di questa guida e ci hanno scritto:
Alberto Solano, Alessandro Spadavecchia, Angela Boldini, Elisabetta Paoletti, Federica Cavallo, Giovanna Azzolini, Giulia Bassi, Lorenzo Barbera, Rodrigo Torres, Silvia67.

NOTA DEGLI AUTORI

William Dello Russo

Da pugliese, non posso che essere grato a Silvia Castelli per avermi proposto di occuparmi del Gargano e dei Monti Dauni e alle colleghe Cristina Enrico e Laura Agerli per aver curato ogni minimo dettaglio della pubblicazione. Sul campo, ecco le persone innamorate della propria terra che non potrò mai ringraziare a sufficienza: Luigi Casoria per le nostre scorribande su e giù per i Monti Dauni, Domenico Sergio Antonacci per le preziosissime dritte sul Gargano, Pasquale Gatta per avermi fatto da guida appassionata di Monte Sant'Angelo e della Foresta Umbra, Domenico Ottaviano per Peschici, Antonio Petrone per Lucera, Franca Palese per il capoluogo, Rachele Di Palma per le Isole Tremiti e Michele Fabio Ferro per i suggerimenti sui boschi dauni.

Matteo Mangili

Se viaggiare vuole dire scoprire, tornare significa ritrovarsi. Alla mia seconda guida in Puglia ho rivisto luoghi già conosciuti ma con occhi diversi, ancora più innamorati e consapevoli. Grazie, in primis, a Stefania, che mi ha dato ospitalità nella sua terra e si è rivelata una meravigliosa compagna di cammino. Grazie agli amici riabbracciati, tra tutti Carlo e Francesco, che mi aspettavano con dei sorrisi sinceri a bordo di un gozzo. Le ragazze e i ragazzi dei numerosi infopoint si sono confermati indispensabili per reperire tutte le informazioni necessarie. Grazie in particolare a Maria, con cui condividiamo l'amore per Bari e pure per Genova. Ho avuto nuovamente la possibilità di collaborare con Laura e Cristina della redazione EDT. Sono persone dal cuore gentile, grandi professioniste e sempre disponibili ad aiutare. Grazie a Silvia Castelli per avermi dato ancora fiducia, e avermi permesso di svolgere quello che, ad oggi, rimane per me il lavoro più gratificante. E grazie, infine, a chiunque condivida con me l'amore per il Viaggio, quello che continua sempre.

Rossana Cinzia Rando

Un grazie collettivo a tutte le persone che ho incontrato durante il mio viaggio in Puglia, che con i loro suggerimenti e storie di vita sono state una preziosa fonte d'informazione per comprendere l'essenza di questa terra così ospitale e ricca di eccellenze. Un ringraziamento particolare va a Emma Taveri, Antonella Grassi, Katiuscia Di Rocco, Paolo Foresio, Alfredo de Liguori e Maurizio Leuzzi per il loro prezioso supporto. Grazie ad Angelo Pittro e a Silvia Castelli per la fiducia, a Cristina Enrico, a Laura Agerli e a tutta la redazione di EDT per la competenza e l'aiuto durante la stesura della guida.

I NOSTRI CONSULENTI

- **Ruggero Bontempi** È dottore naturalista e giornalista e collabora alla realizzazione di progetti di ricerca scientifica in campo ambientale. È autore di numerose pubblicazioni dedicate agli sport ecocompatibili. Per questa guida ha scritto il capitolo Ambiente.
- **Stefano Cena** Lavora in EDT in qualità di redattore. Per questa guida ha scritto il capitolo Storia.
- **Anita Franzon** È sommelier e scrive per diversi blog di enogastronomia. Per questa guida ha scritto il capitolo La Puglia a tavola.
- **Jacopo Tomatis** È giornalista, musicologo e bricoleur musicale. Dal 2008 è redattore de *Il Giornale della Musica*. Per questa guida ha aggiornato la sezione relativa alla Musica del capitolo Cultura.

RINGRAZIAMENTI

Si ringrazia Pugliapromozione Agenzia Regionale del Turismo per la gentile concessione all'utilizzo delle fotografie.

QUESTA GUIDA

La settima edizione della guida Lonely Planet *Puglia* è stata scritta da William Dello Russo, Matteo Mangili e Rossana Cinzia Rando, che hanno anche condotto le ricerche. Matteo è autore anche dell'edizione precedente, insieme a Sabato Angieri e Giacomo Bassi.

Responsabile redazione guide Silvia Castelli
Coordinamento
Laura Agerli, Cristina Enrico

Aggiornamenti e adattamenti
Annarosa Sinopoli
coordinamento
Luciana Defedele
Editing Laura Agerli, Cristina Enrico, Paola Masi
Impaginazione
Tiziana Vigna

Copertina e pagine a colori
Alessandro Pedarra, Tiziana Vigna
supervisione Sara Viola Cabras
Cartine Ivo Villa
Produzione Alberto Capano

Indice

000 riferimenti cartine
000 riferimenti letture

000 riferimenti cartine
000 riferimenti letture

C

D

E

F

000 riferimenti cartine
000 riferimenti letture

N

O

000 riferimenti cartine
000 riferimenti letture

P

R

S

Finito di stampare presso Stampatre, Torino
nel mese di giugno 2022

Ristampa 0 1 2 3 4 5 6

Anno 2022 23 24 25 26

Legenda delle cartine

Da vedere

- Castello/palazzo
- Chiesa
- Enoteca/vigneto
- Monumento
- Moschea
- Museo/galleria/edificio storico
- Riserva avifaunistica
- Santuario shintoista
- Sinagoga
- Sito archeologico/rovine
- Spiaggia
- Tempio buddhista
- Tempio confuciano
- Tempio giainista
- Tempio hindu
- Tempio sikh
- Tempio taoista
- Zoo/riserva naturale
- Altre cose da vedere

Attività, corsi e tour

- Bagni termali sento/onsen
- Bodysurfing
- Canoa/kayak
- Corsi/tour
- Immersioni/Snorkelling
- Nuoto/piscina
- Passeggiate/trekking
- Sci
- Snorkelling
- Surf
- Windsurf
- Altri sport e attività

Pernottamento

- Pernottamento
- Campeggio
- Rifugio/capanno

Pasti

- Pasti

Locali e vita notturna

- Locali e vita notturna
- Caffè

Divertimenti

- Divertimenti

Shopping

- Shopping

Informazioni

- Ambasciata/consolato
- Banca
- Informazioni turistiche
- Internet
- Ospedale/presidio medico
- Polizia
- Servizi igienici
- Telefono
- Ufficio postale
- Altre informazioni

Geografia

- Area picnic
- Cascata
- Faro
- Monte/vulcano
- Oasi
- Parco
- Passo
- Porta/accesso
- Punto panoramico
- Rifugio/capanno
- Spiaggia

Popolazione

- Capitale (nazione)
- Capitale/capoluogo (stato/provincia)
- Grande città
- Città/villaggio

Trasporti

- Aeroporto
- Autobus
- Bicicletta
- Funivia/funicolare
- Metropolitana
- Monorotaia
- Parcheggio
- Posto di confine
- S-Bahn/S-train/Subway
- Stazione dei treni/ferrovia
- Stazione di servizio
- T-bane/Tunnelbana
- Taxi
- Traghetto
- Tram
- Tube
- U-Bahn/Underground
- Altri trasporti

Strade

- Autostrada
- Superstrada
- Strada principale
- Strada secondaria
- Strada minore
- Vicolo
- Strada sterrata
- Strada in costruzione
- Piazza/area commerciale
- Scalinata
- Tunnel
- Ponte pedonale
- Itinerario a piedi
- Deviazione itinerario a piedi
- Sentiero

Confini

- Internazionale
- Stato/provincia
- Conteso
- Regionale/urbano
- Parco marino
- Scogliera/dirupo
- Muro

Idrografia

- Fiume/torrente
- Fiume intermittente
- Canale
- Acque
- Lago asciutto/salato/intermittente
- Barriera corallina

Territorio

- Aeroporto/pista d'atterraggio
- Campo sportivo
- Cimitero (cristiano)
- Cimitero (altro)
- Da vedere (edifici)
- Ghiacciaio
- Palude/mangrovie
- Parco/foresta
- Piana fangosa
- Spiaggia/deserto

Nota: Non tutti i simboli della legenda sono utilizzati nelle cartine di questa guida

LA NOSTRA STORIA

Un'auto vecchia e sgangherata, pochi dollari in tasca e tanta voglia di avventura. Questo è tutto ciò di cui Tony e Maureen Wheeler hanno avuto bisogno per il viaggio della loro vita – Europa e Asia via terra, destinazione Australia. Hanno viaggiato molti mesi e alla fine, senza un soldo ma pieni di entusiasmo, si sono seduti al tavolo della loro cucina e hanno scritto e confezionato la loro prima guida di viaggio, *Across Asia on the cheap*. In una settimana ne avevano vendute 1500 copie! Era il 1972, era nata Lonely Planet.

Oggi Lonely Planet ha una rete di più di 2000 collaboratori in ogni angolo del mondo e partner in diverse nazioni, tra cui Italia (EDT, dal 1992), Francia, Germania e Spagna. Alla base del lavoro di tutti c'è ancora la convinzione di Tony che 'una grande guida di viaggio deve fare tre cose: informare, istruire e divertire'.

I NOSTRI AUTORI

William Dello Russo

Foggia, i Monti Dauni, il Gargano e le Tremiti È nato a Taranto e ha trascorso quasi metà della vita in Puglia e l'altra a Milano (non facendosi mancare una parentesi genovese): dalla prima ha attinto la passione per l'arte, dalla seconda quella per i viaggi. Con in tasca una laurea in Conservazione dei Beni Culturali e una Specializzazione in Storia dell'Arte medievale, lavora da sempre nell'editoria turistica e in quella d'arte per le principali case editrici italiane. Per Lonely Planet ha già scritto sulle guide *Lombardia* e *Toscana*.

Matteo Mangili

Bari e la Terra di Bari; Valle d'Itria Di sogni Matteo ne ha sempre avuti tanti, fin da quando da bambino voleva fare il giornalista e poi pure l'attore. Diventato grande ha pensato che fosse il tempo di dedicarsi a cose più serie, come prendere una laurea e avere un buon lavoro. All'alba dei trent'anni ha cambiato le carte in tavola, dedicandosi a scrivere, viaggiare, fare il cammino di Santiago e chiedersi quale sia il suo posto nel mondo. La partita è ancora aperta, ma a vederlo camminare su qualche sentiero di montagna o perdersi tra i caruggi della sua Genova, c'è chi dice che sia a buon punto. È coordinatore di viaggi per un tour operator internazionale e ha un suo blog dove raccoglie appunti sparsi: www.absurdtheblog.com.

Rossana Cinzia Rando

Taranto, la costa e la Murgia Tarantina; Brindisi e dintorni; Lecce e il Salento leccese Laureata in Filosofia all'Università Statale di Milano, lavora da molti anni nell'editoria turistica scrivendo articoli per quotidiani e riviste specializzate, libri per bambini e guide di viaggio. Fa sempre nuove scoperte attraversando l'Italia delle grandi città e dei centri minori e ultimamente per Lonely Planet si è dedicata all'esplorazione dell'Emilia Romagna, della Liguria e del Piemonte. Oltre che di scrittura e fotografia, è appassionata d'arte, giardinaggio, cinema e kayak.

Puglia
7ª edizione italiana – Giugno 2022

ISBN 978-88-5927-984-6

Pubblicato da EDT srl su licenza esclusiva di Lonely Planet Global Limited.
Per informazioni relative al contenuto di questa pubblicazione contattare EDT srl.

EDT srl
17 via Pianezza, 10149 Torino, Italia; (39) 011 5591 811 – fax (39) 011 2307 034; edt@edt.it, lonelyplanetitalia.it

In copertina foto di Cesare Palma/Shutterstock ©: Luminarie a Scorrano (LE).

Stampato da Stampatre, Torino